ISBN 978-1-334-77035-7
PIBN 10486632

2599. — Paris. Imprimerie Poupart-Davyl et Comp., rue du Bac, 30.

HISTOIRE

DE

ROBESPIERRE

D'APRÈS DES PAPIERS DE FAMILLE
LES SOURCES ORIGINALES ET DES DOCUMENTS ENTIÈREMENT INÉDITS

PAR

ERNEST HAMEL

Scribitur ad narrandum et PROBANDUM

TOME PREMIER

—

LA CONSTITUANTE

—

PARIS
LIBRAIRIE INTERNATIONALE
A. LACROIX, VERBOECKHOVEN & Cᵉ, ÉDITEURS
15, BOULEVARD MONTMARTRE
Au coin de la rue Vivienne
Même maison à Bruxelles, à Leipzig et à Livourne
—
1865

PRÉFACE

———

Écrire pour l'enseignement des générations présentes l'histoire des générations disparues ; faire revivre, par la pensée, les hommes qui ont occupé la scène du monde ; raconter les événements auxquels ils ont été mêlés, les actions qu'ils ont accomplies, en montrant les unes comme des exemples à suivre, les autres comme des écueils à éviter ; rappeler les paroles qui tour à tour ont ému, charmé et épouvanté la terre, et, de leur souffle puissant, renversé les vieux préjugés et les vieilles dynasties, comme l'ouragan déracine en un jour les chênes séculaires ; peindre les luttes magnifiques tentées pour la cause de la justice et du droit, combats de géants livrés pour nous, fils ingrats qui trop souvent lançons l'anathème aux rudes athlètes dont les efforts ont ouvert à l'humanité de nouveaux horizons, dont le sang a fécondé les champs de l'avenir ; retracer ces douloureux enfantements qu'on appelle des révolutions, et d'où les nations sortent rajeunies, meilleures, transfigurées en un mot ; enregistrer d'une main ferme, mais respectueuse et filiale, tous les faits et gestes de nos devanciers dans la vie, c'est assurément une des plus nobles occupations de l'intelligence.

Trois conditions me paraissent indispensables pour mener à bonne fin une pareille entreprise, en faire une œuvre utile, lui assurer les suffrages de tous, et lui mériter la consécration du temps. Il faut d'abord être dégagé complétement de tout esprit de parti; ensuite ne rien dissimuler, ne rien laisser dans l'ombre, mettre toutes choses en lumière, les bonnes comme les mauvaises; en troisième lieu, n'admettre que des faits rigoureusement démontrés par pièces authentiques, et dont la preuve puisse être placée immédiatement sous les yeux du lecteur. Si, à ces conditions réunies, vous joignez, au génie du poète qui vivifie, anime, émeut, passionne et prête au récit la magie d'un style éclatant, le talent du peintre qui donne à tout la forme et la couleur; si, de plus, vous pouvez vous féliciter, comme Tacite, du bonheur de vivre en ces temps heureux et rares où l'on jouit de la liberté pleine et entière de penser et d'exprimer ce qu'on pense, vous parviendrez alors à être un historien accompli. Autrement, vous serez peut-être un conteur agréable, un romancier habile, revêtant de noms historiques les personnages dont votre main ingénieuse trace à sa fantaisie les caractères; vous ne serez point un historien. Toutes suppositions, toutes hypothèses sur lesquelles certains écrivains bâtissent un système à leur convenance, bannissez-les sévèrement du domaine de l'histoire, laquelle doit être, de nos jours, une science exacte comme l'algèbre pour ainsi dire.

Loin de moi, d'ailleurs, la pensée d'interdire à l'historien d'avoir une opinion, des préférences, et même de les manifester. Tout écrivain consciencieux a des sentiments, des convictions, des sympathies auxquels il lui est impossible de se soustraire; quiconque, tenant en main une plume, s'imagine en être affranchi complétement, tombe dans une étrange illusion : involontairement, sans y croire même, naïvement, il penche d'un côté, incline vers celui-ci ou celui-là, et met trop souvent dans ses jugements plus d'injustice et de prévention que les écrivains qui, franchement, arborent leur drapeau, et ne se targuent pas de n'avoir point quelque prédilection. L'essentiel est de ne pas transformer l'histoire en arme de parti; œuvre de vérité, elle est tenue de demeurer calme dans ses enthousiasmes, sereine dans ses indignations, impartiale toujours. Mais l'impartialité n'exclut pas les préférences; seulement n'altérez pas les textes au profit de vos élus; ne supprimez rien, ne déguisez rien, et surtout ne vous appuyez jamais sur des documents équivoques, suspects et de mauvaise foi.

Aucune science peut-être, plus que l'histoire, ne réclame aujour-

d'hui le secours de la discussion la plus serrée et de la critique la
plus sévère. En effet, dans ce nombre infini de documents où elle
se trouve en quelque sorte à l'état de chaos; dans cette foule de
mémoires particuliers où chacun prêche pour son saint, selon ses
passions et ses rancunes, et, suivant l'expression d'un publiciste qui
s'y connaissait, de Mallet du Pan, ne présente que la portion de
vérité pouvant le mieux servir à noircir un adversaire, comment distinguer le vrai du faux, ce qui est juste de ce qui ne l'est pas, si on
ne les soumet à l'examen le plus minutieux, si on ne les contrôle en
les rapprochant soigneusement des sources originales et authentiques,
des matériaux publics et privés, nés, pour ainsi dire. avec les événements, et auxquels il faut toujours en revenir. Prenons pour exemple
les Mémoires de madame Roland, tout récemment réédités : eh bien!
il est indispensable à l'historien qui les invoque de les discuter de la
façon la plus rigoureuse, parce que cette œuvre, si charmante à tant
de titres, n'est en définitive qu'une œuvre de passion et de parti,
parce qu'en écrivant l'apologie de ses amis et la satire de ses adversaires, l'auteur n'a pas reculé devant certaines altérations de la vérité,
parce qu'enfin il s'y rencontre trop fréquemment les contradictions les
plus grossières. On en pourrait dire autant de tous les mémoires publiés sur la Révolution française du temps de la Restauration, fort
hostiles en général aux grands principes de la démocratie, et surtout
aux hommes qui en ont été l'incarnation vivante. Mais il est beaucoup
plus facile de *raconter*, d'après ces données toutes faites, si favorables à l'esprit de parti, que de se condamner, durant plusieurs années, à fouiller les milliers de pièces enfouies au fond des archives,
et de s'astreindre au labeur pénible et rebutant de parcourir ligne à
ligne tous les journaux écrits à l'époque, jour par jour, miroirs
fidèles et témoins irrécusables des passions qui ont agité nos pères.
C'est en étudiant toutes ces pièces, en comparant les journaux, les
brochures, les pamphlets, les libelles même, en les opposant les uns
aux autres, en les décomposant minutieusement, qu'on arrive, par un
travail d'analyse et de synthèse, à dégager la vérité, et qu'on parvient
au plus haut degré de certitude.

Mais il est une école d'historiens complaisants dont la méthode
facile et commode consiste à écrire pour raconter, *scribitur ad narrandum*. Il est aisé de comprendre à combien de fables, de calom-

nies, d'inventions puériles une pareille maxime peut servir de passe-
port. On supprime les notes, les renvois, les indications de sources,
les preuves en un mot, sous prétexte que cela entrave le récit, fatigue
le lecteur; et la plume docile court sur le papier, retraçant, pour la
centième fois, les plus grossières erreurs et des mensonges odieux;
ou bien on relègue à la fin du volume un certain nombre de pièces
choisies avec soin, et encore le lecteur est-il tout surpris de conclure
logiquement la plupart du temps dans un sens tout contraire à celui
de l'écrivain qui a cru donner ces pièces à l'appui de son texte. De là
cette multitude de livres copiés les uns sur les autres, variant seulement par le style et quelques artifices de langage; de là ces histoires
ridicules, à faire peur aux enfants, où toutes les sévérités de la
Révolution sont mises en relief, sans qu'on ait eu l'impartialité d'offrir
au préalable le récit des causes qui les expliquent; de là enfin des
préjugés que les œuvres les plus consciencieuses, fruits de longues et
patientes études, ont toutes les peines du monde à extirper. Lecteurs
de bonne foi, qui cherchez avant tout à vous instruire, et ne demandez
pas à l'historien la satisfaction de vos passions politiques ou des rancunes de votre parti, rejetez donc avec dédain cette vieille maxime de
Tite-Live : « On écrit pour raconter; » et partout, et toujours, exigez
des preuves. Il importe peu que l'historien reflète telle ou telle couleur, appartienne à telle ou telle opinion, mais il est de toute nécessité
qu'il vous mette en état de vérifier immédiatement par vous-mêmes
les faits dont il place le récit sous vos yeux; il faut que vous puissiez
remonter tout de suite aux sources où il a puisé; il faut enfin que la
conviction pénètre dans vos cœurs, non par la séduction du langage et
les grâces du style, mais par l'authenticité de documents et de preuves
sans réplique. Entre vous et l'auteur il subsistera sans doute
des différences de doctrines; vous blâmerez peut-être ce qu'il approuve; peut-être donnerez-vous votre approbation à ce qu'il ne
saurait admettre, vous conserverez enfin la pleine liberté de vos
appréciations, mais au moins vous les appuierez sur des faits rigoureusement exacts, dûment prouvés, et votre conscience aura pour
guide et pour flambeau la vérité, devant laquelle est tenu de se pros-
terner quiconque ambitionne le titre d'historien.

Ces réflexions m'étaient venues longtemps avant que je songeasse à
raconter moi-même une partie des événements de notre grand drame

révolutionnaire, et à écrire la vie de quelques-uns des acteurs qui y ont joué un rôle considérable. Passionné, dès le collége, pour les études historiques, je me complaisais dans la lecture de nos vieux chroniqueurs, me laissant aller au charme de leurs narrations naïves, sans y attacher toutefois d'autre importance que celle que méritent des œuvres très-estimables à coup sûr, mais qui n'offraient à mes yeux que le reflet d'impressions toutes personnelles, et où je ne trouvais point la garantie suffisante de l'authenticité des faits dont le récit avait pu m'intéresser. Si ma confiance envers les écrivains du moyen âge et de la Renaissance n'était pas absolue, elle n'était guère moins modérée à l'égard de tous les annalistes de l'antiquité, car leurs assertions ne sauraient être acceptées sans beaucoup de réserves. Quant aux œuvres de nos auteurs modernes qui, ayant entrepris de nous raconter des événements à peu près contemporains, ont eu, pour rester dans les voies de la vérité, toutes les commodités possibles, je les frappais d'une réprobation à peu près complète lorsque je ne rencontrais pas en elles les indications de sources et des moyens de contrôle immédiat. Il n'est peut-être pas inutile, à ce propos, de dire par suite de quelles circonstances, à mon tour, j'ai été agité du démon de l'histoire, comment je suis devenu historien.

Jusqu'en 1857 j'étais resté tout à fait à l'écart de la politique active, partageant mon temps entre le barreau et les lettres, vers lesquelles m'entraînait un irrésistible penchant. Comme beaucoup de débutants dans la vie littéraire, j'avais essayé, sans grand succès, du théâtre, du roman, de la poésie; sans suite, il est vrai, ne voulant pas avoir l'air de trop négliger, aux yeux d'une famille inquiète, l'exercice de ma profession. Ce fut un tort; la muse est une maîtresse jalouse, elle ne souffre pas de rivale. Quand on se sent porté vers la vocation des lettres, que d'ailleurs, fort de sa conscience, on est décidé à ne jamais fréquenter les sentiers battus par l'intrigue, et qu'on rêve autre chose que des piles d'écus, il faut s'y consacrer tout entier, corps et âme, dédaigner toutes les considérations du monde, laisser parler les uns, ricaner les autres, en combattant bravement, sans se décourager pour quelques échecs; la lutte est vive, ardente; le chemin est âpre, dur, escarpé; mais allez, allez toujours : au bout sont la récompense et les palmes; toute victoire est le prix d'un combat. Recevez un dernier salut, ô mes belles années de jeunesse et de travail, si rapidement écoulées! Tout n'a pas réussi au gré de mes espérances; j'ai connu bien des désenchantements et des désillusions; mais les obstacles mêmes m'ont appris la vie; si j'ai traversé des épreuves parfois douloureuses et sévères, je m'y suis du moins trempé pour les luttes futures.

Cependant, pour la seconde fois depuis la mise en vigueur de la constitution sortie des événements de Décembre, venaient d'être convoqués les collèges électoraux chargés de nommer les députés au Corps législatif. La fantaisie me prit d'aller solliciter un mandat de représentant dans le pays de ma famille, au fond de la vieille Picardie, où je croyais encore trouver ces hommes de forte race qui, de temps immémorial, surent garder Péronne des étreintes de l'ennemi. J'avais alors trente ans, l'âge où, arrivé à la plénitude de ses facultés intellectuelles et physiques, l'homme commence d'être parfaitement apte aux affaires publiques. Je ne me présentai pas, du reste, en ennemi, car, libre d'antécédents politiques, je n'appartenais à aucun parti. Surpris sur les bancs de l'école par la Révolution de 1848, je l'avais, comme la plupart des jeunes gens de mon âge, dans l'effervescence de la vingtième année, saluée d'un cri d'enthousiasme; mais divers épisodes, dont alors je démêlais mal les causes, m'avaient promptement rejeté dans une sorte de courant réactionnaire au milieu duquel j'avais vécu. Toutefois je tins à me présenter aux suffrages de mes concitoyens, sans aucune espèce d'attache, dans mon indépendance la plus complète et ma plus entière liberté, malgré les conseils de quelques personnes dont l'amitié dévouée eût bien voulu m'ouvrir les portes du succès. Depuis six ans d'ailleurs, dans mon isolement volontaire, j'avais beaucoup étudié, beaucoup réfléchi, appris bien des choses; de profondes modifications s'étaient produites dans mon esprit, et, je puis le dire, la lumière s'était faite en moi. Il me paraissait qu'un député ne devait relever que de ses commettants, d'eux seuls, et qu'une recommandation officielle lui ôtait quelque chose de son indépendance; il me semblait surtout qu'il était grand temps de réclamer le couronnement de l'édifice, et je terminai par ces mots, comme résumé de mon programme, ma circulaire aux électeurs : « Dignité au dedans par le développement complet des principes de 1789. » L'administration me combattit à outrance; je ne m'en plains pas; je lui dois même quelque reconnaissance, car elle a achevé mon éducation politique. Elle trouva un puissant renfort dans de basses jalousies de campagne : j'eus contre moi une coalition d'envieux, préférant de beaucoup le triomphe d'un candidat tout à fait étranger à leur département au déplaisir d'avoir pour mandataire un homme tout dévoué et bien désintéressé, mais dont la famille vivait au milieu d'eux. Ah! il connaissait bien le cœur humain, l'humble et doux réformateur de Nazareth, quand il disait : Nul n'est prophète en son pays.

Si la calomnie se mit de la partie, pas n'est besoin de le demander; je pus, à mes dépens, faire dès lors l'apprentissage de ce qu'il y a de bassesse et de méchanceté chez quelques individus de l'espèce humaine. Sorti d'une famille alliée à un homme qui avait joué dans la Révolution un rôle considérable, je devais m'attendre à me voir attaquer sur ce chapitre ; cela ne manqua pas. Comme il était difficile de me rendre responsable de faits accomplis trente-cinq ans avant ma naissance, on s'en prit à mon grand-père, qui de son intimité avec Saint-Just n'avait profité que pour faire le bien, adoucir nombre d'infortunes, et dont la mémoire fut lâchement diffamée par quelques misérables. Quant à moi, je passais pour un descendant de l'illustre et héroïque conventionnel, d'un *buveur de sang*. Un jour, sur le chambranle de la vieille cheminée d'une salle de ferme, je trouvai un livre venu d'un département voisin. Ce livre était intitulé : *Saint-Just et la Terreur ;* c'était un ramassis des calomnies, des injures banales, des déclamations niaises à l'adresse des glorieux lutteurs de notre Révolution, un de ces pamphlets comme il s'en publie encore, et dont la conscience publique finit par faire bonne justice. Voilà donc, me disais-je, sur la foi de qui l'on juge trop souvent, dans nos campagnes, les citoyens immortels qui ont sauvé la France ; voilà les livres servant à former l'opinion de nos villageois sur ceux qui les ont affranchis et leur ont conquis la dignité d'hommes! Une pensée soudaine germa alors dans mon esprit : je pris avec moi-même l'engagement d'écrire les biographies des principaux vaincus de Thermidor; de peindre ces grands athlètes de la grande époque révolutionnaire, non d'après des traditions de convention dans l'éloge ou dans le blâme, mais d'après des textes positifs, des documents certains, de façon à restituer tout entiers à l'histoire ces illustres martyrs.

Les études historiques avaient été l'objet de prédilection, la joie de mes premières années; ce retour vers elles avait donc pour moi des charmes tout-puissants. N'était-ce pas revenir à de vieux amis qu'on embrasse avec d'autant plus d'effusion qu'on en a été longtemps séparé? Je me remis donc à ces études avec un entrain extraordinaire, une ardeur fiévreuse. Les époques les plus tourmentées de l'histoire des peuples, les efforts gigantesques des opprimés pour secouer l'esclavage héréditaire, efforts arrosés de tant de sang, et si rarement couronnés de succès, m'avaient particulièrement attiré. Et cela était naturel. Le sang qui coule dans mes veines ne m'a-t-il pas été transmis par les descendants des *vaincus?* comme disait M. de Montlausier. Bras, tête et cœur, tout n'est-il pas peuple en moi? Je me souviens des étonnements profonds où j'étais plongé en voyant tant de millions d'hommes ramper docilement sous le joug, et supporter une servitude dont une partie d'entre eux étaient les propres instruments au profit de quelques milliers de despotes. Aussi quelle admiration ne vous avais-je pas vouée, à vous tous, ô glorieux ancêtres qui vous êtes dévoués à l'émancipation de vos semblables; à toi surtout, vieil Étienne Marcel, père immortel de la démocratie française, à toi qui, dès l'année 1357, réclamais toutes les franchises et toutes les libertés conquises seulement plus de quatre cents ans plus tard, à toi dont j'ai commencé d'écrire l'histoire, et dont à l'âge de dix-neuf ans j'avais, à l'instigation de mon cher et vénéré maitre Théodose Burette, écrit, dans un drame énergique, la vie austère et la mort tragique!

En rouvrant donc d'une main pieuse, comme celle d'un fils, les annales de notre Révolution, en rassemblant à la sueur de mon front, je puis le dire, les matériaux épars et enfouis qui m'ont permis d'élever, à la gloire de quelques-uns des hommes de cette Révolution, un monument durable parce qu'il est l'expression de la vérité éternelle et flamboyante, je n'ai fait qu'obéir à un sentiment de mon cœur. Car, au milieu de mes tâtonnements, de mes incertitudes et de mes hésitations avant de me former un idéal d'organisation politique et sociale, s'il est une chose sur laquelle je n'ai jamais varié, et que j'ai toujours entourée d'un amour et d'une vénération sans bornes, c'est bien toi, ô Révolution, mère du monde moderne, *alma parens*. Et quand nous parlons de la Révolution, nous entendons tous les bienfaits décrétés par elle, et dont sans elle nous n'aurions jamais joui : la liberté, l'égalité, en un mot ce qu'on appelle les principes de 1789, et non

point les excès et les erreurs auxquels elle a pu se laisser entraîner
en défendant ses conquêtes. Prétendre le contraire, comme certains
publicistes libéraux, c'est ergoter ou manquer de franchise. Jamais,
ô Révolution, un mot de blasphème n'est tombé de ma bouche sur tes
défenseurs consciencieux et dévoués, qu'ils appartinssent d'ailleurs à
la Gironde ou à la Montagne. Si, en racontant leurs divisions fatales,
j'ai dû rétablir, sur bien des points, la vérité altérée ou méconnue,
j'ai, du moins, réconcilié dans la tombe ces glorieux patriotes qui
tous ont voulu la patrie honorée, heureuse, libre et forte. Adversaire
décidé, plus que personne peut-être, de tous les moyens de rigueur,
je me suis dit que ce n'était pas à nous, fils des hommes de la Révolution, héritiers des moissons arrosées de leur sang, à apprécier trop
sévèrement les mesures terribles que, dans leur bonne foi farouche,
ils ont jugées indispensables pour sauver des entreprises de tant
d'ennemis la jeune Révolution assaillie de toutes parts. Il est assurément fort commode, à plus d'un demi-siècle des événements, la plume
à la main, et assis dans un bon fauteuil, de se couvrir majestueuse-
ment la face d'un masque d'indulgence, de se signer au seul mot de
Terreur, comme un dévot peureux à l'éclair et au retentissement de
la foudre; mais quand on n'a pas traversé la tourmente, quand on n'a
pas été mêlé aux enivrements de la lutte, quand on n'a pas respiré
l'odeur de la poudre, peut-on répondre de ce que l'on aurait été soi-
même, si l'on s'était trouvé au milieu de la fournaise ardente, si l'on
avait figuré dans la bataille? Il faut donc se montrer au moins d'une
excessive réserve en jugeant les acteurs de ce drame formidable; c'est
ce que comprennent et admettent tous les hommes de bonne foi et
d'intelligence, quelles que soient d'ailleurs leurs opinions. Un jour, à
Saint-Gaudens, dans une réunion assez nombreuse, pérorait un de ces
jeunes libéraux qui poursuivent d'une haine toute particulière la mémoire des personnages les plus marquants de notre Révolution. Celui-
ci déclamait, gesticulait avec fureur; il aurait fait ceci, empêché cela;
pas une ride n'eût troublé la surface de l'océan révolutionnaire, s'il
eût été au gouvernail du navire; et sa verve acrimonieuse s'exerçait
principalement contre les hommes fameux immolés en Thermidor,
tout cela avec une ignorance parfaite des personnes et des choses.
Dans un coin se tenait, grave et silencieux, un vieillard bien connu de
tous; c'était le juge de paix de l'endroit, adoré de son canton, car

depuis longues années il avait exercé cette magistrature comme la Révolution elle-même, en la créant, avait entendu qu'elle le fût, en véritable père de famille. Il avait connu et pu apprécier les hommes dont un étourdi faisait si cavalièrement le procès : « Jeune homme, » dit-il en se levant et d'un ton qui coupa court tout de suite à des déclamations ridicules, « ne parlez pas si légèrement de ces grands morts (1). »

Moi qui depuis huit ans bientôt vis dans leur compagnie assidue, je puis dire ce qu'ils valent, et leurs qualités éminentes, que ne déparent point des erreurs inséparables de l'humanité. Une fois engagé dans ces régions de l'histoire, je m'y suis donné corps et âme ; et, n'obéissant qu'aux seules inspirations de la conscience, n'ayant pour boussole que la vérité, j'ai marché résolûment vers un noble but, celui de mettre en lumière des choses dignes d'être admirées, et de réparer des injustices criantes. De cette longue fréquentation sont résultées pour moi des convictions politiques bien désintéressées, complétement étrangères à des rancunes de parti, que je ne pouvais avoir, et qui n'étaient point dans mon cœur ; convictions d'autant plus solides par conséquent, fruits de l'étude et du raisonnement, nées des entrailles mêmes de mon sujet.

La première œuvre purement historique sortie de ma plume a été l'histoire de Saint-Just. On m'a reproché, non sans raison peut-être, d'avoir apporté dans cette œuvre quelques ardeurs de langage. Devant certaines calomnies, je n'ai pu, je l'avoue, maitriser mon indignation, et j'ai, d'une plume un peu trop vive, marqué les auteurs de libelles. Plus d'expérience et de maturité m'a rendu plus calme en ces sortes d'appréciation ; toutefois je persiste à penser que, lorsqu'on rencontre, chemin faisant, une erreur, un mensonge, une calomnie, il est essentiel de les prendre corps à corps, de les réfuter, de leur opposer d'irréfragables documents, et d'en signaler les auteurs, voulant, comme dit Tacite au livre IV de ses *Annales*, confondre les calomnies historiques, et engager le lecteur à préférer des faits vrais à d'absurdes traditions trop souvent reçues avec avidité. Je ne me suis point pressé de donner un pendant à ma monographie de Saint-Just ; on avance péniblement et lentement dans les travaux de ce genre, si l'on tient à

(1) Je tiens ce fait de mon cher et savant ami le docteur Xavier Richard.

leur assurer un caractère durable. Mon *Histoire de la grande Réaction catholique en Angleterre, sous Marie Tudor*, a été une halte, un repos, pour ainsi dire, au milieu de mes études sur la Révolution; repos laborieux et bien rempli du reste, car je l'employai à rassembler, à compulser, à revoir minutieusement les innombrables documents sur lesquels je me proposais d'écrire la vie de Robespierre.

En lisant tous les journaux de l'époque, en étudiant une à une toutes les pièces enfouies au fond des archives, j'ai vu combien l'*histoire vraie* était en opposition avec la plupart de ces mémoires particuliers dont j'ai parlé, qui ont servi à la confection de tant d'histoires de la Révolution; et quand le hasard m'a eu fait mettre la main sur les preuves matérielles des faux commis par les Thermidoriens, je me suis convaincu de la vérité de ces paroles, que jamais, depuis dix-huit cents ans, plus grand calomnié n'avait passé sur la terre. Il m'a paru alors d'une absolue nécessité de ne pas laisser plus longtemps sous le poids d'une réprobation, non point générale, tant s'en faut, mais trop répandue encore, le plus illustre apôtre de la démocratie, de peur qu'en présence de cette suprême iniquité et d'une telle ingratitude, les hommes de sa trempe, qui pourraient assurer le triomphe de la liberté, ne dédaignassent désormais de servir l'humanité, et ne fussent tentés, suivant l'expression d'un grand poëte, de laisser aller le monde à son courant de boue.

On a beaucoup écrit sur Robespierre; on a épuisé à son égard toutes les formes du blâme et de l'éloge; sa mémoire a des détracteurs acharnés et des adorateurs fervents; mais personne, jusqu'ici, ne l'a suivi jour par jour, heure par heure, pas à pas, dans le cours de son orageuse existence; personne ne s'est livré à cette autopsie historique; et cela seul cependant pouvait mettre tout lecteur impartial en état de se prononcer en toute connaissance de cause, et de se former une opinion définitive sur cet homme extraordinaire qui a été si bien l'incarnation vivante de la Révolution, qu'elle a sombré avec lui, et qui, malgré cela, attendait encore son historien. Ce travail de dissection, pour lequel il fallait toute la patience de l'anatomiste, je l'ai tenté; j'ai mis à préparer et à écrire cette histoire émouvante tout ce que la nature m'a départi de force et d'intelligence; j'y ai mis toute ma conscience et tout mon cœur. J'aurais pu généraliser, négliger les points de détail, montrer l'homme dans son ensemble; c'eût été plus

facile, l'œuvre eût été plus brillante peut-être, mais cela n'eût pas
rempli mon but, je ne l'ai pas voulu. J'ai tenu à ce que le lecteur
pénétrât avec moi dans les coulisses de l'histoire, touchât du doigt les
ressorts cachés qui font mouvoir les acteurs, et qu'on lui dérobe trop
souvent; j'ai tout dit, je n'ai rien omis, rien atténué, rien dissimulé,
même des choses que peut-être j'aurais mieux aimé laisser dans
l'ombre.

Cette manie de refaire l'histoire n'est pas, je le sais, du .goût de
tout le monde; tant de gens trouvent leur compte à ce qu'on ne
vienne pas dérouter des traditions qu'ils appellent complaisamment
des traditions populaires. Il est si commode de se décharger sur une
seule tête d'une responsabilité qui incombe à toute une assemblée, à
une nation tout entière! Comment! tant d'hommes habiles se sont
donné une peine infinie pour habiller l'histoire à leur façon, n'ont pas
reculé devant des manœuvres dignes de la police correctionnelle et
de la cour d'assises, et aujourd'hui, les preuves de leurs supercheries
et de leurs fraudes à la main, on s'imagine de déjouer leurs odieux
calculs, de restituer crûment à l'histoire l'imposante et réelle physionomie de ce Robespierre, dont, suivant l'heureuse expression de
Napoléon, ils avaient fait le bouc émissaire de la Révolution! Sans
doute cela est abominable; et que l'ombre de Merlin (de Thionville),
qui a si bien travaillé pour sa part à l'entreprise tortueuse des Thermidoriens, frémisse par delà le tombeau de voir, après un si long
temps, la vérité sortir des profondeurs où ses complices et lui croyaient
l'avoir à jamais enfermée, et apparaître rayonnante et terrible, je
le comprends à merveille; mais le droit, la justice ont leur jour
inévitable, et il n'y a point de prescription contre la vérité éternelle.

On m'a encore adressé, à l'occasion de mon histoire de Saint-Just,
un reproche dont je m'honore en quelque sorte, celui d'avoir écrit
une plaidoirie. C'est Montaigne, je crois, qui reprochait à l'œuvre de
Tacite d'être un réquisitoire. Toutes proportions gardées, je maintiens
que l'histoire doit être à la fois un plaidoyer et un réquisitoire, parce
que l'un et l'autre exigent des preuves probantes, dont se passent, et
pour cause, les simples narrateurs. Et si jamais l'analyse la plus minutieuse, la discussion la plus serrée ont été nécessaires en histoire,
n'est-ce point lorsqu'il s'agit d'événements dont nous ressentons encore

les secousses, de faits si souvent falsifiés par l'esprit de parti, les passions, les haines et les rancunes particulières; lorsque surtout il s'agit d'un homme dont les actes ont été dénaturés, les intentions travesties, la mémoire odieusement calomniée? Aujourd'hui, au point où la science historique est arrivée, je le répète, tout récit dénué de preuves rigoureuses doit être impitoyablement rejeté. Je me suis, quant à moi, attaché à mettre mes lecteurs en état de vérifier tout de suite, de contrôler sévèrement les moindres faits avancés par moi, et je serais heureux de les voir user souvent des moyens de contrôle que je mets entre leurs mains. Je n'ai point voulu, sous prétexte de raconter la vie de Robespierre, refaire une histoire de la Révolution française; tout le monde a eu sous les yeux les écrits des Michelet, des Thiers, des Louis Blanc, des Esquiros, des Tissot, des Villaumé et de tant d'autres, composés à toutes sortes de points de vue; je me suis donc borné à rappeler tout ce qui se rattachait de près ou de loin à l'homme dont chaque page de la vie d'ailleurs est en même temps une page de l'histoire de la Révolution; et j'ai pu entrer dans une multitude de détails qui, forcément négligés dans les histoires générales, n'en sont pas moins indispensables pour faire connaitre complètement Robespierre. Cela même, on le conçoit, m'a mis dans l'obligation de suivre de très-près, de réfuter rigoureusement ceux de mes devanciers qui, dans leurs narrations et leurs appréciations, m'ont paru s'écarter des voies de la vérité. Je me suis attaqué de préférence aux écrivains les plus consciencieux et les plus estimés, à qui la notoriété du nom, le talent et l'indépendance du caractère permettent d'exercer sur les lecteurs une influence considérable; réfuter ceux-là, n'était-ce pas en même temps réfuter tous les autres?

J'ai divisé cette histoire en trois parties bien distinctes. La première, intitulée *la Constituante*, comprend la période la moins connue, et non la moins curieuse de la vie de Robespierre; on verra que la Révolution, avant même qu'elle éclatât, était tout entière dans la tête du puissant réformateur. La seconde traite de sa grande querelle avec les Girondins, et montrera, par des preuves sans réplique, par des révélations inattendues, de quel côté, dans cette lutte à jamais regrettable, et qu'il ne tint pas à lui d'étouffer, furent la modération, le bon droit et la justice. La troisième partie enfin peint la grande période révolutionnaire, l'époque où la France eut à traverser les plus dures épreuves que jamais nation ait eu à subir, et accomplit glorieusement son colossal effort; époque terrible où, la patrie sauvée, et la France dotée d'une constitution démocratique, libérale et perfectible, dans laquelle se trouvaient plus nettement accentués les principes immortels de la Révolution, Robespierre, en succombant sous le poids des factions, eut la gloire et le malheur d'entraîner dans sa chute les destinées de la République. Chacune de ces parties n'a pas exigé moins d'un volume tout entier; mais j'ai dû sacrifier le désir d'être bref à la nécessité d'être complet. Je saisis ici l'occasion de remercier bien cordialement toutes les personnes dont le concours m'a été si utile dans mes longues recherches, et qui, à quelque parti qu'elles appartinssent, ont libéralement mis à ma disposition ces documents privés et ces lettres particulières si propres à jeter un éclat lumineux sur certains points jadis obscurs. Elles ont bien compris que l'histoire ne doit pas être une affaire d'opinion.

Personne, après avoir lu ce livre, ne s'étonnera de ma sympathie profonde pour un illustre malheureux; elle s'est accrue de tout le dégoût que m'ont inspiré les calomnies sans nom dont il a été victime, et qui ne tiennent pas devant un examen sérieux. Plus d'un lecteur prévenu finira, j'en ai la conviction, par partager cette sympathie et cette admiration dont n'avait pu se défendre un homme tant de fois célébré pour son héroïsme, et qu'on ne saurait, par conséquent, suspecter d'une basse et gratuite adulation, l'illustre Boissy-d'Anglas, qui, à la veille même du 9 Thermidor, comparait Robespierre à Orphée enseignant aux hommes les premiers principes de la civilisation et de la morale (1). Cette sympathie, vous la partagerez, vous tous, et votre nombre est grand, hélas! qui, en ce siècle, avez souffert de la calomnie, et savez avec quelle science infernale elle incrimine les plus pures et les meilleures intentions; vous la partagerez, vous, hommes de bonne foi, qui ne pensez pas qu'une divergence d'opinion vous dispense de l'obligation d'être justes; vous la partagerez enfin, vous, jeunes gens, qui, plus éloignés des événements, et moins agités des passions de nos pères, demandez à l'histoire un enseignement impartial et fécond, non la satisfaction des haines et des rancunes d'un autre âge.

(1) *Essai sur les Fêtes nationales*, adressé à la Convention par Boissy-d'Anglas; an II, in-8° de 192 pages.

Pour moi, je le dis bien hautement, je me suis, en écrivant, senti
dégagé de tout esprit de parti; j'ai repoussé dédaigneusement tous
les outrages calomnieux qu'on n'a pas épargnés non plus aux adversaires de la Révolution. Si je n'ai pu ménager toutes les susceptibilités,
je me suis efforcé, du moins, de ne blesser personne; car je professe
le plus entier respect pour toutes les opinions consciencieuses, et
volontiers je m'écrierai, avec le grand citoyen dont j'ai écrit l'histoire :
« Je sens que partout où l'on rencontre un homme de bien, en quelque endroit qu'il soit assis, il faut lui tendre la main et le serrer
contre son cœur. »

Saint-Hubert, juillet 1864.

HISTOIRE

DE

ROBESPIERRE

LIVRE PREMIER

MAI 1758 — MAI 1789

Ce n'est pas sans une certaine émotion qu'aux chauds rayons du soleil de juillet, je trace aujourd'hui les premières lignes de cette histoire, destinée à réparer une des plus criantes injustices que l'imagination puisse concevoir.

Il y en effet soixante-huit ans qu'à pareil jour, aux applaudissements de tous les ennemis de la République française, tombaient sous le couteau de la guillotine cinq des plus glorieux membres de la Convention nationale, les plus purs, les plus dévoués, les plus ardents défenseurs de la Révolution, qui s'immolait en les tuant. Trois d'entre eux faisaient partie de ce comité de Salut public à l'énergie duquel la France, sortant transfigurée d'un amas de ruines, venait de devoir son salut et son triomphe. A chaque anniversaire de ce sanglant Thermidor, je ne puis me défendre d'une indéfinissable tristesse. Que d'espérances détruites ! Que d'illusions perdues dans ce mois funeste ! Les meilleures promesses de 1789 s'évanouirent comme par enchantement à l'heure où cessèrent de battre les cœurs de ces jeunes gens dont l'aîné avait un peu plus de trente-six ans, et le plus jeune un peu moins de vingt-sept.

Avec eux, on peut le dire, succombait la République elle-même, au moment où, grâce à leurs vigoureux efforts, à leur héroïsme et à leur désintéressement, elle allait, fière et victorieuse, s'affermir à jamais peut-être, et entrer résolûment, pour le bonheur du monde, dans les voies promises de la liberté, ce rêve éternel des grandes âmes, et qui rayonnait dans toute sa mansuétude, dans tout son éblouissement, dans toute sa sincérité, à chacune des pages de leur constitution.

Ces hommes d'une probité à toute épreuve, de mœurs irréprochables, d'un caractère doux et tendre dans l'intérieur, s'étaient dévoués, corps et âme, à leur pays. Émus des scandales, des iniquités, des hontes de la monarchie, ils rêvaient une patrie heureuse, libre et pure. Au régime du bon plaisir ils prétendaient substituer le règne impassible des lois ; ils voulaient que la France devînt la tête et l'avant-garde des nations, non par la force, mais par l'idée ; hommes du tiers état, issus de ces classes moyennes, pépinières de grands hommes, d'où étaient sortis les plus beaux génies des derniers siècles, races antiques et sévères dans le sein desquelles circulaient encore à pleine séve toutes les vertus publiques et privées, ils travaillaient à l'alliance intime de la bourgeoisie et du prolétariat. La Révolution, selon eux, devait profiter à tous, et non à quelques-uns; et ils n'admettaient pas que, sur les ruines de la féodalité brisée, s'élevât une autre aristocratie moins généreuse, plus égoïste que la noblesse abattue par eux. Poussés par le destin dans la lutte désespérée entre l'ancien et le nouvel état de choses, lutte d'autant plus vive que la résistance des castes privilégiées et de leurs partisans était plus acharnée, ils avaient dû porter de rudes coups à leurs adversaires, consentir à des sévérités passagères, nécessitées par de formidables circonstances; mais, du moins, ils ne confondaient pas les indifférents avec les coupables, la faiblesse ou l'erreur avec le crime. Plus d'une fois on les entendit réclamer au nom de l'humanité et du bon sens; et le jour où, après avoir essayé de rétablir un peu d'ordre dans l'inévitable chaos d'une résurrection, ils se disposaient à proposer à l'Assemblée souveraine de demander à quelques scélérats compte du sang inutilement répandu, et des persécutions indistinctement prodiguées, ils succombèrent sous l'alliance impie d'une poignée d'intrigants sanguinaires, de royalistes déguisés et de patriotes égarés; et, suivant la propre expression de Barère, périrent sur l'échafaud pour avoir voulu *arrêter le cours terrible de la Révolution* (1).

Je dirai plus tard les conséquences désastreuses de leur chute, l'irréparable dommage qu'en a subi notre France; le sang des patriotes versé à flots; la Terreur devenue *modération,* et, sous ce masque emprunté, décimant hypocritement le pays; tous les cynismes enfin, toutes les lâchetés, toutes les turpitudes des héros de Thermidor, ou, pour me servir de l'expression de Charles Nodier, de cette hideuse faction thermidorienne qui décapita la République, et anéantit presque complétement en un jour l'œuvre de cinq ans de luttes gigantesques qu'allait couronner la victoire. Mais avant de remuer cette vase, avant de montrer à nu cette plaie profonde faite par une réaction effrénée, et dont le pays saignera longtemps, avant d'étaler dans toute leur effrayante horreur les véritables saturnales de la Révolution, il importe de connaître à fond les causes efficientes d'une telle catastrophe, et le rôle des citoyens qui en ont été victimes, de ces hommes assez grands pour qu'à leur destinée ait été attachée celle de la République elle-même.

Je parlerai donc présentement des vaincus de Thermidor, car écrire l'histoire du plus ilustre d'entre eux, c'est aussi raconter la vie de ses compagnons d'armes et de gloire.

---

(1) Discours de Barère dans la séance du 10 thermidor. Voyez le *Moniteur* du 12 thermidor, an II.

II

O martyrs! je vous plains, non pour la mort cruelle que vous avez trouvée dans un odieux guet-apens; qu'importerait cette fin tragique, si la postérité eût fait de votre carcan une couronne, et de votre supplice un titre de plus à la reconnaissance de vos compatriotes? mais je vous plains d'une pitié bien forte pour cet opprobre immérité dont votre mémoire est encore couverte aux yeux d'une partie du monde aveuglé. Les malheureux m'attirent, et je ne sache pires infortunés que ces généreux citoyens qui, en récompense d'une vie toute d'abnégation, de vertu et de dévouement, recueillent les malédictions de ceux dont ils eussent voulu assurer le bonheur, et, par delà le tombeau, sont encore poursuivis par de stupides anathèmes! Grandes ombres dont mon âme comprend la douleur, je me sens entraîné vers vous par ma haine contre tout ce qui est injuste, par ma sympathie pour tout ce qui souffre!

Et de ces glorieux martyrs aucun n'a, au même degré que Maximilien Robespierre, subi les dures étreintes de la calomnie; non, jamais, depuis dix-huit cents ans, homme n'a été plus cyniquement calomnié. L'histoire nous apprend que la Grèce pleura longtemps le supplice de Socrate et la proscription d'Aristide; mais la France n'est pas la Grèce. Insulter Robespierre est devenu une affaire de convention. Hier encore, n'entendions-nous pas des écrivains soi-disant démocrates s'acharner sur sa mémoire, sans prendre la peine de vérifier leurs assertions, et leurs paroles ne semblaient-elles pas, comme un écho prolongé, des diatribes de Courtois et de Montjoie, deux des plus cyniques barbouilleurs de papier qui, depuis Gutenberg, aient fait gémir la presse? O vérité, quand donc dessilleras-tu tous les yeux!

Les réacteurs de Thermidor ont poussé jusqu'au chef-d'œuvre l'exécrable science d'Anitus, et devant le formidable amas de mensonges et de faux (je dis faux matériels, altérations d'écritures, etc.) entremêlés par eux avec un art diabolique, rien d'étonnant à ce qu'un grand nombre de lecteurs de bonne foi, mais superficiels, se soient laissé prendre au piège. Parmi les contemporains, beaucoup, sans s'immiscer directement dans ces mensonges et dans ces faux, s'en sont rendus les complices par leur silence, les uns parce qu'ils se sentaient perdus s'ils élevaient la voix en faveur des victimes, les autres parce que, au moment où soufflait, avec une violence à tout renverser, l'âpre vent de la contre-révolution, ils n'étaient pas fâchés de laisser peser sur des innocents, dont la bouche à jamais fermée ne pouvait protester, la responsabilité des mesures sévères qu'ils avaient eux-mêmes provoquées. Napoléon l'a dit il y a longtemps : « Robespierre a été le bouc émissaire de la Révolution (1). » Ajoutez à cela les clameurs incessantes des partis intéressés à flétrir cette Révolution dans son plus intègre, son plus dévoué, son plus infatigable représentant, et vous aurez le secret des préventions dont la trace profonde sera longue à effacer.

Toutefois, malgré les efforts des détracteurs, il ne fallait pas beaucoup d'intelligence à un lecteur attentif pour découvrir la vérité et percer les nuages épais enveloppant l'histoire indignement travestie. Quant à moi, lorsque je me plongeai, bien jeune encore, avec une passion toute filiale, dans l'étude de notre Révolution, je fus tout de suite stupéfait des étonnantes contradictions existant entre les discours, les actes de Robespierre et la réprobation dont son nom m'apparaissait frappé ; je ne pouvais concevoir surtout cette incalculable différence de l'opinion de la veille à celle du lendemain.

> Un seul jour ne fait pas d'un mortel vertueux
> Un perfide assassin. . . . . . .

Quoi ! me disais-je, cet homme vers lequel montaient toutes les bénédictions du peuple, cette pierre angulaire de la République, ce père de la patrie, cette ancre de salut des patriotes opprimés, ce suprême espoir des prisonniers dans leurs cachots, a pu être transformé subitement, sans transition, en bourreau de son pays, en tigre altéré de sang, que sais-je encore? Et pourtant l'ensemble de ses œuvres constituerait, je l'ai écrit quelque part déjà, un admirable cours de morale (2). Qu'il s'y rencontre des pages sombres, inflexibles même, cela est hors de doute ; mais il faudrait n'avoir pas la moindre idée de la situation des esprits à cet époque, et de l'acharnement des ennemis de la Révolution pour s'en étonner ; mais les plus beaux livres n'ont-ils point leurs taches, et la Bible elle-même n'est-elle point largement, çà et là, maculée de sang. « Qui peut dire, » a écrit avec raison un illustre écrivain, « qu'il serait resté inébranlable et calme, s'il n'a traversé une Terreur (3) ? » Ce qu'il y a de certain, c'est qu'à la veille de la catastrophe dont il fut victime, Robespierre jouissait d'une réputation sans tache ; c'est que, malgré les menées ténébreuses et les diffamations réitérées

---

(1) Voyez le *Mémorial de Sainte-Hélène.*

(2) Voyez notre *Histoire de Saint-Just.* Éd. Melline et Cans. Bruxelles, 1859.

(3) *Causeries du Lundi,* par M. Sainte-Beuve. *Constitutionnel* du lundi 15 janvier 1862.

des quelques scélérats couverts de crimes qui, avant de l'assassiner, appelaient la calomnie à l'aide du poignard, il était encore l'objet du respect, et, je dirai plus, de l'attachement universel. J'en trouve la preuve irrécusable dans un libelle publié dès le lendemain de sa chute, et que n'ont fait que copier, en renchérissant, tous les pamphlétaires aux gages de la réaction. Voici en quels termes s'exprimait l'auteur : « Il fallait un Tallien pour rendre la vue à la France aveuglée, car la majorité de la France était persuadée des vertus de Robespierre, tant il est difficile à l'honnête homme de croire que le vice existe dans le cœur de celui qui parle le langage de la vertu la plus pure. » Plus loin il dit de lui : « Ce *monstre* qui *feignait de vouloir faire épargner le sang* (1). » Ce qu'il y a de certain encore, c'est qu'à la nouvelle de sa chute, il y eut en France, dans toutes les âmes vraiment républicaines, une consternation profonde, et qu'au premier moment les milliers de suspects enfermés dans les prisons, loin d'espérer un adoucissement à leur sort, craignirent au contraire un redoublement de persécution. « Hélas ! se disait-on à mi-voix, qu'allons-nous devenir ? Nos malheurs ne sont pas finis, puisqu'il nous reste encore des amis et des parents, et que MM. Robespierre sont morts (2). » Comment est-on parvenu à tout défigurer ? comment a-t-on pu si profondément pervertir les idées de tout un siècle ? on le comprendra de reste après la lecture de cette histoire ; mais, avouons-le, il est souverainement triste de contempler le triomphe de la calomnie depuis tant d'années, car la sinistre puissance des méchants en reçoit une consécration éclatante.

L'empereur, qui avait été couvert de la protection d'Augustin Robespierre dont le regard pénétrant avait deviné le génie du jeune officier d'artillerie, avait sur le compte des deux frères des idées autrement équitables, et probablement il en pensait plus de bien qu'il n'en disait, s'avouant peut-être intérieurement que la chute seule de tels hommes avait rendu son élévation possible. Un jour, au faîte de sa grandeur, jetant sur le passé un regard mélancolique, et reportant son souvenir vers ces grandes victimes de l'injustice humaine, il demandait à Cambacérès ce qu'il pensait du 9 Thermidor. « Sire, » répondit l'ancien conventionnel devenu duc et archichancelier, « c'est un procès jugé, mais non plaidé (3). » Cambacérès avait de fortes raisons pour s'exprimer ainsi, car il savait le fond des choses, et s'il avait laissé faire, il n'en avait pas moins connu le secret des infamies de cette journée fatale.

---

(1) *Vie secrète, politique et curieuse de M. J.-Maximilien Robespierre,* par L. Duperron; an II, in-32 de 36 pages, p. 12 et 21.

(2) *Souvenirs de la Révolution,* par Ch. Nodier, t. I, p. 305. Ed. Charpentier.

(3) *Mémorial de Sainte-Hélène.*

C'est un procès jugé, soit; mais en premier ressort, et de l'inique sentence rendue par des juges prévaricateurs nous venons, pièces en mains, former appel devant le tribunal de la postérité, dont la mission sainte est de réparer les erreurs, de juger chacun suivant ses œuvres et suivant ses mérites.

Béranger, qui disait un jour à M. de Lamartine, à l'époque où celui-ci commençait à rédiger son *Histoire des Girondins :* « Robespierre est le plus remarquable personnage de la Révolution; » écrivait, il y a quelques années, à l'un des panégyristes du glorieux tribun, à propos de ce procès encore pendant devant l'histoire : « Vous avez examiné cette question, mais l'avez résolue autrement que moi, et j'en suis fâché en voyant combien de maladroites et ridicules imitations sont vénues raviver ce grand procès qui ne sera jamais jugé définitivement, parce que, selon moi, *l'humanité n'a pas d'intérêt à ce qu'il le soit* (1).» Voilà certes une abominable doctrine contre laquelle on ne saurait trop énergiquement protester, et que doivent réprouver toutes les âmes honnêtes. Quelle est donc la prétendue raison d'État en vertu de laquelle Jésus demeurerait encore flétri du jugement de Pilate? N'est-ce point là cette fatalité antique avec laquelle a rompu sans retour la tradition chrétienne? Sans doute il est commode, pour ne pas déranger certaines combinaisons, et pour éviter de dresser contre des morts oubliés un acte d'accusation terrible, de laisser, contre toute équité, quelques têtes chargées du poids de la réprobation universelle, et de dire : C'est le destin. Mais de ce lâche expédient une nation ne saurait être complice. S'il est une idée consolante pour les victimes, c'est de croire, en mourant, à l'inévitable justice, à la justice éternelle. Qu'elle arrive plus ou moins lentement, peu importe, elle viendra; tôt ou tard la vérité se fait jour à travers les ténèbres. Alors les échafauds se transforment en autels, et les cendres des martyrs, jetées au vent, deviennent autant d'étincelles qui embrasent et éclairent le monde.

Ce n'est pas la première fois qu'une voix s'élève afin d'imposer silence au mensonge et de présenter, sous leur jour véritable, les désastreux événements de Thermidor; plusieurs écrivains, guidés par le seul amour du vrai, ont éloquemment protesté contre les erreurs involontaires de certains historiens et les diatribes d'ignobles pamphlétaires (2); mais aucun n'a entrepris, dans les vastes proportions néces-

---

(1) Lettre de Béranger à M. Jules Lodieu, en date du 26 mars 1850. Voyez *Correspondance de Béranger, recueillie par M. Paul Boiteau.* t. IV, p. 73.

(2) Qui n'a lu l'*Histoire de la Révolution française*, par M. L. Blanc, récemment achevée, et qui restera comme un des plus beaux monuments élevés à la gloire de cette mémorable époque? Il serait également injuste d'oublier l'éclatante justice ren-

sitées par le sujet, la biographie de Maximilien Robespierre. Je fais aujourd'hui, pour ce géant de la Révolution, ce que j'ai tenté, non sans succès il y a quelques années, pour le jeune Saint-Just, son ami, l'héroïque associé de sa gloire et de son martyre. En concentrant les recherches sur un seul point, en prenant pour type le personnage qui a été l'incarnation même de notre Révolution, il était plus facile de saisir corps à corps la calomnie, de dégager le vrai du faux; la lumière produite au centre se répand plus aisément et avec plus d'éclat aux extrémités. Personne avant moi, d'ailleurs, n'a eu sous les yeux les documents précieux, inconnus complétement, qu'une bonne fortune inespérée a mis entre mes mains, et dont la révélation sera comme un éblouissement dans l'histoire, et le renversement des idées admises jusqu'à ce jour. Un hasard providentiel, nous pouvons le dire, nous est venu en aide dans notre laborieuse entreprise.

Ceci n'est point une œuvre de parti, c'est une œuvre de justice, morale et sainte par conséquent, s'il en fut jamais. De chers amis m'ont crié : Vous ne changerez pas le monde; pourquoi rompre en visière à des préjugés invétérés, et vous exposer inutilement à des récriminations haineuses, à de déloyales insinuations, à des attaques perfides? Ces considérations ne m'ont point arrêté. J'eusse envisagé comme un acte d'une lâche prudence, ayant la main pleine de vérités, de ne pas l'ouvrir, quand ces vérités importent à la rançon d'un juste sacrifié. Drapé dans mon honnêteté native, je me suis forgé de ma conscience un bouclier impénétrable à la calomnie; toutes les clameurs de la terre se briseraient comme un vain bruit à mon seuil sans me faire dévier de la route où je crois être engagé par un devoir sacré.

Plein de respect pour toutes les opinions consciencieuses et désintéressées, j'ai gardé moi-même la pureté de ma foi, et n'ai rien abandonné de mes convictions politiques puisées dans l'étude d'abord, puis dans mon amour profond pour le droit, la justice et l'humanité; mais elles n'ont pas été le mobile de ce livre ; encore une fois je ne stipule pas au nom d'un parti. Réfugié dans les régions sereines de l'histoire, à des hauteurs inaccessibles aux passions qui nous agitent, je ne vis que dans le passé, je suis un citoyen du dernier siècle, et j'écris sous la sauvegarde de Dieu, notre juge suprême, dont les bénédictions finissent toujours par s'étendre sur les œuvres de vérité.

due à Robespierre par M. de Lamartine en maints endroits de son *Histoire des Girondins*, et par M. Esquiros dans son éloquente *Histoire des Montagnards.*

III

A quelques pas de la place de la Comédie, à Arras, dans la rue des Rapporteurs, qui débouche presque en face du théâtre, et au coin de la petite rue des Rapporteurs, on voit encore, gardant fidèlement son ancienne empreinte, une maison bourgeoise, de sévère et coquette apparence. Élevée d'un étage carré et d'un second étage en mansarde, elle prend jour par six fenêtres sur la rue, sombre et étroite comme presque toutes les rues de ces vieilles villes du moyen âge, dont la physionomie semble être restée immobile au milieu de tant de secousses et de changements.

Vers le milieu du dix-huitième siècle demeurait dans cette maison un avocat distingué au Conseil provincial d'Artois, nommé Maximilien-Barthélemy-François Derobespierre, dont le père, également avocat au même Conseil, s'était établi à Arras vers 1720.

La famille Derobespierre avait eu pour berceau en France le bourg de Carvin, petite ville située à une vingtaine de kilomètres d'Arras, sur la route de Lille, et où survivent encore aujourd'hui quelques-uns de ses membres. S'il faut en croire une tradition fort répandue, elle serait d'origine irlandaise, et serait venue se retirer en Artois dans le courant du seizième siècle, lors des persécutions subies par les catholiques, probablement sous le règne de Henri VIII ou sous celui d'Édouard VI, car, au commencement du siècle suivant, ses branches étaient déjà très-nombreuses en Artois. Il nous a été impossible de découvrir la moindre pièce de nature à étayer cette tradition ; quelques personnes donnent même au nom de Robespierre une étymologie tout anglaise (1). Ce qui probablement a contribué à accréditer la tradition dont nous venons de parler, c'est qu'en 1757 un prince de race royale, proscrit aussi pour cause de religion, Charles-Édouard Stuart, ayant fondé à Arras un chapitre d'Écosse jacobite, sorte de loge maçonnique existant encore aujourd'hui sous le nom de loge de la Constance, en donna la présidence à l'un des membres de la famille Derobespierre, au propre oncle du futur conventionnel (2).

Quoi qu'il en soit, dans la dernière année du seizième siècle, un des

(1) Le nom de Robespierre viendrait, suivant ces personnes, de l'anglais Robert's Peter (Pierre fils de Robert) d'où de Robert-Pierre, et par corruption de Robespierre.

(2) *Biographie de Robespierre*, par M. J. Lodieu. Arras, de l'imprimerie de madame veuve Degeorge, 1850. Voyez aussi Ragon, *Cours interprétatif des initiations anciennes et modernes.*

ancêtres de celui-ci était notaire au bourg royal de Carvin. Pendant plus de cent ans, de père en fils, les Robespierre ou Derobespierre exercèrent le notariat, qu'ils cumulèrent quelquefois avec les fonctions de lieutenant de la principauté d'Épinoy. Nous avons sous les yeux un acte du 22 mai 1688, par lequel Robert de Robespierre, notaire à Carvin, et lieutenant de la principauté d'Épinoy, marie son fils Martin de Robespierre à demoiselle Antoinette Martin, fille de Claude Martin, maître de poste (1). De cette union sortit Maximilien de Robespierre, avocat au Conseil d'Artois, aïeul et parrain du député aux Etats généraux, et qui le premier fixa sa résidence à Arras.

Quelques biographes ont assigné à cette famille une origine noble ; c'est une erreur. Robespierre ne fut point, comme Mirabeau, un transfuge de la noblesse. Ni d'âpres désirs de vengence, ni d'immenses ambitions déçues ne le poussèrent comme tant d'autres à épouser la cause populaire ; nous verrons à quels plus dignes instincts il obéissait. Bras, tête, cœur, nom, tout était peuple en lui. Son nom, nous l'avons vu écrit dans les nombreux actes de famille que nous avons pu consulter, tantôt en deux mots, tantôt en un seul. La particule même séparée n'implique d'ailleurs, en aucune façon, l'idée de noblesse ; mais ce que nous pouvons affirmer, c'est que son grand-père et son père signaient l'un et l'autre *Derobespierre,* comme on le peut voir par son acte de naissance. La seconde partie de son nom se grava seule dans la tête et dans le cœur du peuple ; aussi lui-même abandonna-t-il tout à fait la particule, comme fit plus tard l'illustre chansonnier Béranger.

Sa famille, riche en vertus, vivait honorablement, sans fortune, mais entourée de l'estime et de la considération de tous. Son père, homme d'une grande droiture, s'éprit à l'âge de vingt-six ans d'une jeune personne aimable et charmante, nommée Jacqueline Marguerite Carrault, fille d'un marchand brasseur du faubourg de Rouville, et il en fut également aimé. Cette union paraît avoir été contrariée d'abord par les parents du jeune homme ; mais ils durent céder à la fin, et consentir, bon gré malgré, au mariage. Quelques mois après naissait, le 6 mai 1758, Maximilien-Marie-Isidore de Robespierre.

_____

(1) Généalogie de la famille Robespierre, communiquée par M. Alexandre Godin, archiviste en chef du Pas-de-Calais, que nous ne saurions trop remercier de son extrême obligeance. On peut voir la généalogie de Robespierre, depuis le commencement du dix-huitième siècle, dans la préface du t. I de l'*Armorial général de France,* par M. Borel d'Hauterive, p. xxxiij. Paris, 1856. Un arrière-grand-oncle de Robespierre, Yves de Robespierre, receveur de la principauté d'Épinoy, avait fait en 1696 enregistrer ses armoiries, lesquelles étaient d'or à une bande de sable, chargée d'un demy-vol d'argent. Il ne parait pas que les autres membres de la famille se soient parés de cet insigne féodal. Voy. l'*Armorial général,* t. I, p. 371.

La naissance de cet enfant fut sans doute un gage de réconciliation
entre le père et le fils, car nous voyons le premier tenir sur les fonts
de baptême ce nouveau-né, destiné à jouer un si grand rôle dans l'histoire de son pays (1). Le ciel bénit du reste largement cette union : dans
l'espace de cinq ans, deux filles et un second fils apportèrent successivement au jeune ménage de nouveaux éléments de tendresse et de
bonheur. Épouse adorée, mère excellente, madame de Robespierre se
dévoua tout entière à l'éducation de ses quatre enfants, qui de leurs
premières années embaumées de caresses gardèrent toujours un fond
d'excessive bonté. Tandis que la mère veillait avec un soin jaloux sur
ces jeunes âmes, précieux fruits d'un immense amour, le père travaillait jour et nuit, et son labeur suffisait amplement aux besoins de cette
maison, pleine de joies pures et toute retentissante de douces voix
enfantines.

Tout à coup, sur cette famille heureuse, vint fondre un irréparable
malheur. Madame de Robespierre, atteinte d'une maladie de poitrine,
développée peut-être par quatre enfantements, mourut au moment où
ses enfants avaient encore tant besoin de sa tendre sollicitude. L'aîné,
Maximilien, n'avait que sept ans ; le plus jeune, Augustin-Bon-Joseph,
né le 21 janvier 1763, atteignait à peine sa deuxième année. Cette
mort eut des conséquences désastreuses ; en moins de trois ans elle
mit le père lui-même au tombeau. Éperdu, désespéré, ayant au cœur
une plaie incurable, la vue des pauvres orphelins, au lieu de retremper
son courage, rendait son chagrin plus cuisant encore en lui rappelant
sans cesse la chère compagne qu'il avait perdue. Il prit en dégoût ses
affaires, cessa de plaider. Ses amis, inquiets, l'engagèrent vivement à
chercher dans les distractions d'un voyage une diversion à sa douleur,
un remède à sa santé profondément altérée. Il suivit ce conseil, parcou-
rut successivement l'Angleterre et l'Allemagne, puis, sur les instances
de sa famille, revint à Arras, où il essaya de reprendre l'exercice de sa
profession. Mais, tentative infructueuse ! l'infortuné ne put supporter

---

(1) Extrait du registre aux baptêmes, mariages et sépultures de l'église paroissiale
de la Magdelaine pour l'année 1758 :

Le six de may mil sept cent cinquante-huit a été baptisé par moi, soussigné,
Maximilien, Marie, Isidore, né le même jour, sur les deux heures du matin, en légitime mariage de Me Maximilien, Barthélemy, François Derobespierre, avocat au
Conseil d'Artois, et de demoiselle Jacqueline Carrault. Le parrain a été Me Maximilien
Derobespierre, père grand du côté paternel, avocat au Conseil d'Artois, et la marraine demoiselle Marie, Marguerite Cornu, femme de Jacques, François Carrault,
mère grande du côté maternel, lesquels ont signé :

DEROBESPIERRE.   G. M. P. LENGLART, curé.
DEROBESPIERRE.
Marie, Marguerite CORNU.

le séjour de cette ville où l'assaillaient de trop amers souvenirs. En proie à une mélancolie désespérante, il quitta de nouveau le pays natal pour n'y plus revenir, repartit pour l'Allemagne, et mourut peu après à Munich, dévoré par le chagrin (1).

IV

A l'époque de cette nouvelle catastrophe Maximilien avait un peu plus de neuf ans. C'était auparavant un enfant étourdi, turbulent comme on l'est à cet âge ; il devint tout à coup étonnamment sérieux et réfléchi. Si jeune et déjà si rudement éprouvé, il sembla comprendre quelle charge immense lui était léguée, se sentit chef de famille, et prit dès lors la résolution de servir de père et de mère en quelque sorte à ses deux sœurs et à son petit frère. Il leur parlait avec une gravité qui leur en imposait, mais les entourait de caresses et veillait sur eux avec la sollicitude la plus absolue. Quelquefois aussi il se mêlait à leurs jeux pour les diriger (2); le plus souvent il restait à l'écart, plongé dans ses méditations, et déjà songeant à l'avenir de cette famille qui reposait sur lui. Il n'est pas vrai pourtant que « son cœur ne rit plus jamais, » comme on l'a écrit quelque part (3). Au contraire, il garda toujours de sa mère un caractère enjoué, affectueux et tendre; cette histoire en fournira plus d'un exemple, et il demeura tel jusqu'à la fin, au milieu même des heures les plus agitées de sa vie, quoi qu'en aient dit ses ennemis et même ses admirateurs.

Certains pamphlétaires, uniquement pour satisfaire le plus vil esprit de parti, ont écrit qu'il s'était toujours montré dur à l'égard de ses sœurs et de son frère, et que jamais il n'avait laissé échapper l'occasion de les mortifier ou de les humilier (4). A cette inutile calomnie il y a deux réponses bien simples et sans réplique à opposer:

(1) Nous empruntons ce détail aux *Mémoires apocryphes de Robespierre*, dont l'auteur, qui a pu causer avec les contemporains, paraît souvent assez bien renseigné. Ces mémoires, publiés en 1830 par l'éditeur Moreau-Rosier, et qui sont tout simplement rédigés d'après les œuvres diverses et les discours de Robespierre, sont portés au catalogue de la bibliothèque impériale comme étant de M. Charles Reybaud (d'après Quérard, qui, du reste, m'a confirmé le fait comme le tenant de M. C. Reybaud). L'ouvrage devait former quatre volumes, il n'en a jamais paru que deux.

(2) *Mémoires de Charlotte Robespierre*, p. 46. Paris, 1835, in-8.

(3) *Histoire de la Révolution*, par Michelet, t. II, p. 316.

(4) Voyez entre autres une certaine *Vie de Robespierre*, publiée à Arras en 1850, et dont nous parlerons bientôt plus au long.

d'une part, les Mémoires si touchants de Charlotte Robespierre, de l'autre, le sublime dévouement d'Augustin dans la séance du 9 Thermidor. Longtemps, bien longtemps après ces années d'enfance, quelques nuages s'élevèrent entre la sœur et son jeune frère, comme on le verra plus tard ; mais jamais entre elle et Maximilien il n'y eut la moindre brouille, malgré le caractère difficile de Charlotte, ce qui est une preuve de plus de la patience et de la bonté de son frère aîné.

M. de Robespierre avait deux sœurs qui se marièrent tard ; l'une, Éléonore-Eulalie, marraine d'Augustin, épousa en 1776 M. François Deshorties, ancien notaire ; l'autre, Aldegonde-Henriette, devint, l'année suivante, la femme de M. Gabriel Durut, docteur en médecine de la Faculté de Montpellier. Au moment où les enfants perdirent leurs parents, elles n'étaient pas encore mariées et vivaient ensemble. Les deux petites filles, Charlotte et Henriette, celle-ci plus jeune de deux ans, furent d'abord recueillies par leurs tantes. Plus tard, sans doute par la protection de l'évêque d'Arras, M. de Conzié, très-attaché à leur famille, elles entrèrent au couvent des Manarres, à Tournai, et y reçurent l'instruction fort soignée des jeunes demoiselles nobles de la province. En 1776, elles y étaient encore l'une et l'autre (1).

Les aïeux maternels prirent chez eux les deux frères, et se chargèrent de leur éducation. Maximilien était déjà en âge d'étudier, on l'envoya suivre les cours du collége d'Arras, où, grâce à une intelligence d'élite, et surtout à une application obstinée au travail, il se trouva bientôt placé à la tête de sa classe. C'était un écolier doux et timide, affable et poli avec ses maîtres, serviable avec ses camarades. L'aménité de son caractère se révélait bien dans ses jeux de prédilection. Un vieillard de quatre-vingt-seize ans, vivant encore à l'heure où j'écris ces lignes, et qui l'a suivi de près au collège d'Arras, se rappelle qu'une de ses distractions principales consistait dans la construction de petites chapelles. Mais sa passion favorite était d'élever des oiseaux. On lui en avait donné de toutes sortes, et il leur consacrait tous ses instants de récréation : la maison de son aïeul était pleine de volières où, au grand plaisir de l'enfant, gazouillaient les moineaux et roucoulaient les pigeons. Ces derniers surtout étaient ses hôtes préférés, et l'on ne peut nier qu'il n'y eût quelque chose de touchant dans ce goût pour ces innocents oiseaux, les plus doux et les plus paisibles de la nature.

Tous les dimanches on amenait les deux sœurs chez les grands-parents, et c'étaient de bienheureuses journées. Maximilien s'empressait d'étaler à leurs yeux, de mettre à leur disposition les images et les

---

(1) Comptes de la ville de Tournay.

gravures dont il faisait collection ; puis il les menait aux volières, et
tour à tour leur donnait ses oiseaux à embrasser. C'était là surtout
l'objet de leur convoitise; elles eussent bien voulu posséder un de ces
beaux pigeons, souvent elles suppliaient leur frère de leur en donner
un. Mais lui, craignant l'étourderie des petites filles, et que l'oiseau
ne fût pas convenablement soigné, refusait toujours. Enfin, comme il
résistait difficilement à une prière, il se laissa vaincre, et donna l'oiseau,
non sans avoir obtenu de ses sœurs la promesse de ne jamais le négliger. Celles-ci, enchantées, jurèrent mille fois de l'entourer des plus
tendres soins, et tinrent parole durant quelque temps; mais un soir
elles oublièrent la cage dans le jardin, et un orage épouvantable ayant
éclaté pendant la nuit, le malheureux pigeon périt. Grande fut la désolation de Maximilien lorsqu'il apprit la fatale nouvelle ; ses larmes cou-
lèrent abondamment, il adressa à ses sœurs d'amers reproches et refusa
désormais de leur confier ses pigeons chéris.

Le caractère de l'homme se révèle ainsi dès ses plus tendres années,
et dans les plus petites choses. Si nous avons rapporté cette anecdote,
c'est parce qu'elle peint admirablement, suivant nous, le penchant inné
de Robespierre à s'apitoyer sur les faibles et les malheureux. Cette
pitié pour un oiseau, il l'étendra plus tard sur toutes les classes souffrantes de l'humanité, sur les déshérités de la terre, et sa vie sera une
vie toute d'abnégation et de sacrifice en leur faveur.

Soixante ans après cet événement, Charlotte ne pouvait se rappeler
sans amertume la fin tragique du pauvre pigeon, et son cœur saignait
encore de la vive douleur qu'en avait ressentie son frère (1).

                                    V

Cependant arriva l'heure triste où il fallut se séparer. L'instruction
du collège de la ville ne paraissait pas suffisante aux personnes qui
s'intéressaient au jeune Robespierre, et qu'émerveillaient ses rapides
progrès. Le jugeant digne de figurer avec honneur dans l'Université de
Paris, elles songèrent à lui en faciliter l'entrée, et sollicitèrent pour
lui une bourse au collège de Louis-le-Grand. Comment et sur quelle recommandation obtint-il cette faveur? c'est ce que nous allons essayer
d'établir d'une façon à peu près péremptoire.

Il y avait alors dans la capitale de l'Artois une abbaye fameuse dont

(1) *Mémoires de Charlotte Robespierre*, p. 49.

le titulaire était en quelque sorte le seigneur suzerain de la ville. La puissance de l'évêque n'était rien comparée à celle du redoutable abbé de Saint-Waast. Son immense palais couvrait une partie d'Arras ; dépouillés du caractère d'omnipotence dont ils semblaient revêtus jadis, ses murs en imposent encore, et par ce qu'ils sont aujourd'hui on peut se rendre compte de ce qu'ils étaient. D'un côté, ils renferment l'évêché, les appartements des chanoines de la cathédrale ; de l'autre, les archives du Pas-de-Calais, la bibliothèque et le musée. Les vastes domaines de l'ancienne abbaye s'étendaient jusqu'en Picardie et en Flandre, et le souvenir n'en est pas entièrement effacé ; dans certaines communes de notre département de la Somme, les paysans emploient encore pour les terres la mesure de Saint-Waast (1).

Dans les premières années du quatorzième siècle, un abbé de Saint-Waast, Nicolas le Candrelier, avait fondé à Paris et doté un collège auquel il avait donné le nom de la ville dont il était seigneur. Cet établissement ayant été supprimé au milieu du siècle dernier, et réuni au collège de Louis-le-Grand, il avait été stipulé, en manière de compensation, par une transaction en date du 5 juillet 1761, que le collège d'Arras aurait désormais la disposition de quatre bourses au collège de Louis-le-Grand (2). Or, comme cette institution était dans la dépendance de l'abbaye, il est fort probable qu'à la sollicitation de la famille de Robespierre, l'évêque, M. de Conzié, demanda au puissant abbé pour le jeune élève du collège d'Arras une des bourses dont il disposait ; et certes l'abbé de Saint-Waast ne pouvait l'accorder à un meilleur ni à un plus digne sujet. Il faudra bien en convenir d'ailleurs, si en effet Maximilien dut à la protection d'un prêtre son admission au collège le plus renommé de Paris, il ne se montra pas ingrat : au milieu des orages de la Révolution, quand il y aura quelque péril à élever la voix en faveur des ecclésiastiques, nous l'entendrons seul réclamer protection pour eux, tout en blâmant leurs erreurs, et demander formellement, à plusieurs reprises, la liberté absolue des cultes.

Il avait un peu plus de onze ans quand, pour la première fois, il quitta sa ville natale pour aller s'enfermer dans les tristes murs du collège de Louis-le-Grand, enlevé aux jésuites depuis quelques années, et devenu le siège de l'Université. C'était au commencement de l'année scolaire 1769-1770. Son plus grand chagrin était d'abandonner son frère et ses sœurs ; aussi leur distribua-t-il de grand cœur toutes ses petites richesses d'enfant, sauf toutefois ses chers oiseaux, lesquels furent remis à une personne digne de confiance, et vivement recommandés. De part et d'autre on versa bien des larmes en se séparant ; mais Maximilien se remit bientôt, convaincu lui-même de la nécessité de cette séparation, et pressentant peut-être qu'il allait se préparer à une destinée prodigieuse.

Il fut au collége de Louis-le-Grand ce qu'il avait été à celui d'Arras, le plus laborieux des élèves, le plus docile des écoliers. Quelques historiens ont écrit que sa situation de boursier, le constituant en état d'infériorité à l'égard de ses camarades, avait altéré son caractère et déposé dans son âme des germes de haine et d'envie. Il faut n'avoir jamais passé par cette sombre et monotone existence du collége, où tant de jeunes natures s'imprègnent involontairement d'une suprême mélancolie, pour s'imaginer que la position de boursier est une cause d'infériorité. Si la liberté ne règne pas positivement dans ces sortes de prisons universitaires, l'égalité y domine en souveraine absolue. Là s'effacent toutes les différences de richesses et de rangs. Les fils des plus hauts personnages y font la plus triste figure, s'ils ne s'élèvent d'eux-mêmes par leurs qualités personnelles. Les distinctions (car il y en a), toutes naturelles, proviennent de deux sources, les unes de la force brutale, les autres de la puissance intellectuelle. Ceux qui l'emportent par une supériorité physique sont quelquefois redoutés, mais souvent aussi haïs et méprisés ; l'estime de tous au contraire est presque toujours le partage des élèves d'une intelligence d'élite. Qui ne sait avec quelle sorte de respect les écoliers disent d'un de leurs condisciples distingué dans ses études : *C'est un fort ;* on s'incline volontiers devant lui, et d'unanimes applaudissements ne manquent jamais de saluer ses triómphes. C'est le culte librement rendu au travail et au mérite.

Qu'avait donc à envier Robespierre? Il était constamment un des premiers de sa classe ; son humeur égale et douce lui avait acquis les sympathies de tous ses camarades ; de ses maîtres il s'était fait autant d'amis (1). Une chose peut-être assombrissait parfois ses pensées, le plongeait dans de douloureuses réflexions : d'autres avaient des parents, la maison paternelle, où deux fois par mois ils allaient se retremper au sein de la vie de famille ; mais lui, il était à jamais sevré des caresses

---

(1) Lors de l'entrée de Robespierre au collége Louis-le-Grand, le principal était Gardin-Dumesnil, qui fut remplacé la même année par Poignard, docteur en théologie, lequel eut pour successeur en 1778 un autre docteur en théologie, Denis Berardier, qui devint le collègue de son élève à l'Assemblée constituante, et procéda à la célébration du mariage de Camille Desmoulins, dont Robespierre fut un des témoins.

maternelles, de ces puissantes caresses si bonnes et d'une si favorable influence. Il en sentait cruellement la privation, car il se rappelait l'adoration dont, tout enfant, sa mère l'avait entouré; cela pouvait bien le rendre moins ardent au jeu, jeter un peu de tristesse dans son cœur, mais point de haine ni de basse jalousie; la mélancolie s'empare des âmes tendres, elle déserte les fronts envieux.

Dans les premières années de son séjour au collège, un chanoine de la cathédrale de Paris, l'abbé de Laroche, proche parent de sa famille, lui servit en quelque sorte de père. Ce brave homme, touché des rares qualités d'esprit et de cœur du jeune écolier, s'était singulièrement attaché à lui; il l'encourageait en lui procurant quelques distractions, mais bientôt cette sainte amitié vint à manquer à Robespierre; il était depuis deux ans seulement au collège quand le digne abbé mourut, le laissant complétement seul à Paris. Cette perte l'impressionna beaucoup. S'il était triste, s'il s'isolait, pensif, de ses compagnons d'études, on doit le comprendre, cela témoigne au moins de sa reconnaissance envers ses protecteurs et prouve qu'il n'avait point l'indifférence de certains enfants auprès de qui la mort frappe sans laisser la moindre trace dans le cœur. Mais une affliction plus cuisante encore lui était réservée pendant son séjour au collège : quelques années plus tard il apprit la nouvelle imprévue de la mort de sa jeune sœur, Henriette, la plus tendrement aimée, brusquement emportée à l'âge de quinze ans à peine. Il grandissait ainsi, initié de bonne heure à toutes les amertumes de la vie.

La pitié de ses maîtres et de ses professeurs pour ces douleurs prématurées se changeait en affection plus vive, en intérêt plus puissant. Il n'était guère possible, du reste, de mieux se recommander à leur bienveillance : toujours la même aménité de caractère, une persévérance égale dans le travail. C'était l'élève modèle. Chaque année son nom retentissait glorieusement dans les concours universitaires; comment n'aurait-il pas été aimé des chefs d'un collége dont il était l'honneur?

Déjà s'accentuaient ses tendances pour les grandes et nobles choses, son amour pour les malheureux, sa haine vigoureuse de l'injustice. Un de ses professeurs de rhétorique, le doux et savant Hérivaux, dont il était particulièrement apprécié et chéri, ne contribua pas peu à développer en lui les idées républicaines. Épris des arts et de l'éloquence d'Athènes, enthousiasmé des hauts faits de Rome, admirateur des mœurs austères de Sparte, le brave homme s'était fait l'apôtre d'un gouvernement idéal, et, en expliquant à ses jeunes auditeurs les meilleurs passages des plus purs auteurs de l'antiquité, il essayait de leur souffler le feu de ses ardentes convictions. Robespierre, dont les compositions respiraient toujours une sorte de morale stoïcienne et d'enthousiasme sacré de la liberté, avait été surnommé par lui le *Romain*. L'abbé Royou, son professeur de philosophie, essaya en vain plus tard d'étouffer ces sentiments généreux, spontanément éclos en lui, et développés par la lecture des écrits de Jean-Jacques et de Voltaire; en vain il tenta de réagir de ses froids raisonnements contre ces formidables idées nouvelles qui de toutes parts commençaient à faire explosion et qu'avait embrassées son jeune et brillant disciple : le pli était pris; encore quelques années, et le sévère écolier du collége de Louis-le-Grand deviendra l'apôtre des temps modernes.

On se tromperait fort pourtant si l'on croyait que les opinions de Robespierre furent le résultat de son éducation classique. C'est une erreur généralement répandue que la lecture des auteurs latins et grecs *pervertit les idées*, et soulève dans les cœurs des jeunes gens ces brûlantes questions politiques et sociales qui, à cette heure, tiennent anxieux le monde tout entier. Rien de moins vrai. Seulement, à un âge où les préoccupations matérielles de la vie sont moins vives, moins pressantes, où l'âme n'est pas encore déflorée au contact de tous les égoïsmes, il est plus aisé aux sentiments larges et généreux de se développer, de prendre possession de cœurs encore naïfs et faciles aux nobles aspirations. Heureux ceux qui gardent plus tard l'empreinte de ces premières impressions; mais l'état social des anciens ne saurait être l'idéal rêvé : les républiques de la Grèce ou de Rome n'étaient pas la république de Robespierre.

D'autres que lui recevaient en même temps cette éducation classique et n'ont point senti germer en eux la fièvre de patriotisme dont il était dévoré. Si parmi ses camarades quelques-uns, comme Camille Desmoulins, plus jeune de deux ans, partageaient ses principes, combien d'autres demeuraient attachés aux vieilles idées, et après avoir combattu avec lui dans ces luttes pacifiques de l'Université, pleines d'émotions cependant, devaient le rencontrer plus tard dans la terrible mêlée de la Révolution.

Son séjour au collége de Louis-le-Grand fut marqué par une circonstance assez singulière. Il avait pris fantaisie au jeune roi Louis XVI, le jour de sa rentrée solennelle dans Paris, lors de son retour de Reims où il venait d'être sacré, de s'arrêter un instant dans la maison qui portait le nom d'un de ses ancêtres, en allant de l'église métropolitaine de Notre-Dame à celle de Sainte-Geneviève. Cette visite, annoncée à l'avance, tenait en émoi toute l'Université. Outre les discours prononcés par les principaux dignitaires, il était d'usage, dans ces sortes de

solennités, de charger le meilleur élève de composer et de prononcer
une harangue au nom de ses condisciples. La tâche échut à Maximilien Robespierre. Il ne pouvait trouver une occasion plus favorable
d'exercer sa verve et de montrer publiquement son esprit d'indépendance. Son discours, plein d'allusions mordantes, était plus rempli de
remontrances que de louanges, et signalait vivement au monarque les
abus nombreux de son gouvernement. Soumis au principal, il fut,
comme on pense, profondément modifié, et le royal visiteur en parut,
dit-on, satisfait. Bizarrerie de la destinée qui mettait dès lors en présence Louis XVI et Robespierre et faisait haranguer le jeune roi, au
début de son règne, par celui dont les âpres discours devaient contribuer plus tard à précipiter sa chute !

Aussitôt que Maximilien eut terminé ses études classiques, il commença son droit, toujours sous le patronage du collége de Louis-le-
Grand (1). Étudiant, il ne changea rien à ses habitudes d'écolier;
austère dans ses mœurs, sobre de plaisirs, il marcha au but d'un pas
ferme, sans se laisser détourner par les séductions du monde. En trois
ans il conquit tous ses grades.

Cependant le terme de ses études approchait. Depuis douze ans,
douze laborieuses années, interrompues seulement par les vacances
qu'il allait régulièrement passer à Arras dans sa famille, jamais il n'avait
donné lieu à la moindre plainte, jamais il n'y avait eu dans son travail
une heure de relâchement. Déjà, lorsqu'en quittant cette patrie du
collège où il avait grandi et appris à devenir homme, il était allé remercier l'abbé de Saint-Waast, qui n'était autre que ce cardinal de Rohan,
destiné bientôt à une si triste célébrité, et lui avait demandé la survi-
vance de sa bourse pour son frère Augustin, l'abbé commendataire,
après l'avoir comblé de justes éloges, avait pu lui dire avec raison, en
lui accordant sa demande, qu'il espérait faire au collège de Louis-le-
Grand un nouveau cadeau.

Mais, trois ans plus tard, une autre récompense lui était réservée, plus
importante, non à cause de la gratification pécuniaire qui y était attachée,
mais en raison de son caractère officiel. En effet, dans le mois même où il
achevait ses études, le 19 juillet 1781, l'administration du collège de
Louis-le-Grand, voulant lui donner une marque publique de sa profonde
estime et de l'intérêt qu'elle lui portait, prit la décision suivante :
« Sur le compte rendu par M. le Principal des talents éminens du sieur
de Robespierre, boursier du collége d'Arras, lequel est sur le point

_____

(1) La bourse dont jouissait Robespierre devait défrayer le titulaire pour les hautes
études de théologie, de droit ou de médecine.

de terminer son cours d'études; de sa bonne conduite pendant douze
années et de ses succès dans le cours de ses classes, tant aux distri
butions de l'Université qu'aux examens de philosophie et de droit, le
bureau a unanimement accordé au sieur de Robespierre une gratification de la somme de six cents livres, laquelle lui sera payée par M. le
grand maître des deniers du collège d'Arras, et ladite somme sera
allouée à M. le grand maître dans son compte en rapportant expédition
de la présente délibération et la quittance dudit sieur de Robespierre (1). »

(1) *Recueil de toutes les délibérations importantes prises, depuis 1763, par le bureau
d'administration du collège Louis-le-Grand et des colléges réunis.* Paris, chez Pierre-
Guillaume Simon, imprimeur du Parlement et du collège Louis-le-Grand.
MDCCLXXXI. 1 vol. in-4, p. 211.

En 1850, il a paru à Arras, chez Théry, libraire, rue Saint-Aubert, sans nom d'auteur, une prétendue vie de Maximilien Robespierre.

Cette œuvre de mensonge s'il en fut jamais, cynique ramassis des plus misérables
libelles publiés sur le martyr de Thermidor, est attribuée à l'un des chanoines de la
cathédrale, M. l'abbé Proyard (Voy. Querard). Ce n'est, au reste, qu'une sorte de
contrefaçon d'un autre libelle d'un autre abbé Proyard, intitulé *la Vie et les crimes
de Robespierre, surnommé le Tyran*, Augsbourg, 1795, in-8 de 370 pages, par Leblond
de Neuveglise (pseudonyme de l'abbé Proyard), parent du chanoine actuel, et préfet
des études à Louis-le-Grand, lorsque Robespierre y était. « Divers symptômes, » dit
l'auteur anonyme dans une courte préface, « ont fait naître l'idée de remettre en
lumière des documents *épars de divers côtés*, » et il s'est bien gardé d'aller chercher
ces documents dans l'histoire ; il lui a semblé plus simple, pour atteindre son but, de
les prendre dans les plus ignobles productions de la haine et de la calomnie. C'est
ainsi que divers renseignements puérils paraissent lui venir d'une dame Marchand,
propriétaire d'un journal réactionnaire publié à Arras à l'époque de la Révolution, et
qui, pour conserver sa clientèle aristocratique, rompit brusquement avec la famille
Robespierre, dont elle avait été l'intime amie. Voici, en effet, ce que nous lisons dans
une lettre écrite en 1790 par Charlotte Robespierre à son frère Maximilien : « ... Je
ne sais si mon frère (Augustin) n'a pas oublié de vous parler de madame Marchand; nous sommes brouillés; je me suis permis de lui dire ce que les bons
patriotes devoient penser de sa feuille, ce que vous en pensiez. Je lui ai reproché
son affectation à toujours mettre des notes infamantes pour le peuple. Elle s'est
fâchée, elle soutient qu'il n'y avoit pas d'aristocrates à Arras, qu'il n'y avoit que
les têtes exaltées qui trouvoient sa gazette aristocratique ; elle me dit un tas de
bêtises, et depuis elle ne nous envoie plus sa feuille. » Cette lettre montre une
fois de plus à quel point Charlotte partageait les sentiments de ses frères, et l'on
voit du reste à quelle source a puisé l'abbé Proyard.

Cependant une chose lui appartient en propre, c'est le récit de la vie de Robespierre
au collège. Il est difficile de s'aventurer plus loin dans le mépris de la vérité. L'auteur anonyme, qui cite fréquemment cet autre abbé Proyard, sous-principal du
collège de Louis-le-Grand du temps de Robespierre, dépeint ce dernier comme un
détestable écolier. « La présence de ses maîtres le fatiguait, » etc. (p. 16). Il connaissait cependant aussi bien que nous la délibération que nous avons citée dans
notre texte, mais il s'est bien gardé d'en parler : c'eût été le *mentiris impuden-
tissime.*

L'honnête et véridique écrivain avoue son aversion pour les jansénistes. Ces
hommes austères, dont le mensonge ne souillait pas les lèvres, ne peuvent que s'en
féliciter.

Maximilien Robespierre avait alors vingt-trois ans, il allait être reçu avocat. Tout en apportant à ses études de droit la plus consciencieuse attention, il n'en avait pas moins suivi le mouvement des esprits, et, au contact d'une société en travail d'émancipation, il avait senti se développer de plus en plus en lui ces larges idées de régénération sociale dont au collége déjà il comprenait la nécessité.

C'était le temps où Voltaire et Rousseau, sur le déclin de leur carrière, tenaient encore le monde attentif. Il avait pu assister à l'apothéose du premier, et le saluer de ses applaudissements enthousiastes le jour où, au Théâtre-Français, tout un peuple couronna de ses mains le patriarche de Ferney, comme pour lui donner, deux mois avant qu'on le menât au tombeau, un avant goût de son immortalité. Digne récompense d'une vie dignement remplie. Tant de services rendus à la cause de l'humanité, tant d'abus constamment battus en brèche, tant de réclamations en faveur des faibles et des opprimés, rachetaient suffisamment aux yeux de Maximilien un peu d'encens brûlé au pied des trônes, ou certaines pages adulatrices en l'honneur de quelques grands du jour. Aussi conserva-t-il toujours pour la mémoire de Voltaire un souvenir plein de respect.

Mais plus haut dans son estime était l'illustre Jean-Jacques. Et puis il se sentait attiré vers lui comme par une sorte de confraternité du sang, tant les fibres de son cœur répondaient aux sentiments si profondément humains dont Rousseau avait été l'éloquent interprète. L'auteur du *Contrat social* lui semblait l'écrivain par excellence. Qui donc avait fait entendre au monde une parole plus fière et plus digne? Qui donc avait mieux réfuté les monstrueuses doctrines de Grotius? Et quels écrits respiraient un plus tendre amour du peuple! Là point de scepticisme, point d'ironie amère; mais l'austère raison empruntant pour convaincre une langue pénétrante et passionnée. N'était-ce pas le véritable révélateur du droit dans sa plus pure expression? Disciple ardent et convaincu, Robespierre s'inspira des œuvres de Rousseau comme du meilleur modèle à suivre, et peut-être dès lors commencèrent de germer en lui comme de vagues désirs d'exercer auprès de ses concitoyens un semblable sacerdoce.

Il arrive souvent aux jeunes gens qui débutent dans la profession des lettres d'essayer d'entrer en relation avec les hauts dignitaires de la carrière qu'ils ambitionnent de parcourir. On voudrait recevoir d'eux comme un baptême littéraire. Il semble qu'une parole, un bout de lettre de ces princes de la littérature sera une sorte de passe-port pour le succès, et qu'à l'aide de ce talisman on marchera plus sûrement dans sa voie. Presque toujours on en reçoit un encouragement banal ou bien un conseil insolemment protecteur de ne pas tenter une route pleine d'écueils, comme si toute carrière en ce monde n'avait pas ses difficultés et ses périls; mais quelquefois, par compensation, on en obtient un de ces serrements de main où tressaille une fibre même du cœur, et qui ajoute au patronage l'inappréciable prix d'une illustre amitié. Robespierre se sentit saisi de cette ambition de contempler face à face un grand homme. Un jour donc, ému comme on l'est à vingt ans pour un premier rendez-vous, il se rendit à Ermenonville, où, accablé de souffrances et dévoré d'une indéfinissable tristesse, Rousseau vivait ses derniers instants. L'entrevue eut lieu sans doute dans le grand parc aux arbres séculaires, muets témoins des promenades solitaires du philosophe. Que se passa-t-il entre le maître et le disciple? Nul ne le sait. Personne n'a révélé ce que dit l'immortel Jean-Jacques à ce jeune homme inconnu, appelé à mettre en pratique ses théories sociales, et qui peut-être, soupçonnant l'avenir, venait chercher des avis sur l'application de ces théories. Il faut croire que le célèbre misanthrope, charmé du juvénile enthousiasme de son admirateur, avait dépouillé sa sauvagerie habituelle, car de cette visite Robespierre emporta un souvenir plein d'orgueil, et probablement elle contribua à lui rendre deux fois chère la mémoire de Jean-Jacques Rousseau (1).

Toutefois les questions politiques et les grands problèmes sociaux n'occupaient pas seuls sa pensée : la gloire littéraire, aux séductions si puissantes, l'attirait également, et à l'étude du droit il mêlait la culture des lettres. De cette époque datent sans doute quelques essais inédits que nous avons sous les yeux. Mais orphelin, sans patrimoine, vivant à Paris de la modique pension que lui faisaient ses tantes, il comprenait bien la nécessité de se créer au plus vite par son travail une position indépendante; aussi ses études professionnelles ne souffraient-elles en rien de ces nobles distractions de l'esprit dont il était avide, et auxquelles il sacrifiait bien volontiers les divertissements ordinaires et grossiers des jeunes gens de son âge. Afin de se former à la pratique de la procédure, beaucoup plus embrouillée à cette époque qu'elle ne l'est encore aujourd'hui, il allait travailler dans l'étude d'un procureur au Parlement, nommé Nolleau, où pour camarade de

---

(1) Cette entrevue paraît établie par la phrase suivante d'une sorte de dédicace adressée par Robespierre aux mânes de J.-J. Rousseau : « Je t'ai vu dans tes derniers jours, et ce souvenir est pour moi la source d'une joie orgueilleuse. » Voyez cette dédicace, dont on s'est servi comme d'exorde pour les mémoires apocryphes de Robespierre, à la fin des *Mémoires* de sa sœur, p. 149.

Charlotte dit aussi (p. 52) : « Je ne sais à quelle occasion mon frère aîné se rencontra avec Jean-Jacques Rousseau ; mais ce qu'il y a de certain, c'est qu'il eut une entrevue avec lui. »

cléricature il eut Brissot de Warville (1). Le soir il se rendait chez le
jurisconsulte Ferrières, proche parent du traducteur des *Institutes* de
Justinien, qui le dirigeait dans ses études de droit. Grâce à un travail
obstiné, il termina brillamment ses cours en trois ans; et, dès qu'il fut
en possession de ses grades, il se hâta de retourner à Arras, où ses succès universitaires, en le recommandant à l'attention de ses concitoyens, lui avaient frayé la voie et assigné d'avance une place honorable.

VI

Le jeune avocat au parlement de Paris fut le bienvenu dans sa ville
natale. Chacun lui fit fête; son oncle le médecin le reçut comme un
fils; sa famille, ses amis saluèrent avec attendrissement son retour;
pour tous il était un sujet d'espérance et d'orgueil; il ne tarda pas à
justifier la haute opinion qu'on avait de sa personne.

La profession d'avocat, qui avait été celle de son père et de son
grand-père, lui avait souri dès l'enfance. Admirable profession en effet,
mais trop rarement exercée comme elle devrait l'être, et qu'embrassa
avec amour Robespierre, parce qu'elle convenait merveilleusement au
désintéressement de son caractère et à sa tendresse pour l'humanité.
Défendre le faible contre le fort, l'opprimé contre l'oppresseur, l'exploité contre l'exploitant, tel était son rêve, rêve ardent d'une âme
inaccessible à l'égoïsme et à la corruption.

Dès son arrivée, il s'installa avec sa sœur dans la petite maison où
s'étaient écoulées ses premières années, unique débris d'un bien modeste
patrimoine, s'il n'eût pas en même temps recueilli de l'héritage de ses
pères une réputation sans tache, fortune qui en vaut bien une autre,
et qu'il devait religieusement sauvegarder. Sa jeunesse fut ce qu'avait
été son enfance, austère et studieuse. Après avoir prêté serment entre
les mains des membres du conseil provincial d'Artois, formalité indispensable, car c'était un privilège de ce conseil, sorte de parlement de

---

(1) *Mémoires de Brissot*, publiés par son fils, t. I, p. 160. Ladvocat, 1830. Nous
devons dire cependant que, d'une note de M. Devienne, ancien procureur, qui nous
a été communiquée à Arras, il résulterait que, avant de rentrer dans sa ville natale,
Robespierre n'avait jamais travaillé chez un procureur. De ce M. Devienne, ou de
Brissot, qui a tort, qui a raison? Dans cette note écrite après Thermidor, très-mal-
veillante par conséquent, l'ancien procureur se vante de lui avoir enseigné la procédure.

la province, de recevoir les avocats qui voulaient exercer soit à sa barre, soit devant les sièges inférieurs de l'Artois, il se mit courageusement à l'œuvre ; en peu de temps, à l'âge où les débutants au barreau s'épuisent en efforts inutiles, il eut conquis, à force de travail, de persévérance et de probité, une nombreuse clientèle.

Sa sœur nous a laissé un tableau exact du genre de vie qu'il avait adopté à cette époque. Presque tout son temps, il le passait dans son cabinet d'étude, situé au premier étage, au coin de la petite rue et de la rue des Rapporteurs. Chaque jour il se levait entre six et sept heures du matin, travaillait jusqu'à huit. Il vaquait alors à sa toilette, le coiffeur venait le raser et le poudrer ; on sait qu'il eut toujours le plus grand soin de sa personne. Ce n'était pas, comme on l'a dit, un homme de l'ancien régime sous ce rapport ; la propreté et l'élégance sont de tous les régimes, et, en cherchant à inspirer aux classes inférieures les éternelles idées de morale et de vertu, il était naturel qu'il leur donnât l'exemple de la décence et de la bonne tenue. Il déjeunait ensuite d'une simple tasse de lait, jetait un dernier coup d'œil sur ses dossiers, et à dix heures se rendait au Palais. L'audience finie, il rentrait pour dîner. D'une sobriété rare, il mangeait peu et ne buvait ordinairement que de l'eau rougie. Il n'avait de préférence pour aucune espèce de mets, mais il aimait surtout les fruits, et la seule chose dont il ne pouvait se passer, c'était une tasse de café. Après son dîner, il sortait ordinairement pour faire une promenade ou une visite. Son absence durait en général une heure, au bout de laquelle il rentrait pour travailler jusqu'à la fin du jour. Il passait ses soirées chez des amis quelquefois, mais le plus souvent en famille ; et tandis que chez ses tantes on se livrait à quelque partie de cartes ou qu'on causait de choses insignifiantes, lui, retiré dans un coin du salon, s'abîmait dans ses réflexions, songeant déjà peut-être à l'avènement prochain d'une ère de régénération et de salut (1).

(1) *Mémoires de Charlotte Robespierre,* p. 56 et suiv.

Les rédacteurs de la première édition de la *Biographie universelle,* qui s'embarrassaient fort peu en général de l'authenticité et de la certitude des documents qu'ils employaient quand il s'agissait des hommes et des choses de la Révolution, ont contesté, sans preuves, l'authenticité des *Mémoires* de mademoiselle Robespierre, tout en convenant qu'elle seule a pu fournir les détails intimes qu'on y rencontre. Leur principale raison est que mademoiselle Robespierre était une personne tout à fait illettrée. C'est, de leur part, une erreur grossière. Charlotte Robespierre avait, on l'a vu, reçu une éducation distinguée, et les lettres autographes d'elle que nous avons sous les yeux prouvent surabondamment qu'elle était fort capable d'écrire elle-même les notes qu'elle a remises à M. Laponneraye, et qui ont été publiées par celui-ci sous ce titre : *Mémoires de Charlotte Robespierre sur ses deux frères.*

Voyez dans la première édition de la *Biographie universelle* l'art. *Charlotte Robes-*

Ses habitudes méditatives le rendaient sujet à de fréquentes distractions. Revenant un soir, accompagné de sa sœur avec laquelle il était allé rendre visite à l'un de leurs amis, il double tout à coup le pas, obsédé par une idée, et court s'enfermer dans son cabinet. Quelques moments après, sa sœur arrive et le trouve, affublé de sa robe de chambre, plongé déjà dans le travail. Étonné, il lui demande d'où elle vient si tard, oubliant qu'un instant auparavant il l'avait laissée seule dans la rue, pressé qu'il était de rentrer pour se mettre à la besogne. Quelquefois, dans la ville, il passait, sans les voir, auprès de personnes de sa connaissance, de là cette accusation imméritée de fierté, si gratuitement lancée d'ordinaire contre presque tous les gens distraits. Si Robespierre conserva toujours une grande dignité de caractère, il n'eut jamais la sottise de cet orgueil incommensurable que ses ennemis lui ont prêté après coup. On ne pouvait avoir moins de fierté ni être plus affable que lui. A cet égard, les témoignages de tous ceux qui l'ont approché, de tous ceux qui ont vécu dans son intimité sont unanimes, et les souvenirs de la famille Le Bas corroborent exactement sur ce point les mémoires de sa sœur. Il était d'une humeur constamment égale et d'une aménité de manières dont tout le monde était enchanté. « C'est un ange, » disaient de lui ses tantes : « aussi est-il fait pour être la dupe et la victime des méchants. » Paroles prophétiques, qui se sont trop bien vérifiées dans l'avenir. Le cercle très-étendu de ses amis prouve suffisamment ces assertions; les personnages les plus distingués de la ville, les membres les plus éminents de la magistrature et du barreau d'Arras vivaient avec lui dans une sorte d'intimité. De ce nombre étaient Briois de Beaumetz, président du conseil provincial d'Artois, qui depuis...; Foacier de Ruzé, avocat général; Buissart, avocat et savant d'un rare mérite; MM. Leducq, Langlois, Charamant, Ansart, etc., tous avocats de talent; Dubois de Fosseux (1), et un jeune officier du

---

pierre, par Michaud jeune. Disons pour être juste que, en donnant au public une nouvelle édition de cet important recueil biographique, le propriétaire actuel, M. Thoinier-Desplaces, dans un esprit d'impartialité qui l'honore, a remplacé les anciennes notices sur les Robespierre et quelques autres personnages de la Révolution, écrites jadis sous l'empire de passions haineuses et injustes, par des articles où l'on s'est inspiré du seul amour de la vérité.

(1) En 1784, M. Dubois de Fosseux, qui fut depuis maire d'Arras, écrivait à Robespierre :

.... Dans mes bras vole avec assurance,
Appui des malheureux, vengeur de l'innocence;
Tu vis pour la vertu, pour la douce amitié,
Et tu peux de mon cœur exiger la moitié.

Ces vers terminent une pièce que lui adressa M. de Fosseux à l'occasion de son *Éloge de Gresset*, et qu'on peut lire tout entière dans les *Mémoires* de Charlotte, p. 155.

génie nommé Carnot, en garnison à Arras, où il habitait avec son frère, officier comme lui, une petite maison qu'on voit encore, et qui a gardé intacte la physionomie qu'elle avait à cette époque.

Maximilien Robespierre s'était rendu sympathique non-seulement par ses vertus privées, mais aussi par ses élans de franche gaieté que n'excluaient ni l'austérité de sa vie ni la nature sérieuse de ses travaux. Il n'était nullement morose. Plus tard, dans son existence politique, si laborieuse et si tourmentée, la persistance de la calomnie et les attaques envenimées de ses envieux purent assombrir son front, donner parfois quelque amertume à sa parole, mais dans l'intérieur, dans les relations privées, il ne se départit jamais de cette bonne humeur et de cette sérénité d'esprit qui, jeune homme, le faisaient partout bien venir.

VII

Il y avait alors à Arras une société chantante, récemment fondée, et consacrée à Chapelle, à La Fontaine et à Chaulieu. C'était comme une réminiscence des anciens *Pays d'Amour;* ses membres se considéraient en quelque sorte comme les héritiers des compagnons de la *Gaie Science.* « Des jeunes gens réunis par l'amitié, par le goût des vers, des roses et du vin, » lisons-nous dans une lettre écrite à l'abbé Ménage, s'assemblèrent le 12 juin 1778, sous un berceau de troène et d'acacia pour célébrer la fête des Roses, et jurèrent de se retrouver, chaque année à pareil jour, en l'honneur de la reine des fleurs. De là le nom de *Rosati* donné aux membres de cette aimable société, dans laquelle presque toutes les personnes notoires de l'Artois tinrent à honneur d'être admises. Au-sein de cette réunion régnait une égalité parfaite; les grands seigneurs y serraient fraternellement la main aux plus minces littérateurs. On y comptait presque tous les membres de l'Académie des belles lettres d'Arras, entre autres MM. Harduin et Le Gay, connus tous deux par d'estimables travaux scientifiques et littéraires; des magistrats comme M. Foacier de Ruzé, des prêtres comme les abbés Roman et Berthe; un professeur de théologie du nom de Daubigny, des militaires comme MM. Dumény et de Champmorin, et tant d'autres, amis et contemporains de Robespierre.

Une sorte de fraternité devait lier entre eux tous les membres de la société des *Rosati;* c'était formellement mentionné sur les diplômes de réception. Peut-être est-ce pour cela que quelques écrivains ont cru

voir une certaine analogie entre cette société et la franc-maçonnerie ;
il n'en est rien. Les *Rosati*, il est vrai, chantaient au bruit de la dislocation du vieux monde s'effondrant de toutes parts sous les coups des
philosophes, et plusieurs d'entre eux s'associaient activement au prodigieux mouvement qui poussait les esprits vers l'inconnu ; mais dans
leurs réunions ils ne s'occupaient ni de politique ni d'économie
sociale. Tout au plus frondaient-ils dans leurs petits vers, suivant
l'usage immémorial en France, les abus d'un régime désormais frappé
au cœur. Mais, cette fois, tout ne devait pas finir par des chansons, et la
société des *Rosati* eut, du moins, la gloire de compter dans son sein
deux des plus infatigables pionniers de l'ordre social nouveau ; j'ai
nommé Carnot et Robespierre.

Le premier avait été admis dès 1780 ; le second le fut deux ans plus
tard, dans l'année qui suivit celle de son retour à Arras.

Les séances des *Rosati* se tenaient dans un des faubourgs de la ville,
en dehors des fortifications, sur les bords de la Scarpe, sous un berceau de rosiers. Chaque réception d'un membre nouveau donnait lieu
à une réunion générale. La cérémonie avait une simplicité toute pasto-
rale : on offrait une rose au récipiendaire, qui la respirait trois fois,
l'attachait à sa boutonnière, vidait d'un trait un verre de vin rosé à la
santé des *Rosati*, puis, au nom de la société tout entière, était embrassé
par un de ses membres. Il recevait ensuite un diplôme en vers auquel
il était d'usage de répondre par quelques couplets (1). On a conservé
un certain nombre de pièces de Carnot et de Robespierre, chantées par
eux au sein de la société des *Rosati*. Ni l'un ni l'autre, il faut le dire,
n'avaient reçu le feu sacré, et s'ils n'avaient que leur bagage poétique
pour les recommander à la postérité, leur immortalité serait singulièrement compromise ; mais ils ont d'autres titres plus sérieux à la
reconnaissance des hommes.

Robespierre, il paraît, fut reçu avec un véritable enthousiasme.

> Je vois l'épine avec la rose
> Dans les bouquets que vous m'offrez,
> Et lorsque vous me célébrez,
> Vos vers découragent ma prose.
> Tout ce qu'on m'a dit de charmant,
> Messieurs, a droit de me confondre (2)...

disait-il, dans sa réponse au confrère chargé de le complimenter.

(1) Pour de plus amples renseignements sur la société des *Rosati*, voyez l'intéressante notice publiée par M. Arthur Dinaux, dans la troisième série des *Archives du
Nord*, à Valenciennes.

(2) Voyez ses couplets de réception à la suite des *Mémoires de Charlotte Robespierre*, p. 157.

C'est qu'en effet dès lors, malgré son extrême jeunesse, il était déjà célèbre à Arras; et nous montrerons bientôt par quels travaux importants, par quels succès il avait mérité de conquérir si rapidement l'estime et l'admiration de ses concitoyens.

VIII

Ses relations avec Carnot datent, on le voit, d'une époque bien antérieure à la Révolution. Et ce n'étaient pas de simples relations du monde, c'étaient des relations tout intimes, tout amicales; nous le prouverons sans peine dans un instant. Aussi avons-nous lu avec un profond étonnement, dans des mémoires récemment publiés sur Carnot par son fils, qu'ils étaient à peu près inconnus l'un à l'autre lorsqu'ils se trouvèrent ensemble sur les bancs de la Convention. S'il faut en croire l'illustre défenseur d'Anvers, il n'aurait eu que deux fois l'occasion de se rencontrer avec Robespierre avant l'explosion de 1789; la première à propos d'un procès dont il le chargea; la seconde, lorsqu'ayant été élu membre de l'Académie d'Arras, il fut reçu par Robespierre, alors directeur de cette Académie.

Quant à la circonstance du procès, voici, en substance, ce que raconte Carnot. Étant en garnison à Calais avec son frère, ils faisaient ménage commun et avaient pour servante une vieille femme nommée madame Duhamel. Un jour ils lurent, dans un journal de la localité, qu'une dame portant le même nom venait de mourir en Artois sans laisser d'héritiers directs. Ils eurent alors l'idée de demander à leur servante si par hasard elle ne serait pas parente de cette dame. La vieille domestique leur ayant montré ses papiers, ils les examinèrent attentivement, acquirent la preuve qu'en effet elle était de la même famille, l'engagèrent vivement à faire valoir ses titres devant les tribunaux, « quoique les adversaires qu'elle allait y rencontrer appartinssent à une maison influente dans le pays, » et chargèrent Robespierre de soutenir les droits de leur pauvre servante (I).

Il y a là d'abord une première erreur évidente. Carnot habitait Calais avant de s'établir à Arras, où, dès l'année 1780, il était en garnison. Or à cette époque Robespierre était encore étudiant; il acheva ses études

_____

(1) *Mémoires sur Carnot* par son fils, t. I, p. 96, 97. Paris, Pagnerre, 1861.

de droit au mois de juillet de l'année suivante seulement, et ce ne fut que vers la fin de 1781, comme on ne l'a sans doute pas oublié, qu'il revint dans sa ville natale pour y exercer la profession d'avocat. Il n'aurait donc pu soutenir les droits de la vieille domestique des frères Carnot lorsque ceux-ci vivaient ensemble à Calais. Carnot racontant les circonstances de ce procès longtemps après l'événement a certainement fait confusion. Il est fort probable que ce fut après avoir noué connaissance avec Robespierre au sein de la société des *Rosati*, dont les membres s'unissaient entre eux par des liens en quelque sorte fraternels, qu'ayant apprécié le caractère et le talent de son jeune confrère, il le chargea d'intérêts d'autant plus sacrés aux yeux de Maximilien Robespierre que c'étaient ceux d'une pauvre femme sans influence et sans protection. La tâche était donc difficile pour un débutant. Cependant, malgré la haute position des adversaires contre lesquels il avait à lutter, l'avocat triompha complétement, et sa victoire assura à la vieille servante « l'aisance pour le reste de ses jours. »

Carnot ne nous dit pas si Robespierre reçut le payement de ses soins, mais il prétend qu'il plaida en dépit du bon sens, et que son frère Carnot-Feulins, présent à l'audience, apostropha vivement l'avocat, malgré le rappel à l'ordre dont il fut l'objet de la part du président, et lui reprocha de compromettre l'affaire. Là encore, nous nous permettrons de le croire, Carnot a été mal servi par ses souvenirs. Premièrement, l'issue du procès milite en faveur de l'avocat qui, ayant à combattre une forte partie, n'en gagna pas moins sa cause, et mit sa cliente à l'abri du besoin « pour le reste de ses jours. » Ensuite, quand on aura vu, par une courte analyse des divers plaidoyers prononcés par Robespierre, quel soin, quelle conscience il apportait à toutes ses affaires, avec quel bonheur d'expressions il les exposait devant le tribunal, on sera convaincu qu'il n'a pu plaider légèrement un procès confié par un ami et que lui recommandait doublement la détresse de celle dont il avait accepté la défense. On l'appelait déjà le soutien des opprimés et le vengeur de l'innocence; beaux titres, et plus précieux pour lui que les honoraires les plus élevés.

Une autre présomption très-grave que Carnot entretenait à Arras des relations suivies avec Robespierre, c'est qu'il était devenu lui-même l'ami du plus intime, du plus cher ami, du frère de cœur de son futur collègue au comité de Salut public, M. Buissart. Nous avons sous les yeux des lettres écrites par lui à cet ami commun, l'une datée de 1793, l'autre d'une époque où Carnot était un des cinq directeurs de la République. L'honorable citoyen auquel elles étaient adressées, resté fidèle à la mémoire du martyr de Thermidor, s'étonnait d'avoir été nommé commissaire du Directoire à Arras, et, au sujet de cette place, Carnot lui répondait : « Vous la devez moins à notre amitié qu'à vos principes républicains et à vos talents (1). » Or n'est-on pas fondé à croire qu'il se rencontrait presque journellement avec Robespierre dans une maison dont celui-ci était l'hôte assidu et dévoué?

Mais de la bonne entente et de l'intimité existant entre eux en ces jours de jeunesse, où ni l'un ni l'autre ne prévoyaient certes qu'ils dussent se trouver associés plus tard pour travailler ensemble à l'œuvre difficile du salut de la France, nous avons une preuve irrécusable et de nature à dissiper toute incertitude. Parmi les pièces chantées dans les réunions de la société des *Rosati*, il en est une de Maximilien Robespierre, intitulée *la Coupe vide*, dont voici le dernier couplet :

> Amis, de ce discours usé
>   Concluons qu'il faut boire;
> Avec le bon ami Ruzé (2)
>   Qui n'aimerait à boire?
>   *A l'ami Carnot* (3),
>   A l'aimable Cot
> A l'instant je veux boire;
>   A vous, cher Fosseux,
>   Au groupe joyeux
> Je veux encore boire (4).

Il est donc parfaitement établi qu'à l'époque où Carnot se trouvait en garnison à Arras, il était dans les meilleurs termes avec Robespierre. Plus tard, après Thermidor, quand, à force de calomnies échafaudées avec un art infini et le plus incroyable machiavélisme, on fut parvenu à faire de son ancien confrère dans la société des *Rosati* le bouc émissaire de la Révolution, il renia cette amitié de sa jeunesse; il agit en cela comme tant d'autres, et nous aurons à citer plus d'un exemple curieux de ces apostasies du cœur.

Nous dirons comment, au sein du comité de Salut public, Robespierre et Carnot en arrivèrent à rompre complétement; nos recherches en effet nous ont mis à même de pouvoir préciser à peu près exacte-

---

(1) Lettre en date du 19 frimaire an IV, portant en tête : « A. Carnot, membre du Directoire exécutif, au citoyen Buissart, commissaire à Arras »

(2) M. Foacier de Ruzé, avocat général au conseil provincial d'Artois.

(3) L'honorable M. Hippolyte Carnot s'est donc étrangement trompé lorsque, d'après les souvenirs erronés de son père, dont nous aurons des erreurs plus graves à relever, il a écrit au sujet de Carnot et de Robespierre : « Ils se connaissaient à peine lorsqu'ils se rencontrèrent à la Convention. »

(*Mémoires sur Carnot*. t. I, p. 97.)

(4) Voyez cette chanson, qui contient quelques jolis couplets, aux pièces justificatives du premier volume des *Mémoires* apocryphes de Robespierre, p. 293.

ment l'heure et les causes de la scission qui éclata entre eux ; scission
à jamais déplorable en ce qu'elle fournit à la vile faction des Thermidoriens un immense appui moral ; scission déplorable, car, on peut l'affirmer hardiment, l'union de ces deux hommes si grands, si honnêtes
l'un et l'autre, eût contribué, la tempête passée, à fonder la liberté en
France et à affermir la République.

IX

Nous venons de voir Robespierre luttant pour une pauvre servante
contre des adversaires riches et influents ; avocat, il mit constamment
son ministère au service des faibles et des opprimés. Il n'acceptait pas
indistinctement toutes les affaires, et n'appliquait pas son talent à tor-
turer la loi dans un intérêt contraire à l'équité ; jamais ses plus violents
détracteurs n'ont pu l'accuser de s'être chargé d'une cause injuste. Lorsque dans un même procès les deux parties venaient le prier de leur
prêter son assistance, il ne cherchait pas à savoir quelle était la plus
riche, il se demandait d'abord où était le bon droit ; et s'il ne parvenait
pas à les concilier, ce qu'il essayait de faire avant tout, il prenait en
mains la cause la plus juste, sans considérer si son propre avantage était
de ce côté. Quelquefois on le vit ouvrir sa bourse à des clients au lieu
d'exiger d'eux des honoraires, quand la pénurie de leurs ressources
ne leur permettait pas de subvenir aux frais toujours coûteux d'un procès. En général, bien différent de ces avocats qui poussent à la lutte
quand même, il essayait de retenir ses clients dans cette voie périlleuse
des procès, et se gardait bien de les leurrer sur la bonté de leur cause.
Nous avons sous les yeux une lettre écrite par lui, en février 1787, à
un abbé Touques, alors bénéficiaire en Artois, et depuis curé de Cin-
theaux, près de Caen, qui l'avait chargé d'une affaire très-importante.
Elle commence ainsi : « La confiance illimitée que vous m'accordez me
flatte et m'embarrasse à la fois ; d'un côté, je ne trouve pas votre cause
assez dépourvue de moyens pour sacrifier absolument vos prétentions
sans aucune réserve, sans aucun dédommagement ; de l'autre, je ne la
regarde pas comme assez évidente pour vous donner le conseil de la
soutenir (1)... » Cette lettre, que sa longueur nous empêche de don-

---

(1) Cette lettre, dont l'original est à l'étranger aujourd'hui, a paru dans une brochure publiée à Caen en 1844, sous ce titre : *Excentricités caennaises*, tiré à 25 exemplaires, et dont nous devons la communication à M. Ch. Renard, de Caen.

ner en entier, témoigne de la conscience et du désintéressement de
l'avocat.

Dès la première année de son exercice, Robespierre attira sur lui l'attention par l'éclat de ses plaidoiries, et bientôt il fut un des membres
les plus occupés du barreau d'Arras. Ce ne fut donc pas un terne avocat
subitement transformé par la Révolution, élevé par elle à la hauteur des
plus brillants génies, comme l'ont écrit quelques-uns même de ses
apologistes; tout jeune il était marqué au front du sceau divin; l'importance des affaires confiées à ses soins atteste suffisamment sa renommée précoce et la position considérable qu'il avait rapidement
acquise dans son pays.

Une des premières causes qui le mirent en lumière fut une question
de testament très-curieuse et très-délicate. M. Jean-Baptiste de Beugny, habitant de la commune de Pas, dans les environs d'Arras, avait
embrassé la religion réformée et entraîné dans sa conversion les enfants
d'un de ses frères. Il mourut, laissant une grande fortune, après avoir
institué pour ses légataires ceux de ses héritiers naturels qui, à son
exemple, auraient abandonné le culte catholique en faveur du protes-
tantisme. Les héritiers exclus, parmi lesquels se trouvait un chanoine
de la cathédrale nommé Jacques-Simon-Joseph de Beugny, résolurent
d'attaquer le testament comme fait en haine de la religion de l'État;
mais avant d'introduire leur demande en annulation, ils s'adressèrent à
Robespierre, afin d'avoir une consultation sur la matière et de savoir si
un pareil acte était susceptible d'être cassé.

Robespierre se prononça résolûment pour l'affirmative, d'où l'on a
inféré plus tard qu'avant la Révolution il s'était montré catholique jusqu'à l'intolérance. Mais il suffit de lire son mémoire consultatif pour
être convaincu au contraire qu'il a été, en le rédigeant, guidé par le
plus entier respect de la liberté des cultes, dont il ne manqua jamais
d'être l'ardent défenseur. Si le testament lui paraît entaché de nullité,
c'est précisément à cause de l'intolérance de son auteur, lequel, pour
agir sur la conscience de ses héritiers, n'a pas craint de mettre en jeu le
puissant ressort de l'intérêt. « De toutes les passions qui peuvent entraîner la volonté de l'homme, » dit l'avocat consulté, « il n'en est pas de
plus incompatible avec la raison et la liberté que le fanatisme religieux (1). » Nous le verrons sans cesse rester fidèle aux principes de

(1) Consultation en date du 25 mai 1782, rédigée par M⁰ de Robespierre, et signée
par six de ses confrères, MM. Deconchi, Delegorgue aîné, Dourlent, Mauduit, Leducq,
Demarlières. Elle a été insérée dans le numéro du 25 septembre 1850 de l'*Impartial
de Boulogne*, auquel elle avait été communiquée par l'honorable M. Billet, avocat à
Arras.

tolérance universelle émis par lui dans cette consultation. Le fanatisme protestant ne lui semblait pas plus respectable que le fanatisme catholique; et plus tard, à une époque où il y avait quelque courage à défendre la liberté religieuse, nous entendrons le même homme, prenant hardiment à partie les fougueux sectaires du culte de la déesse Raison, s'écrier à la tribune des Jacobins : « On a dénoncé des prêtres pour avoir dit la messe... Celui qui veut les empêcher est plus fanatique que celui qui dit la messe. »

Mais si, obéissant à un sentiment d'équité, il n'hésitait pas à rédiger une consultation en faveur de personnes attachées à la communion romaine, il était toujours prêt à entrer en lutte contre les princes mêmes de l'Église, quand il jugeait leurs prétentions contraires au bon droit. Aucune considération n'était capable de contre-balancer dans son cœur la cause sacrée de la justice. Un jour de simples paysans vinrent le prier de se charger d'un procès important; l'adversaire était redoutable. Robespierre examina la cause, la trouva juste, et on le vit, non sans étonnement, soutenir avec une suprême énergie les intérêts de pauvres vassaux contre leur puissant seigneur, qui n'était autre que l'évêque d'Arras.

Une autre fois, dans une circonstance bien autrement grave, il eut le courage de s'attaquer à l'un des moines de l'abbaye de Saint-Sauveur d'Anchin, dom Brogniart. Une jeune fille nommée Clémentine Deteuf était employée comme lingère dans l'abbaye; le moine, l'ayant trouvée de son goût, mit tout en œuvre pour la séduire. N'ayant pu arriver à ses fins, il résolut de se venger bassement et eut l'infamie d'accuser la jeune fille d'avoir dérobé une somme de deux mille louis. En vain elle protesta de son innocence, en vain elle affirma que le misérable la dénonçait faussement parce qu'elle n'avait pas voulu céder à ses passions brutales; que pouvait-elle, faible jeune fille, contre un si puissant accusateur? Et qui voudrait consentir à la défendre? Car poursuivre dom Brogniart, dévoiler la bassesse de son action, le signaler comme un faux dénonciateur au mépris public, c'était s'attirer l'implacable inimitié de toute l'abbaye. On sait à quel esprit de corps invétéré obéissent les membres des corporations religieuses. Plutôt que de sacrifier la brebis galeuse, d'abandonner simplement un coupable à la vindicte des lois, ils aiment mieux souvent le couvrir de leur protection et se rendre en quelque sorte solidaires d'un crime. Malheur à qui porte la main sur un des leurs !

Un homme pourtant eut ce courage, ce fut Maximilien Robespierre, à qui s'adressa le père de la victime. Sûr de l'innocence de Clémentine Deteuf, il se présenta pour elle à la barre du tribunal criminel. Dans une plaidoirie saisissante il démontra la fourberie de ce moine libertin, assez infâme pour sacrifier l'innocence d'une jeune fille à une ignoble vengeance. Ses consciencieux efforts furent couronnés d'un plein succès, les juges acquittèrent sa cliente. Mais il ne lui suffit pas de lui avoir rendu l'honneur ; non content de ce triomphe, il voulut encore obtenir la réparation du préjudice matériel qu'elle avait subi. En conséquence il intenta en son nom contre dom Brogniart une demande en dommages-intérêts devant le conseil provincial d'Artois. Un volumineux et remarquable mémoire, répandu à profusion, acquit à la jeune fille les sympathies de tout le monde, et son méprisable accusateur fut condamné envers elle à une forte réparation pécuniaire (1).

Cette affaire eut et devait avoir un prodigieux retentissement. Et il est facile de comprendre combien s'en accrut la renommée du jeune avocat, assez téméraire pour avoir osé plaider contre l'évêque d'Arras et attaquer en justice un des puissants moines de l'abbaye de Saint-Sauveur d'Anchin.

X

Comme dans toutes les provinces de France avant la Révolution, l'organisation judiciaire en Artois était un véritable dédale. Issue de l'anarchie féodale et des luttes entre l'Église et le pouvoir séculier, elle gardait bien l'empreinte des vicissitudes de sa vicieuse origine. Il y avait la justice royale et la justice seigneuriale, et cette dernière se divisait encore en haute, moyenne et basse justice. Souvent une même ville était soumise à plusieurs juridictions. C'est ainsi que, sous le rapport judiciaire, Arras était partagé en cité proprement dite et en ville ; la première dépendant de l'évêque, la seconde de l'abbé de Saint-Waast ; l'évêque et l'abbé avaient droit de haute et basse justice.

Au-dessus siégeait, pour toute la province, un conseil supérieur, sorte de parlement établi en 1530 par l'empereur Charles Quint. Les charges des officiers attachés à ce conseil étaient héréditaires; en ces temps d'anarchie générale, décemment couverte du manteau du despotisme, et à laquelle la Révolution vint tardivement mettre bon ordre,

---

(1) *Mémoire pour François Deteuf*, demeurant au village de Marchiennes, contre les grand-prieur et religieux de l'abbaye d'Anchin. Arras, G. de la Sablonnière, 1784, in-4° de 21 pages.

la justice, on le sait, était, par un déplorable abus, devenue le patrimoine du magistrat. A cette règle presque générale il y avait cependant quelques exceptions; ainsi pour les offices de judicature appartenant à la juridiction de l'évêque ou à celle de l'abbé de Saint-Waast, l'un et l'autre avaient la nomination des juges de leurs différents tribunaux.

M. de Conzié, évêque d'Arras, charmé des succès du jeune avocat, à la famille duquel il portait un vif intérêt, avait eu l'idée de se l'attacher comme magistrat dès sa seconde année d'exercice au barreau; et, nommé par lui, Robespierre se trouva un jour juge au tribunal civil et criminel de l'évêque (1). Membre de ce petit tribunal, il eut le courage de repousser, au nom des principes et de la souveraineté du peuple, dont on ne se souciait guère alors, les édits de Lamoignon, auxquels les tribunaux supérieurs n'opposaient que des formes (2). Mais ce métier d'inquisiteur ne convenait guère ni à l'indépendance de son esprit ni à la douceur de son caractère. On sait ce qu'étaient les juges

(1) La tradition rapportait bien que Robespierre avait occupé le siège de juge au tribunal de l'évêque d'Arras, mais elle ne reposait jusqu'ici sur aucune donnée certaine. La découverte d'une pièce capitale qu'une bonne fortune inespérée a mise entre nos mains, nous met à même de dissiper toute incertitude à cet égard; c'est le brevet même de nomination de Robespierre, provenant, comme tant d'autres pièces éparses, des dilapidations du conventionnel Courtois. Le voici; en tête se trouvent les armes de l'évêque :

« Louis, François, Marc, Hilaire de Conzié, par la grâce de Dieu et du Saint-Siége apostolique, évêque d'Arras, à tous ceux qui ces présentes lettres verront, salut.

« Sçavoir faisons que, sur le bon rapport qui nous a été fait de la personne de maître Maximilien, Marie, Isidore Derobespierre, avocat au conseil d'Artois, de ses sens, prudhommie, capacité et expérience, pour ces causes nous l'avons commis et établi au lieu et place de Me Delarsé, commettons et établissons homme de fief gradué du siège de notre salle épiscopale d'Arras, pour y juger de tous les procès, causes et instances, tant civils que criminels, appendances et dépendances, en prêtant par lui le serment en tel cas requis es mains de notre prévôt audit siège; et ce aux honneurs, fruits, profits et émolumens ordinaires, sans toutefois en pouvoir prétendre aucuns à notre charge; et durera la présente commission jusqu'à révocation que nous pourrons faire quand il nous plaira.

« Donné sous notre seing, notre scel ordinaire et le contre-seing du secrétaire général de notre évêché, à Paris, le neuf du mois de mars mil sept cent quatre-vingt-deux.

« LOUIS, évêque d'Arras.

« Par Monseigneur,

« DELYS SIERGEN.

« Enregistré au greffe de la salle épiscopale d'Arras, le cinq juillet mil sept cent quatre-vingt-trois. — SIRON. »

Nous devons la communication de cette pièce à l'honorable M. France, libraire, bien connu de tous les hommes qui se sont occupés de travaux sur la Révolution.

(2) Voyez à cet égard les explications données par Robespierre lui-même dans sa *Réponse* aux discours de Brissot et de Guadet, prononcée aux Jacobins, le 27 avril 1792.

de l'ancien régime. Il lui répugnait d'avoir à prononcer des sentences
de mort. Déjà, en effet, il déniait à la société le droit d'attenter à la vie
d'un de ses membres, pensant avec raison que la peine capitale n'est ni
un frein suffisant pour le crime, ni un exemple salutaire. Déjà on pouvait pressentir l'homme qui, du haut de la tribune de la Constituante,
devait laisser tomber ces paroles : « La nouvelle ayant été portée à
Athènes que des citoyens avaient été condamnés à mort dans la ville
d'Argos, on courut dans les temples, et on conjura les dieux de détourner des Athéniens des pensées si cruelles et si funestes. Je viens conjurer, non les dieux, mais les législateurs, qui doivent être les organes et
les interprètes des lois éternelles que la Divinité a dictées aux hommes,
d'effacer du code des Français les lois de sang qui commandent des
meurtres juridiques, et que repoussent leurs mœurs et leur constitution
nouvelle. Je veux leur prouver que la peine de mort est essentiellement injuste, qu'elle n'est pas la plus réprimante des peines, et qu'elle
multiplie les crimes beaucoup plus qu'elle ne les prévient (1)...»
Au reste il résigna, assez peu de temps après, croyons-nous, ses fonctions de juge. Un jour un assassin comparut devant son tribunal. Les
charges les plus accablantes s'élevaient contre l'accusé, la loi était formelle, il fut bien obligé de le condamner au dernier supplice. Mais
l'idée d'avoir disposé lui-même de la vie d'un de ses semblables
l'obsédait comme un remords; il rentra chez lui le désespoir au cœur ;
et quand sa sœur entreprenait de le consoler en lui rappelant l'énor-
mité du crime du condamné, il répétait toujours : « Sans doute c'est
un scélérat, mais faire mourir un homme (2)! » Dès le lendemain il
envoya à l'évêque sa démission de juge, et se consacra tout entier au
barreau, préférant à la mission sévère de poursuivre et de châtier les
criminels la mission plus difficile et plus élevée de protéger l'innocent,
et d'appeler sur le coupable l'indulgence des hommes.

De là date sans aucun doute son antipathie pour les emplois judiciaires. Appelé longtemps après, en juin 1791, au poste d'accusateur
public par les électeurs de Paris, nous le verrons, au bout de quelques
mois d'exercice (avril 1792), se démettre également de ces fonctions
auxquelles l'avait élevé la confiance de ses concitoyens, et qu'il n'avait
acceptées qu'à contre-cœur.

---

(1) *Discours sur l'abolition de la peine de mort,* prononcé dans la séance de l'Assemblée nationale du 30 mai 1791. Voy. le *Moniteur* du 1er juin, n° 152.
(2) *Mémoires de Charlotte Robespierre,* p. 69.

XI

La liberté du barreau, comme plus tard celle de la tribune, convenait mieux à son tempérament. Là il pouvait plus à l'aise battre en brèche les vices et les préjugés de l'ancien régime. Au lieu d'être le défenseur obligé de lois mauvaises, engendrées en des temps d'arbitraire et de despotisme, suivant le bon plaisir de gouvernements sans contrôle, il lui était permis de réclamer hautement, publiquement des réformes devenues indispensables, de travailler activement à la ruine d'un édifice social vermoulu et justement condamné à disparaître.

Il s'était fait un auditoire sympathique; la plupart des magistrats accoutumés à l'entendre étaient devenus ses amis. Plusieurs, il est vrai, dans la suite, ne restèrent pas fidèles à cette amitié; platoniques adorateurs de la liberté, ils en vinrent à l'abhorrer dès qu'ils furent en possession de la déesse, et ne pardonnèrent pas à ceux qui demeurèrent attachés à son culte; mais Robespierre, lui, ne changea point.

Son éloquence avait quelque chose d'entraînant. Sans doute il ne se montra pas tout de suite ce qu'on le vit plus tard à la Constituante, quand il fut parvenu à rompre la glace, ou à la Convention; mais il était facile de deviner, dès ses débuts au barreau, l'irrésistible orateur; d'autant plus irrésistible que ses accents étaient l'écho profond de sa foi, que ses élans partaient du cœur et que, suivant l'expression de Mirabeau, « il croyait tout ce qu'il disait. »

Après sa mort on l'a défiguré au physique comme au moral. S'il faut en croire quelques-uns de ses calomniateurs, il avait la voix en fausset, aigre, criarde et discordante, cet homme qui si longtemps, sous le charme de sa parole, sut tenir attentives la Convention nationale et les assemblées populaires. Nous pouvons affirmer, au contraire, d'après des témoignages non suspects, que sa voix était sonore et pénétrante. S'il n'eut ni l'ampleur de Mirabeau, ni la fougue de Danton, il posséda plus qu'eux l'art de convaincre; c'est ce dont le lecteur se rendra parfaitement compte lui-même en le suivant avec nous pas à pas dans les phases diverses de son orageuse existence. Tour à tour froid et ardent, doux et terrible, nerveux, concis quand il le fallait, abondant à l'occasion, maniant d'une main également sûre l'arme de la raison et celle de l'ironie, toujours convaincu, toujours maître de lui-même, le geste merveilleusement approprié au discours, il possédait au suprême

degré tout ce qui constitue le véritable orateur. Un de ses plus acharnés détracteurs, Merlin (de Thionville), dans une lâche et ridicule brochure sur laquelle nous aurons l'occasion de nous étendre plus longuement en temps et lieux, veut bien accorder qu'il a montré « des talents
oratoires (1) ; » c'est ce dont on ne peut douter à moins de nier la
clarté du jour. Nous reviendrons sur ce sujet; mais nous tenions à
constater dès à présent la réputation d'éloquence dont, jeune avocat,
il jouissait à ses débuts. On ne le comparait à rien moins qu'au fils
d'Antiope et de Jupiter, dont les touchants accords attendrissaient les
pierres elles-mêmes. En faisant la part de l'exagération, il n'en reste
pas moins établi que Maximilien Robespierre n'avait la voix ni aigre ni
discordante. Voici en quels termes le dépeignait un de ses confrères de
la société des Rosati :

> Ah! redoublez d'attention!
> J'entends la voix de Robespierre.
> Ce jeune émule d'Amphion
> Attendrirait une panthère (2).

XII

Parmi les causes dont il fut chargé tout jeune encore et qui lui
valurent d'éclatants triomphes, il en est une dont nous devons entretenir le lecteur avec quelques détails, parce qu'elle représentait un véritable intérêt social et qu'elle eut un immense retentissement, non-
seulement dans la province d'Artois, mais aussi à Paris, en France, et
dans toute l'Europe : nous voulons parler de la fameuse affaire du Paratonnerre.

Depuis plus de vingt ans la précieuse découverte de l'immortel
Franklin était adoptée par toutes les nations, quand, pour l'étonnement
du monde et l'indignation de tous les hommes éclairés, éclata, non loin
d'Arras, le procès le plus singulier. Un avocat de Saint-Omer, nommé

---

(1) *Portrait de Robespierre*, par Merlin de Thionville. In-8 de 12 pages, de l'imprimerie de la veuve Marat. Merlin, du reste, n'est que le signataire de ce plat libelle.
Défenseur ardent de la mémoire de l'*Ami du peuple*, Merlin reproche vivement à
Robespierre, *obligé de présider à son apothéose*, d'avoir eu *plutôt l'air de le traîner à la
voirie que de le porter au Panthéon*. Voy. p. 5. Ceci au figuré, car ce ne fut qu'après
le 9 Thermidor que le corps de Marat fut transporté au Panthéon par les Thermidoriens.

(2) *La Société des Rosati d'Arras*, par M. Arthur Dinaux, p. 25.

de Vissery de Bois-Valé, possesseur d'une immense fortune et doué
d'un goût prononcé pour les sciences, consacrait noblement à des expé-
riences coûteuses ses loisirs et une partie de ses revenus. Il s'occupait
plus spécialement d'électricité; aussi, dès qu'il se fut convaincu de
l'utilité des paratonnerres, s'empressa-t-il d'en élever un sur sa maison, afin de recommander par son exemple à ses compatriotes l'usage
de ces préservatifs salutaires. Depuis un mois l'ingénieux appareil se
dressait aux yeux des habitants de la ville, quand une dame contre
laquelle M. de Vissery avait soutenu plusieurs procès au sujet d'un mur
mitoyen, résolut, dans un esprit de vengeance, de le forcer à renverser le paratonnerre dont était armé le faîte de sa maison.

Pour atteindre son but elle fit composer une requête, chef-d'œuvre
d'ignorance et de sottise, dans laquelle on exposait que le sieur de
Vissery ayant édifié une machine sur sa maison afin d'attirer la foudre
du ciel, il en résultait un danger réel pour les propriétés du voisinage,
en ce qu'elles seraient constamment exposées aux ravages de la foudre; qu'en conséquence il y avait urgence à ordonner la destruction
de ce pernicieux appareil. Puis elle alla de porte en porte solliciter
des adhésions. A grand'peine elle réunit cinq ou six signatures de
voisins complaisants ou peu éclairés, et déposa l'étrange écrit entre
les mains des officiers municipaux de Saint-Omer. Chose plus étrange
encore, il se trouva des hommes pour faire droit à cette requête!

Que les plus beaux génies aient été persécutés autrefois pour les inventions et les découvertes qui ont immortalisé leurs mémoires, qu'un
parlement routinier et barbare ait, par arrêt, ordonné au sang de
rester immobile dans les veines et proscrit les plus utiles innovations,
cela est malheureusement trop vrai; mais que, dans les dernières années du dix-huitième siècle, après Voltaire et Jean-Jacques Rousseau,
à une époque où la diffusion des lumières se produisait avec une
étonnante rapidité, des magistrats osassent vouer à la destruction
un appareil dont l'utilité était consacrée déjà par une longue expérience, c'était à confondre l'imagination. « Tout le monde savant l'a
adopté avec transport, » disait Robespierre dans sa plaidoirie; «toutes
les nations éclairées se sont empressées de jouir des avantages qu'il
leur offrait; aucune réclamation n'a troublé ce concert universel de
louanges qui d'un bout du monde à l'autre élevait jusqu'aux cieux la
gloire de son auteur... Je me trompe il y a eu une réclamation... Dans
ce siècle, au sein des lumières qui nous environnent, au milieu des
hommages que la reconnaissance de la société prodiguait au philosophe
à qui elle doit cette sublime invention, on a décidé qu'elle était pernicieuse au genre humain. » En effet, il était réservé aux échevins de

Saint-Omer de se couvrir de ridicule par une sentence digne des juges grossiers du quinzième siècle. Considérant les paratonnerres « comme perturbateurs du repos des citoyens et dangereux pour la sûreté publique, » ils en ordonnèrent le renversement immédiat, enjoignant au petit bailli, en cas de retard, de requérir des ouvriers et de procéder lui-même à la démolition de la fatale machine (1).

Jusque-là les habitants de Saint-Omer étaient demeurés indifférents; mais, en présence de l'absurde sentence de leurs magistrats municipaux, ils crurent à un danger réel et se portèrent en foule à la demeure de M. de Vissery, qui, pour éviter des scènes regrettables, peut-être le pillage de sa maison, se vit contraint d'enlever, jusqu'à nouvel ordre, la pointe de son paratonnerre. Mais il ne se tint pas pour battu; confiant dans les lumières d'une magistrature supérieure. il chargea Maximilien Robespierre du soin de défendre devant le conseil d'Artois les intérêts de la science et de la raison. Cette affaire, on peut le dire, mit en émoi tout le monde savant, et jamais invention ne fut défendue avec plus d'acharnement et d'enthousiasme que celle de l'illustre Franklin. Aux efforts de Robespierre se joignirent ceux des hommes les plus distingués de l'époque. Buissart, son intime ami, avocat et savant d'un grand mérite, rédigea un mémoire étendu, sorte de traité complet sur la matière; d'autres avocats d'Arras adhérèrent aux solutions de droit contenues dans ce mémoire; enfin nous avons sous les yeux une consultation envoyée de Paris, très-singulière en ce que, quoique favorable, elle est excessivement timorée. Les auteurs semblent n'être pas fort édifiés eux-mêmes sur l'efficacité salutaire des paratonnerres; ils prévoient que « la sagesse des magistrats ne rendra pas à M. de Vissery l'usage de son paratonnerre sans préparer le peuple à cet événement par des lenteurs prudentes. » Nous ne signalons, du reste, cette consultation que parce qu'elle est signée des noms, devenus célèbres, à divers titres, de Target, de Polverel et de Lacretelle.

Autre fut l'opinion de Robespierre. La science, la raison indignement blessées par la sentence des magistrats de Saint-Omer demandaient, selon lui, une réparation immédiate. Après avoir, avec une remarquable clarté, traité la question scientifique, il montrait le paratonnerre triomphant chez presque tous les peuples du monde et proscrit dans la seule ville de Saint-Omer. Mais ces lumières, auxquelles

(1) « ... Ordonnons que le présent jugement sera exécuté nonobstant opposition ou appellation quelconque, sans caution, *attendu qu'il s'agit de police, sûreté et tranquillité publique*. » (Extrait de la sentence.)

on voulait mettre un obstacle, il les plaçait sous la sauvegarde de la sagesse des magistrats du conseil. «Vous vous empresserez,» disait-il en terminant, « de casser la sentence que les premiers juges ont rendue contre elles. Oui sans doute elle ne peut éviter ce sort, votre sagesse l'avait déjà proscrite avant même que je l'eusse attaquée... Le véritable objet de tous mes efforts a été de vous engager à la réformer d'une manière digne d'une pareille cause, à venger avec éclat l'affront qu'elle a fait aux sciences, en un mot à donner au jugement que la cour va rendre dans une affaire devenue si célèbre un caractère capable de l'honorer aux yeux de toute la France. Hâtez-vous donc de proscrire une sentence que toutes les nations éclairées vous dénoncent; expiez le scandale qu'elle leur a donné, effacez la tache qu'elle a imprimée à notre patrie, et quand les étrangers voudront la citer pour en tirer des conséquences injurieuses à nos lumières, faites que nous puissions leur répondre : Mais ce jugement que vous censurez avec tant de malice, les premiers magistrats de notre province ne l'ont pas plutôt connu qu'ils se sont empressés de l'anéantir. »

Robespierre trouva dans l'avocat général de Ruzé un contradicteur inattendu; non que ce magistrat demandât le maintien pur et simple de la sentence rendue par les juges de Saint-Omer, mais, doutant lui-même de l'utilité des paratonnerres, il concluait à ce que la cour consultât une académie avant de se prononcer définitivement. Tout en rendant justice au mérite d'un magistrat dont il était l'ami, Robespierre n'eut pas de peine à réfuter victorieusement ses conclusions. Il faut se défier des paratonnerres, avait dit M. de Ruzé, parce que les effets en sont miraculeux. N'aurait-on pas cru entendre les juges de l'inquisition accusant Galilée de sorcellerie. Avec une urbanité parfaite l'avocat démontra qu'il n'y avait pas là plus de miracle que dans la production de cette foudre, dont, par fiction, les poètes ont armé les mains de l'Éternel. Reprenant l'examen scientifique de la question, il rappela que l'épreuve demandée par l'avocat général avait été faite et bien faite. Toutes les académies, en effet, avaient donné leurs suffrages pour l'établissement des paratonnerres, et l'Académie de Dijon, entre autres, après avoir prescrit la construction d'un de ces appareils sur l'hôtel où se tenaient ses séances, avait appuyé vivement le projet d'en édifier un sur le magasin à poudre de la ville. Robespierre put ajouter que, dès l'année 1780, deux membres de cette académie, Guyton-Morveau et Maret, chargés d'examiner la machine élevée par M. de Vissery sur le toit de sa maison, avaient, à la suite d'un long et minutieux rapport, déclaré que cet appareil avait été construit dans les meilleures conditions et que son efficacité pour préserver de la foudre la demeure de ce savant et les habitations voisines était incontestable. Aussi le jeune avocat, après avoir rendu un juste hommage à tous les hommes distingués dont les suffrages n'avaient pas manqué à une si précieuse découverte, disait-il avec raison en s'adressant aux juges suprêmes appelés à vider ce singulier procès : « Vous avez à venger les sciences dans un siècle qui pousse son amour pour elles jusqu'à l'enthousiasme, vous avez à défendre une invention sublime qu'il admire avec transport; les yeux de toute l'Europe fixée sur cette affaire assurent à votre jugement toute la célébrité dont il est susceptible... » Tant d'efforts furent couronnés de succès, et par arrêt du 31 mai 1783, le conseil provincial d'Artois réforma, à la satisfaction de tous les esprits éclairés, la ridicule sentence des échevins de Saint-Omer (1).

Inutile d'ajouter que ce triomphe eut un retentissement énorme. Imprimés et répandus partout, les deux plaidoyers de Robespierre donnèrent à son nom une sorte de consécration (2); et l'envoyé de la jeune république américaine, l'immortel Franklin, dont la présence en France ne contribua peut-être pas peu à développer parmi nous les grandes idées de réforme et de liberté, lut sans nul doute avec un certain attendrissement les pages où de si délicats éloges lui étaient prodigués par ce jeune homme inconnu, dont l'éclatante renommée devait plus tard, par delà les mers, retentir à ses oreilles; qui comme lui allait bientôt se dévouer à la grandeur, au salut, à la liberté de son pays, mais qui, moins heureux, était destiné à périr assassiné, sans avoir vu achevée l'œuvre à laquelle il avait consacré sa vie.

XIII

Mais alors, depuis les dures épreuves de son enfance, la mort de sa mère, le départ de son père fuyant, éperdu de douleur et de tristesse, les lieux qu'avait charmés une compagne adorée, rien d'amer n'avait déteint sur sa paisible existence. Tout lui souriait au contraire; aussi

(1) Voici le dispositif même de l'arrêt : « La cour met l'appellation et ce au néant, émendant, permet à la partie de Mᵉ de Robespierre de rétablir son par-à-tonnerre. »

(2) L'Almanach d'Artois pour l'année 1784 les annonçait en ces termes : « Parmi les ouvrages nouveaux publiés dans la province, nous remarquons : 1° Les Plaidoyers pour le sieur de Vissery de Boisvalé, appelant d'un jugement des échevins de Saint-Omer, qui avaient ordonné la destruction d'un paratonnerre élevé sur sa maison, par Mᵉ de Robespierre, avocat au conseil d'Artois. » (Arras, de Pimp. de Guy de la Sablonnière, 1783, in-8° de 100 pages).

ses dispositions naturelles à la méditation et à la mélancolie étaient-
elles tempérées par de franches explosions de gaieté, comme nous
avons déjà eu occasion de le dire. Rien de concentré dans ce caractère
si mal connu à force d'avoir été calomnié. Les quelques lettres de cette
époque de sa jeunesse qui ont été conservées portent bien le cachet de
cet abandon et de ces épanchements d'une âme facile et aimante. Elles
sont empreintes d'une bonne humeur constante, de la plus vive cor-
dialité, et quelquefois d'une naïveté singulière, nullement prétentieuses
du reste, et quelquefois assaisonnées des plus fines railleries. La plupart témoignent surtout de la bonté de son cœur. « Préférez-vous les
douceurs de la solitude ou le plaisir de faire le charme de la société? »
écrit-il à une dame. « La situation où vous étes est très-indifférente,
pourvu que vous soyez heureuse ; mais l'êtes-vous? J'en doute un peu,
et ce doute m'afflige; car lorsqu'on ne possède pas soi-même le bonheur, on voudroit se consoler par celui des autres... » Autre part
il écrit à la même : « L'intérêt que je prends aux personnes n'a point
de terme, quand les personnes vous ressemblent... Ajoutez à cela que
la bonté qui a toujours éclaté dans vos procédés à mon égard m'en fait
en quelque sorte un devoir, et que, pour abjurer ce sentiment, il faudroit que je fusse en même temps injuste et ingrat ; je ne veux être ni
l'un ni l'autre, etc. (1). » Quelquefois une simple promenade à travers champ, une excursion dans les environs de la ville lui fournissaient
le sujet d'une sorte de poème en prose. Nous savons qu'il existe encore
de ces relations, précieusement gardées par leurs possesseurs, où le
jeune avocat, un moment arraché à ses travaux sérieux, consignait,
dans une forme littéraire très-soignée, les impressions gaies et charmantes de ses promenades.

Parmi ces lettres il en est une que nous citerons tout entière dans
notre texte, parce qu'elle nous semble curieuse à plus d'un titre; et,
nous le croyons du moins, elle paraîtra telle à nos lecteurs. De ses goûts
d'enfance si calmes et si doux Robespierre avait conservé celui des
oiseaux. Dans une pièce mansardée de la maison, située au-dessus de
son cabinet de travail, il y en avait de toutes sortes ; seulement, au lieu
d'en prendre soin lui-même, comme il faisait jadis, il en abandonnait
la charge à sa sœur, qui veillait avec la plus scrupuleuse attention sur
ces chers petits hôtes de son frère. Ce fut à propos d'un envoi de serins,
venant d'une personne à laquelle il portait beaucoup d'affection, qu'en
adressant à la donatrice un mémoire important, il écrivit la lettre suivante :

(1) Lettres en dates des 6 et 26 juin 1787.

« Mademoiselle,

« J'ai l'honneur de vous envoyer un mémoire dont l'objet est intéressant. On peut rendre aux Grâces mêmes de semblables hommages, lorsqu'à tous les agréments qui les accompagnent elles savent joindre le don de penser et de sentir et qu'elles sont également dignes de pleurer l'infortune et de donner le bonheur.

« A propos d'un objet si sérieux, mademoiselle, me sera-t-il permis de parler de serins? Sans doute, si ces serins sont intéressants; et comment ne le seroient-ils pas puisqu'ils viennent de vous? Ils sont très-jolis; nous nous attendions qu'étant élevés par vous ils seroient encore les plus doux et les plus sociables de tous les serins : quelle fut notre surprise, lorsqu'en approchant de leur cage nous les vîmes se précipiter contre les barreaux avec une impétuosité qui faisoit craindre pour leurs jours; et voilà le manége qu'ils recommencent toutes les fois qu'ils aperçoivent la main qui les nourrit. Quel plan d'éducation avez-vous donc adopté pour eux, et d'où leur vient ce caractère sauvage? Est-ce que la colombe, que les Grâces élèvent pour le char de Vénus, montre ce naturel farouche? Un visage comme le vôtre n'a-t-il pas dû familiariser aisément vos serins avec les figures humaines? ou bien seroit-ce qu'après l'avoir vu ils ne pourroient plus en supporter d'autres? Expliquez-moi, je vous prie, ce phénomène. En attendant nous les trouverons toujours aimables avec leurs défauts. Ma sœur me charge en particulier de vous témoigner sa reconnaissance pour la bonté que vous avez eue de lui faire ce présent, et tous les autres sentiments que vous lui avez inspirés.

« Je suis avec respect, mademoiselle, votre très-humble et très-obéissant serviteur.

« DE ROBESPIERRE (1).

« Arras, le 22 janvier 1782. »

_____

(1) (*En post-scriptum.*) « J'ai l'honneur de vous envoyer trois exemplaires, et je vous laisse le soin de faire le meilleur emploi possible de ceux que vous ne jugerez pas à propos de conserver. »

Les lettres des personnages célèbres ont parfois des destinées singulières. Celle que nous venons de citer appartenait à l'honorable M. Lenglet, avocat à Arras, qui la donna à M. Cornille, fils d'un des amis de Robespierre et ancien président du tribunal d'Arras; lequel, si nous sommes bien informé, en fit don à un de ses parents, officier supérieur dans l'armée. Entre quelles mains passa-t-elle ensuite? nous l'ignorons. Toujours est il que cette lettre fut vendue aux enchères publiques, en mars 1862, moyennant le prix de 363 fr.

Nous devons ce renseignement à M. Laverdet, qui a bien voulu mettre à notre disposition son exemplaire particulier de catalogues des ventes d'autographes faites sous sa direction.

Tel il était dans ses lettres, tel il se montrait dans ses relations privées, aimable, enjoué, plein de prévenances et d'attentions. Aussi
était-il recherché par les premières maisons d'Arras, quoique déjà
cependant les mots de liberté, de justice, d'égalité, qu'on entendait
sans cesse sortir de sa bouche, commençassent de lui aliéner les principaux personnages de la ville. Il n'avait nulle répugnance pour les
plaisirs mondains. « C'était le valseur habituel de ma mère, » me disait
il n'y a pas longtemps une vieille dame. « Il avait l'air sérieux, mais
il était bien bon, » avait-elle souvent entendu dire à sa mère, laquelle était morte sans pouvoir comprendre les anathèmes dont une
nation aveuglée poursuivait la mémoire de celui qu'elle avait connu
si affectueux, si pur et si doux.

On n'ignore pas quelle sorte de fascination il exerça toute sa vie
sur les femmes. Ce fut sans doute une des causes de son immense
influence morale; par elles il prenait en quelque sorte possession des
familles. Ses ennemis eux-mêmes ont bien été forcés d'en convenir.
« Les regards des femmes n'étaient pas les derniers attraits de son
pouvoir suprême, il aimait à les attirer... Il exerçait particulièrement
son prestige sur les imaginations tendres, » lisons-nous dans un atroce
libelle dont nous avons déjà parlé (1). Ces aveux sont précieux, et nous
ne pouvons manquer de les recueillir, car, on en conviendra, ce ne
sont pas précisément les tigres à face humaine qui s'emparent des imaginations tendres et exercent de puissantes séductions sur le cœur des
femmes.

Il se sentait attiré vers elles comme vers ce qu'il y a de meilleur, de
véritablement divin en ce monde; mais ce penchant n'ôta jamais rien à
la réserve et à l'austérité de ses mœurs. Il aimait à composer en leur
honneur de petits vers d'une galanterie parfois un peu fade, mais toujours décente, comme cet assez joli madrigal adressé par lui à une
dame d'Arras, publié pour la première fois en 1790 dans les *Actes des
Apôtres*, et cité depuis par M. de Montlausier, dans ses Mémoires (2) :

> Crois-moi, jeune et belle Ophélie,
> Quoi qu'en dise le monde et malgré ton miroir,
> Contente d'être belle et de n'en rien savoir,
>   Garde toujours ta modestie.
>   Sur le pouvoir de tes appas
>   Demeure toujours alarmée,
>   Tu n'en seras que mieux aimée
>   Si tu crains de ne l'être pas.

(1) *Vie secrète, politique et curieuse de M. J. Robespierre*, par L. Duperron. Paris,
an II.
(2) Tom. II, p. 348.

La poésie fut une des distractions charmantes de sa jeunesse. Nous pourrions citer une foule de productions poétiques sorties de sa plume, car au milieu des travaux de sa vie si occupée, si remplie, il trouvait moyen de consacrer de temps en temps quelques heures à la littérature, et c'étaient des heures heureuses. Comme tous les esprits délicats, il aimait cette langue sonore du vers, cette langue immortelle où la pensée revêt une forme plus saisissante, et, rendue en sons métalliques, laisse une empreinte plus durable. Outre les couplets composés pour la société des Rosati, il a laissé quelques productions manuscrites d'une valeur médiocre. Il est à croire toutefois que, s'il se fût complétement adonné à ce genre de littérature, il eût réussi, sans s'élever beaucoup, principalement dans le genre de Gresset. Au reste il ne paraît pas avoir attaché grande importance à ses compositions poétiques ; je ne sache pas que, excepté ce madrigale à Ophélie publié à son insu, aucune pièce de vers de lui ait été imprimée de son vivant : c'était un simple délassement, non l'occupation sérieuse de sa vie. Un remercîment, un compliment à faire, un ridicule à fronder excitaient sa verve facile. Un jour il s'en prit à la coquetterie de certains ecclésiastiques de qui l'unique souci à l'autel est de montrer la bague précieuse dont un de leurs doigts est orné, ou leurs fines manchettes de batiste brodée. Sur le mouchoir du prédicateur, qui souvent remplit en chaire un rôle fort important, il écrivit tout un poëme (1).

Mais son œuvre littéraire ne se borna pas à ces légers essais, il a d'autres titres pour figurer avec honneur parmi les gens de lettres de son temps. En dehors de sa profession d'avocat, il traita, non sans succès, presque toutes les questions sociales à l'ordre du jour ; il est bien

---

(1) Le manuscrit de ce poème, provenant sans aucun doute des dilapidations de Courtois, figurait dans une vente d'autographes du mois d'avril 1855 (catalogue Laverdet). En voici quelques vers :

> Oui, tout prédicateur, à l'usage docile,
> N'oseroit sans mouchoir annoncer l'Évangile.
> Soit qu'il veuille, de Dieu rappelant la bonté,
> Etaler de sa foi la sainte majeste ;
> Soit qu'il veuille, annonçant des vérités terribles,
> Vous peindre des méchants les tortures horribles,
> Et déjà, sous les pies des pâles criminels,
> Ouvrir des noirs enfers les gouffres eternels,
> Il faut qu'un mouchoir blanc, déployé sur la chaire,
> Brille avant que l'Apôtre ait dit : « Au nom du Père. »

Le manuscrit dont ces vers font partie n'est probablement autre que la pièce de vers mentionnée par Courtois fils dans sa brochure intitulée : *Affaire des papiers de l'ex-conventionnel Courtois*, in-8° de 36 p. Voy. p. 28. Nous reviendrons sur cette brochure, instructive à plus d'un titre.

peu de réformes accomplies par la Révolution qu'il n'ait d'avance indiquées comme justes, et par conséquent nécessaires. De ces œuvres viriles plusieurs ont disparu, et à peine en a-t-on conservé le nom; mais quelques-unes, sauvées par l'impression, subsistent encore que l'histoire et la postérité ne doivent pas dédaigner.

XIV

A cette époque florissait à Arras une de ces Académies comme il y en avait autrefois dans presque toutes les capitales des provinces de France. Fondée en 1738 par quelques hommes distingués qui sentaient la nécessité de se réunir pour répandre autour d'eux le goût des sciences et des lettres, elle se trouva dissoute pendant la Révolution, après avoir pendant plus de soixante ans rendu à l'Artois les plus incontestables services. Reconstituée en 1816, elle continue aujourd'hui, sous l'impulsion des personnes d'élite dont elle est composée, son œuvre de moralisation et de propagande littéraire. Il en est de plus brillantes peut-être; il n'en est pas qui soient animées d'un plus vif amour du beau, et qui s'élèvent plus haut dans les régions des vastes pensées.

L'ancienne Académie, obéissant à cet esprit de progrès qui poussait en avant la plupart des sociétés savantes du temps, aimait à se recruter parmi les talents jeunes et vigoureux. L'éclatant succès de Robespierre dans le procès du sieur de Vissery contre les échevins de Saint-Omer le désignait suffisamment à ses yeux, et le 15 novembre 1783 elle l'admit dans son sein à la place de M. de Crepieul, chanoine de la cathédrale. Certes, pour un jeune homme de vingt-cinq ans, c'était une flatteuse distinction, mais elle ne pouvait être mieux méritée. Le nouveau membre fut reçu en séance publique le 21 avril de l'année suivante.

Au lieu de se borner, selon la vieille tradition, à prononcer un éloge plus ou moins sincère, plus ou moins vrai de son prédécesseur, il choisit pour texte de son discours un sujet plein d'intérêt et fécond en enseignements; suivant en cela l'exemple donné par Voltaire lors de sa réception à l'Académie française, il voulut que son discours, au lieu d'être une simple harangue de parade, fût une œuvre utile et servît la cause de l'humanité. En conséquence il composa et lut une dissertation approfondie sur l'origine, l'injustice et les inconvénients du préjugé qui faisait rejaillir sur les parents des criminels l'infamie attachée à leurs supplices. On verra tout à l'heure combien durent paraître hardies les doctrines soutenues par le récipiendaire au milieu d'une assemblée où l'on comptait quelques magistrats fortement imbus des préjugés de l'ancien régime.

La Société royale des arts et des sciences de Metz avait précisément mis au concours, pour cette même année, les questions suivantes :

1° *Quelle est l'origine de l'opinion qui étend sur tous les individus d'une même famille une partie de la honte attachée aux peines infamantes que subit un coupable ?*

2° *Cette opinion est-elle plus nuisible qu'utile ?*

3° *Dans le cas où l'on se déciderait pour l'affirmative, quels seraient les moyens de parer aux inconvénients qui en résultent ?*

Assurément un pareil sujet avait de quoi tenter l'esprit d'un philosophe, une âme éprise de la passion du juste, et que toute iniquité révoltait au suprême degré. Robespierre se mit donc sur les rangs, compléta son mémoire en y ajoutant un chapitre sur les moyens de détruire cet abominable préjugé, et, l'année suivante, donna à ses collègues, dont les applaudissements ne lui manquèrent pas, lecture des additions faites à l'œuvre primitive (1). Cette ovation lui était bien due en effet, car, au mois d'août précédent, le jour de la Saint-Louis, son discours avait été couronné par la Société royale de Metz, et il avait obtenu l'une des deux médailles de quatre cents livres destinées à récompenser les lauréats.

Dans cette lutte littéraire il avait eu pour rival un jeune avocat de Paris, M. Lacretelle, signataire d'une des consultations rédigées au sujet de l'affaire du paratonnerre, et dont le nom fut prononcé le premier. Pour notre part, nous avouons ne pas trop comprendre l'espèce de préférence accordée au mémoire de Lacretelle. Nous en dirons quelques mots, après avoir rapidement examiné celui de Maximilien Robespierre (2).

(1) *Almanach d'Artois* pour l'année 1785.

(2) Vingt-deux mémoires avaient été envoyés au concours à l'Académie de Metz. Le manuscrit de Robespierre, qui portait le numéro 17, existe encore aux archives de l'Académie de Metz, où il est classé sous le numéro 2 de la 44ᵉ liasse. Publié par Robespierre lui-même en 1784 et 1785, il a été réédité en 1839 dans les *Mémoires de l'Académie de Metz*, t. XX, p. 389 et suiv.

Le manuscrit, entièrement de la main de Robespierre, renferme plusieurs ratures. C'est un petit cahier de papier bleuté, in-4° de 40 pages, dont 35 couvertes d'écriture. A la page 36 est fixée, sous le sceau de la Société, la lettre jadis cachetée contenant l'épigraphe et le nom de Robespierre.

XV

S'il était autrefois un préjugé fatal et cruel, source de malheurs immérités pour une foule d'infortunés, c'était bien, à coup sûr, celui qui faisait rejaillir sur toutes les personnes d'une même famille le déshonneur attaché aux peines infamantes qu'avait pu mériter un de ses membres. Et ce préjugé était tellement enraciné dans les mœurs de l'ancienne société française, qu'une révolution seule fut capable de l'extirper. Aussi, pour entreprendre de prouver combien il était injuste, fallait-il un esprit passionné pour le bien, décidé à attaquer résolûment tous les abus, et Robespierre disait avec raison aux membres de l'Académie de Metz, en leur adressant son mémoire : « C'est le désir d'être utile, c'est l'amour de l'humanité qui vous l'offre : il ne sauroit être tout à fait indigne de vous. »

Indiquer avec certitude l'origine et les causes de cette vieille et malencontreuse opinion n'était pas chose aisée. Elle tenait à tant de circonstances inconnues, bizarres, à tant de motifs impénétrables! Tout d'abord elle dut naître de cette solidarité morale en vertu de laquelle on dit de cet homme : « Il est l'honneur de la famille, » et de cet autre : « Il en est la honte. » Sentiment qui, à toutes les époques et chez tous les peuples, a exercé un puissant empire sur les imaginations. Mais tandis qu'en différents pays il restait circonscrit dans les bornes de la nature et de la raison, il prenait dans d'autres une extension ridicule. Cette solidarité morale, bonne en soi jusqu'à un certain point, devenait une solidarité réelle, prévalant sur les plus simples lois de la justice et de l'humanité, et finissait, suivant notre auteur, par enfanter ce préjugé terrible « qui flétrit une famille entière pour le crime d'un seul et ravit l'honneur à l'innocence même. »

Pareille tyrannie de l'opinion ne saurait exister dans les véritables républiques, où chaque citoyen, membre de la souveraineté, n'est responsable que de ses propres actes et ne peut être, par la faute d'un autre, dépouillé des prérogatives attachées à son titre de citoyen; où toutes les carrières sont ouvertes à tous; où les distinctions de naissance n'existent pas; où les actions éclatantes, aussi bien que celles de nature à entacher l'honneur, sont toutes personnelles à leur auteur; où la gloire et le renom d'un citoyen ne sauraient être obscurcis par la honte d'un de ses parents; où par conséquent les familles puissantes, n'ayant pas à craindre le rejaillissement de l'infamie, ne cherchent pas à violer les lois pour sauver un de leurs membres coupable de quelque crime, car il est d'une grande âme de sacrifier à la patrie sa fortune, sa vie même, jamais l'honneur. A l'appui de ces assertions, l'auteur citait, entre autres exemples, Brutus immolant ses fils, la famille de Claudius brillant d'un éclat plus vif après la mort du décemvir Appius, et Publius Manlius revêtu de la dictature quelques années après le jour où, en vertu d'un jugement rendu par les tribuns du peuple, Manlius Capitolinus avait été précipité du haut de la roche Tarpéienne.

Suivant lui, les pays les plus infestés de ce préjugé fatal sont les pays monarchiques, parce que l'honneur est le principal ressort de ces sortes de gouvernement; non pas cet honneur dégagé de tout intérêt, « qui a la raison pour base et se confond avec le devoir, qui existeroit même loin des regards des hommes sans autre témoin que le ciel, et sans autre juge que la conscience; » mais cet honneur banal, fondé sur les distinctions, et tenant plus à la vanité qu'à la vertu. Chez une nation où la noblesse était un des éléments essentiels de la constitution, où tel homme, sans aucune valeur personnelle, était considéré parce qu'il descendait de parents nobles, et tel autre, marqué au front du sceau du génie, était dédaigné parce qu'il sortait d'une famille obscure et plébéienne, un pareil préjugé devait pousser de profondes racines. Et l'esprit d'égalité était si peu dans les mœurs de l'ancienne société française que, tandis que l'infamie atteignait les familles des roturiers criminels, elle épargnait celles des grands seigneurs condamnés au dernier supplice.

Recherchant ensuite si ce préjugé est plus nuisible qu'utile, Robespierre déclare ne pas comprendre comment les avis pourraient être partagés sur un point si clairement décidé par l'humanité et la raison. Il ne voit pas là, dans les intentions de la compagnie savante qui a proposé la question, de problème à résoudre, « mais seulement une erreur funeste à combattre, un usage barbare à détruire, une des plaies de la société à guérir. » Est-il besoin de démontrer l'injustice d'un procédé qui rend l'innocence solidaire du crime? Or, par voie de conséquence et au nom de la morale éternelle, s'il est injuste il ne saurait être utile. « De toutes les maximes de la morale, » dit-il avec ce sens droit qui inspira toujours ses écrits, ses paroles et ses actions, « la plus profonde, la plus sublime peut-être, et en même temps la plus certaine, est celle qui dit que rien n'est utile que ce qui est honnête (1). » Répondant à ceux qui invoquent comme une garantie

_____

(1) Tel n'est point l'avis de l'auteur de cette *Vie de Robespierre* publiée à Arras

pour la société cette solidarité inique, il demande alors pourquoi nous n'adoptons pas aussi cette ancienne loi de la Chine en vertu de laquelle on condamnait à mort les pères dont les enfants avaient commis un crime capital. Mais il n'a pas de peine à prouver combien est illusoire cette prétendue garantie invoquée pour le maintien d'un préjugé barbare. Les sociétés, selon lui, doivent chercher leur conservation et leur salut dans des lois sages, dans l'amélioration des mœurs, non dans des usages atroces.

Mais si cette coutume d'un autre âge n'offre aucune garantie sérieuse, de combien de maux en revanche n'est-elle pas la source? Que d'infortunés à jamais perdus parce que le hasard, la fatalité les a fait naître d'une famille de laquelle est sorti quelque criminel, qui cependant avaient le cœur bien placé, et méritaient la considération des hommes! Ici c'est un père victime de la faute d'un de ses enfants; là ce sont des enfants innocents sur qui rejaillit l'opprobre paternel. Quel abominable et absurde système! N'est-ce pas le moyen de pervertir les meilleures natures? Ne doit-on pas craindre de forcer à devenir méprisables ceux que l'on condamne d'avance au mépris, et de pousser à la révolte contre la société des citoyens injustement dépouillés de leur part d'estime et d'honneur? Il faut donc rechercher les moyens d'anéantir au plus vite un si odieux préjugé.

Quelques philanthropes proposent d'en atténuer seulement les effets en le renfermant dans certaines limites; mais cette demi-mesure, impuissante à conjurer le mal, ne convient pas à l'auteur du discours couronné: ses principes le conduisent à demander une destruction totale, définitive. Comment donc extirper cette affreuse opinion, fortifiée par une longue habitude et depuis tant de siècles enracinée dans le cœur de la nation? Vaincre un monstre par qui tant de familles ont été et peuvent encore être désolées, c'est rendre un service à l'humanité tout entière. Le moment lui paraît favorable pour remporter une si belle victoire. L'incessant progrès des lumières, les coups portés aux vieilles superstitions, les efforts journellement tentés pour diminuer les misères humaines et améliorer la condition sociale lui donnent la certitude qu'il est facile d'amener tôt ou tard la ruine d'un préjugé indigne d'une société bien organisée.

Mais il ne veut pour cela ni lois spéciales ni intervention de l'auto-

en 1850, œuvre de l'abbé Proyard. Il ne peut pardonner (p. 27) à ce *méprisable avocat*, dans les écrits duquel, dit-il, « on découvre les éléments de ce système monstrueux d'égalité et de liberté, » d'avoir dénoncé à son siècle, comme le plus injuste des préjugés, un sentiment que l'Auteur de la nature « a gravé dans nos cœurs, sentiment vraiment précieux pour la société... » O charité chrétienne!

rité, laquelle d'ailleurs a rarement prise sur l'opinion publique; il lui suffit d'éclairer le pays, de modifier certaines institutions auxquelles est essentiellement attaché l'abus dont il réclame le retranchement. Alors, avec une surprenante vigueur, il attaque — quel ami de l'humanité ne lui en saurait gré? — une des plus barbares institutions de la monarchie française, la confiscation, cette source impure des fortunes de tant de grandes et anciennes familles, dont nos rois se servaient pour enrichir leurs créatures, leurs favoris et leurs maîtresses, et que la Révolution eut l'immense tort de ne pas supprimer avec tout cet arsenal féodal que, dans les premiers mois de son avènement, elle a renversé de sa main puissante.

Comment, en effet, une famille ne serait-elle pas atteinte dans son honneur quand, pour la faute d'un seul, elle se trouve frappée dans sa fortune et complétement ruinée? Et à ce propos, je ne puis m'empêcher de faire une remarque, c'est qu'il n'est pas une amélioration introduite dans nos lois, pendant ou après la Révolution, qui n'ait été d'avance réclamée par Robespierre; c'est qu'il n'est pas un progrès accompli ou dont le temps amènera plus tard la réalisation, qu'il n'ait rêvé et vivement sollicité; tant il est vrai que cet homme si niaisement décrié, si injustement calomnié par tous les partis, portait, dans sa vaste pensée, le nouvel édifice social reconstitué sur les fondements de la justice éternelle!

Mais revenons à son discours. Un des plus puissants moyens, suivant lui, d'avoir raison du préjugé qu'il combat, c'est d'établir l'égalité des peines pour tous les citoyens, de ne pas accorder le privilége d'un supplice spécial aux nobles, dont les crimes sont toujours moins excusables que ceux de malheureux poussés au mal par la misère. L'infamie semblait dépendre de la forme du supplice, non du crime. A égalité de forfait on voyait le déshonneur s'attacher aux familles plébéiennes, tandis que certains nobles, se faisant de l'échafaud une sorte de piédestal, laissaient aux leurs tous les avantages d'une réputation non souillée. Il propose donc, en premier lieu, qu'on étende à tous les citoyens le genre de supplice réservé jusqu'ici aux seuls nobles, parce qu'il lui paraît plus doux, plus humain et plus équitable.

Il engage fortement ensuite les chefs d'empire à ne pas fermer la voie des honneurs et des charges aux familles dont un membre a pu s'attirer la honte du dernier supplice, lorsque dans ces familles il se rencontre un homme de talent, capable de bien servir l'État. En voyant les souverains eux-mêmes rompre avec un antique préjugé, les peuples finiront par s'en déshabituer et par apprécier chacun, non en considération de ses parents, mais en raison de ses propres actes et de son propre mérite. L'auteur se flatte que ses vœux parviendront jusqu'au trône, et il saisit cette occasion de louer en termes dignes le monarque qui venait de bannir de nos codes l'atroce emploi de la question, espérant qu'après avoir épargné aux accusés des cruautés inutiles, déshonneur de la justice, il contribuera, pour sa part, à la destruction d'un préjugé tout aussi funeste et aussi injustifiable.

Plusieurs écrivains ont paru s'étonner des éloges prodigués à Louis XVI par Robespierre dans quelques-uns de ses écrits; mais leur étonnement vient certainement de ce qu'ils ont perdu de vue une chose essentielle, à savoir, que le jeune roi marchait alors lui-même à la tête des réformateurs; que, jusqu'au jour où, effrayé des sourds grondements de la Révolution montant vers lui, il se laissa entraîner par le parti de la réaction jusqu'à faire un pacte avec l'étranger, il était resté honnête homme et animé des meilleures intentions; qu'enfin les éloges de Robespierre, qui n'avaient rien de servile comme tout ce qui s'écrit en ce genre, s'adressaient, non à l'héritier de Louis XIV et de Louis XV, mais au monarque philosophe, au roi réformateur, docile aux inspirations de Turgot et de Necker, au souverain qui pour un moment avait su mériter le glorieux surnom de Juste.

Jamais, jamais sur la question de principes Robespierre ne varia; toutes ses œuvres sont là pour attester cette vérité. C'est dans le discours dont nous venons de présenter une rapide analyse, qu'après avoir flétri le forfait de César s'asseyant victorieux sur le trône de l'univers, il le condamne à d'éternels remords pour avoir violé ce précepte : Ce qui n'est point honnête ne saurait être juste. « Cette maxime vraie en morale, » dit-il, « ne l'est pas moins en politique; les hommes isolés et les hommes réunis en corps de nation sont également soumis à cette loi. La prospérité des États repose nécessairement sur la base immuable de l'ordre, de la justice et de la sagesse. Toute loi injuste, toute institution cruelle qui offense le droit naturel, contrarie ouvertement leur but, qui est la conservation des droits de l'homme, le bonheur et la tranquillité des citoyens. » Ne croirait-on pas entendre déjà le législateur de la Constituante et de la Convention? Il avait alors vingt-six ans. Déjà l'on peut pressentir le réformateur social dans l'auteur du discours sur la honte des peines infamantes (1); et plus nous irons, plus nous verrons se dessiner fortement le

---

(1) Ce discours a eu, paraît-il, deux éditions consécutives (Querard). Nous ne connaissons que la seconde. C'est aujourd'hui une rareté bibliographique. Il a paru sous ce titre : *Discours couronné par la Société royale des arts et des sciences de Metz, sur les questions suivantes, proposées pour sujet du prix de l'année* 1784 :

1° Quelle est l'origine de l'opinion qui étend sur tous les individus d'une même

caractère de l'homme, dont toutes les pensées allaient si bien au-devant de la Révolution qui s'avançait.

XVI

Les médailles accordées par l'Académie de Metz aux deux discours couronnés étaient d'une égale valeur ; mais, comme nous l'avons dit, Lacretelle avait eu l'avantage d'être nommé le premier (1). Pourquoi cette préférence? C'est ce dont j'ai vainement cherché à me rendre compte. L'auteur était de Metz, peut-être est-ce l'unique raison qui ait fait pencher la balance en sa faveur. Son œuvre assurément n'est pas sans mérite, mais elle est loin de valoir celle de Robespierre ; elle n'en a ni l'ampleur, ni l'énergie, ni l'indignation généreuse.

Cependant elle eut dans le monde un succès plus retentissant. Cela se conçoit à merveille : Lacretelle vivait à Paris, au milieu des gens de lettres, et la camaraderie ne lui fit pas défaut. Dans une lettre où la flatterie dépassait toutes les bornes, le faiseur d'éloges Thomas le proclama le plus éloquent des hommes, et le *Mercure de France* rendit compte de l'ouvrage dans les termes les plus pompeux. Enflé de ce concert d'hommages plus ou moins sincères, Lacretelle se crut

famille une partie de la honte attachée aux peines infamantes que subit un coupable?

2° Cette opinion est-elle plus nuisible qu'utile?

3° Dans le cas où l'on se décideroit pour l'affirmative, quels seroient les moyens de parer aux inconvénients qui en résultent?

Par M. de Robespierre, avocat en Parlement.

A Amsterdam, et se trouve à Paris, chez J.-G. Merigot jeune, quai des Augustins, M DCC L XXXV, in-8° de 60 pages, avec cette épigraphe :

Quod genus hoc hominum? Quæve hunc tam barbara morem,
Permittit patria?

« VIRG. *Æn.* »

(1) Piere-Louis Lacretelle, né à Metz en 1751, successeur de La Harpe à l'Académie française, un des rédacteurs de la *Minerve,* mourut à Paris le 5 septembre 1824.

Il n'y eut point, à proprement parler, de second prix, mais plutôt deux prix *ex-æquo.* Voici, à cet égard, des renseignements transmis par M. Abel, membre de l'Académie de Metz : Rœderer, conseiller au Parlement et membre de la Société royale de Metz, avait donné 400 fr. pour récompenser le meilleur mémoire sur la *nécessité de canaliser les cours d'eau de l'est de la France.* Personne n'ayant répondu à cette question, Rœderer consentit à reporter ces 400 fr. sur la question de législation pénale, et la Société put également décerner une médaille d'or à l'auteur du mémoire numéro 17. Robespierre eut ainsi une médaille *égale* à celle décernée à Lacretelle, et non le *second prix.*

une très-grande supériorité sur son rival, dont il entreprit de juger l'œuvre dans ce même *Mercure de France* où il venait d'être si magnifiquement traité. Sur un ton protecteur assez déplacé, il daigna accorder au discours de Robespierre quelques louanges banales, ajoutant qu'il méritait d'autant plus d'attention que l'auteur vivait loin de Paris, où, disait-il, « le commerce des gens de lettres développe le talent et perfectionne le goût.»

A cette appréciation au moins singulière dans laquelle le critique, à la fois juge et partie, mettant les deux œuvres en parallèle, se décernait avec un sérieux, voisin de l'outrecuidance, la plus grosse part d'éloges, Robespierre répondit par une lettre de remercîments froide et polie. Là se bornèrent, je crois, ses relations avec Lacretelle. L'un et l'autre, d'ailleurs, suivirent une route bien différente. Elu suppléant à la Constituante, et plus tard député à l'Assemblée législative, celui-ci siégea sur les bancs de la droite sans jamais acquérir la moindre influence sur l'opinion publique, que celui-là était appelé à diriger. Lacretelle avait parlé de son concurrent comme d'un sujet donnant des espérances; ces espérances dépassèrent largement sa prévision. Des deux lauréats de la Société royale de Metz ce ne fut pas le moins modeste auquel était réservée la plus haute et la plus brillante, mais aussi la plus fatale destinée (1).

XVII

Encouragé par ce premier succès, Robespierre entra de nouveau, l'année suivante, dans la lice académique. L'éloge de Gresset, proposé comme sujet de prix pour l'année 1785 par l'Académie d'Amiens, le tenta. Imitateur du poète picard dans son poème manuscrit sur le *Mouchoir du Prédicateur*, il devait se sentir tout naturellement disposé à louer sans réserve le gracieux chantre de *Vert-Vert*. Il composa donc son discours avec une sorte d'entraînement. Rarement une œuvre travaillée avec prédilection n'est pas réussie; cependant celle-ci n'obtint

---

(1) A propos de ce discours sur les peines infamantes, M. Dubois de Fosseux disait à Robespierre, dans une pièce dont nous avons déjà cité quelques vers :

> Un préjugé cruel s'évanouit à ta voix.
> Son pouvoir fatal cède à de plus douces lois.
> Va, poursuis ta carrière: une telle victoire
> Te permet de monter au temple de Mémoire...

pas la récompense qu'en attendait son auteur. Etait-elle dépourvue des qualités requises en général dans un concours de ce genre? Nullement ; elle avait cette juste mesure, cette modération dans la forme qui convient à de semblables morceaux. A quoi donc attribuer son échec? Peut-être quelques membres de cette Académie, imbus d'un esprit philosophique intolérant, n'entendirent-ils pas sans colère vanter la conversion du poète mondain, abjurant solennellement l'art dramatique et condamnant lui-même ses succès dans ce genre pour se vouer à la retraite et vivre dans une austérité pieuse? Peut-être aussi quelques classiques s'émurent-ils à la lecture de certaines théories littéraires peu propres à gagner les suffrages d'une académie? Quoi qu'il en soit, d'autres concurrents ne furent pas plus heureux; personne n'obtint le prix.

Ce dont Robespierre félicita surtout Gresset, ce fut d'être resté pur et honnête, j'entends au moral, parmi les séductions de tout genre sollicitant sans cesse à Paris la vie des hommes de lettres. « O Gresset, tu fus un grand poète ! Tu fis beaucoup plus, tu fus un homme de bien. En vantant tes ouvrages je ne serai point obligé de détourner mes yeux de ta conduite. » Il le loue même d'avoir gardé sa religion, au milieu des sarcasmes dont elle était alors poursuivie, réclamant déjà pour chacun, comme il le fera plus tard au sein de la Convention, le droit de suivre toujours, en matière religieuse, les inspirations de sa conscience. Il félicite également le poète de s'être conservé chaste dans un genre de poésie qui semblait être devenu le domaine exclusif de la licence, et d'avoir su lui donner une décence et une noblesse dont on la croyait à peine susceptible, sans lui ôter aucun de ses agréments naturels.

Etablissant entre Voltaire, dont le grand nom dominait encore tout le monde littéraire, et l'élégant auteur de *la Chartreuse* un parallèle très-réussi, il se demande auquel des deux revient de droit la palme de la poésie légère; et, sans oser se prononcer, il entreprend de l'un et de l'autre un éloge d'une incontestable justesse, et signale très-finement les qualités propres à chacun d'eux. Mais où il n'hésite pas à accorder la prééminence à Gresset, c'est dans l'unique comédie qu'il composa, ou plutôt qu'il fit représenter (car il en condamna plusieurs au feu), et où il semble avoir réuni toutes les qualités indispensables à ce genre d'ouvrage. *Le Méchant,* en effet, consacra la gloire du poète, lui ouvrit les portes de l'Académie et lui donna dans toute l'Europe une réputation certainement supérieure à son talent. Cette pièce fournit à Robespierre l'occasion de se livrer sur Voltaire à une appréciation d'une vérité frappante et digne d'être citée. « Voltaire, » dit-il,

« si léger, si gai, si ingénieux, si agréable même dans les sujets les plus graves, Voltaire si habile à manier la plaisanterie, à saisir et à peindre le ridicule, semble déployer partout le talent comique, excepté dans ses comédies. »

Gresset avait été moins heureux en abordant la scène tragique ; mais il eut plus de succès dans un autre genre récemment mis en honneur par Diderot, non sans avoir rencontré une vive opposition et donné lieu aux disputes les plus animées, nous voulons parler du drame. Robespierre prit résolûment parti pour le nouveau genre dramatique, et les théories émises par lui à ce sujet, en scandalisant l'esprit classique des membres de l'Académie d'Amiens, ne furent peut-être pas étrangères à son échec. Le morceau suivant, sorte de profession de foi littéraire, très-nette, très-accentuée, nous semble curieux à plus d'un titre. « Nous avons vu de nos jours le domaine du théâtre s'agrandir par la naissance de ces productions connues sous le nom de drames. Mais je ne sais quelle manie pousse une foule de critiques à déclamer contre ce genre nouveau avec une sorte de fanatisme. Ces fougueux censeurs, persuadés que la nature ne connaissoit que des tragédies et des comédies, prenoient tout ouvrage dramatique qui ne portoit pas l'un de ces deux noms pour un monstre en littérature, qu'il falloit étouffer dès sa naissance, comme si cet inépuisable variété de tableaux intéressants que nous présentent l'homme et la société devoit être nécessairement renfermée dans ces deux cadres ; comme si la nature n'avoit que deux tons, et qu'il n'y eût pas de milieu pour nous entre les saillies de la gaieté et les transports des plus furieuses passions. Mais les drames et le bon sens ont triomphé de toutes leurs clameurs. C'est en vain qu'ils ont voulu nous faire honte du plaisir que ces ouvrages nous procuroient, et nous persuader qu'il n'étoit permis de s'attendrir que sur les catastrophes des rois et des héros ; tandis qu'ils faisoient des livres contre les drames, nous courrions au théâtre les voir représenter, et nous éprouvions que nos larmes peuvent couler avec douceur pour d'autres malheurs que pour ceux d'Oreste et d'Andromaque ; nous sentions que plus l'action ressemble aux événemens ordinaires de la vie, plus les personnages sont rapprochés de notre condition, et plus l'illusion est complète, l'intérêt puissant et l'instruction frappante (1). » Ne croirait-on pas lire une page de la magnifique

_____

(1) Pag. 21 et 22. Ce discours a paru en 1786, sous ce titre : _Éloge de Gresset. Discours qui a concouru pour le prix proposé par l'Académie d'Amiens en l'année_ 1785, par M....., avocat au Parlement, avec cette épigraphe :

Hunc lepidique sales lugent, veneresque pudicæ,
Sed mores prohibent ingeniumque mori.

et fameuse préface du *Cromwell* de Victor Hugo? En littérature comme
en politique Robespierre, on le voit, ne se tenait pas enfermé dans le
cercle étroit des idées anciennes : il voulait émanciper la première au
profit de l'esprit humain, comme il avait hâte de régénérer la seconde
au profit des peuples.

XVIII

Cet échec académique ne l'empêcha pas de continuer à traiter les
grands sujets moraux proposés chaque jour par les diverses sociétés
savantes; seulement il renonça désormais à envoyer ses écrits au concours, se contentant de prendre pour confidents et pour juges ses collègues de l'Académie d'Arras, dont les applaudissements suffisaient à
son ambition.

C'est ainsi que, dans la séance du 27 avril 1786, il prononça un dis-

Londres et Paris. Royer, 1786, in-8° de 48 pages.

L'injuste arrêt de l'Académie d'Amiens indisposa beaucoup de monde. Robespierre,
lui, n'en garda aucun ressentiment, témoin ces vers que lui adressa M. Dubois de
Fosseux au sujet de son discours sur Gresset :

> Quoi! ce touchant eloge où tu lui reuds hommage,
> Où tu peins son esprit, son style interessant,
> A ses concitoyens parût insuffisant[1]
> Qu'ils craignent que par eux sa cendre révérée
> N'obtienne pas la gloire à Gresset preparee.
> Que falloit-il de plus pour l'honneur d'un mortel?...
> Mais contre cet arrêt tandis que je réclame,
> Cet arrêt rigoureux n'irrite point ton âme,
> Pleinement insensible à sa sévérité,
> Tu ne veux de vengeur que la postérité...

Si les vers sont médiocres, ils prouvent au moins, contre l'opinion reçue, que les
blessures de l'amour-propre n'atteignaient pas Robespierre, et que l'injustice de
l'Académie d'Amiens n'avait déposé aucune blessure dans son cœur.

Le manuscrit autographe de Robespierre existe dans les archives de l'Académie
d'Amiens ; il porte en tête : numéro 9, reçu le 20 juin 1785.

Il y a entre le discours imprimé et le manuscrit autographe d'assez nombreuses
variantes, sans importance d'ailleurs quant au fond même de l'œuvre. Les personnes
curieuses de les connaître peuvent consulter l'exemplaire de la bibliothèque du
Louvre, où les variantes ont été soigneusement placées en marge, en regard du
texte, en 1835, par M. de Cayrol, ancien membre de l'Académie d'Amiens (*Recueil* A,
numéro 377).

On trouve dans le même volume un autre éloge de Gresset attribué à Bailly (avec
variantes également) éloge qui a également concouru, sans plus de succès, et que
M. de Cayrol met beaucoup au-dessus de l'œuvre de l'*avocat d'Arras*. Nous croyons,
pour notre part, qu'il y a beaucoup d'esprit de parti dans ce jugement.

cours fort développé sur la législation réglant les droits et l'état des
bâtards, législation atroce qui rendait de malheureux enfants responsables et victimes des fautes de leurs parents. La condition des bâtards
(on employait alors ce mot juridiquement) était des plus dures avant
la Révolution. Il y eut même, dans l'origine, des provinces où ils étaient
traités comme serfs, ne pouvant se marier sans le consentement de
leurs seigneurs, à qui, en cas de mort, leurs biens étaient dévolus par
droit de mainmorte (1). Ils étaient incapables de posséder des bénéfices ; enfin, de même que l'infamie rejaillissait sur les familles des
criminels, la honte était attachée à la bâtardise. Robespierre s'élevait
surtout contre cette injustice, et proposait de modifier, dans un sens
plus conforme à l'humanité, des lois empreintes de la barbarie d'un
autre âge.

Entendait-il pour cela porter atteinte au mariage, en relâcher les liens
sacrés? Voici la preuve éclatante du contraire : « Laissons, » a-t-il écrit
quelque part, « laissons aux cœurs des citoyens qu'égare l'ivresse des
passions la douleur salutaire de ne pouvoir prodiguer librement toutes
les preuves de leur tendresse aux gages d'un amour que la vertu n'approuve pas; ne leur permettons pas de goûter toutes les douceurs
attachées au titre de père, s'ils n'ont plié leurs têtes sous le joug sacré
du mariage. » Personne, on peut le dire, n'a mieux que lui, et avec
une conviction plus austère, défendu la famille, base de toute société.
A-t-il voulu donner aux enfants naturels le même rang et les mêmes
droits qu'aux enfants légitimes, comme le lui a reproché certain libel-
liste? Citons encore : « Je ne proposerai pas cependant de leur accorder les droits de famille, de les appeler avec les enfants légitimes à la
succession de leurs parents ; non; pour l'intérêt des mœurs, pour la
dignité du lien conjugal, ne souffrons pas que les fruits d'une union
illicite viennent partager avec les enfants de la loi les honneurs et le
patrimoine des familles auxquelles ils sont étrangers à ses yeux (2). »
Il est facile de se rendre compte, par ces simples citations, de la réserve
avec laquelle, obéissant aux sentiments de justice dont son cœur était
rempli, il attaquait des lois iniques, d'où il voulait extirper les dispositions contraires à l'humanité et un préjugé qui n'était déjà plus dans

---

(1) Coutume de Laon.
(2) Si l'on veut maintenant juger de l'impudence de quelques faiseurs de libelles,
on n'a qu'à ouvrir, à la page 27, cette *Vie de Robespierre* publiée à Arras, en 1850,
par l'abbé Proyard, et on y lira : « Ainsi s'érigea-t-il en patron de la licence
des mœurs, jusqu'au point de vouloir autoriser en quelque sorte la pluralité des
femmes, et de prétendre que le bâtard, même adultérin, devait être admis avec les
enfants légitimes au partage des biens de ses auteurs. »

nos mœurs. Ce qu'il demandait, du reste, se trouve aujourd'hui dans nos codes, rédigés d'après les principes énoncés par lui sur cette matière, et là comme ailleurs il n'a fait que devancer son temps.

Dans une autre séance il s'étendit longuement sur la jurisprudence criminelle et appela également sur cette partie de nos institutions les méditations du législateur. Notre Code pénal était encore à cette époque, personne ne l'ignore, un code de sauvages, et non celui d'une nation civilisée ; il appartenait donc à un pur disciple de Voltaire et de Rousseau d'en provoquer énergiquement la réforme et de demander la suppression de tant de cruautés inutiles dans la répression des délits et des crimes.

XIX

Robespierre était en 1789 directeur de l'Académie d'Arras, après en avoir été quelque temps chancelier, et, comme tel, chargé de répondre à une foule de discours et de communications. Aussi devait-il être prodigieusement occupé. On l'avait entendu dans la même séance, celle du 18 avril 1787, complimenter un académicien honoraire nouvellement reçu, M. de Courset, ancien capitaine au régiment de Bourbon, dont on venait de lire le discours de réception ; puis répondre à celui d'une dame au sujet de laquelle nous devons dire quelques mots parce que, bien que son nom n'ait pas laissé beaucoup de traces, elle joua un certain rôle dans la Révolution.

Fille d'un littérateur breton, Louise-Félicité Guinement de Kéralio, depuis épouse du journaliste Robert, un des plus ardents membres du club des Cordeliers, avec qui elle rédigea le *Mercure national*, n'était connue alors que par quelques romans médiocres et une *Histoire d'Elisabeth, reine d'Angleterre*, à laquelle elle dut peut-être son admission au sein de l'Académie d'Arras.

Après que le secrétaire eut donné lecture de son discours, elle prit elle-même la parole, remercia la compagnie de la faveur qu'on lui avait accordée, et parla longuement des études historiques vers lesquelles elle se sentait de préférence entraînée. Elle proposa ensuite et traça tout un plan d'une histoire générale des mœurs de l'homme et des progrès de ses connaissances, se déclarant modestement incapable de le remplir elle-même. Ses paroles, il paraît, obtinrent beaucoup de succès et furent fort applaudies.

Robespierre répondit à mademoiselle de Kéralio en termes d'une convenance parfaite. Il la félicita d'abord d'avoir rappelé dans son discours, d'une manière aussi noble que touchante, le souvenir de son père, le littérateur breton, qui, à cette époque, jouissait encore de quelque réputation. Il saisit ensuite cette occasion de rechercher si l'admission des femmes dans les sociétés littéraires présentait quelque utilité. Ce serait, suivant lui, un moyen d'ajouter aux travaux de ces sociétés des charmes jusqu'alors inconnus et un intérêt plus puissant, car on rassemblerait ainsi les dons divers partagés par la nature entre les deux sexes. A la force et à la profondeur du génie de l'homme se réuniraient l'agrément et la délicatesse de celui de la femme, et de cette réunion résulterait infailliblement un progrès sensible dans les productions de l'esprit. Nous n'avons pas à examiner ici jusqu'à quel point il pouvait avoir raison, mais, par l'analyse de son curieux discours, on comprend mieux le prestige qu'il exerça toujours sur les femmes, et l'on se rend suffisamment compte de son chaste penchant pour elles.

Quels heureux effets, dit-il encore, quelle émulation salutaire ne doivent pas produire leurs suffrages! N'est-ce pas un de leurs premiers devoirs, une de leurs plus pures joies, une de leurs plus belles prérogatives, d'encourager le talent? Et si l'amour de la gloire nous sollicite, si toutes nos facultés tendent vers ce noble but, n'est-ce pas encore pour attirer leurs regards, mériter leurs applaudissements? La femme enfin n'est-elle pas le ressort le plus actif de nos meilleurs sentiments? Il montre son influence propice encourageant, dans tous les temps, l'homme aux grandes actions. Si l'on cherche bien, on verra que c'est à elle que doit remonter l'honneur de tous les genres de mérite. Dans les siècles grossiers, « où l'humanité dégradée semblait anéantie sous l'infâme joug de la tyrannie féodale, » qui encourage de généreux guerriers à venger l'innocence, à poursuivre les malfaiteurs? la femme. Qui exalte le cœur des héros de la chevalerie? la femme. C'est animés par elle que les plus brillants poètes ont ceint la couronne d'immortalité. Par elle s'agrandissent les âmes; les plus beaux chefs-d'œuvre, les plus magnifiques productions du génie sont dus à son irrésistible empire. Il faut donc bien se garder de la dédaigner, il faut l'accueillir avec empressement au sein des Académies, l'adopter, l'encourager à cultiver les lettres, dont elle doit être la protectrice naturelle, et ne pas perdre de vue que le ciel nous l'a donnée, non pour être un vain embellissement dans l'univers, « mais pour concourir au bonheur et à la gloire de la société. »

On ne doit pas s'étonner maintenant si mademoiselle de Kéralio, devenue madame Robert, resta par la suite une des admiratrices pas-

sionnées de Robespierre, et si, dans le *Mercure national*, elle écrivit
sur lui des pages enthousiastes (1).

Dans le mois suivant de cette même année 1787 eurent lieu, à l'Académie d'Arras, la réception de Carnot et celle de Marescot, également officier au corps royal du génie, et qui devait plus tard, sous les ordres et en
compagnie de Saint-Just, s'illustrer sous les murs de Charleroi. Carnot
lut lui-même son discours de réception, dont le sujet était le *Pouvoir
de l'habitude*. Mais ce ne fut point Robespierre qui le complimenta,
comme on l'a écrit par erreur; cet honneur échut à M. Ansart, leur ami
commun. Le premier se contenta d'applaudir au succès de l'éminent
collègue qu'il appelait familièrement *l'ami Carnot* (2).

XX

Il ne se passait guère de séances où Robespierre ne prît une part
active aux travaux de l'Académie. Il est fâcheux que les nombreux
discours qu'il y prononça n'aient pas été tous complétement recueillis,
notamment celui dans lequel il demandait une réformation radicale du
code criminel en vigueur alors. On y verrait combien cet esprit juste
et ferme devançait par ses idées la Révolution française. Et jamais il ne
manquait l'occasion de les développer. Ayant été chargé par ses collègues, dans les premiers jours de l'année 1789 de complimenter le

(1) Voy. le *Mercure national*, ou *Journal d'Etat et du citoyen*, devenu au numéro 22
Révolution de l'Europe et *Mercure national* réunis, journal démocratique, rédigé par
madame Robert (ci-devant mademoiselle de Kéralio), de l'Académie d'Arras ; Louis-
Félix Guinement (ci-devant de Kéralio), de l'Académie des inscriptions et belles-
lettres; Antoine Tournon, de l'Académie d'Arras; Hugon (ci-devant de Basseville), de
plusieurs Académies ; et François Robert, professeur de droit public, tous membres
de la *Société des Amis de la Constitution*. Première série, du 31 décembre 1789 au 29
mars 1791, 53 numéros.
(2) L'honorable M. Carnot s'est donc encore trompé en écrivant : « En 1786,
Robespierre, alors directeur de l'Académie d'Arras, fut chargé de complimenter
Carnot, élu membre de cette Académie. Voilà les seules relations qu'ils eurent ensemble... » (*Mémoires sur Carnot*, par son fils, t. I, p. 96.)
Voici ce que nous lisons dans l'extrait de la séance publique de l'Académie royale
des belles-lettres d'Arras, tenue le 25 mai 1787 : « M. Carnot, officier au corps
royal du génie et nouvel académicien ordinaire, lut son discours de réception...
M. Ansart répondit à ce discours, parla des talents de M. Carnot, de ses connaissances littéraires, de l'étude approfondie qu'il a faite des mathématiques... M. Ansart
termina sa réponse en parlant de ce que l'Académie avait à attendre de M. *de* Carnot,
et en l'engageant à lui consacrer ses talents et le temps dont il pourra disposer. »

duc de Guines, récemment appelé au gouvernement de l'Artois, il eut soin de mettre sous ses yeux le tableau des réformes devenues, selon lui, indispensables, et de détailler les avantages que la province était en droit d'attendre d'un gouverneur *citoyen*.

Ce langage nouveau alors, et qui retentissait si agréablement aux oreilles de la classe moyenne et du peuple, n'effarouchait pas encore les classes privilégiées. Les opinions libérales étaient de mode parmi les grands seigneurs. Si quelques endurcis déploraient amèrement les coups portés à l'ancien régime dont ils regrettaient jusqu'à la barbarie même, beaucoup applaudissaient aux réformes opérées ou tentées par Turgot et par Necker. Aussi dans la province d'Artois voyait-on certains nobles s'enthousiasmer pour Robespierre, lui faire un cortège d'admirateurs, serrer avec empressement sa main. Nul ne soupçonnait encore la profondeur de vues du hardi réformateur. Il était devenu le personnage le plus important de l'Académie, dont un grand nombre de membres appartenaient au corps de la noblesse. Dans la séance du 4 février 1789, ses collègues lui donnèrent un éclatant témoignage de leur estime en le nommant à l'unanimité leur président (1).

Plus tard, il est vrai, quand les rêves devinrent des réalités ; quand les privilégiés aux abois sentirent s'écrouler jusque dans ses fondements l'édifice vermoulu de la féodalité; quand, à côté de la liberté, à laquelle ils souriaient tout d'abord, ils virent apparaître le fantôme des réformes sociales, et se dresser à leurs yeux cette égalité prêchée en vain dix-huit siècles auparavant ; quand s'évanouirent tout à coup les monstrueux abus, source impure d'une partie de leurs revenus, oh ! alors la sympathie se changea en haine féroce; aux marques d'estime et d'admiration succédèrent les cris de malédiction, les anathèmes sans fin ; et contre ce Robespierre, en qui devait s'incarner la Révolution, ils ne tardèrent pas à tourner avec fureur l'arme empoisonnée de la calomnie.

XXI

La Révolution, elle s'avançait fatalement, poussée par une force irrésistible, recélant dans ses flancs un ordre de choses tout nouveau,

(1) Étaient présents : MM. Binot, Cauvet de Basly, Foacier de Ruzé, de Galametz, Dubois de Fosseux, Buissart, Bousquel de la Comté, Le Sage, Le Gay, Lenglet.
(*Archives du cabinet de M. Billet*, avocat à Arras, archiviste de l'Académie.)

et venant dédommager le monde de quatorze siècles de barbarie, de despotisme, d'inégalités et d'injustices. Tout contribuait à merveille à accélérer sa marche. Une sorte de fièvre de rénovation sociale semblait s'être infiltrée dans les veines de la nation entière. Partout avait passé le souffle puissant de Jean-Jacques Rousseau. Les classes moyennes commençaient à avoir la conscience de leur valeur ; elles sentaient qu'en elles étaient les forces vives de la nation et se demandaient pourquoi tant de distinctions injurieuses entre elles et ces ordres privilégiés qui, ne produisant rien, absorbaient la meilleure part des richesses du pays.

Et puis la vie plus régulière, empreinte d'une certaine austérité, des hommes du tiers état, formait un contraste frappant avec les déréglements de la noblesse. Les masses étaient devenues prudes. Tandis que les scandales des règnes précédents avaient à peine ému l'opinion publique, on s'indignait hautement des mauvaises mœurs des gens de cour. Le mépris pesait sur eux, avant-coureur d'une chute prochaine. Le roi lui-même n'était pas à l'abri de la déconsidération générale. Au milieu de courtisans avilis et corrompus il avait su rester honnête, garder une âme pure, mais la responsabilité de la licence de son entourage remontait forcément jusqu'à lui. Les plaisirs, les faiblesses même de sa femme lui étaient imputés à crime. On l'accusait d'autoriser, au moins par son silence, les écarts de la reine. Les sarcasmes pleuvaient sur lui, tout l'ancien prestige de la royauté avait disparu. Les attaques contre l'honneur de Marie-Antoinette, parties du sein même des familiers du château, se propageaient rapidement dans les provinces, et les dénigrements, les calomnies, comme les fleuves qui grossissent en s'éloignant de leurs sources, prenaient, en allant, d'étranges proportions. Le procès du collier était arrivé tout juste à point pour combler la mesure. Un nuage d'outrages obscurcissait cette majesté royale devant laquelle jadis tous s'inclinaient avec tant de respect, même quand elle se vautrait dans la fange.

D'autre part, les essais de réforme tentés par le roi, qui témoignaient de son incontestable bonne volonté de remédier aux malheurs du peuple, essais avortés pour la plupart, aiguillonnaient l'impatience publique, et ne satisfaisaient personne. Au reste, c'est le propre des petites réformes, regrettées aussitôt qu'accordées, de ne s'accomplir qu'imparfaitement quand elles n'échouent pas tout à fait. Quoi qu'en disent les optimistes de la monarchie, les nations ne se régénèrent que par elles-mêmes ; à un pays aussi profondément ulcéré que la France, il fallait l'énergique et infaillible remède de la Révolution.

Il n'était pas jusqu'à la guerre d'Amérique qui ne concourût, dans une large mesure, à accélérer le mouvement de l'opinion. On avait reçu Franklin avec enthousiasme ; on se passionnait pour l'indépendance d'un peuple ami ; on applaudissait au départ des volontaires qui franchissaient l'Atlantique pour offrir leur sang à la cause sacrée de la liberté ; mais des esprits chagrins s'étonnaient, non sans raison, qu'on s'émût d'une telle pitié pour les souffrances d'une nation étrangère longtemps courbée sous le despotisme, tandis qu'en France on supportait si docilement le joug.

Ajoutez à cela le renvoi de Necker, dont le premier ministère avait fait naître des illusions si vite dissipées ; le scandale des pensions à demi dévoilé ; la subite convocation des notables ; la résistance des grands seigneurs à l'égale répartition des impôts, réclamée par le ministre de Calonne lui-même ; l'effrayante apparition du déficit ; la lutte de la royauté avec les parlements ; l'édit d'établissement de la cour plénière accueilli de tous côtés par d'amères plaisanteries ; les dépenses inconsidérées de la cour en présence de la détresse générale, et vous comprendrez quelle agitation, s'étendant du centre aux extrémités, devait envahir et bouleverser les têtes. L'air était plein de tempêtes, et bientôt allaient se vérifier ces paroles prophétiques de Jean-Jacques Rousseau : « Nous approchons de l'état de crise et du siècle des révolutions. »

XXII

Tout à coup une nouvelle circule, étrange, inattendue, inespérée : le roi a convoqué les états généraux (1). Ce mot magique, l'effroi des uns, l'espérance des autres, avait déjà été prononcé au sein de l'assemblée des notables. La longue hésitation de Louis XVI à user de ce remède suprême révélait clairement les pressentiments douloureux qui tourmentaient son âme. Pour quelques-uns de ses conseillers c'était un moyen commode de se décharger du fardeau des embarras financiers, de retremper le despotisme ancien dans une sorte de baptême national. Ils n'avaient point oublié avec quelle facilité on s'était débarrassé des états en 1614, et ils espéraient bien en avoir aussi bon marché cette fois, dans le cas où les prétentions des députés du tiers paraîtraient excessives. Mais de plus clairvoyants dans le corps de la noblesse ne s'y trompaient point, et sentaient, au frémissement qui

(1) Arrêt du Conseil, en date du 8 août 1788.

T. I

agitait la nation, que la chose ne serait pas aussi aisée. Ils se souvenaient des états généraux de 1357, si rudes aux grands du royaume; l'ombre d'Étienne Marcel leur apparaissait, les yeux étincelants de flammes vengeresses et leur demandant compte de toutes les iniquités passées.

Pour se former une idée exacte des craintes d'une partie des nobles, il faut lire le mémoire adressé au roi par les princes du sang. C'est un lamentable cri de désespoir poussé vers le trône. Suivant eux, l'État était en péril; des institutions séculaires, *réputées sacrées*, étaient à la veille de s'écrouler, « converties en questions problématiques ou même décriées comme des injustices (1). » Les lois du royaume, les actes du gouvernement livrés à la discussion publique, la presse libre catéchisant une nouvelle religion politique, les privilèges des ordres de la noblesse et du clergé mis en question, la demande de suppression des droits féodaux, « qu'on a l'infamie de dénoncer comme un reste de barbarie, » le doublement du troisième ordre aux états généraux ardemment réclamé, tout cela était vivement signalé par eux. Mais ce qui jetait tant de terreur, d'effroi et de désolation dans l'âme des grands seigneurs produisait un effet tout contraire au sein de ce tiers état où s'étaient recrutées les plus éclatantes illustrations de la monarchie, poètes, historiens, philosophes, savants, et d'où seraient sortis également des généraux de premier ordre si l'accès des charges militaires ne leur eût pas été fermé, et si une ordonnance toute récente, contrastant singulièrement avec l'esprit libéral prêté au roi, n'eût pas interdit à tout roturier le droit d'acheter de son sang un grade d'officier dans l'armée. Ce fut dans toute la France un immense concert d'acclamations joyeuses. Et quoi d'étonnant qu'après tant d'années de léthargie, de misère et d'oppression, le peuple saluât bruyamment son réveil. Pour la première fois il lui était permis d'exprimer librement sa pensée. C'était une renaissance à la vie politique dont il avait été tout à fait exclu depuis près de deux cents ans. Mais sa coopération aux affaires de l'État avait été jadis insignifiante, à peu près nulle; il était à présumer que cette fois il prendrait la chose au sérieux, et l'on devait s'attendre à une formidable explosion de colères, de rancunes, de récriminations tenues depuis si longtemps en réserve. En quelques mois le pays fut littéralement inondé d'un déluge de brochures énumérant toutes, sur un ton plus ou moins hostile, plus ou moins acerbe, les injustices à réparer, les améliorations à introduire, les plaies à

---

(1) Voyez ce *Mémoire* dans l'introduction du *Moniteur* (p. 497 de la réimpression) et dans l'*Histoire parlementaire* de MM. Buchez et Roux (t. I, p. 256 et suiv.).

fermer. L'alarme fut au comble dans le camp de la noblesse; ses
publicistes répondaient par des cris de rage aux justes réclamations
des écrivains du tiers; dès lors, avant même l'ouverture des états
généraux, commença, à coups de plume d'abord, pour se continuer
plus tard dans d'horribles et sanglantes mêlées, cette lutte désespérée
entre les privilégiés et les ilotes de l'ancien régime ; lutte sainte, d'où
sortit, fécondée du sang de nos pères, une France plus radieuse, plus
belle, et portant sur sa face entièrement renouvelée l'empreinte
ineffaçable de ce dogme affirmé par la Révolution : Liberté, Égalité,
Fraternité.

S'il était une âme que l'émotion eût gagnée tout de suite et profondément fait tressaillir, c'était celle de Maximilien Robespierre. Le rêve
ardent de sa jeunesse, cet idéal de justice dans les lois et dans les
rapports sociaux, objet de ses méditations constantes, il était peut-être
à la veille de le voir se réaliser. Un tel homme ne pouvait rester simple
spectateur des grandes scènes qui allaient s'ouvrir avec une majesté
toute nouvelle. Se sentant fort pour la lutte, comme s'il eût eu la
conscience qu'il portait en lui l'avenir de la Révolution, il se jeta
résolûment dans l'arène. Au premier bruit de la convocation des états
généraux, il prit la plume, et rédigea pour la nation artésienne une
virulente adresse sur la nécessité de réformer les états d'Artois.

XXIII

Une crainte le préoccupait, lui et tous les publicistes avancés
c'était que la prochaine assemblée des députés des trois ordres
ne fût pas composée d'hommes librement élus par leurs concitoyens.
On ignorait encore de quelle manière il serait procédé aux élections. Or le moment était solennel, car on touchait à l'heure où le pays
devait décider de sa liberté ou de sa servitude, de son bonheur ou de sa
misère. Tout, suivant Robespierre, dépendait du caractère et des principes des représentants chargés de régler les futures destinées de la
patrie, et du zèle que montrerait le peuple pour recouvrer les droits
sacrés et imprescriptibles dont il avait été dépouillé. Il conseillait
donc à ses concitoyens de secouer l'indolence habituelle, de dérober
quelques instants à leurs plaisirs et à leurs affaires pour réfléchir mûre-
ment sur leurs choix, sur la nature des vœux et des demandes à

porter dans les comices, « où la France alloit se régénérer ou périr sans retour. »

Il y avait, on le sait, dans les pays d'états, une sorte de représentation, image au petit pied de ces états généraux dont la prochaine réapparition faisait tressaillir tant de fibres. On avait même eu récemment l'idée d'établir dans certains pays d'élection, dans le Berry par exemple, des assemblées provinciales. Mais la plupart du temps ces assemblées étaient tout illusoires, en ce sens que les membres dont elles se composaient n'ayant pas été choisis par les divers ordres de citoyens, elles ne formaient en définitive qu'un fantôme de représentation.

Or c'était là un des principaux griefs de Robespierre contre les états d'Artois. Appréhendant que pareil abus ne s'étendît du particulier au général, et que les états généraux ne devinssent également une duperie, il proposait de couper le mal dans sa racine, et de commencer par réformer les assemblées provinciales.

Les états d'Artois étaient fictivement composés de la réunion des députés des trois ordres, mais en réalité aucun n'y était sérieusement représenté. Ainsi que voyait-on dans la chambre du clergé? deux évêques que personne n'avait choisis; les abbés réguliers des monastères, excipant de leur seule qualité d'abbés, et représentant... leurs bénéfices; enfin les députés des chapitres, ayant, eux du moins, l'apparence d'un droit délégué. Mais de la classe la plus nombreuse du clergé, la plus précieuse, la plus utile par ses rapports constants avec les masses besogneuses, des curés, néant. De même pour les membres composant la chambre de la noblesse ; ils ne représentaient nullement leur ordre, car ils tenaient leur mandat, non de l'élection directe, mais du plus ou moins de degrés de leur noblesse et de la possession de telle ou telle terre.

La représentation du tiers état, poursuit Robespierre, est encore plus illusoire, si c'est possible. Par qui, en effet, sont nommés les députés de cet ordre? par les corps municipaux des dix villes de la province ; mais les officiers composant ces corps municipaux, de quelle source proviennent-ils? Autrefois les habitants des villes nommaient eux-mêmes leurs administrateurs, comme le voulaient la raison, l'équité, la logique; un simple édit « dicté par le génie fiscal d'un ministre abhorré (1) » les a privés de ce droit primordial, incontestable, aussi ancien que la monarchie. Aujourd'hui les officiers chargés de l'élection des représentants du tiers état de la province sont nommés par les états, ou plutôt par une commission de trois membres choisis dans

_____

(1) L'abbé Terray.

chacun des trois ordres. Il est donc vrai de dire que ni le tiers état
des villes ni celui des campagnes ne sont représentés dans l'assemblée provinciale d'Artois, laquelle n'est plus, à ses yeux, qu'une ligue de
quelques citoyens usurpateurs d'un pouvoir appartenant au peuple seul.
Et, usant d'une formule dont nous l'entendrons se servir plus tard à la
tribune de la Convention nationale, il ajoute : « Ah! saisissons l'unique moment que la Providence nous ait réservé dans l'espace des siècles pour recouvrer ces droits imprescriptibles et sacrés dont la perte
est à la fois un opprobre et une source de calamités. » Ces semblants
d'états nationaux se recrutaient par l'intrigue, par la faveur, par
toutes sortes de moyens odieux; aussi voyait-on s'en éloigner les
meilleurs citoyens. Dans l'impuissance de remédier à de tels maux,
ils se contentaient de gémir en silence sur les malheurs et la servitude
de la patrie, et « laissoient une libre carrière à l'ambition de quelques
aristocrates toujours soigneux d'écarter quiconque est soupçonné
d'avoir une âme, pour établir sans obstacle leur élévation sur la
misère et sur l'abaissement de tous. »

C'étaient là, il faut l'avouer, de nobles accents; Robespierre, on le
voit, n'attendait pas la Révolution pour stigmatiser en traits sanglants
les mille abus qu'elle devait se donner mission de détruire. Que de
fortes pensées, que de vérités frappantes dans cette adresse à la nation
artésienne! Si en présence de l'orgueil, de la bassesse, de l'égoisme
des classes privilégiées, le peuple laisse le découragement et l'indifférence s'emparer de lui, « il s'accoutumera à gémir en silence sous le
poids de l'oppression, et deviendra vil et rampant à mesure qu'il sera
plus malheureux. » Au contraire, quand il est en possession de choisir
lui-même ses représentants, quand il est compté pour quelque chose,
« il apprend à s'estimer lui-même, ses idées et ses sentiments s'élèvent; il est plus respecté des administrateurs qui lui doivent leur
pouvoir... L'abondance et le bonheur renaissent sous les auspices
d'une administration patriotique, chère à tous les citoyens parce que
tous peuvent y être appelés par le choix de tous. La voix des vrais
représentants du peuple peut arrêter le ministre le plus audacieux
dans ses injustes projets, parce qu'elle est celle des peuples mêmes
dont les puissantes réclamations peuvent facilement entraîner sa
chute. »

Le plus grand inconvénient des assemblées qui ne sont pas issues du
libre et consciencieux suffrage de la nation est d'être entre les mains
des despotes un instrument docile d'autant plus dangereux qu'il semble
donner aux empiétements du pouvoir une apparence de légalité. C'est
ainsi, dit encore Robespierre, que les états viciés d'Artois ont, en 1787,

uniquement pour complaire aux ministres, consenti à ajouter aux charges déjà énormes de la province (plus de huit millions de livres) un écrasant impôt de trois cent mille livres, sans oser, en compensation, émettre humblement un vœu sur la nécessité de convoquer les états généraux, annoncés déjà à cette époque par ces mêmes ministres.

Remontant alors le cours des années, il dénonce la violation des traités en vertu desquels les habitants de l'Artois ne pouvaient ê re, sans leur consentement exprès, assujettis à aucune taxe; de ces traités qui assuraient à la province l'exemption absolue de la gabelle, de toute imposition sur le sel, de toutes inquisitions de la part des fermiers généraux, et autorisaient la libre circulation des marchandises étrangères. Il prend vivement à partie ces administrateurs qui n'ont point su ou voulu faire respecter les capitulations anciennes; jamais les états n'ont osé résister à une demande illégale d'impôts. Les taxes consenties pour la guerre terminée depuis 1762, c'est-à-dire depuis vingt-sept ans, sont encore payées aujourd'hui; toutes les marchandises, tous les produits ont été soumis à de lourdes contributions; les droits exagérés mis sur les greffes ont rendu en quelque sorte les tribunaux inaccessibles aux pauvres, aux faibles, et encouragé l'injustice et la tyrannie des riches. Pas de vexations enfin dont on n'ait abreuvé le tiers état. Impôt des casernes, fournitures des fourrages, entretien des troupes, logement du gouverneur, de l'intendant, des commandants de division, des officiers du génie, etc., tout est à sa charge; et encore n'est-ce là qu'une partie des maux dont il est accablé. Cependant à la ruine, à la misère générale, à l'épuisement des finances quel remède, demande Robespierre, ont proposé nos administrateurs? quelle résistance aux dilapidations? Mais que leur importe la détresse du peuple, pourvu que leur fortune soit à l'abri de toute atteinte! Ils se soucient bien du désespoir des citoyens, s'ils sont couverts de la protection des ministres! Aussi les voit-on « trafiquer avec le gouvernement des droits de leur pays à condition de jouir eux-mêmes du pouvoir de l'asservir et de le rançonner impunément. »

Alors, des généralités passant aux faits particuliers, il rappelle toutes les libéralités inutiles votées au détriment de la province, et entre autres une somme immense donnée en dot à la fille d'un gouverneur déjà excessivement riche, quand on ne trouvait pas d'argent pour fournir au peuple l'éducation et le pain. On se disait pauvre lorsqu'il s'agissait d'encourager le talent, de soulager l'humanité; mais il semblait que la province fût inépuisable quand il y avait quelque intrigant en crédit, des maîtresses, des valets ou des ministres à acheter. Gardez-vous donc de murmurer, malheureux aux souffrances de qui l'on reste insensible, cultivateurs dont on dépouille la chaumière, sans se soucier des besoins de l'agriculture; ne faut-il pas ménager, c'est-à-dire payer les riches et les grands, et pour cela vous extorquer le prix de vos travaux? Aussi quel spectacle présente cette province désolée! «Nos campagnes,» s'écrie-t-il, «offrent de toutes parts à nos yeux des infortunés qui arrosent des larmes du désespoir cette terre que leurs sueurs avoient en vain fertilisée; la plus grande partie des hommes qui habitent nos villes et nos campagnes sont abaissés par l'indigence à ce dernier degré de l'avilissement où l'homme, absorbé tout entier par les soins qu'exige la conservation de son existence, est incapable de réfléchir sur les causes de ses malheurs et de reconnaître les droits que la nature lui a donnés. Et nous trouvons encore des sommes immenses pour fournir aux vaines dépenses du luxe et à des largesses aussi indécentes que ridicules! Et je pourrois contenir la douleur qu'un tel spectacle doit exciter dans l'âme de tous les honnêtes gens! Et tandis que tous les ennemis du peuple ont assez d'audace pour se jouer de l'humanité, je manquerois du courage nécessaire pour réclamer ses droits! Et je garderois devant eux un lâche silence, dans le seul moment où depuis tant de siècles la voix de la vérité ait pu se faire entendre avec énergie, dans le moment où le vice, armé d'un injuste pouvoir, doit apprendre lui-même à trembler devant la justice et la raison triomphantes!... »

A ces fières et rudes paroles ne reconnaît-on pas l'immortel auteur de tant de magnifiques rapports applaudis par la France entière, où éclatera la même verve d'indignation contre tous les abus, où l'on retrouvera les mêmes élans de compassion et de tendresse pour les malheureux, la même haine contre les oppresseurs des peuples? Et lorsqu'il parlait un tel langage, lorsque, s'adressant aux hommes puissants, il leur disait en face d'aussi dures vérités, la France, qu'on ne l'oublie pas, n'était pas encore affranchie, la Bastille n'était pas tombée : il fallait un rare courage pour oser se poser aussi hautement en défenseur des classes souffrantes, en adversaire déclaré des puissants du jour. Mais c'est le propre des grandes âmes de se ranger toujours du parti des faibles; et les plus violents ennemis de Robespierre seront forcés de reconnaître, s'ils ont quelque bonne foi, que jamais il n'abandonna la cause des malheureux, que jamais il n'hésita à s'attaquer aux forts quand il les vit égarés par l'injustice. Sa chute, d'ailleurs, sera la meilleure démonstration de la vérité de nos assertions.

Si dans cette adresse à la nation artésienne il garde quelque ménagement, c'est pour les employés subalternes, en qui le despotisme trouve de si complaisants auxiliaires, et auxquels le besoin de vivre

peut jusqu'à un certain point servir d'excuse; mais ces administrateurs qui oublient de rendre leurs comptes, ces députés qui trafiquent
de leurs mandats et s'enrichissent des dépouilles d'une province dont
ils devraient sauvegarder les intérêts avec une inflexible probité, il les
stigmatise sans pitié, sachant bien qu'il s'expose à leur inimitié formidable, mais ayant conscience de remplir son devoir de citoyen.

Il attaque surtout avec une véhémence justifiée par la raison cette
monstrueuse inégalité de la répartition des impôts, trop longtemps
et trop docilement supportée par nos pères. Il montre le moindre ma-
noir payant au fisc une contribution trois ou quatre fois plus forte que
celle des plus vastes domaines; le château superbe affranchi des impôts dont est écrasée la chaumière; le travailleur indignement sacrifié
au fainéant; le vassal immolé au seigneur; le cultivateur utile au moine
oisif et opulent; le prêtre modeste au prélat orgueilleux; le roturier
au noble. Et si par hasard le malheureux habitant, à bout de patience,
vient à implorer la protection des lois, qui trouve-t-il pour juges? les
privilégiés eux-mêmes, lesquels, par un renversement inouï de tous les
principes de l'ordre social, se sont arrogé le droit de prononcer sur
les réclamations, devenant ainsi législateurs, juges et parties à la
fois.

Passant ensuite à l'historique de cette criante inégalité des impôts
qui n'existait pas quand l'Artois était soumis à la domination espa-
gnole, il dépeint à l'aide de quelles intrigues la noblesse unie au clergé
est parvenue, en 1669, après avoir échoué plusieurs fois grâce à
l'énergique résistance du tiers état, à corrompre les officiers municipaux de cet ordre, et à obtenir la consécration de ces iniques privilèges
qu'elle défend aujourd'hui avec une obstination sans égale. Mais ce
n'est là que la moindre partie des injustices dont sont victimes les
citoyens de l'Artois. Les habitants des campagnes sont impitoyablement soumis aux corvées, sous peine d'amende et de prison, comme
s'ils étaient les esclaves des administrateurs; et cependant ils devraient en être exempts en vertu des lois constitutives de la province.
Ils sont forcés de faire gratuitement les charrois et autres travaux nécessaires à la confection des chemins, jadis à la charge du domaine, et
cela pour la commodité des députés eux-mêmes, qui la plupart du
temps ordonnent la construction de routes, non dans l'intérêt général,
mais pour l'amélioration de leurs propriétés, ou dans l'intérêt de tel
abbé, de tel évêque, de tel échevin, de tel gentilhomme, de tel
commis.

Il s'étonne et s'indigne surtout que, en présence de tant d'iniquités, de
tant d'exactions et de cette violation constante « des droits de l'homme

et du citoyen, » il ne se soit pas élevé, parmi les députés du tiers état, une seule voix pour défendre les classes opprimées. Malheur au simple citoyen assez hardi pour murmurer ! l'Artois a aussi sa *Bastille ;* et ses administrateurs « ont trouvé moyen d'enchérir sur les horreurs de l'inquisition et sur l'abominable système des lettres de cachet. » Dans une narration rapide, colorée, émouvante, il énumère toutes les horreurs commises au nom et par l'ordre des états d'Artois, devenus pour tous les habitants un objet de terreur et de haine. On a vu quelques-uns des chefs de ces états parcourir à main armée la province, comme un pays ennemi, pour arracher de vive force aux citoyens leur subsistance et celle de leurs familles. À la lueur des torches et au bruit des tambours, on a vu, dans les bourgades, les malheureux habitants fuyant désespérés comme dans une ville prise d'assaut. « On les a vus traînés en prison comme des criminels ou battus comme des esclaves pour avoir osé réclamer les droits sacrés de la propriété; on a vu les prisons regorger longtemps de citoyens de tous les âges et de toutes les conditions, hommes, femmes, enfants entassés pêle-mêle comme de vils animaux ; on a vu, juste ciel ! on a vu des femmes enceintes enfermés dans ces lieux d'horreur, y mettre au monde, y allaiter d'innocentes victimes, dont l'organisation faible et la vie languissante rappellent encore aujourd'hui sous quels affreux auspices elles l'ont reçue !»

Et ce tableau des misères d'une province, c'était l'image en petit des malheurs et des iniquités dont souffrait le royaume entier. Partout régnait la même désolation; partout on retrouvait ces mêmes abus énergiquement dénoncés par Robespierre. Cette adresse, pleine d'effrayantes vérités, est la meilleure réponse à ceux qui prétendent qu'au moment où éclata la Révolution, la plupart des abus avaient disparu du sol de la France. Mais cette Révolution nécessaire, Robespierre la pressentait, il l'annonçait hautement comme une échéance fatale : « Il était arrivé, » disait-il, « le moment où les étincelles du feu sacré alloient rendre à tous la vie, le courage, le bonheur. » Il engage donc vivement ses concitoyens à renverser ces prétendus états d'Artois, malgré la prétention de leurs membres d'obtenir de l'Assemblée nationale le maintien de leur constitution; car c'est pour les peuples un droit imprescriptible et inaliénable de révoquer leurs mandataires infidèles. Puis il se raille de cette autre prétention des états d'Artois de nommer eux-mêmes les députés aux états généraux, auxquels le clergé de la province, faisant échange de compliments avec la noblesse, recommandait comme un devoir de conserver les privilèges d'un ordre gardien du bonheur et de la prospérité du pays. « Ah ! certes, » dit avec raison Robespierre, « il faut que l'habitude du despotisme inspire un

mépris bien profond pour les hommes, puisqu'on les croit assez stupides pour entendre, de sang-froid, vanter leur bonheur lorsqu'ils
gémissent dans l'oppression et qu'ils commencent à s'indigner de leurs
fers! » Mais, ajoute-t-il, au peuple seul il appartient de choisir ses
représentants avec une entière liberté et surtout avec discernement.
Qu'il se garde des pièges grossiers que lui tendent certains privilégiés
qui, sous le masque du patriotisme, cherchent à capter ses suffrages
pour le trahir bientôt. Ce n'est pas sur ceux qui sont intéressés à
maintenir les abus qu'il peut compter pour en demander la suppression. Qu'il déjoue donc les intrigues et les menées à l'aide desquelles
les membres des états d'Artois osent espérer de lui imposer leurs
choix; c'est de son propre sein qu'il doit tirer les instruments de son
salut.

Telle était cette ardente philippique dont nous avons rapidement
esquissé les principaux traits. Elle produisit dans la province un effet
extraordinaire. La première édition fut épuisée en peu de temps, et
au bout de quelques semaines parut une nouvelle édition, considérablement augmentée de faits nouveaux (1). Les impressions, on le comprend, furent diverses. Si, d'une part, les témoignages de reconnaissance et les applaudissements ne manquèrent pas au publiciste assez
courageux pour s'attaquer à un corps puissant et vindicatif, il y eut
dans les rangs des privilégiés des cris de fureur et de haine qui ne
tardèrent pas à se traduire en actes. Dans cette adresse à la nation
artésienne, Robespierre ne disait pas un mot de sa candidature aux
états généraux, mais elle se posait d'elle-même en quelque sorte; et
si déjà il ne songeait à se présenter aux suffrages de ses concitoyens,
il y fut naturellement invité par les acclamations qui accueillirent sa
brochure. Dès lors commença contre lui, de la part des hommes qu'il
avait pour ainsi dire marqués d'un fer rouge, cet implacable système de
calomnie et de diffamation dont, vivant, il triompha toujours, mais à
l'aide duquel on est parvenu, sinon à flétrir, du moins à faire, dans un certain monde, abhorrer sa mémoire. Épouvantable injustice, sans exemple
dans l'histoire et dont la réparation est une dette léguée à la postérité.

---

(1) Nous avons sous les yeux cette nouvelle édition. C'est une brochure in-8°, de
83 pages, très-peu connue et très-rare aujourd'hui.

XXIV

Il y eut, d'un bout de la France à l'autre, comme une véritable commotion électrique, quand sonna l'heure de procéder à l'élection des députés aux états généraux. Un ordonnance royale, en date du 1ᵉʳ janvier 1789, avait fixé le nombre des députés du tiers à un chiffre égal à celui des députés de la noblesse et du clergé réunis. Aux cris de rage poussés par les meneurs de ces deux ordres à l'apparition de cet arrêté, on put juger de son importance. « Qu'est-ce que le tiers état? » avait demandé Champfort. Rien hier, il allait devenir tout. La fameuse brochure de Sieyès, entée tout entière sur ce texte gros de tempêtes, altière, incisive, dogmatique, avait jeté les privilégiés dans un trouble étrange et porté au plus haut degré le courage et les légitimes prétentions du tiers. Mais nulle part peut-être elle n'avait eu plus de retentissement et remué plus profondément les cœurs que dans la province d'Artois.

Là, en effet, florissait encore dans toute sa force l'esprit des temps passés ; le pays était écrasé sous la double pression de deux aristocraties également tyranniques, celle de la noblesse et celle du clergé ; la féodalité y avait subi peu d'atteintes, et l'on devait s'attendre, de la part du peuple des villes et des campagnes, qui avait plus souffert qu'ailleurs, à de vives démonstrations. Aussi prêtres et seigneurs s'unirent-ils étroitement pour résister de toutes leurs forces au débordement des passions généreuses qui surgirent tout à coup dans cette malheureuse province qu'ils considéraient comme un patrimoine héréditaire et que depuis tant de siècles ils traitaient en pays conquis.

Un homme avait surtout contribué à secouer la torpeur des masses, à ressusciter ce tiers état depuis si longtemps mort à la vie politique, c'était Maximilien Robespierre. Ces grands mots de patrie, de liberté, d'égalité, continuellement dans sa bouche, mots étranges et monstrueux pour les uns, tout nouveaux pour les autres, avaient fini par troubler la quiétude des privilégiés et par animer les citoyens des communes du désir impatient de reconquérir leur place au soleil. Quand on le soupçonna d'aspirer à représenter ces classes sortant subitement d'une longue léthargie, une ligue formidable de prêtres, de nobles et de quelques bourgeois envieux ou intéressés au maintien des abus se forma contre lui, et il commença d'être en butte à ces accusations banales

dont n'ont cessé d'être poursuivis les hommes qui, cédant à d'irrésistibles convictions, se sont voués à la défense des faibles et des déshérités. Il eût pu, comme un autre, vendre sa conscience, mettre sa
plume et sa parole au service des puissants et s'asseoir, lui aussi, au
banquet des heureux. Mais à cette tranquillité, à ce bonheur qu'il eût
achetés au prix d'une sorte d'apostasie, il préféra l'isolement, la lutte
opiniâtre, les obstacles sans cesse renaissants ; et, fort de son honnêteté, il entra d'un pas résolu dans la voie âpre au bout de laquelle
l'attendait le martyre. Ambitieux ! lui criaient ces hommes, stupéfaits
de voir un simple avocat revendiquer au profit de tous ce qu'ils étaient
habitués à considérer comme leur domaine exclusif. Ambitieux, soit ;
mais ambitieux sublime, à la manière de Brutus et de Washington.
Toutes les attaques le trouvèrent impassible ; il s'y retrempa, et désormais devait opposer un cœur d'acier à ses calomniateurs (1). ·

Aux clameurs que souleva sa candidature, mise en avant par ses
amis, il répondit en mars 1789 par une nouvelle adresse au peuple
artésien, dans laquelle, sans solliciter directement les suffrages de
ses concitoyens, il s'attachait à les éclairer sur leurs choix et définis-
sait les qualités indispensables à un député de ce tiers état, riche en
vertus et en talents, et sur lequel les autres ordres avaient la prétention de continuer leur injuste domination. S'il ne se croit pas un
mérite suffisant pour représenter ses compatriotes, il croit pouvoir
du moins leur donner de sages conseils et mettre au jour quelques
idées utiles dans une aussi grave circonstance : « J'ai un cœur droit,
une âme ferme ; je n'ai jamais su plier sous le joug de la bassesse et
de la corruption... Si l'on a un reproche à me faire, c'est celui de
n'avoir jamais su déguiser ma façon de penser, de n'avoir jamais dit :
Oui, lorsque ma conscience me criait de dire : Non...; de n'avoir
jamais fait ma cour aux puissances de mon pays, dont je me suis toujours cru indépendant, quelques efforts que l'on ait tentés pour me persuader qu'il n'en coûte rien pour se présenter, en se courbant, dans
l'antichambre d'un grand, que particulier l'on n'aime pas, que
citoyen on déteste. Voilà, mes chers compatriotes, l'homme qui va
vous parler. Voici ce qu'il a à vous dire : Vous allez avoir à nommer
des représentants, et sûrement vous y avez déjà pensé. Vous allez

---

(1) En février 1789, il parut une brochure intitulée : *Avertissement à la nation artésienne.* « On vous a insinué, dit l'auteur, que vous n'aviez besoin ni d'avocats ni
d'orateurs... C'est à vous de juger s'il convient que vos représentants soient des
girouettes et des magots de cheminée. » Cet écrit ne m'a paru être ni dans le ton
ni dans la manière de Robespierre, mais il est, à coup sûr, d'un de ses amis
(*Bibliothèque impériale.* LB³⁹, 1251.)

confier à un petit nombre d'entre vous vos libertés, vos droits, vos intérêts les plus précieux; sans doute vous vous proposez de les remettre en des mains pures; mais quels soins, quelle vigilance vous devez apporter pour apercevoir la plus légère tache qui auroit pu les flétrir! Prenez-y garde, le choix est difficile; il m'épouvante lorsque j'entreprends l'énumération des vertus que doit avoir un représentant du tiers état (1). » Suit alors la longue énumération des qualités requises: la plus scrupuleuse probité; une élévation d'âme peu commune et n'ayant pas attendu les circonstances présentes pour se développer tout à coup; une inébranlable fermeté; une indépendance absolue; de grandes vues; un coup d'œil pénétrant, sachant découvrir dans le lointain les vérités utiles; le talent nécessaire pour défendre et faire triompher ces vérités; l'éloquence du cœur, sans laquelle on n'arrive pas à persuader. Il faut enfin que l'élu de la nation soit incapable de rétrograder, se montre inabordable à toutes les séductions, soit incorruptible, en un mot. Incorruptible! c'est le nom dont lui-même il sera bientôt universellement baptisé; et, il faut bien le reconnaître, ces qualités exquises dont il exige qu'un représentant du peuple soit pourvu, il les posséda toutes au plus haut degré.

« Défiez-vous,» ajoutait-il, « du patriotisme de fraîche date, de ceux qui vont partout prônant leur dévouement intéressé, et des hypocrites qui vous méprisoient hier et qui vous flattent aujourd'hui pour vous trahir demain. Interrogez la conduite passée des candidats: elle doit être le garant de leur conduite future. Pour servir dignement son pays, il faut être pur de tout reproche. » Quant à lui, s'il n'était besoin que d'être animé du sincère amour du peuple et de la ferme volonté de le défendre, il pourrait aussi aspirer en secret à la gloire de représenter ses concitoyens, mais son insuffisance lui commande la modestie; il se borne donc à former des vœux pour le bonheur de la France. Ces vœux, dit-il en terminant par un mot où l'on peut déjà deviner le Robespierre de la Convention, ces vœux, « l'*Être suprême* les entendra; il en connaît la ferveur et la sincérité : je dois espérer qu'il les exaucera. »

Cette adresse n'était pas signée, mais le nom de l'auteur ne resta un secret pour personne. Propagée par ses amis, et surtout par son jeune frère, dont le zèle, stimulé par une tendresse profonde, ne connaissait aucunes bornes, elle avait acquis à Maximilien, malgré les cabales dirigées contre lui, de vives et nombreuses sympathies, quand une nouvelle cause, empruntant aux circonstances présentes un puissant carac-

---

(1) Au peuple de l'Artois, par un habitant de la province (mars 1789, in-8°).

tère d'actualité, cause qui fut pour lui l'occasion d'un dernier triomphe devant le conseil d'Artois, vint assurer le succès de sa candidature.

XXV

On n'a pas oublié ce qu'étaient sous l'ancien régime les emprisonnements arbitraires. Un caprice de ministre, une haine de grand seigneur ou de courtisane en faveur, la cupidité d'une famille influente, il n'en fallait pas davantage pour qu'un citoyen fût privé de sa liberté.

Un habitant du village de Mouchel près d'Hesdin, nommé Dupond, pour avoir, après vingt-huit ans d'absence, osé réclamer sa part d'héritage dans la succession d'un de ses oncles, part dont s'étaient emparés ses parents, avait été emprisonné en vertu d'une lettre de cachet obtenue de la complaisance d'un ministre. A ses justes réclamations on avait répondu d'abord par une demande en interdiction; puis, grâce à de hautes influences, on était parvenu à le faire enfermer dans la prison des *Bons Fils* d'Armentières, où il avait été séquestré pendant douze années. Sorti comme par miracle de cette bastille où il avait pu craindre un moment d'être enfermé pour le reste de ses jours, il sollicitait en vain depuis dix ans la restitution de la part d'héritage dont il avait été spolié, quand on lui conseilla de s'adresser à Robespierre.

Quelle magnifique occasion, à la veille du jour marqué pour l'affranchissement du pays, de flétrir l'abominable usage des lettres de cachet, et cette vieille habitude de la monarchie française d'incarcérer sans jugement des milliers de malheureux! Robespierre ne pouvait la laisser échapper; il prit en main la cause de l'infortuné Dupond, c'était celle d'un opprimé! et en fit en quelque sorte une affaire personnelle. Après avoir raconté en termes touchants, dans un volumineux mémoire, l'histoire de son client, il dénonça à son tour tout l'odieux de ces lettres de cachet qui, quelques années auparavant, avaient inspiré à Mirabeau, enfermé dans le donjon de Vincennes, d'admirables pages, et auxquelles tenait tant la bigote madame de Maintenon. « Ce que vous insinuerez sur les lettres de cachet, » écrivait-elle au cardinal de Noailles, « n'en diminuera pas le nombre; on est persuadé qu'elles sont fort nécessaires et qu'on a droit de les donner. » La prompte et complète suppression d'un système aussi barbare paraissait d'autant plus désirable à Robespierre qu'il n'était d'aucune utilité sérieuse pour le gouvernement et n'était bon qu'à le faire prendre en horreur. Etait-il bien nécessaire de répondre aux plaintes les plus légitimes par des emprisonnements arbitraires, et fallait-il mettre l'éloquence et la vertu au rang des crimes d'État pour la plus grande commodité de quelques intrigants qu'épouvantait la vérité? « On avait vu, dans les affaires du jansénisme quatre-vingt mille citoyens incarcérés pour des affaires purement théologiques. On avait vu des épouses criminelles conclure dans les bras d'un amant en crédit l'abominable traité qui leur livrait les dépouilles et la liberté de leur époux outragé. » En quoi cela importait-il à l'autorité royale? demandait éloquemment Robespierre.

« En quoi importait-il à l'autorité royale que la corruption et la vénalité tinssent pour ainsi dire des bureaux ouverts où elles trafiquaient de l'existence des citoyens avec la cupidité, avec la vengeance, avec les débauches?

« Importait-il à l'autorité royale que l'on vît parmi nous un événement inouï dans les annales du genre humain, des particuliers armés de lettres de cachet en blanc qu'ils pouvaient remplir à leur gré des noms qui leur étaient odieux ou suspects, tenant dans leurs porte-feuilles la destinée de plusieurs hommes, et rappelant ainsi le souvenir de ces fameux auteurs de proscriptions dont la main traçait en se jouant, sur leurs tablettes sanglantes, ou la vie ou la mort d'une multitude de Romains? »

Rappelant ensuite le récent emprisonnement de quelques membres du parlement de Paris, arbitrairement arrêtés jusque dans « le sanctuaire de la justice, » il conjurait le roi, qu'on saluait déjà du nom de restaurateur de la liberté, de rompre à jamais avec le système oppressif de ses prédécesseurs, de venir lui-même dans les comices plaider la cause de l'humanité et confondre ces esprits étroits ou ces cœurs pervers qui alléguaient pour le maintien des lettres de cachet « le prétexte trop longtemps rebattu de la nécessité de prévenir les crimes et de conserver l'honneur des familles. » Puis, s'inspirant de la situation présente, il traçait un tableau magnifique de l'avenir réservé à sa patrie si le monarque accomplissait toutes ses promesses et si la France pouvait se garder de l'esprit de dissension. C'était la tribune transportée à la barre du tribunal; jamais les voûtes de la grand'-chambre du conseil d'Artois n'avaient retenti d'aussi solennelles paroles. Le moment était venu, suivant l'orateur, de réconcilier la politique humaine avec la morale et de consacrer à jamais, par d'impérissables institutions, le bonheur et la liberté des peuples. « Si vous portez des âmes enflammées de l'amour de l'humanité, » s'écriait-il dans un moment d'indicible émotion, en s'adressant aux législateurs

qu'allait se donner la nation, « si vous êtes saisis d'une crainte religieuse en songeant au redoutable dépôt dont vous êtes les gardiens,
ne balancez pas à vous charger de tout le poids de cette tâche imposante. » Car, dit-il, en évoquant le souvenir des hommes illustres de
l'antiquité, dont toutes les actions tendaient à l'affranchissement et à
la prospérité de leur pays, il n'y a pas de titre plus auguste, plus glorieux que celui de sauveur de la patrie et de défenseur des peuples.

Au roi, dont les intentions paraissaient si pures, contre lequel nulle
méfiance ne s'élevait encore, et en qui résidaient alors toutes les espérances de la nation, il trace en quelque sorte sa ligne de conduite.
Mettant sous ses yeux les exemples de cet Antonin et de ce Marc-
Aurèle qui avaient tenu à honneur de rendre aux Romains la libre disposition de leurs personnes et le droit de statuer sur leurs propres
affaires; celui de Charlemagne restituant au peuple la puissance législative « qu'il avait reçue de la nature; » et enfin celui de son glorieux
aïeul Henri IV, assassiné au moment où il se disposait à gouverner
d'après les conseils et les délibérations de la nation assemblée, il le
conjure instamment de s'inspirer de ces bienfaiteurs du peuple, et de
travailler uniquement en vue de l'égalité, du bonheur, de la liberté à
rétablir parmi les Français. « Oh! quel jour brillant, sire, que celui
où ces principes, gravés dans le cœur de Votre Majesté, proclamés par
sa bouche auguste, recevront la sanction inviolable de la plus belle
nation de l'Europe; ce jour où, non content d'assurer ce bienfait à votre
nation, vous lui sacrifierez encore tous les autres abus, source fatale
de tant de crimes et de tant de maux! Conduire les hommes au bonheur par la vertu, et à la vertu par une législation fondée sur les principes immuables de la morale universelle, et faite pour rétablir la
nature humaine dans tous ses droits et sa dignité première; renouer la
chaîne immortelle qui doit unir l'homme à Dieu et à ses semblables,
en détruisant toutes les causes de l'oppression et de la tyrannie qui
sèment sur la terre la crainte, la défiance, l'orgueil, la bassesse, l'é-
goïsme, la haine, la cupidité et tous les vices qui entraînent l'homme
loin du but que le législateur éternel avait assigné à la société, voilà,
sire, la glorieuse entreprise à laquelle il vous a appelé (1). »

C'étaient là certes de magnifiques paroles, et les magistrats de l'an-

---

(1) *Mémoire* pour le sieur Louis-Marie-Hyacinthe Dupond, contre le sieur Térouanne.
Arras, 1789, in-4° de 93 pages.

On a encore de Robespierre, comme œuvre judiciaire, *Mémoire justificatif* pour
François Page, orfèvre à Béthune, et Marie-Angélique Provost, sa femme. Arras,
veuve M. Miolan, 1786, in-4° de 79 pages. Il s'y trouve une curieuse discussion sur
le délit d'usure.

cien régime n'étaient pas habitués à entendre un pareil langage. Nous les avons citées, et nous avons donné quelques extraits des principaux plaidoyers de Robespierre pour prouver, contrairement à une opinion admise même chez quelques-uns de ses admirateurs, que ce n'était point un avocat médiocre, et qu'il n'avait pas attendu la Révolution pour développer dans son âme les principes et les idées qui immortaliseront sa mémoire. La Révolution ne le transforma point ; il en avait l'intuition, il la portait en lui tout entière ; dans ses écrits antérieurs à 1789 on trouve en germe toute la déclaration des droits de l'homme. Les privilégiés et les gens attachés à l'ancien état de choses n'eussent pas aussi vivement combattu sa candidature aux états généraux, s'ils n'avaient pas eu la conscience de sa force. Mais sa dernière plaidoirie, couronnée d'un plein succès, car son client gagna complétement sa cause, porta de rudes coups à la cabale sous le poids de laquelle son élection avait paru un instant compromise. Presque de toutes parts on le félicita de son courage à réclamer impérieusement la réforme des abus ; on entendit partout des murmures d'admiration s'élever autour du jeune et brillant orateur qui, donnant à ses concitoyens un avant-goût de la tribune, avait osé demander à la barre d'un tribunal l'égalité, le bonheur, la liberté pour tous les Français ; nombre d'électeurs qu'on était parvenu à égarer sur son compte se rallièrent à cette candidature dont s'épouvantaient d'avance tous les privilégiés et tous les stipendiés de l'ancien régime, et quand, au mois d'avril 1789, s'ouvrirent les colléges électoraux, son élection était à peu près assurée (1).

XXVI

Le 24 janvier avait été publié le règlement relatif aux opérations électorales. Il était loin d'être uniforme pour toute la France, et se ressentait de la confusion existant alors dans notre organisation administrative. L'élection était tantôt directe, tantôt à deux et à trois degrés. Ce n'était pas encore le suffrage universel établi par la Constitution de 1793 et qui a été réalisé seulement de nos jours par la révolu-

(1) Parmi ces brochures sans nom, œuvres de calomnie et de haine, engendrées par la rage des partis durant les luttes électorales, il y en eut une principalement dirigée contre Robespierre, et que les privilégiés de l'Artois distribuèrent à profusion dans la province. Elle était intitulée : *La Sentinelle artésienne, ou Rêve d'un vieux soldat d'Arras* critique des candidats qui se présentent pour être députés à l'Assemblée nationale.

tion de 1848; mais, à l'exclusion des domestiques, presque tout le monde, de près ou de loin, participait à l'élection ; il suffisait en effet d'être inscrit au rôle des impositions (1). Voici comment on procédait pour l'ordre du tiers état dans les villes dénommées en l'état annexé au règlement. Les corporations d'arts et métiers nommaient un député à raison de cent individus, deux au-dessus de cent, et ainsi de suite ; les corporations d'arts libéraux et autres, ainsi que les membres du tiers état non compris dans aucun corps, nommaient deux députés à raison de cent individus, quatre à raison de deux cents, six pour quatre cents, et ainsi de suite. Quant aux députés des paroisses et communautés de campagnes, ils étaient choisis à raison de deux pour cent feux, trois au-dessus de deux cents feux, quatre au-dessus de trois cents feux, et ainsi de suite. Les députés ainsi désignés devaient se réunir au chef-lieu du bailliage en assemblée préliminaire électorale, réduire en un seul les cahiers de doléances des différentes assemblées, et nommer le quart d'entre eux pour concourir avec les députés des autres bailliages à la nomination des députés aux états généraux (2). C'était, comme on le voit, une élection à trois degrés.

La première réunion électorale du tiers état de la ville d'Arras eut lieu le lundi 27 mars. Elle fut très-orageuse. Les officiers municipaux qui étaient présents, et dont les pouvoirs avaient été vivement contestés, donnèrent leur démission dans la soirée. On s'était plaint surtout de ce que quelques-uns d'entre eux avaient pénétré dans l'assemblée, quoique appartenant à l'ordre de la noblesse. Le duc de Guines, gouverneur de la province, arrêta, afin de calmer l'effervescence des esprits, que les seuls membres de l'échevinage, faisant partie du tiers état, auraient droit d'assister aux réunions suivantes. La séance du lendemain fut plus paisible; mais, sur la motion d'un membre, on décida qu'on demanderait une loi aux états généraux, afin que les officiers municipaux fussent désormais nommés directement par les communes. L'assemblée électorale du tiers état de la ville d'Arras termina ses opérations le 30 mars, fort avant dans la nuit, par la nomination de vingt-quatre députés ou plutôt électeurs du second degré, au nombre desquels figurait Robespierre, qui parla plusieurs fois, pendant ces quatre jours, avec une énergie extraordinaire (3).

(1) Art. 25 du Règlement.
(2) Art. 33 du Règlement. Cette réduction, dit l'art. 35, a été décidée afin de prévenir des réunions trop nombreuses et d'éviter les peines et les frais de voyage d'un trop grand nombre d'électeurs.
(Voyez ce Règlement dans le volume d'introduction du *Moniteur*, p. 557 de la réimpression.)
(3) Robespierre a raconté lui-même toutes les scènes dont cette assemblée fut le

A la réunion de tous les députés des différentes villes, bourgs, paroisses et communautés du bailliage principal de l'Artois, il fut un des quarante-neuf commissaires nommés pour rédiger en un seul les cahiers de ces différentes villes, bourgs, paroisses et communautés (1). On lui attribue généralement la rédaction de cet important travail, où en effet il est facile de reconnaître sa main, car c'est le résumé de tous les principes émis par lui pendant ces dernières années. Vote libre et annuel de l'impôt; admission de tous les citoyens aux charges publiques sans autres distinctions que celles des vertus et du talent; garantie de la liberté individuelle; entière liberté de la presse et des cultes; proportionnalité de l'impôt; destruction de tous les privilèges et abus; responsabilité des agents du gouvernement; restriction de l'immense autorité dont jouissait le pouvoir exécutif: voilà ce qu'il demandait au nom de son bailliage et ce qu'il réclamera bientôt plus impérieusement à la tribune de l'Assemblée nationale.

Le 3 avril il fut procédé à la réduction au quart de tous les députés du bailliage. Sur cent quatre-vingt-quatre électeurs choisis, Robespierre passa le treizième. Un autre de Robespierre (de Meurchin) fut également désigné. La masse des députés des bailliages d'Arras, de Saint-Omer, de Béthune, d'Aire, de Lens, de Bapaume, d'Hesdin et de la sénéchaussée de Saint-Pol, ainsi réduite au moyen d'une seconde élection, forma le véritable corps électoral du tiers état pour la province d'Artois.

L'assemblée générale des trois ordres s'ouvrit le 20 avril, dans la cathédrale, par un discours de l'évêque d'Arras, M. de Conzié. En terminant, le prélat déclara noblement que son ordre entendait remettre à la nation assemblée l'exercice de celles de ses exemptions et immunités qui pourraient être onéreuses aux autres classes de la société, et supporter dans la juste et égale proportion de ses propriétés les

---

theâtre, dans une brochure intitulée : *Les Ennemis de la patrie*, démasqués par le récit de ce qui s'est passé dans les assemblées du tiers état de la ville d'Arras, in-8° de 58 pages. C'est le récit de toutes les intrigues dont usèrent les gens de la noblesse pour exclure les candidats démocratiques. On y lit entre autres choses singulièrement prophétiques : « O citoyens! la patrie est en danger; des ennemis domestiques plus redoutables que les armées étrangères trament en secret sa ruine. Volons à son secours, et rallions tous les défenseurs au cri de l'honneur, de la raison et de l'humanité... Que m'importe que, fondant sur leur multitude ou sur leurs intrigues l'espoir de nous replonger dans tous les maux dont nous voulons nous délivrer, ils méditent déjà de changer en martyrs tous les défenseurs du peuple! Fussent-ils assez puissants pour m'enlever tous les biens qu'on envie, me raviront-ils mon âme et la conscience du bien que j'aurai voulu faire?... »

(1) Tous ces renseignements sont extraits des pièces originales et des procès-verbaux envoyés pour la vérification des pouvoirs, et qui se trouvent aujourd'hui aux Archives.

charges et impositions publiques librement consenties par les trois
ordres. La noblesse, entraînée par cet exemple, fit la même déclaration. Le tiers état répondit par des applaudissements auxquels se mê-
lèrent les acclamations du peuple, venu en foule pour assister à
cette imposante cérémonie si nouvelle pour lui. Le temps de la justice
était proche, les deux premiers ordres le sentaient parfaitement ; en se
résignant d'avance à la perte de celles de leurs exemptions et immunités *onéreuses aux autres classes de la société,* ils cherchaient, comme
on dit vulgairement, à faire la part du feu. Mais ce qu'ils prétendaient
abandonner comme un don pur, les hommes du tiers état se disposaient à le réclamer comme un droit, et les scènes dont presque toutes
les assemblées électorales de France furent le théâtre présageaient
assez aux esprits prévoyants les formidables commotions qui devaient
éclater au sein des états généraux.

Lorsqu'à Arras, après la cérémonie d'ouverture, les trois ordres se furent retirés séparément dans les salles de l'hôpital général de la ville, où
avait été établi le siége du bailliage principal pour qu'il y fût procédé aux
opérations électorales, le lieutenant général de la gouvernance, chargé
de présider le troisième ordre, invita les électeurs du tiers à envoyer
aux ordres de la noblesse et du clergé une députation afin de leur témoigner une entière gratitude. Mais des murmures désapprobateurs
accueillirent cette motion. « Un avocat, » écrivit sèchement le duc de
Guines, « s'est levé et a dit qu'on ne devoit point de remercimens à
des gens qui n'avoient fait que de renoncer à des abus (1). » Cet avocat, c'était vraisemblablement Maximilien Robespierre. Son avis fut, il
paraît, partagé par tous ses collègues du tiers. « Cet ordre étant généralement mal composé, » poursuit le grand seigneur que la fermeté de
ce tiers si dédaigné jadis plonge dans un étonnement profond, et,
comme éclairé déjà sur le prochain abaissement de la noblesse et
du clergé, tardivement punis d'avoir tant abusé de la patience et
de la longanimité du tiers, il ajoute avec une sorte de tristessse : '
« On présume qu'il apportera des obstacles à l'union désirable, et
que l'assemblée sera de longue durée. » Mais cette union si désirable, c'était, suivant le gouverneur de l'Artois, celle qu'il eût fallu
acheter au prix de l'abandon des droits du peuple foulés aux pieds
depuis tant de siècles, et qui commençaient à apparaître menaçants aux
yeux des privilégiés pleins d'anxiété, comme les trois mots mystérieux
et fatidiques gravés par une main invisible sur les murs du palais de

---

(1) *Lettre du duc de Guines au comte de Villedeuil,* en date du 20 avril 1789. (*Archives*
B, II, 7.)

Balthazar. Or la seule union possible désormais, celle rêvée par Robespierre et le plus grand nombre des députés du tiers, c'était l'union fondée sur la liberté et l'égalité, œuvre sainte à laquelle, à travers mille obstacles, à travers mille périls, ils allaient travailler avec un dévouement sans exemple jusque-là dans l'histoire du monde.

Le scrutin pour l'élection des députés du tiers aux états généraux fut ouvert le vendredi 24 avril, à midi précis. Les électeurs, au nombre de douze cents environ, avaient huit députés à élire. Les opérations électorales durèrent assez longtemps (jusqu'au 28), parce qu'il n'était procédé qu'à la nomination d'un député à la fois, par voie d'un seul scrutin. Les trois premiers noms sortis de l'urne furent ceux de Marie Payen, fermier à Boiry-Becquerelle, de Brassart, avocat à Arras, et de Célestin Fleury, fermier à Coupelle-Vieille. Au quatrième tour de scrutin il n'y eut pas de résultat, Robespierre et Vaillant, ancien garde des sceaux de la chancellerie d'Artois, qui avaient obtenu le plus de suffrages, n'ayant pas réuni la pluralité voulue. Le second l'emporta au scrutin de ballottage. Robespierre fut élu le lendemain dimanche 26; il venait le cinquième. Après lui furent nommés, dans les deux jours suivants, Petit, fermier à Magnicourt-sur-Canche; Boucher, négociant à Arras, et Dubuisson, fermier à Inchy.

Les ordres de la noblesse et du clergé, de leur côté, avaient élu chacun quatre députés; ce qui portait à seize membres la représentation complète de la province d'Artois (1).

Le 1ᵉʳ mai, les trois ordres réunis s'assemblèrent de nouveau dans la grande salle de l'hôpital général, sous la présidence du duc de Guines. Après un long discours du gouverneur, dans lequel il conseillait fortement aux états généraux de ne rien changer à ce qu'il appelait *les anciennes constitutions du royaume*, comparurent les seize députés de la province. Ils déclarèrent solennellement qu'ils acceptaient le mandat dont ils venaient d'être revêtus, et prêtèrent serment de remplir avec fidélité et exactitude la commission qui leur était confiée auprès des états généraux. Pour ceux de la noblesse et du clergé, ce serment, c'était celui de maintenir de tout leur pouvoir l'ancien régime dans son intégrité; mais pour Robespierre, pour les députés du tiers qui rêvaient comme lui l'affranchissement de la nation, c'était comme un serment anticipé du jeu de paume.

---

(1) Avaient été nommés, pour le clergé : Le Roulx, curé de Saint-Pol ; Boudart, curé de la Couture; Behin, curé d'Hersin-Compigny ; Diot, curé de Ligny. Par la noblesse : Briois de Beaumetz ; le comte Charles de Lameth; le comte de Croix ; Lesergeant d'Isbergues.

XXVII

Robespierre avait alors trente et un ans moins cinq jours. Il était
de taille moyenne et d'apparence assez délicate. Son visage n'était pas
régulièrement beau, mais il respirait un grand air de douceur et de
bonté, exerçait une certaine attraction. Il n'avait donc pas à vaincre
une physionomie ingrate, ainsi qu'on l'a trop souvent écrit. Mais sur sa
personne, comme sur son caractère, le monde a été étrangement
trompé par les vainqueurs de Thermidor et le méprisable cortège d'é-
crivains et d'artistes mercenaires largement stipendiés par eux. Au
physique comme au moral il n'est pas d'homme qui ait été plus odieusement défiguré. Merlin (de Thionville) ayant écrit, dans cette immonde
brochure à laquelle nous avons déjà fait allusion, qu'il avait une figure
de *chat-tigre*, tous les courtisans des bourreaux de Thermidor répété-
rent à l'envi le mot d'un des séides de la faction victorieuse (1). De là
ces ignobles charges dans lesquelles on s'est plu à donner une expression féroce à ses traits, qui respiraient pourtant la mansuétude et la
bienveillance. Nous avons sous les yeux un certain nombre de portraits
authentiques, peints ou dessinés d'après nature entre les années 1788
et 1794 ; nous pourrons donc rétablir la vérité à cet égard, autant
qu'il est possible de le faire par écrit ; mais ce n'est pas encore ici le
lieu de peindre exactement cette importante figure.

Il fallait assurément qu'elle ne fût pas tout à fait dépourvue de
charmes pour éveiller de tendres impressions longtemps avant que
Robespierre eût acquis cette immense popularité et cette magie du
pouvoir si propres à toucher le cœur des femmes. Jeune homme, il
eut de ces attachements sur lesquels une discrétion facile à apprécier
nous commande de jeter un voile, et qui, du reste, n'intéressent en rien
l'histoire. Il en est un cependant que nous signalerons parce qu'il

---

(1) Nous devons dire que Merlin n'a été que l'endosseur de ce portrait de Robespierre ; la paternité en revient de droit à Rœderer, ce déserteur des grands principes de la Révolution. En général, paraît-il, « il faisait suggérer ses pensées à Tallien
et à Merlin de Thionville, il en fournissait le croquis, qu'ils arrangeaient à leurs manière, en ne négligeant pas surtout d'y prodiguer les ornements de leur style révolutionnaire. » Quant au portrait de Robespierre, il n'a pas été retouché par le signataire. C'est le fils de Rœderer lui-même qui nous l'apprend. Le signataire n'en est
pas moins comptable devant l'histoire (V. *OEuvres de Rœderer*, publiées par son fils.
Paris, Firmin Didot, 1854, t. 3, p. 266).

demeura constamment pur, et que celle qui en était l'objet fut à la veille de devenir sa femme.

Un ancien notaire, M. Robert Deshorties, avait épousé en secondes noces une des tantes de Robespierre, Marie–Éléonore-Eulalie. D'un premier mariage il avait eu une fille nommée Anaïs. Tendrement aimée de sa belle-mère, cette enfant fut pour ainsi dire élevée sous les yeux du jeune avocat, devenu par alliance le neveu de son père, et qui, toute petite, la prit en grande affection. L'enfant se para, en grandissant, de toutes les grâces, de toutes les séductions de la jeunesse, et l'amitié de celui qu'elle avait coutume d'appeler son cousin s'accrut bientôt d'un sentiment plus tendre. Elle-même, il paraît, y répondit avec l'élan d'une âme jeune et naïve, et tous deux connurent la douceur de cet amour exempt de tout calcul d'intérêt. Recherché par les premières maisons d'Arras, lancé dans un monde où abondaient les dignités et les honneurs, Robespierre eût pu prétendre à une plus riche héritière ; mais cette considération de la fortune, si puissante chez d'autres, ne pouvait entrer en balance à ses yeux avec les charmes du visage, les qualités du cœur, les grâces de l'esprit que mademoiselle Deshorties réunissait au plus haut degré. C'était l'épouse accomplie, entrevue dans tout rêve de jeune homme. A une sorte de perfection morale elle joignait la gaieté d'un enfant ; vive, enjouée, radieuse, elle remplissait de joie la maison paternelle, comme elle eût apporté le bonheur au foyer domestique. Plusieurs fois entre sa famille et Robespierre il fut question de mariage, et vraisemblablement elle serait devenue sa femme, si la nomination de son cousin comme député aux états généraux n'eût pas engagé ce dernier à renoncer, momentanément du moins, aux douceurs et aussi aux exigences de la vie privée.

S'il faut en croire la sœur de Robespierre, mademoiselle Deshorties avait juré de ne jamais appartenir à un autre que lui (1). Mais d'autres renseignements, de source tout aussi certaine, nous permettent d'affirmer qu'il n'y a jamais eu de promesse de mariage échangée. On en parla quelquefois, voilà tout. Et si mademoiselle Anaïs Deshorties put voir s'éloigner avec regret celui dont elle eût désiré d'être la femme, elle ne trahit aucunement là foi jurée quand, quelque temps après, elle consentit à donner sa main à un avocat distingué, M. Leducq, lié lui-même avec Maximilien Robespierre, homme universellement considéré et d'un véritable mérite (2).

(1) *Mémoires de Charlotte Robespierre*, p. 59.
(2) Devenue madame Leducq, mademoiselle Deshorties perdit, jeune encore, la gaieté et l'enjouement de ses premières années. La mort prématurée d'un mari qu'elle

Mais avant de suivre Robespierre dans l'orageuse carrière où l'appelait sa destinée, il convient de dire quelques mots de sa dernière production littéraire, publiée en cette année 1789, juste tribut d'éloges payé à la mémoire d'un magistrat éminent, dont jeune homme il avait été l hôte et l'ami.

XXVIII

L'année précédente avait vu mourir, tout jeune encore, un des magistrats les plus recommandables de l'ancien régime, Mercier Dupaty, président à mortier au parlement de Bordeaux (1). C'était un caractère singulièrement énergique. Dans l'affaire de La Chalotais il n'avait pas craint de prendre parti contre les cours souveraines et de critiquer vivement les lettres patentes en vertu desquelles un accusé était soustrait à ses juges ordinaires. Une assez longue détention au château de Pierre-en-Cise, à Lyon, avait puni son audace. Quand plus tard, après quatre années de prison et d'exil, il fut pourvu d'une charge de président à mortier, les vieux conseillers du parlement de Bordeaux, imbus des plus absurdes préjugés, s'opposèrent longtemps à son admission, lui reprochant d'être un ennemi de l'État et de la religion, trouvant d'ailleurs sa noblesse de trop fraîche date, et l'accusant enfin d'être... philosophe, crime impardonnable à leurs yeux. Écarté par trente-six voix contre vingt, il fallut, pour le faire recevoir, l'intervention même de l'autorité royale.

Il se vengea dignement des tracasseries dont il avait été l'objet de la part de ses collègues en luttant avec une infatigable activité contre le déplorable esprit de corps du parlement, et en prenant lui-même en main la défense de malheureux injustement accusés. Bientôt, poussé à bout par des attaques incessamment renouvelées, par les injustices dont il était chaque jour le témoin, il quitta Bordeaux, vint à Paris, où il se lia avec d'Alembert, et continua de battre en brèche les criants

chérissait, les calomnies répandues sur la mémoire du citoyen illustre dont elle avait éprouvé la sainte et pure affection, le souci de plusieurs enfants à élever, contribuèrent de reste à répandre sur son existence une teinte d'amertume et de tristesse. Femme du plus grand mérite, résignée en toutes choses, elle supporta courageusement de douloureuses épreuves, et mourut dans un âge assez avancé, le 28 avril 1847, avec la conscience d'une vie dignement remplie. Elle était la mère de M. Leducq, avocat à Arras, dont on connaît l'honorabilité et la rare fermeté de caractère.

(1) Dupaty est mort à Paris, le 17 septembre 1788, à l'âge de quarante-deux ans.

abus du système judiciaire, en écrivant ses réflexions sur la législation criminelle, si défectueuse encore de nos jours, et sur laquelle un nouveau Dupaty et un nouveau Robespierre devraient bien appeler les méditations du législateur.

Robespierre était bien à même d'apprécier un tel magistrat. Étant étudiant à Paris, il avait eu le bonheur de lui être présenté, et en avait reçu les marques de la plus cordiale bienveillance. Aussi, à la nouvelle de sa mort prématurée, s'empressa-t-il de composer son éloge. Et, en retraçant les vertus de ce sage, cet homme si niaisement accusé d'ingratitude, sans qu'on ait jamais administré la moindre preuve de cette accusation, ne songea « qu'à satisfaire un besoin de son cœur, celui de la reconnaissance (1). »

Jadis, en fréquentant la maison hospitalière du président, il se sentait en pays ami, en famille pour ainsi dire, car son hôte était comme lui un fervent disciple de Rousseau. « Il méditoit les ouvrages immortels de cet écrivain célèbre, dont les lumières ont tant influé sur celles de son siècle, et qui a si bien saisi la chaîne par où sont liés les sujets avec les souverains, et les nations avec les nations. » Ce dont le loue principalement Robespierre, c'est de s'être toujours montré, dans sa carrière de magistrat, le soutien et le vengeur des malheureux et d'avoir constamment tourné des regards pleins de sollicitude « sur cette classe de citoyens qui n'est comptée pour rien dans la société, tandis qu'elle lui prodigue ses peines et ses sueurs, que l'opulence regarde avec dédain, que l'orgueil appelle la lie du peuple, mais à qui la justice doit une protection d'autant plus spéciale qu'elle est son seul soutien et son unique appui. » Il le félicite surtout d'avoir toujours laissé aux accusés la plus grande latitude pour leur défense, à une époque où une procédure inique, secrète et barbare offrait bien peu de place à la justification des prévenus, et favorisait tout au plus les coupables adroits et puissants. Robespierre ne manque pas de saisir cette occasion de déplorer éloquemment la légèreté et l'impéritie avec lesquelles on s'est servi des lois romaines dont on a pris les petitesses et les subtilités, au lieu des grands principes d'humanité, des sublimes leçons d'équité et de douceur auxquels elles ont dû de survivre à l'anéantissement de l'empire. Vient ensuite un nouvel·éloge

_____

(1) *Éloge* de messire Charles-Marguerite Mercier-Dupaty, président à mortier au parlement de Bordeaux, par M. R....., avocat en parlement, avec cette épigraphe :

Multis ille bonis flebilis occidit ;
Nulli flebilior quam mihi. (HORACE.)

1789, in-8° de 46 pages.

du roi, qui cherche dans une assemblée auguste le remède aux maux dont la France est de toutes parts accablée. Mais, a-t-il soin d'ajouter, « c'est le moment de mettre sous ses yeux tous les vices dont nos lois criminelles sont infectées, tous les pleurs qu'elles ont arrachés à l'innocence, tout le sang qu'elles ont injustement répandu sur les échafauds. » Alors, s'inspirant du souvenir de Calas et de tant d'autres victimes, il rappelle avec quelle fermeté héroïque l'illustre président est parvenu à sauver trois innocents au moment où ils allaient être livrés au bourreau.

De nos jours encore nous sommes trop souvent témoins de déplorables erreurs judiciaires, mais elles étaient bien plus fréquentes autrefois ; il faudrait tout un volume énorme pour en dresser le sanglant catalogue. Trois habitants de Chaumont avaient été condamnés à la roue, sur la déposition de quelques soldats de la maréchaussée. Or les coupables étaient les dénonciateurs eux-mêmes: On eut l'idée de s'adresser au président Dupaty, et l'on parvint à faire pénétrer dans sa conscience la conviction de l'innocence des condamnés. Le président voulut voir les victimes ; il descendit dans leur cachot, les interrogea, leur rendit l'espérance ; et, parfaitement renseigné sur les véritables auteurs du crime, il publia des mémoires touchants et à jamais célèbres où la pure vérité se révélait dans tout son jour. S'attaquer à l'infaillibilité judiciaire était un acte d'une haute témérité, certains magistrats n'admettant pas que la justice puisse se tromper, comme s'il y avait quelque part ici-bas des hommes complétement à l'abri de l'erreur. Dénoncés au parlement de Paris, les mémoires justificatifs furent condamnés à être lacérés et brûlés par la main du bourreau ; mais cette inique sentence n'empêcha pas Dupaty de sortir victorieux du débat dans lequel il s'était engagé, tant les preuves fournies par lui étaient nettes et concluantes. Déchargés de toute condamnation, ses trois clients virent s'ouvrir les portes de leur prison, et purent rentrer, le front haut, au sein de leurs familles. « Jamais peut-être, » s'écrie avec raison Robespierre, « l'humanité n'obtint un plus beau triomphe. » Hélas ! combien d'autres innocents, victimes d'un injuste arrêt, n'ont pas eu le même bonheur !

Comme son panégyriste, le président Dupaty sentait la nécessité des réformes sociales ; il y poussait fortement les esprits, et présageait aussi le prochain triomphe du tiers état, « se consolant de l'injustice des hommes et de la haine des méchants en remplissant ses devoirs de citoyen. » Mais il y avait encore entre eux d'autres points de ressemblance : l'un et l'autre aimaient et cultivaient les lettres, s'honorant tous deux par un goût éclairé pour les productions de l'esprit. Robespierre n'oublie pas de féliciter l'illustre président d'avoir consacré ses rares loisirs à la pratique des sciences et des lettres ; mais en écrivant, d'une plume élégante et correcte, l'éloge de l'ingénieux auteur des *Lettres sur l'Italie*, il ne se doutait guère que lui-même se livrait pour la dernière fois à cette pure culture des belles-lettres qui avaient été le charme et le délassement de sa jeunesse. L'heure est venue, en effet, où les terribles luttes de la tribune vont remplacer pour lui les pacifiques arènes académiques. Dans ses innombrables discours on sentira bien le littérateur épris de la forme et du beau langage, mais plus encore le dieu agité, semant ses paroles ardentes à la lueur des éclairs et au bruit du tonnerre.

XXIX.

Ici finit son existence calme et heureuse. Désormais sa vie sera une lutte incessante, mêlée de revers et d'éclatants triomphes, mais glorieuse toujours, glorieuse surtout en sa tragique issue. Avant de parcourir avec lui cette longue période de cinq années, cinq siècles ! qu'il traversera impassible au milieu des flammes, opposant une âme stoïque et dédaigneuse à toutes les coalitions de l'envie, à toutes les calomnies auxquelles nous le verrons se heurter, arrêtons-nous un moment, et contemplons-le tel qu'il nous apparaît au seuil de cette Révolution qui pour lui se résumera en ce seul mot : JUSTICE.

Formé de bonne heure à la rude école du malheur, orphelin à l'âge où les paternels avis et les tendres soins de la mère sont si nécessaires à l'enfant, il comprend tout de suite que, plus qu'un autre, il a besoin de s'armer d'une instruction solide, et subit victorieusement la difficile épreuve du collége. Écolier, on le cite comme un modèle, et l'affection de ses maîtres est une des plus douces récompenses de ses laborieux efforts.

Sorti du collége le front ceint de ces couronnes universitaires, promesses d'avenir qui ne se réalisent pas toujours, il était devenu immédiatement un homme sérieux, n'avait pas eu de jeunesse, comme on dit ; et, se sentant chef de famille à l'âge où d'autres ne songent qu'aux plaisirs et aux délassements frivoles, il s'était attaché à remplir dignement cette sorte de sacerdoce dont l'avait investi le malheur. A peine rentré dans sa ville natale, il se place d'un bond au premier rang des avocats au conseil d'Artois ; une cause heureuse, plaidée avec éclat,

le désigne à l'attention de ses concitoyens ; et, maître de sa destinée
désormais, lié avec les plus notables personnes d'Arras, recherché par
un monde riche et influent, il n'a qu'à faire cause commune avec les
puissants du jour, et lui aussi sera un des favorisés de la fortune. Mais
la richesse, il la dédaigne ; non qu'il se complaise à étaler cyniquement,
comme le philosophe ancien, une pauvreté d'apparat : il aime au contraire un certain décorum ; élégant, recherché même dans sa toilette,
il a l'horreur du débraillé ; homme de goût, il apprécie les belles
choses ; seulement, la médiocrité du poète lui suffit. Il sait trop de
quelle source impure proviennent la plupart des grandes fortunes de
son temps. Aussi, bien avant de prévoir le profond ébranlement de
1789, déclare-t-il une guerre acharnée à l'ancien régime. Pas un de ses
discours et de ses écrits où ne reviennent, sans cesse plus ardentes,
d'impitoyables critiques contre un état social devenu intolérable. Et
quand il s'exprime avec tant de hardiesse sur ces questions brûlantes,
ce n'est pas le rhéteur qui parle, chaque mot tombé de sa bouche ou
de sa plume répond aux tressaillements des fibres de son cœur. On
sent bien qu'il souffre de toutes les souffrances d'autrui.

Il ne faut donc pas s'étonner si, à l'heure des déchirements suprêmes, il se jeta en avant, prophète inspiré, résolu à faire triompher
la sainte cause de la justice ou à périr à l'œuvre. Qui donc le poussa
dans cette mêlée sanglante où, du choc des idées et des glaives, jail-
lirent de soudaines illuminations et d'impérissables principes? Est-ce
le froid aiguillon d'une ambition vulgaire ? Est-ce le démon de l'orgueil?
Oui ! s'écrient ses calomniateurs et le servile troupeau des ignorants,
habitués à se former une opinion d'après je ne sais quelle voix publique
faite de mensonge et d'hypocrisie ; non ! répondent tous ceux qui, lui
étant d'ailleurs plus ou moins sympathiques, ont pris la peine de l'étudier consciencieusement. Robespierre, on l'a dit justement, c'était le
principe fait homme, ce qui était loin d'exclure chez lui, comme on l'a
trop souvent répété, l'indulgence et la bonté ; or l'ambition et l'orgueil
n'ont rien de commun avec les principes. Apre fut parfois son langage,
mais combien plus acerbes furent ses agresseurs! Si, en ces temps de
fièvre et d'irritation, on entendit des voix adoucies et cherchant à ras-
séréner les âmes, ce fut surtout la sienne. Il ne sacrifia point comme
tant d'autres au dieu inconnu : le désir d'améliorer la condition des
hommes, d'enfermer la société dans les strictes règles du droit et de
l'équité dirigea seul ses actes; il ne parut si grand jusqu'au moment
de sa chute que parce qu'on sentait bien respirer en lui un immense
amour de l'humanité.

Jusqu'ici cet homme extraordinaire a eu des détracteurs et des admirateurs passionnés, j'ose dire qu'il n'a point eu d'historien. Les premiers, égarés par l'esprit de parti, et sur la foi des déclamations thermidoriennes, persistent à le rendre responsable de tous les malheurs de la Révolution ; les seconds répondent par sa vie entière, si pure, si noble, si désintéressée, par ses discours d'une admirable pureté, par ses constants efforts, infructueux, hélas! pour diriger la République naissante entre ces deux écueils également funestes : la réaction et l'exagération. Nul n'a sondé encore la profondeur de scélératesse de ceux qui se sont appelés eux-mêmes les *conjurés* de Thermidor (1). On était bien édifié sur la moralité de ces hommes, on savait leurs mensonges; mais personne n'avait la certitude que, pour noircir leur victime, ils avaient eu l'infamie de commettre des faux, de véritables faux matériels : cette certitude, elle est désormais acquise à l'histoire. Une découverte inespérée, providentielle, je puis le dire, a mis entre mes mains les preuves de faits dont je m'étais toujours douté, mais qui dans mon esprit n'avaient été jusqu'à présent qu'à l'état d'hypothèse, résultant, il est vrai, d'un ensemble de circonstances à peu près concluant.

Devant mes yeux ont comparu les témoins vivants des machinations de ces prétendus sauveurs de la France ; et, en présence d'accablantes révélations, doivent s'évanouir les erreurs étayées depuis soixante-huit ans sur des pièces falsifiées. Je ne me flatte pas de faire disparaître tout d'un coup un préjugé invétéré, car c'est comme l'hydre à cent têtes ; le temps seul en aura raison. Mais la vérité a d'irrésistibles puissances : on a beau la combattre, l'envelopper de sophismes, comme le soleil, elle finit par percer tous les nuages et par éclairer le monde.

Ce n'est donc pas ici un panégyrique, c'est l'étude la plus impartiale et la plus approfondie. J'ai la conscience de n'avoir point écrit une ligne en désaccord avec les principes de la plus pure morale, et je n'ai rien avancé de grave qui ne s'appuyât sur des pièces officielles ou d'irrécusables preuves. Je ne me defends pas d'ailleurs, je le répète, d'une grande sympathie pour l'illustre Victime dont je raconte la vie; en cela, j'ai cédé à mon entraînement naturel pour les infortunes imméritées ; les cœurs généreux me comprendront.

Du livre qu'on vient de lire il résulte qu'au moment où s'ouvrirent les états généraux Robespierre était bon et doux, dévoué aux siens,

(1) L'aveu très-précieux est de Laurent Lecointre lui-même. Voyez sa brochure *Conjuration formée des le 5 prairial par neuf représentants du peuple contre Maximilien Robespierre*, de l'imprimerie de ROUGYFF.

affable envers tous, toujours à la disposition des malheureux, universellement aimé, et déjà répandant par sa parole et par sa plume les véritables principes sociaux dont il devait contribuer à assurer le triomphe. Or les hommes d'un mérite réel se démentent rarement. Mirabeau aborde, corrompu et débauché, la scène de la Révolution, il en sortira les mains tachées des largesses de la cour, n'ayant pas de trop, pour défendre sa mémoire, de toute l'immensité de son génie d'orateur. Tel on a vu Robespierre dans sa jeunesse et dans sa vie privée, tel on le retrouvera dans son existence politique : inaccessible à toutes les corruptions, et se consacrant uniquement aux intérêts de la patrie. Est-ce à dire pour cela qu'il n'ait pas failli quelquefois, qu'au milieu des convulsions d'un peuple dans l'enfantement de sa grandeur et de sa liberté, il n'ait pas eu sa part inévitable d'erreur? Certes, il serait insensé de le soutenir ; mais que celui qui ne s'est jamais trompé lui jette la première pierre !

LIVRE DEUXIÈME

MAI 1789 — DÉCEMBRE 1789

La messe du Saint-Esprit à Versailles. — Ouverture des états généraux. — Les communes de France. — Scission entre les trois ordres. — Proposition de Robespierre. — Les communes se constituent en Assemblée nationale. — Opinion de Robespierre sur quelques membres de l'Assemblée ; lettre à son ami Buissart. — Sa réponse à l'archevêque d'Aix. — Séance du 20 juin ; serment du Jeu de Paume. — Déclaration du 23 juin. — M. de Brézé et Mirabeau. — La noblesse et le clergé se réunissent aux communes. — Mouvements dans Paris. — Les débuts de Robespierre à la tribune. — Il est nommé membre d'une députation envoyée au roi pour demander l'éloignement des troupes. — Renvoi de Necker. — L'Assemblée se déclare en permanence. — Prise de la Bastille. — Consternation à Versailles. — Premier convoi de l'émigration. — Robespierre accompagne Louis XVI à Paris. — Réception faite au monarque. — Visite à la Bastille. — Robespierre stimule le zele de ses concitoyens d'Arras. — Il combat une proclamation proposée par Lally-Tollendal. — Se prononce pour l'ouverture des lettres saisies sur Castelnau. — Retour de Necker. — Robespierre appuie la proposition de Mirabeau concernant Besenval. — Sa motion sur les troubles des provinces. — Nuit du 4 août. — Discours en faveur de la liberté individuelle et de la liberté de la presse. — Il demande qu'à la nation seule appartienne le droit d'établir l'impôt. — Sa motion pour que chacun puisse s'exprimer en toute liberté sur la forme du gouvernement. — Son dire sur le veto royal. — Il demande que chaque législature soit fixée à un an. — Son opinion sur la promulgation des décrets du 4 août. — Il attaque la réponse du roi. — Journées des 5 et 6 octobre. — Stanislas Maillard et les femmes à l'Assemblée. — Robespierre combat les formules anciennes des arrêts du conseil et des déclarations royales. — L'Assemblée à Paris. — Discours de Robespierre contre la loi martiale. — Il réclame l'application du suffrage universel. — S'élève contre l'exception proposée en faveur des fils de famille. — Les parlements suspendus. — Jugement de Robespierre sur d'Éprémesnil. — Il demande l'impression d'un discours du vicomte de Mirabeau. — Insolence de ce dernier. — Réponse de Robespierre à l'abbé Maury au sujet des états du Cambrésis. — Nouvelle organisation du royaume. — Avis proposés par Robespierre. — Son opinion sur la conduite des citoyens de Toulon et celle de M. de Riom. — Discours en faveur des non-catholiques et des comédiens. Premiers démêlés avec M. de Beaumetz. — Le club des Amis de la Constitution. — Robespierre rue de Saintonge, au Marais.

I

Le 4 mai 1789, jour d'éternelle mémoire, fut célébrée en grande pompe, à Versailles, la messe d'inauguration des états généraux. Ce

jour-là battit plus fort que de coutume le cœur de la France entière, et
presque tout Paris se donna rendez-vous dans la ville de Louis XIV, afin
d'assister à l'installation d'une assemblée appelée à consacrer une
Révolution qui était déjà dans toutes les idées. Ah! ne l'oublions jamais,
cette journée mémorable, car c'est la date de notre affranchissement;
et si nous n'avons pas encore vu se réaliser toutes les espérances de
cette année féconde, le pur symbole de la liberté sainte est resté en
nous comme un esprit vivifiant, et nous rattache à jamais au souvenir de cette glorieuse époque.

Rarement plus imposant spectacle avait frappé les regards d'un
peuple. Les états s'étaient assemblés le matin dans l'église de Notre-
Dame, où, en présence de toute la cour, on chanta le *Veni Creator*.
Cette prière terminée, les députés se rendirent, entre deux haies de
gardes-françaises et de Suisses, à l'église de Saint-Louis; mais, au lieu
de se grouper par bailliages, ils s'avancèrent par ordres; ce qui mécon-
tenta beaucoup de monde, tant déjà commençaient à paraître choquantes ces inégalités sociales formant entre les citoyens d'un même
pays de si profondes lignes de démarcation. Les représentants du tiers
état, au nombre de près de six cents, vêtus de noir, les épaules couvertes d'un léger manteau de soie, marchaient les premiers, graves et
fiers dans leurs modestes costumes, comme s'ils se fussent sentis
chargés du poids de l'avenir de la France.

Aux acclamations enthousiastes qui, à leur passage, sortirent de
toutes les poitrines, et dont les échos prolongés devaient retentir aux
deux extrémités de cette patrie retrempée dans le baptême des élections populaires, Robespierre put se convaincre qu'il n'était pas le
seul à considérer le tiers état comme l'ancre de salut du pays, et que,
d'accord avec lui, l'immense majorité des citoyens mettait tout son
espoir dans un ordre où résidaient en effet les forces vitales de
la nation. Inconnu alors, on ne le montrait pas comme ce Mirabeau
dont la tête puissante et superbement portée attirait tous les yeux;
nul parmi cette foule ne soupçonnait encore le prestige qu'exercerait
sur elle l'obscur avocat d'Arras; mais lui, sentant le peuple au dia-
pason de sa pensée, avait déjà sans doute une sorte d'intuition de sa
puissance future sur l'opinion.

Venait ensuite la troupe brillante des députés de la noblesse avec
leurs habits tout chamarrés d'or, et le chapeau à plumes retroussé à
la Henri IV (1). Un silence glacial et de mauvais augure accueillit ces

_____

(1) Voyez pour ces détails les *Mémoires* de Ferrières, t. I, p. 18 et suiv.; et les *Souvenirs* d'Etienne Dumont.

représentants d'un ordre qui, sans s'en douter, menait pour ainsi dire ses propres funérailles (1). Le seul duc d'Orléans fut salué de quelques vivat; mais cette passagère ovation lui porta un coup fatal en le désignant d'avance aux vengeances de la cour et aux soupçons du parti populaire. Le bas clergé, en soutane et en bonnet carré, les évêques, revêtus de leurs robes violettes, et portant leurs rochets, furent reçus avec le même silence. Au passage du roi les fronts semblèrent se dérider, d'assez vifs applaudissements éclatèrent ; c'était un hommage de reconnaissance montant vers le monarque qu'on croyait disposé sincèrement à ouvrir à la France l'ère des libertés publiques; mais, en revanche, pas un murmure de faveur ne s'éleva sur les pas de la reine, et, devant ce froid accueil, la pauvre Marie-Antoinette, depuis longtemps déjà en butte aux calomnies des siens, et voyant combien la multitude lui était hostile, faillit s'évanouir (2).

Arrivés dans l'église de Saint-Louis, les trois ordres prirent place sur des banquettes disposées dans la nef. Après qu'au son d'une musique harmonieuse et expressive un chœur eut entonné l'hymne *O salutaris hostia*, l'évêque de Nancy, M. de la Fare, monta en chair et développa longuement ce thème usé : « La religion fait la force des empires et le bonheur des peuples. » Un tel discours sortant de la bouche d'un ecclésiastique n'avait rien que de très-naturel ; mais on n'entendit pas sans étonnement un prince de l'Église dresser en bonne forme l'acte d'accusation de l'ancien régime, se récrier amèrement contre les violences, les barbaries des agents fiscaux, et raconter avec une éloquence toute chrétienne les misères infligées aux campagnes par une administration sans pitié. On était dans une église, le Saint-Sacrement exposé, le roi et la reine présents, devant qui, même au spectacle, il était interdit d'applaudir; mais, ô puissance des vérités éternelles! ni la majesté du lieu, ni la présence des personnes royales ne purent contenir l'enthousiasme dont furent saisis les cœurs aux paroles de l'évêque, et presque de toutes parts des applaudissements retentirent (3). Scène vraiment imposante, spectacle plein de grandeur qui permit aux esprits clairvoyants de deviner avec quelle facilité une partie des membres des ordres privilégiés allaient se laisser aller eux-mêmes à l'irrésistible entraînement de la Révolution.

(1) C'est ce que Ferrières appelle complaisamment *un silence respectueux.*
(2) *Mémoires* de madame Campan, t. II, ch. XIII.
(3) *Mémoires* de Ferrières, note de la p. 22. Voy. aussi le premier numéro du *Journal des états généraux*, par Mirabeau.

II

Le lendemain, 5 mai, eut lieu dans la salle des Menus l'ouverture de la session des états généraux. On sait comment, dès le second jour, à propos de la vérification des pouvoirs, une scission profonde se produisit entre la noblesse et le clergé d'une part, et le tiers état de l'autre. Déjà la veille s'étaient clairement manifestées les intentions du tiers et la résolution bien arrêtée de ses membres de faire respecter dans leurs personnes la dignité de la nation, dont ils étaient en définitive les véritables représentants, quand, après le discours du roi, voyant les députés de la noblesse et du clergé se couvrir, ils avaient suivi leur exemple. Et tout cela sans entente préalable, tellement était grande alors la communauté de sentiments. On était loin du temps où le tiers se soumettait à l'humiliant usage d'entendre à genoux les paroles du prince. Et cette servile habitude, les fanatiques de la noblesse et la cour elle-même la regrettaient ; car, il faut bien se le rappeler, les états généraux avaient été convoqués par le gouvernement pour se procurer de l'argent, non pour porter atteinte à la hiérarchie des ordres et aux priviléges de la noblesse et du clergé que, jusqu'au dernier moment, Louis XVI défendit comme la base essentielle de la monarchie en France (1).

Dans les questions sociales il n'y a pas de petites choses, tout se tient, tout s'enchaîne, tout se déroule logiquement ; les questions en apparence les plus futiles prennent tout à coup, sous l'empire des événements, des proportions inattendues. Les députés du tiers s'étaient montrés choqués de la différence des costumes assignés à la noblesse et à eux. Ce fut bien autre chose quand, le 6 mai, réunis dans la grande salle des Menus, qu'on leur avait laissée pour leurs assemblées particulières, ils apprirent vers deux heures et demie, après avoir inutilement attendu jusqu'à ce moment leurs collègues de la noblesse et du clergé, que ces deux derniers ordres, réunis de leur côté dans des salles distinctes, venaient de se prononcer pour la vérification séparée des pouvoirs. A cette nouvelle, de violents murmures de désapprobation éclatèrent ; quelques membres impatients voulaient même que, sans attendre les deux ordres dissidents, le tiers état se constituât en

---

(1) Ferrières ne fait nulle difficulté d'en convenir. « Le gouvernement ne voulait pas d'états, mais il avait besoin d'argent, » dit-il. Voy. ses *Mémoires*, t. I, p. 34.

Assemblée nationale. Tiers état!... ce titre avait été répudié déjà
comme impropre, comme n'indiquant pas suffisamment que les députés
de cet ordre représentaient en réalité à eux seuls les neuf dixièmes de
la nation française. En conséquence, ses membres s'étaient fièrement
intitulés *Députés des Communes*, témoignant par là qu'ils ressuscitaient
en quelque sorte ces vieilles communes de France organisées jadis
pour résister à la tyrannie féodale, et qu'ils entendaient bien détruire
à tout jamais les derniers vestiges de l'oppression. « Le mot de tiers
état est ici proscrit comme un monument de l'ancienne servitude, »
écrivait Robespierre, le 24 mai 1789, à l'un de ses plus chers et de ses
plus anciens amis, en lui donnant de curieux détails sur tout ce qui
s'était passé à Versailles depuis l'ouverture des états généraux (1).
Cette nouvelle dénomination choqua au dernier point les privilégiés;
elle excita dans la chambre de la noblesse les plus vives rumeurs;
d'Eprémesnil, ce transfuge empressé de la cause libérale du moment
où la liberté ne servait plus à ses intérêt propres, la qualifia d'inconstitutionnelle (2), et elle fut repoussée par la cour et par les ministres.
« On ne voulait pas la reconnaître, dit Bailly dans ses mémoires, et
nous seuls nous nous en servions (3). » Mais les masses l'adoptèrent
avec empressement, et, malgré l'opposition ministérielle, les députés
du tiers état n'en demeurèrent pas moins les *Communes de France*.

La persistance de la noblesse et du clergé à vouloir délibérer à part
et vérifier séparément leurs pouvoirs empêchait l'assemblée de commencer ses travaux. Les privilégiés, en effet, se sentaient vaincus
d'avance du jour où ils se réuniraient au tiers, égal en nombre au
clergé et à la noblesse réunis, comme on sait, et où, au lieu de voter
par ordre comme autrefois, on voterait par tête, ainsi que l'exigeaient
la raison, la justice et le bon sens. Les communes, au contraire, imbues
des véritables principes, et convaincues que la représentation devait être
une, voulaient que tous les députés, à quelque ordre qu'ils appartinssent,
y eussent la même part d'influence. En conséquence ses membres, se
jugeant d'autant plus forts que, si la noblesse et le clergé avaient pour
eux le roi et la cour, ils s'appuyaient, eux, sur le peuple entier, résolurent de passer outre et de se constituer en véritables représentants
du pays dans le cas où la noblesse et le clergé s'obstineraient à ne pas

---

(1) Nous avons sous les yeux les originaux de cette lettre et de plusieurs autres
lettres complétement inédites, d'une importance capitale, adressées par Maximilien
Robespierre à son ami Buissart. Nous en devons la communication à l'obligeance de
l'honorable M. Lenglet, avocat à Arras.

(2) *Mémoires* de Ferrières, t. I, p. 41.

(3) *Mémoires* de Bailly, t. I, p. 95.

se joindre à eux. « Mais avant de prendre ce parti, » écrit encore
Robespierre, « ils crurent qu'il falloit faire quelques démarches pour
ramener, s'il étoit possible, les deux classes privilégiées à l'union et à
l'unité désirées ; de là la patience avec laquelle on les attendit durant
quelques jours dans la salle destinée aux états généraux ; de là l'invitation qu'on leur fit ensuite de se réunir au corps national pour procéder
à la vérification des pouvoirs (1). » On sait à combien d'allées et de
venues, de pourparlers, de discussions commencées, interrompues et
reprises, donna lieu cette question de la réunion des trois ordres, qui
contenait implicitement toutes les autres questions. La noblesse, en
réponse aux premières propositions des communes, s'était tout d'abord
constituée en chambre séparée ; mais le clergé, « plus cauteleux que la
noblesse (2), » avait répondu à l'invitation du tiers par une députation
chargée de lui porter de vagues protestations de zèle et d'attachement,
et d'annoncer qu'il allait travailler activement à la prompte conciliation des trois ordres.

Les communes avaient sur les privilégiés un immense avantage :
outre qu'elles représentaient réellement presque toute la France, elles
se trouvaient en possession de la grande salle des états généraux, délibéraient en public, et, aux yeux de la foule, passaient pour la véritable
assemblée nationale. Plusieurs avis avaient déjà été ouverts dans leur
sein afin de provoquer le terme d'une scission dont souffrait l'intérêt
général. Le 12 mai, Rabaut Saint-Étienne proposa à ses collègues de
choisir un certain nombre d'entre eux et de les charger de conférer
avec les commissaires de la noblesse et du clergé, à l'effet de réunir
tous les députés dans la salle commune, sans qu'il leur fût permis
toutefois de se départir en aucune façon du principe de l'opinion par
tête et de l'indivisibilité des états généraux. Le breton Le Chapelier
repoussa cette motion comme inutile et dangereuse. Suivant lui, les
communes devaient envoyer à la noblesse et au clergé une adresse
dans laquelle, après avoir rappelé la conduite respective des trois ordres jusqu'au moment actuel, elles déclareraient qu'elles ne reconnaî-
traient désormais pour représentants légaux que ceux dont les pouvoirs
auraient été examinés par des commissaires nommés en commun,
chaque député n'étant plus, après l'ouverture des états généraux, le
député d'un ordre ou d'une province, mais bien celui de la nation ;

(1) Lettre manuscrite de Robespierre, en date du 24 mai.
(2) C'est la propre expression de Robespierre. C'est aussi celle dont se sert Ferrières : « Le clergé, plus cauteleux... presque entièrement composé de curés, détestait également les évêques et la noblesse, et désirait en secret s'unir au tiers. »
Voy. ses *Mémoires*, t. I, p. 48.

« principe, » ajoutait-il, « qui doit être accueilli avec enthousiasme par les députés des classes privilégiées, puisqu'il agrandit leurs fonctions. » Tel était aussi l'avis de Robespierre, à qui la motion de Rabaut Saint-Étienne, que l'assemblée adopta pourtant à une grande majorité, ne paraissait pas non plus devoir amener le résultat désiré. « Je souhaite, » écrit-il à propos de ces conférences et de la proposition de Le Chapelier, « que lorsqu'elles seront finies il reste encore aux communes assez de fermeté pour y revenir; je souhaite que les aristocrates ne profitent pas de ces conférences qui n'ont aucun objet, puisque ni la noblesse ni les communes ne peuvent se relâcher de leurs prétentions, la noblesse parce qu'il faudroit sacrifier son orgueil et ses injustices, les communes parce qu'il faudroit sacrifier la raison et la patrie; je souhaite, dis-je, que ces aristocrates ne profitent pas de ces conférences pour remuer tous les ressorts de l'intrigue, pour énerver toute vigueur, pour nous diviser, pour semer dans l'assemblée et dans la nation le découragement et la défiance... »

Lui aussi s'était vivement élevé contre la motion de Rabaut Saint-Étienne; mais étant un des derniers à parler, et convaincu, d'après les avis exprimés par les précédents orateurs, qu'il était impossible de la combattre avec succès en lui opposant la proposition énergique et vigoureuse de Le Chapelier, il avait donné à ses collègues le conseil d'adresser au clergé seulement une invitation fraternelle de se réunir au corps national, et de joindre ensuite ses instances à celles des communes pour décider la noblesse à suivre cet exemple, auquel il lui eût été difficile de résister sans irriter contre elle l'opinion publique, « qu'il n'est plus permis, » écrit-il encore, « de braver impunément dans les circonstances où nous sommes. » Robespierre connaissait assez les dispositions et les intérêts des curés pour être assuré que le plus grand nombre ne balanceraient pas à se réunir aux communes. Une partie des nobles, pensait-il, « les plus distingués par leurs vertus et leurs mérites, » ne tarderaient pas à les imiter et à « s'immortaliser par cet exemple de patriotisme et de magnanimité. » Quelques aristocrates « voués à la haine publique » seraient seuls restés dans le camp opposé, et leur absence n'aurait pu mettre aucun obstacle à la constitution des états généraux en assemblée nationale. La proposition de Robespierre était de nature à rallier un grand nombre de voix, et beaucoup de membres l'en félicitèrent en lui déclarant qu'ils auraient de préférence voté pour elle, si elle avait été faite tout d'abord. Il l'avait cependant rédigée par écrit et déposée sur le bureau; mais si inconnu était encore le député d'Arras, si bornée son influence, et si irrégulier aussi était alors le mode de procéder de l'assemblée, que l'on ne crut pas devoir soumettre

à la discussion la motion de Robespierre, parce que la délibération
n'avait roulé jusque-là que sur les propositions de Rabaut Saint-
Étienne et de Le Chapelier (1). Quelques jours après, Mirabeau reprit
dans un discours, la motion de Robespierre. « Laissons, disait-il, la
noblesse continuer sa marche usurpatrice et orgueilleuse, et invitons
le clergé à se joindre à nous. » Malgré ce puissant appui, l'avis de Robespierre ne prévalut pas, et le 18, l'assemblée nomma, pour s'entendre
avec ceux de la noblesse et du clergé, seize commissaires, au nombre
desquels figuraient Rabaut Saint-Étienne, Le Chapelier, Mounier, Target, Volney, Garat, Bergasse et Barnave (2).

Comme le présumait Robespierre, le mauvais vouloir de la noblesse
rendit ces conférences stériles ; elles fonctionnaient depuis huit jours
que la question n'avait point avancé d'un pas. Un moment interrompues, elles avaient été reprises, par ordonnance du roi, sous la
présidence de Necker. Mais la noblesse ayant décidé, dans la séance
du jeudi 28 mai, que la délibération par ordres et la faculté *d'empêcher* appartenant à chacun d'eux étaient constitutives de la monarchie,
on agita le lendemain, au sein des communes, la question de savoir si
l'on devait continuer ou cesser les conférences. Robespierre reprit la
parole et essaya de nouveau de prouver l'inutilité de ces conférences,
condamnées maintenant par une première expérience (3). Suivant lui,
une seconde ne devait pas amener de meilleurs résultats, à cause de
l'entêtement des nobles, qui tenaient plus à une question de forme
capable de leur assurer une part d'influence supérieure à celle du tiers
qu'à l'intérêt général (4). Mais son avis, soutenu cette fois encore par
Mirabeau, ne fut pas écouté ; les communes, voulant donner au roi une
preuve de leur déférence et de leur respect, votèrent la reprise des

(1) Toutes ces circonstances nous sont révélées par la lettre manuscrite de Robespierre du 24 mai 1789. Sur sa participation dans la discussion relative à la réunion
des trois ordres, comme sur la plupart de ses premiers essais à la tribune, le *Moniteur*
et les journaux du temps gardent un silence à peu près complet.

(2) Procès-verbaux manuscrits de l'Assemblée nationale (*Archives*, c. I, 181-210).

(3) Le *Moniteur* se contente de dire : « Les députés d'Artois... » Or, comme le
remarque malignement une brochure de l'époque, « Robespierre s'était chargé de
parler pour tous les autres. » (*Almanach des députés de l'Assemblée nationale*, 1790,
p. 22.)

(4) La noblesse et le clergé voulaient absolument qu'il y eût une différence quelconque entre eux et le tiers dans leurs manières respectives de s'exprimer devant le
roi. Bailly, récemment appelé à la présidence des communes (3 juin) sous le nom de
doyen, déclara nettement au ministre Barentin que les communes ne souffriraient
aucune différence. « On voit, dit-il, la futilité des prétentions des deux ordres ; on
voit quelle vanité personnelle les occupait dans le moment où il s'agissait du sort de
la France, et par quelles hauteurs déplacées ils semaient l'aigreur et provoquaient
l'animadversion des communes... » Bailly s'exprime comme Robespierre. (Voy. ses
Mémoires, p. 105, t. I.)

conférences. Cependant leur patience finit par se lasser. Le 10 juin, sur la proposition de Sieyès, elles prirent une détermination très-grave en adressant aux deux ordres dissidents une sommation énergique par laquelle elles les invitaient à se réunir immédiatement à elles, en les prévenant que dans une heure il serait procédé à l'appel des bailliages, et que défaut serait donné contre les non-comparants. La noblesse et le clergé n'ayant pas obtempéré à cette sommation, excepté quelques ecclésiastiques, parmi lesquels l'illustre abbé Grégoire, les communes procédèrent à la vérification des pouvoirs, et le 17, après des discussions à jamais fameuses, elles se constituèrent définitivement en Assemblée nationale.

III

Jusqu'à ce jour l'immense majorité des députés du tiers avait paru parfaitement unie; cependant il était facile de distinguer déjà ceux qui devaient défendre jusqu'au bout la cause populaire et ceux qui se disposaient à la trahir. Il est assez curieux de connaître sur ce point l'opinion intime de Robespierre. Au milieu de tant d'incertitudes, de mécomptes, d'agitations, une chose le consolait et le rassurait en même temps, c'était de voir dans l'Assemblée « plus de cent citoyens capables de mourir pour la patrie. » En général, il trouvait à ses collègues « des lumières et des intentions droites, » et leur savait un gré infini de la fermeté avec laquelle ils avaient adopté les motions les plus patriotiques. Il était surtout heureux d'entendre citer comme « des patriotes décidés » les membres de la députation du tiers état d'Artois, et entre autres les quatre cultivateurs qui en faisaient partie, ce dont il paraît se féliciter d'autant plus que quelques personnes à Arras avaient blâmé ce choix (1). Il vivait, du reste, dans la plus parfaite union avec ses collègues de l'Artois, et demeurait avec eux à Versailles, rue Sainte-Élisabeth, à l'hôtellerie du *Renard* (2).

Les députés de la Bretagne, quatre au moins (il ne les nomme pas, mais il y comprenait sans aucun doute Le Chapelier, qui avait combattu avec lui la proposition de Rabaut Saint-Étienne relative aux conférences) sont à ses yeux pleins de courage et de talent. Il leur serait

(1) Lettre manuscrite du 24 mai.
(2) La rue Sainte-Elisabeth qui, en 1793, prit le nom de rue Voltaire, fait aujourd'hui partie de la rue Duplessis.

difficile d'ailleurs, pense-t-il, de faire un faux pas sans être victimes du peuple qui les avait choisis. Quant aux députés du Dauphiné, ceux surtout dont une grande célébrité avait précédé l'arrivée à Versailles, ils ne lui inspirent pas à beaucoup près la même confiance. C'était une allusion directe à cet ardent agitateur des états de Grenoble, qui plus tard devait avoir l'idée de soulever le Dauphiné pour soutenir la cause du roi. « M. Mounier, » écrit-il, « ne jouera pas ici un aussi grand rôle que dans sa province, parce qu'on lui soupçonne des prétentions et des liaisons avec le ministère; il est loin d'ailleurs d'être un homme élo-quent. » Son opinion n'est pas non plus favorable à Malouet, dont il semble prévoir également les liaisons avec la cour et toutes les mo-tions hostiles à la Révolution. « Cet homme armé d'impudence et pétri d'artifices a fait mouvoir tous les ressorts de l'intrigue pour faire pré-valoir le parti aristocratique parmi nous. Un jour qu'il proposa une motion insidieuse et digne de son âme servile, un murmure général s'éleva, et les députés d'Auvergne s'écrièrent : « Nous désavouons ce « que vient de dire M. Malouet; il est député du bailliage de Riom, mais « la province d'Auvergne ne le reconnaît pas pour son représentant. » Plusieurs fois, en effet, il arriva au député de Riom d'être désavoué par ses collègues. Le 28 mai, au moment où l'Assemblée agitait de nouveau la question des conférences, il avait demandé, attendu la nature et l'importance de l'objet soumis à la discussion, que l'on déli-bérât en secret et que les étrangers fussent invités à se retirer. « Il n'y a point d'étrangers parmi nous, » s'était écrié impétueusement Volney, « il n'y a que des concitoyens et des frères ; » et la proposition de Ma-louet avait été enterrée sous le dédain général.

Dans la lettre où nous trouvons ces intéressants détails, Robespierre apprécie Mirabeau en quelques mots seulement, mais de la façon la plus sévère. « Il est nul, » dit-il, « parce que son caractère moral lui a ôté toute confiance. » L'immortel orateur, on le sait, avait, en entrant aux états généraux, à porter le poids d'une lourde réputation. Son passé décousu, ses aventures scandaleuses, sa plume vénale, n'étaient pas de nature à disposer l'Assemblée en sa faveur, et, à cette époque, il n'avait pas encore eu le temps de s'imposer à ses collègues par la puis-sance de son génie. Ce n'est point là, du reste, l'opinion définitive de Robespierre, et nous l'entendrons bientôt, subjugué lui-même, s'ex-primer tout autrement au sujet du comte plébéien, comme on appelait alors le député de Provence.

Mais si, dans un remarquable esprit d'impartialité, il crut devoir revenir sur sa première appréciation de Mirabeau, il n'en fut pas de même à l'égard de Target, dont il jugea bien tout de suite le caractère indécis et sans consistance. « J'ai vu, » écrit-il, « Target arriver précédé d'une grande réputation ; il a ouvert la bouche pour donner son avis sur la motion dont je vous ai parlé ; on s'est apprêté à l'écouter avec le plus grand intérêt. Il a dit des choses communes avec beaucoup d'emphase pour se ranger de l'avis qui avoit déjà réuni la pluralité des voix ; il a cependant été applaudi. Aujourd'hui il est presque entièrement hors de combat ; on s'est aperçu que son mérite étoit beaucoup au-dessous de cette première prévention ; on lui a reconnu des principes versatiles. » Target avait été envoyé aux états généraux par la vicomté de Paris (*extra muros*), et il ne parvint jamais à acquérir une grande influence dans l'Assemblée.

Ni moins ingénieuses, ni moins vraies ne sont les appréciations de Robespierre sur le clergé et sur la noblesse. Il ne manque pas de signaler tous les artifices employés par les prélats pour séduire les curés et leur persuader qu'on voulait porter atteinte à la religion catholique. Bailly, dans ses *Mémoires*, parle aussi de ces intrigues et de cet évêque « qui mangeait tous les jours un curé (1). » Cependant les curés semblent à Robespierre très-disposés à se réunir aux communes à la première invitation solennelle. A l'égard des nobles, il se montre beaucoup plus sévère. « Je ne vous ai point parlé de la chambre de la noblesse particulièrement, elle mérite à peine cet honneur. Elle est partagée en trois partis : le parti parlementaire, qui immoleroit le genre humain tout entier à la conservation des pouvoirs des parlements ; le parti des grands seigneurs de la cour, qui ont tous les sentiments que supposent l'orgueil des aristocrates et la bassesse servile des courtisans ; celui des hommes raisonnables, qui sont en très-petit nombre, et qui ne sont pas tous exempts des préjugés de la noblesse (2).» Parmi ces derniers il range La Fayette et le duc d'Orléans ; mais, en général, il y a, selon lui, dans l'ordre de la noblesse peu d'hommes de talent et animés d'un sincère patriotisme. Rappelant avec quel emportement d'Éprémesnil avait protesté contre la qualification de communes prise par le tiers état et s'était opposé à la renonciation des privilèges pécuniaires que la plupart des membres de la noblesse se montraient disposés à abandonner de bonne volonté, il le peint « entassant tous les jours extravagances sur extravagances, au point de détruire son crédit, même dans son parti(3). » Quant au désin-

---

(1) *Mémoires* de Bailly, t. I, p. 177.
(2) Lettre manuscrite du 24 mai, *ubi suprà*.
(3) C'est précisément ce que dit le marquis de Ferrières lui-même : « D'Éprémesnil, Bouthilier, Lacqueuille se chargèrent de conduire la chambre de la noblesse ; ils l'engagèrent sans peine à commettre les sottises auxquelles on la destinait... D'É-

téressement de la noblesse, il le tient pour fort suspect. Si les nobles paraissent vouloir renoncer de bon gré à leurs privilèges pécuniaires, ce n'est pas, dit-il, dans des vues patriotiques, « mais dans l'espérance de négocier avec plus de succès avec nous aux dépens des droits de la nation, lorsqu'ils auront fait ce sacrifice illusoire qui ne dépend plus de leur volonté, et qui ne doit pas être un don du corps de la noblesse, mais une loi constitutive que les états généraux seuls doivent porter. » Dans l'Assemblée du tiers, à Arras, il avait à peu près tenu le même langage.

Sous le gouvernement de Juillet, la lettre dont nous avons extrait ces curieuses appréciations sur quelques-uns des membres de l'Assemblée constituante circula pendant plusieurs jours sur les bancs de la chambre des députés. Louis-Philippe, en ayant entendu parler, témoigna le désir de la lire, et elle lui fut apportée, si nos renseignements sont exacts, par M. Martin (du Nord). Le roi, dans sa jeunesse, avait été fort activement mêlé aux hommes et aux choses de la Révolution ; il les connaissait bien, et sa prodigieuse mémoire les lui retraçait tels qu'il les avait vus au début de sa carrière, quand, saisi d'enthousiasme, il avait applaudi, lui fils de privilégié, aux coups qui sapaient le vieil édifice social et frappaient en même temps sa maison. « C'est parfaitement exact, » dit-il, après avoir lu la lettre du grand citoyen dont il avait été le collègue au club des Jacobins ; et il ne put s'empêcher de s'émerveiller sur la ressemblance des portraits.

IV

Jusqu'au jour où, prenant un parti suprême et se constituant en Assemblée nationale, après avoir, au préalable, sommé la noblesse et le clergé de se réunir à eux, les députés des communes s'étaient déclarés les représentants légaux de la France, ils avaient persisté dans un système de complète inertie pour ne pas avoir l'air, en délibérant sur quelque motion d'intérêt général, de reconnaître implicitement la séparation des ordres. Cela s'était bien vu lorsque, au commencement du mois de juin, l'archevêque d'Aix était venu dans la salle du tiers s'api-

---

prémesnil et Cazalès s'emparaient de la parole, traitaient avec une hauteur insultante ceux qui n'adoptaient pas leurs opinions, proposaient les arrêts les plus fous... » (Voy. ses *Mémoires*, t. I, p. 37 et 45.)

toyer sur les malheurs du peuple, les misères des campagnes, et, montrant un morceau de pain noir, avait prié les communes de désigner quelques-uns de leurs membres pour conférer avec ceux de la noblesse et du clergé sur les moyens de remédier aux calamités publiques. Ce discours, comme on s'y attendait, n'avait pas manqué de produire un certain effet. Mais un député, renchérissant adroitement sur tous les sentiments de pitié étalés par le prélat en faveur des classes souffrantes, répondit que, si le clergé songeait sincèrement à soulager les maux du peuple, il n'avait qu'à venir se joindre aux communes afin de s'entendre avec elles sur les mesures à prendre à cet égard. Ce député, c'était Maximilien Robespierre.

« Allez, s'écria-t-il, en s'adressant à l'archevêque, allez dire à vos collègues qu'ils ne retardent pas plus longtemps nos délibérations par des délais affectés. Ministres d'une religion sublime, fondée sur le mépris des richesses, qu'ils imitent leur divin Maître et renoncent à un étalage de luxe blessant pour l'indigence. Les anciens canons portent que l'on pourra vendre les vases sacrés pour soulager les pauvres, mais il n'est pas besoin d'en venir à une si triste ressource : renvoyez vos laquais orgueilleux, vendez vos équipages superbes, vos meubles somptueux, et de ce superflu, contraire aux traditions des premiers chrétiens, faites aux malheureux d'immenses aumônes. » Tel fut le sens de son discours, qui obtint un très-grand succès et détermina l'Assemblée à repousser les propositions insidieuses du clergé.

C'était la troisième fois que Robespierre parlait à la tribune. Dans ses précédentes tentatives oratoires, il avait été à peine écouté ; cette fois, ses paroles furent accueillies avec un murmure flatteur. De toutes parts on se demandait quel était ce jeune homme dont le discours répondait si bien au sentiment public, et son nom, presque entièrement inconnu quelques minutes auparavant, circula bientôt de rang en rang dans la salle et dans les galeries où se tenait tout ému un nombreux auditoire (1).

Aussitôt qu'elles se furent constituées en Assemblée nationale, les communes se mirent en devoir de remplir leur mandat. Le 18, il n'y eut pas de séance parce qu'une partie des députés, leur président en tête, assistèrent à la procession du Saint-Sacrement ; mais, dès le 19,

_____

(1) Tous les journaux du temps, qui reproduisent avec un laconisme déplorable les premiers débats de l'Assemblée constituante, sont très-sobres de détails sur cette séance pleine d'intérêt pourtant. Le *Moniteur*, rédigé après coup, se contente d'analyser en huit lignes le discours de Robespierre, sans nommer l'orateur (*Moniteur* du 6 au 10 juin 1789, numéro 6). Etienne Dumont, qui était présent à cette séance, nous fournit heureusement des renseignements plus complets. (Voy. ses *Souvenirs sur Mirabeau*, 2e édit., p. 60 et 61. Paris, chez Gosselin, 1832, in-8°.)

l'Assemblée s'occupa de l'organisation de ses bureaux et de ses comités et prit des mesures pour l'impression de ses arrêtés et leur envoi dans toutes les provinces. Robespierre, ainsi que Le Chapelier, fit partie du quinzième bureau (1).

Grande fut l'alarme parmi les privilégiés quand ils virent le tiers état décidé à se passer d'eux ; divers moyens d'entraver les travaux de l'Assemblée furent immédiatement suggérés à la cour. Lorsque; le samedi 20 juin, date immortelle dans l'histoire de notre pays, les députés des communes se présentèrent à la porte de leur salle, ils la trouvèrent fermée et gardée par des soldats. Une affiche toute sèche leur apprenait seulement qu'une séance royale devant avoir lieu le surlendemain, les préparatifs nécessaires pour cette séance exigeaient la suspension des assemblées des trois ordres jusqu'après sa tenue. A cette nouvelle, une sourde rumeur circula, comme une commotion électrique, au milieu des députés réunis dans l'avenue ; ce fut un long frémissement d'indignation. Ces hommes qu'on voyait debout, entassés, sous le ciel pluvieux, à quelques pas du château, où, sans doute, on riait de leur déconvenue, et qu'on mettait ainsi à la porte comme des vagabonds, c'était le pays assemblé. Mais de cette immense injure allait surgir un prodigieux événement.

Et d'abord la séance indiquée pour ce jour par le doyen des communes aurait lieu quand même ; c'est décidé d'une voix unanime. Mais où ? A Marly ! s'écrient quelques membres, au pied même du château, afin de porter dans le cœur de nos ennemis l'effroi qu'ils voudraient nous inspirer. Louis XVI était allé à Marly ce jour-là. Adopter un tel avis, c'était rompre tout à fait avec le roi ; il est donc écarté comme extrême. Enfin, sur la proposition du médecin Guillotin, on se porte en foule rue Saint-François, à la salle du jeu de paume, dont le maître, charmé d'un tel honneur, accueillit avec joie ces représentants d'une grande nation réduits à chercher un asile (2).

Les voici dans cette grande salle, triste, froide et nue, sans autres meubles que quelques bancs et une table prêtée par leur hôte; mais la pauvreté du lieu emprunte à ces visages rayonnants d'enthousiasme et d'espoir une magnificence inconnue. Après quelques motions jugées intempestives, comme celle de transporter à Paris les séances de l'Assemblée, un membre a l'idée de proposer à ses collègues de s'engager, par un serment solennel, à ne pas se séparer avant que la constitution du royaume ait été achevée et établie sur des fondements solides.

(1) Originaux des motions, arrêtés et discours relatifs aux procès-verbaux de l'Assemblée constituante (*Archives*), c. 0, § 1, 216.
(2) *Mémoires* de Bailly, t. I, p. 187.

Alors se passa une scène d'une incomparable grandeur ; les murs du jeu de paume allaient être le berceau de la liberté. Debout sur une table, le doyen des communes, Bailly, calme, impassible, lit la formule d'une voix si haute et si intelligible, que ses paroles furent entendues de la foule qui stationnait au dehors. En sa qualité de doyen, il demande à prêter le premier le serment (1). Après lui jurent en foule tous les députés saisis d'une commune et sainte ivresse. Qui n'a vu le splendide dessin de David représentant cette scène impérissable ? Là, c'est Barère de Vieuzac, un crayon à la main, prêt à noter pour son journal *le Point du Jour* les faits de cette imposante séance ; ici, c'est Mirabeau, bien reconnaissable à sa tête léonine. Sur le premier plan, quels sont ces trois hommes au visage austère et mélancolique, qui, entrelacés, semblent se tenir unis dans une fraternelle embrassade ? C'est dom Gerle, un moine chartreux ; Rabaut Saint-Étienne, un ministre protestant, et le curé d'Embermesnil, Grégoire. Un peu plus loin, à droite, un député tout jeune encore écoute, avec une indéfinissable émotion, la lecture de la formule du serment, c'est Robespierre. Regardez-le bien : la tête inspirée ; il lève vers le doyen des communes des regards attendris, et presse fortement des deux mains sa poitrine, comme s'il avait deux cœurs pour la liberté (2).

Après la prestation du serment, on procéda à l'appel des bailliages, sénéchaussées, provinces et villes ; chaque député, à tour de rôle, s'approcha du bureau pour signer. La signature de Robespierre, sur le registre, vient la quarante-cinquième. Durant ce temps, de frénétiques applaudissements retentissaient au dehors : c'était le peuple qui, attaché aux fenêtres de la salle et répandu dans les rues, ratifiait le serment de ses députés (3).

V

Les communes, en se séparant, s'étaient ajournées au lundi 22 juin, jour où devait se tenir la séance royale ; mais, dans la nuit du dimanche, un billet très-laconique de M. de Brézé informa le président du tiers qu'elle était remise au lendemain, à dix heures du matin, et que

---

(1) *Mémoires* de Bailly, t. I, p. 190.
(2) C'est la propre explication donnée par David lui-même. Voy. l'*Histoire de la Révolution*, par M. Louis Blanc, t. II, p. 297.
(3) *Mémoires* de Ferrières, t. I, p. 56.

les portes de la salle ne seraient ouvertes que pour ce moment. Les communes, persistant dans leur arrêté de l'avant-veille, se rassemblèrent dans l'église de Saint-Louis ; là vinrent bientôt les rejoindre l'immense majorité du clergé et deux membres de la noblesse, afin de soumettre leurs pouvoirs à la vérification en commun. C'était un indice de la réunion prochaine des trois ordres, avancée peut-être par les imprudences mêmes de la cour.

Le lendemain, la séance royale débuta par une inconvenance que sentirent vivement les députés du tiers. Tandis que ceux de la noblesse et du clergé pénétraient dans la salle par la porte donnant sur l'avenue, ils attendirent longtemps, par un temps pluvieux, à une petite porte de derrière ; et lorsqu'enfin, sur les vives réclamations de leur président, elle leur fut ouverte, ils trouvèrent les deux premiers ordres installés déjà, comme si l'on avait craint que les communes, constituées déjà en Assemblée nationale, n'eussent voulu s'emparer des premières places (1). Quelques murmures, aussitôt réprimés, éclatèrent dans leurs rangs ; mais que leur importait ! de cette humiliation passagère allait sortir leur triomphe définitif. Ce jour était destiné à les grandir encore, et pour elles devaient se vérifier les paroles de l'Évangile : « Les derniers seront les premiers. »

On remarqua avec étonnement l'absence de Necker. Son projet de déclaration aux états généraux, jugé trop libéral, n'ayant pas été adopté, il s'était abstenu ; d'où l'on concluait assez logiquement qu'il blâmait d'avance la déclaration royale, œuvre de conseillers dangereux et notoirement hostiles à la Révolution. Quelle fut, en effet, l'attitude du roi ? Parla-t-il à la nation assemblée le langage de la liberté ? Souscrivit-il bénévolement aux réformes sociales indiquées par la justice, par le bon sens, par l'humanité et impérieusement réclamées ? C'est ce que n'ont pas craint d'affirmer quelques écrivains qui, contrairement à toute vérité, ont soutenu que la Révolution n'avait pas eu sa raison d'être, et que tous ses bienfaits avaient été spontanément et libéralement accordés par Louis XVI.

Examinons donc rapidement cette double déclaration du 23 juin, première tentative sérieuse de résistance à la volonté nationale, et qui jeta dans le cœur des patriotes d'ineffaçables soupçons. Et d'abord elle cassait comme illégaux les arrêtés du 17, par lesquels le tiers s'était constitué en Assemblée nationale ; elle maintenait formellement la distinction des trois ordres, séparés en trois chambres, et exceptait des futures délibérations des états généraux tout ce qui concernait « les

_____

(1) *Mémoires* de Bailly, t. I, p. 208.

droits antiques et constitutionnels des trois ordres, » tels que la forme
de la constitution, les propriétés féodales et seigneuriales, les droits
utiles et les prérogatives des deux premiers ordres. Le roi, il est vrai,
« daignait accorder à ses peuples » le vote de l'impôt, l'abolition de
quelques vieux abus, la suppression *du nom* de taille, l'abolition des
lettres de cachet, *avec modification*, ce qui équivalait à leur rétablissement sous d'autres formes ; mais il conservait pour les deux premiers ordres de l'État l'exemption des charges personnelles, et
recommandait expressément comme des propriétés sacrées les *dîmes,
cens, rentes, droits et devoirs féodaux et seigneuriaux*. Tout cela dit
roidement, en termes absolus et blessants pour les communes. « Le
roi, » a écrit un membre de la noblesse peu suspect de partialité en faveur
de la Révolution, « parla plutôt en despote qui commande qu'en monarque qui discute, avec les représentants du peuple, les intérêts d'une
grande nation. Des *je veux* souvent répétés choquèrent des hommes
fatigués de la servitude, impatients de conquérir la liberté (1). » Après
avoir menacé les états de se considérer « comme le seul représentant
de ses peuples » dans le cas où ils l'abandonneraient dans l'entreprise
des réformes dont l'exposé venait d'être lu par un des secrétaires
d'État, il leur ordonna de se séparer tout de suite et de se réunir le
lendemain dans leurs chambres respectives pour y continuer leurs
travaux. Puis il sortit.

Sur ses pas se retirèrent également l'ordre de la noblesse tout entier
et une partie du clergé ; mais les députés des communes, calmes et
silencieux, demeurèrent à leur place, se disant tous, sous l'empire
d'un même sentiment, que là où ils étaient, là était l'Assemblée nationale. Et en effet, quand M. de Brézé rentra dans la salle et dit au
président : « Vous avez entendu l'ordre du roi, » Mirabeau se chargea
de répondre pour tous : « Oui, monsieur, nous avons entendu les intentions qu'on a suggérées au roi, et vous qui ne sauriez être son organe
auprès des états généraux, vous qui n'avez ici ni place, ni voix, ni droit
de parler, vous n'êtes pas fait pour nous rappeler son discours. Cependant, pour éviter toute équivoque et tout délai, je vous déclare que,
si l'on vous a chargé de nous faire sortir d'ici, vous devez demander
des ordres pour employer la force, car nous ne quitterons nos
places que par la puissance de la baïonnette (2). » M. de Brézé se retira

---

(1) *Mémoires* de Ferrières, t. I, p. 58.
(2) Telle est la seule version vraie, celle donnée par Mirabeau lui-même. Quant à
la fameuse apostrophe : *Allez dire à votre maître que nous sommes ici par la volonté du
peuple*, répétée par trop d'écrivains, elle est toute de convention. (Voy. la 13ᵉ *Lettre*
de Mirabeau à ses commettants.)

tout interdit. L'Assemblée, après avoir déclaré qu'elle persistait dans ses précédents arrêtés, consacra sa souveraineté en décrétant l'inviolabilité de ses membres.

Le lendemain commença la procession des membres du clergé et de la noblesse qui venaient se réunir aux députés du tiers, en adoptant le principe de la vérification en commun et du vote par tête. Le 26, on vit arriver quarante-sept membres de la noblesse, ayant à leur tête le duc d'Orléans (1). Le branle était donné ; tous suivirent. Le 28 juin, vers cinq heures du soir, la réunion était consommée. Les communes avaient vaincu.

A cette nouvelle, il y eut dans Versailles une véritable explosion de joie ; le soir, l'allégresse publique se traduisit par des illuminations générales et des réjouissances sur toutes les places.

VI

Tandis qu'à Paris l'enthousiasme excité par le triomphe des communes dominait les inquiétudes causées par la rareté des subsistances, la mauvaise qualité du pain et les souffrances populaires ; tandis que les électeurs, se constituant en assemblée politique, demandaient l'organisation d'une garde bourgeoise et rédigeaient des adresses pour l'éloignement des troupes ; tandis que le peuple courait délivrer quelques soldats des gardes françaises incarcérés à l'Abbaye pour avoir juré hautement de ne jamais exécuter d'ordres contraires aux décrets de l'Assemblée, et fraternisait avec eux, la cour songeait à prendre sa revanche des défaites de la noblesse et du clergé, qu'elle considérait comme un échec personnel.

L'Assemblée n'était pas indifférente à tous ces mouvements de la capitale, et quand une députation de jeunes gens vint la prier d'intercéder en faveur des gardes françaises, elle consacra toute une séance à l'examen de cette question, et finit par rédiger une adresse au roi pour obtenir sa clémence. Quelques membres eussent certainement désiré plus. « Vous savez, » écrivait Robespierre à son confident d'Arras, « vous savez quelle preuve de patriotisme les gardes françoises ont donnée à la nation, non-seulement en refusant de servir la tyrannie,

_____

(1) On peut lire leurs noms dans le journal de Barère. (Voy. *le Point du jour*, numéro 9, p. 60.)

mais en faisant souscrire à d'autres corps militaires l'engagement de
né jamais tourner leurs armes contre le peuple (1). » Les formes
de respect dont l'Assemblée prenait soin d'entourer ses relations avec la
personne du roi (car presque tout entière elle était sincèrement royaliste)
ne suffisaient pas à désarmer un parti violemment irrité, qui ne rêvait
rien moins que le renvoi pur et simple des états. La reine, le comte
d'Artois, les courtisans, la plupart des ministres, encouragés par la
résistance d'une partie de la noblesse, qui, réunie chez le duc de
Luxembourg, s'amusait à protester contre les décrets de l'Assemblée
nationale, essayaient de porter Louis XVI aux résolutions extrêmes.
Et comme tout ce qu'on tramait dans les conciliabules de la cour ne
tardait pas à transpirer au dehors, des bruits sinistres se répandaient,
auxquels l'incessante arrivée de nouvelles troupes donnait une certaine consistance. « Il y a quelques jours, » écrivait encore Robespierre, « le despotisme et l'aristocratie, déconcertés par la fermeté
peut-être inattendue de six cents représentants du tiers état, réunis-
soient tous leurs efforts pour échapper par les derniers attentats à la
ruine dont ils se croient menacés (2). » De là cette multitude de troupes
rassemblées autour de Paris et de Versailles. Trente régiments, en
effet, marchaient sur la capitale. On prenait bien pour prétexte la nécessité de rétablir la tranquillité publique ébranlée, mais le véritable
motif, c'était la dissolution des états (3).

Toutefois l'Assemblée avait alors une telle puissance, elle s'était si bien
identifiée avec la nation dont elle était l'âme en quelque sorte, qu'il
eût été difficile d'y porter atteinte sans exposer le pays à toutes les
calamités d'une guerre civile. Elle ne manquait pas, d'ailleurs, de veiller
sur elle-même avec un soin jaloux. Dans la séance du 8 juillet, Mirabeau, après avoir tracé un sombre tableau des menées contre-révolutionnaires et dénoncé cet appareil militaire plus imposant qu'il ne
faudrait même si l'on était menacé d'une invasion ennemie, proposa
d'adresser au roi des représentations respectueuses pour lui demander
le prompt renvoi des troupes. On accueillit sa motion par les plus
vifs applaudissements, et lui-même fut chargé de la rédaction de cette
adresse.

Le lendemain il présenta son projet, que l'Assemblée adopta sans

---

(1) Lettre manuscrite de Robespierre à son ami Buissart, en date du 23 juillet 1789.
Cette lettre n'est pas datée. Mais, comme elle a été écrite le lendemain de la mort
de Foulon, nous avons cru pouvoir lui assigner cette date du 23 juillet.

(2) *Ibid.*

(3) C'est un royaliste lui-même qui le dit. (Voy. les *Mémoires* de Ferrières, t. I,
p. 72.)

T. I

discussion. C'était une invitation très-polie, obséquieuse même, mais ferme en même temps, au roi de renvoyer dans leurs garnisons les régiments récemment arrivés sous les murs de Paris et de Versailles. Mirabeau n'accusait pas le roi, il s'en prenait seulement à ces courtisans dangereux qui osaient assiéger le trône de leurs réclamations égoïstes et abuser le meilleur des princes. Puis, après avoir signalé le danger de mettre aux prises des soldats français et le peuple, il conjurait le monarque d'éloigner surtout les troupes étrangères payées pour défendre et non pour troubler le pays. Cette adresse eut l'entière approbation de Robespierre, dont l'opinion sur Mirabeau semble s'être sensiblement modifiée vers cette époque. « Vous connaissez sans doute, » écrit-il à son ami Buissart, « une adresse au roi, présentée de la part de l'Assemblée nationale et rédigée par le comte de Mirabeau, qui, depuis quelque temps, s'est très-bien montré, ouvrage vraiment sublime et plein de majesté, de vérité et d'énergie (1)... »

Bien que nous n'ayons aucunement l'intention de refaire, à propos de Robespierre, l'histoire complète de la Révolution française, ce qui nous entraînerait à des développements beaucoup trop étendus pour le cadre que nous nous sommes tracé et dont nous ne voulons pas sortir, il nous a bien fallu indiquer sommairement, avec le plus de concision possible, les événements qui se sont passés jusqu'à ce jour, parce que d'abord c'était indispensable pour la clarté de notre récit, parce que ensuite Robespierre a dû prendre aux premières délibérations de l'Assemblée une part beaucoup plus active qu'on ne pourrait le croire en lisant le *Moniteur* ou les autres journaux de l'époque, qui, la plupart du temps, ne rapportent même pas ses paroles, et, lorsqu'ils les mentionnent très-brièvement, se contentent de désigner ainsi l'orateur : *Un membre des communes*, ou M... (2). C'est qu'en effet, au début de la Constituante, il était à peine écouté de ses collègues ; son rôle fut modeste et un peu effacé. Ce n'était pas le talent qui lui manquait, mais il n'arrivait pas, comme d'autres, précédé d'une réputation bruyante ; sa renommée n'avait guère dépassé les limites de l'Artois, rien en lui n'éveillait encore la curiosité. Camille Desmoulins, son camarade de collège, qui bientôt devait le porter aux nues, ne le signale même pas, dans sa *France libre*, parmi « ces tribuns éloquents, » auxquels il attribue l'honneur de l'affranchissement du pays. Lui-même, n'étant pas encouragé par cette attention bienveillante que les assem-

---

(1) Lettre manuscrite de Robespierre en date du 23 juillet. — Bailly est du même avis : « On ne peut dire rien de plus grand, de plus fort, de plus digne en même temps que ce morceau. » (Voy. ses *Mémoires,* t. I, p. 303.)

(2) Voir notamment le *Moniteur* du 6 au 10 juin 1789, numéro 6.

blées accordent à ceux qui s'imposent à elles par une grande notoriété, se trouvait singulièrement gêné dans les premiers temps. Il avouait à l'un des secrétaires de Mirabeau qu'il tremblait toujours en abordant la tribune, et qu'il ne se sentait plus au moment où il commençait à parler (1).

Cependant, on s'en souvient, sa verte réponse à l'archevêque d'Aix avait été écoutée avec une faveur marquée, et dès le commencement du mois de juillet il était sans doute parvenu à se faire remarquer de ses collègues, puisque nous le voyons figurer au nombre des vingt-quatre députés choisis pour aller présenter au roi l'adresse rédigée par Mirabeau (2). Du reste, il était tellement inconnu que la plupart des feuilles publiques et même les secrétaires de l'Assemblée estropiaient indignement son nom (3). Il eut donc une peine infinie à rompre la glace ; mais il était de la trempe des forts ; soutenu par un patriotisme invincible, il ne se rebuta point, et si ses premiers discours, dont la trace a été à peine gardée par les journaux du temps, produisirent peu d'effet, le temps n'était pas très-éloigné où toutes ses paroles devaient être recueillies comme des oracles.

Le vendredi 10 juillet, dans la soirée, il alla avec ses collègues faire entendre au monarque, suivant l'expression de Mirabeau, « le langage des hommes libres dans ce palais souillé des viles adulations de Louis XIV, » et où, en ce moment même, se trouvaient « les conspirateurs qui voulaient armer Louis XVI contre son peuple (4). » La réponse du roi, vague, sèche et menaçante, ne satisfit ni la députation, ni l'Assemblée, dont une partie se montra profondément affligée (5). « C'étoit, » écrivait Robespierre, « l'œuvre de ces perfides conseillers qui, dans des conciliabules tenus chez le comte d'Artois, chez madame de Polignac et leurs adhérents, ne cessoient de tramer la perte de l'Assemblée nationale (6). » La cour semblait ne rien négliger pour justifier les craintes universellement répandues. On eût dit qu'un vaste camp s'étendait de Paris à Versailles. Partout des soldats, écrit encore Robespierre ; un train d'artillerie considérable avait été déposé jusque dans

---

(1) *Souvenirs sur Mirabeau*, par Etienne Dumont, p. 251.

(2) Les douze députés des communes étaient : Mirabeau, Coroller, Regnaud, Robespierre, Marquis, Barère de Vieuzac, Desèze, Delaunay, Petion de Villeneuve, Buzot, de Kervelegan, Tronchet. (Procès-verbaux manuscrits de l'Assemblée nationale, *Archives* C, ? 1, 224, carton 15.)

(3) Mirabeau, dans ses *Lettres* à ses commettants (nᵒ 18), Barère, dans *le Point du jour*, numéro 20, p. 151, l'appellent Robert-Pierre.

(4) *Dix-huitième lettre de Mirabeau* à ses commettants.

(5) *Mémoires* de Bailly, t. I, p. 312.

(6) Lettre manuscrite de Robespierre, en date du 23 juillet 1789.

les écuries de Marie-Antoinette. Dans le jardin du château, on voyait bivaquer des régiments allemands « caressés, régalés par le comte d'Artois, par la Polignac et par la reine (1). » L'Assemblée nationale, ajoute-t-il, opposa une fermeté intrépide à l'audace et à la violence dont elle était menacée. Calme au milieu du danger, elle écoutait tranquillement la lecture d'un projet de déclaration des droits de l'homme, proposée par La Fayette.

Tout à coup on apprend le renvoi brutal de Necker, le ministre cher au peuple, et le remplacement des autres ministres par les hommes les plus impopulaires, tels que Breteuil, de Broglie et Foulon. On sait de quelle exaspération tous les esprits furent saisis à cette nouvelle, et les résultats graves qui s'ensuivirent dans Paris. Le 13 juillet, l'Assemblée, tout émue, prit les résolutions les plus énergiques. Invité à occuper le fauteuil en l'absence du président, l'abbé Grégoire, qui plus tard devait avoir l'honneur de provoquer l'abolition de la royauté, improvisa un discours violent sur les tentatives de la tyrannie, rappela à ses collègues leur serment du Jeu de Paume, et, par une allusion à la tranquillité courageuse avec laquelle l'Assemblée se montrait disposée à braver les périls, il termina par cette citation du vers d'Horace :

« Si fractus illabatur orbis, impavidum ferient ruinæ (2).

Au récit des événements dont Paris était le theätre, l'Assemblée nationale décide l'envoi immédiat d'une nouvelle députation au roi pour lui demander itérativement le renvoi des troupes et l'établissement d'une garde bourgeoise. La réponse de Louis XVI ne lui ayant pas paru satisfaisante, elle déclara solennellement qu'elle ne cesserait d'insister sur l'éloignement des troupes et l'institution d'une garde bourgeoise ; qu'entre elle et le roi il ne saurait exister d'intermédiaire ; que les ministres, conseils de Sa Majesté, de *quelque rang qu'ils fussent* (n'était-ce pas désigner la reine et les princes ?) et tous agents de l'autorité civile et militaire étaient personnellement responsables de toute entreprise contraire aux droits de la nation, aux décrets de l'Assemblée, et des malheurs présents ou de ceux qui pourraient survenir ; que la dette publique était mise sous la garde de l'honneur et de la loyauté française ; enfin qu'elle persistait dans ses précédents arrêtés, notamment ceux des 17, 20 et 23 juin, trois dates immortelles à inscrire au panthéon de l'histoire.

(1) Bailly dit : « Les officiers, les soldats même avaient été caressés ; la duchesse avait ramené les officiers chez elle... » (*Mémoires*, t. I, p. 361.)
(2) *Mémoires* de Grégoire, t. I, p. 383.

On décréta ensuite que la séance serait permanente. « Dans ces circonstances critiques, » écrit Robespierre, « nous restâmes assemblés
trois jours et trois nuits pour être en état de prendre promptement les
délibérations que les événements pouvoient précipiter (1). »

VII

Tandis que l'Assemblée votait ces vigoureuses résolutions, les événements se précipitaient à Paris avec une célérité prodigieuse. Le 13,
un comité permanent, établi à l'hôtel de ville, organisait la garde nationale, et pour signe de ralliement adoptait cette cocarde rouge et
blanche qui, transformée quelques jours après en cocarde tricolore,
devait, suivant la prophétie de La Fayette, faire le tour du monde ; une
armée patriotique s'improvisait comme par enchantement; le 14, la
Bastille tombait au pouvoir du peuple ; et MM. de Launay et Flesselles
payaient de leur vie l'irréparable faute, le premier, d'avoir tourné
contre les Parisiens les canons de l'antique forteresse de Charles V ; le
second, d'avoir fait croire par des tergiversations fatales qu'il était de
connivence avec la cour.

A cette nouvelle, parvenue à Versailles dans la soirée, l'Assemblée
dépêcha au roi une députation de cinquante membres. Cette fois la
réponse fut un peu plus satisfaisante. Et cependant, dans cette nuit
suprême où les scènes sanglantes de la journée chassaient le sommeil
de tous les yeux, la cour songeait encore à se débarrasser des états.
Les régiments étrangers, rangés sur la terrasse de l'Orangerie, reçurent
la visite des princes et des princesses, burent et dansèrent en présence « d'une troupe de femmes, de courtisans, d'hommes vendus au
despotisme (2) » et entonnèrent des chants insultants pour la nation.
Ce fut ce qui donna lieu le lendemain à la fameuse apostrophe de Mirabeau, au moment où une autre députation se disposait à se rendre
au château : « Dites au roi que les hordes étrangères dont nous sommes
investis ont reçu hier la visite des princes, des princesses, des favoris,
des favorites... » Les membres de la députation allaient partir quand
on annonça l'arrivée de Louis XVI, qui, par un mouvement spontané,
s'était décidé à une démarche habile, dont l'issue pouvait lui être très-

(1) Lettre manuscrite en date du 23 juillet 1789.
(2) *Mémoires* de Ferrières, t. I, p. 132.

favorable. Ses paroles, en effet très-rassurantes, furent accueillie avec des marques non équivoques d'enthousiasme et d'affection. « C'es moi qui me fie à vous, » dit-il aux représentants de la nation, et pour la première fois il donna à l'assemblée le nom d'*Assemblée natio- nale* qu'il lui avait refusé jusqu'à ce jour. Alors des transports de joie éclatèrent de toutes parts (1). En présence du monarque abaissant son orgueil devant la nation représentée, Robespierre ne peut se dé- fendre d'un certain attendrissement ; voici en quels termes il raconte cette visite : « Le roi vint tout à coup à l'Assemblée nationale, sans gardes, accompagné de ses deux frères, lui déclarer qu'il se fioit à elle, et qu'il venoit invoquer ses conseils dans la crise funeste où se trou- voit l'État. Cette déclaration fut reçue avec des applaudissements in- croyables, et le monarque fut reconduit de la salle nationale à son châ- teau avec des démonstrations d'enthousiasme et d'ivresse qu'il est impossible d'imaginer (2). »

Quel spectacle, en effet, que celui d'un roi de France, d'un descen- dant de l'orgueilleux Louis XIV, se retirant à pied et sans gardes, au milieu d'une immense cohue de peuple emplissant les rues et garnis- sant les arbres, les grilles et jusqu'aux statues ! « Le silence des peu- ples est la leçon des rois, » s'était écrié un membre de l'Assemblée, au moment où l'on annonçait la visite royale (3); mais ses applaudisse- ments sont leur récompense, et ce jour-là Louis XVI se trouva large- ment payé de sa condescendance envers l'Assemblée nationale. La joie se peignait sur tous les visages; partout on criait : Vive le roi ! Vive la nation ! et quand, à l'arrivée de son mari, la reine parut avec lui sur le grand balcon, tenant le petit dauphin dans ses bras et sa fille par la main, mille cris d'amour et de bénédiction montèrent vers le groupe royal. Hélas! ce furent les derniers murmures de tendresse qui réson- nèrent aux oreilles de Marie-Antoinette, et ils furent impuissants à rattacher à la cause de la Révolution l'altière fille de Marie-Thérèse. Étrangère désormais à ce peuple que peut-être elle eût pu fléchir, elle va bientôt devenir l'objet de l'animadversion publique, et n'entendra plus retentir au-dessous d'elle que des explosions de fureur et de haine.

(1) *Mémoires* de Bailly, t. II, p. 5.
(2) Lettre manuscrite en date du 23 juillet 1789.
(3) On ne sait pas au juste par qui ces paroles ont été prononcées ; les uns, comme Ferrières, les attribuent à l'évêque de Chartres ; les autres, comme Bailly, à Mirabeau ; d'autres, comme Barère, ne nomment personne. (Voy. le *Point du jour*, numéro 25, p. 204.)

VIII

Cependant des bruits alarmants se répandaient au château. Les Parisiens armés allaient, disait-on, arriver à Versailles pour inviter le roi à venir visiter sa capitale. Louis XVI, inquiet, pria aussitôt, par un message, l'Assemblée d'envoyer des députés au-devant des Parisiens, afin de les engager à retourner sur leurs pas, en leur promettant que le roi lui-même se rendrait le lendemain, de sa personne, dans sa capitale (1).

Les députés partirent vers trois heures au nombre de cent et ne rencontrèrent personne. Ils furent assez étonnés, en entrant dans Paris, de voir cette ville, d'apparence si paisible d'ordinaire, transformée en un vaste camp et comme couverte d'une forêt de fusils (2). La réception qu'on leur fit fut toute triomphale, depuis la barrière jusqu'à l'hôtel de ville. Là le conseil permanent nomma tout d'une voix La Fayette commandant général de la milice parisienne, et Bailly prévôt des marchands, ou plutôt maire de Paris, nouveau titre donné au premier magistrat de la grande cité. Les députés revinrent dans la nuit à Versailles, emportant le vœu des habitants de voir bientôt le roi dans leurs murs et Necker rappelé. Mais quand le nouveau maire, mandé au château pour rendre compte des dispositions de la capitale, transmit à la cour les désirs exprimés par les Parisiens, le voyage du roi était déjà une chose convenue; il fut différé d'un jour, voilà tout (3).

Le lendemain 16, vers dix heures, l'Assemblée apprit avec la plus vive satisfaction que le roi, se rendant au vœu populaire, renvoyait ses ministres, rappelait Necker et se disposait à aller visiter sa capi-

---

(1) Lettre manuscrite de Robespierre, en date du 23 juillet. Jusqu'à ce jour personne, nous le croyons, n'a révélé cette circonstance, que ce fut sur une demande officieuse du roi que l'Assemblée envoya dans la soirée du 15 une députation à Paris. Mais cela ressort assez clairement de la narration de Bailly. Il dit en effet que le rendez-vous était aux *Écuries de Monsieur*, et que les députés partirent tous de là avec un grand nombre de voitures précédées des gardes à cheval de la prévôté de l'hôtel. (*Mémoires*, t. II, p. 11.)

(2) *Mémoires* de Bailly, t. II, p. 20.

(3) Cela ressort également du récit de Bailly. Après avoir vu le roi, il se retirait quand il fut rappelé par M. de Breteuil, qui lui dit que le roi allait le lendemain matin à Paris. « Il fut étonné que le roi ne me l'eût pas dit. » (*Mémoires*, t. II, p. 43.)

tale. Douze membres partirent aussitôt pour Paris afin d'annoncer cette bonne nouvelle aux habitants, qui se préparèrent à recevoir dignement le monarque. L'espérance emplissait alors tous les cœurs ; nul ne soupçonnait encore les défaillances, les trahisons futures qui devaient allumer tant d'ardentes colères. On ne songeait qu'à la paix et à la concorde scellées sur les ruines de la Bastille ; l'ovation du lendemain allait être en quelque sorte la consécration de la nouvelle royauté constitutionnelle. Une seule chose aurait pu assombrir la joie publique si tout d'abord on y avait attaché quelque importance. Au moment où le roi se préparait à resserrer les liens d'intimité qui doivent unir un chef d'État aux citoyens qu'il a l'honneur de gouverner, le comte d'Artois, les princes de Condé et de Conti, la famille Polignac, le maréchal de Broglie, le prince de Lambesc, Lenoir, de Villedeuil et quelques courtisans quittaient la cour pour se rendre en pays étranger et susciter à la Révolution d'implacables ennemis. C'était le premier convoi de l'émigration.

Cent membres furent désignés pour accompagner le roi (1). Robespierre en était. Mais, en dehors de la députation officielle, une partie de l'Assemblée, entraînée par la curiosité, avide d'un spectacle inouï jusqu'ici, s'unit au cortège royal. On connaît toutes les relations publiées de ce voyage, mais celle de Robespierre, que nous avons manuscrite sous les yeux, est complètement ignorée. Témoin oculaire et acteur lui-même dans cet important évènement, il en a minutieusement noté et décrit toutes les scènes ; et, séduit par la grandeur du spectacle, il s'est laissé aller à des élans d'enthousiasme que nous ne saurions passer sous silence. Suivons donc avec lui le roi à Paris. Aussi bien ce voyage de Louis XVI, raconté par Robespierre, est assez curieux pour qu'on s'y arrête un instant.

Le roi était monté dans une voiture très-simple où se trouvaient avec lui les ducs de Villeroi et de Villequier. Elle s'avançait lentement au milieu de deux files de députés, escortée seulement par un détachement de la garde bourgeoise de Versailles. A Sèvres le cortège s'accrut d'une masse considérable de citoyens venus à sa rencontre et faisant partie de la garde nationale. (C'était le nom nouveau, consacré désormais, dont avait été baptisée la milice parisienne.) Arrivé à la porte de la Conférence (barrière de Passy), le roi fut reçu par La Fayette et par Bailly, lequel, en lui remettant les clefs de la ville, commença sa harangue par cette phrase restée célèbre : « Ce

(1) C'est le chiffre donné par le *Moniteur* (numéro 19), et par Bailly (*Mémoires*, t. II, p. 45.)

sont les mêmes qui ont été présentées à Henri IV. Il avait reconquis son peuple ; ici c'est le peuple qui a reconquis son roi. » L'affluence des citoyens armés et non armés, amoncelés sur tous les points, couvrant les faîtes des maisons, les moindres éminences, les arbres même, et surtout « ces femmes qui décoroient les fenêtres des édifices, et dont les battements de mains et les transports patriotiques ajoutoient autant de douceur que d'éclat à cette fête nationale » impressionnèrent singulièrement Robespierre. Il ne put se défendre d'une profonde émotion en rencontrant des moines revêtus des couleurs nationales, et en voyant sur le portail des églises les prêtres en costume portant sur leurs étoles la cocarde tricolore. Mais ce qui émerveillait le député d'Arras devait moins plaire à Louis XVI, et pour le roi la première partie de ce voyage fut assez triste ; car, si les acclamations de l'innombrable foule étaient vives, elles n'avaient rien de sympathique à sa personne ; et la scène, pour être grandiose, n'était pas de nature à offrir beaucoup d'attraits à un cœur habitué aux adulations des courtisans. « Il est impossible, » écrit Robespierre, « d'imaginer un spectacle aussi auguste et aussi sublime, et encore plus les sensations qu'il excitoit dans les âmes capables de sentir. Figurez-vous un roi au nom duquel on faisoit trembler la veille toute la capitale et toute la nation, traversant dans l'espace de deux lieues une nuée de citoyens rangés sur trois files dans toute l'étendue de cette route, parmi lesquels il pouvoit reconnaître ses soldats, entendant partout le peuple criant : Vive la nation ! vive la liberté ! cri qui frappait pour la première fois ses oreilles (1). »

Lorsqu'à la porte de l'hôtel de ville le roi descendit de voiture, « le nouveau prévôt des marchands, M. Bailly, à qui ses concitoyens venoient de déférer cette charge, à laquelle le gouvernement nommoit auparavant, » continue Robespierre, lui adressa encore quelques mots en lui offrant la cocarde tricolore, que Louis XVI s'empressa d'attacher à son chapeau. Alors les cœurs semblèrent s'ouvrir pour lui, et de bruyantes acclamations éclatèrent. Ému et rassuré, il monta, toujours accompagné de la députation de l'Assemblée nationale, et sous un berceau d'épées entrelacées, l'escalier de l'hôtel de ville. Dans la grande salle l'attendait le corps électoral, dont le président, Moreau de Saint-

---

(1) Bailly n'est donc pas exact lorsque, dans ses *Mémoires* (t. II, p. 63), il fait pousser le cri de : *Vive le roi !* avant l'arrivée de Louis XVI à l'hôtel de ville. Sur ce point les relations fournies par l'*Ami du roi* (4e cahier, ch. LIV, p. 39) et les *Deux Amis de la liberté*, auteurs d'une histoire assez peu impartiale de la Révolution, confirment la lettre de Robespierre. « On répétait sans cesse le cri de : *Vive la nation !* Mais on n'y joignait pas ce tribut accoutumé d'amour et d'affection que les Français aiment tant à payer à leur souverain, etc. »

Meri, lui adressa « ces paroles libres dans un discours flatteur » : «Vous deviez votre couronne à la naissance, vous ne la devez plus qu'à vos vertus et à la fidélité de vos sujets (1). » D'unanimes applaudissements retentirent alors, et Louis XVI devint l'objet des démonstrations les plus expressives de joie et de tendresse. Timide de son naturel, trop émotionné pour parler, il pria le maire de répondre en son nom, et ajouta seulement ces mots : « Vous pouvez toujours compter sur mon amour (2). » En revenant, il trouva sur son passage la population beaucoup mieux disposée ; la cocarde nationale lui tint lieu de talisman. « En le voyant décoré de ce signe de la liberté, le peuple cria à son retour : Vive le roi et la nation (3) ! » Grande était l'inquiétude à Versailles. Aussi, quand vers neuf heures du soir Louis XVI arriva au château, la reine, à qui ses méfiances inspirèrent tant de déplorables résolutions, le serra-t-elle avec emportement dans ses bras, comme s'il venait d'échapper à de terribles dangers.

IX

Robespierre n'était pas retourné à Versailles avec le roi. Emerveillé du spectacle étrange qu'offrait cette population parisienne, transformée subitement en armée, et qui, au milieu du désordre présent, savait si bien maintenir la tranquillité et la sécurité dans la ville, il avait voulu visiter le Palais-Royal, devenu le forum du Paris de 1789, et surtout la prison célèbre où, trois jours auparavant, la Révolution s'était décidément affirmée, et qu'on venait de livrer à la pioche des démolisseurs. « J'ai vu la Bastille, » écrit-il; « j'y ai été conduit par un détachement de cette bonne milice bourgeoise qui l'avoit prise; car après que l'on fut sorti de l'hôtel de ville, le jour du voiage du roi, les citoiens armés se fesoient un plaisir d'escorter par honneur les députés qu'ils rencontroient, et ils ne pouvoient marcher qu'aux acclamations du peuple. Que la Bastille est un séjour délicieux, depuis qu'elle est au pouvoir du peuple, que ses cachots sont vuides, et qu'une multitude d'ouvriers travaillent sans relâche à démolir ce monument odieux de la tirannie! Je ne pouvois m'arracher de ce lieu, dont la vue ne donne plus que des

---

(1) Lettre manuscrite de Robespierre, du 23 juillet. *Ubi suprà.*
(2) *Mémoires* de Bailly, t. II, p. 68.
(3) Lettre manuscrite de Robespierre. *Ubi suprà.*

sensations de plaisir et des idées de liberté à tous les citoiens (1). »

L'institution de la garde nationale lui paraissait surtout admirable. L'idée d'un grand peuple se gardant par lui-même, toujours prêt à maintenir l'ordre dans son sein, sans le secours de soldats au service d'intérêts particuliers, souriait à cet esprit animé d'un si sincère patriotisme ; et, sans aucun doute, il fut du nombre des députés qui, le 18, demandèrent l'organisation immédiate des milices bourgeoises. Déjà, du reste, un certain nombre de villes, Versailles et Saint-Germain entre autres, sans attendre le décret de l'Assemblée, avaient établi une garde citoyenne à l'instar de celle de Paris. Robespierre le constate avec plaisir, et il espère que la France entière ne tardera pas à adopter cette institution nécessaire, « non-seulement pour assurer la tranquillité publique, mais pour défendre la liberté de la nation contre les entreprises qu'elle peut craindre encore de la part du despotisme et de l'aristocratie, qui se sont, dit-il, étroitement alliés dans le temps où nous sommes. » Il engage donc vivement l'ami auquel il écrit à provoquer dans leur cité natale l'établissement d'une pareille institution.

A cette époque, beaucoup de villes, pour témoigner leur reconnaissance à l'Assemblée nationale, lui avaient déjà fait parvenir des adresses d'adhésion à tous ses décrets, empreintes du patriotisme le plus ardent. Lyon, Grenoble, Nantes, avaient donné l'exemple ; et dans d'éloquentes protestations de dévouement aux représentants de la nation, les citoyens de ces grandes cités s'étaient déclarés prêts à se sacrifier aussi pour la cause de la patrie et de la liberté. A Angers se passa une scène qui prouve avec quel empressement ce peuple français, déshabitué depuis tant de siècles de la vie politique, s'y façonnait à présent. Les échevins avaient, au nom de la ville, envoyé une adresse à l'Assemblée constituante sans consulter les habitants ; ceux-ci alors s'étaient réunis spontanément, et après avoir protesté contre la conduite de leurs magistrats municipaux, ils avaient eux-mêmes rédigé une autre adresse que les députés de la province d'Anjou avaient prié l'Assemblée de considérer comme le vœu officiel de la ville d'Angers. Ni Arras ni les autres villes de l'Artois n'avaient encore suivi ces patriotiques exemples. Robespierre s'en plaint d'autant plus amèrement que, selon lui, leur proximité les mettait à même de devancer le zèle de toutes les provinces du royaume. « Serions-nous donc forcés de rougir ici pour notre pays et de le voir seul garder le silence? » s'écrie-t-il. Si les échevins d'Arras refusent de réunir leurs concitoyens

_____

(1) Lettre manuscrite du 23 juillet 1789. *Ubi suprà.*

pour statuer avec eux sur   adhésions qu'il convient d'envoyer à
l'Assemblée, poursuit-il es aux habitants à imiter ceux d'Angers et
à se réunir eux-mêmes, sûr qu'on ne leur contestera pas un droit
qui, au besoin, leur serait g mti par l'Assemblée nationale.

Robespierre envisageant   garde nationale, dont il recommandait
l'institution à ses concitoye   comme le meilleur moyen de remédier
pacifiquement aux agitation ui de proche en proche gagnaient toutes
les provinces. La cherté   subsistances, la crainte de la disette
avaient occasionné sur quel es points du royaume d'assez graves désordres. Dans la séance u 20 juillet, Lally-Tolendal se leva tout
ému, et, après avoir dénonc es scènes de violence dont plusieurs provinces avaient été le théât il proposa à ses collègues d'adresser au
peuple une proclamation é rgique pour lui rappeler tous les bienfaits du roi et l'inviter à n lus troubler la paix publique. Ce projet
d'adresse, lu à la tribune, çut l'approbation d'un grand nombre de
membres, mais quelques-t y trouvèrent des expressions hasardées
et des dispositions contrair aux principes (1). En effet, les termes en
      une   dar reuse et pouvaient aisément donner prise
         arbitraire.   moment de réclamer la répression sé-
                             la crise prés   redoutables au seul
                                prendre d   des retours offen-
                                   may   ceux qui s'ar-
                     nation   que comprit
                                    paix   aussi il faut
           liberté   mais   maintiens la

Soutenue par de Gleizen et Buzot son opinion triompha ce jour-là, et la motion de Lally-Tolendal fut renvoyée à l'examen des bureaux. Si, quelques jours après, le 23, l'Assemblée constituante se décida à la voter, ce fut avec de profondes modifications, et sous l'impression d'un double meurtre accompli la veille en place de Grève.

« Foulon a été pendu hier par arrêt du peuple ; » tels sont les derniers mots de la longue lettre de Robespierre, qui nous a permis de préciser son rôle pendant les quelques jours antérieurs et postérieurs à la prise de la Bastille. Affreuses sans doute ont été les exécutions populaires dont Foulon et Berthier furent les victimes ; mais il s'en faut de beaucoup qu'elles aient excité à cette époque les répugnances avec lesquelles nous les envisageons aujourd'hui. « Le sang qui coule est-il donc si pur ? » n'avait pas craint de écrier Barnave. C'est qu'en effet de bouche en bouche circulaient ce mots féroces attribués à Foulon par presque tous les écrits du tems : « Si j'étais ministre, je ferais manger du foin aux Français ! » et il vait été ministre. La Fayette lui-même, en essayant de le sauver, de arait hautement qu'il le considé-rait comme un *grand scélérat* (1). Enn, lorsque Lally-Tolendal repro-duisait sa motion, il avait soin de ce que les coups terribles portés par un ministère coupable avaient amené ces catastrophes effrayan-tes (2). Pour nous qui, profitant de l'œuvre de nos pères, avons le bonheur de vivre dans un temps où les mœurs plus douces ne per-as le retou de pareilles scènes, nous avons olations inutiles ; mais n'oublions jamais ettaient sous le règne même de l'Assem-... ce de la roue étaient encore usi-...eux reprochés à Foulon ; n'ou-auparavant, en comparant les avec les méprises et les sangui-Mirabeau venait d'écrire : « Si ang-froid du despotisme qui plus de malheureux en un ent de victimes pendant

nt écourtés dans tous

Deux Amis de la

pour statuer avec eux sur les adhésions qu'il convient d'envoyer à l'Assemblée, poursuit-il, c'est aux habitants à imiter ceux d'Angers et à se réunir eux-mêmes, sûrs qu'on ne leur contestera pas un droit qui, au besoin, leur serait garanti par l'Assemblée nationale.

Robespierre envisageait la garde nationale, dont il recommandait l'institution à ses concitoyens, comme le meilleur moyen de remédier pacifiquement aux agitations qui de proche en proche gagnaient toutes les provinces. La cherté des subsistances, la crainte de la disette avaient occasionné sur quelques points du royaume d'assez graves désordres. Dans la séance du 20 juillet, Lally-Tolendal se leva tout ému, et, après avoir dénoncé les scènes de violence dont plusieurs provinces avaient été le théâtre, il proposa à ses collègues d'adresser au peuple une proclamation énergique pour lui rappeler tous les bienfaits du roi et l'inviter à ne plus troubler la paix publique. Ce projet d'adresse, lu à la tribune, reçut l'approbation d'un grand nombre de membres, mais quelques-uns y trouvèrent des expressions hasardées et des dispositions contraires aux principes (1). En effet, les termes en étaient d'une élasticité dangereuse et pouvaient aisément donner prise à l'arbitraire. Était-ce bien le moment de réclamer la répression sévère d'agitations inséparables de la crise présente, et redoutables au seul despotisme ? Et quand on pouvait craindre de sa part des retours offensifs, était-il bien opportun de déclarer mauvais citoyens ceux qui s'armaient pour la défense de la cause nationale ? C'est ce que comprit très-bien Robespierre. « Il faut aimer la paix, » dit-il, « mais aussi il faut aimer la liberté ! On parle d'émeute ! mais, avant tout, examinons la motion de M. Lally. Je la trouve déplacée, parce qu'elle est dans le cas de faire sonner le tocsin. Déclarer d'avance que des hommes sont coupables, qu'ils sont rebelles, est une injustice. Elle présente des dispositions facilement applicables à ceux qui ont servi la liberté et qui se sont soulevés pour repousser une terrible conjuration de la cour. » Puis, après avoir montré à côté de Poissy, troublé par la faute des accapareurs, la Bretagne en paix, la Bourgogne tranquille, il engagea l'Assemblée à repousser les mesures précipitées et à ne pas adopter une proclamation de nature à porter l'alarme dans le cœur des bons citoyens, au moment où les intrigues des ennemis de la Révolution pouvaient rendre nécessaire encore l'énergie de tous les patriotes (2).

(1) Voy. le *Point du jour*, numéro 28, p. 241.

(2) Voy. le *Point du jour*, numéro 28, le *Courrier de Versailles à Paris*, numéro 18, p. 305, et le *Moniteur* du 20 au 23 juillet, numéro 21. Tout cela combiné. C'est la première fois qu'au *Moniteur* il est fait mention de Robespierre, dont les premiers dis-

Soutenue par de Gleizen et Buzot, son opinion triompha ce jour-là, et la motion de Lally-Tolendal fut renvoyée à l'examen des bureaux. Si, quelques jours après, le 23, l'Assemblée constituante se décida à la voter, ce fut avec de profondes modifications, et sous l'impression d'un double meurtre accompli la veille en place de Grève.

« Foulon a été pendu hier par arrêt du peuple ; » tels sont les derniers mots de la longue lettre de Robespierre, qui nous a permis de préciser son rôle pendant les quelques jours antérieurs et postérieurs à la prise de la Bastille. Affreuses sans doute ont été les exécutions populaires dont Foulon et Berthier furent les victimes ; mais il s'en faut de beaucoup qu'elles aient excité à cette époque les répugnances avec lesquelles nous les envisageons aujourd'hui. « Le sang qui coule est-il donc si pur ? » n'avait pas craint de s'écrier Barnave. C'est qu'en effet de bouche en bouche circulaient ces mots féroces attribués à Foulon par presque tous les écrits du temps : « Si j'étais ministre, je ferais manger du foin aux Français ! » et il avait été ministre. La Fayette lui-même, en essayant de le sauver, déclarait hautement qu'il le considérait comme un *grand scélérat* (1). Enfin, lorsque Lally-Tolendal reproduisait sa motion, il avait soin de dire que les coups terribles portés par un ministère coupable avaient amené ces catastrophes effrayantes (2). Pour nous qui, profitant de l'œuvre de nos pères, avons le bonheur de vivre dans un temps où les mœurs plus douces ne permettraient sans doute pas le retour de pareilles scènes, nous avons raison de déplorer ces immolations inutiles ; mais n'oublions jamais qu'à l'heure où elles se commettaient, sous le règne même de l'Assemblée nationale, la torture et le supplice de la roue étaient encore usités pour des faits moins graves que ceux reprochés à Foulon ; n'oublions pas surtout que quelques jours auparavant, en comparant les soudaines vengeances de la multitude avec les méprises et les sanguinaires maximes des tribunaux d'alors, Mirabeau venait d'écrire : « Si la colère du peuple est terrible, c'est le sang-froid du despotisme qui est atroce ; ses cruautés systématiques font plus de malheureux en un jour que les insurrections populaires n'immolent de victimes pendant des années (3). »

cours, comme nous l'avons déjà fait observer, ont été singulièrement écourtés dans tous les journaux du temps.

(1) Discours de La Fayette à l'hôtel de ville, rapporté par les *Deux Amis de la liberté*, œuvre réactionnaire, ne l'oublions pas.

(2) *Moniteur* du 23 juillet 1789, n° 22.

(3) *Dix-neuvième lettre de Mirabeau* à ses commettants.

X

Quand, le 23 juillet, à la nouvelle des meurtres qui avaient ensan-
glanté la capitale, Lally-Tolendal eut de nouveau présenté sa motion,
Mirabeau répondit en proposant comme remède suprème la réorganisation de la municipalité parisienne. Barnave trouva qu'on était bien
prompt à s'alarmer pour des orages dont les révolutions sont rarement
exemptes. Les fureurs du peuple venaient, suivant lui, de l'impunité
dont se targuaient de grands criminels envers la nation. Il fallait
instituer une justice légale pour la répression des crimes d'État, alors
le peuple s'apaiserait de lui-même et rentrerait dans l'ordre. C'était
aussi l'avis de Robespierre.

Le même jour, dans la séance du soir, la motion de Lally fut reprise
et discutée. Aux yeux d'un grand nombre de membres, elle avait le
tort de ne pas offrir assez de garanties aux citoyens côntre les entreprises du gouvernement. L'Assemblée leur donna satisfaction en décidant, en principe, la poursuite des agents de l'autorité coupables du
crime de lèse-nation, et la création d'un comité destiné à recevoir les
dénonciations contre les auteurs des malheurs publics. Il était une
heure du matin quand la commission de rédaction, chargée de modifier le projet de Lally dans le sens des amendements acceptés par
l'Assemblée, vint donner lecture de son travail. La proclamation fut
enfin votée, non toutefois sans avoir subi de nouvelles modifications
proposées par Robespierre (1). D'après ces modifications, l'adresse portait que tous les dépositaires du pouvoir convaincus d'attentat envers
le peuple seraient punis, mais seulement suivant les formes prescrites
par la loi; qu'en conséquence, dans la nouvelle constitution dont elle
s'occupait sans relâche, l'Assemblée aurait soin d'indiquer le tribunal
devant lequel seraient traduits les criminels de lèse-nation, afin qu'ils
y fussent jugés selon la loi, et après une instruction publique.

C'était assurément d'une bonne précaution, car le peuple commençait à devenir terriblement soupçonneux, et lorsque de jour en jour on
voyait s'expatrier les principaux personnages de la cour, tout concou-
rait, il faut le dire, à exciter ses défiances. Dans la soirée du 24, le
baron de Castelnau, ministre de France à Genève, fut trouvé porteur

---

(1) Voy. le *Point du jour*, numéro 32. Le *Moniteur* est complétement muet.

de plusieurs lettres, dont l'une était à l'adresse du comte d'Artois. « Alors tout était suspect, tout exigeait la plus grande circonspection, » dit Bailly (1). Le maire de Paris s'empressa donc d'envoyer ces lettres au président de l'Assemblée nationale. On était en ce moment sous l'impression d'une catastrophe récemment arrivée chez un ancien conseiller au parlement de Besançon, M. de Mesmais, qui, ayant engagé les habitants de son canton à venir se régaler dans son château, y avait, disait-on alors, fait jouer une mine pour se venger de l'esprit révolutionnaire de ses invités et causé la mort d'un certain nombre d'entre eux. Les ménagements paraissaient donc hors de saison. Plusieurs membres, parmi lesquels le comte de Chatenay, Reubell et Gouy d'Arcy, demandèrent l'ouverture des lettres saisies sur M. de Castelnau. Sous tous les gouvernements, avant comme après la Révolution, le secret des lettres, on le sait, n'a jamais été une chose bien sacrée, et à aucune époque, même dans les temps les plus calmes, on ne s'est fait faute d'ouvrir des correspondances réputées suspectes (2). Or, au mois de juillet 1789, quoi de plus propre à éveiller les soupçons qu'une lettre adressée à un prince notoirement hostile à la Révolution, et qui venait de quitter la Fance avec éclat pour lui chercher des ennemis?

« Nous sommes comme dans un état de guerre, où l'on arrête tout ce qui est suspect, » disait Gouy d'Arcy. Cependant l'inviolabilité du secret des lettres fut vivement défendue, non-seulement par Mirabeau et Camus, mais encore par de fougueux partisans de cet ancien régime sous lequel la liberté individuelle était soumise à tous les caprices du despotisme. L'évêque de Langres cita l'exemple de Pompée

---

(1) *Mémoires* de Bailly, t. II, p. 140.

(2) Qui ne connaît le fameux arrêt de la Cour de cassation du 21 novembre 1853, rendu, toutes chambres réunies, sous la présidence de M. Troplong? Toutes lettres missives saisies à la poste sur l'ordre du préfet de police peuvent légalement, d'après cet arrêt, servir de base à la preuve du délit imputé à un prévenu, « attendu, » y est-il dit entre autres considérants, « qu'en autorisant le préfet de police à rechercher, en quelque lieu que ce soit, la preuve des dénonciations et les pièces pouvant servir à conviction, la loi n'a fait aucune exception à l'égard des lettres déposées à la poste et présumées constituer soit l'instrument ou la preuve, soit le corps même du délit ; que le principe incontestable de l'inviolabilité des lettres n'est pas applicable en pareil cas ; que les correspondances par lesquelles s'ourdissent ou se commettent les attentats portés à la paix publique, à la propriété et à la sûreté des citoyens sont une violation du droit, et sortent de la classe de celles qui doivent être protégées par la loi ; qu'il n'est pas possible d'admettre, sans blesser les principes de la morale et de la raison, que l'administration des postes serve à couvrir de l'impunité des faits punissables et à soustraire un corps de délit aux recherches de la justice, etc... » On verra plus tard par quels abîmes l'opinion de Robespierre, en pareille matière, était séparée de cette doctrine.

jetant au feu sans les lire les lettres écrites à Sertorius et tombées entre ses mains. Mais Robespierre, suivant l'expression de Gorsas « foudroya l'argument de l'évêque (1). » « Sans doute, » dit-il en se tournant vers le prélat, « les lettres sont inviolables, je le sais, j'en suis convaincu; mais lorsque toute une nation est en danger, lorsqu'on trame contre sa liberté, lorsqu'on proscrit les têtes respectables des citoyens, ce qui est un crime dans un autre temps devient une action louable. Eh! que m'importe qu'on cite César ou Pompée! Quelle comparaison peut-il y avoir entre un tyran qui avait opprimé la liberté publique et les représentants d'une nation libre, chargés de la rétablir? Vous avez voulu par votre proclamation apaiser le peuple en lui promettant la punition de ses ennemis, il faut donc conserver les preuves de leurs crimes; je vous laisse le soin de peser ces considérations (2).» Malgré l'impression très-vive causée par le discours de Robespierre, l'Assemblée déclara par *assis et levé* qu'il n'y avait pas lieu à délibérer sur le rapport des papiers saisis, et cette décision rendit quelque audace aux partisans de la cour, singulièrement intimidés depuis la chute de la Bastille. Quelques jours après, il est vrai, elle consacra, par un vote solennel, sur la proposition de Duport, l'établissement d'un comité de recherches chargé de recevoir toutes les dénonciations contre les dépositaires du pouvoir coupables d'entreprises contraires aux intérêts du peuple. Quant au secret des lettres, il devrait toujours demeurer inviolable, selon nous, bien que de ce temps-ci l'opinion contraire ait reçu une sorte de sanction. Nous verrons du reste que si, dans cette circonstance particulière, Robespierre crut devoir, par exception, demander, lui aussi, qu'on prît connaissance des papiers saisis sur un émissaire des princes émigrés, ce qui n'a aucune espèce d'analogie avec l'ouverture de lettres confiées à la poste, il défendit plus tard avec une extrême énergie le principe de l'inviolabilité du secret des lettres.

Necker venait d'être rappelé. Au moment où il rentrait au ministère, comme un gage de paix entre le peuple et le roi, quelques personnes, profitant de son retour, essayèrent de soustraire à la vindicte des lois M. de Besenval, ce général sur lequel on avait compté pour soumettre la capitale, et récemment arrêté dans sa fuite. A l'hôtel de ville, Necker, dans une heure d'enthousiasme et d'expansion sentimentale, avait obtenu la promesse de son élargissement. Mais l'Assemblée na-

(1) Le *Courrier de Versailles à Paris*, numéro 21, p. 7.
(2) Voy. le *Moniteur* du 25 au 26 juillet 1789, numéro 25, complété par le *Point du jour*, numéros 24 et 25, p. 299, 310 et suiv., et le *Courrier de Versailles*, numéro 21, lequel ajoute, entre parenthèse, que le discours de Robespierre fut fort applaudi.

tionale s'éleva vivement contre ce qui lui parut une usurpation de la
part de la municipalité parisienne. Il faut, s'écria Camus, apprendre
à l'hôtel de ville à se renfermer dans les limites de son devoir et à
ne pas rendre d'arrêtés de nature à exaspérer la population. Les électeurs, ajouta Mirabeau, n'ont pas le droit d'amnistie. M. de Besenval
doit être détenu; il n'est même pas au pouvoir de l'Assemblée de
l'innocenter arbitrairement. Et Robespierre : « Voulez-vous calmer le
peuple? parlez-lui le langage de la justice et de la raison. Qu'il soit sûr
que ses ennemis n'échapperont pas à la vengeance des lois, et les
sentiments de justice succéderont à ceux de la haine (3). » Volney,
Pétion, Bouche, Barnave, Reubell, parlèrent également dans ce sens,
et l'Assemblée décida que Besenval serait traduit en jugement.

Le temps n'était plus où les influences de cour pouvaient mettre à
l'abri de la loi les coupables privilégiés. Ainsi poussée en avant par
Robespierre et les hommes qui, de plus ou moins près, suivaient sa
ligne, la Révolution s'avançait, irrésistible comme une marée mon-
tante. Encore quelques jours, et tout l'échafaudage de la vieille société
française allait être anéanti complétement dans une nuit dont la mémoire des hommes ne perdra jamais le souvenir.

XI

Il y a dans la vie des peuples, comme dans celle des individus, des
moments d'indescriptible élan, de désintéressement sublime. Alors
disparaissent les passions mauvaises, les cœurs palpitent d'une émotion délicieuse, l'humanité se révèle sous ses aspects vraiment divins.
Hélas ! vous êtes quelquefois bien courtes, heures des passions généreuses ! mais n'importe, vous n'avez pas sonné en vain, et l'on ne saurait vous évoquer trop souvent; car vous rappeler aux générations qui
grandissent, c'est le meilleur moyen de les encourager aux dévoue-
ments magnanimes.

Depuis quelques jours, de sinistres nouvelles arrivaient des provinces; des troupes d'hommes inconnus parcouraient les campagnes,
prêchant partout l'abolition du système féodal et le refus de payement
des rentes, dîmes et redevances seigneuriales. Ils entraient dans les
châteaux, s'emparaient de tous les papiers, titres et parchemins et en

---

(1) *Moniteur,* numéro 30; *Point du jour,* numéro 39, p. 365.

faisaient des feux de joie dans les cours, étranges incendies dont les
lueurs allaient éclairer la nuit du 4 août. Il y avait eu tant de vexations
commises au nom des seigneurs, il y avait tant de haines accumulées
dans le cœur de ces malheureux paysans, taillables et corvéables à
merci, qu'il ne faut pas s'étonner outre mesure si, sur quelques points
du royaume, on ne se contenta pas de s'en prendre aux choses. Le
récit de ces événements, dénoncés à l'Assemblée nationale au moment
où avaient lieu les débats sur la déclaration des droits de l'homme et
du citoyen, avait produit une vive fermentation. Un assez grand nombre
de députés considéraient encore les droits féodaux comme sacrés. Le
3 août, dans la séance du soir, le comité des rapports proposa un projet de déclaration pour le respect et la conservation des propriétés ;
un membre de la noblesse insinua même qu'il fallait bien se garder
de toucher à la féodalité jusqu'à l'entier achèvement de la Constitution.

Desmeuniers ayant paru révoquer en doute les faits révélés, Robespierre prit la parole. Assurément, selon lui, il fallait devant les tribunaux une certitude absolue, non équivoque ; mais, devant le corps
législatif, de simples allégations par lettres étaient suffisantes pour que
l'Assemblée prît tout de suite les mesures les plus propres à prévenir
les désordres publics (1).

Ces mesures quelles étaient-elles ? Le *Moniteur* ne le dit pas. Seulement, quelques instants après, lorsqu'on reprit la discussion relative
au projet de déclaration des droits, présenté par le comité des rapports,
et que plusieurs membres trouvaient peu convenable, un député, peut-
être était-ce Robespierre (2), s'écria : « Il ne faut pas appeler droits
légitimes des droits injustes et pour la plupart fondés sur la violence.
Il ne faut pas parler des droits féodaux ; les habitants des campagnes
en attendent la suppression, la demandent dans les cahiers, et ce serait
les irriter que de faire une pareille déclaration. » Ces observations,
fortement appuyées par un député breton, impressionnèrent vivement
l'Assemblée.

Le lendemain, à l'ouverture de la séance du soir, deux membres de
la noblesse, le vicomte de Noailles et le duc d'Aiguillon, proposèrent
l'abolition complète du système féodal comme le meilleur remède à
opposer aux insurrections qui éclataient sur tous les points du royaume.
Ce ne sont point des brigands, toujours prêts à profiter des calamités

(1) Le *Moniteur*, après avoir donné huit lignes du discours de Robespierre, s'arrête
tout court et termine par un « etc. » Voy. le numéro 32.
(2) Nous avons déjà fait remarquer que dans les premiers temps le *Moniteur* le
désignait quelquefois ainsi : M***. Voy. le numéro 32.

publiques pour s'enrichir, qui dévastent les propriétés, détruisent les châteaux et brûlent les titres et parchemins, dit le second; c'est le peuple tout entier s'insurgeant contre la tyrannie féodale, et cherchant à briser le joug insupportable pesant depuis tant de siècles sur sa tête.

Une fois l'élan donné, il y eut entre les privilégiés comme un assaut de générosité et de sacrifices. En quelques heures on vit disparaître, emportée dans l'irrésistible élan, une institution dont pendant plus de dix siècles nos pères avaient supporté la dure étreinte. Tous les droits féodaux abolis, les uns sans indemnité, les autres moyennant rachat; suppression des justices seigneuriales, de la vénalité des offices; abolition du droit exclusif de chasse et de pêche, de toutes les dîmes ecclésiastiques, laïques et inféodées, de tous les privilèges particuliers des provinces, principautés, villes, corporations et communautés; admission de tous les citoyens, sans distinction de naissance, à tous les emplois et dignités ecclésiastiques, civils et militaires, tout cela fut voté avec un merveilleux empressement, comme si chacun eût eu hâte d'abandonner des priviléges flétris désormais comme de monstrueuses usurpations.

Sans doute, à la veille du 4 août, le système féodal était d'avance frappé de mort; sans doute, en en provoquant la destruction au nom du droit et de la justice, les grands seigneurs de l'Assemblée ne firent, pour ainsi dire, que demander la sanction d'une chose inévitable et déjà réalisée en fait; mais il serait injuste de ne pas leur tenir compte des sacrifices et des renonciations consentis par eux dans une heure de généreux entraînement. Sachons donc honorer les membres de cette noblesse expirante, dont la ruine a été marquée d'un tel cachet de grandeur. Assez tôt, d'ailleurs, nous aurons à maudire ceux qui, regrettant leurs privilèges perdus, essayeront de les ressaisir par les armes, et, après avoir appelé l'étranger à leur aide, contribueront à déchirer le sein de la patrie.

Tout alors était joie, concorde, espérance. Dans cette même nuit du 4 août, sur la proposition de Lally-Tolendal, l'Assemblée décerna à Louis XVI le titre de Restaurateur de la liberté. Ainsi se réalisaient les paroles de Robespierre lorsque, dans son plaidoyer pour un homme injustement détenu, il prononçait, après avoir conseillé au roi de travailler uniquement en vue de l'égalité, du bonheur et de la liberté à rétablir parmi les Français, ces paroles déjà citées: « Oh! quel jour brillant, sire, que celui où ces principes, gravés dans le cœur de Votre Majesté, recevront la sanction inviolable de la plus belle nation de l'Europe, ce jour où, non content d'assurer ce bienfait à votre nation,

vous lui sacrifierez encore tous les autres abus, source fatale de tant
de crimes et de tant de maux (1)... »

Les principes étaient proclamés, il s'agissait maintenant de passer à
l'application.

XII

La réalisation de ces principes, qui paraissait à beaucoup de gens une
chimère, Robespierre n'allait pas tarder à la poursuivre avec une volonté, une persévérance que rien ne devait lasser. Chaque fois qu'une
motion menaçante pour la liberté se produisait au sein de l'Assemblée,
soudain on le voyait apparaître à la tribune. Imperturbable, opposant
aux rires et aux moqueries dont il était l'objet de la part du côté droit
une indifférence méprisante, ne prenant conseil que de son cœur, il
luttait avec une obstination sans égale contre les menées réactionnaires
d'une partie des membres de l'Assemblée.

Après le mélange des trois ordres, les royalistes purs s'étaient placés à la droite du président, tandis qu'à sa gauche siégeaient les partisans des idées nouvelles ; au centre était la masse des députés flottant
entre l'un et l'autre côté. Assis sur les bancs de l'extrême gauche,
Robespierre avait alors auprès de lui les Pétion, les Barnave, les Lameth et les Duport. En aucune occasion on ne le vit transiger avec sa
conscience ; toutes les tentatives faites, je ne dirai pas pour le corrompre, mais pour l'amener à une concession, demeurèrent infructueuses ; et pendant que quelques-uns de ses collègues, qui tout d'abord
avaient paru attachés comme lui à la cause populaire, passaient dans
le parti de la cour, entraînés par la séduction des dignités et des richesses, il demeurait immuable, isolé, digne élève de Rousseau, se couvrant de sa foi comme d'un bouclier impénétrable. Certains de ses collègues, ne soupçonnant ni la hauteur de ses vues, ni la profondeur de ses
pensées, pouvaient sourire à ses motions inattendues ; mais d'autres,
plus clairvoyants, semblaient déjà deviner en lui le futur régulateur de
la Révolution. C'est ce que ne manqua pas d'apercevoir le regard per-
çant de Mirabeau. Assez grand lui-même pour rendre justice à un collègue, dans lequel il rencontra plus d'une fois un adversaire, il s'expri-

(1) *Plaidoyer* pour le sieur Dupond. Voir le livre précédent.

mait à son égard en ces termes, que nous devons, encore rappeler :
« Cet homme ira loin, car il croit tout ce qu'il dit (1). »

La liberté individuelle était, aux yeux de Robespierre, la liberté par
excellence, et, selon lui, on ne saurait l'entourer de trop minutieuses
garanties. L'arrestation illégale d'un citoyen, en temps ordinaire, lui
paraissait un attentat contre la nation, tout le corps social étant frappé
quand un de ses membres l'était. Aussi, dans la séance du 21 août, dé-
fendit-il résolûment quatre citoyens de Marienbourg arrêtés par les
ordres du comte d'Esterhazy et déférés au prévôt d'Avesnes, pour avoir
concouru à l'élection de nouveaux officiers municipaux à la place des
anciens. Le député Salomon, chargé de présenter le rapport sur l'arrestation de ces quatre personnes, ayant proposé le renvoi au pouvoir
exécutif, Robespierre s'élança à la tribune, et combattit vivement cet
avis. Il regardait cette détention comme un crime national ; en conséquence il était, selon lui, du devoir de l'Assemblée d'ordonner l'élargissement immédiat des quatre citoyens arbitrairement arrêtés, et
d'infliger un blâme sévère au comte d'Esterhazy. L'Assemblée nationale
décida qu'elle demanderait au garde des sceaux de surseoir à tout jugement jusqu'à ce qu'elle eût elle-même examiné les faits relevés à la
charge des personnes détenues (2).

En même temps Robespierre insistait fortement pour que, dans l'article de la déclaration des droits, concernant la liberté individuelle, on
introduisît une disposition sévère contre ceux qui rendraient ou exécu-
teraient des ordres arbitraires. Cette motion fut adoptée (3).

Une autre question de liberté, non moins importante, soulevée dans
la discussion sur la déclaration des droits, le ramenait, trois jours après,
à la tribune. Il s'agissait, cette fois, de la liberté de la presse, à laquelle,
même aux plus mauvais jours de la Révolution, nous le verrons demeurer fidèle. C'était le lundi 24 août. Déjà, la veille, il avait, avec
Mirabeau, combattu toute restriction en matière religieuse et contribué à faire rejeter comme contraire à la liberté de conscience l'article XVIII du projet de déclaration du sixième bureau, dans lequel il
était question de *culte établi*. Malheureusement ses paroles n'ont pas
été recueillies (4). La liberté de la presse ne lui semblait pas moins
sacrée que la liberté religieuse. Elle importe, en effet, à la dignité de

(1) Voy. la *Biographie universelle,* à l'article Mirabeau, t. XXVIII de la nouvelle
édition.

(2) Voy. le *Point du jour,* numéro 61, p. 190. Le *Moniteur* ne mentionne même pas
la proposition de Robespierre.

(3) Voy. le *Courrier de Provence,* par Mirabeau, numéro 31.

(4) Le *Point du jour* seul l'indique parmi les nombreux orateurs qui ont combattu
l'article 18 du sixième bureau. (Voy. le numéro 52, p. 201.)

l'homme et à la sécurité du citoyen ; il est donc d'une importance capitale que dans une constitution ou une déclaration de droits elle soit bien exactement définie. Le projet du sixième bureau était vague, insignifiant, par conséquent dangereux. La Rochefoucauld, après avoir démontré les avantages de la presse, à laquelle on devait la destruction du fanatisme et du despotisme, proposa de substituer au projet du comité un article conforme aux plus larges principes de la liberté. Soutenue par Rabaut Saint-Étienne, dont le discours plein de vues profondes impressionna beaucoup l'Assemblée, sa motion fut combattue par Target. Celui-ci prit la parole pour soumettre un nouveau projet, en termes à double sens, enveloppé dans ces restrictions banales où le despotisme trouve toujours à volonté une arme prête à frapper. Alors Robespierre, indigné : « Vous ne devez pas balancer à déclarer franchement la liberté de la presse. Il n'est jamais permis à des hommes libres de prononcer leurs droits d'une manière ambiguë ; toute modification doit être renvoyée dans la constitution. Le despotisme seul a imaginé des restrictions ; c'est ainsi qu'il est parvenu à atténuer tous les droits. Il n'y a pas de tyran sur la terre qui ne signât un article aussi modifié que celui qu'on vous propose. La liberté de la presse est une partie inséparable de celle de communiquer ses pensées (1)... » Après ces observations et celles de quelques autres membres, l'Assemblée décida, conformément à l'avis de Robespierre, que, la libre communication des pensées et des opinions étant un des droits les plus précieux de l'homme, il était loisible à tout citoyen de parler, d'écrire, d'imprimer librement, sauf à répondre de l'abus de cette liberté dans les cas déterminés par la loi (2).

Le même jour Robespierre reprit la parole pour discuter les articles du projet de déclaration où il était question de la force publique. Ni son discours ni la rédaction proposée par lui n'ont été conservés ; nous savons seulement qu'il voulait fondre en un seul plusieurs articles du projet du sixième bureau, ce qui fut adopté. Rien de plus libéral, du reste, que l'article voté par l'Assemblée : La force publique, y était-il dit, nécessaire pour la garantie des droits de l'homme et du citoyen, est instituée pour l'avantage de tous, et non pour l'utilité particulière de ceux auxquels elle est confiée.

---

(1) *Moniteur*, numéro 46. — *Point du jour*, numéro 53, p. 208.
(2) Voici comment Mirabeau, combattant aussi la rédaction du sixième bureau, s'exprimait dans son journal : « M. Robespierre en a indiqué une qui se rapprochait davantage de la brièveté et de l'énergie des déclarations américaines et surtout du principe, qui certainement exigeait tout au moins *dans les formes déterminées par la loi*, et non *dans les cas prévus par la loi*. »   (*Courrier de Provence*, numéro 32.)

Le lendemain s'ouvrit la discussion sur l'importante question des impôts. Le projet du sixième bureau portait que, la contribution publique étant une portion retranchée de la propriété de tous les citoyens, chacun avait le droit de la consentir librement. Robespierre attaqua cette rédaction comme vicieuse. Parler du droit de *consentir*, c'était, suivant lui, altérer le principe, donner à la nation un simple veto au lieu de lui laisser l'initiative de la loi en matière de contribution publique et l'entière disposition de l'impôt. La véritable expression était *établir*. Il soutint ensuite que, loin d'être une portion retranchée de la propriété des citoyens, l'impôt était une portion de cette propriété mise en commun entre les mains de l'administrateur public, simple dépositaire des contributions, et sans cesse obligé d'en rendre compte à la nation. « M. Robert-Pierre, » dit un journal du temps, « a représenté avec énergie des principes très-vrais sur le droit qu'a la nation de faire seule la loi de l'impôt (1). » Au projet du sixième bureau il proposa de substituer l'article suivant : « Toute contribution publique étant une portion des biens des citoyens mise en commun pour subvenir aux dépenses de la sûreté publique, la nation seule a le droit d'établir l'impôt, d'en régler la nature, la quotité, l'emploi et la durée. » L'Assemblée n'adopta pas cette rédaction, mais elle modifia profondément celle du sixième bureau, et, dans la suite, nous la verrons, en matière d'impôts, se laisser constamment diriger d'après les principes exprimés par Robespierre.

L'avant-dernier article de la déclaration consacrait la séparation des pouvoirs ; il essaya de le faire rejeter en demandant la question préalable, parce que le principe de la séparation des pouvoirs lui semblait complétement étranger à une déclaration de droits ; mais l'Assemblée n'admit pas ses idées à cet égard. Le même jour, le projet de déclaration des droits de l'homme et du citoyen fut adopté dans son ensemble.

Certes, en relisant cette déclaration, imposant manifeste d'une société affranchie de la veille, et s'élançant à travers les obstacles vers des horizons inconnus, nous avons droit d'être fiers de nos pères. Ce n'est pas encore le dernier terme de la Révolution ; ce ne sont pas des droits aussi impérieusement affirmés que dans la fameuse déclaration nationale lue à la Convention par Maximilien Robespierre, mais quelle route parcourue en trois mois ! La féodalité anéantie, le despotisme déraciné, les droits des peuples révélés au monde dans une sorte de *caté-chisme* national, suivant l'expression de Barnave ! Comme celle de la

_____

(1) *Point du jour*, numéro 61, p. 215.

Convention, qui ne sera que son développement logique, la déclaration de la Constituante se trouve placée sous l'invocation de la Providence. Avant l'ouverture de la discussion, plusieurs membres avaient insisté pour que, dans le préambule, on mît sous les auspices du Créateur éternel l'œuvre à laquelle allaient être attachées les destinées d'un grand peuple ; d'autres, comme plus tard les Girondins, jugeaient inutile toute intervention religieuse (1). L'Assemblée donna raison aux premiers, et les droits de l'homme et du citoyen furent solennellement énoncés par elle sous les auspices de l'*Etre suprême*. Cela dit pour qu'il soit bien entendu qu'en pareille matière Robespierre ne fit que suivre, sous la Convention, les traditions de l'Assemblée nationale.

XIII

Mais déjà entre les divers membres du côté gauche se manifestaient des dissentiments, avant-coureurs de déchirements profonds.

L'Assemblée tout entière, nous l'avons dit, était royaliste, et Robespierre lui-même, en ce sens qu'il admettait parfaitement bien un roi entouré des institutions les plus libérales et les plus démocratiques. « Le mot *monarchie*, » écrivait-il alors, « dans sa véritable signification, exprime uniquement un État où le pouvoir exécutif est confié à un seul. Il faut se rappeler que les gouvernements, quels qu'ils soient, sont établis par le peuple et pour le peuple ; que tous ceux qui gouvernent, et par conséquent les rois eux-mêmes, ne sont que les mandataires et les délégués du peuple (2). » Aussi, à la différence de quelques-uns de ses collègues pour qui la royauté était l'arche sainte à laquelle il n'était pas permis de toucher, il lui semblait naturel, au moment où l'on allait préciser la forme du gouvernement, que chacun pût s'exprimer librement sur cette question.

Le vendredi 28 août s'ouvrirent les débats touchant la Constitution. Mounier venait d'en lire les premiers articles, relatifs au gouvernement, quand plusieurs membres s'élancèrent à la tribune pour proposer des modifications au projet du comité. Les idées exprimées par quelques-uns d'entre eux ayant causé du tumulte, Robespierre demanda

---

(1) *Point du jour*, numéro 59, p. 177.
(2) *Dire de M. de Robespierre*, député de la province d'Artois à l'Assemblée nationale, contre le *veto* royal, 1789, in-8°.

la parole: «D'aussi grands intérêts que ceux qui nous agitent,» dit-il,
« me donnent le courage de vous proposer une réflexion que je crois
nécessaire. » Suivant lui il fallait, avant de continuer la délibération,
laisser à tous les députés le droit de parler d'après les inspirations de
leur conscience, et introduire dans le règlement quelques articles de
nature à assurer le calme de la discussion; car il est important, ajouta-
t-il, « que chacun puisse, sans crainte de murmures, offrir à l'Assemblée le tribut de ses opinions. » A ces mots, comme si l'on y eût vu
une attaque contre le principe monarchique, une formidable tempête
éclate, et les cris répétés : *A l'ordre! à l'ordre!* interrompent l'orateur. Le président lui fait observer qu'il ne s'agit pas de règlement.
Robespierre veut répondre, de nouvelles clameurs s'élèvent et étouf-
fent sa voix. Il prend alors le parti de descendre de la tribune. Aussitôt
quelques membres protestent contre un pareil despotisme et réclament
énergiquement la liberté de la parole. L'ordre s'étant peu à peu rétabli,
il remonta à la tribune et essaya de nouveau de démontrer à l'Assemblée la nécessité d'assurer la tranquillité des délibérations au moyen
de quelques articles ajoutés au règlement. Mais sa motion, bien que
vivement appuyée par Mirabeau, ne fut pas prise en considération (1).

D'accord avec l'immortel orateur sur la question de l'unité du pouvoir législatif, votée dans la séance du 10 septembre par huit cent
quarante-neuf voix contre quatre-vingt-neuf, après des débats orageux (2), il se sépara complétement de lui sur celle de la sanction
royale. Serait-elle admise ou non? Et, dans le premier cas, serait-elle
seulement suspensive ou pure et simple? Telles étaient les deux propositions soumises à la délibération de l'Assemblée. Cette question

(1) Voy. le *Moniteur*, numéro 47, combiné avec le *Point du jour*, numéro 66, p. 237,
et le *Courrier de Versailles à Paris*, numéro 54, p. 542-543. Voici en quels termes ce
dernier journal raconte la scène : « M. de Robetz-Pierre (*sic*) interrompt l'ordre pour
faire une réflexion qui lui semble utile. Il observe qu'il est absolument essentiel que
les délibérations soient paisibles; il propose quelques articles à ajouter au règlement,
car il se rappelle que certaines lacunes laissées à ce règlement ont fait grand bien au
clergé le dimanche précédent... On le rappelle à l'ordre, mais le zèle qui l'anime l'engage à poursuivre; il est encore interrompu. Enfin, voyant qu'il n'étoit pas toujours
permis d'avoir de bonnes vues, et qu'on pouvoit déplaire en les exprimant, il sort de
la tribune. Le président ne peut s'empêcher de remonter à l'Assemblée que cette
conduite n'est pas équitable. M. de Robetz-Pierre est invité à remonter à la tribune.
Il s'y rend; mais quelques choses excellentes qu'il dise, la contrariété incivile
qu'il avoit éprouvée avoit beaucoup détruit de son énergie. — M. de Mirabeau répond à ceux qui prétendent que c'est à tort que M. Robetz-Pierre a parlé du règlement, qu'il est toujours temps d'en parler lorsque ce qu'on improuve ou ce qu'on
approuve dans ce règlement a rapport à la question. »
(2) Et non pas cinq cents, comme le dit M. Michelet, trompé par le *Moniteur*
(*Histoire de la Révolution*, t. I, p. 245). Voy. le *Point du jour*, beaucoup plus exact
que le *Moniteur* pour cette époque, numéro 76, p. 345.

du veto, on le sait, jeta toute la France dans une sorte de perturbation, comme si les destinées du pays y eussent été irrévocablement attachées. A Paris, la fermentation fut extrême ; à aucun
prix on n'y voulait du veto. Peu s'en fallut que le peuple en masse,
ayant à sa tête le fameux marquis de Saint-Huruge, ne s'en allât
lui-même à Versailles signifier sa volonté. Deux citoyens partirent,
porteurs d'une lettre rédigée au Palais-Royal ; et, s'étant adressés
à Lally-Tolendal, ils lui déclarèrent, au nom du peuple, que l'on
considérerait comme traîtres les députés qui se prononceraient
pour le veto. « Car, disait l'adresse, il n'appartient pas à un seul
homme, mais à vingt-cinq millions.' » L'Assemblée, après l'avoir
écoutée au milieu des cris d'indignation se croisant dans tous les sens,
décida qu'il n'y avait lieu à délibérer. Cette fin de non-recevoir fut
loin de calmer l'agitation. Ceci se passait le 31 août. Quelques jours
après, Loustalot écrivait dans les *Révolutions de Paris*, dont la vogue
était immense : « Nous avons passé rapidement de l'esclavage à la
liberté ; nous marchons plus rapidement encore de la liberté à l'esclavage. On endort le peuple au bruit des louanges qu'on lui prodigue
sur ses exploits ; on l'amuse par des fêtes, des processions et des
épaulettes. » Puis, s'étonnant de l'importance qu'avait donnée l'Assemblée nationale à une adresse faite par quelques citoyens, et qui exprimait les vœux légitimes de la capitale, il ne proposait rien moins, dans
le cas où le terrible veto serait prononcé, que de briser les députés
votants et d'en nommer d'autres sur-le-champ (1), tant l'idée qu'un
seul homme pourrait suspendre et enchaîner la volonté nationale
exaspérait alors les esprits.

On comprend avec quelle faveur devaient être accueillis les discours
des députés hostiles à toute espèce de sanction royale. Aussi, dans ces
débats importants, vit-on chanceler un moment la popularité de
Mirabeau, tandis qu'au contraire celle de Robespierre commença à
s'élever. Cependant il ne lui fut pas permis d'exprimer son opinion à
la tribune. La discussion, qui avait duré longtemps, ayant été close
avant que son tour de parole fût venu, il prit le parti de livrer son
discours à l'impression, afin de faire connaître à ses commettants son
avis sur une matière aussi délicate.

Trois systèmes s'étaient trouvés en présence : celui du veto absolu,
énergiquement appuyé par l'abbé Maury, de Liancourt, d'Antrai-
gues, Mounier, Desèze, de Virieu et de Custine ; celui du veto suspensif, auquel s'était rallié Mirabeau, et que dix-sept orateurs avaient

(1) *Révolutions de Paris*, numéro 8.

soutenu avec lui; enfin sept membres avaient parlé contre toute espèce de veto, parmi lesquels Sieyès, dont on n'a pas oublié l'ingénieuse définition : « Absolu ou suspensif, le veto n'est qu'une lettre de cachet contre la volonté générale. » C'était un mot heureux, mais ce n'était pas une réponse suffisante aux arguments invoqués en faveur du veto.

Robespierre se prononça également contre toute espèce de veto. Les lois, disait-il, doivent être l'expression de la volonté générale; mais comme il est impossible à une nation d'exercer en corps la puissance législative, elle la délègue à des représentants dépositaires de son pouvoir, et dont l'autorité ne saurait être entravée par aucune volonté particulière, sans quoi la souveraineté nationale serait une pure fiction. « Celui qui dit qu'un homme a le droit de s'opposer à la loi dit que la volonté d'un seul est au-dessus de la volonté de tous. Il dit que la nation n'est rien, et qu'un seul homme est tout. S'il ajoute que ce droit appartient à celui qui est revêtu du pouvoir exécutif, il dit que l'homme établi par la nation pour faire exécuter les volontés de la nation a le droit de contrarier et d'enchaîner les volontés de la nation; il a créé un monstre inconcevable en morale et en politique, et ce monstre n'est autre chose que le veto royal. » Suivant lui, en érigeant continuellement en principe que la France est un État monarchique, on a eu le tort de subordonner les droits des peuples à ceux des rois, qui, simples mandataires, n'ont que des devoirs à remplir. Déclarer les gouvernants supérieurs aux gouvernés, c'est altérer une constitution « qui sembloit devoir être le chef-d'œuvre des lumières de ce siècle. » Il engage donc fortement l'Assemblée à ne pas se laisser entraîner dans cette voie funeste.

Parmi les arguments développés en faveur du veto, un seul lui semble de nature à causer quelque impression : c'est la crainte de voir les représentants du peuple se transformer en assemblée tyrannique, et abuser de l'autorité dont ils sont revêtus. Sans doute il est d'une sage politique de prévenir par de justes précautions les abus de tous les pouvoirs ; mais est-il bien sensé d'augmenter la force du plus redoutable aux dépens du plus faible et du plus salutaire? Qu'est-ce qu'une assemblée législative composée de députés élus pour un temps limité, qui rentrent dans la foule, à l'expiration de leur magistrature temporaire, pour se soumettre au jugement du peuple qui les a nommés, et dont l'intérêt même garantit la fidélité, auprès d'un monarque investi d'une puissance énorme, ayant dans ses mains les finances, les tribunaux, la force publique, la libre disposition des faveurs, c'est-à-dire, tous les moyens d'oppression et de séduction? Et peut-on comparer l'ambition d'un corps électif à celle d'un roi héréditaire, et par cela même toujours enclin à étendre un pouvoir qu'il considère comme son patrimoine ? Telles sont les principales objections soulevées par Robespierre. « Parcourez l'histoire, » poursuit-il, « quel spectacle vous présente-t-elle ? Les nations dépouillées partout de la puissance législative devenues le jouet et la proie des monarques absolus qui les oppriment et les avilissent, tant il est difficile que la liberté se défende longtemps contre le pouvoir des rois. Et nous qui sommes à peine échappés au même malheur, nous dont la réunion actuelle est peut-être le plus éclatant témoignage des attentats du pouvoir ministériel devant lequel nos anciennes assemblées nationales avoient disparu, à peine les avons-nous recouvrées que nous voulons les remettre encore sous sa tutelle et sous sa dépendance ! »

Quant au veto suspensif, auquel beaucoup de ses collègues lui avaient avoué s'être ralliés uniquement pour échapper au veto absolu que paraissait vouloir adopter une partie de l'Assemblée, il le repousse aussi parce qu'il ne voit entre eux qu'une différence illusoire. En vain lui objecte-t-on l'exemple de l'Angleterre. La nation française, au moment où elle accomplit son œuvre de régénération, se doit à elle-même de ne pas copier servilement une nation voisine dont le caractère est d'ailleurs d'une nature tout à fait distincte. Les lois civiles des Anglais, n'ayant pas été comme les nôtres enfantées par le génie du despotisme, lui semblent, jusqu'à un certain point, obvier aux inconvénients de leurs lois politiques. De plus, il les voit dispensés, grâce à la situation géographique de leur pays, d'entretenir ces forces militaires immenses, si terribles à la liberté, et auxquelles nous sommes comme fatalement voués.

Une excellente constitution, dit-il en terminant, peut en assez peu de temps conduire le peuple français à la liberté ; « mais une constitution vicieuse, une seule porte ouverte au despotisme et à l'aristocratie doit nécessairement le replonger dans un esclavage d'autant plus indestructible qu'il sera cimenté par la constitution même (1). » L'opinion de Robespierre, si elle prévalut tout entière au dehors, ne l'emporta qu'en partie dans l'Assemblée : le veto suspensif fut adopté par six cent soixante-treize voix contre trois cent quinze.

(1) *Dire de M. de Robespierre*, député de la province d'Artois à l'Assemblée nationale, contre le *veto* royal, soit absolu, soit suspensif. A Versailles, de l'imprimerie de Baudoin, in-8° de 14 p. Ce discours ne nous paraît pas avoir été connu des principaux historiens de la Révolution ; aucun, du moins, ne l'a signalé.

XIV

Dans la soirée du même jour Lepeletier de Saint-Fargeau, qu'une étroite amitié commençait d'unir à Robespierre, monta à la tribune, et dit qu'au moment où l'on allait décider pendant combien de législatures le veto suspendrait la loi, il était essentiel de fixer la durée de chaque législature. Suivant lui, les pouvoirs des représentants du peuple ne devaient pas excéder une année. En effet, leur mission consistait à faire la loi, non à en suivre l'exécution. D'autre part, en bornant à un an l'exercice de la législature, on avait l'avantage d'abréger le veto, dont la prolongation ne pouvait qu'irriter le peuple. Il ne fallait pas non plus accorder au roi le droit de dissoudre l'Assemblée législative, car ce serait mettre à sa discrétion les élus du peuple, lui donner les moyens de se passer de surveillants et de contrôle. En outre, le renouvellement fréquent du Corps législatif, en amenant plus souvent les citoyens dans les réunions électorales, devait avoir pour effet de les instruire, de les former à la vie politique, et, à ses yeux, cela méritait considération. Il conclut donc en demandant que les assemblées législatives fussent renouvelées en totalité chaque année, et que les pouvoirs des députés actuels expirassent au mois de mai prochain.

Les sentiments exprimés par l'orateur étaient trop bien ceux de Robespierre pour qu'il ne les appuyât pas de sa parole. Le peuple, dit-il, ne pouvant, dans une grande monarchie, exercer lui-même la toute-puissance, doit renouveler souvent ses représentants, afin d'être à même de leur donner la mesure de sa confiance, de faire connaître son opinion et d'exprimer ses vœux. C'est dans le fréquent exercice de ses droits qu'il trouvera l'énergie nécessaire pour conserver cette liberté récemment conquise. Ce discours, dont nous ne pouvons offrir que cette analyse fort incomplète, produisit quelque impression sur l'Assemblée, à en juger par cette courte appréciation du *Moniteur :* « M. Robespierre parle avec beaucoup de force et d'éloquence en faveur de la motion de M. de Saint-Fargeau (1).» Combattue par l'abbé Maury, son opinion, que plus tard devait adopter la Convention nationale, ne triompha pas entièrement devant l'Assemblée constituante, qui prit un moyen terme proposé par Buzot, et fixa à deux ans la durée des législatures.

(1) *Moniteur* du 14 au 15 septembre 1789, numéro 56.

Le 14 septembre, on allait reprendre la discussion relative à la question du veto suspensif, quand tout à coup Barnave développa une motion tendant à ce qu'il fût sursis à l'ordre du jour jusqu'à ce que le roi eût promulgué les arrêtés du 4 août, lesquels, ayant été rendus antérieurement à la loi du veto, ne devaient pas être, suivant lui, soumis à la sanction du roi, mais simplement à la promulgation. C'était aussi l'avis de Mirabeau. Les décrets du 4 août, dit-il, ne sont pas des lois, mais des principes, les bases essentielles de la Constitution, et il eût été impossible à l'Assemblée de remplir son mandat sans déblayer le terrain sur lequel elle était appelée à construire.

Plusieurs membres, entre autres Cazalès et l'abbé Maury, réclamèrent vivement l'ordre du jour, en se fondant sur ce que les arrêtés du 4 étaient purement législatifs et, comme tels, devaient être revêtus de la sanction royale. Robespierre prit alors la parole, et, dans une rapide improvisation, il n'eut pas de peine à démontrer que, en soumettant ces décrets au bon plaisir du roi, on compromettait la Révolution elle-même dont ils étaient le véritable point de départ. Et pour prouver la mauvaise volonté de la cour à l'égard de ces arrêtés, il fit remarquer, comme un fait extraordinaire et significatif, que le gouvernement en retardait indéfiniment la promulgation, tandis qu'il s'était empressé de sanctionner et de publier le décret relatif à la tranquillité publique, envoyé au roi le même jour. Il était donc indispensable, selon lui, de repousser la question préalable et de délibérer sur la motion de Barnave (1). L'Assemblée se rendit à ces observations et décida que le veto suspensif ne pourrait être opposé aux décrets de l'Assemblée qu'après l'acceptation définitive des arrêtés rendus dans la nuit du 4 août (2).

Les craintes de Robespierre étaient bien fondées, comme le prouva l'événement. Au lieu d'une sanction ou d'une promulgation, le roi adressa, le 18, à l'Assemblée une sorte de mémoire dans lequel il déclarait que, tout en acceptant les dispositions générales des arrêtés du 4 août, il ne pouvait donner à certains articles qu'une adhésion conditionnelle. La lecture de ce mémoire souleva de violents murmures. Le roi, disait-on, n'est pas juge des mesures constitutionnelles prises par l'Assemblée nationale dans la nuit du 4 août. Comme chef du pouvoir exécutif il a le devoir de les promulguer, voilà tout. En les envoyant à sa sanction, on avait entendu la *promulgation*, et il ne s'agissait nullement d'obtenir un consentement ; autrement c'eût été

---

(1) Voy. le *Point du jour*, numéro 79, p. 376.

(2) *Histoire de la Révolution*, par deux Amis de la liberté, t. III, ch. I.

nier, anéantir le pouvoir constituant de l'Assemblée, et violer, dès le début, le serment du Jeu de Paume. Ce fut ce que soutinrent avec une grande énergie de langage Mirabeau, Le Chapelier et Robespierre. L'Assemblée, dit impétueusement ce dernier, a simplement attaché au mot sanction, dans cette circonstance, l'idée de l'authenticité donnée par le souverain aux décrets émanés d'elle. Si elle eût prévu l'interprétation prêtée à ce mot par quelques-uns de ses membres et par le pouvoir exécutif, elle n'eût pas permis qu'il pût y avoir d'équivoques sur ses déclarations. « La nation, » s'écria-t-il, en terminant, « a-t-elle donc besoin, pour la Constitution, d'une autre volonté que la sienne (1)? » Malgré une longue réfutation de Lally-Tolendal, l'Assemblée décréta que son président se rendrait au château pour supplier le roi de promulguer immédiatement ses arrêtés du 4 août, en l'assurant qu'il serait scrupuleusement tenu compte de ses observations quand on s'occuperait des lois de détail. Le lendemain, Louis XVI répondit qu'il allait s'empresser d'ordonner la promulgation des arrêtés, et, le même jour, en reconnaissance, l'Assemblée vota pour deux législatures le veto suspensif.

XV

Sur les grandes questions intéressant la liberté ou le principe de la souveraineté du peuple, Robespierre ne gardait jamais le silence. Dans d'autres occasions, quand la discussion lui semblait d'un moindre intérêt, il se tenait assez volontiers à l'écart. On ne l'entendit pas répondre au vicomte de Mirabeau lorsque celui-ci, à propos d'une motion de Volney, demanda insidieusement qu'aucun membre de l'Assemblée ne pût être réélu à la prochaine législature. Plus tard, au moment où son influence aura acquis un immense accroissement, nous le verrons reprendre, au nom des intérêts populaires alors, cette proposition du frère de Mirabeau, et la faire adopter par ses collègues, malgré la vive opposition des royalistes constitutionnels. Il ne se mêla non plus en rien, que nous sachions, aux importantes discussions auxquelles donna lieu la demande d'emprunt soumise à l'Assemblée par le premier ministre en personne, discussions à jamais célèbres, où le génie de Mirabeau s'éleva à de si prodigieuses hauteurs. Seulement le 2 octobre,

(1) *Point du jour*, numéro 80, p. 34 et 39.

après avoir accepté le projet de décret sur la taxe patriotique, il insista fortement pour qu'on exigeât, avant de le convertir en loi, la sanction royale de la déclaration des droits et des articles de la Constitution déjà votés.

Mais quand, trois jours plus tard, on vint lire la réponse ambiguë du roi, il éclata. Mal servi par ses conseillers, Louis XVI ne pouvait se résoudre à adopter une détermination; or, dans les circonstances graves, on se perd par les hésitations. Deux partis se présentaient à lui : déclarer résolûment la guerre à la Révolution, et tenter de l'emporter de haute lutte ; ou bien se mettre lui-même franchement à la tête de cette Révolution, l'incarner en quelque sorte en sa personne, aller spontanément au-devant de ses légitimes exigences. Dans le premier cas il eût été brisé sans nul doute, mais il serait tombé noblement, sur un champ de bataille, pour la défense d'intérêts que son origine et son éducation pouvaient rendre sacrés à ses yeux ; dans le second, il se fût acquis des titres immortels à la reconnaissance des peuples ; et la gloire d'être à la tête d'une grande nation libre eût largement compensé celle de commander à des esclaves. Mais à une politique ferme, nettement accentuée, il préféra une politique de faux-fuyants et de petits moyens, s'égara jusqu'à placer dans l'étranger l'espoir du salut de sa couronne, et se laissa fatalement entraîner dans une voie au bout de laquelle il devait trébucher sur l'échafaud.

Au lieu d'accorder franchement sa sanction à la déclaration des droits et aux articles de la constitution déjà votés, il parla simplement d'accession, trouvant dans la déclaration des principes susceptibles d'explication, et remettant pour l'accepter ou la répudier définitivement au jour où l'Assemblée se serait prononcée sur l'ensemble de la Constitution. « La réponse du roi, » dit Robespierre, « est destructive, non-seulement de toute constitution, mais encore du droit national à avoir une constitution. On n'adopte les articles constitutionnels qu'à une condition positive! Celui qui peut imposer une condition à une constitution a le droit d'empêcher cette constitution ; il met sa volonté au-dessus du droit de la nation... Est-ce au pouvoir exécutif à critiquer le pouvoir constituant de qui il émane? Il n'appartient à aucune puissance de la terre d'expliquer des principes, de s'élever au-dessus d'une nation et de censurer ses volontés. Je considère donc la réponse du roi comme contraire aux principes, aux droits de la nation et comme opposée à la constitution. » Puis, examinant la conduite des ministres, il les montrait essayant de rivaliser d'autorité avec l'Assemblée et faisant précéder les arrêtés et décrets déjà sanctionnés de l'ancienne formule du despotisme : *car tel est notre bon plaisir.* Il fallait donc au plus vite briser les obstacles, déchirer le voile religieux dont on voulait couvrir les premiers droits de la nation, et prendre des mesures énergiques pour qu'aucun empêchement ne pût désormais entraver la constitution (I). Il déposa ensuite sur le bureau du président une motion ainsi conçue : « Je demande : 1° que l'Assemblée nationale décide que la constitution ne peut être soumise au refus du pouvoir exécutif, que tous les actes émanés de toute Convention sont également indépendants de la volonté du pouvoir exécutif, et que le veto suspensif ne peut être accordé qu'aux décrets des législatures ordinaires ; 2° que l'Assemblée nationale détermine d'une manière précise la forme dans laquelle la constitution doit être promulguée, et celle de la sanction (2). » Il proposa enfin à l'Assemblée de charger son président de porter au roi sa motion formulée en décret, et de lui demander une réponse conforme. Plusieurs membres, parmi lesquels Duport, l'abbé Grégoire, Mirabeau, parlèrent dans le même sens, et l'Assemblée décida que son président, à la tête d'une députation, se rendrait chez le roi pour le prier d'accorder son acceptation pure et simple de la déclaration des droits et des articles de la constitution déjà votés. Louis XVI finit par se rendre ; le jour même, il acquiesça au vœu si formellement exprimé des représentants de la nation.

XVI

Une pression formidable, il est vrai, avait à point nommé contrebalancé la mauvaise volonté des conseillers royaux, et en particulier celle de la reine, contre laquelle Mirabeau avait fait entendre une menace indirecte lorsqu'à propos de cris séditieux prononcés dans un repas donné peu de jours auparavant aux régiments de la garde et aux dragons, cris dénoncés à la tribune par Pétion, il s'était déclaré prêt à désigner lui-même les coupables, si l'Assemblée voulait préalablement décréter que la personne du roi était seule inviolable. Tout le monde connaît les détails des orageuses journées d'octobre. La rareté et la cherté des subsistances, les menées contre-révolutionnaires, les bruits alarmants incessamment répandus, et surtout le récit de la fameuse

---

(1) Voy. le *Moniteur* du 5 au 6 octobre 1789, et le *Point du jour*, numéro 99.
(2) Minute de la main de Robespierre. (Originaux des motions, arrêtés et discours relatifs aux Procès-verbaux de l'Assemblée nationale. — *Archives* C, § 1, 260, Cᵒⁿ 18)

orgie où la cocarde tricolore avait été foulée aux pieds, avaient porté au plus haut degré l'effervescence de la population parisienne.

Poussées par la crainte de la famine, huit à dix mille femmes, accompagnées des vainqueurs de la Bastille, et bientôt suivies d'une partie de la garde nationale, inondèrent tout à coup Versailles dans la journée du 5, résolues à ramener le roi avec elles, dans la pensée que, une fois Louis XVI à Paris, leurs malheurs seraient finis et le pain assuré. Vers trois heures, au moment où l'on venait de voter l'envoi d'une députation chargée d'obtenir la sanction royale, un certain nombre d'entre elles, ayant à leur tête Stanislas Maillard, pénétrèrent dans la salle et se présentèrent à la barre de l'Assemblée. Organe de la bande, Maillard exposa la triste situation de la capitale, dénonça les accapareurs comme les principaux auteurs des calamités publiques, et sur la foi de plusieurs personnes qu'il avait rencontrées en chemin, dans une voiture de la cour, déclara qu'un ecclésiastique attaché à l'Assemblée avait promis deux cents livres par semaine à un meunier pour l'empêcher de moudre. Aussitôt quelques députés demandèrent le nom de cet ecclésiastique. Maillard hésitait, ne voulant, disait-il, compromettre personne. L'Assemblée persistant de son côté à vouloir connaître le membre dénoncé, Robespierre prit la parole, rappela que dans la matinée Grégoire avait exactement articulé le même fait à la tribune, et ajouta qu'en conséquence ce député pourrait fournir tous les éclaircissements désirés. Son discours, plein de patriotisme, calma comme par enchantement l'effervescence des femmes, et fit cesser leurs murmures (1). Maillard se plaignit vivement ensuite de l'outrage dont la cocarde nationale avait été l'objet. Une cocarde tricolore apportée au même instant de la part des gardes du corps produisit un excellent effet sur les femmes. Enfin la décision prise par l'Assemblée d'envoyer au roi une nouvelle députation pour lui présenter le tableau de la position malheureuse de la capitale, et lui demander l'exécution immédiate du décret rendu sur la libre circulation des grains, acheva d'apaiser leur colère, et cinq d'entre elles accompagnèrent au château le président Mounier et les autres membres de la députation.

Nous n'avons point à retracer les diverses scènes dont le palais de Versailles fut le théâtre dans la soirée du 5 et dans la nuit du 5 au

---

(1) Déposition de Stanislas Maillard, dans la première partie de la procédure criminelle instruite au Châtelet sur les événements du 6 octobre. Voy. aussi les *Mémoires* de Ferrières, t. I, p. 312, et les *Éclaircissements* à la suite des *Mémoires* de Bailly, t. III, p. 419.

6 ; nous les indiquons seulement pour mémoire, et afin de bien marquer le point de départ de la nouvelle phase dans laquelle allait entrer à pleines voiles la Révolution. Désormais le peuple se mettait décidément de la partie. C'était la seconde fois qu'il apparaissait sur la scène; mais comme son intervention accélérait le drame! En prenant la Bastille, il avait décapité la monarchie; en ramenant le roi à Paris, il mettait en quelque sorte la royauté sous sa tutelle. C'est pourquoi il ne faut pas s'étonner si Louis XVI hésita avant de se rendre à l'impérieuse invitation populaire.

Necker lui conseillait d'accéder au vœu du peuple, de se confier à lui, d'accepter la Révolution sans arrière-pensée; mais tel n'était pas l'avis des courtisans. Si vous quittez Versailles, vous êtes perdu, lui criaient les uns; d'autres lui montraient Metz comme un refuge assuré. Mais fuir, c'était abdiquer, pensait, non sans quelque raison, le monarque anxieux. Et d'ailleurs, dans la matinée du 6, toute fuite était devenue impossible. Il fallut bien se résoudre à partir pour Paris. Les applaudissements, dont la foule houleuse qui remplissait la cour salua le roi et la reine à leur balcon, donnèrent à la famille royale un peu d'espoir et de courage. Il était midi environ quand elle quitta, pour n'y plus revenir, la somptueuse demeure de Louis XIV. Aux yeux de nombre de gens cette translation de la cour de Versailles à Paris c'était la réconciliation de la royauté avec le peuple; mais combien eurent déjà le pressentiment que c'était la fin de la monarchie!

XVII

Lorsqu'elle connut la résolution de Louis XVI, l'Assemblée, sur la motion de Barnave, se déclara inséparable du roi pendant toute la durée de sa session; et, en attendant que les mesures nécessaires pour son installation à Paris fussent prises, elle continua paisiblement ses travaux.

Le 7 octobre, l'importante question de l'impôt était à l'ordre du jour. L'article 5 du comité, ayant trait à la proportionnalité, passa sans difficulté aucune; mais l'article 6, qui n'accordait l'impôt que jusqu'à l'expiration de la législature suivante, donna lieu à une longue discussion. Les uns, pour assurer le payement de la dette publique et celui de la liste civile, voulaient l'impôt perpétuel. En limiter la durée à un an, disait Mirabeau, c'était donner au Corps législatif le droit de mettre tous les ans la nation en banqueroute. Les autres se ralliaient complétement au plan du comité. Suivant Robespierre, le principe établi dans l'article 6 n'était contraire ni aux engagements envers les créanciers de l'Etat ni à la dignité du trône, parce qu'il s'agissait simplement d'un article constitutionnel, et non d'une disposition de finances sur la dette et sur la liste civile ; mais il fallait avant tout laisser au pouvoir législatif sa pleine liberté d'action sur ces deux objets. Conformément à ces observations, l'Assemblée décréta le renouvellement annuel de l'impôt, et décida que chaque législature voterait de la manière qui lui paraîtrait le plus convenable les sommes destinées à l'acquittement de la dette et au payement de la liste civile.

Au commencement de cette séance on avait lu une lettre de deux Anglais respirant les sentiments les plus dévoués pour les membres de l'Assemblée, et toute pleine de protestations élogieuses en faveur de la Révolution française. Le lendemain Robespierre proposa à l'Assemblée de voter la traduction et l'impression de cette lettre : « Car, » dit-il, « c'est un spectacle digne d'être mis sous les yeux du peuple que celui d'une grande nation applaudissant à nos efforts pour conquérir la liberté ; et c'est par de tels exemples qu'on verra les rivalités nationales disparaître devant le grand intérêt de l'humanité. » La motion fut à l'instant convertie en décret (1).

Immédiatement après cet incident on passa à la discussion des termes dans lesquels seraient promulgués les actes sanctionnés par le roi. Appelé à parler le premier sur cette matière, Robespierre s'éleva vivement contre les formules usitées pour les arrêts du conseil et les anciennes déclarations royales. « Il est impossible, » dit-il, « de concilier le droit national avec les formes employées jusqu'à ce moment : *de notre pleine puissance ; car tel est notre plaisir.* Je voudrais que tous les décrets du pouvoir législatif fussent exprimés par le terme uniforme de loi ; que les formules usitées jusqu'à présent dans la promulgation des lois fussent abolies ; qu'elles fussent remplacées par une forme noble et simple, qui annonçât le droit national et le caractère sacré de la loi. Je propose qu'après ces mots : *Louis, roi des Français,* on transcrive littéralement le décret de l'Assemblée nationale terminé par ces mots : *Que cette loi soit inviolable et sainte pour tous ;* il sera scellé d'un sceau uniforme, adressé aux tribunaux, aux assemblées administratives et aux municipalités, pour être lu, publié et exécuté (2). »

(1) *Point du jour*, numéro 102, p. 353 ; *Moniteur* du 5 au 8 octobre 1789, numéro 68.

(2) Le *Moniteur*, numéro 69, prête à Robespierre, dans cette séance une attitude

Mirabeau convint aussi qu'il fallait effacer des formes de la promulgation les expressions surannées condamnées par Robespierre, mais il insista, et plusieurs membres appuyèrent son avis, sur la conservation de la formule : *Par la grâce de Dieu*. Il y avait là, disait-on, une sorte d'intervention religieuse nécessaire à présenter au peuple, et l'idée de la justice divine devait figurer en tête des lois. Ce système, très en harmonie du reste avec les sentiments du jour, obtint les préférences de l'Assemblée. Mais pour Robespierre et pour Pétion, qui n'admettaient qu'un contrat purement civil entre la nation et le roi, c'était aller trop loin que de donner à un homme, même au premier citoyen de l'État, une consécration divine en vertu de laquelle il devenait en quelque sorte un être supérieur, et se trouvait en dehors du droit commun.

XVIII

Le départ du roi mit la perturbation dans une partie de l'Assemblée, il y eut comme une véritable désertion. Un des premiers Mounier abandonna son poste ; il se retira d'abord en Dauphiné, où il essaya de soulever les habitants, mais ayant échoué dans sa criminelle tentative, il quitta la France. Lally-Tolendal partit également. L'exemple menaçait de devenir contagieux : trois cents passe-ports avaient été délivrés dans l'espace de deux jours ; le 9 il en fut encore demandé deux cents au président. Pour remédier à un tel état de choses, on fut obligé de décréter qu'il n'en serait accordé désormais que sur des motifs exposés publiquement au sein de l'Assemblée. Le lendemain, plusieurs

tout à fait ridicule et invraisemblable. Nous avons dû préférer la version du *Point du jour*, numéro 102, p. 254, pour trois raisons : 1º parce que, rédigé au fur et à mesure des séances par Barère, assez favorable alors aux intérêts monarchiques, il présente un résumé, sinon très-complet, au moins très-exact des débats de l'Assemblée ; 2º parce qu'il y a dans le *Moniteur*, à l'occasion de Robespierre, dans cette séance, un double emploi inexplicable ; 3º parce qu'enfin le *Moniteur* de cette époque n'a été rédigé que plus tard d'après des versions plus ou moins sérieuses, plus ou moins complètes.
  Suivant le journal de Mirabeau, un député gascon se serait écrié, après avoir entendu la formule proposée par Robespierre : « Il ne nous faut point de cantiques. » (Voy. le *Courrier de Provence*, numéro 41). Bailly, dans ses *Mémoires*, n'a fait que copier le journal de Mirabeau. (Voy. t. III, p. 129.) Peut-être le rédacteur du *Moniteur* n'a-t-il fait que paraphraser ce passage. Dans tous les cas, les consciencieux auteurs de l'*Histoire parlementaire de la Révolution* ont eu tort d'accepter sans examen la version du *Moniteur*.

députés ayant fait valoir des raisons de santé pour obtenir des congés :
« Il est plaisant, » ne put s'empêcher de s'écrier un membre, « de considérer combien la résidence prochaine de l'Assemblée à Paris a rendu
malade. »

Et cependant une réaction violente se manifestait dans la capitale
contre l'effervescence populaire. La bourgeoisie s'était emparée du
pouvoir; satisfaite de la destruction de la féodalité et des restrictions
apportées à l'exercice de la royauté, il lui semblait que tout était pour
le mieux, et que la Révolution était finie. Ses deux chefs, Bailly et
La Fayette, étaient bien faits pour la comprendre, et son esprit se
personnifiait admirablement en eux.

Pour l'intelligence des événements qui vont suivre, il nous est indispensable de tracer en quelques lignes le tableau de l'organisation
communale de la ville de Paris à cette époque. Au lieu de se séparer
après avoir nommé les députés aux états généraux, les électeurs, se
posant en représentants légaux des soixante districts de la capitale,
s'étaient attribué toute l'autorité municipale. Ils avaient, il est vrai,
institué la garde nationale; mais ils en avaient banni l'élément populaire, les ouvriers. Mécontents de la grâce accordée par les électeurs
à M. de Besenval, les districts élurent, vers la fin du mois de juillet,
cent vingt députés qu'on désigna sous le nom de représentants de la
commune. Des additions successives portèrent bientôt à trois cents le
chiffre des membres de la commune, ce qui la fit surnommer le *Conseil des Trois Cents*. Elle se décomposa en municipalité, véritable pouvoir exécutif formé du maire, du commandant général de la garde
nationale et de soixante administrateurs, et en assemblée délibérante,
formée de deux cent quarante députés exerçant la puissance législative (1). C'était un gouvernement dans toutes les règles, mais un
gouvernement usurpé, dont Loustalot, dans son journal, dénonça
vivement l'organisation tyrannique (2). Il n'y eut pas, en effet, d'administration plus tracassière. A chaque instant elle prenait des arrêtés
arbitraires, et, à une époque où il n'y avait nullement péril en la
demeure, les arrestations étaient multipliées à l'occasion des faits les
plus insignifiants. Déplorable exemple pour l'avenir, et dont on ne
devait pas manquer de s'autoriser à l'heure des périls réels.

La municipalité parisienne désirait vivement être armée d'une loi
qui lui permît de repousser par les armes les attroupements provo-
qués, la plupart du temps, par le chômage et la crainte de la disette;

---

(1) Voy. dans l'*Histoire parlementaire*, par MM. Buchez et Roux, t. IV, p. 88, le
plan de la municipalité de Paris tel qu'il existait au 31 décembre 1789.

(2) *Révolutions de Paris*, t. II, numéro 14, p. 15.

et, dès le 14 octobre, Mirabeau s'était fait son interprète dans l'Assemblée en déposant une motion à ce sujet. Il n'y avait, du reste, alors aucun sentiment de haine contre le roi; les Parisiens l'avaient accueilli avec amour et reconnaissance, et Brissot, l'un des *trois cents*, écrivait dans une adresse aux provinces : « Les représentants de la commune de Paris s'engagent à une fidélité inaltérable pour la personne du roi. » Louis XVI était devenu le véritable monarque de la bourgeoisie, dont les chefs allaient essayer, par tous les moyens possibles, de comprimer l'enthousiasme et l'élan populaires. Un événement tragique leur fournit bientôt l'occasion de réclamer les mesures nécessaires à la réalisation de leurs projets. Et cependant un membre de l'Assemblée, M. Martineau, avait pu dire dans la séance du 15 : « Il y a à Paris plus d'ordre, de police que partout ailleurs. » Personne ne l'avait démenti.

Le 19 octobre, après une suspension de séances de quelques jours, l'Assemblée vint s'installer à Paris, dans une des salles de l'archevêché, en attendant que la salle du Manège des Tuileries fût disposée pour la recevoir. Dès le 20 on reprenait la discussion relative à la contribution, et l'on s'occupait des conditions requises pour l'éligibilité, quand un député de Bretagne demanda qu'on interrompît la discussion pour la lecture d'un rapport sur le mandement incendiaire de l'évêque de Tréguier. M. de Clermont-Tonnerre, réclamant l'ordre du jour, proposait à l'Assemblée de remettre à un jour déterminé l'examen des affaires de la nature de celle dont il venait d'être question. Robespierre répondit aussitôt qu'il était impossible d'assigner un jour fixe à des affaires surgissant chaque jour des événements. Quand le feu de la guerre civile est allumé dans un diocèse, dit-il, quand la ville de Rouen est exposée aux plus grands périls, est-il permis de différer un instant de statuer sur leurs affaires? Suivant lui, on était enveloppé dans les trames d'une vaste conspiration, et il serait téméraire, en de pareilles circonstances, de se résoudre à des délais de nature à amener le bouleversement de l'ordre public. M. de Clermont-Tonnerre essaya en vain de répondre, sa motion fut ajournée (1).

Le lendemain, dans la matinée, un boulanger de la rue du Marché-Palu, nommé François, accusé par une femme d'avoir caché un certain nombre de pains, fut arraché de son magasin, traîné à l'hôtel de ville, et, un moment après, mis à mort par quelques forcenés. Les auteurs de ce meurtre, bâtons-nous de le dire, ne tardèrent pas à être punis du dernier supplice; mais les membres de la commune profitè-

(1) *Point du jour*, numéro 112, p. 389, t. III.

rent de ce déplorable événement pour dépêcher à l'Assemblée natio-
nàle deux députés, avec mission de la prier de vouloir bien décréter
immédiatement la loi martiale.

Un tel crime, commis à quelques pas de l'Assemblée, ne pouvait
manquer de l'impressionner douloureusement ! Barnave, dénonçant,
lui aussi, les trames auxquelles, la veille, avait fait allusion Robespierre,
attribua ce meurtre à des mouvements contre-révolutionnaires. Déjà,
en effet, certains hommes avaient imaginé de tuer la Révolution par
ses propres excès. Effrayer le peuple et l'irriter, au lieu de le calmer
par des lois sages et douces n'était pas, selon Buzot, d'une politique
habile. Repoussant énergiquement l'idée d'une loi martiale, il se rangea
à l'avis d'un membre qui avait demandé la formation d'un tribunal destiné à poursuivre à la fois les fauteurs de désordre et à punir les crimes
de contre-révolution.

Robespierre prit la parole, à son tour, pour appuyer cette motion.
Il fallait se garder, suivant lui, de prendre des mesures précipitées.
Dans son opinion, les ennemis de la Révolution avaient prévu le cas où,
les subsistances venant à manquer par suite de menées criminelles, on
pourrait réduire le peuple aux dernières extrémités, et le ramener facilement à l'ancien régime. « Ils ont prévu, » dit-il, « que les subsistances
manqueraient; qu'on vous montrerait au peuple comme sa seule ressource ; ils ont prévu que des situations terribles engageraient à vous
demander des mesures violentes, afin d'immoler à la fois et vous et
la liberté. On demande du pain et des soldats ; c'est-à-dire : le peuple
attroupé veut du pain ; donnez-nous des soldats pour immoler le
peuple. On vous dit que les soldats refusent de marcher... Eh ! peu-
vent-ils se jeter sur un peuple malheureux dont ils partagent le malheur? Ce ne sont donc pas des mesures violentes qu'il faut prendre.
mais des décrets sages pour découvrir la source de nos maux, pour
déconcerter la conspiration qui peut-être, dans le moment où je parle.
ne nous laisse plus d'autre ressource qu'un dévouement illustre. Il faut
nommer un tribunal vraiment national. »

Ce tribunal, destiné à réprimer les crimes de lèse-nation, il fallait,
selon lui, le composer de membres pris dans le sein même de l'Assemblée nationale, et, surtout, ne pas laisser le procureur du roi du Châtelet
remplir les fonctions de procureur général de la nation. Il fallait sommer
la municipalité de remettre toutes les pièces qu'elle avait entre les
mains, lesquelles pouvaient jeter un grand jour sur les menées criminelles, et ne pas perdre un instant pour déjouer tous les complots our-
dis contre la chose publique et la liberté. « Ici, » s'écria-t-il, « ce sont
des évêques qui donnent des mandements incendiaires ; là ce sont des

commandants de provinces frontières qui laissent passer les grains dans des pays étrangers. » Puis, après avoir engagé le comité des recherches et celui des rapports à dénoncer à l'Assemblée tous les faits parvenus à leur connaissance, il invitait ses collègues à ne pas se laisser endormir par le mot de constitution que, dans une intention suspecte, certaines gens avaient toujours à la bouche, et à songer avant tout à assurer la subsistance du peuple. « Souvenez-vous, » dit-il en terminant, « que pendant que l'on se préparait à faire avorter la liberté dans son berceau, on ne cessait de nous parler de constitution, qui ne serait qu'une chimère si nous ne portions remède aux maux actuels (1). »

La voix puissante de Mirabeau se fit également entendre en cette occasion. Il voulait à la fois et la loi martiale et un tribunal national, mais il demandait aussi qu'avant tout on s'occupât d'assurer les subsistances de la capitale. Car, disait-il, « que serait une loi martiale, si le peuple attroupé s'écrie : Il n'y a pas de pain chez les boulangers? » Mais l'Assemblée avait hâte de fortifier le pouvoir exécutif, d'assurer sa propre tranquillité, et, malgré les énergiques protestations de Robespierre, elle vota la loi martiale que, dans la même séance, Target vint lui lire au nom du comité de constitution. C'était le projet de Mirabeau, légèrement modifié.

Terrible était cette loi et désastreuses étaient destinées à en être les conséquences. Dans le cas où la tranquillité publique se trouverait en péril, le drapeau rouge devait être hissé à la principale fenêtre de l'hôtel de ville et promené dans les rues. A la troisième sommation adressée par les officiers municipaux, les attroupements étaient tenus de se dissoudre immédiatement, sous peine d'être dispersés par le feu. Il est aisé de comprendre combien pouvait être dangereux l'exercice d'une loi si vague, si élastique, entre les mains d'un pouvoir hostile à la Révolution et juge lui-même des cas où la tranquillité publique serait menacée. Il n'était pas impossible de prévoir dès lors qu'un jour ou l'autre ce drapeau rouge ferait le tour du Champ de Mars, baigné dans le sang du peuple ; et lorsque, quatre ans plus tard, le chef de la municipalité qui avait réclamé une telle loi, l'illustre et malheureux Bailly, monta sur l'échafaud, une voix secrète, mêlée aux clameurs de la foule, lui cria sans doute : « Souviens-toi de la loi martiale ! »

_____

(1) Les discours de Robespierre sont, encore à cette époque, singulièrement écourtés dans les journaux du temps. Nous avons résumé celui-ci d'après les versions données par le _Moniteur_, numéro 76, et le _Point du jour_, numéro 113, p. 399. Voy. aussi le numéro 17 des _Révolutions de Paris_, et le numéro 56 du _Courrier de Provence_, p. 5, 6 et 7.

XIX

C'est le propre de la tyrannie de profiter des incidents particuliers pour étendre sa domination et attenter à la liberté de tout un peuple. Et c'est parce que la loi martiale pouvait être d'un grand secours au despotisme que sa promulgation fut diversement accueillie. Les partisans de là cour, tous les ennemis de la Révolution la reçurent avec joie, mais elle excita parmi les patriotes beaucoup de mécontentement. Quelques-uns des districts de Paris s'élevèrent vivement contre ses dispositions, et celui de Saint-Martin-des-Champs alla jusqu'à émettre la proposition d'une résistance à force ouverte. Des royalistes euxmêmes trouvèrent excessive la rigueur de ce décret. « Il conférait à la commune un droit de vie et de mort bien capable d'alarmer de bons citoyens, » a écrit, depuis, le marquis de Ferrières (1). Tandis que dans son journal le Patriote françois, — et ceci n'est pas à oublier, — Brissot · défendait avec acharnement toutes les mesures compressives prises par l'hôtel de ville, les sentinelles avancées de la Révolution, suivant l'expression de Bailly (2), se répandaient en plaintes amères contre la loi martiale et ceux qui l'avaient provoquée. « Cette loi, » écrivait Loustalot, « dont le nom seul devait choquer des hommes qui viennent d'éprouver toutes les horreurs du gouvernement militaire, a paru destinée à favoriser les menées, les projets des aristocrates, et à forcer le peuple à tendre ses mains à de nouveaux fers (3). » En même temps commençait à grandir singulièrement dans l'opinion l'homme qui, en termes si fermes et si convaincus, avait essayé d'arrêter l'Assemblée dans les voies où quelques meneurs semblaient vouloir la jeter. Il faut, en effet, assigner au discours sur la loi martiale le point de départ de l'immense faveur dont le député d'Arras n'allait pas tarder à jouir parmi le peuple. « La motion de M. Robespierre m'a frappé; » écrivait au rédacteur des Révolutions de Paris un citoyen du district de Saint-Jacques-la-Boucherie, « ses cris n'ont point été écoutés; l'éloquence fastueuse l'a emporté sur l'éloquence de la raison, et son énergie a été qualifiée d'irascibilité, d'amour-propre. Oui, proclamer la loi martiale avant d'avoir établi un tribunal pour les criminels de lèse-nation est un acte impoli-

(1) Mémoires de Ferrières, t. I, p. 354.
(2) Mémoires de Bailly, t. III, p. 222.
(3) Révolutions de Paris, numéro 16.

tique ou un coup de despotisme vigoureux. » L'auteur de cette lettre
ne manquait pas de faire remarquer que, depuis le vote de la loi martiale, l'abondance était revenue comme par enchantement, jusqu'au
jour où l'on croirait nécessaire de provoquer une nouvelle disette.
« Si je m'égare, détrompez-moi, » disait-il en terminant. Mais, loin de
le détromper, le rédacteur des *Révolutions de Paris* trouvait les dispositions effroyablement vagues de la loi beaucoup trop favorables au
despotisme ministériel et à l'aristocratie municipale, et il émettait le
vœu qu'elle fût revisée dans un moment plus calme, où les esprits ne
seraient plus troublés par le spectacle sanglant d'un innocent mas-
sacré (1).

« Il ne faut pas laisser le procureur du roi du Châtelet faire les
fonctions de procureur général de la nation, » s'était écrié Robespierre
dans la séance du 21 octobre, en demandant la création d'un tribunal
national. Tout en chargeant son comité de constitution de lui présenter
très-prochainement un projet de tribunal appelé à statuer sur les crimes
de lèse-nation, l'Assemblée n'en avait pas moins décidé que jusqu'à
nouvel ordre le Châtelet connaîtrait de ces sortes d'attentats. Confier le
soin de réprimer les ennemis de la Révolution à des juges qui avaient
été si longtemps les exécuteurs dociles des rigueurs de l'ancien régime,
c'était le comble de l'imprudence. La manière dont ce tribunal s'ac-
quitta des redoutables fonctions dont il venait d'être investi ne justifia
que trop les craintes manifestées par Robespierre, et sa profondeur de
vue lui valut de nouveaux éloges de la part du journal le plus accrédité de la capitale (2).

Mais ce qui le grandissait dans l'opinion publique acharnait contre
lui les défenseurs de l'ancien ordre de choses et les principaux chefs de
la haute bourgeoisie, laquelle ne demandait en définitive qu'à asseoir
irrévocablement sa puissance sur les ruines de la féodalité. On pouvait
déjà prévoir l'heure où La Fayette, Bailly, Barnave, Mirabeau incline-
raient vers la cour et tenteraient d'enrayer la Révolution. Mais Robespierre, lui, immuable dans ses principes, la voulait complète, logique
et profitable au pays tout entier. Il ne faut donc pas s'étonner s'il devient dès lors le point de mire des attaques les plus passionnées, des
diatribes les plus ineptes, des calomnies les plus saugrenues (3). Sa

(1) Voy. le remarquable article de Loustalot, dans le numéro 16 des *Révolutions de
Paris*.
(2) Les *Révolutions de Paris* étaient tirées à un nombre presque fabuleux d'exemplaires. Voy. le numéro 17, p. 24.
(3) M. de Montlausier raconte sérieusement qu'étant un jour à dîner chez le ministre
directeur général des finances, dans les premiers temps de l'Assemblée nationale, il vit

résistance aux tendances réactionnaires d'une partie de l'Assemblée est taxée d'exagération, d'amour-propre; sa perspicacité, hélas! si clairvoyante à prévoir les trames des ennemis de la Révolution, n'est qu'une irascibilité sombre et soupçonneuse. Sa haine de la tyrannie, son amour pour l'égalité, se transforment en basse jalousie, en envie contre les nobles et contre les riches. C'est ainsi qu'on parvient à dénaturer les plus généreux sentiments. Mais, ô puissance de la vérité! les écrivains royalistes qui lui sont le plus hostiles, tout en accumulant contre lui les accusations les plus mensongères, se trouvent comme forcés de rendre hommage à l'austérité de ses mœurs, à son désintéressement, à sa foi absolue. L'un d'eux écrit, après avoir dépeint son attitude dans la discussion relative à la loi martiale : « Tandis que les députés nobles, ecclésiastiques et riches des communes se vendaient à la cour ou se ralliaient au peuple, gagnaient et perdaient la faveur populaire, Robespierre se maintint sur cette mer orageuse, et demeura inviolablement attaché aux principes qu'il avait adoptés (1). » On lui reprochait de flatter le peuple, d'être un ambitieux. C'est la tactique ordinaire des partis de jeter ce reproche d'ambition et de flatterie à la tête de tous les hommes dévoués aux intérêts démocratiques. Cette histoire prouvera par d'irréfragables preuves que jamais personne ne fut moins ambitieux que Robespierre (j'entends ambitieux d'honneurs, d'emplois ou de richesses) et ne flatta le peuple moins que lui. Car, le servir au nom des principes de l'éternelle justice, ce n'était point le flatter. Jamais on ne vit Robespierre faire à sa popularité le sacrifice de sa dignité personnelle ou d'une de ses idées. Ah! certes, il aurait été moins calomnié si, confondu parmi les adulateurs ordinaires de la multitude, il avait mis toutes ses facultés au service des caprices et des passions du peuple. On ne l'a tant attaqué que parce qu'il est véritablement la pierre angulaire de la Révolution.

XX

Y aurait-il encore dans la France nouvelle des parias politiques, c'est-à-dire des hommes déclarés incapables *à priori* de prendre la

---

un homme à *figure chafouine*, qu'on lui dit être un membre du tiers, député d'Arras, nommé Robespierre, s'approcher de madame Necker et solliciter une place d'économe dans un des hôpitaux qu'elle dirigeait. Est-ce assez bête! (Voy. les *Mémoires* de M. de Montlausier, t. I, p. 187.)

(1) *Mémoires* de Ferrières, t. I, p. 352.

moindre part aux affaires du pays, ou bien tous les citoyens exerce-raient-ils les mêmes droits en vertu de leur seule qualité de Français? Telle était l'importante question soumise aux délibérations de l'As-semblée le lendemain du jour où elle avait décrété la loi martiale.

Il s'agissait des conditions requises pour être électeur et éligible dans les assemblées primaires. Sur les trois premières les débats n'avaient pas été longs, et l'on avait rapidement décidé qu'il fallait être Français, âgé de vingt-cinq ans et domicilié depuis un an au moins dans l'arrondissement; mais la quatrième condition proposée par le comité de constitution et consistant dans le payement d'une contri-bution directe de la valeur de trois journées de travail souleva une très-vive discussion. Les uns, comme Blin et Desmeuniers, comme Lanjuinais qui voulait qu'on ne pût être électeur à moins d'être porté au rôle des contributions, trouvaient dans la condition exigée par le comité une garantie contre la corruption des suffrages. Garantie bien illusoire, car il n'y avait pas de raison pour que les citoyens payant une contribution égale à la valeur de trois journées de travail fussent moins accessibles à la corruption que ceux qui ne payaient rien du tout. L'expérience l'a prouvé d'ailleurs, la vénalité des hommes n'est pas en raison directe de leur position de fortune, et puis les consciences ne s'achètent pas toujours à prix d'or. Les riches se laissent trop sou-vent tenter par la séduction des dignités et des honneurs, comme les malheureux par l'appât d'une modique somme d'argent. Or les plus coupables ne sont pas ces derniers. Le mieux est donc de s'en tenir aux principes, tout en faisant la part des faiblesses humaines.

Au nom de ces principes quelques membres combattirent sans peine les arguments spécieux invoqués en faveur du projet du comité. Gré-goire trouva des paroles touchantes pour plaider la cause des pauvres. Duport s'éleva aussi contre cette inégalité des droits fondés sur la for-tune; la qualité de citoyen actif devait être, selon lui, indépendante de toute contribution.

Dans une question où les droits primordiaux des citoyens étaient me-nacés, Robespierre ne pouvait demeurer neutre : il prit la parole à son tour pour réclamer... le suffrage universel. « Tous les citoyens, quels qu'ils soient,» dit-il, « ont droit de prétendre à tous les degrés de représentation. » Faire dépendre l'exercice des droits politiques du payement d'un impôt quelconque, c'était, à ses yeux, anéantir la liberté individuelle, déchirer la déclaration des droits et violer la constitution, qui plaçait la souveraineté dans le peuple. Tous les individus, sans distinction, devaient donc concourir à la formation de la loi. « Sinon, » poursuivait-il, « il n'est pas vrai que tous les hommes sont égaux en

droits, que tout homme est citoyen. Si celui qui ne paye qu'une imposition équivalente à une journée de travail, a moins de droits que celui
qui paye la valeur de trois journées de travail, celui qui paye celle de
dix journées a plus de droits que celui dont l'imposition équivaut seulement à la valeur de trois; dès lors, celui qui a cent mille livres de
rentes a cent fois autant de droits que celui qui n'a que mille livres de
revenus. Il résulte de tous vos décrets que chaque citoyen a le droit de
concourir à la loi et, dès lors, celui d'être électeur ou éligible, sans
distinction de fortune (1). »

Mais malgré cette vigoureuse argumentation, et par une étrange inconséquence, l'Assemblée, se mettant en contradiction avec les principes posés par elle dans la déclaration des droits de l'homme et du
citoyen, adopta l'article proposé par son comité. Cela seul servirait au
moins à prouver, contre une opinion trop répandue, que, au moment
où l'Assemblée nationale se sépara, la Révolution n'était pas complète
encore. On ne saurait admettre en effet dans un pays de liberté et
d'égalité cette outrageuse division d'un peuple en citoyens actifs et en
citoyens passifs.

Si les paroles de Robespierre n'exercèrent aucune influence sur la
détermination de ses collègues, trop défiants à l'égard du peuple, elles
retentirent profondément dans le cœur des masses, dont une partie se
trouvaient exclues de la vie politique. Un peu plus de trois ans après,
la Convention répara l'injustice de la Constituante, mais la réaction de
Thermidor, en brisant la constitution de 1793, vint encore une fois
vicler le droit affirmé dès 1789 par Robespierre. Il a fallu arriver jusqu'à nos jours pour le triomphe complet du suffrage universel, sorti
victorieux des barricades de février 1848. Aujourd'hui même nous
voyons un certain nombre de personnes, mécontentes de la façon dont
il fonctionne, le contester et réagir contre lui au moyen d'une foule
d'arguments plus spécieux que solides au fond; on aura beau entasser
tous les sophismes du monde, on ne parviendra jamais à prouver qu'une
partie de la nation, se déclarant plus instruite et plus indépendante, ait
le droit de confisquer, au détriment de l'autre, la part de légitime influence qu'il appartient à chacun d'exercer sur les affaires de son pays,
c'est-à-dire sur ses propres affaires. Eclairez le suffrage universel par
la presse libre, par les réunions publiques, par l'instruction obligatoire
et gratuite, cette dette dont toute société est tenue envers les générations à venir, soit; mais ne touchez pas au principe; il n'y a point de
droit contre le droit.

(1) Voy. le *Moniteur* du 22 au 26 octobre 1789, numéro 77. Voy. aussi le *Point du
jour*, numéro 114, p. 415.

Quelques jours après, l'Assemblée, décidée à consacrer l'aristocratie
des richesses, exigea comme condition d'éligibilité à la représentation
nationale le payement d'une contribution d'un marc d'argent au moins.
C'était priver plus d'un tiers des citoyens, et même une partie des députés actuels, de la faculté de représenter leurs concitoyens. Quelques
membres ayant réclamé une exception en faveur des fils dont les pères
payaient la contribution exigée, Robespierre la repoussa comme n'étant
pas justifiée. « Cette exception,» dit-il, « serait odieuse et injurieuse à
une grande partie des habitants du royaume. » La discussion étant devenue tumultueuse, on ajourna la question au mardi suivant. Ce jour-
là, 3 novembre, Robespierre demanda si, oui ou non, tout était jugé
pour les fils de famille comme pour les autres citoyens (1). L'Assemblée, au milieu du bruit, décida qu'il n'y aurait pas d'exception pour
les fils de famille.

Le décret du marc d'argent excita dans le public d'amères récriminations. « Le patriotisme expirera donc dans son berceau? » s'écria
Loustalot. « On rira peut-être de ma prédiction ; la voici toutefois :
Avant dix ans, cet article nous ramènera sous le joug du despotisme,
ou il causera une révolution qui aura pour objet des lois agraires (2). »
C'était en effet créer un déplorable antagonisme entre ceux qui possédaient et ceux qui ne possédaient pas. Véritable interprète des sentiments populaires, Robespierre comprenait bien ce danger. Le seul
titre à l'éligibilité était, à ses yeux, la confiance de ceux qui doivent
être représentés, et nous l'entendrons plus d'une fois attaquer à la tribune, avec une impérieuse éloquence, un décret si contraire aux principes de la Révolution.

XXI

De toutes les institutions de l'ancien régime celle des parlements
n'était pas une des moins en harmonie avec le nouvel ordre social auquel travaillait l'Assemblée constituante. Corps politiques, avaient-ils
servi, comme on l'a dit trop complaisamment, de contre-poids au despotisme royal, de frein à ses emportements ? L'impartiale histoire est
tenue de répondre : Non.

(1) Procès-verbaux manuscrits de l'Assemblée nationale. (*Archives* C, § 1, 276,
carton 19.)
(2) *Révolutions de Paris*, numéro 17, t. II, p. 10.

Ont-ils jamais opposé une résistance sérieuse à toutes les iniquités qui resteront comme d'éternels stigmates au front de la monarchie française? Et ne sait-on pas qu'il suffisait d'un lit de justice pour avoir raison de leurs remontrances? Quelques grands caractères, se détachant en relief sur le fond commun, ne suffisent pas à couvrir et à racheter le servilisme général.

Corps judiciaires, avaient-ils mieux mérité du pays? Hélas! leur histoire n'est que le martyrologe du peuple; il faudrait l'écrire en lettres de sang. Qui dira jamais le nombre des malheureux que, dociles instruments des vengeances royales ou des colères de l'Église, ils ont envoyés au bûcher et au gibet? Il n'est pas jusqu'aux criminels sur qui leurs arrêts féroces ne soient parvenus à faire descendre la pitié. On ne lira jamais la description de l'effroyable supplice de Damiens sans maudire les juges qui l'ont ordonné. Ni les progrès de la philosophie, ni la douceur des mœurs du jour ne semblaient avoir prise sur le cœur des magistrats. Ajoutez à cela leur corruption dénoncée au monde entier par la plume incisive de Beaumarchais, corruption d'autant plus funeste que la justice entre les mains des titulaires était devenue un véritable patrimoine, transmissible par héritage ou par vente. Or, du moment où les fonctions judiciaires, cette chose réputée sainte, pouvaient être vendues comme un fonds de commerce, la justice perdait aux yeux du peuple son caractère auguste et sacré.

La cause des parlements était donc perdue d'avance quand éclata la Révolution. Eux n'en jugeaient pas ainsi. Ils le prirent même avec l'Assemblée constituante sur un ton de hauteur qui indisposa vivement contre eux les représentants de la nation. Celui de Paris ayant un jour adressé à l'Assemblée un acte d'adhésion par un mot très-laconique, elle se fâcha. Voici comment Robespierre raconte l'aventure : « ... Un membre fit l'observation que le parlement, n'étant dans l'État qu'un corps particulier, ne pouvoit traiter de corps à corps avec l'assemblée générale qui représente la nation dont il n'est qu'une infiniment petite partie, et qu'il auroit pu se donner la peine de lui adresser directement ses hommages. Le duc d'Aiguillon se leva et déclara qu'en qualité de membre du parlement il adhéroit à la réflexion du préopinant; le duc de Larochefoucauld dit la même chose; un conseiller du parlement d'Aix, qui n'est pas du tout parlementaire, M. Dandrets, dit : S'il étoit permis à un chétif conseiller de province de s'expliquer sur cet objet, je dirois que je suis du même avis. Enfin M. d'Éprémesnil, le plus ardent défenseur de toutes les sottises parlementaires, et qui n'avoit pas encore ouvert la bouche dans l'Assemblée nationale, prit la parole pour dire qu'il adhéroit à tout ce qui venoit

d'être dit. Je préfère à ce procédé lâche et hypocrite la conduite de
M. Fréteau, qui essaya de proposer quelque excuse en faveur de ce
corps (1). »

Les parlements en étaient venus à favoriser eux-mêmes les résistances aux décrets de l'Assemblée, au lieu d'aider à la marche pacifique
de la Révolution. Suspendus jusqu'à nouvel ordre, sur la motion
d'Alexandre de Lameth, dans la séance du 3 novembre, le jour même
où les biens du clergé avaient été mis à la disposition de la nation, ils
se montrèrent profondément irrités. On connaît les arrêtés séditieux
des parlements de Normandie et de Metz. Ce dernier, tout en enregis-
trant le décret du 3, déclara nettement que ni l'Assemblée ni le roi
n'étaient libres, appelant en quelque sorte ouvertement le peuple à la
révolte, comme le dit très-bien Rœderer, un de ses propres membres.
Cassé immédiatement par le roi, cet arrêt du parlement de Metz
n'en occasionna pas moins une tempête dans l'Assemblée. Dénoncé
comme attentatoire aux droits de la nation, il trouva dans le vicomte
de Mirabeau un défenseur plus funeste qu'utile. Les paroles peu me-
surées de l'orateur, qui concluait à ce que l'Assemblée reconnût elle-
même sa liberté par un décret, augmentèrent encore le tumulte. Une
foule de membres demandèrent aussitôt son rappel à l'ordre ; les uns
voulaient que la parole lui fût interdite pour trois mois, les autres se
contentaient de réclamer la question préalable.

Robespierre, repoussant et la motion du vicomte de Mirabeau et la
question préalable, monta à la tribune pour invoquer les grands principes de la liberté. Il demanda l'impression du discours irrespectueux
qu'on venait d'entendre, comme la meilleure preuve de la liberté dont
jouissait l'Assemblée. Le député Lavie, qui avait réclamé contre l'orateur la mesure de la suspension, se rallia tout de suite à la proposition de Robespierre, jugeant que l'impression d'un tel discours était
une peine suffisante (2).

L'Assemblée, pour en finir, décida, après une assez longue discussion, que les membres du parlement de Metz, signataires de la délibération séditieuse, paraîtraient à la barre afin d'y rendre compte de leur
conduite. Une supplique de la municipalité de Metz sauva les parlementaires de cette humiliation, et, quelques jours après, l'Assemblée,
déférant au vœu de leurs concitoyens, les dispensa, par une dédaigneuse indulgence, de comparaître à sa barre.

Le mois suivant, l'affaire du parlement de Rennes, dont les arrêtés

(1) Lettre manuscrite de Robespierre, en date du 23 juillet 1789.
(2) *Point du jour,* numéro 138, p. 203.

contre-révolutionnaires avaient été également dénoncés, mit encore en
présence Robespierre et le vicomte de Mirabeau. Les conseillers
bretons avaient refusé d'enregistrer le décret du 3 novembre et déclaré
qu'ils ne rendraient plus la justice. Quelques membres, Le Chapelier
et Regnaud (de Saint-Jean d'Angely), entre autres, proposèrent à l'Assemblée de décréter immédiatement d'accusation le parlement de Bretagne. D'autres conseillaient la temporisation et l'indulgence. Mais,
suivant Robespierre, de telles mesures ne convenaient plus à la dignité
de l'Assemblée nationale. « Non-seulement,» dit-il, « le parlement de
Rennes a offensé la nation en refusant la justice au peuple, mais il a
eu l'audace d'écrire des lettres au pouvoir exécutif. » A ces mots une
voix s'écria : « Non, cela n'est pas vrai! » Cette voix, c'était celle du
vicomte de Mirabeau. Robespierre, sans répondre à l'interrupteur,
continua d'exposer son plan, déclara qu'il adoptait la motion de Le
Chapelier concernant l'établissement d'un tribunal provisoire à la
place du parlement de Rennes, et demanda seulement, en plus, que
les nouveaux juges fussent élus par le libre choix du peuple (1). C'était
le principe de l'élection des magistrats nettement posé devant l'Assemblée nationale. Ce principe était destiné à triompher dans la
Constitution.

Le vicomte de Mirabeau ayant continué ses invectives, l'Assemblée,
insultée dans un de ses membres, décida qu'il serait rappelé à l'ordre
avec mention au procès-verbal. Quelques députés avaient réclamé
une punition plus sévère; mais M. de Menou mit tout le monde d'accord en s'écriant que la plus belle grâce qu'on pût faire au vicomte de
Mirabeau était de croire qu'il n'était pas de sang-froid (2). Ce fait
s'était passé à une séance du soir. Camille Desmoulins ne manqua pas
de flétrir dans son quatrième numéro des *Révolutions de France et de
Brabant* l'insulte faite à Robespierre, « cet excellent citoyen, l'orne-
ment de la représentation nationale. » Faisant allusion au banquet des
apôtres, le jour de la Pentecôte, l'enfant terrible de la Révolution,
après avoir prêté à saint Pierre ces paroles irreligieuses : « Messieurs,
nous ne sommes point ivres, car il n'est que neuf heures du matin et
le cabaret n'est point encore ouvert, » ajoutait : « Si mon cher camа-
rade de collège Robespierre avait dit la même chose au vicomte,
celui-ci n'eût pu répondre comme saint Pierre, car il étoit neuf heures
du soir, et il avait dîné chez Mars (3). » C'était la paraphrase un peu

---

(1) *Point du jour*, numéro 162, p. 133.
(2) *Moniteur* du 16 décembre 1789, numéro 116.
(3) *Révolutions de France et de Brabant*, numéro 4, t. I, p. 163.

brutale du mot de M. de Menou ; mais l'article de Camille indique déjà la faveur croissante du député d'Arras dans l'opinion publique.

Il aurait fallu aux parlements de meilleurs défenseurs que le vicomte de Mirabeau ; ils étaient dès lors abolis de fait, et l'on peut dire qu'ils tombèrent sans exciter le moindre regret dans la nation, tant ils étaient parvenus eux-mêmes à se frapper de discrédit. On sait avec quelle amertume, au mois de janvier suivant, les conseillers du parlement de Bretagne furent censurés à la barre de l'Assemblée nationale.

XXII

Il n'y avait pas que les parlements dont les fureurs se trouvassent excitées par la dislocation de l'ancien régime ; certains pays d'états n'avaient pas vu sans colère la destruction des privilèges provinciaux. Ceux du Cambrésis, notamment, renforcés de quelques nobles et de quelques ecclésiastiques, venaient de prendre un arrêté séditieux par lequel ils révoquaient les députés de la province et invitaient clairement les citoyens à résister aux décrets de l'Assemblée. Dénoncés par Treilhard et par Merlin, qui demandèrent la traduction de leurs membres à la barre, les états du Cambrésis eurent dans l'abbé Maury, fougueux défenseur de tous les vieux abus, un apologiste passionné.

Robespierre se leva pour répondre à l'abbé. Il l'accusa d'avoir déplacé la question en mettant en cause la province de Cambrésis, « tandis qu'il s'agissait seulement d'examiner et de juger une simple délibération, un acte de folie d'une commission inconstitutionnelle et vraiment aristocratique... » Cette dernière expression souleva dans l'Assemblée une double émotion : d'une part, des murmures violents, car beaucoup de membres du côté droit étaient trop attachés au parti aristocratique pour demeurer de sang-froid en l'entendant attaquer ; de l'autre, des applaudissements frénétiques. Deux fois l'orateur fut interrompu. Quand le président eut enfin obtenu la cessation du désordre, qu'un journaliste du temps attribua principalement aux aristocrates des galeries, se refusant à croire « que l'Assemblée fût encore infectée de cette engeance (1), » Robespierre reprit : « On ne peut se défendre

---

(1) Gorsas. Voy. son *Courrier de Versailles à Paris et de Paris à Versailles*, t. VI, numéro 8.

d'un mouvement d'indignation contre ces hommes qui, sans qualité légale, ont osé attaquer vos décrets. Ce corps aristocratique a poussé le délire jusqu'à vouloir révoquer des députés qu'il n'a point nommés, et les révoquer sans l'avis des peuples qui ont chargé ces mêmes députés de détruire le régime actuel des états; mais tant d'absurdité fait changer l'indignation en pitié. » Combattant ensuite les mesures de rigueur proposées contre les états incriminés, que, avec une pitié dédaigneuse, il présentait comme plus ignorants que coupables, l'orateur poursuivait ainsi : « Ils n'ont pu se dépouiller encore des préjugés gothiques dans lesquels ils ont vécu; les sentiments de justice et d'honneur, la raison et le patriotisme n'ont pas encore pénétré jusqu'à eux. Ce sont des orgueilleux qu'il faut humilier, des ignorants qu'il faut instruire. Je vous propose donc d'inviter les députés des communes du Cambrésis, ses véritables défenseurs, à écrire aux membres des états une lettre capable de dissiper leur ignorance, de les rappeler aux sentiments patriotiques et aux idées raisonnables (1). »

Mirabeau ne trouva pas que Robespierre se fût montré assez sévère : « Nous avons vu, » écrivit-il dans son journal, « se résoudre en ironie les traits terribles qu'on s'attendait à lui voir lancer contre les états. Cet arrêté, a-t-il dit, vient d'un excès de folie ou d'un excès d'ignorance. M. de Robespierre ne pensoit pas que la maladie de l'ignorance est incurable quand elle se complique avec l'orgueil et l'intérêt (2). »

Moins indulgents que Robespierre, quelques députés, comme Barnave, Alexandre Lameth et Le Chapelier, voulaient qu'on déférât à la justice l'arrêté séditieux et les membres qui y avaient concouru. Ajournée à cause de la divergence des opinions, la question fut reprise quelques jours plus tard, le 24 novembre ; et l'Assemblée, s'inspirant de cette indulgence recommandée par Robespierre, décida, après avoir annulé la délibération des états du Cambrésis comme attentatoire aux droits de la nation, que le roi serait supplié de donner les ordres nécessaires pour faire rentrer les membres des états dans le devoir et les forcer à exécuter les décrets de l'Assemblée.

---

(1) Voy. le *Moniteur* du 18 au 20 novembre 1789, numéro 92; le *Point du jour*, numéro 140, p. 226, et le *Courrier de Versailles à Paris*, t. VI, numéro 8, combinés.

(2) *Courrier de Provence*, numéro 68, p. 21.

XXIII

On discutait alors la nouvelle organisation du royaume, et c'étaient précisément les bases posées par l'Assemblée qui irritaient si vivement dans les provinces un certain nombre d'individus attachés par routine, et surtout par intérêt, à l'ancien état de choses. En anéantissant le despotisme royal et celui de la féodalité, l'Assemblée constituante avait accompli une grande œuvre, et ce sera son éternel honneur ; mais ce n'était là que la moitié de sa tâche. Ses principaux membres comprenaient très-bien que, après avoir brisé cette double tyrannie, il leur fallait encore dissoudre les éléments divers et multiples dont elle se composait, et reconstruire à la place du vieil édifice en ruines un nouvel édifice social mieux entendu, plus en rapport avec l'égalité récemment conquise, plus digne enfin de cette liberté qu'on venait de proclamer à la face du monde émerveillé.

Mais que d'obstacles à surmonter pour édifier un pareil monument ! On se rappelle l'inexprimable confusion existant sous tous les rapports dans l'ancienne organisation de la France. Nulle homogénéité, vingt nationalités dans une ; là c'étaient les pays d'états ; ici les pays d'élection. Il y avait des provinces soumises à la juridiction du droit romain et des provinces de droit coutumier ; ce qui était erreur d'un côté était vérité de l'autre. Finances, justice, langue, tout était disparate. C'était la tour de Babel. Telle province avait des priviléges et des immunités dont telle autre était entièrement privée. L'Artois avait conservé certains droits soigneusement stipulés dans sa capitulation, mais dans aucune province peut-être le joug féodal ne pesait d'un poids plus lourd que dans la patrie de Robespierre. La ville d'Arras en particulier était, on s'en souvient, comme enlacée dans la suzeraineté de l'abbé de Saint-Waast et celle de l'évêque.

Il fallait mettre de l'ordre dans ce chaos ; de tant de nations diverses faire une nation une, forte et compacte. Ce fut ce qu'entreprit victorieusement l'Assemblée nationale. L'unité française, c'est son œuvre impérissable, un de ses plus beaux titres à notre reconnaissance. Gloire donc à tous ceux de ses membres qui y concoururent, qu'ils s'appellent Robespierre, Larochefoucauld, Thouret, Barnave ou Mirabeau !

Mais en toutes choses nous verrons toujours le premier devancer singulièrement ses collègues et émettre des propositions qui, jugées

irréalisables sur le moment, ont été réalisées depuis, ou seront adoptées plus tard, tant elles sont dans la logique des progrès de l'humanité. Il avait demandé que tous les citoyens fussent électeurs et admis
à tous les degrés d'élection; son système, repoussé par l'Assemblée
constituante, momentanément sanctionné par la Convention, est en
pleine vigueur aujourd'hui.

Après avoir décrété la division du royaume en départements, celle
des départements en districts, et celle des districts en cantons, l'Assemblée avait décidé que dans les assemblées primaires de chaque canton
les électeurs nommeraient un électeur du second degré à raison de
cent citoyens actifs présents ou non présents à la réunion; que les
électeurs nommés par les assemblées primaires se réuniraient en une
seule assemblée de département pour élire les députés à l'Assemblée
nationale, et que le nombre de ces députés serait déterminé selon la
triple proportion du territoire, de la population et de la contribution
directe. Dans la discussion préalable, Robespierre n'avait pas manqué
de s'élever contre les chiffres trop restreints, suivant lui, proposés
par le comité de constitution. Il aurait voulu que le nombre des électeurs du second degré fût au moins de trois cents par assemblée électorale, et que l'on portât à mille celui des députés aux Assemblées nationales. « Car, » disait-il, « plus ces assemblées seront nombreuses, plus
l'intrigue aura de peine à s'y introduire, et plus la vérité paraîtra avec
éclat. La vertu n'a pas besoin d'être entourée de témoins, mais la corruption a besoin d'un grand nombre de surveillants (1). » Malgré ses
observations, le plan du comité passa avec cette modification anti-
libérale et restrictive du droit électoral, proposée par M. d'Ambli, que
les députés devraient être choisis parmi les éligibles du département
électeur.

En vertu des mêmes principes il demandait, quelques jours plus
tard, que le nombre des membres de l'assemblée administrative de
chaque département fût porté à quatre-vingts au lieu de trente-six,
chiffre proposé par le comité de constitution. « Un peuple qui veut se
régénérer, » disait-il, « et qui veut fonder sa liberté sur les ruines de
toutes les aristocraties, doit avoir des assemblées nombreuses pour
que ses représentants soient plus impartiaux. » Comme il était question
d'allouer une rétribution aux administrateurs du département, quelques députés proposèrent de réduire leur nombre à vingt-quatre, en
invoquant la nécessité de l'économie, cachant peut-être sous ce prétexte leur désir de voir les administrations départementales se trans-

(1) *Point du Jour*, 139, p. 216; *Moniteur* du 17 au 18 novembre 1789, combinés.

former en oligarchies aristocratiques. Suivant Robespierre, la considé-dération de l'économie devait céder à l'avantage plus essentiel de multiplier les soutiens et les défenseurs du peuple (1). Barnave aussi voulait des assemblées nombreuses, comme étant moins exposées à l'esprit de parti et de faveur, mais il jugeait suffisant le chiffre fixé par le comité ; l'Assemblée constituante fut de son avis.

Aux assemblées départementales, ressortissant à l'Assemblée natio-nale législative, furent subordonnées les assemblées de district et les municipalités. Ainsi se trouva constituée en partie cette puissante unité à laquelle, quelques années après, la France fut redevable de ne pas succomber sous le poids de l'Europe coalisée. Peut-être l'Assemblée constituante ne laissa-t-elle pas la commune vivre assez de sa propre vie; mais la Constitution de 1793 eut soin de remédier à cet inconvé nient ; et si plus tard, le jour où le principe d'autorité prit d'ef-frayantes proportions, la centralisation française fut portée à un point excessif et fatal, il n'en faut pas rejeter la faute sur la Révolution. Il y a d'ailleurs une distinction fondamentale à établir entre la centralisa-tion administrative et la centralisation politique. Nous aurons à revenir sur ce sujet ; disons seulement tout de suite qu'autant Robespierre était partisan de celle-ci, autant il était hostile à la première dans son exa-gération.

XXIV

Depuis l'ouverture de ses séances, l'Assemblée nationale avait presque complétement renouvelé la France. On est stupéfait quand on considère le pas franchi et les travaux accomplis par elle en quelques mois. Et ce bouleversement de l'ancien état social était accueilli avec un enthousiasme bien naturel par l'immense majorité de la population. Souvent même on se plaignait amèrement de ce que les décrets libé-rateurs ne fussent pas assez promptement mis à exécution. Dans la séance du 21 novembre, lecture fut donnée de plusieurs adresses par lesquelles un certain nombre d'électeurs de bailliages réclamaient contre le retard apporté dans quelques localités à la promulgation des arrêtés rendus le 4 août et les jours suivants. Si le gouvernement se hâtait de publier dans tout le royaume les décrets favorables au pou-voir exécutif, tels que ceux relatifs à la contribution du quart des re-

(1) *Point du jour*, 139, p. 220 ; *Moniteur* de 1789, numéro 92.

venus et à la loi martiale, il mettait beaucoup moins d'empressement à faire parvenir aux municipalités les arrêtés destructifs des privilèges de la noblesse et du clergé, arrêtés qu'il n'avait sanctionnés qu'à contre-cœur. Ce fut ce que ne manqua pas de signaler Robespierre. Quelques jours auparavant, une lettre de sa sœur lui avait annoncé en ces termes la promulgation à Arras d'un décret qu'il avait vivement combattu : « On vient de publier aujourd'hui dimanche la loi martiale. J'ai marqué mon étonnement d'entendre immédiatement après la lecture de cette loi déclarer que la garde nationale étoit toujours libre (1). » Il supplia donc l'Assemblée de prendre les mesures les plus efficaces pour la prompte et exacte publication de tous les décrets dans chacune des municipalités du royaume. Conformément à ses observations, on décida immédiatement que quatre commissaires spéciaux seraient chargés de s'assurer de l'envoi et de la réception de tous les décrets sanctionnés ou acceptés par le roi (2).

Il arrivait ainsi qu'à chaque instant l'Assemblée était obligée d'interrompre les débats relatifs à la constitution, à l'organisation du royaume et aux grandes mesures financières, pour statuer sur des questions incidentes dont la décision n'admettait pas de retard. Tantôt c'étaient des parlements en révolte dont il fallait châtier l'insolence, tantôt des municipalités dont il était nécessaire de soutenir le patriotisme contre les réactions aristocratiques. On était sûr alors de voir aux prises les membres qui, dans la salle du Manège, où l'Assemblée était venue s'installer depuis peu, à quelques pas du château des Tuileries, siégeaient à la droite du président, et ceux qui siégeaient à la gauche. Nous avons récemment montré Robespierre luttant contre l'abbé Maury à propos d'une délibération séditieuse des états du Cambrésis ; nous allons l'entendre défendre le peuple de Toulon, violemment incriminé par Malouet et de Virieu.

Une décision injuste prise par le commandant Albert de Riom contre les ouvriers de la marine enrôlés dans les rangs de la garde nationale avait profondément irrité celle-ci, déjà blessée de plusieurs insultes dont la cocarde tricolore avait été l'objet. Soupçonnés d'avoir voulu faire tirer sur le peuple, le comte de Riom et plusieurs officiers furent arrêtés par la garde nationale et mis au cachot. Le bruit s'étant répandu que la ville était sur le point d'être attaquée par les flottes combinées de la Hollande et de l'Angleterre, on traita les prisonniers avec plus de sévérité, et toute la population prit les armes pour repousser

(1) Lettre manuscrite de Charlotte Robespierre (d'Arras, sans date précise).
(2) *Point du jour*, numéro 141, p. 241.

l'attaque dont Toulon semblait menacé. Malouet annonça ces nouvelles à l'Assemblée sous les couleurs d'une insurrection populaire. Dans une séance précédente il avait proposé une motion tendant à ce qu'on réprimât énergiquement les désordres dont, suivant lui, la ville de Toulon avait été le théâtre, et qu'une réparation éclatante fût faite au commandant Albert de Riom. Cette fois, il se contentait de prier l'Assemblée d'autoriser le président à écrire aux officiers municipaux de Toulon qu'aucune escadre ne menaçait la ville, et que, lorsque la tranquillité serait rétablie, on prendrait en considération les réclamations des ouvriers touchant la décision prise à leur égard par le commandant de la marine. Mais, disait Robespierre, on n'avait encore aucun renseignement précis sur les faits dénoncés par Malouet. Adopter sa motion, ce serait blâmer la conduite des citoyens de Toulon sans la connaître, tandis qu'on avait les preuves de l'incivisme du commandant et de quelques-uns de ses officiers. A ces mots, l'abbé de Bonneval interrompît brusquement l'orateur, et de Virieu demanda son rappel à l'ordre. Mais lui, sans s'émouvoir : « Le mépris le plus insultant du signe national, les menaces contre la liberté et la sûreté du peuple ont nécessité la légitime défense des habitants. Je demande donc que votre délibération soit suspendue jusqu'à ce que vous ayez pris connaissance des pièces nouvelles que les habitants de Toulon viennent de vous envoyer par un courrier extraordinaire, pour prouver les attentats commis par l'intendant (1). »

Renvoyée au comité des rapports, l'affaire de Toulon fut reprise au mois de janvier suivant, et ramena Robespierre à la tribune. Un député, nommé de Champagny, avait essayé de disculper entièrement la conduite du comte Albert de Riom en passant sous silence la plupart des faits qui avaient motivé le ressentiment de la garde nationale et du peuple de Toulon. Après lui, le député Ricard, dans un discours énergique, présenta une sombre peinture des menées réactionnaires auxquelles s'étaient associés les officiers mis en état d'arrestation, et qui avaient déterminé le soulèvement des ouvriers toulonnais. Après avoir rappelé avec quelle persistance le commandant de la marine s'était opposé à ce que ses subordonnés se décorassent de la cocarde tricolore, il proposa à l'Assemblée de se déclarer satisfaite de la manière dont la municipalité de Toulon, la garde nationale et les troupes s'étaient comportées en ces circonstances orageuses. M. de Liancourt, tout en justifiant également la municipalité et la garde nationale de

(1) *Point du jour*, numéro 160, p. 116, et *Moniteur* du 15 décembre 1789, numéro 115, combinés.

Toulon, concluait en demandant une déclaration entièrement favorable au comte de Riom et aux officiers arrêtés avec lui.

Mais, aux yeux de Robespierre, c'était une mesure injuste et impolitique que d'innocenter complétement des fonctionnaires convaincus d'avoir manifesté les sentiments les plus hostiles à la Révolution; car les absoudre par un décret, c'était improuver la conduite des habitants de Toulon, qui n'avaient fait qu'user du droit de résistance à l'oppression. « Je ne veux être, » dit-il, « ni l'accusateur, ni l'avocat des officiers de la marine; ni l'un ni l'autre rôle ne convient aux représentants de la nation; mais je crois que nous devons faire tous nos efforts pour empêcher qu'on ne donne des éloges aux sentiments et à la conduite des officiers qui ont manqué à la liberté et au respect dû au peuple. On vous parle beaucoup des ménagements à garder envers un commandant de la marine qui a bien servi; et moi je réclame à la fois la commisération, l'amour, le respect pour le peuple; je ne connais rien de grand pour l'Assemblée nationale que le peuple. On vous parle de consoler, d'honorer un officier général; je vous supplie, au nom de la liberté, de ne pas décourager le patriotisme des bons citoyens. Protégez la liberté, honorez la nation et l'humanité. C'est au courage, c'est au généreux dévouement des défenseurs de la patrie, c'est à l'inflexibilité de leurs principes qu'est attachée la destinée des grandes révolutions. » Puis, après avoir rappelé les faits analogues qui s'étaient passés à Brest, où la liberté se trouvait compromise par la soldatesque, et à Marseille, où les meilleurs patriotes avaient été jetés dans les fers par les partisans de l'ancien régime, il retraçait à son tour les événements dont la ville de Toulon avait été le théâtre. Il fallait prendre garde, disait-il en terminant, de décourager le patriotisme en comblant d'éloges les ennemis de la liberté. Du reste, il ne proposait pas la mise en accusation des officiers dont il blâmait la conduite, mais, se ralliant à la proposition de son collègue Ricard, il réclamait, au nom de la prudence et de la justice, un vote de satisfaction en faveur du conseil municipal et de la garde nationale de Toulon (1).

L'Assemblée nationale, ne voulant pas mécontenter la cour en incriminant la conduite de l'intendant de la marine et celle de ses officiers, ni irriter les magistrats municipaux et la garde nationale de Toulon, déclara que, présumant favorablement des motifs qui avaient animé les uns et les autres, il n'y avait lieu à aucune inculpation. C'était déjà beaucoup d'avoir empêché l'Assemblée, assez hostile aux effervescences

(1) Voy. le *Moniteur* du 18 janvier 1789, et le *Point du Jour*, numéro 188, p. 82, combinés.

populaires, de blâmer, malgré l'insistance de Malouet et de quelques autres députés du côté droit, un mouvement auquel s'était associée toute la population toulonnaise.

XXV

Quelques semaines auparavant, dans la séance du 23 décembre, Robespierre avait obtenu une victoire plus complète lorsque, appuyant une motion de Clermont-Tonnerre, il avait pris en main la cause de plusieurs classes de citoyens déshérités, depuis des siècles, de tous droits politiques, et dont il contribua largement pour sa part, on peut le dire, à faire décréter la participation à la vie civile.

Il s'agissait de savoir si les non-catholiques, juifs ou protestants, et les comédiens, ayant du reste les qualités requises pour être citoyens actifs, étaient aptes à occuper des fonctions municipales et à siéger au sein de la représentation nationale. Non, disaient les éternels défenseurs du passé, comme l'abbé Maury : il faut laisser à l'écart ces races maudites ; les comédiens, parce qu'ils exercent une profession infamante ; les juifs, parce qu'ils forment une nation dans la nation, et qu'ils sont le fléau des peuples. Tel était encore à cette époque l'empire du préjugé, que le district des Cordeliers, ayant élu un comédien comme officier de la garde nationale, vit se soulever contre lui les cinquante-neuf autres districts, et que François de Neufchâteau fut rayé du tableau des avocats de Paris uniquement parce qu'il avait épousé la fille du célèbre acteur Préville (1).

Attaquer de front une opinion inique, mais ancienne et invétérée, n'était donc pas une tâche très-facile. « M. Robespierre, » dit Mirabeau dans son *Courrier de Provence*, « a réfuté l'abbé Maury en peu de mots, mais avec force (2). » On avait reproché aux juifs de vivre à l'écart, de s'occuper uniquement de spéculations lucratives, d'être enfin infestés de vices et de préjugés, comme si en cela ils formaient une exception dans l'humanité. Les lois anciennes invoquées contre eux étaient contraires aux principes et à la raison ; il était donc, disait Robespierre, de la dignité de l'Assemblée nationale de les abroger. « Comment, » s'écriait-il, « a-t-on pu leur opposer les persécutions dont ils ont été victimes chez différents peuples ! Ce sont au contraire des

(1) *Révolutions de Paris*, numéro 24, p. 6.
(2) *Courrier de Provence*, numéro 83, p. 7.

crimes nationaux que nous devons expier en leur restituant les droits imprescriptibles dont aucune puissance humaine ne pouvait les dépouiller... Rendons-les au bonheur, à la patrie, à la vertu en leur rendant la dignité d'homme et de citoyen ; songeons qu'il ne peut jamais être politique, quoi qu'on puisse dire, de condamner à l'avilissement et à l'oppression une multitude d'hommes qui vivent au milieu de nous. Comment l'intérêt social pourrait-il être fondé sur la violation des principes éternels de la justice et de la raison, qui sont les bases de toute société (1)? » Belles paroles sorties d'un cœur profondément dévoué aux intérêts de l'humanité, et que ne devraient jamais oublier ceux dont Robespierre plaidait alors si chaleureusement la cause.

Quant à l'admission des protestants, la thèse était beaucoup plus facile à soutenir. L'abbé Maury lui-même avait déclaré qu'il ne les confondait pas avec les juifs. On se rappelait encore avec effroi les désastres occasionnés par la révocation de l'édit de Nantes, et il y avait en France une réaction presque générale en leur faveur. Rabaut Saint-Étienne, un des leurs, fils d'un vieux pasteur des Cévennes, n'avait-il pas été choisi pour président par l'Assemblée nationale? Robespierre, en se faisant leur avocat, allait donc au-devant de l'opinion publique. C'était un procès gagné d'avance.

Il n'en était pas de même à l'égard des comédiens. Bien qu'ils ne fussent exclus des fonctions publiques par aucune loi positive, ils l'étaient en vertu de ces préjugés dont nous venons de citer deux exemples frappants et qui, selon l'abbé Maury, honoraient le peuple chez lequel ils se trouvaient en vigueur. Mais tel ne pouvait être l'avis d'un philosophe, d'un libre penseur. Proscrire toute une classe d'hommes parce que dans son sein il pouvait s'en rencontrer quelques-uns d'indignes, c'était le comble de l'iniquité. Etait-ce donc chose si rare de rencontrer au milieu de ce clergé, dont faisait partie l'abbé Maury, des individus souillés de crimes et de débauches? Fallait-il pour cela jeter l'anathème à la corporation tout entière, déclarer tous ses membres indignes? Robespierre n'avait pu maîtriser son émotion en entendant les paroles antichrétiennes de son fougueux collègue. « Il était bon, » dit-il, « qu'un membre de cette Assemblée vînt réclamer en faveur d'une classe trop longtemps opprimée. Les comédiens mériteront davantage l'estime publique quand un absurde préjugé ne s'opposera plus à ce qu'ils l'obtiennent; alors les vertus des individus contribueront à épurer les spectacles, et les théâtres deviendront des écoles publiques de principes, de bonnes mœurs et de patriotisme. » Et après avoir, en peu

(1) *Point du jour,* numéro 168, p. 226.

de mots, résumé son opinion sur les non-catholiques et les comédiens, il terminait ainsi : « On ne peut priver aucun des individus de ces classes des droits sacrés que leur donne leur titre d'hommes. Cette cause est la cause générale, il faut décréter le principe (1). »

Son opinion, si libérale et si juste, devait plus tard triompher complétement ; mais, comme en beaucoup d'autres circonstances, il se trouva cette fois bien plus avancé que l'Assemblée, qui, d'accord avec lui sur les protestants, déclara qu'elle ne changerait rien quant à présent à la situation des juifs, sur l'état desquels elle se réserva de prononcer ultérieurement.

XXVI

'Nous touchons au terme de cette admirable année 1789. Si l'on considère la marche lente de la civilisation depuis la venue du christianisme, on verra que, pendant les huit premiers mois de la session de l'Assemblée constituante, l'humanité a accompli plus de progrès que pendant les quinze siècles qui l'ont précédée. On ne saurait donc ménager la reconnaissance aux grands citoyens sous l'impulsion desquels tant de bienfaits ont été réalisés. Et parmi ces immortels défenseurs du droit, de la justice et de la liberté, qui, plus que Maximilien Robespierre, a payé de sa personne ? Pas de séance où sa voix n'ait retenti quand il s'agissait de réparer quelque iniquité ou de lutter contre le despotisme ancien. Où trouver une logique plus serrée, une perspicacité plus nette, une foi plus profonde, un désintéressement plus pur ? Nous avons suivi l'homme pas à pas ; et encore, à ses débuts dans la vie politique, n'avons-nous pu le présenter que sous un jour bien imparfait, puisque les journaux du temps ont à peine rendu compte de ses premiers discours. Souvent même, on s'en souvient, quand ils les mentionnaient en quelques lignes, ils ne nommaient pas l'orateur et se contentaient de le désigner par ces mots : *Un membre* ou *M. N.;* ou trois étoiles ; non point par obstination ou sur la recommandation *de. ses amis,* comme le dit malicieusement et sans aucune espèce de raison un célèbre historien (2), mais uniquement parce que Robespierre n'avait

(1) Voy. le *Moniteur* du 24 décembre 1789, numéro 124. Séance du 23.
(2) Michelet, *Histoire de la Révolution*, t. II, p. 322. Nous suivrons de près M. Michelet dans son *Histoire de la Révolution.* Il n'est pas de livre où, avec la plus entière bonne foi, on ait accumulé contre un homme plus de jugements faux et de grossières er-

pas, dans les premiers temps de l'Assemblée, cette notoriété qui commande l'attention, et que pour lui, comme pour une foule d'autres orateurs inconnus, les journalistes n'y mettaient pas tant de façon. La sténographie n'était pas connue alors, et les comptes rendus de toutes les feuilles périodiques de l'époque sont très-incomplètes. Il est curieux de voir combien certains historiens se donnent de mal pour expliquer d'une façon extraordinaire les choses les plus simples du monde.

Rien d'étonnant d'ailleurs à ce qu'au début Robespierre n'ait pas été très-sûr de lui-même. S'il faut en croire le témoignage assez partial, et par conséquent suspect, d'Étienne Dumont, un des secrétaires de Mirabeau, témoignage invoqué déjà, il tremblait toujours en approchant de la tribune et ne se sentait plus au moment où il commençait de parler (1). La plupart des hommes qui ont eu à prendre la parole en public ont pu avoir de ces défaillances dans le principe, mais la timidité de Robespierre ne fut pas de longue durée. Peu de personnages politiques ont parlé avec plus d'assurance sur des sujets plus variés et ont exercé sur leurs auditeurs une plus incontestable influence. « Lorsqu'on l'entend, on le soupçonne orateur, « disait-on de lui dans un des plus amers pamphlets du jour (2), car déjà il avait le don d'exciter les fureurs du parti contre-révolutionnaire ; mais comme on aime rarement à reconnaître le talent dans un ennemi, on supposait qu'au lieu d'improviser il récitait. Innombrables, au contraire, sont les discours prononcés par lui incidemment, sous le coup de quelque événement imprévu. Qu'importe, du reste ! Ce qui est vrai c'est que, comme Mirabeau, il écrivait ses discours de fonds, si je puis m'exprimer ainsi, parce que, si l'improvisation, dans une bouche exercée, est de nature à produire de merveilleux effets dans la chaleur de la discussion, elle ne saurait convenir à des matières auxquelles l'étude patiente et de longues méditations sont absolument nécessaires. Ce qui est vrai encore c'est que, à l'époque où nous sommes, Robespierre commençait à devenir une des puissances oratoires de l'Assemblée ; et déjà son nom se gravait dans le cœur des masses.

Le présenter comme l'homme ridicule de l'Assemblée, c'est faire de la fantaisie historique. On n'écrit pas l'histoire avec les ana et les *Actes des Apôtres* de Rivarol (3). Un jour, il est vrai, à propos d'une

r

curs. Nous ne parlons pas, bien entendu, de ces histoires à l'usage des partis, comme l'*Histoire de la Convention*, par M. de Barante, où tout est dénaturé et odieusement travesti, ou certaine *Histoire de la terreur* en cours de publication, et dont nous aurons nous occuper plus tard.

(1) Etienne Dumont, *Souvenirs sur Mirabeau*, p. 251. Voy. plus haut.

(2) *Les Grands Hommes du jour*, p. 34, in-8°, 1790.

(3) Voy. l'*Histoire de la Révolution*, par M. Michelet, t. II, p. 321.

formule de promulgation proposée par Robespierre, une saillie d'un
député gascon mit le côté droit en belle humeur (1); mais s'il était souvent interrompu, et si sa parole excitait des murmures, c'est qu'on
n'était pas accoutumé à ce fier langage d'hómme libre au sein d'une
Assemblée dont tant de membres avaient trempé dans le servilisme.
Ses discours, loin de provoquer le rire, donnaient à penser; car la
Révolution était tout entière en lui. A la différence de la plupart de ses
collègues, satisfaits d'avoir abaissé la noblesse et la royauté, il la voulait dès ce moment avec toutes ses conséquences politiques et sociales.
Tel nous le voyons à l'Assemblée constituante, tel nous le retrouverons
à la Convention nationale; ses principes seront identiquement les
mêmes; seulement il ne s'agira plus de les faire triompher, il s'agira
de les défendre et de défendre aussi la patrie envahie et mutilée. Quiconque s'est astreint à la tâche difficile et fastidieuse de suivre dans
tous les journaux de l'époque les débuts de l'Assemblée a pu se convaincre que, dès l'origine, Robespierre a été parfaitement pris au sérieux par ses collègues.

Il marchait alors presque toujours complètement d'accord avec Mirabeau, Duport, Le Chapelier et les Lameth. Plus tard, il est vrai, nous
les verrons se séparer, mais ce n'est pas Robespierre qui les laissera
en chemin; ce sont eux qui, retournant en arrière, tenteront vainement d'enrayer dans sa marche rapide et logique la Révolution qu'ensemble ils avaient déchaînée. Mirabeau, dont on ne soupçonnait pas
encore les rapports avec la cour, s'était imposé à lui à force de génie.
Robespierre avait fini par subir son ascendant, tout en le combattant
quelquefois; et, en certaines occasions, quand l'orage couvrait la voix
du prodigieux orateur, on l'entendit réclamer contre les interrupteurs
les sévérités de l'Assemblée. Dans la séance du 16 décembre il
demanda l'insertion au procès-verbal du nom d'un gentilhomme nommé
M. de Servière, qui, s'étant glissé parmi les députés, n'avait cessé d'interrompre Mirabeau dans son discours sur le recrutement militaire.
Barère de Vieuzac rappela, à cette occasion, qu'à Athènes la loi punis-
sait de la peine capitale l'étranger coupable d'avoir usurpé la puissance
souveraine en venant s'asseoir parmi les législateurs (2).

(1) *Courrier de Provence*, numéro 51. Voy. plus haut la note.
(2) *Point du jour*, numéro 162, p. 143.

XXVII

Dans un des derniers jours de l'année éclata entre Robespierre et l'un des députés de la noblesse d'Artois, M. de Beaumetz, une querelle dont nous aurons bientôt à nous occuper assez longuement, et dont l'origine remontait à la brochure publiée par le premier sur la nécessité de réformer les états artésiens, brochure que nous avons analysée dans notre précédent livre. On se rappelle avec quelle âpreté de langage l'ardent publiciste avait dénoncé, à une époque où il y avait quelque courage à le faire, les administrateurs de sa province, leur despotisme, leurs exactions, les formes arbitraires de leur administration. M. de Beaumetz, président du conseil et des états d'Artois, avait gardé à l'auteur de l'*Adresse à la Nation artésienne* une mortelle rancune.

Le 28 décembre, Target, au nom du comité de Constitution, venait de lire un article en vertu duquel il était enjoint aux assemblées provinciales, aux commissions intermédiaires et aux intendants de rendre, aux administrations appelées à les remplacer, compte des fonds qu'ils avaient eus à leur disposition depuis les derniers comptes arrêtés. La lecture de cet article donna lieu aussitôt à de nombreuses dénonciations sur les déprédations commises par les administrateurs et les intendants de provinces. Un membre, Regnaud (de Saint-Jean d'Angely), émit l'avis qu'on demandât à tous les comptables, même aux officiers municipaux, une révision de comptes depuis trente années. Mais, suivant Dumetz, il fallait prendre garde, en remontant trop loin dans le passé, de provoquer des inquisitions dangereuses et de nature à multiplier les ennemis de la Révolution. « Je ne conçois pas, » répondait Robespierre, « comment l'Assemblée nationale peut craindre de demander des comptes à d'honnêtes administrateurs et comment elle n'y soumettrait pas des déprédateurs. Je ne crois pas qu'on puisse empêcher le peuple de demander compte de l'administration des dix dernières années et d'y comprendre les subdélégués, les intendants, les états provinciaux et les commissions intermédiaires. » Il proposait donc à l'Assemblée de décréter la révision des comptes des dix dernières années; et, afin de démontrer la nécessité de comprendre les états provinciaux dans cette révision, il rappela que, tout récemment, dans sa province, les états avaient exigé le payement de l'impôt de la milice, bien que le peuple en eût été exempté par arrêt du conseil, à cause des grêles qui, en 1788, avaient ravagé le royaume (1).

M. de Beaumetz se sentit atteint par ces paroles. Il s'élança à la tribune et, sans « prétendre nier le fait matériel, » chercha à l'expliquer en disant que, le roi s'étant réservé de demander pour l'année 1789 le double de l'impôt de la milice, on avait voulu tenir des fonds prêts pour le payement de cet impôt. Cette réponse, il faut l'avouer, n'était guère satisfaisante et laissait peser sur les états d'Artois la grave accusation d'arbitraire portée contre eux par Robespierre. On conçoit maintenant jusqu'à un certain point le ressentiment de Beaumetz et comment il en viendra à entreprendre contre son collègue et son compatriote une lutte d'où, malgré les artifices et les calomnies les plus savamment combinés, il ne sortira par victorieux.

L'Assemblée, au lieu d'adopter un des délais proposés, rendit un décret beaucoup plus élastique, par lequel les états provinciaux, assemblées provinciales, commissions intermédiaires, intendants et subdélégués, étaient purement et simplement tenus de rendre aux administrateurs qui les remplaçaient compte des fonds qu'ils avaient eus à leur disposition et de leur remettre toutes les pièces et papiers relatifs à l'administration de chaque commune.

XXVIII

On a vu comme insensiblement Robespierre grandissait dans l'Assemblée et dans l'opinion.

A côté de la tribune nationale s'en élevait une autre qui déjà commençait à attirer l'attention et dont les échos retentissants allaient bientôt se prolonger jusqu'aux extrémités du royaume : nous voulons parler de la tribune des Jacobins. C'est ici le lieu de dire quelques mots sur l'origine de cette société célèbre qui échauffa toutes les communes de France de l'ardeur du patriotisme dont elle était elle-même embrasée, et au sein de laquelle la popularité de Robespierre atteignit les dernières limites de la faveur humaine. L'enthousiasme pour lui alla

---

(1) *Point du jour*, numéro 171, p. 256 et suiv. Le *Moniteur* du 28 décembre 1789 mentionne à peine cette importante discussion. Il ne nomme pas Robespierre, dont il résume le discours dans cette simple ligne : « M... est d'avis de borner cette révision à dix ans. »

jusqu'à l'adoration, et ce ne fut pas une des moindres causes des ini-
mitiés sourdes suscitées contre lui et auxquelles il finit par succomber.
Aussi les malédictions injustes poursuivent-elles encore dans cette
société la mémoire de l'homme qu'elle entoura de respect et d'amour;
non pourtant que tous ses membres aient été également dévoués à
Robespierre; beaucoup, au contraire, furent ses adversaires constants. Il combattait la démagogie et le despotisme au nom de la démocratie; il eut donc contre lui tous ceux qui, par esprit de désordre ou
par haine de la Révolution, tendaient à exagérer le mouvement révolutionnaire pour perdre la République par ses propres excès. Mais
n'anticipons pas sur les évènements.

Quelque temps après l'ouverture des états généraux, un certain
nombre de députés des pays d'états eurent l'idée de se réunir, en
dehors des séances de l'Assemblée, afin de se concerter à l'avance sur
les affaires publiques. Dans ces réunions, que leurs fondateurs bapti-
sèrent du nom de club, emprunté à l'Angleterre, on comptait, à l'origine, Le Chapelier, Sieyès, Barnave, Adrien Duport, les Lameth et
Robespierre. Comme les députés de la Bretagne étaient les promoteurs
de cette société et s'y trouvaient en majorité, on l'appela le club
Breton. Mais, dès le mois de juillet, ce nom n'étant plus en rapport avec
l'extension qu'elle avait prise, on lui substitua celui de *Société des
Amis de la Constitution*, nom plus en harmonie avec les tendances et
les intentions des principaux membres du club, lesquels, voulant
donner à leurs séances un organe de publicité suffisante, fondèrent un
journal qu'ils appelèrent du nom même de la société.

Après les journées d'octobre, le club suivit l'Assemblée à Paris et s'y
installa, d'abord dans une vaste salle servant de bibliothèque, louée,
moyennant la somme de trois cents livres, à des moines dominicains
établis rue Saint-Honoré, et plus vulgairement connus sous le nom de
Jacobins; puis dans l'église même du couvent, après la destruction de
l'ordre (1). On voit encore, dans la petite rue Saint-Hyacinthe, les trois
grandes portes d'entrée donnant accès dans la maison où siégeait la
société. Les bâtiments où se trouvait la salle des séances, aujourd'hui
détruits, étaient au fond de la cour et avaient vue sur des jardins
remplacés depuis par un marché. Sous le vestibule de la porte, à
droite, existe toujours le vaste escalier par lequel les membres du club
se rendaient aux bureaux, situés au premier étage.

Exclusivement composée de députés d'abord, la société s'accrut peu
à peu d'une foule de citoyens qui sollicitèrent l'honneur d'être admis

_____

(1) Voy. à cet égard les *Révolutions de Paris*, numéro 139, p. 475.

dans son sein. Il y en avait de toutes les conditions, avocats, hommes
de lettres, médecins, marchands, mais point de peuple dans le sens
technique du mot, du moins à cette époque. Il fallait, pour y être reçu,
être présenté par deux membres et subir les chances du scrutin. Une
fois admis, le récipiendaire prononçait à la tribune le serment dont
voici la teneur : « Je jure de vivre libre ou de mourir ; de rester fidèle
aux principes de la constitution ; d'obéir aux lois, de les faire respecter,
de concourir de tout mon pouvoir à leur perfection ; de me conformer
aux usages et règlements de la société. » Les séances avaient lieu
quatre fois par semaine et n'étaient pas publiques dans le principe ;
mais elles ne tardèrent pas à le devenir, et les tribunes ou galeries
se garnirent d'auditeurs étrangers. Chacune de ces séances était,
primitivement, une véritable répétition de la séance du lendemain
à l'Assemblée nationale, car on y proposait et discutait les motions,
aussi bien que la nomination des présidents et secrétaires de l'Assemblée.

A l'imitation de la *Société des Amis de la Constitution* s'organisèrent bientôt sur toute la surface de la France une foule de sociétés
analogues tenant à honneur de ressortir à la société mère. « Aujour-
d'hui, » écrivait Camille Desmoulins, « des clubs semblables formés
dans une multitude de villes demandent à être affiliés à la société de
la Révolution, et déjà ce grand arbre planté par les Bretons aux Jacobins a poussé de toutes parts, jusqu'aux extrémités de la France, des
racines qui lui promettent une durée éternelle (1). » Jacobins ! mot lancé
d'abord par quelques journaux, et dont le peuple prit l'habitude de se
servir pour désigner les membres de la *Société des Amis de la Constitution*, qui abandonna elle-même plus tard son nom pacifique pour
adopter le nom de guerre sous lequel, dans les derniers jours de
l'année 1789, elle était déjà universellement connue. Terrible en effet
parut aux adversaires de la Révolution ce nom à jamais fameux, quand
ils virent toute l'énergie révolutionnaire se concentrer au sein des
sociétés qui l'avaient emprunté, au moment décisif où il fallut résister
aux intrigues, aux trahisons, aux machinations des ennemis du dedans
et du dehors, à l'invasion. Mais à l'époque présente, il s'agissait uniquement de poser et de discuter les bases du nouveau droit des Français, et
nul ne soupçonnait les bouleversements auxquels donnerait lieu l'application de ces principes. Ce n'était pas encore Robespierre qui primait
aux Jacobins, bien que sa parole y fût déjà singulièrement en faveur ;
l'influence des Barnave, des Duport, des Lameth, des Mirabeau dominait

---

(1) *Révolutions de France et de Brabant*, numéro 10.

la sienne. Mais, patience! quand sonnera l'heure des réactions, quand
les tentatives royalistes pour anéantir la Révolution rendront nécessaire une énergie plus grande, nous verrons la majorité des Jacobins
purs se rallier autour de Robespierre et prendre en quelque sorte
pour oracle celui que désignaient au peuple comme son guide naturel
une éloquence toute brûlante de l'amour de l'humanité et une intégrité proverbiale.

XXIX

Robespierre, en arrivant de Versailles à Paris, était allé se loger
rue de Saintonge, au Marais, chez un nommé Humbert, membre comme
lui de la *Société des Amis de la constitution* (1). Il avait loué, nous
dit sa sœur, un fort modeste appartement qu'il partageait avec un
jeune homme auquel il portait beaucoup d'affection (2).

Ce jeune homme n'était autre sans doute que Pierre Villiers, qui, sous
le titre de *Souvenirs d'un déporté*, publia en l'an X un recueil d'anecdotes en tête duquel il a consacré plusieurs pages à la mémoire de
l'homme dont il avait partagé l'existence durant une partie de l'année 1790. A les lire on croirait difficilement qu'il se fût jamais rendu
digne de l'affection de Robespierre. Il écrivait, il est vrai, à une époque
où la plupart des réacteurs de Thermidor occupaient une haute position dans l'État et où l'on eût été mal venu à mettre leur victime sur
un piédestal (3). Il faut donc encore lui savoir gré du peu de bien qu'il
en a dit, car trop rares sont les gens de cœur qui ne se détachent pas
d'un ami frappé par la calomnie.

(1) La maison que Robespierre habita, rue de Saintonge, pendant près de deux ans de
sa vie (du mois d'octobre 1789 au mois de juillet 1791) et qui portait alors le n° 8,
porte aujourd'hui le n° 64. Voy. dans le t. XIV de l'*Histoire parlementaire de la Révolution*, p. 441 et suiv., la liste des membres du club des Jacobins.

(2) *Mémoires* de Charlotte Robespierre, p. 74.

(3) Ce Pierre Villiers, ancien capitaine de dragons, dont M. Michelet a eu le tort
de prendre beaucoup trop au sérieux les historiettes, avait été déporté le 18 fructidor.
Il publia ses *Souvenirs* en l'an X (1802), et, suivant la mode du temps, commença son
livre par quelques déclamations contre Robespierre, se félicitant de l'avoir quitté à
temps, parce que, dit-il, « j'avais eu avec lui quelques tracasseries que sans doute
j'aurais lavées dans mon sang s'il se fût souvenu de moi. » Mais, après cette hypothèse
gratuitement calomnieuse, il prend soin de se donner à lui-même un démenti formel
en racontant, à quelques pages de là, qu'au moment de sa plus haute faveur Robespierre s'informa de lui, et qu'ayant appris qu'il était au service de la République, il
s'était écrié : « J'étais bien sûr qu'il n'émigrerait pas et qu'il ne défendrait pas sa
tête aux dépens de son cœur. » (Voy. *Souvenirs d'un déporté*, p. 6.)

Il avait été son secrétaire, ou plutôt lui avait rendu de temps à autre le service de recopier ses discours. Nous en avons quelques-uns sous les yeux, entre autres les discours sur l'établissement du jury et sur la pétition du peuple avignonnais, provenant des papiers trouvés chez Robespierre, et qui sont probablement de la main de ce Pierre Villiers.

Villiers nous représente Robespierre comme ayant été à cette époque dans une telle détresse que, pour porter le deuil de trois jours ordonné par l'Assemblée nationale, dans la séance du 11 juin 1790, sur la motion de Mirabeau, afin d'honorer la mémoire de Francklin, il aurait été forcé d'emprunter des vêtements noirs à un homme plus grand que lui de quatre pouces. Et un historien trop crédule, de s'écrier avec Juvénal : *Nihil habet paupertas durius in se quam quod ridiculos homines facit* (1). Je nie d'abord, pour ma part, qu'une pauvreté dignement portée puisse jamais rendre un homme ridicule; mais l'assertion de Pierre Villiers est ici évidemment inexacte. On possède la note curieuse de tous les effets emportés par Robespierre lorsqu'il quitta Arras pour venir exercer son mandat de député aux états généraux. Or nous y voyons figurer un habit et une culotte de drap noir; il n'avait donc nul besoin d'en emprunter. Et le révélateur de cette note n'est pas suspect, c'est un des plus cyniques calomniateurs de Maximilien Robespierre. Lui aussi le raille agréablement sur sa pauvreté, sur son maigre état de fortune. Seulement cette fois c'est un prêtre qui écrit (2). O pauvreté, chose sacrée, compagne de tant de grands hommes, qui donc t'honorera et te respectera, si tu es reniée par les ministres du pauvre Prêcheur de Nazareth !

Au reste, de la pauvreté au dénûment il y a un grand pas. Il est complétement faux que jamais Robespierre ait été dans la détresse. Il avait laissé quelques biens à Arras (3) et touchait, comme député, dix-huit livres par jour, somme relativement élevée pour l'époque. Il était donc riche, n'ayant pas de besoins, ainsi que le disait Mirabeau, et professait un si profond dédain pour l'argent que plusieurs fois il négligea de toucher ses mandats d'indemnité de représentant.

De cette somme de dix-huit livres il faisait trois parts : un tiers était régulièrement adressé à sa sœur Charlotte, qui demeura à Arras pendant toute la durée de l'Assemblée constituante; une autre part, si

---

(1) *Histoire de la Révolution*, par Michelet, t. II, p. 324.

(2) *Vie de Maximilien Robespierre*, par M. l'abbé Proyard, chanoine de la cathédrale d'Arras (Arras, 1850), p. 42.

(3) C'est ce qui résulte d'une lettre de son ami Buissart, que nous avons sous les yeux, et d'un rapport de police cité par Peuchet, dans ses *Mémoires* sur la police, p. 338 et suiv., rapport apocryphe, il est vrai, mais dont sur quelques points l'auteur paraît assez bien informé.

nous devons nous en rapporter à Pierre Villiers, passait entre les mains d'une personne chère « qui l'idolâtrait(1) ; » le reste servait à son usage personnel. Il était d'une extrême sobriété. Sa plus grande dépense consistait dans sa toilette ; sur ce point il avait des habitudes d'élégance avec lesquelles il ne rompit jamais. Plus tard, quand le débraillé régnera dans le costume comme dans le langage, nous le retrouverons tel que nous le voyons au début de sa vie politique, donnant à tous l'exemple de la dignité dans la vie privée, résistant à toutes les tentatives de corruption renouvelées sous mille formes et méritant le beau surnom d'*incorruptible*, qui lui restera dans l'histoire.

(1) *Souvenirs d'un déporté*, p. 2.

LIVRE TROISIÈME

JANVIER 1790 — JUILLET 1790

Les étrennes de 1790. — Les pensions suspendues. — Les détentions arbitraires. — Opinion de Robespierre sur la formule du serment. — Les ouvriers rouennais. — Les acquits-à-caution. — La philanthropie de l'abbé Maury. — Prétentions de la République de Gênes sur l'île de Corse. — Nouveau discours de Robespierre contre le marc d'argent. — Ses efforts en faveur de l'égalité politique. — Affaire de Chinon. — Louis XVI à l'Assemblée. — Châteaux incendiés. — Nouvelle loi martiale. — Inutiles tentatives de Robespierre pour la faire repousser. — Les *Révolutions de France et de Brabant*. — Les ordres rentés et les mendiants. — Le droit de triage. — Correspondance entre le contrôleur général Lambert et Robespierre. — Encore les lettres de cachet et les détentions arbitraires. — La contribution patriotique. — Les commissaires royaux et les municipalités. — Les *Actes des Apôtres* et Robespierre. — Il est élu président de la *Société des Amis de la Constitution*. — Lettre à son ami Buissart. — Il se prononce pour l'établissement des jurés en toutes matières. — Propose de placer au sein même du Corps législatif le tribunal de cassation. — Le livre rouge. — Les assignats. — Les élections de Saint-Jean-de-Luz. — Opinion de Robespierre sur le droit de chasse et sur la résiliation des baux à ferme' des dîmes ecclésiastiques. — Il réclame l'admission des simples soldats dans les conseils de guerre. — Troubles à Dieppe. — Le desséchement des marais. — Nouveaux démêlés de Robespierre avec M. de Baumetz. — Lettres d'Augustin Robespierre. — Réponse de Maximilien aux attaques de M. de Beaumetz. — Effet qu'elle produit en Artois. — Avis au peuple artésien. — L'organisation judiciaire. — Les districts et les sections de la ville de Paris. — Discours de Robespierre sur le droit de paix et de guerre. — Le roi *premier commis de la nation*. — Triomphe des députés patriotes. — Lettre à Camille Desmoulins. — Troubles de Montauban. — Intolérance des membres du côté droit. — Première apparition de Saint-Just. — Opinion de Robespierre sur la ratification par l'Assemblée des traités passés jusqu'à ce jour. — Constitution civile du clergé. — De l'élection des évêques. — Du traitement des ecclésiastiques. — Le célibat des prêtres. — Robespierre s'oppose à l'impression d'un discours de M. de Puységur. — Il réclame en faveur des ecclésiastiques âgés. — Abolition des titres de noblesse. — Robespierre est élu secrétaire de l'Assemblée. — Sa motion pour l'inviolabilité des membres du Corps législatif. — Il appuie une réclamation du district de Versailles. — Combat une proposition d'Arthur Dillon au sujet des troubles de Tabago. — Une plaisanterie de Duval d'Éprémesnil. — La Fédération s'approche. — Robespierre s'oppose à ce que M. de Riom y soit admis. — Il réclame au contraire l'admission des délégués américains. — Robespierre et l'*Ami du roi*. — Anniversaire du 14 juillet. — L'évêché du Pas-de-Calais. — Les prisonniers avignonnais. — La municipalité et le bailliage de Soissons. — Autorisation donnée à l'Autriche de faire passer ses troupes sur le territoire français. — Robespierre accuse tous les ministres. — Il combat une motion dirigée contre le prince de Condé. — Lutte contre Mirabeau. — Mirabeau vaincu.

L'ouverture de l'année 1790 témoigna d'un grand changement survenu dans les mœurs et dans les habitudes du peuple français; et comme les petites choses, celles d'étiquette notamment, ont, aux yeux d'un certain monde, une importance capitale, il est bon de noter, en passant, quel fut pour cette fois le cérémonial du jour de l'an.

On vit bien aux pieds du roi le président de l'Assemblée nationale et le maire de Paris, l'un accompagné de soixante députés, l'autre suivi de trois cents représentants de la commune; mais les hommages populaires, mais les félicitations des municipalités s'adressaient à l'Assemblée constituante, dont la souveraineté se trouva consacrée une fois de plus par ces compliments d'usage, puérils peut-être pour le philosophe, mais que les rois de l'Europe considéraient comme une sorte de critérium de leur pouvoir. Plus de huit cents députés des provinces étaient venus tout exprès afin de complimenter l'*auguste Sénat*, écrit Camille Desmoulins, et lui apporter, avec le serment de défendre jusqu'au dernier soupir ses saints décrets, les témoignages de respect et de vénération des peuples. « O Paris! » s'écrie-t-il enthousiasmé, « c'est maintenant que tu es la reine des cités. Vois toutes les tribus accourir à ce temple que la nation vient de bâtir (1)! » Mais ce temple auguste (c'est de la constitution qu'il veut parler) au sein duquel aurait dû communier toute la famille française n'allait pas tarder à être battu en brèche par la coalition des intérêts froissés. Hélas! les hommes ne sauront jamais se dépouiller de leur égoïsme particulier, et même, en ces temps héroïques où l'abnégation semblait plus facile, combien peu se montrèrent capables de ce renoncement magnanime auquel, en donnant l'exemple, les conviait Robespierre!

L'Assemblée constituante ne pouvait accomplir son œuvre de régénération qu'au détriment de quelques privilégiés. La force des choses le voulait ainsi, et chaque jour la réforme d'un abus faisait à la Révolution des ennemis implacables. Le 4 janvier, l'Assemblée ayant décidé que toutes les pensions, excepté celles de d'Assas et de Chamborn, seraient suspendues jusqu'à nouvel ordre, tous les parasites de l'an-

(1) *Révolutions de France et de Brabant*, t. I, numéro 7, p. 293.

cien régime, c'est-à-dire ce qu'on était convenu d'appeler les plus illustres familles de France, se déchaînèrent contre elle. Le décret de mise en séquestre des biens et revenus de tous les ecclésiastiques émigrés avait encore accru le nombre de ses détracteurs. En revanche, il est vrai, elle avait pour sauvegarde l'enthousiasme populaire; les clameurs disparaissaient sous le bruit des bénédictions.

De quel immense amour de justice et d'humanité elle était animée, c'est ce dont personne ne doute. Dès le lendemain du jour de l'an, dans la séance du soir, d'amères plaintes retentissaient à la tribune au sujet des détentions arbitraires. On sait avec quel luxe le gouvernement les prodiguait jadis; nul n'était à l'abri d'une arrestation illégale, et le ministère ne paraissait pas mettre beaucoup d'empressement à s'assurer de la culpabilité des détenus enfermés dans les trente-cinq bastilles que comptait alors la ville de Paris et où gémissaient sans doute plus d'un innocent. Un magistrat, Fréteau, se montra l'organe éloquent des victimes de l'arbitraire. Un autre membre, dont le nom mérite d'être cité, Dionis du Séjour, appela l'attention de l'Assemblée sur ces prisons religieuses connues sous le nom de *Vade in pace*, qu'emplissaient trop souvent, au gré de leurs caprices et de leurs vengeances, de puissants abbés et de hauts dignitaires de l'Église. Robespierre réclama aussitôt l'élargissement immédiat des prisonniers illégalement détenus dont les causes d'arrestation avaient été révélées par les rapports des ministres et autres agents du pouvoir exécutif. Quant à ceux dont les motifs de détention étaient encore ignorés, il demanda que les renseignements fussent directement adressés à l'Assemblée nationale (1). Cette proposition se trouva en partie adoptée : ordre fut donné à tous les gouverneurs, lieutenants du roi, commandants de prisons d'État, supérieurs de maisons religieuses, à toutes personnes en général chargées de la garde des prisonniers détenus par lettres de cachet ou par ordre quelconque des agents ministériels d'avoir, sous leur responsabilité et huit jours après la réception du décret, à adresser à l'Assemblée nationale les noms, surnoms, et âges des différents prisonniers avec les causes et la date de leur détention, et l'extrait des ordres en vertu desquels ils avaient été emprisonnés. En même temps l'Assemblée chargeait ses commissaires de lui proposer, dans le plus bref délai, les moyens de mettre en liberté toutes les personnes injustement ou illégalement détenues (2). Tardive satisfaction accordée à

(1) Amendement de sa main, déposé sur le bureau du président. (*Archives*. Originaux des motions, arrêtés et discours relatifs aux procès-verbaux de l'Assemblée nationale, C. § 1, 301, carton 23.)
(2) *Moniteur* du 5 janvier 1790.

une foule de malheureux qui, sans la Révolution, eussent vainement attendu l'heure de la justice.

Dans ce même mois de janvier disparaissait la reversibilité de l'infamie attachée au crime et qui, par une abominable coutume, allait frapper la famille d'un coupable, quelquefois d'un innocent. Robespierre n'avait pas attendu jusque-là pour flétrir cet inique préjugé ; ainsi se réalisaient les vœux si vivement exprimés par lui six années auparavant ; le décret réparateur couronnait une seconde fois, pour ainsi dire, ce mémoire sur les peines infamantes auquel l'académie de Metz avait jadis décerné un prix.

Ah ! cette Révolution bénie, l'Assemblée, avec raison, prenait toutes les précautions possibles pour en rendre durables les glorieux résultats. C'est ainsi que, dans la séance du 7 janvier, elle astreignait les gardes nationales à l'obligation de prêter, entre les mains des officiers municipaux et en présence du peuple, le serment d'être fidèles à la nation, à la loi et au roi, et de maintenir de tout leur pouvoir la constitution. Barnave avait établi une très-juste distinction entre les troupes réglées et les milices nationales. Aux premières, avait-il dit, le soin de défendre l'État ; mais il appartenait essentiellement aux autres de sauvegarder la constitution. Cette expression de gardes nationales sonnait mal aux oreilles de la plupart des membres du côté droit. Un des leurs, M. de Montlosier, s'était fortement élevé contre cette prétention de confier le maintien de la constitution à ces milices sorties du peuple, et que leur organisation démocratique mettait hors de la dépendance immédiate du pouvoir exécutif. Robespierre alors était monté à la tribune. Suivant lui, tout citoyen devait fidélité à la constitution, mais aux milices nationales revenait la mission particulière de la protéger. Si la constitution était attaquée, c'était aux officiers municipaux à prendre les résolutions nécessaires pour sa défense et aux citoyens armés à les faire exécuter par la force. Il fallait donc joindre, pensait-il, au serment d'être fidèle à la constitution celui de la maintenir, sans lequel le premier pourrait n'être qu'une lettre morte (1). Ces raisons avaient paru péremptoires, et, sans tenir compte des observations de Montlosier, l'Assemblée avait adopté la formule de serment défendue par Robespierre et présentée par Target au nom du comité de constitution.

Le même jour, dans la séance du soir, Robespierre eut l'occasion de reprendre la parole. Il s'agissait d'une autorisation d'emprunt réclamée par la ville de Rouen pour venir en aide aux ouvriers sans ou-

_____

(1) *Courrier de Provence*, numéro 89, et *Moniteur* du 3 janvier combinés.

vrage. L'abbé Gouttes, rapporteur du comité des finances, voulait qu'au lieu d'autoriser la commune on autorisât simplement l'assemblée générale du corps municipal et des notables élus. Mais, objectait Robespierre, les notables constituent une sorte d'aristocratie et ne sont point la commune à laquelle seule appartient le droit de voter l'impôt. En vain invoquait-on l'impossibilité de convoquer la généralité des citoyens, puisqu'ils allaient être appelés dans les comices pour nommer une nouvelle municipalité. Les officiers municipaux actuels étaient donc tenus de réunir tous les habitants afin de délibérer en commun sur la contribution nécessaire au soulagement des ouvriers sans travail (1). Cette fois l'Assemblée ne se rendit pas aux raisons du député d'Arras, dont nous verrons assez souvent les propositions rejetées par ses collègues ; mais ce qu'il est important de faire observer dès à présent, c'est que toutes les motions de Robespierre étaient marquées au coin le plus franchement démocratique et émanaient de l'esprit le plus libéral qui fût dans l'Assemblée Constituante.

II

Au reste, on doit le reconnaître, cette Assemblée se montra toujours excessivement jalouse du soin de sa propre dignité. Lorsque, dans le courant du mois de janvier, le député d'Epercy vint, au nom du comité des rapports, donner lecture d'une proclamation du roi destinée à arrêter l'exportation des grains et soumettre un projet en quatre articles tendant à introduire la formalité des acquits-à-caution, Camus et Prieur s'élevèrent aussitôt contre la proclamation royale et le projet de décret en ce qu'ils affectaient la forme de ces arrêts de propre mouvement prohibés par l'Assemblée et témoignèrent leur étonnement de ce que le garde des sceaux eût osé les proposer dans cette forme. Robespierre, lui, ne se contenta pas d'attaquer la proclamation du roi sous le rapport de la rédaction ; tout en reconnaissant ce qu'il y avait d'utile dans les articles soumis à l'Assemblée, il blâma, comme ayant un caractère par trop fiscal, la formalité des acquits-à-caution ; une simple déclaration des négociants aux municipalités lui paraissait largement suffisante. En conséquence il engagea ses collègues à rédiger le décret dans ce sens (2). Conformément aux diverses observa-

(1) Voy. *Point du jour,* numéro 180, p. 170.
(2) *Ibid.,* numéro 186, p. 50.

tions présentées, le projet de décret fut renvoyé avec les amendements au comité de rédaction.

La question des subsistances inquiétait dès lors sérieusement les
esprits. La cherté des vivres, en effet, allait en augmentant, tandis que
le travail diminuait de jour en jour et qu'un chômage désastreux réduisait à la dernière misère des milliers d'ouvriers. Alléger tout de
suite les souffrances des classes laborieuses était donc un des problèmes les plus importants mais aussi les plus difficiles à résoudre. Le
côté droit ne pouvait être soupçonné d'une pitié bien grande pour l'infortune de tant de citoyens au profit desquels se faisait la Révolution.
On ne fut donc pas médiocrement étonné, dans la séance du 18 janvier, à propos d'une motion de Lancosme tendant à rendre l'impôt
plus simple, moins onéreux et sa perception surtout moins oppressive
et plus économique, d'entendre l'abbé Maury émettre une proposition
philanthropique, comme la qualifia ironiquement Charles de Lameth.
« C'est du bonheur du peuple qu'il faut nous occuper, » s'était écrié
l'abbé ; et aussitôt il avait proposé l'abolition des droits perçus aux
barrières sur les consommations communes et leur remplacement par
un impôt sur le luxe.

Pareille proposition, venant de l'adversaire constant et systématique
des plus sages et des plus utiles réformes, devait être à bon droit suspecte. Un rayon céleste avait-il tout à coup illuminé l'âme de l'abbé ?
Venait-il enfin à résipiscence ? ou bien était-ce de sa part une pure
manœuvre ? On ne tarda pas à mettre à une terrible épreuve son amour
subit pour le peuple. Ce fut un prêtre, l'abbé Collaud de la Salcette,
qui se chargea de porter le coup à son irritable collègue. Un revenu
de mille écus, personne ne le contestera, dit-il, suffit amplement aux
besoins d'un ecclésiastique. Il est donc de son devoir, dans les circonstances actuelles, et en présence de tant de misères à soulager,
d'abandonner l'excédant. Partant de ce principe, il pria l'Assemblée
de décréter que, jusqu'à ce qu'il eût été statué définitivement sur la
disposition des biens de l'Église, les revenus de tous les bénéficiers,
supérieurs à la somme de trois milles livres, seraient versés dans les
caisses de l'État. Devaient être exceptés de cette mesure les traitements des archevêques, évêques et curés, en raison de leurs charges,
qu'une somme de trois mille livres ne suffirait pas à couvrir. Barnave
monta à la tribune pour appuyer la proposition de Collaud et combattre cet impôt sur le luxe à l'aide duquel l'abbé Maury avait espéré
sans doute acquérir quelque popularité aux dépens des membres du
côté gauche. Selon Barnave, il était propre seulement à ruiner Paris, à
porter une grave atteinte au commerce national. « Les biens ecclésias-

tiques, » dit après lui Robespierre, « appartiennent au peuple. Demander aux ecclésiastiques des secours pour le peuple, c'est ramener ces biens à leurs propres destinations (1)... » Ces paroles indiquent parfaitement quel était le sentiment général de l'époque. Car Robespierre, qui, en matière religieuse, professa toujours la plus large tolérance, n'était pas un ennemi déclaré des prêtres. Il ne manqua jamais de les défendre quand il lui parut juste de le faire, sans se préoccuper des atteintes qu'en pouvait subir sa popularité ; et plus tard, au milieu des tempêtes et de l'incendie de 93, nous le verrons seul avoir le courage de protester hautement en leur faveur, non par tendresse pour eux, mais par amour de la justice et de l'équité. Dans la même séance, il reprit la parole pour discuter à son tour la motion de Lancosme relative aux impôts, laquelle, amendée par Le Chapelier, amena l'Assemblée à décréter la formation d'un comité chargé de préparer un système d'impositions en rapport avec une constitution libre (2).

Quelques jours après, Barère de Vieuzac ayant lu à la tribune un mémoire concernant l'incorporation de la Corse au royaume de France, mémoire émané de la république de Gênes et par lequel elle revendiquait la souveraineté de cette île, Mirabeau proposa l'ajournement indéfini d'une pareille question. Mais le député corse Salicetti, le futur compagnon de Robespierre jeune aux armées, s'éleva très-vivement, au nom de ses concitoyens, contre les prétentions de la république génoise et combattit tout ajournement comme étant de nature à laisser quelque inquiétude dans l'esprit du peuple cores, lequel, dit-il, est français et ne veut pas être autre chose. Robespierre, prenant la parole après plusieurs orateurs, appuya énergiquement les paroles de son collègue Salicetti. Parmi les précédents orateurs, les uns avaient, avec raison, invoqué le traité de cession de 1768 ; les autres avaient proposé le renvoi du traité et du mémoire au comité des rapports, Robespierre parla au nom de cette liberté assurée désormais à tous les Français et à laquelle les Corses aussi avaient droit. C'était déjà, à ses yeux, une raison péremptoire de repousser l'ajournement demandé et de vider tout de suite le débat, mais il y en avait une autre non moins décisive. S'étonnant de la lenteur avec laquelle les décrets de l'Assemblée étaient répandus en Corse, où peut-être ils auraient prévenu les troubles qu'on était parvenu à y exciter, il se demandait si, dans l'occasion présente, la république de Gênes n'était pas l'instrument d'une puissance étrangère, désignant par là, sans la nommer, l'Angleterre, où Paoli trouvait

---

(1) Voy. le *Moniteur* du 20 janvier 1790.

(2) Il n'est rien resté de ce discours de Robespierre, qui sans doute avait quelque importance. Le *Point du jour* en fait seulement mention. Voyez le numéro 189.

des secours et des encouragements. Cette réclamation tardive, venant huit mois après la convocation des collèges pour l'élection des députés de la Corse à l'Assemblée nationale, coïncidait singulièrement, selon lui, avec les efforts tentés contre notre liberté. Il fallait donc presser le ministre d'envoyer dans l'île les décrets de l'Assemblée, traiter comme une demande absurde la réclamation de la république de Gênes et la repousser par la question préalable. « Nous devons, » dit-il, « regarder le peuple corse comme un des boulevards de la liberté, puisqu'il réunit le souvenir d'une antique liberté et le souvenir d'une récente oppression (1). »

Mirabeau, bien qu'ayant échoué dans sa proposition d'ajournement, ne manqua pas de louer dans son journal la perspicacité de Robespierre. Après avoir rappelé que la souveraineté des Génois sur l'île de Corse avait été pour eux une source de désastres, une des causes de leur dette immense; qu'elle n'avait, en définitive, été qu'illusoire et purement nominale, le *Courrier de Provence* montrait, lui aussi, la république de Gênes agissant à l'instigation d'une puissance étrangère; et, de l'analyse de certaines dépêches combinées avec les papiers anglais, il tirait des inductions de nature à aggraver encore les soupçons vagues par lesquels Robespierre avait cherché à mettre en garde la prudence de ses collègues (2). L'Assemblée s'était d'ailleurs rendue aux sages conseils de Maximilien en décidant qu'il n'y avait lieu à délibérer sur le mémoire adressé par la république de Gênes, et que le pouvoir exécutif serait invité à envoyer immédiatement dans l'île de Corse tous les décrets rendus jusqu'à ce jour.

III

L'Assemblée constituante eut le culte et la passion de la liberté, mais elle ne posséda pas au même degré le culte et la passion de l'égalité. Nous pouvons le dire sans manquer de respect à son souvenir, car personne n'a, plus que nous, voué une pieuse vénération à la mémoire de ce glorieux sénat qui a ouvert tant d'horizons nouveaux à nos pères, et dont l'œuvre un moment interrompue sera reprise un jour pour être pacifiquement menée à bonne fin ; mais, nous le répétons,

---

(1) Voy. le *Moniteur* du 24 janvier; le *Point du jour*, numéro 192, p. 37, et le *Courrier de Provence* du 21 au 22 janvier 1790, numéro 96.

(2) Voy. le numéro 96. *Ubi suprà*.

elle n'eut pas au même degré le culte de l'égalité. Quand donc quelque membre du côté gauche venait à proposer une motion ayant pour but de la ramener aux vrais principes sur cette matière, on devait s'attendre à des débats passionnés, à une agitation profonde. Ce fut précisément ce qui se produisit dans la séance du 23 janvier au soir.

Robespierre avait surtout le don de soulever ces orages, d'effrayer les réformateurs timides et d'exaspérer les ardents partisans des anciens abus, car, avec une ténacité à laquelle on ne saurait accorder trop d'éloges, il ne laissait jamais passer l'occasion de ramener la discussion sur des points qui n'avaient pas été traités conformément aux principes les plus stricts de la liberté et de l'égalité. On se rappelle avec quelle énergie il avait combattu le décret du marc d'argent, en vertu duquel des milliers de citoyens avaient été frappés d'incapacité politique. L'exécution de ce malencontreux décret, que plusieurs membres très-royalistes même considéraient comme une tache à la constitution (1), avait rencontré dans diverses parties du royaume de grandes difficultés et la plus vive opposition. En Artois, par exemple, on payait très-peu de contributions directes, parce que la taille personnelle ou capitation avait été convertie jadis par les états en vingtièmes et en impositions foncières. Cette mesure, bonne peut-être autrefois, avait ce résultat fâcheux que tous les habitants non propriétaires de fonds de terre, et c'était la plus grande partie, se trouvaient incapables de remplir la condition à laquelle était attachée la qualité de citoyen actif, laquelle consistait dans le payement d'une contribution directe.

Toucher, même très-légèrement, à un décret revêtu de la sanction royale était une matière délicate ; c'était s'exposer d'avance aux récriminations d'une partie de l'Assemblée. Robespierre le fit avec une mesure et une habileté surprenantes. « Qu'aucun de vous, » dit-il, « ne s'alarme pour l'irrévocabilité de vos décrets; ce que nous venons vous offrir est précisément la solution de ce grand problème, c'est-à-dire de rétablir dans toute leur intégrité les droits imprescriptibles de l'homme et du citoyen, que vous avez vous-mêmes déclarés la base nécessaire de toute constitution, sans révoquer aucune des dispositions qui auraient pu les entraver. »

Arrivant ensuite à la situation particulière de sa province, où la contribution directe était, pour ainsi dire, inconnue, il prouva que le plus grand nombre des habitants de l'Artois et des pays voisins, où la presque totalité du territoire se trouvait aux mains des nobles, des ecclé-

---

(1) Barère, entre autres, qui faisait alors profession de foi monarchique, dans un sens assez libéral d'ailleurs. Voy. le *Point du jour*, numéro 196.

siastiques et de quelques bourgeois aisés, étaient présentement frappés d'exhérédation politique, et dépeignit en termes éloquents l'irritation qui serait la conséquence d'une semblable exclusion. Telle communauté de mille âmes compterait à peine quatre citoyens actifs.

Ici une voix partie du côté droit interrompît violemment l'orateur. « La cause que je défends, » reprit avec calme Robespierre, « touche de si près aux intérêts du peuple que j'ai droit à toute votre attention. » Alors il s'éleva à des considérations générales de la plus haute portée, montra cette égalité politique dont on était si fier viciée dans son essence même, détruite; et, faisant appel aux sentiments de justice et de raison dont s'était inspirée l'Assemblée nationale en rédigeant la déclaration des droits de l'homme, il poursuivit en ces termes : « Jetez les yeux sur cette classe intéressante qu'on désigne avec mépris par le nom sacré de peuple... Voulez-vous qu'un citoyen soit parmi nous un être rare, par cela seul que les propriétés appartiennent à des moines, à des bénéficiers, et que les contributions directes ne sont pas en usage dans nos provinces? A ceux qui nous ont confié leurs droits, donnerons-nous des droits moindres que ceux dont ils jouissaient? Que leur répondrons-nous quand ils nous diront : — Vous parlez de liberté et de constitution; il n'en existe plus pour nous, et nous sommes réduits à la servitude politique. La liberté consiste, dites-vous, dans l'expression de la volonté générale, et notre voix ne sera pas comptée dans le recensement des voix de la nation. La liberté consiste dans la nomination libre des magistrats, et nous ne choisirons pas nos magistrats. Nous avons exercé tous les droits des hommes libres quand nous vous avons députés vers cette diète auguste qui devait consacrer nos droits, et nous les avons perdus... Dans la France esclave nous étions distingués par quelque reste de liberté; dans la France devenue libre nous serons distingués par l'esclavage. — C'est à vous, messieurs, de répondre à de telles objections; vous rendrez un nouvel hommage aux droits de tous les citoyens; vous ne ferez point dépendre les principes fondamentaux de l'ordre social des bizarreries d'un système de finance mobile et vicieux que vous vous proposez de détruire. Je vous propose un parti qui, loin de compromettre vos décrets, les cimente et les consacre, et dont l'effet sera de vous assurer de plus en plus la confiance et l'amour de la nation (1). »

Certes, il était difficile de faire entendre un langage plus noble, plus patriotique, plus digne d'une grande Assemblée. Ce parti, quel était-

---

(1) Voy. pour cet important discours, qu'on ne possède malheureusement pas en entier, le *Moniteur* du 28 janvier 1790, et le *Point du jour*, numéro 196, combinés.

il ? Afin de maintenir l'égalité politique dans toutes les parties du royaume, Robespierre réclamait tout simplement la suspension du décret relatif à la contribution exigée pour la qualité de citoyen actif jusqu'à l'époque où un nouveau mode d'impositions uniforme serait établi. Jusque-là tous les Français majeurs, ayant le domicile légal, et n'étant point dans le cas des incompatibilités décrétées par l'Assemblée, devaient être électeurs et éligibles, admissibles à tous les emplois sans autre distinction que celle des vertus et des talents (1). Robespierre espérait sans doute pouvoir, dans l'intervalle, amener l'Assemblée constituante à rapporter son décret du marc d'argent. Eh bien, cette motion si simple, si juste excita une effroyable tempête. Ceux qui, par antiphrase à coup sûr, s'intitulaient les modérés, demandèrent avec des cris furieux la question préalable. L'opposition passionnée partie du côté des aristocrates produisit une réaction égale dans le camp populaire, dont les principaux membres insistèrent fortement pour la discussion immédiate de la motion de Robespierre. Ce fut bientôt un tumulte inexprimable (2).

Charles de Lameth entreprit de répondre aux apostrophes lancées par MM. d'Estourmel, d'Ambli, d'Éprémesnil et quelques autres. « Je reconnais, » dit-il, » dans la motion de M. Robespierre le courage et le zèle qui l'ont toujours caractérisé et avec lesquels il a défendu les intérêts des classes les moins heureuses de la société. Cette question est sans doute la plus importante de toutes celles sur lesquelles l'Assemblée a pu et pourra délibérer... » A ces mots l'agitation recommença plus ardente, de violents murmures interrompirent l'orateur. Les membres du côté droit avaient quitté leurs bancs, et, répandus dans la salle, ils portaient partout le désordre.

Target, qui présidait, voulut lever la séance; mais les députés de la gauche, immobiles et calmes à leurs places, persistaient à réclamer la discussion. Le président demanda lui-même la prise en considération de la motion de Robespierre, et son renvoi au comité de constitution, ce qui fut enfin décidé après une séance des plus orageuses qu'ait à enregistrer l'historien. Quelques jours plus tard l'Assemblée nationale faisait droit, en partie du moins, à la réclamation du député d'Arras, et les différentes provinces du royaume où les impositions indirectes étaient principalement en usage, comme l'Artois, furent soustraites, jusqu'à nouvel ordre, aux obligations exigées par le décret resté fameux sous le nom de décret du marc d'argent.

(I) Motion de la main de Robespierre. (*Archives*. Procès-verbaux manuscrits de l'Assemblée nationale, C. ₴ 1, 303, carton 23.)

(2) Voy. le *Courrier de Provence*, numéro 97 ; le *Patriote françois*, numéro 171.

Mais certains membres du côté droit en gardèrent à Robespierre une mortelle rancune. Nous verrons bientôt la calomnie qui s'attache aux pas des hommes publics dès le moment où ils commencent d'attirer sur eux les regards du monde dénaturer odieusement ses intentions et s'efforcer, par les manœuvres les plus déloyales et les plus odieuses, de tourner contre lui une motion généreuse dont la reconnaissance de ses concitoyens devait être la légitime récompense.

IV

Il n'était guère de discussions un peu importantes dans lesquelles il ne prît la parole. Ainsi, le dernier jour du mois de janvier, il présenta quelques observations concernant un rapport fait par Anson, au nom du comité des finances, sur la perception des impositions de 1790, observations à peine mentionnées par les journaux du temps et dont le *Moniteur* ne dit mot (1). Au commencement de février s'éleva dans l'Assemblée une discussion au sujet d'un ancien magistrat de Chinon, interdit depuis quatre ou cinq ans par le parlement de Paris, et à qui, pour cette raison, la municipalité avait cru devoir refuser la qualité de citoyen actif. Quelques troubles avaient éclaté à cette occasion dans la ville de Chinon, et les opérations relatives aux élections municipales, dont on s'occupait alors, y avaient été suspendues jusqu'à la décision de l'Assemblée constituante, devant laquelle la question avait été portée. Desmeuniers, rapporteur du comité des finances, soumit un projet de décret qui renvoyait l'affaire aux trois sections de la ville de Chinon, en vertu d'un décret du 22 décembre précédent, lequel constituait les assemblées primaires juges de la validité des titres des citoyens actifs. Quelques membres voulaient qu'on déclarât immédiatement incapable quiconque aurait été entaché par un arrêt, mais Buzot rappela avec quelle facilité on obtenait jadis ces sortes d'arrêt, et Robespierre, invoquant les principes émis par l'Assemblée sur cette matière, prouva qu'ils étaient parfaitement d'accord avec le projet du comité, lequel fut mis aux voix et adopté après cette observation (2).

Le lendemain avait lieu au sein de l'Assemblée nationale une de ces scènes comme la Révolution en compte tant, où tous les cœurs sem-

---

(1) *Point du jour,* numéro 201.
(2) *Moniteur* du 5 février 1790 et *Point du jour,* numéro 204, combinés.

blaient s'ouvrir, abjurant leurs passions et leurs rancunes, et que parut couronner une réconciliation presque universelle. C'était le 4 février. Dans la matinée le roi avait fait prévenir le président qu'il se rendrait à l'Assemblée vers midi. Il vint en effet, en simple habit noir, et, comme il en avait exprimé le désir, fut reçu sans cérémonie, au milieu des plus franches acclamations. Il prononça un discours habile, où se reconnaissait bien la main de Necker, et qu'interrompirent de fréquents applaudissements. Louis XVI rendait pleine justice aux grands travaux accomplis déjà par l'Assemblée; et si quelques passages de son discours se ressentaient encore des liens qui l'attachaient à un passé à jamais évanoui, c'était, en somme, un éclatant hommage à la constitution nouvelle et un loyal appel à la concorde.

Après le départ de Louis XVI l'Assemblée, comme électrisée, décida, sur la proposition de .Goupil de Préfeln, qu'un serment civique serait immédiatement prononcé; tous ses membres, à peine d'être déchus de leur qualité de représentants, furent astreints à le prêter. Le président monta le premier à la tribune et prononça ce simple et magnifique serment : « Je jure d'être fidèle à la nation, à la loi et au roi, et de maintenir de tout mon pouvoir la constitution décrétée par l'Assemblée nationale et acceptée par le roi. » Tous jurèrent après lui, à l'exception du député Bergasse, qui, à partir de ce moment, cessa, de droit, d'appartenir à l'Assemblée constituante. C'était un serment de paix et d'amour; mais, hélas! combien l'eurent seulement sur les lèvres!

Cinq jours n'étaient pas écoulés qu'un nouvel orage éclatait dans l'Assemblée. L'abbé Grégoire venait de présenter un rapport sur des troubles assez graves dont le Quercy, le Limousin, le Périgord et une partie de la basse Bretagne étaient le théâtre, troubles que le rapporteur attribuait autant à l'ignorance des paysans qu'aux fausses nouvelles habilement répandues dans certaines provinces où le régime féodal était encore en vigueur. Mais, au lieu de proposer de violents moyens de répression, il voulait qu'on invitât d'abord ces diverses provinces à la concorde en leur promettant une amélioration prochaine du sort du peuple. Langage digne d'un véritable pasteur. Tel n'était point le sentiment de l'abbé Maury. Il n'y avait, à son sens, qu'un moyen efficace de rétablir la tranquillité, c'était l'emploi immédiat de la force contre les fauteurs de désordres, sans qu'il fût aucunement besoin de la réquisition des officiers municipaux. De telles paroles excitèrent dans une grande partie de l'Assemblée des murmures d'indignation. Lanjuinais monta à la tribune afin d'éclairer ses collègues sur les principales causes de ces troubles. En Bretagne, par exemple, à la nouvelle des arrêtés du 4 août, les seigneurs avaient employé les voies les plus dures pour obtenir le payement des droits féodaux et des rentes arriérés; les vexations avaient été multipliées, tout ce que les corvées avaient de plus avilissant avait été impérieusement exigé; de là l'exaspération des paysans.

Et ce qui s'était passé en Bretagne avait eu lieu ailleurs. Si l'on ajoute à cela les rigueurs déployées par les employés du fisc contre les pauvres contribuables, on s'étonnera moins des fureurs populaires dont les châteaux et les bureaux des aides furent l'objet en quelques endroits. Lanjuinais conseillait aussi les moyens de conciliation et d'exhortation, n'admettant qu'à la dernière extrémité l'emploi de la force armée. Selon Cazalès, au contraire, dont un des châteaux avait été incendié, le peuple avait eu peu à souffrir des vexations, et les troubles venaient uniquement de l'absence de troupes.

Robespierre se leva à son tour. A lui, comme à Grégoire et à Lanjuinais, il répugnait d'user de la force brutale pour apaiser les émotions populaires. On n'a pas sans doute perdu le souvenir de la résistance opposée par lui à l'adoption de la loi martiale. « M. Lanjuinais, » dit-il, « a proposé d'épuiser les voies de conciliation avant d'employer la force militaire contre le peuple qui a brûlé les châteaux... » — « Ce n'est pas le peuple, ce sont des brigands! » s'écria avec impétuosité d'Eprémesnil. — « Si vous voulez, reprit Robespierre, je dirai : les citoyens accusés d'avoir brûlé les châteaux... » — « Dites donc des brigands! » s'écrient à la fois de Foucault et d'Eprémesnil. — Robespierre avec calme : « Je ne me servirai que du mot d'hommes, et je caractériserai assez ces hommes en disant le crime dont on les accuse. La force militaire employée contre des hommes est un crime quand elle n'est pas absolument indispensable. Le moyen humain proposé par M. Lanjuinais est plus convenable que les propositions violentes de M. l'abbé Maury. Il ne vous est pas permis d'oublier que nous sommes dans un moment où tous les pouvoirs sont anéantis, où le peuple se trouve tout à coup soulagé d'une longue oppression; il ne vous est pas permis d'oublier que les maux locaux dont on vous rend compte sont tombés sur ces hommes qu'à tort ou avec raison le peuple accuse de son oppression et des obstacles apportés chaque jour à la liberté; n'oubliez pas que des hommes égarés par le souvenir de leurs malheurs ne sont pas des coupables endurcis, et vous conviendrez que des exhortations peuvent les ramener et les calmer. »

L'orateur voulait mettre l'Assemblée en garde contre ces fanatiques adversaires du désordre, qui, sous cet apparent amour de la tranquillité, cachaient leur rage contre la Révolution et cherchaient avant tout à fournir au pouvoir des armes propres à détruire la liberté. Or il fallait, disait-il, éviter que ces armes ne fussent tournées contre les meilleurs amis de la Révolution, et par conséquent enjoindre aux municipalités d'user de toutes les voies de conciliation, de douceur et d'exhortation avant de recourir à l'emploi de la force armée. Ce discours eut un plein succès, et l'Assemblée, sans tenir compte des avis violents des Maury et des Cazalès, adopta le projet de décret présenté par l'abbé Grégoire (1). Des volontaires, du reste, s'organisèrent dans le Quercy pour la répression des excès commis par quelques hommes égarés, et ce fut sur la proposition de Robespierre que l'Assemblée nationale, dans sa séance du jeudi soir 18 février, autorisa son président à écrire à ces volontaires une lettre officielle de félicitations (2).

V

Mais ce n'était pas le compte du ministère, à qui la loi martiale votée quelques mois auparavant ne paraissait pas suffisante pour la répression des désordres; dans l'espoir d'influencer l'Assemblée, il lui adressa un mémoire très-détaillé sur les troubles dont quelques provinces étaient infestées. Après en avoir entendu la lecture, l'Assemblée décida que son comité de constitution lui soumettrait le plus tôt possible les moyens de rétablir la tranquillité publique, formulés en projet de loi.

Tandis que les membres du côté droit, s'efforçant d'exagérer tous les faits, les présentaient sous les couleurs les plus sombres, Charles de Lameth et d'Aiguillon, dont les châteaux avaient été également brûlés, excusaient de leur mieux un peuple « égaré par des insinuations dangereuses, plus malheureux que coupable, » et qui « de lui-même déplorerait bientôt ses erreurs (3). » Le même jour, dans la séance du matin, Le Chapelier avait donné lecture d'un projet de loi rapidement rédigé par le comité de constitution, et sur lequel la discussion s'ouvrit dès le lendemain. Combattu par Barnave et Pétion de Villeneuve, comme menaçant pour la liberté, il fut jugé insuffisant par Cazalès, qui demanda pour le roi une dictature de trois mois. Vivement attaquée par Mirabeau, cette motion trouva dans d'Eprémesnil un ardent

---

(1) Voyez le *Moniteur* du 11 février 1790, et le *Point du jour*, numéro 211. « On pense bien que cette discussion doit avoir été orageuse, » dit Barère, p. 12.
(2) *Point du jour*, numéro 219, p. 109.
(3) Séance du jeudi soir 18 février. *Moniteur* du 22 février 1790.

défenseur, et Malouet la rédigea en décret sans toutefois prononcer
le mot de dictature. L'Assemblée, du reste, ne discuta pas cette proposition ; elle leva la séance sans y prêter la moindre attention.

Le lundi 22 février, la discussion fut reprise sur le projet de loi
rédigé par Le Chapelier et amendé par lui-même avec l'approbation du
comité de constitution. Il contenait encore cependant des articles d'une
excessive rigueur contre les officiers municipaux qui, dans le cas d'attroupements séditieux, auraient, par négligence ou par faiblesse, omis
de proclamer la loi martiale. Larochefoucauld, tout en demandant la
modification de certaines expressions injurieuses pour les officiers
municipaux, trouvait le projet de décret propre à réprimer la licence
et l'acceptait non comme une loi perpétuelle, mais comme une mesure transitoire.

Robespierre n'avait rien dit jusque-là. Comprimant les mouvements
de son cœur, il était resté muet en entendant les orateurs de la droite
réclamer avec tant d'insistance de nouvelles rigueurs contre les effervescences populaires et la dictature pour le roi. Encore une fois, ce
que voulaient atteindre les partisans passionnés de l'ordre à tout prix,
comme l'abbé Maury, Cazalès et Malouet, ce n'étaient pas quelques
troubles partiels, mais bien la Révolution elle-même. Il rompit enfin
le silence. « Plusieurs lois martiales dans une seule session, » dit-il
ironiquement, « c'est beaucoup pour les restaurateurs de la liberté,
pour les représentants du peuple. » Et après avoir rappelé dans quelles
circonstances on était venu lire à la tribune un mémoire du garde des
sceaux où ne se trouvait rien qui ne fût déjà connu de l'Assemblée, et
qu'on avait pris cependant en considération au point de charger le
comité de constitution d'élaborer un projet de loi sur les moyens
propres à rétablir la tranquillité publique, il se demandait si l'heure
était bien choisie pour armer le gouvernement d'une loi de cette
nature. « Il faut qu'on me pardonne de n'avoir pu concevoir encore
comment la liberté pourrait être établie ou consolidée par le terrible
exercice de la force militaire, qui fut toujours l'instrument dont on
s'est servi pour l'opprimer, et de n'avoir pu concilier encore des mesures si arbitraires, si dangereuses avec le zèle et la sage défiance qui
doivent caractériser les auteurs d'une révolution fatale au despotisme.
Je n'ai pu oublier encore que cette révolution n'était autre chose que
le combat de la liberté contre le pouvoir ministériel et aristocratique.
Je n'ai point oublié que c'était par la terreur des armes que l'un et
l'autre avaient retenu le peuple dans l'oppression, que c'était en pu-
nissant tous ses murmures et les réclamations même des individus,
comme des actes de révolte, qu'ils ont prolongé pendant des siècles

l'esclavage de la nation, honoré alors du nom d'ordre et de tranquillité. »

Une telle loi lui semblerait à peine nécessaire si le pays était à la veille d'une subversion totale. Mais y a-t-il rien de pareil à craindre ? continuait-il. Sans doute les troubles dénoncés sont regrettables ; quelques malheurs en sont résultés ; l'Assemblée a blâmé les fauteurs de désordres, donné aux victimes des marques d'un touchant intérêt ; mais les faits n'ont-ils pas été exagérés ? D'ailleurs, on le savait, ces troubles tenaient à des motifs particuliers tels que la perception d'impôts odieux et des vexations féodales, non à des causes générales. Rappelant avec quel désintéressement deux députés nobles, dont les châteaux avaient été brûlés, avaient eux-mêmes soutenu, quelques jours auparavant, les principes dont il était aujourd'hui l'interprète, il montra dans ces troubles la main évidente de la contre-révolution : là c'était une adresse hostile à l'Assemblée signée, à l'instigation d'un marquis, par quelques malheureux qui, depuis, avaient désavoué leurs signatures surprises ; ici c'était l'insurrection prêchée publiquement dans la chaire du Dieu de paix ; sur d'autres points les partisans de l'aristocratie prenaient soin d'exciter la fermentation. Le gouvernement, lui aussi, n'avait-il pas à se reprocher la promulgation tardive des décrets propres à porter des consolations dans le cœur du peuple et à lui faire espérer un prochain soulagement à ses maux ? « Qu'on ne vienne donc pas calomnier le peuple, » poursuivait l'ardent orateur. « J'appelle le témoignage de la France entière ; je laisse ses ennemis exagérer les voies de fait, s'écrier que la Révolution a été signalée par des barbaries. Moi, j'atteste tous les bons citoyens, tous les amis de la raison, que jamais révolution n'a coûté si peu de sang et de cruautés. Vous avez vu un peuple immense, maître de sa destinée, rentrer dans l'ordre au milieu de tous les pouvoirs abattus. Sa douceur, sa modération inaltérables ont seules déconcerté les manœuvres de ses ennemis, et on l'accuse devant ses représentants !... Ne voyez-vous pas qu'on cherche à énerver les sentiments généreux du peuple, pour le porter à préférer un paisible esclavage à une liberté achetée au prix de quelques agitations et de quelques sacrifices (1) ? » En s'exprimant ainsi, Robespierre se souvenait sans doute de ces paroles du palatin de Posnanie dans la diète de Pologne : *Malo periculosam libertatem quam quietum servitium.*

Il ne manquait pas de gens, alors comme aujourd'hui, qui, aux agitations inséparables de la liberté et attestant la vie même d'un

---

(1) Voyez le *Contrat social*, liv. III, chap. IV, *De la démocratie.*

peuple, préfèrent cette tranquillité léthargique, laquelle est tout simplement à la liberté ce que la mort est à la vie. C'était aux citoyens
eux-mêmes, organisés en gardes nationales, disait Robespierre, à
sauvegarder l'ordre et les propriétés, non à des troupes soldées, toujours disposées à servir les caprices et les rancunes du pouvoir exécutif. Quel moment choisissait-on pour présenter une loi de terreur
capable d'étouffer la liberté à sa naissance et de laisser le peuple
avec ses préjugés, son ignorance et sa timidité? celui des élections d'où devaient sortir les assemblées de district et de département. Or fallait-il permettre au gouvernement, sous prétexte de
troubles toujours faciles à susciter, d'envoyer des troupes où bon lui
semblerait, pour effrayer les électeurs, gêner les suffrages et faire pencher la balance en faveur des candidats de l'aristocratie? « Si l'intrigue s'introduisait dans les élections, » continuait Robespierre, « si
la législature suivante pouvait ainsi se trouver composée des ennemis
de la Révolution, la liberté ne serait plus qu'une vaine espérance que
nous aurions présentée à l'Europe. Les nations n'ont qu'un moment
pour devenir libres, c'est celui où l'excès de la tyrannie doit faire rougir
de défendre le despotisme. Ce moment passé, les cris des bons citoyens sont dénoncés comme des actes de sédition ; la servitude
reste, la liberté disparaît... J'admire ces heureuses dispositions de la
politique ministérielle, mais je serais bien plus étonné encore de notre
confiance si nous étions assez faibles pour les accepter. Je n'ai pas
besoin de discuter les projets de MM. Cazalès et d'Eprémesnil ; il faudrait désespérer des Français si leurs idées avaient seulement besoin
d'être combattues... Ne proclamons pas une nouvelle loi martiale
contre un peuple qui défend ses droits, qui recouvre sa liberté...; il
faut prévenir les troubles par des moyens plus analogues à la liberté...
Tout cet empire est couvert de citoyens armés par elle ; ils repousse-
ront les brigands pour défendre leurs foyers. Rendons au peuple ses
véritables droits ; protégeons les principes patriotiques attaqués dans
tant d'endroits divers ; ne souffrons pas que des soldats aillent opprimer les bons citoyens sous le prétexte de les défendre ; ne remettons
pas le sort de la Révolution dans les mains des chefs militaires... Les
moyens de rétablir la paix sont des lois justes et des gardes nationales (1). »

Plusieurs orateurs, Blin, Prieur, Duport et d'Aiguillon, parlèrent à
peu près dans le même sens. « Les bons citoyens, » dit ce dernier, » aime-

----

(1) Voyez le *Point du jour*, numéro 222, p. 149 et suiv. ; le *Moniteur* du 23 février
1790, et le *Courrier de Provence*, numéro 108, t. VI, p. 392, combinés.

raient mieux voir toutes leurs propriétés dévastées que la liberté en péril. » Douce erreur d'une âme généreuse! Mirabeau lui-même appuya de sa voix puissante la plupart des arguments présentés par Robespierre avec une éloquence que personne ne saurait méconnaître. Au grand scandale du marquis de Ferrières, il qualifia d'exécrable la dictature proposée par les *enragés* du côté droit au milieu des représentants du peuple assemblés pour travailler à la constitution. Et rappelant ces lignes de l'empereur Joseph au général d'Alton : « J'aime mieux voir des villages incendiés que des villages révoltés, » il s'écria : « Voilà le code des dictateurs (1) ! »

Reprise le lendemain, la discussion ne fut ni moins ardente ni moins passionnée. Chaque article donna lieu à un combat. Robespierre reparut sur la brèche et prit de nouveau une part active aux débats (2). Un homme investi de la confiance du peuple aurait, suivant lui, plus d'influence que des troupes menaçantes, et le ramènerait plus aisément à des sentiments pacifiques. Interrompu à ces mots : « Je n'insiste pas, » dit-il, « puisque ceux qui m'interrompent ne trouvent pas dans leurs cœurs la vérité de ce que j'avance. »

L'article 3 du projet d'un député obscur, nommé Boussion, auquel l'Assemblée avait donné la préférence, autorisait l'emploi de la loi martiale en cas de résistance à la perception des impôts. Se servir de la force armée pour le recouvrement de certaines contributions, telles que la gabelle, les aides et quelques autres non moins odieuses, paraissait à Robespierre une monstruosité. C'était, selon lui, un des meilleurs moyens d'anéantir la liberté. Arrêté une seconde fois dans son discours par certains membres du côté droit : « Je ne suis point

---

(1) Voyez les *Mémoires de Ferrières*, t. I, p. 382.

(2) *Courrier de Provence*, numéro 109, t. VI, p. 410. Voyez aussi les *Révolutions de France et de Brabant*, numéro 15. Voici les réflexions qu'inspira à Camille Desmoulins le discours prononcé la veille par Robespierre, et qu'il cita à peu près complètement dans son journal : « Les bons citoyens eurent enfin leur tour à la tribune, et d'abord Robespierre, toujours fidèle, dit M. Garat, à ses principes de tout rapporter à la liberté, de n'avoir de crainte que pour elle et d'attendre d'elle tous les biens, prononça ce discours, digne de la tribune française... Je n'ai pu me refuser au plaisir de transcrire ce discours en entier. Avec quel plaisir les patriotes ont entendu cet orateur du peuple. *Hic est vere fratrum amator, hic est qui multum orat pro populo.* O mon cher Robespierre! il n'y a pas longtemps, lorsque nous gémissions ensemble sur la servitude de notre patrie, lorsque, puisant dans les mêmes sources le saint amour de la liberté et de l'égalité, au milieu de tant de professeurs dont les leçons ne nous apprenoient qu'à détester notre pays, nous nous plaignions qu'il n'y eût point un professeur de conjurations qui nous apprît à l'affranchir; lorsque nous regrettions la tribune de Rome et d'Athènes, combien j'étois loin de penser que le jour d'une constitution mille fois plus belle étoit si près de luire sur nous, et que toi-même, dans la tribune du peuple français, tu serois un des plus fermes remparts de la liberté naissante! »

découragé par ceux qui m'interrompent, » reprit-il, « et je me propose de dire dans cette séance des vérités qui exciteront bien d'autres murmures. Non, il n'y a pas de meilleur moyen d'anéantir la liberté que d'employer la force armée pour recouvrer la gabelle et les aides. Je demande qu'on supprime de l'article la partie qui autorise la publication de la loi martiale pour le recouvrement des impôts (1). » Malgré tous ses efforts, le projet de loi fut adopté, mais avec quelques modifications atténuantes et rassurantes pour la responsabilité des corps municipaux.

Aucun des principaux historiens de la Révolution n'a raconté complétement cette intéressante discussion, ni indiqué la large part qu'y a prise Robespierre. Et cela se conçoit, car il faudrait cent volumes au moins pour présenter avec ses immenses détails toute la période révolutionnaire. Mais au point de vue monographique, l'importance de ces débats est capitale. Ils expliquent bien des choses à dessein laissées dans l'ombre par beaucoup d'écrivains, les précautions jalouses de Robespierre pour la liberté publique, sa persistance à préconiser le système de douceur et de persuasion, système auquel nous le retrouverons fidèle, avec des nuances nécessairement, même aux plus mauvais jours, quand une situation désespérée, amenée par les ennemis de la Révolution, nécessitera des remèdes suprêmes ; ils expliquent enfin sa popularité toujours croissante. Car le projet de loi si énergiquement combattu par lui fut loin de recevoir dans le pays un bon accueil des journaux dévoués à la liberté. « Encore une loi martiale ! » s'écria amèrement Loustalot. « Toutes les fois que le pouvoir exécutif parle au peuple ou à ses représentants, on peut être sûr qu'il demande de l'argent ou des soldats (2). »

Hélas ! trop souvent, sous prétexte d'ordre et de tranquillité publique, on a vu la liberté d'un peuple étouffée. Gardons-nous donc d'être ingrats et de laisser passer l'occasion d'honorer la mémoire de ces grands citoyens qui, sans cesse sur le *qui vive*, ne manquèrent jamais de pousser le cri d'alarme *Caveant consules!* et, en toutes circonstances, témoignèrent d'une si profonde et si sincère sollicitude pour le peuple et pour la liberté.

(1) *Moniteur* du 25 février 1790.
(2) *Révolutions de Paris*, numéro 33, p. 10 et 16.

VI

Chaque jour, aux applaudissements de la France et de l'Europe attentive, s'écroulait une des pierres du vieil édifice ; de ces ruines commençait à sortir un monde transfiguré, étonné lui-même d'avoir pu si longtemps subir le joug des tyrannies séculaires si tardivement brisées. Et de tous ces glorieux ouvriers auxquels nous sommes redevables de la régénération de notre pays, Robespierre était assurément le plus acharné à l'œuvre de destruction et de réédification, car il savait bien, suivant l'expression populaire de Jésus, qu'on ne raccommode pas du vieux avec du neuf et qu'on ne met pas le vin nouveau dans de vieilles outres (1). Tantôt il poussait ses collègues en avant, quand il les voyait arrêtés par des scrupules chimériques ; tantôt aussi il essayait de les retenir lorsqu'il les sentait disposés à se laisser entraîner dans une voie contraire à celle de la justice, cette justice dont il se sentait dévoré comme d'une soif ardente. Plus d'une fois nous l'entendrons combattre des motions très-populaires en apparence ; car, si personne n'aima le peuple davantage, personne ne le flatta moins que lui ; nous en donnerons plus d'une preuve.

L'Assemblée constituante avait solennellement décrété, dans sa séance du 13 février, la suppression des vœux monastiques et des congrégations religieuses. Mais en rendant à la vie civile ces milliers de moines que Lanjuinais appelait « les sangsues publiques, » et dont les biens avaient fait retour à la nation, il fallait pourvoir à leur existence. On demanda que, dans la distribution des pensions, une distinction fût établie entre les ordres rentés et les ordres non rentés ou mendiants. Les premiers, ayant été habitués à l'aisance et souvent à une existence fastueuse, ne sauraient se contenter, disaient les uns, d'une indemnité suffisante pour ceux qui, s'étant volontairement voués à l'indigence, ne connaissaient pas la richesse, et se contentaient du strict nécessaire. Les autres, invoquant les services rendus par les moines mendiants, dont quelques-uns d'ailleurs étaient, malgré leur titre, aussi riches que les prêtres les mieux rentés, réclamaient une position égale pour tous les religieux indistinctement. Le principe contraire fut néanmoins admis.

---

(1) *Evangile selon Mathieu,* V, 17-18.

La question s'étant engagée sur ce terrain, le comité ecclésiastique proposa à l'Assemblée d'allouer aux moines mendiants sept cents livres jusqu'à cinquante ans, huit cents livres jusqu'à soixante-dix ans et neuf cents après cet âge, et aux moines rentés neuf cents livres jusqu'à cinquante ans, mille livres jusqu'à soixante-dix ans et douze cents livres cet âge passé. Robespierre, après Grégoire, attaqua la parcimonie du comité. On devait, selon lui, prendre pour base des pensions à fournir aux ecclésiastiques la valeur réelle des biens du clergé, laquelle était, pour le moins, double de celle que, dans un intérêt facile a comprendre, on avait indiquée. Il fallait donc accorder à tous les religieux un traitement juste et honnête, et les mettre entièrement à l'abri du besoin, puisqu'ils y étaient avant les décrets de l'Assemblée. On ne pouvait, à son sens, offrir moins de huit cents livres aux moines mendiants et moins de mille livres aux religieux rentés. Il se montrait plus libéral encore envers la vieillesse. Là toute distinction lui paraissait inutile, parce que ce n'étaient ni des jouissances ni du luxe qu'on devait à l'homme infirme et vieux, mais des secours. Et, s'il y avait une différence à établir, c'était plutôt, dans son opinion, en faveur des ordres les moins favorisés. « La vie du religieux mendiant ayant été plus active que celle du moine renté, » disait-il, « ses travaux ont rendu pour lui le fardeau de l'âge plus pesant. » L'égalité, toutefois, lui semblait préférable, et il proposait que, pour les uns comme pour les autres, on élevât la pension à quatorze cents livres depuis l'âge de soixante ans (1). Mais l'Assemblée ne se montra pas aussi généreuse qu'il l'eût désiré, et le projet du comité passa avec une légère modification.

Si, dans cette circonstance, animé par un sentiment d'humanité et de justice, il défendit les intérêts d'une classe d'individus dont un si grand nombre se préparaient à porter à la Révolution les coups les plus affreux, nous allons l'entendre, quelques jours après, attaquer résolûment la fortune mal acquise des anciens seigneurs, beaucoup plus sacrée aux yeux d'une partie des membres de l'Assemblée que celle des ordres religieux. Il s'agissait d'abord d'abolir tous les droits dérivant de la mainmorte, déjà supprimée elle-même dans la nuit du 4 août. D'anciens privilégiés réclamaient une indemnité en faveur des propriétaires; mais Robespierre prouva très-bien que la mainmorte n'avait d'autre origine que la violence et l'oppression; que c'était aux seigneurs à établir par titre la possession conventuelle ; que, dans tous

---

(1) Voyez le *Moniteur* des 19 et 20 février 1790, et le *Point du Jour*, numéro 219, p. 117.

les cas, les présomptions étaient contre eux. Conformément à cette opinion, aucune indemnité ne fut accordée aux propriétaires seigneuriaux (1).

Moins libérale se montra l'Assemblée quand, le 4 mars, s'agita la question de savoir si l'abolition du droit de triage, supprimé par un récent décret, aurait un effet rétroactif.

Ce droit de triage était un des plus funestes effets de l'absurde maxime *nulle terre sans seigneur.* Dans tous les·pays de droit coutumier, la plupart des seigneurs s'étaient arrogé le droit de s'adjuger le tiers des propriétés communales, et ce droit exorbitant, reconnu par les parlements, avait été sanctionné par une ordonnance royale de 1669. « Par cette ordonnance, » s'écria Robespierre, « on a dit aux seigneurs : Vous convoitez une partie des biens de vos vassaux, eh bien ! prenez-en le tiers ! Cette loi est un acte de despotisme arbitraire et injuste. Il est impossible de voir dans son exécution autre chose qu'une spoliation violente qui ne peut jamais constituer un titre de propriété... Pourra-t-on m'objecter que cette logique blesse la propriété ? Mais que l'on nous dise donc quel est le véritable propriétaire de celui qui a été dépouillé de son bien par la force ou de celui entre les mains duquel sont passées ses dépouilles ? Qu'importe que ces biens aient été acquis à titre onéreux ou à titre gratuit ? Ils étaient sacrés comme le contrat de vente ou le contrat de donation. L'acte qui en a dépouillé les peuples au profit de quelques hommes privilégiés n'était qu'une infraction absurde aux premiers principes de la justice et de l'humanité. »

Robespierre parlait surtout au nom des provinces d'Artois, de Flandre, de Hainaut et de Cambrésis, où cet exécrable droit de triage s'était exercé avec le plus de rigueur. Reprenant alors le terrible acte d'accusation qu'il avait jadis dressé contre les états d'Artois, complices et ordonnateurs des spoliations dont il se plaignait, il rappela les persécutions subies par les malheureux habitants des campagnes et avec quel courage certaines communes avaient soutenu, vainement, hélas ! devant le parlement de Paris et le conseil d'État, leurs droits contre toutes les intrigues et le crédit formidable de leurs oppresseurs. « Aux yeux du législateur et de la raison, » continua-t-il, « le droit de triage n'a jamais été qu'une rapine... Vous devez ordonner la réparation d'une injustice ; il faut opter entre l'ordonnance de 1669 et la justice éternelle. » Il n'y avait donc pas à hésiter à restituer aux communautés les biens dont elles avaient été dépouillées. En vain objectait-on l'in-

(1) Séance du 27 février. Voyez le *Point du jour*, numéro 227.

convénient d'une pareille mesure : « Quand on a été volé, » disait-il,
« n'a-t-on pas gardé ses droits à sa propriété ? » Il demandait donc à
l'Assemblée constituante non pas d'assigner au décret un effet rétroactif illimité, mais d'exiger pour les quarante dernières années la restitution des biens illégitimement acquis par les seigneurs. « Portez, »
disait-il en terminant, « portez dans les cœurs inquiets et abattus l'espérance, la consolation et la joie par un acte éclatant de justice et
d'humanité... Hâtez-vous de leur donner ce gage de bonheur dont ils
seront redevables à vos travaux et de conquérir, pour ainsi dire, cinq
provinces à la constitution et à la liberté (1). »

Mais ces raisonnements si justes, appuyés par l'abbé Grégoire et un
autre député, ne convainquirent pas l'Assemblée ; le droit de triage fut
aboli pour l'avenir seulement. La spoliation subsista donc. Et c'est
parce que la motion si logique de Robespierre fut repoussée qu'aujour-
d'hui, à notre grand étonnement, nous voyons, dans une foule de communes, des propriétaires continuer à demeurer en possession de biens
qui étaient évidemment des biens appartenant jadis aux communautés.

Cependant, dans la même séance, le rapporteur du comité féodal,
Merlin, admettait une rétroactivité de trente ans pour une autre espèce
de triage introduite dans certaines provinces comme la Flandre et l'Artois par de complaisants arrêts du conseil, rendus sur des requêtes
de seigneurs. Un membre du côté droit, fort intéressé probablement dans la question, prétendait que ces sortes d'opérations étaient
très-agréables aux communautés ; un autre, M. de Croix, demandait à
être indemnisé. Mais Robespierre, reprenant la parole pour appuyer le
projet de décret de Merlin, combattit sans ménagement les arguments
de ces deux députés. Indemniser des propriétaires détenant contre
toute équité des biens mal acquis, c'était rendre aux communautés une
justice incomplète. Quant à présenter comme agréables aux communes
des arrêts du conseil en vertu desquels elles se trouvaient ainsi dépouillées, c'était une véritable dérision. On avait vu la plupart d'entre
elles s'opposer constamment à leur exécution. Mais comment répon-
dait-on aux paisibles réclamations des campagnes ? « Des troupes, »
disait l'orateur en finissant, « environnaient les bourgades, et, d'après
les ordres des états d'Artois, les prisons regorgeaient de malheureux
enlevés à leur culture et à leur famille. » Cette fois Robespierre

_____

(1) Voyez le *Point du jour*, numéro 232, p. 285 et suiv., et le *Moniteur* du 5 mars
1790. Ce discours de Robespierre, dont les journaux n'ont donné qu'une analyse
fort incomplète, a été imprimé sous ce titre : *Motion de M. de Robespierre, au nom de la
province d'Artois et des provinces de Flandre, de Hainaut et de Cambraisis, pour la restitution des biens communaux envahis par les seigneurs.* (In-8° de 11 pages, Paris, 1790.)

triompha, et l'Assemblée, se déjugeant, admit le principe de la rétro-activité, malgré la vive opposition d'un membre du comité féodal nommé Redon, qu'effrayait le trouble qu'un tel décret apporterait dans les familles (1).

Singulier scrupule! on témoignait un bien tendre intérêt à ces propriétaires de biens volés, acquis par d'indignes manœuvres, on craignait d'inquiéter leurs héritiers dans leur paisible possession! Mais ces communes injustement dépouillées n'avaient-elles droit à aucun égard? Et ces propriétés, à bon droit revendiquées par Robespierre, n'étaient-elles pas celles de tous, c'est-à-dire de ceux qui n'en ont pas? O tristes contradictions de la pitié humaine qui presque toujours penche du côté des puissants!

VII

Vers cette époque eut lieu entre M. Lambert, contrôleur général des finances sous Necker, et le député d'Arras un échange de correspondance remarquable à plus d'un titre et sur laquelle il importe de nous arrêter un moment.

Robespierre avait, avec raison, amèrement critiqué à la tribune de l'Assemblée nationale notre ancien système d'impôts, réclamé sa complète transformation, et plus d'une fois sa parole éloquente avait justement flétri la rapacité, les formes âpres, violentes des employés de la gabelle et des aides. Il n'en fallait pas davantage pour que les ennemis de la Révolution l'accusassent d'avoir excité les contribuables à refuser le payement de l'impôt. On alla même trouver M. Lambert; on lui dit que Robespierre avait écrit à un chanoine de Paris nommé Moreau, frère d'un brasseur de la paroisse de Long, contre lequel, dans le courant de février, avait été dressé un procès-verbal pour refus d'exercice, une lettre pleine de déclamations contre les droits de la régie et ses employés, et que cette lettre, colportée par le chanoine, avait porté à l'extrême l'effervescence de la population.

Aussitôt, et sans plus de renseignements, le contrôleur général prit la plume et écrivit à Robespierre. «Informez,» lui disait-il, «les habitants de Long et des paroisses voisines que vous êtes loin d'approuver les entraves apportées à la perception des impôts; recommandez-leur l'exacti-

(1) *Moniteur* du 5 mars 1790.

tude dans le payement de leurs contributions, et l'emploi de voies con-
venables et décentes s'ils ont à se plaindre de quelques vexations. »
M. Lambert terminait sa lettre en le priant de vouloir bien lui communiquer la circulaire qu'il ne manquerait sans doute pas d'adresser.

Grand fut l'étonnement de Robespierre. Il crut d'abord à une mysti-
fication. Cependant il se décida à répondre au contrôleur général, à
qui il commença par reprocher d'avoir ajouté foi trop légèrement à une
calomnie insigne, à un fait absolument faux. « Je vous prie de croire, »
poursuivait-il, « que les représentants du peuple n'écrivent point de
lettres incendiaires et pleines de déclamations. Je ne sais si les coupables manœuvres des ennemis de la Révolution, qui se développent
tous les jours autour de nous, renferment aussi le moyen extrême de
fabriquer des lettres pour les imputer aux membres de l'Assemblée
nationale qui ont signalé leur zèle pour la cause populaire, mais je
défie qui que ce soit de produire celle dont vous me parlez d'une manière si vague. »

Du reste, M. Lambert avait eu soin de le prévenir qu'on ne lui avait
pas envoyé copie de la prétendue lettre adressée au frère du brasseur
de la paroisse de Long; seulement il pensait que, soit malignement,
soit inconsidérément, on en avait altéré le sens; c'est pourquoi il s'était
permis de l'engager à écrire dans un sens tout contraire. Me rendre à
vos désirs, répondait Robespierre, ne serait-ce pas fournir aux ennemis
de la Révolution une occasion de plus de décrier mon dévouement à
la cause patriotique? La lettre que j'écrirais ne serait-elle pas regar-
dée comme une sorte de rétractation de celle qu'on m'accuse d'avoir
écrite! C'était en vérité trop compter sur la candeur et la bonhomie des représentants du peuple. Il voulait bien d'ailleurs ne pas suspecter la pureté des intentions du contrôleur général. Mais au moment
où les amis du despotisme et de l'aristocratie, après s'être vainement
opposés à la constitution, cherchaient à la miner sourdement; lorsque,
se couvrant d'un masque de civisme, s'efforçant de dénaturer les
meilleurs sentiments, ils traitaient la modération de lâcheté, le patriotisme d'effervescence dangereuse, et la liberté de licence; lorsqu'enfin les agents du pouvoir exécutif ne craignaient pas de prodiguer
aux représentants du peuple des inculpations téméraires, de les
poursuivre de libelles sacrilèges, il ne pouvait se défendre de rapprocher ce fait particulier du système général de conspirations tramées
contre la patrie et contre la liberté. « Je finis, Monsieur, en vous répé-
tant que je ne me suis pas montré assez zélé partisan de l'aristocratie
pour qu'on puisse me soupçonner, sans absurdité, de vouloir seconder
ses vues en troublant la perception légitime des impôts; que, quoi que

puissent dire les ennemis des défenseurs du peuple, c'est nous qui recommandons, non sans succès, l'ordre et la tranquillité ; c'est nous qui aimons sincèrement la paix, non pas à la vérité la paix des esclaves, si scrupuleusement exigée par les despotes, qui consiste à souffrir en silence la servitude et l'oppression, mais la paix d'une nation magnanime, qui fonde la liberté en veillant avec une défiance nécessaire sur tous les mouvements des ennemis déclarés ou secrets qui la menacent. »

Enfin, comme il avait l'habitude de prendre toujours l'opinion pour juge de ses actions, il terminait en avertissant le contrôleur général qu'il avait résolu de rendre sa réponse publique (1). Robespierre n'eut, pour ainsi dire, pas de vie privée ; on peut dire de lui qu'il vécut dans une maison de verre.

Une autre fois encore, quelques semaines plus tard, il eut l'occasion de correspondre avec M. Lambert. Ce fut à l'occasion des droits sur la bière (2). Il ne nous a pas été possible de nous procurer cette seconde lettre. La bière, on le sait, était la boisson habituelle de la province d'Artois. Les impôts indirects, notamment ceux sur les boissons, étaient insupportables aux populations, tant en raison de leur chiffre exorbitant qu'à cause des vexations auxquelles ils donnaient lieu. C'était bien pourquoi, malgré les décrets de l'Assemblée, leur perception rencontrait de toutes parts des résistances formidables. Maintes fois la tribune retentit des doléances de M. Lambert à ce sujet. Il faut croire qu'ayant de nouveau accusé le député d'Arras de complicité morale dans ces résistances, accusation très-injuste, il reçut de lui une nouvelle réponse dans le genre de celle dont nous avons donné l'analyse. Là se bornèrent les relations de Robespierre avec ce contrôleur général, qui, au mois de décembre suivant, fut remplacé par M. de Lessart et finit par avoir une destinée tragique. Dénoncé en 1792 par Rœderer, traduit deux ans plus tard devant le tribunal révolutionnaire et condamné à mort, il précéda de quelques jours seulement sur l'échafaud son illustre contradicteur.

(1) *Réponse de M. de Robespierre, membre de l'Assemblée nationale, à une lettre de M. Lambert, contrôleur général des finances.* Paris, Pottier de Lille, 1790, in-8° de 7 pages.

(2) *Correspondance entre le contrôleur général des finances (Lambert) et M. de Robespierre, à l'occasion des droits sur la bière* (22 avril 1790), in-4° de 8 pages.

VIII

Pendant toute la durée du mois de mars, l'Assemblée constituante s'occupa principalement d'affaires de finance et d'organisation judiciaire. Cependant le cours de ses travaux fut, à diverses reprises, interrompu par des questions incidentes présentant, la plupart, un intérêt de premier ordre. Ces questions, souvent brûlantes, ne manquaient presque jamais de ramener Robespierre à la tribune. Il ne réussit pas toujours à faire triompher son opinion; mais le droit, la justice et la raison étaient-ils de son côté? c'est ce qu'il convient d'examiner avec un peu plus de développement que cela n'est possible dans une histoire générale.

Les séances du soir avaient été particulièrement consacrées à l'examen de ces sortes de questions. Le 13 mars, Castellane vint soumettre à l'Assemblée un projet de décret par lequel, six semaines après sa publication, tous les individus incarcérés en vertu de lettres de cachet sans avoir été légalement condamnés devaient être rendus à la liberté. Quelques personnes, sur la foi d'écrivains intéressés à nier la nécessité de la Révolution, s'imaginent qu'en 1789 ces sortes de lettres n'étaient plus en usage. C'est une erreur. L'Assemblée en avait, dès le mois d'août, ordonné la suppression, mais il y avait des gens très-disposés à les conserver. L'abbé Maury, entre autres, s'inquiétait peu qu'il y eût des innocents dans les prisons de l'État. « Quand bien même leur détention actuelle serait injuste, » disait-il, « c'est un sacrifice qu'ils doivent faire à la société (1).» Paroles impies s'il en fut jamais, et peu dignes du caractère sacré dont était revêtu leur auteur.

Plus chrétienne était la morale de Robespierre. Il n'avait pas attendu la Révolution pour flétrir publiquement les lettres de cachet. On se rappelle sans doute avec quelle éloquence indignée il s'était élevé, dans sa plaidoirie pour le sieur Dupond, contre cet odieux abus du despotisme. A l'inique et décevante doctrine de l'abbé Maury il était bon qu'une voix répondît, qui affirmât le dogme de la charité et la justice supérieure à tout. L'Assemblée, comme Robespierre avait eu soin de le faire remarquer en commençant, n'avait à statuer que sur le sort de détenus qui n'étaient accusés d'aucun crime. Aussi témoigna-t-il son éton-

(1) *Moniteur* du 15 mars 1790.

nement et son regret de ce que depuis six mois on n'avait pas encore prononcé sur la liberté de tant d'infortunés, victimes du pouvoir arbitraire. Admettre des délais, c'était, suivant lui, consacrer en quelque sorte des actes illégaux. Etait-il question ici de malheureux emprisonnés à la sollicitation des familles? Non; il s'agissait surtout de personnes incarcérées, souvent, pour avoir donné quelque preuve d'énergie et de patriotisme. Et puis, ajoutait-il, « vous n'avez pas sans doute oublié cette maxime : Il vaut mieux faire grâce à cent coupables que punir un seul innocent. » Il demandait donc la délivrance des détenus innocents le jour même de la publication du décret, et cette publication sous huit jours au plus tard; mais la majorité n'avait pas cette même soif de justice : elle jugea suffisant le délai de six semaines (1).

Trois jours après, l'Assemblée avait à statuer sur le sort des détenus qui, ayant commis quelque crime, avaient été enfermés en vertu d'une lettre de cachet, au lieu d'avoir été régulièrement condamnés. Suivant le projet du comité, ils devaient être conduits dans une des maisons désignées par la loi, afin d'y subir leur jugement, lequel ne pourrait porter une condamnation à plus de quinze années de prison, y compris le temps qu'avait duré l'emprisonnement arbitraire. Aux yeux de quelques membres cet article péchait par trop d'indulgence. Des familles seraient donc obligées de recevoir dans leur sein des scélérats capables d'y porter le trouble? Ils demandaient en conséquence la prison perpétuelle pour le cas où la peine de mort aurait pu être appliquée jadis. Mais, répondait Robespierre, ces raisonnements tiennent plutôt aux préjugés qu'aux règles de la justice. La loi nouvelle ne doit pas se montrer plus sévère que le despotisme. Puisqu'un criminel, en s'expatriant, peut, au bout de vingt années, rentrer dans la société de ses concitoyens sans s'exposer à être poursuivi, pourquoi se montrer plus rigoureux envers les coupables *escamotés* par le despotisme? L'emprisonnement n'est-il pas une sorte d'expatriation? « Je conclus à ce qu'un homme détenu en vertu d'une lettre de cachet, quel que soit le crime qu'il ait commis, ne puisse être condamné à plus de vingt ans de captivité (2). » Ces principes, repris et développés avec talent par Fréteau, allaient probablement triompher, quand le député Loys ré-

_____

(1) Voici l'art. 1er du décret tel qu'il fut adopté : « Dans l'espace de six semaines après la publication du décret, toutes personnes détenues dans les châteaux, maisons religieuses, maisons de force, maisons de police ou autres prisons quelconques, par lettres de cachet, ou par ordre des agents du pouvoir exécutif, à moins qu'elles ne soient légalement condamnées, décrétées de prise de corps, ou qu'il n'y ait contre elles une plainte en justice, à l'occasion d'un crime emportant peine afflictive, ou enfermées pour cause de folie, seront mises en liberté. » (Séance du 13 mars.)

(2) *Courrier de Provence*, numéro 118, et *Moniteur* du 18 mars 1790, combinés.

clama une exception à l'égard des individus coupables de crimes déclarés irrémissibles, tels qu'assassinats et incendies. Vivement combattu par Mirabeau et par Fréteau, cet amendement passa néanmoins,
et fut ajouté à l'article du comité. Mais il n'était que transitoire, et plus
tard on devait en revenir aux vraies règles de la justice, qu'avaient
nettement posées dans cette séance Robespierre et Fréteau.

IX

Dans les premiers jours du mois de mars, Necker avait, dans un volumineux mémoire, tracé un sombre tableau de nos finances. Pour remédier à la pénurie du Trésor, des expédients de toutes sortes avaient été
mis en avant. Une contribution patriotique avait été, dès le mois d'octobre, votée par l'Assemblée et sanctionnée par le roi. Mais cette contribution avait peu produit, et le premier ministre avait cru trouver
dans ce fait une preuve de la tiédeur du patriotisme des citoyens.

A la suite de la lecture du mémoire de Necker, un membre avait
proposé la conversion de la contribution patriotique en dixièmes ; un
autre demandait qu'on taxât d'office ceux qui ne faisaient pas d'eux-
mêmes leur déclaration. Cette double proposition ayant été renvoyée
au comité des finances, Dubois-Crancé vint, le 26, au nom de ce comité, soumettre à l'Assemblée un projet de décret destiné à assurer le
succès de la contribution patriotique. En vertu de ce décret, tous les
citoyens jouissant d'un revenu supérieur à quatre cents livres étaient
soumis à la taxe, et les officiers municipaux avaient mission d'imposer
ceux qui, se trouvant notoirement dans ces conditions de fortune, n'auraient pas fait de déclaration.

Un tel décret parut beaucoup trop rigoureux aux députés Dupont de
Nemours, Rœderer, de Tracy et Robespierre. Était-il de nature à produire l'effet sur lequel on comptait ? C'est ce dont doutait beaucoup ce
dernier. On devait craindre aussi, en établissant une sorte d'inquisition dans les fortunes, d'augmenter l'inquiétude générale au lieu de ramener la confiance qu'il fallait asseoir sur des bases inébranlables.
« Je ne puis être, » dit-il, « de l'avis du premier ministre qui accuse
le patriotisme des citoyens ; ce patriotisme existe ; il a seulement été
ralenti par les erreurs dans lesquelles on a jeté le peuple et par les
moyens qu'on a pris pour lui persuader que la banqueroute était possible. »

Il est bon aussi de faire remarquer avec quelle légèreté les ministres gaspillaient la fortune de la France, déjà si obérée. Malgré les décrets de l'Assemblée, ils avaient payé aux princes de Condé et de Lambesc, passés à l'étranger, leurs traitements des six derniers mois de 1789. Des gouverneurs sans gouvernement, des titulaires de charges n'existant que sur le papier avaient aussi touché des appointements auxquels ils n'avaient aucun droit. Un membre de l'Assemblée, le duc du Châtelet, était du nombre; il s'excusa lestement en disant qu'il ignorait le fait, n'ayant pas l'habitude de s'informer des payements touchés par son homme d'affaires. Ces abus, vivement dénoncés par l'austère Camus, jetaient dans l'opinion publique des impressions peu favorables à l'administration des finances. On se demandait avec indignation si l'heure était bien choisie de faire largesse des trésors du pays et surtout de les prodiguer aux ennemis de la Révolution, quand, à bout de ressources, on était forcé de s'adresser au patriotisme des citoyens pour avoir de l'argent. Et combien l'irritation irait croissant, à l'apparition du fameux livre rouge arraché, c'est le mot, à Necker par le comité des finances !

Robespierre avait donc bien raison, en combattant le projet de décret, de signaler toutes les manœuvres qui avaient contribué à arrêter l'essor du patriotisme. Après un discours d'une très-longue étendue, et dont malheureusement il est resté peu de traces, il concluait en conseillant à ses collègues d'agir principalement par la persuasion. « Faites cesser les inquiétudes, le patriotisme reprendra toute son énergie, et l'on viendra en foule offrir une contribution qu'on croira alors ne pouvoir jamais être inutile à la liberté (1). » Chose assez singulière, on entendit des membres du côté droit soutenir un décret qui transformait véritablement en impôt forcé une contribution purement volontaire dans le principe. « La longue éloquence de M. de Robespierre, » s'écria l'un d'eux, « ne m'a pas du tout converti.» Assurément ils ne s'inspiraient pas de l'amour de la Révolution. Voulaient-ils lui susciter des adversaires dans les classes laborieuses en faisant peser de nouvelles charges sur une masse de citoyens peu aisés? Cela pouvait bien être ; et peut-être Robespierre, avec sa sagacité pénétrante, avait-il deviné leurs intentions. Mais, malgré ses observations, l'Assemblée adopta le projet de décret, légèrement modifié cependant, et tout citoyen actif dut à l'avenir, en se présentant aux assemblées primaires, justifier de sa déclaration relativement à la contribution patriotique.

(1) Ce discours a été résumé en quinze lignes par le *Moniteur*. Voy. le numéro du 27 mars 1790 ; voyez aussi le *Courrier de Provence,* numéro 123.

X

Infatigable se montrait Robespierre dans ces luttes chaque jour renouvelées. Puisant sa force et son énergie dans sa conscience pure et sa passion pour le bien public, encouragé par l'assentiment populaire, il ne se laissait pas rebuter par l'insuccès de quelques-unes de ses motions, dont l'adoption d'ailleurs eût souvent honoré l'Assemblée ; le lendemain d'un échec, on le voyait reparaître à la tribune, plus ardent, plus convaincu. Ce fut précisément ce qui arriva le 29 mars 1790.

L'Assemblée constituante, après avoir décrété l'établissement des municipalités dans tout le royaume, avait laissé au pouvoir exécutif le droit d'instituer des commissaires chargés de veiller à l'organisation de ces municipalités. Mais cette mesure fut en général assez mal accueillie. La dignité du citoyen, la liberté publique étaient alors sauvegardées avec un soin jaloux. Beaucoup de municipalités, bien différentes en cela de celles de notre temps, redoutaient l'immixtion de ces commissaires dans les élections, craignant qu'ils n'usassent de leur autorité pour entraver la liberté des suffrages et influencer les électeurs. Les agents du gouvernement, on s'en doutait bien, étaient porteurs d'instructions secrètes. La municipalité de Troyes prit l'initiative de la résistance : elle refusa net d'admettre aucun commissaire du pouvoir exécutif dans les réunions électorales où l'on procédait à la nomination des assemblées de district et de département, et invita, par une circulaire, toutes les municipalités du royaume à suivre son exemple. Ces faits furent dénoncés dans la séance du 29 mars par Le Chapelier, rapporteur du comité de constitution. Suivant lui, les citoyens de la ville de Troyes avaient conçu de fausses alarmes en s'exagérant les instructions données aux commissaires royaux. Cependant, afin de donner satisfaction aux municipalités, il proposait à l'Assemblée de décréter que les pouvoirs de ces commissaires cesseraient aussitôt les élections terminées, et que toutes les contestations électorales seraient jugées, non par eux, mais par l'Assemblée nationale elle-même.

Était-ce une satisfaction suffisante ? Robespierre ne le crut pas. « Il parla fort éloquemment en faveur des municipalités plaignantes, » dit

Mirabeau dans son journal (1). La nomination de ces commissaires, et surtout la nature et l'objet des instructions dont le pouvoir exécutif n'avait pas· manqué de les munir, devaient être, à son avis, infailliblement funestes à la patrie et à la liberté. Quelques murmures s'étant élevés des bancs de la droite, il reprit en ces termes : « Je ne me suis point dissimulé que mon opinion sur cet objet éprouverait de la défaveur ; mais je me suis peu arrêté à cette considération ; j'ai seulement consulté mon patriotisme, et je me suis dit : ceux qui voudront être libres auront les mêmes intérêts que moi et s'uniront à moi pour l'intérêt de tous. Lorsqu'on voit se préparer une grande et belle révolution qu'on n'aime pas, on ne néglige rien pour en suspendre la marche, pour en éteindre les effets. Telle sera constamment la conduite de ceux qui, de mauvaise foi ou par erreur, tiennent encore à cet odieux et ancien ordre de choses que vous avez si justement aboli. »

De l'organisation des municipalités dépendaient, on peut le dire, le triomphe des principes proclamés par l'Assemblée nationale et la solidité de son ouvrage. Si l'on parvenait à y introduire des hommes adroits et perfides, des adversaires déclarés des institutions nouvelles, c'en était fait de la constitution. Il était donc nécessaire d'empêcher par tous les moyens possibles le pouvoir exécutif de peser sur les élections. Ici l'orateur, appelant l'attention de l'Assemblée sur quelques-uns des commissaires choisis par les ministres, et dont les noms « ne réveillaient rien moins que des idées de patriotisme », dépeignait vivement les dangers de l'influence de ces agents sur les élections, et engageait ses collègues à ne pas regarder comme des chimères les dénonciations dont on les entretenait. Et, poursuivait-il, quels sont les hommes à qui vous avez confié le choix des commissaires ? « Des ministres qui ne vous ont jamais adressé de lettres et de mémoires qui ne fussent insultants pour le peuple... » Les murmures ayant redoublé : « Oui, » continuait-il impassible, « je ne sais ce qui doit m'étonner le plus, ou de l'audace continuelle des ministres ou de votre longue patience à la souffrir. » Alors, élevant la voix pour dominer quelques cris qui demandaient son rappel à l'ordre, il prouva combien était illusoire le remède proposé par son collègue Le Chapelier, lequel consistait à assigner pour terme au pouvoir des commissaires la clôture du dernier procès-verbal de l'élection des assemblées de district et de département, puisque le péril était précisément dans l'influence pernicieuse de ces commissaires sur les élections. En conséquence il réclamait de l'Assemblée, comme unique moyen de conjurer le danger, la

(1) *Courrier de Provence*, numéro 124, t. VII, p. 203.

révocation, par un décret formel, des pouvoirs conférés par le gouvernement à ses commissaires (1).

Son système ne prévalut pas. Cependant l'Assemblée, comme assaillie par un remords, et dans l'espoir d'enchaîner la conscience des commissaires royaux, les astreignit à prêter, avant de commencer leurs fonctions, le serment civique entre les mains des officiers municipaux du lieu où se tiendraient les assemblées de département. C'était, il faut l'avouer, une précaution bien peu efficace. Nous qui, par expérience, savons le rôle que jouent dans les élections les agents du pouvoir exécutif, le zèle et l'activité qu'ils y déploient, le poids énorme dont, par la force des choses, ils pèsent sur les masses électorales, dans les campagnes surtout, nous comprenons les appréhensions manifestées par Robespierre, et nous ne saurions trop admirer sa prévoyance et sa perspicacité. Ce qu'il demandait, en définitive, c'est ce que demandent et ne cesseront de demander tous les hommes sincèrement libéraux, la neutralité du gouvernement, quel qu'il soit, dans ces questions électorales où le peuple, appelé à décider du choix de ses représentants, doit avoir sa seule conscience pour guide.

XI

Tandis qu'au sein de l'Assemblée nationale certains membres du côté droit se déchaînaient contre Robespierre presque chaque fois qu'il paraissait à la tribune, au dehors les ultra-royalistes donnaient libre cours à leur rage et à leur fiel contre lui dans des pamphlets et des journaux d'un cynisme auprès duquel il est permis de trouver pâles les colères du *Père Duchesne*, et, comme des bêtes venimeuses, y répandaient leur bave à plaisir. Tout ce que la calomnie peut imaginer de plus vil, de plus odieux, de plus inepte, de plus trivial s'étalait dans ces sortes de productions, pour la plus grande joie de quelques aristocrates, se pâmant d'aise à la lecture de ces diatribes et s'imaginant qu'on allait tuer par le ridicule des hommes investis de la confiance du peuple, et qui portaient en eux les destinées de la Révolution.

(1) Voy. le *Moniteur* du 30 mars 1790 ; le *Courrier de Provence*, ubi suprà. Ce discours, publié en entier par le journal le *Hérault national*, a été imprimé à part ; *Discours sur l'organisation des municipalités*. Paris, 1790, in-8°.

De toutes ces productions la plus justement célèbre c'étaient les *Actes des Apôtres*, dont les principaux rédacteurs, Pelletier, Rivarol, Champcenetz, Jourgniac Saint-Meard, etc., gens d'esprit d'ailleurs, auraient pu mieux employer leurs talents. « Le cadre de leur ouvrage est heureux, » écrivait Camille Desmoulins ; « il est fâcheux qu'il soit rempli par de mauvais citoyens qui s'efforcent de jeter du ridicule sur nos législateurs et de souiller les noms les plus chers à la patrie. Mais on n'a jamais exigé de marchands de chansons qu'ils eussent des principes et des sentiments d'honneur (1)... » Presque pas de numéro où il ne soit question de Robespierre et de Mirabeau en des termes dont la licence dépasse toute limite. Prose, vers, tout est mis en œuvre. Si Mirabeau est la lumière de la Provence, Robespierre est la chandelle d'Arras. Tout cela assaisonné des plaisanteries les plus indécentes (2). Tantôt nos auteurs imaginent une correspondance burlesque entre Maximilien et Suzanne Faber, « couturière à Arras, au marché au poisson (3) ; » tantôt ils le présentent comme un neveu de Damiens (4). Ce rapprochement entre le plus ardent défenseur de la cause populaire et ce maniaque qui expia par un si horrible supplice le crime d'avoir égratigné d'un coup de canif le royal amant de Jeanne Vaubernier, comtesse du Barry, devait en effet paraître piquant aux dévots lecteurs de l'attique et dévot journal.

A ce système de calomnie et de diffamation Robespierre se conten-

(1) *Révolutions de France et de Brabant*, numéro 8, p. 370.

(2) Bourreau, Barnave on choisira,
 Robespierre valet sera,
 Villette au c..les poussera.
 (Numéro 209.)

Il est des citations que nous n'oserions nous permettre. Veut-on maintenant avoir un échantillon de la douceur de ces journalistes modérés ? Voici ce qu'on lit dans le numéro 85 : « *Avis très-important distribué sur le pont Saint-Michel et sur le pont Royal :* Quelle gloire n'acquerrions-nous pas, quand enfin, au bout du compte, nous n'aurions que le seul avantage de rendre la liberté à notre bon roi.... Il faudroit ensuite chasser tous les démagogues ; livrer un Charles Lameth, un Barnave, un Duport, un Robespierre, un évêque d'Autun, un Mirabeau (l'aîné), un Chapelier, un du Bois de Crancé, qui insultent toute l'armée, pour en faire la justice la plus sévère, et se repaître du spectacle de les voir tous subir le même sort que nous faisions subir aux crapeaux (*sic*) dans la campagne, en les accrochant au bout d'une perche sur les ruines de la Bastille, pour les faire mourir à petit feu. Voilà, messieurs, ce qu'il seroit pour nous glorieux de faire, etc.... » Quand plus tard nous aurons à signaler les dévergondages de démagogie du thermidorien Guffroy, dans son *Frank en vedette*, on devra se rappeler où il a cherché ses modèles.

(3) *Actes des Apôtres*, numéros 94, 100, 131, etc.

(4) *Ibid.*, numéros 165, 182. Comme toutes les calomnies, celle-ci a trouvé des gens fort crédules. Là-dessus un honorable magistrat de nos jours, dont nous avons la lettre entre les mains, a imaginé que cette parenté avait dû donner à Robespierre l'idée de son mémoire sur les peines infamantes.

tait de répondre par le plus absolu mépris. Maintes fois l'Assemblée
nationale retentit des plaintes de quelques hauts personnages atteints
par la plume des écrivains démocrates, jamais une plainte ne sortit de
sa bouche, soit qu'il se jugeât trop au-dessus des attaques dont il était
l'objet, soit qu'il respectât la liberté de la presse jusque dans sa licence
la plus effrénée. Lui aussi, dès cette époque, disposait d'un recueil
périodique où il eût pu rendre coup pour coup, car, aussi bien sinon
mieux que ses détracteurs, il savait manier l'arme de l'ironie. Mais
ce journal, dans lequel sa part de collaboration serait d'ailleurs assez
difficile à établir, s'occupait de choses trop sérieuses pour prêter la
moindre attention aux élucubrations plus ou moins désintéressées de
quelques pamphlétaires(1). Plus tard quand on s'attaquera à sa vie
politique, il se défendra publiquement, et il aura raison, quoi qu'en
pensent quelques écrivains qui, trouvant très-naturel que la calomnie
se soit acharnée contre lui, ne comprennent pas qu'il ait répondu avec
une insistance bien légitime pourtant ; mais présentement, à l'aurore
de la Révolution, c'eût été une iniquité à ses yeux que d'entretenir le
public de misérables personnalités, en des circonstances si graves,
lorsque tant de questions d'un intérêt suprême étaient à l'ordre du
jour, quand il s'agissait de la régénération d'un peuple. On l'entendit
alors souvent accuser les ennemis du bien public, jamais ses ennemis
particuliers. Ses pensées planaient dans des sphères plus élevées, au-
dessus des coteries mesquines et des rancunes individuelles.

Cependant, au milieu même des pamphlets les plus haineux, éclataient, çà et là, comme un hommage involontairement rendu aux
vérités éternelles, certains éloges dont le caractère ironique n'atté-
nuait ni la portée ni la vérité. « Quelle divinité dirigera mon esprit
dans le récit des faits dont j'ai promis de vous instruire ? » lisons-nous
dans un libelle du temps. « Sera-ce toi, divine philosophie, dont les
augustes principes découlent tous les jours de la bouche de *Robertspierre* comme autrefois le miel des lèvres amoureuses d'Anacréon(2)?»

---

(1) *L'Union ou Journal de la liberté.* Il n'en a paru que 69 numéros en français et en
anglais. *Les Actes des Apôtres*, en belle humeur de calomnie, prétendaient que les
gazetiers anglais avaient prié M. *Robespierre* d'accepter dix mille livres sterling pour
rendre son journal absolument français (numéro 5). Telle est à peu près la force des
plaisanteries des *Actes des Apôtres*.

D'une lettre écrite de Londres à Robespierre, dans le courant du mois de novembre 1790 par P. de Cugnières, lettre que nous avons sous les yeux et dans laquelle il est
longuement question du mauvais effet produit par les menées contre-révolutionnaires
de la cour, il semble résulter que ce P. Cugnières aurait été le correspondant de Robespierre, en Angleterre, sans doute pour ce journal *l'Union*, qui n'eut qu'une existence
éphémère.

(2) *Grand Combat national.* Paris, 1790, in-8°, p. 7.

Il n'était pas jusqu'aux *Actes des Apôtres* qui ne fournissent eux-mêmes leur contingent de louanges, et ils pouvaient, en parlant de leur feuille, prêter cette phrase à leur Suzanne Forber écrivant à Robespierre : « Par parenthèse ce dernier journal est pourtant forcé de faire ton éloge, tout en plaisantant (1). »

Cet acharnement déployé contre lui par les journalistes du droit divin a d'ailleurs son utilité historique. Il démontre admirablement l'importance énorme dont il jouissait dès cette époque et quelle place il occupait dans l'opinion, même à côté de Mirabeau, qu'il écrasait déjà de sa popularité. Les journalistes gagés de l'ancien régime ne se fussent pas autant attaqués à lui s'ils n'avaient pas eu la conscience de sa valeur et senti que cet homme était une des forces vives de la Révolution.

XII

Si dans l'Assemblée nationale Robespierre avait pour ennemis déclarés tous les députés du côté droit, il comptait en revanche au nombre de ses sincères admirateurs la plupart des membres de la société des *Amis de la Constitution*, où son influence égale, au mois de mars 1790, si elle ne leur est pas supérieure, celle de Barnave, de Duport et des Lameth. Il y est au premier rang, ce que ne manquent pas de signaler les auteurs des *Actes des Apôtres*, et l'aveu de pareils adversaires est trop précieux pour n'être pas relevé (2).

Immense allait être la puissance d'opinion que cette société des Jacobins était appelée à exercer sur le pays. Comme dans toutes les grandes réunions d'hommes, il y avait là des gens sensés et des énergumènes, des sages et des fous, des patriotes d'un désintéressement antique et des singes de patriotisme (en bien petit nombre) qui cherchaient dans la Révolution un moyen de fortune ; mais l'exception n'est pas la règle, mais, on ne saurait le nier sans injustice, cette société fut le foyer ardent qui échauffa la France entière du feu de son

---

(1) *Actes des Apôtres*, numéro 100, p. 9.

(2) *Actes des Apôtres*, numéro 41. « Je vais donc essayer.... de jeter enfin dans vos âmes quelques étincelles de ce vaste et brûlant foyer de patriotisme que les Péthion, les Robespierre et les Mirabeau entretiennent de leurs mains immaculées dans les obscurs dortoirs des Jacobins.... »

patriotisme, et elle devint une des plus puissantes machines de guerre que la République française ait eu à opposer à l'Europe coalisée contre elle. Pendant un moment elle fut comme le génie inspirateur de nos victoires et de notre grandeur, et quand vinrent les revers, elle n'existait plus pour soulever de son souffle brûlant les populations électrisées et les jeter en masse contre l'ennemi.

Si à l'heure où nous sommes, en mars 1790, il n'y avait pas encore dans la société des Jacobins cette exubérance de force, cette exaltation que nous lui verrons plus tard, c'est que la situation ne le commandait pas alors. La nature des choses suffira à l'amener à un état violent, sans qu'elle se transforme beaucoup quant à la composition de ses membres. Elle fera bien quelques recrues dans les rangs populaires, mais l'élément principal restera essentiellement bourgeois. Ce seront en partie les mêmes hommes, les circonstances seules auront changé et la pousseront en avant. Ceux qu'effrayent déjà les paroles hardies qui sortent de la bouche de Robespierre, les tendances républicaines qu'il émet, non dans les mots, mais ce qui vaut mieux, dans les idées, n'attendront pas le choc des événements pour déserter ; dès le mois d'avril la scission s'opère. Toute la fraction aristocratique quitta à grand bruit la vieille salle des Jacobins pour aller s'installer au Palais-Royal dans un somptueux appartement, espérant y établir une société rivale en importance. Réduits à eux-mêmes, les schismatiques eurent bientôt la preuve de leur faiblesse et de leur nullité. Ils comptaient cependant au milieu d'eux des illustrations de plus d'un genre, mais la vie semblait s'en être retirée, et les discours de leurs orateurs se perdaient sans écho dans la foule. La puissance était restée aux Jacobins. Aussi Mirabeau, tout en se faisant affilier au club de 89 (1), demeura-t-il attaché jusqu'à la mort à la grande société où palpitait l'âme émue de la patrie.

Robespierre en était alors le président. Peut-être même cette haute marque d'estime que lui donnèrent ses collègues du club, en l'appelant au fauteuil, précipita-t-elle la scission. Il sembla cruel sans doute à Malouet et à ses amis d'avoir pour président l'orateur populaire qu'ils combattaient à outrance dans l'Assemblée nationale et dont les paroles ardentes les faisaient involontairement frissonner. Quoi qu'il en soit, ce fut pour Robespierre un nouveau surcroît de besogne. « Pour moi, » écrit-il à son ami Brussart, « je n'ai que le tems de vous renouveler le témoignage de mon inviolable attachement. Je n'ai pas celui de vous

(1) Ou des 89, suivant quelques personnes; nom qui serait venu du chiffre des dissidents.

entretenir des événemens importans qui se passent tous les jours sous nos yeux. Au milieu des efforts que tous les ennemis du peuple et de la liberté ne cessent de faire contre elle, il me restera toujours la consolation d'avoir défendu l'un et l'autre avec tout le zèle dont j'étois capable. Je trouve un dédommagement suffisant de la haine aristocratique qui s'est attachée à moi dans les témoignages de bienveillance dont m'honorent tous les bons citoïens. Je viens d'en recevoir un récent de la part de la société des *Amis de la Constitution*, composée de tous les députés patriotes de l'Assemblée nationale et des plus illustres citoïens de la capitale ; ils viennent de me nommer président de cette société à laquelle s'affilient les sociétés patriotiques des provinces pour former une sainte ligue contre les ennemis de la liberté et de la patrie. Mais ces fonctions, qui sont pénibles, augmentent encore la foule de mes occupations, qui ne me paroissent jamais plus pressantes que lorsqu'elles me forcent à cesser de m'entretenir avec vous (1)... »

Il est facile de se rendre compte des occupations dont il était surchargé, et quand ses amis (car il en eut beaucoup, et de très-dévoués) se plaindront de son silence, c'est qu'ils ne songeront pas à l'immensité de ses travaux, aux longs discours qu'il fallait préparer, à sa besogne journalière à l'Assemblée nationale, aux Jacobins, et plus tard à la Convention et au comité de Salut public. Le législateur avait presque entièrement absorbé l'homme privé. Nous aurons cependant à le peindre toujours calme, enjoué et serein au sein de la nouvelle famille que lui préparaient les événements.

En attendant, vivant à peu près seul alors dans son modeste logis de la rue de Saintonge, il consacrait tout son temps aux affaires publiques. Un illustre écrivain de nos jours, sous l'empire d'une idée fixe, a imaginé que Robespierre s'était attaché à avoir les Jacobins et les prêtres (2). En vérité on serait tenté de croire qu'il n'a jamais lu ses discours. Personne ne combattit avec plus d'éloquence et de logique le fanatisme religieux, mais il ne pensa point pour cela qu'il lui était permis de se dispenser d'être juste. En prêtant aux ecclésiastiques malheureux ou persécutés le secours de sa parole, il répondait d'avance à ceux qui systématiquement persistent à l'accuser d'intolérance. La liberté de penser consiste à admettre toutes les croyances et tous les cultes.

_____

(1) Lettre en date du 1ᵉʳ avril 1790, *signée* de Robespierre.
(2) Michelet, *Histoire de la Révolution*, t. II, p. 325. M. Michelet est obsédé par une idée qui l'aveugle, la haine du prêtre ; et comme Robespierre, avec un courage et une générosité qui devraient être un de ses titres d'honneur aux yeux de tous les partis, s'éleva, à plusieurs reprises, contre les persécutions maladroites auxquelles le clergé se trouva en butte pendant la Révolution, le voilà sacré prêtre par l'éminent auteur du précis d'histoire moderne.

patriotisme, et elle devint une des plus puissantes m
que la République française ait eu opposer à l'Euro
elle. Pendant un moment elle fu comme le génie i
victoires et de notre grandeur. t quand vinrent
n'existait plus pour soulever de on souffle brûlai
électrisées et les jeter en masse c tre l'ennemi.

Si à l'heure où nous sommes, e mars 1790, il n'y
dans la société des Jacobins cette ubérance de for
que nous lui verrons plus tard, c t que la situatio
dait pas alors. La nature des chose suffira à l'amener
sans qu'elle se transforme beau up quant à la c
membres. Elle fera bien quelque recrues dans les
mais l'élément principal restera sentiellement bou
en partie les mêmes hommes, les constances seules
la pousseront en avant. Ceux qu'eff yent déjà les paro
tent de la bouche de Robespierre, l tendances répub
non dans les mots, mais ce qui va mieux, dans les
pas le choc des événements pour serter ; dès le moi
s'opère. Toute la fraction aristoc tique quitta à gr
salle des Jacobins pour aller s'ins ller au Palais-Ro
tueux appartement, espérant y iblir une société
tance. Réduits à eux-mêmes, l schismatiques
preuve de leur faiblesse et de ir nullité. Ils co
au milieu d'eux des illustrations plus d'un gen
blait s'en être retirée, et les disc rs de leurs or
sans écho dans la foule. La puis ce était restée
Mirabeau, tout en se faisant affili au club de 89
taché jusqu'à la mort à la grande ciété où palpi
patrie.

Robespierre en était alors le p sident. Peut-
marque d'estime que lui donnèr t ses collègue
lant au fauteuil, précipita-t-elle l scission. Il s
à Malouet et à ses amis d'avoir pc président l'
combattaient à outrance dans l'A emblée natio
ardentes les faisaient involontairment frissonn
fut pour Robespierre un nouveau surcroît de
écrit-il à son ami Brussart, « je ai que le te
le témoignage de mon inviolable tachement.

(1) Ou des 89, suivant quelques pe onnes ; nom qu
dissidents.

tique qui s'est attachée à moi dans les ~~~~ ~~~
dont m'honorent tous les bons c~~~~~. ~~
récent de la part de la société des *A~~~ ~~ ~~*

illustres citoïens de la capitale ; ~~~ ~~~~~~
de cette société à laquelle s'a~~~~~~ ~~~ ~
vinces pour former une ~~~~~ ligne c~~~~~ ~~
de la patrie. Mais ces fonctions, q~~ ~~~~
la foule de mes occupations, q~~ ~~ ~~ ~~
que lorsqu'elles me forcent à c~~~~~ ~~ ~~ ~~~~~

Il est facile de se rendre c~~~~~ ~~~
chargé, et quand ses amis (car il ~~ ~~~
se plaindront de son silence, c'est qu'ils ~~
sité de ses travaux, aux longs ~~~~~~
besogne journalière à l'A~~~~~~ ~~~~~~~
à la Convention et au c~~~~ ~~ ~~~~

à le peindre toujours c~~~~, ~~~~~ ~~ ~~

systématiquement p~~~~~~~ à l'a~~~~~ ~
penser consiste à a~~~~~~ t~~~~ les ~~~~~~~

(I) Lettre ~~ ~~~ ~~ 1er ~~~~ ~~~~, ~~~~ ~~ ~

« Celui qui veut empêcher de dire la messe est plus fanatique que celui
qui la dit! » s'est écrié un jour, à la Convention, nous l'avons dit déjà,
Robespierre indigné. Et combien il avait raison ! Le secret de sa force et
de son ascendant n'est point dans une coterie, il est dans sa conscience,
devenue en quelque sorte celle du pays. Refuser, comme l'a fait M. Michelet, l'audace politique à l'homme qui a érigé en principe la souveraineté du peuple, qui le premier a réclamé le suffrage universel et l'abolition
de la peine de mort, à l'homme enfin dont les motions, toutes républicaines au fond, éclataient comme des bombes à la tribune de l'Assemblée
nationale, c'est nier, de parti pris, la lumière du jour (1). Non il n'avait
pas l'audace des coups d'État, il le prouva trop bien au 9 Thermidor;
c'était avant tout l'homme du droit et de la loi; mais, dès qu'il se
sentait dans la légalité, son audace pour le bien ne connaissait pas de
bornes, et il lui dut certainement l'immense autorité morale dont il a
joui jusqu'à sa chute.

XIII

Au moment où la société des *Amis de la Constitution* appelait
Robespierre à l'honneur de la présider, se discutait dans l'Assemblée
constituante une des plus importantes questions résolues par la Révolution française, à savoir, l'organisation judiciaire.

Le 24 mars, Thouret avait présenté un plan complet, dans lequel il
s'était, en grande partie, inspiré des idées émises par Bergasse dans un
projet dont l'Assemblée avait entendu la lecture au mois d'août précédent. C'était la destruction totale de l'ancien système, condamné dès
longtemps par tous les bons esprits, et dont le remplacement était
universellement souhaité. La nécessité de la régénération absolue est
incontestable, disait le rapporteur, après avoir peint l'insuffisance de
l'ancienne justice et les souillures qui la déshonoraient. Une justice

---

(1) Michelet, t. II, p. 334. L'*Histoire de la Révolution* par M. Michelet, si éloquente
parfois, si pleine de cœur, si féconde en aperçus ingénieux et profonds, est souvent
aussi d'un vague fatigant pour le lecteur. Elle a surtout le tort de fourmiller de
contradictions. Les Jacobins, où l'action collective domine l'action individuelle (p. 75
t. II), sont à la page suivante dominés par Duport, Barnave, Lameth et plus
loin (p. 459) par Robespierre. Ils se trouvent (p. 297) les adversaires ardents des
prêtres, et celui que M. Michelet considère comme le Jacobin par excellence devient
(p. 325) l'homme des prêtres.

graduée, élective, depuis le juge de paix jusqu'aux magistrats de
première instance, d'appel et de cassation, l'admission du jury en matière criminelle, pour prononcer sur le fait, telle était l'économie du
plan présenté par Thouret au nom du comité de constitution. A côté de
ce plan affluèrent une foule de motions, de brochures, de projets.
Duport, Sieyès, Dedelay d'Agier avaient chacun le sien. L'Assemblée,
pour mettre un peu d'ordre dans son travail, décida qu'une série de
questions embrassant tout l'ensemble de l'organisation judiciaire
seraient soumises à la discussion. On se demanda d'abord·si l'on éta-
blirait des jurés et si, le principe une fois accepté, on les instituerait
au civil comme au criminel. Thouret regardait comme une excellente
chose l'admission du jury en toutes matières ; il la désirait sincèrement,
disait-il, mais il ne la croyait pas possible à l'heure présente et la
reculait indéfiniment. Il lui paraissait seulement indispensable de
l'établir tout de suite en matière criminelle, dans les tribunaux militaires, et pour les délits de presse alors même qu'ils ne seraient poursuivis qu'au civil.

Duport, après avoir donné de grands développements à ses idées
sur la justice, telle que devait, suivant lui, l'organiser la Révolution,
avait conclu à l'admission du jury en toutes matières. C'était aussi
l'avis de Robespierre, de Sieyès et de Barnave. Ce dernier répondit très-
longuement à Thouret, dans la séance du 7 avril. Après avoir entendu
son discours, quelques membres ayant inutilement réclamé la clôture
de la discussion, un député nommé Perrot demanda qu'avant de continuer à discuter on voulût bien donner une définition exacte du
jury. Ce système, qui nous est à peu près familier à tous aujourd'hui,
était fort peu connu à cette époque. Beaucoup de personnes en igno-
raient le mécanisme et ne savaient même pas comment il était pratiqué en Angleterre. Robespierre, prenant alors la parole : « Il suffit,
pour répondre à la question du préopinant, de définir l'essence et de
déterminer le principal caractère de la procédure par jurés. » On n'a-
vait donc qu'à se figurer, au lieu de ces tribunaux permanents auxquels on était accoutumé, des citoyens prononçant sur le fait et des
juges appliquant la loi. Après avoir montré comment des magistrats
permanents investis du pouvoir exorbitant de juger, arrivaient à
exercer un véritable despotisme et combien il était difficile d'obtenir
justice contre eux en les attaquant, soit comme juges, soit comme
citoyens, il disait : « Quand ma fortune dépendra d'un juré, je me
rassurerai en pensant qu'il rentrera dans la société. Je ne craindrai
plus le juge qui, réduit à expliquer la loi, ne pourra jamais s'en écarter. Je regarde donc comme point incontestable que les jurés sont la

base la plus essentielle de la liberté; sans cette institution, je ne puis croire que je sois libre, quelque belle que soit votre constitution. Tous les opinants adoptent l'établissement des jurés au criminel. Eh! quelle différence peut-on trouver entre ces deux parties distinctes de notre procédure? Dans l'une il s'agit de l'honneur et de la vie; dans l'autre, de l'honneur et de la fortune. Si l'ordre judiciaire au criminel sans jurés est insuffisant pour garantir ma vie et mon honneur, il l'est également au civil, et je réclame les jurés pour mon honneur et ma fortune. »

En vain niait-on la possibilité d'établir cette institution au civil; les objections n'étaient pas soutenables, car enfin les jurés n'étaient toujours appelés à décider que sur le fait, et pour cela il n'était besoin que du simple bon sens, lequel n'était pas exclusivement affecté aux hommes porteurs d'une certaine robe. Suivant plusieurs membres de l'Assemblée, notre situation politique actuelle était un obstacle à l'établissement des jurés : « Les Français, » poursuivait Robespierre, « timides esclaves du despotisme, sont changés par la Révolution en un peuple libre, qui ne connaît pas d'obstacles quand il s'agit d'assurer la liberté. Nous sommes au moment où toutes les vérités peuvent paraître, où toutes seront accueillies par le patriotisme. On dit que nous ne connaissons pas les jurés : j'en atteste tous les gens éclairés. La plupart des citoyens connaissent les jurés et en désirent l'établissement. On veut vous faire redouter des résistances de la part des gens de loi; c'est une injure qui leur est faite. Ceux qui n'ont porté au barreau que le désir d'être utiles à leurs concitoyens saisiront avec enthousiasme l'occasion de sacrifier leur état si l'utilité publique l'exige... » Mais ici Robespierre puisait dans son cœur des arguments illusoires; il n'avait pas encore acquis l'expérience amère de l'égoïsme des hommes. Différer, comme le pensait Thouret, l'établissement du jury en matière civile, c'était peut-être, pensait-il, y renoncer pour toujours. Le moment favorable était venu, il ne fallait pas le laisser échapper, car il pourrait ne pas revenir. « Et si vous n'êtes pas sûrs de son retour, » ajoutait-il, « de quel droit hasarderez-vous le bonheur du peuple (1)? »

La discussion continua encore tout le mois sur ce point et se termina par l'admission du jury pour les affaires criminelles et son rejet en matière civile. Robespierre avait raison : ne pas profiter de la Révolu-

(1) Voy. le *Moniteur* du 9 avril 1790; le *Courrier de Provence*, numéro 128, et surtout le *Point du jour* (numéro 265, p. 354 et suiv), où le discours de Robespierre se trouve beaucoup plus complétement reproduit, précédé de cette observation : « Robespierre est monté à la tribune; l'établissement général des jurés ne pouvait avoir en lui qu'un défenseur ardent et courageux. »

tion pour établir le jury en toutes matières, c'était peut-être y renoncer à jamais. Est-ce un bien? est-ce un mal?

De ces magnifiques débats sur l'organisation de la justice, auxquels prirent part les plus brillants orateurs de l'Assemblée, sortit aussi le principe de l'élection des magistrats par le peuple, principe éminemment salutaire et que des parlementaires, comme Rœderer, n'hésitèrent pas appuyer de leur parole. Mais, contre l'avis de Robespierre (1), l'Assemblée mit aux mains du pouvoir exécutif l'institution du ministère public ; et l'inamovibilité refusée aux magistrats, elle l'accorda aux procureurs royaux. Uniquement chargés de surveiller dans les jugements l'observation des lois d'intérêt général, les procureurs du roi ne se confondaient pas comme aujourd'hui avec les accusateurs publics, sur lesquels il ne fut statué que quelques mois plus tard, et dont la nomination fut réservée au peuple.

XIV

Au sommet de l'ordre judiciaire, et comme couronnement de l'édifice, le comité proposait l'établissement d'une cour souveraine, d'un tribunal de cassation destiné à sauvegarder dans les jugements la pureté du droit et les formes légales. Plusieurs systèmes se trouvaient en présence : Merlin demandait que ce tribunal fût sédentaire ; Tronchet était du même avis en principe, mais il admettait deux classes de juges suprêmes, les uns à poste fixe, les autres divisés en plusieurs chambres, distribuées entre les diverses parties du royaume, suivant les exigences du service et l'avantage des justiciables. D'autres voulaient ce tribunal ambulant, afin qu'il fût moins exposé aux suggestions ministérielles.

Robespierre ne partageait ni l'un ni l'autre avis. A son sens le tribunal de cassation, uniquement établi pour sauvegarder la loi et la constitution, n'ayant pas à statuer sur le fond même des procès, n'était pas une partie intime de l'ordre judiciaire. C'était un corps intermédiaire, placé entre le législateur et la loi pour réparer les atteintes qu'on pourrait porter à celle-ci. Et comme il est dans la nature des choses, disait-il, que tout individu, tout corps armé d'un certain pouvoir s'en serve pour augmenter ses prérogatives, il fallait craindre

---

(1) *Discours sur l'organisation du Jury.* Voy. plus loin.

qu'un tribunal de cassation, indépendant de l'Assemblée législative, n'interprétât mal ses décrets, et ne finît par s'élever contre la constitution elle-même. Citant alors la maxime romaine : « Aux législateurs appartient le pouvoir de veiller au maintien des lois, » il rappelait qu'à Rome, lorsqu'il y avait quelque obscurité dans une loi, l'interprétation n'en était pas permise aux juges, de peur qu'elle ne fût pas conforme à la volonté du législateur. On devait donc, à son avis, établir au sein même du Corps législatif le tribunal de cassation ; charger un comité spécial d'instruire les affaires et d'en présenter le rapport à l'Assemblée (1).

Ce système offrait d'incontestables avantages ; car confier l'interprétation des lois à des magistrats étrangers au Corps législatif, c'était les exposer à être interprétées dans un sens contraire aux vœux de ceux qui les avaient faites. Mais l'Assemblée constituante, séduite par l'idée d'une cour suprême, formant le couronnement de son organisation judiciaire, ne se laissa pas influencer par les arguments très-puissants d'ailleurs de Robespierre, et, dans le courant du mois de juillet suivant, elle décréta l'établissement d'un tribunal de cassation sédentaire, en dehors du Corps législatif.

XV

Le mois d'avril 1790 ne fut pas illustré seulement par la discussion sur l'organisation judiciaire ; deux choses capitales le recommandent encore à notre attention : l'apparition du *Livre rouge* et la création de quatre cent millions d'assignats, à cours forcé, hypothéqués sur les biens du clergé, désormais acquis à la nation et aliénables suivant les besoins.

Le *Livre rouge*, c'était le répertoire, l'irrécusable preuve des scandales, des souillures de l'ancienne aristocratie, et sa publication devait être le dernier coup porté à la haute noblesse du royaume. « On pourroit l'appeler à bon droit, » écrivait Loustalot, « le catéchisme des amis de la Révolution. » Il ne faut donc pas s'étonner de la mauvaise grâce avec laquelle Necker remit au comité des pensions ce honteux témoin des prodigalités de la cour. Immense fut l'effet produit dans le public ; on ne fut pas peu surpris d'apprendre de quoi vivaient

(1) *Moniteur* du 26 mai 1790 ; *Point du jour*, numéros 314 et 315.

les *plus belles familles de France* et quelle était la source de leurs richesses. Quoi! ces grands seigneurs si fiers n'étaient autres que des mendiants! car entre celui qui tend la main dans la rue et celui qui la tend dans un palais doré, quelle est la différence? Et s'il y en a une, elle est à coup sûr en faveur du mendiant déguenillé, à qui sa pauvreté peut du moins servir d'excuse. Avec quelle indignation n'apprit-on pas, par exemple, que les Noailles recevaient près de deux millions; le duc de Polignac, pour sa seule part, quatre-vingt mille livres, etc. Désormais on put dire en toute vérité que, sous l'ancien régime, les grands s'engraissaient de la dépouille du peuple. Mais, ne nous en plaignons pas; ce *Livre rouge*, à lui seul, suffirait à légitimer une révolution qui coupa de tels abus dans leurs racines (1).

Non moins vive fut l'impression causée par le décret qui fit des membres du clergé autant de salariés de la nation. L'Assemblée ne se montra point parcimonieuse envers les prêtres, depuis les archevêques et les évêques jusqu'aux simples curés de campagne; et si les grands dignitaires de l'Église perdirent un peu de leurs anciens revenus, la situation du clergé inférieur fut sensiblement améliorée. Mais les hauts bénéficiers, l'abbé Maury à leur tête, ne pardonnèrent point à la Révolution. Leurs fureurs ne connurent plus de bornes; elles n'allèrent jusqu'à rien moins qu'à incendier le pays pour une question d'argent, et la France ne devait pas tarder à apprendre de quoi étaient capables de saintes colères.

Au milieu de ces débats Robespierre eut encore l'occasion d'élever a voix en faveur des citoyens frappés d'incapacité politique par le décret sur le marc d'argent. Ce fut au sujet de troubles auxquels avaient donné lieu les élections municipales dans la ville de Saint-Jean-de-Luz, où un grand nombre d'habitants s'étaient trouvés exclus des comices parce qu'ils ne payaient pas le chiffre de contribution directe exigé par la loi. Les citoyens ainsi privés de leurs droits réclamèrent auprès de l'Assemblée nationale le bénéfice du décret rendu le 2 février dernier sur la demande expresse de Robespierre, lequel admettait une exception en f veur des pays où, comme en Artois, la plus grande partie des contributions se trouvait convertie en impôts indirects. Target, au nom du comité de constitution, ayant proposé le rejet de la réclamation, attendu qu'à Saint-Jean-de-Luz on payait les vingtièmes et la capitation comme ailleurs, Robespierre, guidé par les principes et les mêmes sentiments qui l'avaient engagé à présenter sa

---

(1) Voy. dans le numéro 38 des *Révolutions de Paris* (p. 59) la description du *Livre rouge*. Il était formé d'un papier de Hollande dans la trame duquel, par une sorte de raillerie singulière, était empreinte cette devise du fabricant : *Pro patriâ et libertate.*

motion quelques mois auparavant, fit observer, dans une rapide improvisation, que le décret d'exception ne supposait nullement l'absence
complète de contributions directes, mais prévoyait le cas où dans certains pays elles seraient trop faibles et réduiraient par conséquent à
un chiffre très-minime le nombre des électeurs. Or, telle pouvait être
la situation de la ville de Saint-Jean-de-Luz. Il y avait donc urgence,
suivant lui, à prendre en considération la réclamation soumise à l'Assemblée par une partie des habitants de cette ville. Puis il parla de nouveau de l'Artois, rappela que c'était au sujet de cette province principalement, et d'après ses propres observations, qu'avait été rendu le décret du
2 février, et termina ainsi : « On doit se prêter d'autant plus facilement
à admettre ces interprétations favorables à la cause du peuple que
c'est un grand scandale d'entendre disputer aux citoyens les plus sacrés
de tous leurs droits, sous le prétexte du plus ou moins d'impositions,
c'est-à-dire du plus ou moins de fortune (1). » Il demandait en conséquence ou l'ajournement de la question au ou moins qu'elle ne fût pas
rejetée sans discussion ; autrement, disait-il, « vous introduirez l'aristocratie pure dans toutes vos municipalités. »

L'Assemblée décida qu'il n'y avait pas lieu de délibérer, mais Ro-
béspierre ne se rebuta point. Plus d'une fois nous l'entendrons revenir
sur cette question du cens ; c'était son *delenda Carthago*. Prendre
l'argent pour criterium de capacité politique lui paraissait une monstruosité. La Révolution, en effet, sous peine d'être illogique, se devait
à elle-même de ne pas consacrer d'inégalités de cette nature.

XVI

Parmi les droits féodaux abolis dans la mémorable nuit du 4 août,
aucun peut-être n'avait autant exaspéré le peuple que le privilège de
la chasse dont jouissait autrefois une certaine classe d'individus. Ne
ressent-on pas encore une légitime indignation au souvenir des lon-

---

(1) *Lettre à M. de Beaumetz*, p. 11. Tout cela résumé au *Moniteur* en quelques lignes.
Voy. le numéro du 19 avril. Robespierre n'était pas le seul de son avis. Dans la
séance du 21 avril, Merlin disait : « Si on vous proposait de révoquer le décret du
marc d'argent, je me joindrais à celui qui vous ferait cette proposition, parce que ce
décret est évidemment contraire aux droits de l'homme. » Pourquoi donc ne se joignit-
il pas à Robespierre quand celui-ci combattit si vivement ce décret?

gues vexations engendrées par ce droit exorbitant et des pénalités effrayantes dont les délinquants étaient frappés? Sous *le bon roi* Henri IV, c'était la corde, ni plus ni moins; et à l'heure même où éclatait la Révolution, les tribunaux appliquaient encore les galères avec une impitoyable sévérité. La suppression du privilège exclusif de chasse avait donc été accueillie avec la plus vive satisfaction. Mais alors d'un excès on tomba immédiatement dans un autre, car rarement les hommes savent se tenir dans une juste mesure. On vit des nuées de chasseurs se répandre dans les campagnes, envahir les anciennes capitaineries, et, sans respect pour les récoltes et les moissons, se livrer à de véritables dévastations. Un pareil désordre était intolérable, et l'Assemblée ne pouvait se dispenser d'y porter remède.

Le 20 avril au soir, Merlin, au nom du comité féodal, présenta un projet de loi en vertu duquel le droit de chasse appartenait aux seuls propriétaires du sol. La discussion s'engagea sur ces bases et dura deux jours. Ce droit de chasse était jadis un droit personnel, restreint à quelques privilégiés; le comité le transformait en droit réel, exclusivement affecté à la propriété; c'était encore un privilége. D'après les maximes du droit naturel et les principes des lois romaines, le gibier, comme tous les animaux sauvages, appartient au premier occupant. Cela est vrai *à priori*, disait Merlin, mais chacun a le droit d'empêcher un étranger de passer sur sa propriété pour y chasser. La réponse était facile, car il peut en être de la chasse comme de la vaine pâture. Après la moisson, disait Garat, les propriétés deviennent communes dans mon pays, chacun y envoie ses bestiaux, chacun doit pouvoir y chasser. En Alsace, de temps immémorial, plusieurs villes libres considéraient le droit de chasse comme une propriété communale, et elles en avaient concédé la jouissance à tous leurs habitants sur leurs territoires respectifs. Reubell demandait qu'elles ne fussent pas placées par la nouvelle loi dans une situation moins avantageuse. Et puis, une grande partie des propriétés rurales étant affermées, il semble que le droit de chasse, à moins de conventions contraires, doive appartenir au fermier. En France il n'en est pas ainsi; dans le silence du bail, le droit de chasse reste, par une interprétation exagérée du droit de propriété, le privilège du propriétaire. C'est le contraire en Belgique, et cela semble plus rationnel à quelques personnes, car, disent-elles, le gibier se nourrit aux dépens du fermier, il est donc juste qu'il lui appartienne. Mais c'est encore là un argument spécieux. Les produits de la terre, suivant leur abondance ou leur rareté, atteignent un prix plus ou moins élevé; si donc il y a diminution des produits par le fait du gibier, c'est le consommateur qui en souffre, puisqu'il paye plus

cher : c'est donc à lui, c'est-à-dire à tout le monde, que le gibier devrait appartenir.

Ainsi pensait Robespierre. Le droit de chasse n'étant point, à ses
yeux, une faculté dérivant de la propriété, tombait dans le domaine
public, une fois la terre dépouillée de ses fruits. Il réclamait, en conséquence, pour chacun la liberté de chasser, sauf les mesures à prendre
dans l'intérêt des récoltes et de la sûreté publique, sans toutefois que
les peines appliquées en matière de simples délits de chasse pussent
aller jusqu'à la prison (1). Mais ces principes, développés devant une
assemblée composée en majeure partie de propriétaires ruraux, n'a-
vaient aucune chance de succès, et l'Assemblée constituante, en trans-
portant à la propriété le privilége de la chasse, prépara ces jalousies,
ces petites persécutions et ces procès ridicules, quand ils ne sont pas
iniques, dont nous sommes témoins chaque année. Peut-être est-il
fâcheux que l'exemple de ces villes d'Alsace jouissant depuis des siècles du libre droit de chasse n'ait pas déterminé l'Assemblée à en
investir les communes, lesquelles, pauvres en général, en eussent
tiré parti et se fussent fait du plaisir de quelques-uns des revenus
fructueux et commodes qui auraient profité à tous.

Dans cette même séance (21 avril) avait eu lieu une assez vive discussion au sujet de la résiliation des baux à ferme, des dîmes soit ecclésiastiques, soit inféodées. Robespierre voulait que les fermiers des
biens ecclésiastiques, fort nombreux et peu fortunés pour la plupart,
ne fussent pas dépossédés sans une indemnité préalable. « Ces hommes
du peuple, » disait-il, « perdraient ainsi les biens qui les font vivre, et
vous savez combien on emploie de moyens odieux pour augmenter le
nombre des ennemis de la Révolution. » La prudence et la justice
commandaient donc de leur accorder une indemnité pour la résiliation
de ces baux. Mais cette motion, appuyée par l'abbé Grégoire, ne fut
pas adoptée. L'Assemblée nationale (pourquoi ne pas le reconnaître :
elle a fait d'assez grandes choses pour la durée de sa gloire ?) fut loin
de témoigner aux classes laborieuses la même sollicitude qu'aux
classes moyennes d'où elle sortait elle-même en grande partie, et dont
elle inaugura le règne (2).

---

(1) *Moniteur* du 22 avril 1790 : séances des 20 et 21 avril; *Point du jour*, numéro 280.
p. 150.
(2) Le *Moniteur* ne dit mot de cette importante discussion. Voy. le *Point du jour*,
numéro 279, p. 136.

XVII

Quelques jours après, une question de justice, d'une importance capitale, ramenait Robespierre à la tribune.

Qui ne sait avec quelle dureté et quel mépris était traité le soldat français sous l'ancien régime ? Quand il avait commis un délit, il était livré à une juridiction d'officiers habitués à le considérer en véritable serf, et dont il n'avait à attendre aucune espèce de pitié. Nulle garantie pour l'accusé ; ni conseil, ni procédure publique ; tout livré à l'arbitraire du juge, et d'un juge toujours prévenu. Il appartenait à la Révolution de ne pas laisser subsister un tel état de choses, elle le comprit. Malheureusement, il y avait au sein des comités de l'Assemblée constituante quelques hommes qui, sous les apparences d'un libéralisme superficiel et menteur, couvaient la haine sourde des principes nouveaux, et en arrêtaient autant que possible l'essor. Tel était M. de Beaumetz, l'organe choisi par le comité de jurisprudence criminelle pour présenter un projet de décret sur les conseils de guerre. Le projet du comité donnait bien, sur certains points, satisfaction à l'opinion publique, mais comme il se ressentait encore des préjugés anciens ! La procédure devenait publique, il est vrai, et un conseil était accordé à l'accusé, mais les juges demeuraient les mêmes, le sort des soldats accusés dépendait encore des seuls officiers, et cela proposé dans le mois même où le principe du jury en matière criminelle avait été solennellement décrété.

Robespierre, le premier, poussa le cri d'alarme. « Le décret qu'on vous propose est si important, » dit-il, « qu'il est difficile de se déterminer après une seule lecture ; cependant il est impossible de ne pas être frappé de son insuffisance : il ne fallait pas se borner à réformer quelques détails, on devait toucher à la composition des conseils de guerre. Vainement vous auriez donné un conseil à l'accusé, si comme les autres citoyens les soldats ne tenaient de vous le droit d'être jugés par leurs pairs. » C'était à ses yeux une pure question de principe, il n'avait nullement l'intention d'être désagréable à l'armée française, mais il lui paraissait impossible que les soldats eussent uniquement des officiers pour juges. Quelques murmures ayant accueilli ces paroles : « J'en conviens, » reprit-il, « il faut du courage pour dire, dans cette Assemblée, où une expression d'un membre patriote a été interprêtée d'une manière défavorable, qu'il y a entre les soldats et les officiers des intérêts absolument opposés. » Cela était vrai à cette époque où presque tout le corps d'officiers, sorti des castes privilégiées, était notoirement hostile à la Révolution, à laquelle, au contraire, les soldats étaient particulièrement dévoués. N'allait-on pas, sous prétexte de discipline, poursuivre leur patriotisme et leur attachement à la Révolution? C'est ce que Robespierre fit admirablement valoir; et lorsque, le mois suivant, on vint annoncer les troubles survenus dans plusieurs régiments, troubles dont on ne manqua pas d'accuser les soldats, il demanda lui-même qu'on en recherchât les auteurs, en manifestant la crainte qu'on ne les découvrît parmi les chefs (1). Les conseils de guerre devaient donc être, à son avis, composés en partie d'officiers et en partie de soldats.

Cette fois sa voix rencontra de favorables échos; il n'y avait point, il est vrai, d'intérêts particuliers en jeu. Les deux Lameth, Prieur, Sillery réclamèrent, comme lui, l'ajournement de la discussion. On entendit même un membre du comité déclarer que le comité « avait senti et adopté ce que venait de dire M. de Robespierre, mais que les bases de ses travaux n'étaient pas encore arrêtées (2).»Misérable excuse, suggérée sans doute par la répugnance avec laquelle l'Assemblée avait accueilli le projet sur les conseils de guerre présenté par Beaumetz. Robespierre n'avait pas parlé en vain, et des principes exprimés par lui quelque chose passera dans la composition des conseils de guerre (3).

Il était moins heureux le surlendemain en s'opposant à l'adoption d'un décret motivé par les troubles qui avaient éclaté dans la ville de Dieppe et dans les environs, au sujet des subsistances. S'il prit la parole, ce fut surtout pour combattre les moyens violents. La répression à main armée lui répugnait, on l'a vu déjà; et il aurait voulu que l'Assemblée ordonnât une enquête sur les faits dénoncés, avant d'autoriser l'emploi de la force contre des malheureux égarés peut-être par la faim.

Avec plus de succès il présenta dans la séance du 1er mai au soir un amendement à un projet de décret sur le dessèchement des marais. Il avait été question d'accorder des primes aux propriétaires pour les

(1) Voy. le *Moniteur* du 23 mai 1790.
(2) *Moniteur* du 29 avril.
(3) Voici en quels termes le journal de Brissot rendit compte de son discours. « M. Robespierre a soutenu que ce projet étoit insuffisant (celui des comités) ; il s'est plaint de la composition actuelle des conseils de guerre, composés d'officiers. Il a dit qu'il falloit que chaque grade de l'armée, depuis l'officier général jusqu'au soldat, y trouvât des pairs.... » (*Patriote françois*), numéro 264.

encourager à dessécher les marais qui alors inondaient la France, et, dans certaines localités, étaient un foyer d'insalubrité. Comme le disait l'abbé Grégoire, quand on avait sous les yeux tant d'exemples de dilapidations (et ici il faisait allusion au fameux *Livre rouge*), on ne devait pas craindre de consacrer quelques sommes à favoriser la culture des terres. Mais comme à côté de l'usage on doit toujours prévenir l'abus, Robespierre fit décider par l'Assemblée que les propriétés non cachées sous les eaux et nécessaires ou utiles aux propriétaires ne seraient pas comprises dans le présent décret (1). Il fallait bien aussi, en ces temps de crise financière, ménager l'argent du pays, car il pouvait arriver que, alléchés par l'appât des primes, quelques personnes présentassent comme marais des terrains qui n'en avaient que le nom. Le patriotisme, hélas! est si souvent subordonné à l'intérêt privé!

XVIII

À cette époque éclata entre M. de Beaumetz, député de la noblesse d'Artois, et Robespierre, une querelle qui couvait depuis longtemps et qui passionna tout le pays artésien. Nous les avons vus l'un et l'autre plusieurs fois aux prises dans l'Assemblée, tout récemment encore à propos des conseils de guerre, et de ces luttes Beaumetz était rarement sorti victorieux. On se rappelle avec quelle acrimonie il avait inutilement tenté de faire repousser la motion par laquelle son collègue demandait que tous les anciens administrateurs des provinces fussent tenus de rendre compte des fonds dont ils avaient eu l'emploi; on n'a pas oublié non plus avec quelle verve d'indignation Robespierre avait, dès 1789, dénoncé les vexations dont le peuple artésien avait été victime de la part des états d'Artois. Rude avait été le coup pour M. de Beaumetz, apologiste impuissant des états qu'il avait présidés en qualité de commissaire royal. De là des rancunes invétérées et des colères sanglantes.

Cet ancien président du conseil supérieur d'Artois pardonnait difficilement à Robespierre sa supériorité, son influence déjà si considérable. Comment! ce petit avocat d'Arras dont jadis il avait encouragé

_____

(1) *Archives*. Procès-verbaux manuscrits de l'Assemblée nationale. C. § 1,348, carton 26. Le *Moniteur* du jour désigne ainsi Robespierre, M***.(Séance du 1ᵉʳ mai au soir.)

les débuts, prétendait chánger la face de la France, il étonnait l'Assemblée par la hardiesse de ses motions, et sa voix retentissait au dehors comme celle d'un prophète inspiré! Certes cela pouvait paraître cruel à un homme infatué de sa propre personne, et qui voyait avec un mortel déplaisir tout le prestige dont il avait été entouré autrefois s'évanouir devant la figure austère d'un avocat sans fortune et sans nom. Son orgueil froissé devint implacable; il jura de se venger. Par quels moyens? c'est ce qu'à sa honte l'impartiale histoire doit dévoiler ici.

Nous l'avons dit déjà, M. de Beaumetz était de ces hommes qui, foncièrement attachés à l'ancien régime, avaient feint de passer dans le camp libéral le jour de la déroute de leur parti, et, sous le masque d'un patriotisme modéré, essayaient de combattre la Révolution en ayant l'air de la servir. Député de la noblesse d'Artois, il s'était efforcé, au début des états généraux, de prévenir la réunion des trois ordres, et avait mis tout en œuvre pour empêcher ses collègues de se joindre aux communes. Robespierre avait dès longtemps pénétré son astuce et sa haine des nouveaux principes, victorieux malgré lui. « Si vous le voulez, » écrivait-il, au mois de juillet précédent, à son ami Buissart, « je ferai aussi vos compliments à votre cher confrère de Beaumetz; il n'est cependant pas le cousin des bons citoyens. » Et après avoir raconté avec quelle persistance ce député s'était opposé à la fusion des trois ordres, il continuait ainsi : « Depuis le moment même de la réunion, il s'est abstenu de voter, et il est resté en suspens jusqu'au moment où il a vu l'aristocratie terrassée par le patriotisme et par la liberté. La crainte du peuple a seule triomphé de sa méchanceté, qui seroit plus tolérable si elle ne se cachoit pas sous la fourberie. Vous voyez que je m'explique clairement; c'est que j'ai vu des preuves récentes de son caractère faites pour exciter l'indignation de tous les honnêtes gens (1). » De cette fourberie nous allons fournir, de notre côté, une preuve éclatante, irrécusable.

Le 18 avril, après le discours prononcé par Robespierre à l'appui des réclamations d'une partie des citoyens de Saint-Jean-de-Luz, Beaumetz, qui ne tenait nullement à ce qu'on élargit le cadre des électeurs, s'était élancé à la tribune pour démontrer que la *petite province* d'Artois payait d'importantes contributions territoriales. Robespierre ne le contestait pas; mais elle n'en payait pas de petites, la capitation et les vingtièmes ayant été convertis en impôts indirects, en sorte que l'élection se trouvait justement entre les mains de l'aristocratie et

_____

(1) *Lettre manuscrite de Robespierre* à son ami Buissart, en date du 23 juillet **1789**.

des gros propriétaires, c'est-à-dire des seigneurs et du clergé (1).

La séance levée, Beaumetz aborda Robespierre dans la salle même de l'Assemblée, en présence de plusieurs députés, lui parla très-vivement de l'objet de leur discussion, et, plus irrité encore par le sang-froid, l'indifférence avec lesquels lui répondait son collègue, l'apostropha dans les termes les plus grossiers. « Vous trahissez les intérêts de votre pays, » se contenta de répliquer Robespierre, et il lui tourna le dos. L'irritation de Beaumetz ne connut plus de bornes ; rentré chez lui, il écrivit à son père une inconcevable diatribe contre son collègue en lui recommandant de la faire circuler partout (2).

La meilleure manière de ternir la réputation d'un homme, c'est de se servir de ses propres actes et de ses propres discours, d'en dénaturer le sens, de les présenter sous un faux jour, de falsifier au besoin ses paroles et ses écrits et d'employer à sa perte tout ce qui, au contraire, devrait honorer sa mémoire et lui attirer le respect. Voilà cependant quelle fut l'ignoble manœuvre à laquelle ne craignit pas de s'abaisser un membre de l'Assemblée nationale, donnant ainsi l'exemple aux Thermidoriens, dont les fraudes, si complaisamment acceptées par trop d'écrivains qui ne se sont pas livrés au pénible travail de critique et d'investigations couronnées de succès auquel nous nous sommes patiemment assujettis, ont eu de si déplorables résultats.

La corde sensible chez la plupart des hommes est et sera éternellement celle de l'intérêt. Accusez le plus grand citoyen d'être l'auteur d'une proposition tendant à l'augmentation des impôts, et vous êtes sûrs d'ameuter contre lui la masse des contribuables avant qu'ils se donnent la peine d'examiner si l'accusation est fondée. Robespierre, se dit M. de Beaumetz, jouit dans notre pays d'une popularité immense ; il est regardé comme l'ancre de salut de la Révolution ; si je parviens à démontrer qu'au lieu d'être l'assidu défenseur du peuple, il cherche au contraire à le grever d'impôts, je détruirai d'un coup la prodigieuse faveur attachée à son nom ; j'élèverai ma gloire sur la sienne éclipsée, et j'aurai satisfait ma vengeance.

Voici comment il s'y prit. Deux fois dans l'Assemblée nationale Robespierre avait parlé des impositions auxquelles était soumise la province d'Artois en demandant la réformation de ce décret du marc d'argent qui faisait dépendre la qualité de citoyen actif du payement d'une certaine quantité de contributions directes. Or, cette sorte d'impôt n'étant guère en usage dans sa province, il s'ensuivait que le

_____

(1) *Lettre à M. de Beaumetz,* p. 11. Le *Moniteur* ne dit pas un mot du discours de M. de Beaumetz.

(2) *Ibid.,* p. 12-2.

corps électoral y eût été complétement illusoire, et composé presque uniquement d'anciens privilégiés. Et, sur son insistance, l'Assemblée avait fini par suspendre, jusqu'à nouvel ordre, l'exécution du décret du marc d'argent dans l'Artois et dans les quelques provinces qui, tout en payant peu d'impôts directs, étaient soumises à d'énormes contributions indirectes. M. de Beaumetz imagina d'écrire que, par deux fois, Robespierre s'était plaint à la tribune de l'Assemblée nationale que la province d'Artois ne supportait presque pas d'impositions directes, mais que lui, Beaumetz, avait aussitôt combattu et réfuté cette assertion. Cela assaisonné de ces misérables calomnies répandues par les libelles aristocratiques contre les députés dévoués à la cause populaire.

Comme l'avait expressément recommandé Beaumetz à son père, sa lettre fut immédiatement colportée partout. On la lisait au palais, avant l'audience, dans les salons, dans les endroits publics. L'avocat général au conseil d'Artois, un ancien ami de Robespierre, M. de Ruzé, se chargea de la répandre; il en donna lui-même lecture à qui voulut l'entendre (1). On fit mieux. Il était difficile de livrer à l'impression la lettre même du fils à son père, on en publia la substance sous ce titre : *Adresse d'un Artésien à ses compatriotes*, en surenchérissant sur les calomnies du principal auteur, et l'on distribua à profusion dans les campagnes ce libelle anonyme. A Beaumetz, où se tenait l'Assemblée électorale du canton, un curé en offrait de sa propre main des exemplaires en public, et y joignait verbalement les plus grossières déclamations. La calomnie va vite en France. Cela semble si bon à certaines gens de prendre en défaut un homme environné de l'estime et de l'affection publiques. Les uns crurent, les autres affectèrent d'ajouter foi aux assertions calomnieuses de Beaumetz, qui put croire son but complétement atteint. Il y eut en effet, au premier moment, un déchaînement général en Artois contre Robespierre.

Une lettre de son frère lui apprit les clameurs soulevées contre lui. « J'ai fait tout ce que j'ai pu, mon cher frère, » lui écrivait Augustin, « pour me procurer la lettre monstrueuse de l'infâme Beaumetz; mes efforts ont été inutiles. L'original de cette œuvre infernale court toutes les sociétés... » Puis, avec cette tendresse ardente dont il lui donna la preuve en mourant volontairement de sa mort, il terminait par ces lignes mélancoliques : « Je tremble lorsque je réfléchis aux dangers qui t'environnent. Donne-nous de tes nouvelles; rends compte au public de ta motion et de la scène scandaleuse que tu as essuyée de la

(1) *Lettre à M. de Beaumetz*, p. 3.

part d'un ennemi du peuple. Il faut que tes vertus, ton patriotisme triomphent; il faut convaincre les ignorants pour que le succès soit certain. Adieu, je t'embrasse les larmes aux yeux. » Maximilien suivit les conseils de son frère et se décida à répondre; mais au gré d'Augustin la réponse n'arrivait pas assez vite. « J'enrage de bon cœur que tu l'aies différée un seul jour, » lui écrivait-il encore, en lui envoyant le libelle imprimé, très-rare dans la ville, mais très-répandu dans les campagnes, ajoutait-il. « Nos simples villageois sont affreusement crédules; en vain ils connaissent ce que tu as fait pour eux, ils oublient tout pour se repaître du malheur d'être écrasés d'impôts par ta faute. Il n'y eut jamais d'écrit plus funeste que cette adresse (1)... » L'honorable Beaumetz, on le voit, ne s'était pas trompé dans ses conjectures; il connaissait bien le proverbe de Basile.

La réponse parut enfin, dans les premiers jours de juin. Autant l'attaque avait été injuste, déloyale, calomnieuse et passionnée, autant la défense fut digne, froide et convenable, comme il appartenait à un homme fort de sa conscience et sûr de son droit. « Il est des circonstances, Monsieur, » disait Robespierre en commençant, « où les défenseurs du peuple sont réduits à la nécessité de sacrifier à la patrie jusqu'à la répugnance invincible qu'ils éprouvent à se défendre contre l'absurdité des plus lâches calomnies, et vous l'avez fait naître pour moi. L'imposture la plus grossière, Monsieur, dès qu'elle paraît sous votre nom, dès que vous vous en avouez vous-même l'auteur, devient, en quelque sorte, digne d'être confondue; et c'est un hommage que je me ferai un plaisir de vous rendre. » Après lui avoir reproché les lettres malveillantes que déjà, depuis l'ouverture de l'Assemblée nationale, il avait écrites sur son compte, lettres traîtreusement commentées par les nombreux partisans de l'aristocratie et dont il n'avait pas daigné s'occuper, il s'étonnait du peu de prévoyance et de sagacité déployé par lui, M. de Beaumetz, dans la trame odieuse ourdie contre un collègue. Qu'on eût essayé de le transformer en ennemi du peuple en essayant de persuader à ses concitoyens qu'il avait fait et dit précisément tout le contraire de ce qu'il avait réellement dit et fait « dans l'assemblée la plus solennelle du monde, » cela se concevait de la part de M. de Beaumetz. Mais pour le succès de cette calomnie, il aurait fallu qu'Arras fût aux extrémités de l'univers et que la renommée publiât

---

(1) Ces deux lettres de Robespierre jeune, fort importantes, et dont on trouve la mention dans les catalogues de M. Laverdet, ont été vendues aux enchères publiques en décembre 1845 et en avril 1855. Comme presque toutes les lettres adressées à Maximilien, et qui se trouvent dans des collections particulières, ces lettres proviennent, sans aucun doute, des dilapidations de Courtois.

partout les glorieux événements de la Révolution, excepté dans l'Artois.
Si donc il suffit d'un mot pour renverser un édifice si laborieusement
construit, « comment voulez-vous,» poursuivait-il,» que je me défende
ici de ce sentiment de commisération qui est dû à quiconque fournit
une grande preuve de la faiblesse de l'esprit humain? »

Il lui rappelait alors dans quelles circonstances s'étaient produites
les motions dénaturées par la calomnie. Tandis qu'on voulait dépouiller
une partie des Français de leurs droits les plus précieux, il avait
demandé, lui, que tout citoyen pût jouir de la plénitude de ses droits
sans autre distinction que celle des vertus et des talents. Est-ce donc
lui qui se serait plaint de l'insuffisance des impôts de l'Artois, lui qui
avant la Révolution avait si énergiquement dénoncé les déprédations
commises par les administrateurs de sa province et leur funeste complaisance à enrichir les gens en place aux dépens du peuple? N'avait-il
pas flétri les gratifications perpétuelles accordées chaque année par
les états d'Artois à plusieurs hauts fonctionnaires, et entre autres au
premier président du conseil supérieur? Et ici l'allusion était sanglante.
car c'était à ce même premier président, ancien protégé du ministre
Calonne, que s'adressait cette verte réponse.

Après avoir réduit à néant, par d'irréfragables arguments, les méprisables insinuations de Beaumetz, il lui demandait quel mobile l'avait
poussé à se servir de cette arme déloyale, *la calomnie.* Son but, dans
tous les cas, était manqué, car on n'était plus au temps où un honnête
homme pouvait être déshonoré par des pamphlets. Les injures de
l'aristocratie étaient plutôt des titres de gloire aux yeux des défenseurs
du peuple, et le zèle hypocrite des faux patriotes ne saurait imiter les
caractères divins dont est empreint le véritable amour de la justice et
de l'humanité.

Faux patriote! le trait atteignait en pleine poitrine M. de Beaumetz.
C'était bien là l'homme dépeint par Robespierre, « qui saisissait avec
assez d'habileté le moment où il fallait se défaire du jargon aristocratique » et bégayait quelquefois le langage du civisme pour retrouver
sous la constitution nouvelle une partie des avantages dont il avait
joui sous le despotisme. Si tel était d'ailleurs le principal motif de ses
calomnies, et si son but avait été d'élever son crédit au-dessus de celui
d'un collègue afin d'avoir un rival de moins dans la carrière des honneurs, il avait pris des soins superflus, et ne devait pas redouter de
l'avoir pour concurrent. « Vous avez dû vous apercevoir, » lui disait
Robespierre, « que nous ne pouvons ni envisager les objets sous les
mêmes rapports, ni nous rencontrer sur la même route. Cette obstination à heurter tous les intérêts qui ne sont pas l'intérêt public, que

vous appelez esprit factieux; ce refus persévérant de composer avec
les préjugés, avec les passions ou viles ou cruelles qui depuis tant de
siècles ont opprimé les hommes, qui vous semble le comble de la témérité; ce sentiment invincible par lequel on est forcé de réclamer sans
cesse les droits sacrés de l'infortune et de l'humanité, contre l'injustice
et la tyrannie, avec la certitude de ne recueillir de cette conduite que
haine, vengeance et calomnie; vous n'ignorez pas que ce n'est point
là le chemin qui conduit aux honneurs et à la fortune... Vous savez
combien la complaisance, la souplesse et l'intrigue sont des moyens
plus sûrs et plus faciles, et vous savez bien aussi qu'il n'est pas en
mon pouvoir de les employer. Je ne crois pas même y avoir
aucun intérêt. Non. J'ai été appelé, par le vœu du peuple, à défendre
ses droits, dans la seule assemblée où, depuis l'origine du monde, ils
aient été invoqués et discutés; dans la seule où ils aient jamais pu
triompher, au milieu des circonstances presque miraculeuses que
l'éternelle Providence s'étoit plu à rassembler, pour assurer aux représentants de la nation française le pouvoir de rétablir sur la terre l'empire de la justice et de la raison; pour rendre à l'homme ses vertus,
son bonheur et sa dignité première. J'ai rempli, autant qu'il étoit en
moi, la tâche sublime qui nous était imposée; je n'ai transigé ni avec
l'orgueil, ni avec la force, ni avec la séduction : toute espérance, toute
vue d'intérêt personnel fondée sur une pareille mission, m'a toujours
paru un crime et un opprobre. Je ne m'inquiète pas si mes concitoyens le savent ou l'ignorent; que le succès de vos calomnies et celles
de vos adhérents ait répondu ou non à votre attente, il me suffit de les
avoir servis selon mon pouvoir; et sans rien désirer, sans rien sou-
haiter de personne, j'ai déjà obtenu la seule récompense que je pouvois
ambitionner... Puissiez-vous la désirer un jour! En attendant, pour-
suivez votre carrière. Mais, à quelque avantage que vous puissiez parvenir, soyez sûr que les vrais citoyens n'en seront point éblouis et que
ce sera toujours sur vos actions et sur vos sentiments qu'ils mesure-
ront le degré d'estime qu'ils devront vous accorder (1). »

Telle était cette réponse, digne et calme, comme nous l'avons
dit, mais ironique et mordante, et qui écrasa son adversaire. Sept
des collègues de Robespierre, comme lui députés de la province d'Artois, tinrent à attester la vérité de tous les faits contenus dans sa lettre,
à la suite de laquelle parut un certificat signé de MM. Fleury, du Buis-

(1) Nous avons sous les yeux un exemplaire imprimé de cette lettre, appartenant à
l'honorable M. Billet, avocat à Arras, et en tête duquel un contemporain a écrit à la
plume : BIEN FAITE! PEINT AU MIEUX BEAUMETZ. (Paris, Pottier de Lille, 1790,
in-8° de 19 pages.)

son, Boucher, Payen, de Croix, Brassart et Charles de Lameth, certificat d'honneur pour lui et d'infamie pour Beaumetz (1).

XIX

Immense fut l'effet produit par cette réponse. « Ta lettre, cher frère, » lui écrivait sa sœur Charlotte, « paroît produire un très-bon effet, *la calomnie est réduite au silence;* ce n'est encore là qu'un léger succès remporté sur tes ennemis. Je te ferai connoître plus tard que ceux sur lesquels tu comptois le plus ne sont que des lâches... » Heureux ceux qui n'ont pas connu la douleur de ces abandons; car rien n'est cruel comme de se sentir trahi par ceux sur lesquels on s'était plu à compter dans la bonne et la mauvaise fortune. Mais il faut en prendre son parti : le cœur est rarement pour quelque chose dans ces liaisons de hasard que, par une dérision sans doute, on appelle la fraternité politique. Robespierre trouva du moins une compensation des calomnies de M. de Beaumetz dans un redoublement d'affection populaire; une réaction favorable s'opéra tout de suite, et le mépris des honnêtes gens fut le juste châtiment de son calomniateur. Y a-t-il une flétrissure assez forte pour marquer au front l'homme capable d'employer le faux et le mensonge à son aide dans le but de perdre un adversaire politique ?

Ce n'était pas la première fois qu'en Artois on avait cherché à noircir la réputation de Robespierre. Tous les hommes de cette province attachés par leurs intérêts et leur vanité aux anciens abus ne pouvaient lui pardonner l'immense part qu'il avait prise à la destruction d'un régime sur les ruines duquel ils pleuraient des larmes de rage.

(1) Voici ce certificat : « Quoique M. de Robespierre n'ait pas besoin d'autre témoignage de son patriotisme que sa conduite et l'opinion publique, nous nous faisons un plaisir de lui donner une preuve de l'estime et de l'attachement qu'il a droit d'attendre de tous ses collègues, en attestant à tous ceux que la calomnie auroit pu tromper :

« Que, bien loin d'avoir dit dans l'Assemblée nationale que l'Artois ne payoit point des impositions considérables, ou rien qui pût tendre à aggraver les charges de ce pays, il n'a parlé que du mode et de la nature de ces impositions, pour observer qu'une très-grande partie consistoit en impositions indirectes, et prouver par là la nécessité d'affranchir les habitans de ce pays des conditions qui exigent une certaine quantité de contributions directes pour exercer les droits de citoyen actif, et pour être électeur ou éligible aux différentes places établies par la constitution;

« Qu'il a toujours défendu avec zèle et la cause générale du peuple et de la liberté, et les intérêts des habitans de l'Artois en particulier.» (P. 18 et 19.)

L'Assemblée constituante et lui étaient l'objet de leurs récriminations constantes. De concert avec ses collègues de l'Artois, il publia vers cette époque une longue adresse au peuple artésien pour expliquer la conduite de cette Assemblée nationale qui, dit-il, avait fait pour le peuple plus qu'il n'avait osé demander et l'avait débarrassé en quelques mois d'une oppression tant de fois séculaire. Les éternels ennemis de la liberté, espérant brouiller les idées du peuple et donner le change à l'opinion publique, avaient beau baptiser la servitude du nom de sagesse et de respect pour les lois, la défense nécessaire contre l'oppression du nom de révolte, les bons citoyens ne se laisseraient pas prendre à ces appréciations mensongères; ils se tiendraient en garde contre tous les pièges de l'aristocratie, et surtout ne se diviseraient pas pour des intérêts locaux ou particuliers; c'était du moins son espoir le plus cher. Quant à eux, représentants du peuple, dans ce combat à mort entre le despotisme et la liberté, ils vivaient, inflexibles et sans crainte, entre les deux alternatives, également glorieuses, ou de partager le triomphe de la patrie ou de périr en combattant pour elle (1). Puis, afin de déjouer les manœuvres déloyales dirigées, contre lui en particulier, par les partisans de l'aristocratie, le jeune député adressa un Avis public, en son nom propre alors, non à cette multitude de gens « faits pour haïr et pour calomnier éternellement tous les amis de l'humanité et tous les défenseurs du peuple, » mais aux bons citoyens que la nécessité l'obligeait à entretenir un moment de sa personne, après leur avoir si souvent parlé de leurs intérêts et de leurs droits.

On lui a reproché plus d'une fois, avec une étrange amertume, le soin qu'il prenait de sa réputation; mais les écrivains de toutes les nuances et de tous les partis qui lui ont intenté ce reproche n'ont pas dit quelle lutte effroyable il avait eu, dès l'origine, à soutenir contre la calomnie. Cela témoigne bien de sa force et de sa puissance morales, car l'envie s'attaque de préférence aux natures d'élite; mais comment s'étonner de le voir avec un soin jaloux sauvegarder sa réputation, son unique fortune? Aux injures, aux libelles, aux sarcasmes lancés contre lui par quelques gazetiers du jour aux gages de l'aristocratie, il répond par le mépris, par un dédain suprême; mais quand ses actes publics sont publiquement dénaturés, il se doit à lui-même de protester et d'opposer à de traîtresses insinuations, à d'odieux mensonges, l'arme étincelante de la vérité. Pauvre grand homme! prédestiné aux attaques non-seulement de tous les royalistes, mais de ceux-là même

(1) *Adresse au peuple artésien par ses représentants* (in-8° de 34 p., Paris, 1790).

à qui leur amour pour la Révolution aurait dû faire une loi d'être les vengeurs de sa mémoire, on lui impute à crime d'avoir usé du droit le plus sacré, celui de la libre et loyale défense! Ah! cette destinée mauvaise, comme il semble la pressentir dès le commencement de sa carrière politique, et comme il s'y résout avec la sérénité d'une pure conscience! « Nous saurons toujours, » dit-il en terminant son Avis au peuple artésien, « défendre la justice et l'humanité aux dépens de notre repos, de notre vie et, s'il le faut, de notre réputation même. » Et pourtant combien il était facile de réduire à néant l'amas d'odieuses calomnies sous le poids desquelles, aux yeux de tant de monde, on est parvenu à ternir cette réputation qui devrait rayonner d'un tel éclat!

« Il est un moment, » écrivait-il encore dans cet Avis, « où les représentants de la nation doivent regarder comme un devoir indispensable le soin de défendre leur honneur offensé par la calomnie qu'ils méprisent, c'est celui où, arrivée au dernier accès de la rage et de la perfidie, elle lie ses attentats au fatal complot d'anéantir la liberté naissante, en s'efforçant d'irriter le peuple trompé contre ses propres défenseurs et contre l'autorité tutélaire de l'Assemblée nationale. » Car, il n'y avait pas à se le dissimuler, ce qu'on poursuivait dans les hommes désignés aux coups des calomniateurs par leur notoriété, leurs talents, l'influence dont ils jouissaient, c'était la liberté conquise et la constitution elle-même. Après avoir cité plusieurs lettres, les unes anonymes, les autres signées d'un nom d'emprunt, dans le genre de celles dont l'ignoble rapport de Courtois offre plus d'un échantillon, lettres d'injures grossières, comme en reçoivent tous les hommes dévoués à la cause des faibles, et dont ils s'honorent loin d'en être contristés, Robespierre se plaignait de voir le peuple se laisser abuser par les plus méprisables inventions de la haine. Et telle avait été la sinistre puissance de la calomnie qu'un de ses concitoyens lui avait écrit que, s'il fût revenu en ce moment à Arras, ses jours n'y auraient peut-être pas été en sûreté.

Rappelant alors avec quel dévouement il s'était exposé dans son pays à toutes les vengeances de l'aristocratie en défendant les intérêts du peuple, il avouait avoir frémi pour ce peuple « qui semble être la dupe éternelle de ses tyrans » et qui, séduit par de perfides manœuvres, sait si peu distinguer ses amis véritables de ses ennemis. Il était bien facile cependant d'éviter toute confusion. Quels avaient été, quant à lui, son caractère et sa conduite bien avant l'époque où l'on était loin de prévoir la Révolution? Avait-il été au-devant de la fortune ou s'était-il dévoué à l'innocence opprimée? Avait-il été

l'ami des riches ou celui des pauvres? Ses hommages enfin s'étaient-
ils adressés aux gens en place ou au peuple malheureux? Et depuis
l'ouverture de l'Assemblée nationale, s'était-il un seul instant démenti?
Par quels hommes s'étaient laissé égarer ses concitoyens sur son
compte? Par tous ces ennemis, intendants, nobles, ecclésiastiques,
municipaux, que lui avait suscités son zèle pour la cause de ce peuple
aux yeux duquel on essayait de le peindre comme un déserteur de
l'intérêt public, comme un traître, un scélérat et un monstre. « Je
répète sans aucune répugnance, » écrivait-il, « les expressions par
lesquelles ils me désignent, parce que les fureurs des méchants sont
l'hommage le plus énergique qui puisse être rendu au patriotisme des
honnêtes gens; et j'avoue que je les ai méritées. » Ah! s'il avait voulu
montrer quelque complaisance pour les ordres privilégiés, s'abaisser
devant la vanité ridicule de quelques individus,. il n'aurait pas à se
défendre aujourd'hui. Mais ce n'est pas son moindre titre de gloire
d'avoir mérité la haine aristocratique en soutenant de tous ses moyens
les lois destructives des droits féodaux et des servitudes humiliantes
et cruelles sous lesquelles s'était trop longtemps courbée l'immense
majorité de la nation; en élevant vivement la voix contre les retards
apportés à la promulgation de ces lois odieuses à l'aristocratie; en
défendant le peuple contre toutes les préventions injustes dont il
était l'objet au sein même de l'Assemblée nationale, et en se faisant
l'écho des plaintes légitimes suscitées dans différentes villes par·le
despotisme local des officiers militaires, prévôtaux ou municipaux.
Voilà quels étaient ses crimes, ce qui lui méritait d'être cité au premier rang dans les libelles impurs dont la capitale et les provinces
étaient inondées.

Mais, encore une fois, combien il était aisé au peuple, poursuivait-il, de discerner la vérité, de se mettre en garde contre les calomnies dont on poursuivait avec tant d'acharnement ses meilleurs amis!
Il suffisait d'examiner avec un peu d'attention si les calomniateurs n'a-
vaient pas un intérêt à satisfaire, un maître à flatter, une ambition ou
une haine particulière à assouvir, un privilége à regretter. « O peuple
bon et généreux, gardez-vous donc de vous livrer aux insinuations
grossières des vils flatteurs qui vous environnent et qui n'ont d'autre
but que de vous replonger à jamais dans la misère dont vous alliez sortir, pour recouvrer eux-mêmes le pouvoir injuste qui vous accabloit...
Ne découragez pas ceux qui à l'avenir auroient le courage d'embrasser
votre cause; les riches et les hommes puissants trouveront toujours
tant d'esclaves pour servir leurs injustices! Réservez-vous au moins
quelques défenseurs. Ne souffrez pas qu'ils nous disent avec le ton

de l'insulte : Vous vous sacrifiez pour le bonheur et pour la liberté du peuple, et le peuple ne veut être ni libre ni heureux (1)... »

Combien vraies, hélas! ces paroles, et combien aussi elles méritent d'être rappelées! C'est la destinée des grands réformateurs d'être poursuivis par l'ingratitude de ceux dont ils ont péniblement, au risque de leur vie, tenté d'améliorer la position. Mais qu'importent les hommes? les principes sont tout, et la récompense est assez belle quand on a pour soi la satisfaction du devoir accompli.

XX

Tandis que Robespierre était contraint de se distraire de ses travaux législatifs pour se défendre contre des libelles calomnieux, la discussion sur l'organisation judiciaire se continuait au sein de l'Assemblée constituante, et le principe de l'élection des juges par le peuple, pour un temps limité, en sortait victorieux.

Il ne prit pas une part bien active aux débats relatifs à la formation des tribunaux de première instance et d'appel, cependant il monta à la tribune quand on agita la question de savoir si les juges seraient sédentaires ou ambulants. Un certain nombre de membres redoutaient, non sans raison, que, dans les campagnes surtout, des juges sédentaires n'eussent pas tout le caractère d'impartialité désirable, ne subissent trop facilement des influences de localité. D'autres trouvaient les tribunaux ambulatoires peu en rapport avec la dignité de la magistrature. Robespierre, adoptant un terme moyen, demanda l'institution des assises pour l'appel, et l'établissement de juges sédentaires en première instance. Il voyait réunis dans cette combinaison les avantages des deux systèmes. On écartait ainsi, d'un côté, les objections soulevées contre l'institution des assises dans un sens vague et absolu, et, de l'autre, on garantissait autant que possible l'indépendance de juges revêtus d'un pouvoir redoutable, et qu'il fallait surtout préserver contre les séductions des liaisons personnelles, les intrigues de toute espèce auxquelles le séjour permanent des juges d'appel donnerait certainement naissance (2). Il y avait là un ar-

---

(1) *Avis au peuple artésien*, par M. de Robespierre, député de la province d'Artois à l'Assemblée nationale (Paris, Pottier de Lille, 1790, in-8° de 14 pages).

(2) Voy. le *Point du jour*, numéro 289, p. 295. Le *Moniteur* est complétement muet.

gument sérieux, et il est peut-être fâcheux que l'Assemblée constituante n'en ait pas compris toute l'importance. Les assises, on le sait, ne furent admises qu'en matière criminelle.

Robespierre ne resta pas étranger non plus à la discussion du nouveau plan de municipalité pour la ville de Paris, présenté dans le même temps par Desmeuniers au nom du comité de constitution. D'après ce plan, les anciens districts, au nombre de soixante, qui avaient joué un rôle si important dans les premiers mois de la Révolution, se trouvaient supprimés, et la capitale était divisée en quarante-huit sections, parties d'un tout qui était la commune, et formant autant d'assemblées primaires d'où devaient sortir les électeurs chargés de concourir à la nomination des membres de l'administration départementale, à celle des députés à l'Assémblée nationale et à celle des magistrats. Un maire assisté de seize administrateurs, d'un conseil de trente-deux membres et de quatre-vingt-seize notables, dont la réunion constituait le conseil général de la commune, tel était en résumé le nouveau plan de municipalité.

Depuis la Révolution, les assemblées de district avaient presque toujours été en permanence, et leur active surveillance n'avait pas peu contribué à déjouer les complots contre-révolutionnaires. Mais dans la permanence des sections le rapporteur voyait une perpétuelle occasion de troubles pour la capitale. Il redoutait que des délibérations populaires trop multipliées ne fournissent aux ennemis du bien public de faciles moyens de susciter des désordres, et proposait en conséquence de soumettre au droit commun les sections parisiennes, c'est-à-dire de n'autoriser leurs réunions qu'aux époques fixées par la loi.

Ce plan de nouvelle organisation municipale eut des destinées singulières : il fut combattu à la fois par les membres les plus exaltés du côté droit et le plus ardent député de la gauche, à des points de vue différents, comme on le pense bien. L'abbé Maury prit le premier la parole, et en présenta une critique générale. Robespierre, après lui, blâma le projet du comité, mais en l'envisageant sous un aspect tout particulier. Rappelant de quel secours avait été pour les opérations de l'Assemble nationale l'assidue surveillance des districts, il se demanda s'il était prudent de rien innover à leur égard, au moment où, après avoir beaucoup fait, on avait encore tant à faire. Pour lui, en entendant le rapporteur parler d'une exception en faveur de la ville de Paris, il avait cru qu'il s'agissait de la conservation des assemblées de district, tandis qu'au contraire c'était uniquement sous le rapport de leur suppression qu'on replaçait la capitale sous l'empire du droit commun.

Il conjura donc l'Assemblée de ne pas préjuger, en votant le premier article du nouveau plan, une des plus importantes questions soumises à sa délibération, la permanence ou non-permanence des districts de la capitale; car, disait-il, Paris est le séjour des principes et des factions opposées, et nous sommes obligés de recourir momentanément à des moyens extraordinaires, si nous tenons à la conservation de notre œuvre. « J'ose le dire, vous devez être aussi inquiets que si vous n'aviez pas commencé votre ouvrage... Ne nous laissons pas séduire par un calme peut-être trompeur; il ne faut pas que la paix soit le sommeil de l'insouciance. » Il était nécessaire, suivant lui, avant qu'on décrétât aucun article du nouveau plan de municipalité, de décider si, jusqu'à l'entier achèvement de la constitution, les districts seraient autorisés à s'assembler d'une façon permanente et si, une fois la constitution affermie, il leur serait permis de se réunir au moins une fois par mois afin d'entretenir l'opinion publique.

On ne fut pas peu surpris d'entendre les membres de la droite applaudir l'orateur; c'était un succès auquel il n'était guère accoutumé, et peut-être excita-t-il en lui de singulières méfiances. Car, si les royalistes désiraient le maintien des districts, ce n'était pas, à coup sûr, par tendresse pour les idées nouvelles, c'était plutôt dans l'espérance de se faufiler dans les assemblées de districts et d'y exciter des troubles funestes à la Révolution. Que de contre-révolutionnaires déguisés nous verrons plus tard se glisser dans les assemblées sectionnaires et tenter de précipiter la Révolution dans l'abîme par l'exaltation et l'exagération des principes! Au reste, Robespierre ne s'y trompera pas, et nous verrons aussi avec quelle sagacité il s'efforcera de les démasquer.

Ces applaudissements partis du côté droit parurent à Mirabeau une perfidie. Robespierre, prétendait-il, avait apporté à la tribune un zèle plus patriotique que réfléchi. Il combattit donc son idée des sections permanentes parce qu'elles pourraient devenir un foyer perpétuel d'action et de réaction contraires au jeu régulier de la constitution. Après lui, son frère, le vicomte, appuya en quelques paroles facétieuses et incohérentes l'opinion opposée. Il n'en fallait pas davantage pour la faire repousser; séance tenante (3 mai au soir), l'Assemblée adopta le premier article du projet de réorganisation de la municipalité parisienne (1). Mais dans ce nouveau plan du comité, soutenu par Mirabeau, les districts devinèrent bien l'intention de comprimer l'essor populaire. Il y eut dans Paris un mécontentement général; les jour-

(1) *Moniteur* du 5 mai 1790.

naux démocratiques se répandirent en plaintes amères contre l'Assemblée et prodiguèrent les louanges les plus vives au député dont la voix s'était élevée en faveur des districts (1).

XXI

C'était un rude adversaire que Mirabeau, et pourtant déjà son crédit ·commençait à baisser. On ne soupçonnait pas encore ses liaisons avec la cour, dont les preuves éclatantes ont été, longtemps après, livrées à la publicité (2); mais il y en avait dans le peuple comme un vague pressentiment; ses prodigalités récentes, le luxe par lui déployé tout à coup, et surtout son attitude dans la discussion de l'importante question du droit de guerre et de paix, fortifièrent des conjectures dont sa popularité reçut un coup mortel.

Cette question, capitale pour les peuples, du droit de décider la paix ou la guerre, allait remettre en présence les deux illustres tribuns. Née d'un incident pour ainsi dire fortuit, elle devait pendant huit séances soulever toutes les passions de l'Assemblée et tenir attentives la France et l'Europe entières.   .

Le vendredi 14 mai, une lettre de M. de Montmorin, ministre des affaires étrangères, lettre adressée au président de l'Assemblée et lue en séance publique, annonçait que, l'Angleterre préparant des armements considérables à propos d'un différend survenu entre elle et la

---

(1) Voici en quels termes, quelques jours après, s'exprimait Loustalot : « Nous avons peu de ces hommes qui, cherchant plutôt à remplir leur devoir qu'à obtenir des applaudissements, se tiennent, comme M. de Robespierre, près des principes, et qui, bravant le reproche d'être trop chaleureux, réclament sans cesse les droits sacrés du peuple, lors même qu'ils prévoient qu'ils vont être sacrifiés. » Et en note il ajoutait : « Il vient de donner une nouvelle preuve de ce genre d'héroïsme en défendant seul la maintenue des districts de Paris » (*Révolutions de Paris*, numéro 43, p. 258). De son côté, Camille Desmoulins écrivait dans son journal : « Tous les républicains sont consternés de la suppression de nos soixante districts. Ils regardent ce décret d'aussi mauvais œil que celui du marc d'argent. Il y a un grand moyen en faveur des dis-tricts; on doit croire les faits avant les raisonnements. Quels maux ont-ils faits? Et n'est-ce pas à eux au contraire qu'on doit la Révolution? L'Assembée nationale, il faut en convenir, a dégénéré à elle seule en cohue plus souvent que les soixante districts ensemble. Ce qui parle plus haut en leur faveur, c'est que leur majorité a toujours voté pour l'intérêt général. Pourroit-on en dire autant de l'Assemblée nationale, où les noirs ont remporté plus d'une victoire éclatante? » (*Révolutions de France et de Brabant,* numéro 25.)

(2) Voy. la *Correspondance entre le comte de la Marck et le comte de Mirabeau.*

cour de Madrid, Sa Majesté avait cru devoir, par mesure de précaution, ordonner l'armement de quatorze vaisseaux de ligne dans les
ports de l'Océan et de la Méditerranée, et prescrire à tous les commandants maritimes de disposer leurs moyens de défense pour être
prêts à toute éventualité. Ce serait avec la plus profonde douleur que
le roi se déciderait à déclarer la guerre, ajoutait le ministre, mais
en même temps il manifestait l'espérance de voir la paix se maintenir,
ne doutant pas, du reste, de l'empressement de l'Assemblée nationale
à prêter son concours à Sa Majesté dans le cas contraire (1).

Aussitôt grand émoi dans l'Assemblée. Quelques membres auraient
voulu qu'on répondît sur-le-champ au message du ministre; mais,
attendu l'importance de la question, on ajourna au lendemain.

Au moment où la nation, devenue majeure, rentrait en possession
d'elle-même et confiait ses destinées à des représentants librement
élus, était-il logique, était-il sensé d'abandonner à la personne du roi
le pouvoir exorbitant de décider la paix ou la guerre et de lui permettre d'entraîner à son gré tout un peuple dans des expéditions souvent téméraires, aventureuses, trop souvent commandées par le caprice
et l'intérêt de quelques courtisans plutôt que par le véritable intérêt
national? Et dans les circonstances présentes, n'était-il pas à redouter
que la cour ne tentât les hasards d'une guerre pour tenir en éveil la
curiosité publique, faire diversion aux travaux de l'Assemblée, et entraver la marche de la Révolution? Telles étaient les questions que
s'adressaient les patriotes, questions qui, le soir, passionnèrent la
séance des Jacobins et agitèrent les esprits des membres les plus influents de l'Assemblée nationale.

Le lendemain, Alexandre de Lameth demanda que, toutes affaires
cessantes et avant de s'occuper du message ministériel, on déci-
dât si le droit de résoudre la paix ou la guerre appartenait au roi ou à
la nation représentée. Pour lui la solution n'était pas douteuse, et,
sous peine de compromettre la liberté, on ne pouvait songer un seul
instant à déléguer à une cour et à des ministres dont les intentions
perfides étaient bien connues le droit d'exposer légèrement la vie de
tant de milliers de citoyens. Mais il fallait, disait-il, trancher tout de
suite la question, autrement elle serait préjugée dans un sens contraire
à l'intérêt général. Cette motion, si défavorable au pouvoir exécutif,
fut vivement appuyée, non-seulement par Duquesnoy, Barnave, Reubell et Robespierre, mais aussi par Broglie, d'Aiguillon et Menou.
Après quelques paroles de Broglie sur la nécessité de ne pas aban-

(1) *Moniteur* du 15 mai 1790.

donner au ministère l'exercice d'un aussi terrible droit, Robespierre monta à la tribune et s'éleva, lit-on dans le journal *le Point du jour*, à des considérations autrement importantes (1). S'il est une heure, dit-il, où l'Assemblée semble appelée à décréter solennellement à qui appartient le droit de décider la paix ou la guerre, c'est assurément celle où les ministres viennent lui faire part du différend survenu entre deux nations voisines, et lui demander des subsides. De la résolution de l'Assemblée dépendra le résultat des événements politiques qu'on semble préparer. Résoudre la question dans le sens des prétentions de la cour, ce serait donner aux ministres une arme terrible dont ils pourraient se servir contre les nations étrangères et contre le peuple français lui-même au moment où il a reconquis sa liberté. Que si le différend entre l'Angleterre et l'Espagne, dont parlait en termes si vagues la lettre du ministre, était soumis à l'appréciation de l'Assemblée, il lui serait possible d'adopter des mesures de conciliation de nature à sauvegarder la dignité de chacun, et qu'il appartenait à la nation seule de proposer. « Je suppose, par exemple, » poursuivait-il, « que, vous élevant à la hauteur de votre rôle et des circonstances, vous jugiez qu'il pourrait être de votre sagesse de déconcerter les projets des cours en déclarant aux nations, et particulièrement à celles que l'on vous présente comme prêtes à se faire la guerre que, réprouvant les principes de la fausse et coupable politique qui jusqu'ici a fait le malheur des peuples pour satisfaire l'ambition ou les caprices de quelques hommes, vous renoncez à tout avantage injuste, à tout esprit de conquête et d'ambition ; je suppose que vous ne désespériez pas de voir les nations, averties, par cette noble et éclatante démarche, de leurs droits et de leurs intérêts, comprendre ce qu'elles ont peut-être déjà senti, qu'il leur importe de ne plus entreprendre d'autres guerres que celles qui seront fondées sur le véritable avantage et sur la nécessité de ne plus être les victimes et le jouet de leurs maîtres ; qu'il leur importe de laisser en paix et de protéger la nation française qui défend la cause de l'humanité, et à qui elles devront leur bonheur et leur liberté... Je suppose, dis-je, qu'il fût utile ou nécessaire de prendre, dans les circonstances actuelles, les mesures que je viens d'indiquer ou d'autres semblables ; est-ce la cour, sont-ce les ministres qui les prendront ? Non, ce ne peut être que la nation elle-même ou ses représentants. Il faut donc avant tout, et dès à présent, décider si le droit de faire la guerre ou la paix appartient à la nation ou au roi. »

(1) Voy. le *Point du jour*, numéro 303, p. 44.

On devait, suivant lui, déployer en cette occasion toute l'énergie et toute la vigilance commandées par la situation, car il était facile de percer le voile dont essayait de s'envelopper une intrigue aristocratique et ministérielle. A ses yeux, cette querelle invoquée, et dans laquelle, en vertu du pacte de famille, on semblait vouloir prendre parti pour l'Espagne contre l'Angleterre, n'était qu'un prétexte; il s'étonnait, quant à lui, qu'on eût déjà procédé à des préparatifs de guerre sans que l'Assemblée eût été prévenue. « Si ce projet de guerre n'est pas sérieux, » disait-il en terminant, « il faut s'indigner de ce piège ou de cette dérision; s'il l'est, il faut frémir à la seule idée de voir les dangers de toute espèce dont il menace la constitution encore imparfaite et chancelante, au milieu des ennemis domestiques et des orages dont elle est environnée (1). »

Le discours de Robespierre répondait trop bien au sentiment général de l'époque pour qu'il fût facile de réfuter ses arguments. Mirabeau le tenta. L'étonnement ne fut pas médiocre d'entendre ce rude adversaire de la cour parler surtout dans l'intérêt de la royauté, et déclarer, en se servant d'une expression qualifiée de triviale par lui-même, que la maréchaussée extérieure et intérieure de terre et de mer devait toujours être, pour l'urgence d'un danger subit, entre les mains du roi. Cependant, tout en disant cela, il priait l'Assemblée de ne pas préjuger son opinion sur la question constitutionnelle, et concluait à ce qu'on s'occupât immédiatement du message ministériel. L'Assemblée, après avoir accueilli avec les plus vifs applaudissements un discours de Menou en réponse à celui de Mirabeau, comme si elle eût voulu par là marquer son improbation des paroles de l'immortel orateur, décida qu'on remercierait le roi des mesures qu'il avait prises pour le maintien de la paix, et que, dès le lendemain, 16 mai, l'on mettrait à l'ordre du jour cette question constitutionnelle : La nation doit-elle déléguer au roi l'exercice du droit de paix ou de guerre?

XXII

Le lendemain même la discussion reprit, ardente, passionnée. Tour à tour on entendit les partisans de la royauté et de la cause populaire.

(1) Ce discours est tronqué aussi maladroitement que possible dans le *Moniteur*, numéro du 16 mai 1790. Voy. le *Point du jour*, numéro 303, p. 44 et suiv.

Parmi les premiers, Malouet insista sur la nécessité d'abandonner au roi le droit de décider la paix ou la guerre. Pétion, parmi les seconds, se fit principalement remarquer ; et dès lors commença à rejaillir sur lui un peu de la popularité dont jouissait Robespierre. Il eut d'admirables mouvements et une entraînante éloquence. Lui aussi manifesta le vœu de voir la France, maîtresse elle-même de retenir ou de lancer la foudre, renoncer à toute ambition militaire, à tout esprit de conquête, et considérer ses limites actuelles comme posées par les destinées éternelles. Déléguer au roi le droit de paix ou de guerre, s'écriait Chabroud, ce serait mettre la constitution à ses pieds en lui disant : « Que votre volonté soit faite. »

Deux membres de la droite, de Praslin et du Châtelet, combattirent de leur mieux les arguments des adversaires de la prérogative royale. Après eux (17 mai) Robespierre monta de nouveau à la tribune ; il entreprit de résumer le débat et de réduire la question à ses termes les plus simples. Dans l'opinion des préopinants, disait-il, le roi étant aussi le représentant de la nation, autant valait lui déléguer à lui seul le droit de déclarer la guerre. Mais, faisait observer Robespierre, il est impossible de prétendre que le roi est le représentant de la nation, il en est le *commis* et le délégué pour exécuter les volontés nationales.

A ces mots une formidable tempête s'éleva, et nombre de voix, parties du côté droit, demandèrent à grands cris le rappel à l'ordre de l'orateur. Robespierre alors se plaignit d'avoir été mal compris ; il ne pouvait entrer dans son esprit de manquer de respect à la majesté royale, laquelle n'était autre à ses yeux que la majesté nationale (1). « Si mes expressions ont affligé quelqu'un, dit-il, je dois les rétracter : par *commis* je n'ai voulu entendre que l'emploi suprême, que la charge sublime d'exécuter la volonté générale ; j'ai dit qu'on ne représente la nation que quand on est spécialement chargé par elle d'exprimer sa volonté. Toute autre puissance, quelque auguste qu'elle soit,

---

(1) A propos de cet incident, le *Moniteur* du 29 mai suivant contenait une lettre qui vaut la peine d'être reproduite ici. « Je viens de lire, Monsieur, dans le numéro 139 du *Moniteur*, que M. de Robespierre ayant dit, dans la séance du lundi 17, que le roi est le *commis de la nation*, MM. d'Estourmel, de Murinais, etc., demandèrent qu'il fût rappelé à l'ordre. — J'avois vu dans le numéro 139 que, la veille même, M. de Montlosier s'étant le premier servi de cette expresion, et ayant dit expressément à l'Assemblée : *Le roi est le commis de la nation, et non le vôtre,* ces Messieurs n'avoient pas donné le moindre signe d'improbation.—Expliquez-moi, je vous prie, Monsieur, pourquoi les membres de l'Assemblée, qui ont trouvé cette expression si répréhensible dans la bouche de M. Robespierre, l'avoient trouvée fort bonne, la veille, dans la bouche de M. de Montlosier? Un mot est-il bon ou mauvais, suivant qu'il est prononcé à droite ou à gauche? Il est nécessaire, ce me semble, pour l'usage de la langue, de savoir à quoi s'en tenir à cet égard. — *Un Abonné.* » Il n'était pas possible de faire avec plus d'esprit et de raison la critique des braillards du côté droit.

n'a pas le caractère de représentant du peuple. Je dis donc que la nation doit confier à ses représentants le droit de la guerre ou de la paix. A toutes ces réflexions j'ajoute qu'il faut déléguer ce pouvoir à qui a le moins d'intérêt à en abuser. Le Corps législatif n'en peut abuser jamais, mais c'est le roi armé d'une puissante dictature qui peut le rendre formidable, qui peut attenter à la liberté, à la constitution. » Impossible de nier, suivant lui, que le roi n'eût plus d'intérêt à déclarer la guerre que les véritables représentants de la nation, qui, citoyens eux-mêmes, allaient rentrer dans la classe des citoyens que la guerre atteint tous indistinctement Et là où le premier pouvait espérer un surcroît de puissance, les autres redoutaient de graves périls pour la liberté et la constitution, qui ne sont jamais à l'abri des coups de main d'un pouvoir trop bien armé. S'associant donc au projet de Pétion, par lequel il n'était permis au pouvoir exécutif de déclarer la guerre que du consentement de l'Assemblée législative, il essayait de démontrer combien futiles étaient la plupart du temps les motifs des gouvernements de se livrer à des entreprises offensives contre d'autres nations. Ainsi, dans l'espèce, qu'invoquait-on pour prendre les armes en faveur de l'Espagne? un pacte de famille ; comme si c'était un pacte national ; « comme si les querelles des rois pouvaient être celles des peuples. » Il fallait en conséquence prendre le sage parti de laisser au Corps législatif lui-même le droit de décider la paix ou la guerre, si, pour l'avenir, on voulait préserver le pays des plus grands dangers (1).

Après lui, Fréteau, dans la séance du lendemain, soutint les mêmes principes. Ce jour-là Mirabeau prit la parole. Les députés patriotes savaient d'avance quelles devaient être ses conclusions, et que, gagné par la cour, encouragé par La Fayette (2), il tenterait de faire investir le roi du droit absolu de décider la paix ou la guerre. Aussi ne fut-il pas écouté avec l'attention religieuse et la sympathie qu'on avait coutume de lui accorder; et si quelques applaudissements du côté droit accueillirent ses paroles, les improbations de ses amis lui apprirent combien déjà il avait perdu de la faveur populaire. Dans un discours d'une immense étendue, il s'attacha à prouver que c'était au roi à déclarer la guerre, aux représentants de la nation à la sanctionner ou à la désapprouver. Il était bien temps, quand le mal était fait!

(1) *Moniteur* du 19 mars 1790. Ce discours de Robespierre est également tronqué. Le *Courrier de Provence* se contente de dire que l'opinion et les arguments de Robespierre rentrent dans ceux de M. Pétion de Villeneuve, numéro 145, t. VIII, p. 258. Le *Point du jour* n'est pas plus explicite.

(2) *Mémoires de Ferrières*, t. II, liv. VI, p. 19.

Cependant telles étaient les précautions oratoires dont il croyait devoir envelopper le secours prêté par lui en cette occasion à la cour que, en tête de son projet de décret soumis à l'Assemblée, il demandait que ce droit fût concurremment délégué au pouvoir exécutif et au pouvoir législatif. Mais il n'en armait pas moins le premier d'une force redoutable auprès de laquelle n'était rien la prérogative toute morale réservée à l'Assemblée, dont le veto courait grand risque de demeurer une lettre morte.

Pour lutter avec un pareil athlète Barnave se présenta. Jeune, ardent, ivre de popularité, et se sentant soutenu, il ne fut pas inférieur à cette rude tâche, serra de près son adversaire dans tous ses arguments et reprit ceux déjà développés par Pétion et Robespierre. Aux applaudissements frénétiques par lesquels l'Assemblée et les tribunes interrompirent plus d'une fois le brillant orateur, Mirabeau put s'apercevoir que la balance ne penchait pas de son côté. Dans la soirée qui suivit cette séance il y eut au dehors, contre l'immortel tribun, un véritable déchaînement ; le lendemain matin on criait par les rues : *La grande Trahison du comte de Mirabeau*, libelle imprimé pendant la nuit, et dans lequel on l'accusait d'avoir reçu une grosse somme de la cour pour défendre la prérogative royale concernant le droit de paix et de guerre (1). Lui, cependant, était loin de s'avouer vaincu, et, puisant dans son indomptable orgueil la force de résistance nécessaire, il opposait à ses adversaires un front d'airain et une parole superbe.

Le samedi 22 mai, Adrien Duport ayant dit que personne ne contestait au Corps législatif le droit de décider la guerre et la paix : « Je le conteste formellement, » s'écria avec impétuosité Mirabeau. Et dans un nouveau discours, mordant, ironique, et où se trahissaient les perplexités de son âme, il tenta, à force de génie, d'arracher à l'Assemblée une victoire indécise. L'initiative au roi, tel était le point capital à ses yeux, et sur lequel il insista particulièrement. On connaît les apostrophes, à jamais fameuses, de cet admirable discours : « Et moi aussi on voulait, il y a peu de jours, me porter en triomphe, et maintenant on crie dans les rues : *La grande Trahison du comte de Mirabeau...* Je n'avais pas besoin de cette leçon pour savoir qu'il est peu de distance du Capitole à la roche Tarpéienne (2). » Mais, peine inutile, l'Assemblée se montra inébranlable : elle décida que la guerre ne pourrait être déclarée que par un décret rendu par elle sur la propo-

---

(1) *Mémoires* de Ferrières, t. II, liv. VI, p. 34.

(2) Voy. dans les numéros 141, 142, 144 du *Moniteur*, les deux grands discours prononcés par Mirabeau dans cette discussion, et littéralement insérés *sur ses propres manuscrits*.

sition formelle et nécessaire du roi, et sanctionné par lui. Ainsi se trouva profondément modifié le premier article du décret qu'avait proposé Mirabeau, en termes très-vagues et ambigus, et qui déléguait concurremment à l'Assemblée et au pouvoir exécutif l'exercice du droit de guerre et de paix. Lui-même d'ailleurs, au dernier moment, sentant la victoire lui échapper, s'était rallié à la nouvelle rédaction présentée par Fréteau (1). Les autres articles demeurèrent conformes à sa rédaction ; c'est pourquoi le décret fut baptisé par le public du nom de décret-Mirabeau.

En définitive, ni les royalistes ni les patriotes de l'Assemblée n'avaient triomphé; cependant les uns et les autres feignirent d'être satisfaits. Il en fut de même au dehors : le peuple et la cour, chacun de son côté, applaudirent également au décret. Toutefois le peuple ne se trompa point sur le mobile auquel avait obéi Mirabeau, et, au sortir de la séance, l'illustre orateur put entendre l'épithète de traître retentir à ses oreilles; tandis que la foule qui remplissait le jardin des Tuileries saluait de ses acclamations sympathiques Barnave, Alexandre de Lameth, Pétion et Robespierre.

A l'aspect de cette foule enthousiaste et joyeuse, on avait vu le petit dauphin battre des mains lui-même à l'une des fenêtres des Tuileries, comme si, lui aussi, il eût applaudi au décret. Camille Desmoulins s'empara de cette circonstance pour se livrer à une de ces facéties auxquelles, avec une étonnante légèreté, il se laissait quelquefois aller dans son journal, si rempli d'ailleurs de pages charmantes où la verve railleuse et la grâce ne nuisent en rien au bon sens. Il n'était, pour sa part, nullement content du décret. Aussi, après avoir montré le peuple reconduisant en triomphe Barnave, Pétion, Lameth, Duport, d'Aiguillon et tous les Jacobins illustres, ajoutait-il : « Il s'imaginoit avoir remporté une grande victoire, et ces députés avoient la faiblesse de l'entretenir dans une erreur dont ils jouissoient. Robespierre fut plus franc. Il dit à la multitude qui l'entouroit et l'étourdissoit de ses battements : « Eh! Messieurs, de quoi vous félicitez-vous? le décret est détestable; laissons ce marmot battre des mains à sa fenêtre : il sait mieux que nous ce qu'il fait (2)... »

_____

(1) Voici comment, dans son journal, Mirabeau rend compte de ce *mezzo termine* : « Tous les dissentiments se sont confondus dans le grand intérêt national. MM. le baron de Menou, Barnave, Lameth, Duport, Robespierre et autres, qui, par les projets de décrets qu'ils avaient préparés ou appuyés, sembloient ne vouloir confier qu'au seul Corps législatif le droit exclusif de prononcer sur la guerre, ont senti que le concours royal étoit nécessaire, et sont convenus de l'exprimer de la manière la plus énergique. » (*Courrier de Provence*, numéro 147, t. VIII, p. 316.)

(2) *Révolutions de France et de Brabant*, numéro 28, p. 615-616.

Cet article, échappé à l'étourderie de Camille, avait le tort grave de poser Robespierre comme s'insurgeant contre un décret de l'Assemblée constituante, pour laquelle il professa toujours un respect absolu pendant toute la durée de sa session. Homme de droit avant tout, il n'entendait point transporter sur la place publique les orages dont cette assemblée était quelquefois le théâtre ; et ce qu'il croyait pouvoir dire au sein de la représentation nationale, parlant à ses collègues, ou au club des Jacobins, il ne se serait pas cru permis de le prononcer dans la rue, ou dans un jardin public, en présence de la foule. Fort mécontent de la plaisanterie de l'auteur des *Révolutions de France et de Brabant*, il prit la plume, et lui adressa une lettre assez sèche : « Je dois, Monsieur, relever l'erreur où vous avez été induit, » écrit-il après avoir cité le passage qui le concernait. « J'ai dit à l'Assemblée nationale mon opinion sur les principes et sur les conséquences du décret qui règle l'exercice du droit de paix et de guerre ; mais je me suis borné là. Je n'ai point tenu dans le jardin des Tuileries le propos que vous citez. Je n'ai pas même parlé à la foule des citoyens qui se sont assemblés sur mon passage au moment où je le traversois. Je crois devoir désavouer ce fait : 1° parce qu'il n'est pas vrai ; 2° parce que, quelque disposé que je sois à déployer toujours dans l'Assemblée nationale le caractère de franchise qui doit distinguer les représentants de la nation, je n'ignore pas qu'ailleurs il est une certaine réserve qui leur convient. J'espère, Monsieur, que vous voudrez bien rendre ma déclaration publique par la voie de votre journal, d'autant plus que votre zèle magnanime pour la cause de la liberté vous fera une loi de ne pas laisser aux mauvais citoyens le plus léger prétexte de calomnier l'énergie des défenseurs du peuple. »

Cette lettre peint à merveille ce soin de sa dignité personnelle dont Robespierre se montra toujours excessivement jaloux. Jamais il ne la sacrifia à une vaine popularité, et, pour la sauvegarder, il s'exposera dans les circonstances les plus difficiles aux ressentiments des révolutionnaires exaltés. Quant à Camille, il s'empressa d'insérer la lettre de son *cher camarade* de collége, mais non sans se plaindre de son ton un peu solennel, et sans maugréer un peu contre la leçon (1). Son admiration et son amitié pour Robespierre n'en parurent, du reste, altérées en rien. Quelques écrivains ont prétendu que Camille avait été le constant adulateur de Robespierre ; mettons *admirateur* au lieu d'*adulateur*, et nous serons dans le vrai. Dans tous les cas, son adula-

---

(1) Voy. dans le numéro 30 de son journal (p. 300) les réflexions que lui suggère la lettre de Robespierre.

tion aurait été bien désintéressée ; car, au moment où nous sommes, l'ancien condisciple de Desmoulins n'était investi d'aucun pouvoir, et c'est en général aux puissants que s'adressent les adulations. Cet *adulé* était même désigné d'avance aux vengeances de la cour, dont beaucoup de gens alors espéraient encore et présageaient le triomphe. Si l'auteur du *Vieux Cordelier* ne varia jamais d'opinion sur Robespierre, c'est que celui-ci, sous la royauté constitutionnelle comme sous la République, demeura immuable dans ses principes.

XXIII

Les discussions de l'Assemblée constituante, on l'a vu, étaient souvent interrompues par des propositions incidentes dont il était urgent de s'occuper tout de suite, par des nouvelles alarmantes venues des provinces, par des récits d'événements fâcheux auxquels il était indispensable d'apporter un prompt remède. Ainsi le 19 mai, au milieu des débats relatifs à l'exercice du droit de paix et de guerre, on apprit que de graves troubles avaient éclaté à Montauban et que plusieurs gardes nationaux, défenseurs des décrets de l'Assemblée, avaient succombé dans cette ville sous les coups du fanatisme. Quatre ou cinq cents femmes, les unes armées d'épées, les autres ayant un pistolet à la ceinture, avaient envahi un couvent de la ville pour s'opposer à ce que les officiers municipaux · dressassent, conformément à la loi, l'inventaire des titres des moines, tandis que des enragés parcouraient la ville, demandant des fusils afin de tirer sur les protestants. Dans l'église des Cordeliers, un homme était monté en chaire pour exciter le peuple au massacre des dragons qui, animés d'un sincère patriotisme, essayaient d'apaiser le désordre ; après quoi, ayant arraché de son chapeau la cocarde nationale, il l'avait déchirée et foulée aux pieds.

Telles étaient les fureurs des partisans de l'ancien régime, que la Révolution, clémente d'abord, devait plus tard, pressée par la nécessité, réprimer par d'horribles moyens. Tout le Midi semblait s'embraser des lueurs sanglantes du seizième siècle. Car ce n'était pas à Montauban seulement que des réactionnaires en délire s'acharnaient à pousser aux armes des populations superstitieuses, en leur montrant la religion menacée. Une motion de dom Gerle, à ce que laissa entendre

Charles de Lameth, n'avait pas peu contribué à provoquer ces complots. Il faut dire ce qu'était cette motion. Dans le courant du mois précédent, ce moine chartreux, qui siégeait pourtant sur les bancs de la gauche, non loin de Robespierre, avait proposé à l'Assemblée de déclarer que la religion catholique continuait à être la religion de l'État, voulant simplement prouver par cette déclaration que, en s'emparant des biens de l'Église, on n'avait nullement l'intention de porter atteinte à la religion. Accueillie avec transport par les royalistes, cette motion imprudente, retirée le lendemain par son auteur, avait été reprise aussitôt par le côté droit. Un ordre du jour motivé en avait fait bonne justice; mais une protestation factieuse contre la délibération concernant la religion catholique, protestation signée par deux cent quatre-vingt-dix-sept membres de l'Assemblée, et répandue à profusion en France, avait jeté l'alarme dans beaucoup de consciences et mis en feu un certain nombre de provinces.

Ce fut à l'occasion de cette protestation que retentit pour la première fois le nom d'un jeune homme inconnu, destiné, lui aussi, à une existence orageuse et à une universelle renommée. Une trentaine d'exemplaires de la déclaration fanatique des membres du côté droit lui avaient été envoyés pour qu'il les distribuât dans sa commune. Mais l'expéditeur s'était bien trompé en croyant trouver en lui un complice. Indigné, il les avait brûlés en pleine assemblée municipale, en jurant, la main étendue sur la flamme qui dévorait le libelle, de mourir pour la patrie. Une adresse de la municipalité de Blérancourt, relatant ce fait, avait été lue en séance du soir, le 18 mai, et l'Assemblée, au milieu des applaudissements, en avait ordonné l'impression et la distribution à tous les députés (1). Ce jeune homme, c'était Saint-Just, le futur ami, le compagnon fidèle de Robespierre dans la carrière de la Révolution.

Charles de Lameth ayant dit que, même avant la motion de dom Gerle, on s'occupait d'opérer la contre-révolution à Toulouse, à Bordeaux et à Montauban, et que la poste avait elle-même répandu des écrits incendiaires dans ces différentes villes, le bouillant Cazalès le traita de délateur, le somma de fournir des preuves, comme si elles n'étaient pas écrites en lettres de sang. Vieillard, au nom du comité des rapports, soumit à l'Assemblée un projet de décret qui mettait les non-catholiques sous la protection spéciale de la loi et enjoignait à tous les citoyens de ne porter d'autre cocarde que la cocarde na-

_____

(1) *Point du jour*, numéro 308. Voy. aussi notre *Histoire de Saint-Just*, t. I, liv. I, p. 81. Édition Méline et Cans, Bruxelles, 1860.

tionale. Cazalès, avec sa violence accoutumée, ne craignit pas de proposer un amendement insultant pour les victimes. Robespierre, se levant alors, combattit avec tant d'énergie, au nom de la tolérance et de la justice, ce malencontreux amendement qu'il fut retiré par son auteur; l'Assemblée, d'une voix unanime, vota le décret réparateur (1).

Sans le vouloir il contribua, quelques jours après, à faire écarter un amendement proposé par Mirabeau comme article additionnel au décret sur le droit de guerre et de paix, et en vertu duquel tous les traités passés jusqu'à ce jour avec les puissances étrangères devaient être examinés dans un comité spécial et soumis ensuite à la ratification de l'Assemblée. Selon Robespierre, l'article additionnel proposé était une conséquence forcée du décret; seulement il était d'une telle importance pour la prospérité du pays qu'il lui paraissait impossible qu'on le votât sans préparation et sans discussion. Mirabeau, reconnaissant la justesse de cette observation, se rallia immédiatement à la motion de son collègue, tout en maintenant l'utilité de son amendement. Mais, suivant quelques membres, la simple discussion d'un pareil article équivaudrait à une déclaration de guerre, et l'Assemblée, allant plus loin que ne l'eût souhaité Robespierre, passa à l'ordre du jour.

XXIV

Dans ce même mois de mai, où s'agitèrent tant de questions vitales pour un grand peuple, se discuta aussi une question grosse de tempêtes : nous voulons parler de la question religieuse.

Comme toute l'ancienne administration française, l'Église de France était en proie à un désordre, à une incohérence, à un défaut d'unité auxquels il parut impossible à l'Assemblée nationale de ne pas remédier. La corruption qui minait les hautes classes de la société n'avait pas épargné le clergé, dont les plus hauts dignitaires offraient au monde le spectacle déplorable des mœurs les plus scandaleuses. Ajoutez à cela une inégalité monstrueuse, plus choquante qu'ailleurs dans un ordre qui, par son origine, semblerait devoir être, au contraire, l'asile de l'égalité et de la charité. Une espèce de chaos régnait dans

_____

(1) Voy. le *Point du jour*, numéro 305. Le *Moniteur* ne mentionne même pas ce discours de Robespierre.

la distribution des diocèses et des cures : à côté d'un évêché d'une immense étendue s'en trouvait un ne mesurant pas plus de vingt lieues carrées. Même disproportion existait dans la répartition des bénéfices. Là un pauvre curé de campagne, vieilli dans son ministère, surchargé de besogne, avait pour tout revenu une somme de sept cents livres, tandis que non loin de lui un riche titulaire sans fonction absorbait à lui seul la fortune de deux cents particuliers (1).

Était-il permis à l'Assemblée constituante de modifier tout cela, de démolir le vieil édifice clérical pour le reconstruire d'après les règles de la justice et du droit, et le mettre en rapport avec les nouvelles institutions du pays? Oui, disaient les austères réformateurs; non, répondait le clergé par la bouche de l'archevêque d'Aix : « Jésus-Christ a donné sa mission aux apôtres et à leurs successeurs pour le salut des fidèles ; il ne l'a confiée ni aux magistrats ni au roi... On vous propose aujourd'hui de détruire une partie des ministres, dé diviser leur juridiction ; elle a été établie et limitée par les apôtres ; aucune puissance humaine n'a droit d'y toucher. » Mais, en cette circonstance, les véritables successeurs des apôtres n'étaient ni les évêques, ni les archevêques ; c'étaient de simples curés comme l'abbé Grégoire, l'abbé Gouttes et les députés du côté gauche, qui voulaient réformer, moraliser le clergé et faire revivre dans son sein les divins principes prêchés autrefois par Jésus.

Les évêques et les nobles avaient beau s'unir dans une opposition maladroite (2) pour entraver la marche de la Révolution ; irrésistible comme la mer qui monte, elle s'avançait toujours, brisant sous ses pieds les obstacles. Toutes les résistances furent impuissantes; l'Assemblée passa outre. A ceux qui réclamaient un concile Camus répondait qu'il ne s'agissait que de régler les rapports du clergé avec la constitution nouvelle et que ce n'était pas de la compétence des conciles. Il n'était point question d'ailleurs de toucher aux dogmes. « Cependant nous sommes une Convention nationale et nous pourrions changer la religion, » disait avec menace Camus en se tournant vers ceux dont les fureurs troublaient les délibérations d'où allait sortir la constitution civile du clergé.

D'après les plans du comité ecclésiastique, elle était calquée sur la constitution politique du pays : ainsi on établissait un siége épiscopal par département et une paroisse par commune. L'élection étant la base de la hiérarchie administrative et judiciaire, elle était également pro-

---

(1) Rapport de Treilhard, lu dans la séance du 30 mai 1790.
(2) Le mot est d'un royaliste, de Ferrières. Voy. ses *Mémoires*, t. II, liv. VI, p. 11.

posée pour la nomination des évêques et des curés, et en cela on en revenait aux traditions de la primitive Église. Enfin les fonctions ecclésiastiques étaient rétribuées par l'État et rémunérées suivant leur importance. Ce plan, on le voit, ne touchait à aucun point du dogme ; mais il faisait cent fois pis en rognant les gros traitements des hauts barons de l'Église, en extirpant des abus séculaires si chers à une partie du clergé. Ce fut le principal grief de ces âmes dévotement colères, et de là naquirent ces fureurs d'un genre particulier qui jadis avaient arraché ce cri au poète : *Tantœ ne animis cœlestibus irœ!*

XXV

Quelle fut dans cette discussion solennelle l'attitude de Robespierre? Il importe de bien la préciser ; car, en cette circonstance comme en beaucoup d'autres, son rôle a été singulièrement dénaturé. Un historien, nous l'avons dit déjà, l'a presque représenté comme un dévot, cherchant à se concilier les bonnes grâces des prêtres (1). Bizarre erreur d'un esprit systématiquement prévenu. Personne, on peut l'affirmer hardiment, n'avait moins de préjugés religieux que Robespierre. C'était un libre penseur de l'école de Rousseau, partisan de la plus large tolérance aussi bien pour les fidèles que pour les incrédules ; il n'avait personnellement de préférence pour aucun dogme particulier. Et quand plus tard nous le verrons, après avoir fait affirmer la liberté absolue de tous les cultes, inviter la Convention à proclamer la reconnaissance de l'Être suprême et de l'immortalité de l'âme, ce ne sera pas, comme se l'imaginent à tort une foule de gens fort mal renseignés, pour fonder une religion nouvelle, mais bien au contraire pour réagir contre la tyrannie de ces fanatiques d'un nouveau genre qui, proscrivant le culte catholique et prêchant l'athéisme, violentaient les consciences, et prétendaient les soumettre de force au culte de la déesse Raison.

Toute question de dogme et de théologie réservée, il y avait, aux yeux de Robespierre, entre l'institution civile et l'institution religieuse, des rapports nécessaires ; il lui paraissait indispensable, en un mot, de fixer, si l'on peut s'exprimer ainsi, la religion civile. Il monta donc à la tribune pour soutenir le plan du comité, lequel était la consécration

(1) Michelet, *Histoire de la Révolution*, t. II. p. 335.

éclatante des lois sociales qui établissent les rapports des ministres du culte avec la société civile. « Les prêtres, » dit-il d'abord, « sont dans l'ordre social des magistrats destinés au maintien et au service du culte. » De cette simple notion découlaient les principes dont trois dominaient tous les autres.

« *Premier principe.* — Toutes les fonctions publiques sont d'institution sociale ; elles ont pour but l'ordre et le bonheur de la société : il s'ensuit qu'il ne peut exister dans la société aucune fonction qui ne soit utile. » En conséquence devaient être supprimés, suivant l'orateur, tous les établissements, toutes les cures, tous les évêchés inutiles. Les archevêques, dont les fonctions n'étaient pas distinctes de celles des évêques, et les cardinaux, qui, nommés par un prince étranger, échappaient pour ainsi dire à la juridiction de leur pays en tant qu'ecclésiastiques, disparaissaient aussi devant ce premier principe. Il fallait ne conserver en France que les évêques et les curés dans un nombre proportionné aux besoins de la société.

« *Second principe.* — Les officiers ecclésiastiques étant institués pour le bonheur des hommes et pour le bien du peuple, il s'ensuit que le peuple doit les nommer. » Car, faisait observer Robespierre, on ne doit lui enlever aucun des droits qu'il peut exercer ; or il lui est aussi facile d'élire ses pasteurs que ses magistrats, ses députés et ses administrateurs. C'était donc à lui, et à lui seul, de nommer ses évêques et ses curés.

« *Troisième principe.* — Les officiers ecclésiastiques étant établis pour le bien de la société, il s'ensuit que la mesure de leur traitement doit être subordonnée à l'intérêt et à l'utilité de tous, et non au désir de gratifier et d'enrichir ceux qui exercent ces fonctions. » Autrefois c'était l'inverse : aux pauvres desservants des campagnes, à ceux qui supportaient tout le poids de la besogne et consacraient leur vie au soulagement des malheureux, un salaire dérisoire ; aux fils de famille, aux abbés de salon, aux fainéants du clergé, les bénéfices considérables, que trop souvent on consacrait aux plaisirs les plus mondains, à l'entretien de quelque fille d'Opéra. Quant aux traitements, disait Robespierre, ils ne doivent pas être supérieurs à ceux des officiers de l'ordre judiciaire ou administratif, car ils sont payés par le peuple, dont on ne saurait trop alléger les charges. Sur ce point, du reste, il déclarait s'en rapporter à la prudence du comité (1).

On voit avec quelle mesure, quelle circonspection, il traitait les matières religieuses. Il n'était pas dévot pour cela ; seulement il ne se

_____

(1) Séance du 31 mai. Voy. le *Moniteur* du 1ᵉʳ juin 1790.

croyait pas en droit de toucher aux choses qui sont du pur domaine de la conscience.

En terminant son discours, il attaqua cependant un point délicat, longtemps controversé, le célibat ecclésiastique. Beaucoup d'évêques, dans les premiers temps du christianisme, ont été mariés ; ils ont été d'excellents pères de famille, et nous ne sachions pas qu'ils aient été de plus mauvais prêtres. Le célibat, d'abord volontaire, est devenu sous Grégoire VII une loi générale et obligatoire. Si les intérêts particuliers de l'Église y ont gagné, je doute qu'il en ait été de même pour le monde chrétien. Et puis, comment cet homme, détaché de bonne heure des liens et des affections de la famille, saura-t-il inspirer des sentiments qu'il ne lui est pas permis de partager? Et n'est-ce pas une impiété que de l'autoriser, dans la force de l'âge, quand il est si mal aisé de dompter les passions, à entretenir à voix basse, seul à seul, mystérieusement, dans la pénombre de l'église, une jeune femme de choses auxquelles il lui est interdit de songer? Mais, disent les partisans du célibat du prêtre, une famille, une femme, des enfants ne le distrairaient-ils pas de sa mission sacrée? ne sacrifierait-il pas aux intérêts des siens les intérêts des fidèles? Sophisme ! Car s'il n'a pas une femme et des enfants au sein de qui son cœur s'épanche et se rassérène dans les heures difficiles, il a l'Église, cette autre épouse qui ne le quitte pas, s'attache à lui, prend son âme, le suit pas à pas d'un œil jaloux, lui montre dans la société une rivale et dans le progrès un ennemi.

C'était là surtout le grand argument de Robespierre en faveur du mariage des prêtres. « Il faut, » disait-il, « donner à ces magistrats, à ces officiers ecclésiastiques, des motifs qui unissent plus particulièrement leur intérêt à l'intérêt public. Il est donc nécessaire de les attacher à la société par tous les liens... » Ici, avant d'avoir achevé sa pensée, il fut interrompu par des murmures et des applaudissements. « Je ne veux rien dire, » poursuivit-il, « qui puisse offenser la raison ou l'opinion générale. » Mais interrompu de nouveau au moment où il se disposait à reprendre son sujet, il quitta la tribune sans avoir pu donner à ses idées sur cette matière un complet développement (1).

---

(1) *Moniteur* du 1ᵉʳ juin 1790. M. Michelet, nous ne savons pourquoi, imagine que les journaux furent d'accord pour ne pas imprimer (t. II, p. 335), influencés par les hauts meneurs jacobins. Si la plupart des journaux ne mentionnèrent pas la proposition de Robespierre, c'est qu'à cette époque le compte rendu des séances de l'Assemblée nationale était rédigé avec beaucoup de négligence. Il n'y a pas d'autre motif. M. Michelet cite les *Révolutions de Paris* comme n'en n'ayant dit mot ; il est dans l'erreur. Ce journal fait même mieux que le *Moniteur,* il cite en toutes lettres la motion de Robespierre. (Voy. le numéro 48, t. IV, p. 548.)

Que les hauts dignitaires du clergé s'insurgeassent contre l'orateur qui demandait la réduction de leurs bénéfices et.voulait arracher les prêtres à leur domination exclusive en les mariant ; qu'ils lui vouassent une haine dont sa mémoire est encore chargée aujourd'hui, cela est naturel, et le contraire seul aurait lieu de nous étonner ; mais nous comprenons aussi avec quelle reconnaissance un grand nombre de membres du clergé inférieur accueillirent les paroles de Robespierre, car les applaudissements dont sa motion avait été couverte avaient eu de profonds échos au dehors. De toutes parts il reçut des lettres de félicitations (1). Vers latins, vers français, poèmes tout entiers pleuvaient, il parait, chez lui, rue de Saintonge. « Eh bien ! disait-il un jour en riant au jeune homme avec lequel il vécut une partie de l'année 1790, qu'on soutienne donc qu'il n'y a plus de poètes en France ; à ma voix ils sortent des cloîtres et des monastères (2).» Ce qui est certain, c'est qu'il reçut de la seule province de Picardie une lettre de remercîment au nom de plus de cinq cents prêtres (3).

Et cela se conçoit. Pour beaucoup de malheureux ecclésiastiques, vivant isolés, tristes, au fond d'un presbytère, le mariage, ce serait le bonheur. Ne vaudrait-il pas mieux les voir se consacrer à leur intérieur dans les heures de loisir, qu'aller chercher au dehors, comme cela arrive quelquefois, des plaisirs et des distractions dans les bonnes maisons du pays? C'est ce que sentaient à merveille ces pauvres prêtres dont les hommages montaient vers Robespierre ; ils remerciaient

---

(1) « C'est du mariage des prêtres dont j'ai l'honneur de vous parler, Monsieur, » lisons-nous dans une de ces lettres. « Tous les hommes sages et sensés le demandent à hauts cris et le regardent comme d'une nécessité absolue... Si celui qui nous a institués prêtres eût voulu nous obliger au célibat, il nous en auroit certainement fait une loi expresse... Vous voyant au-dessus des clameurs de ces êtres qui trouvoient si bien leur avantage dans le désordre et la confusion des abus, je vous supplie, Monsieur, de faire usage des grands talents que vous avez pour l'abolition d'un état si contraire à la nature, à la politique et à la religion même. L'Europe entière bénira votre nom à jamais.... »

Amiens, 11 juillet 1790.   *Signé* : LEFETZ.

Voyez cette lettre dans les *Papiers inédits trouvés chez Robespierre, Saint-Just,* etc. (collection Barrière et Berville) t. I, p. 118 et suiv.

(2) *Souvenirs d'un déporté,* par Pierre Villiers, p. 4.

(3) Ce renseignement nous est fourni par les *Révolutions de Paris,* dont le rédacteur en chef, Loustalot, partageait complétement l'opinion de Robespierre. « Nous avons reçu sur ce sujet une lettre bien intéressante, écrit-il, c'est la copie d'une lettre adressée, au nom de plus de cinq cents prêtres de Picardie, à M. de Robespierre ,qui a parlé le premier, dans l'Assemblée nationale, du mariage des prêtres. Nous la publierons à l'ordinaire prochain. » Malheureusement il n'a point tenu sa promesse. Du reste il s'agit sans nul doute de celle dont nous avons donné un extrait. Voyez les *Révolutions de Paris,* numéro 49 (19 juin), t. IV, p. 586.

en lui l'ami du pauvre, des déshérités, de tous ceux qui souffraient, et nous en savons plusieurs qui, sourds à d'iniques malédictions, bénissent encore dans leurs cœurs le nom du grand calomnié.

XXVI

Les discussions sur la constitution civile du clergé se prolongèrent durant toute une partie du mois de juin, interrompues de temps à autre par des questions militaires, commerciales et financières. Le 9, on venait de voter le principe de l'élection des évêques et des curés par la voie du scrutin et à la pluralité des suffrages ; il s'agissait de savoir quels seraient les électeurs. Le comité ecclésiastique proposait que cette élection se fît dans la forme et par le corps électoral indiqués par le décret du 22 décembre 1789 pour la nomination des membres des assemblées de département. L'évêque de Clermont prit la parole pour déclarer qu'il ne participerait pas à la délibération. L'abbé Jacquemard, lui au moins, opposa des raisons au plan du comité. On avait bien pu autrefois, disait-il, tant que les chrétiens avaient formé une famille de frères, confier au peuple le soin de choisir ses pasteurs ; mais si l'on ne veut plus avoir le spectacle d'hommes scandaleux occupant les premières places de l'Église, il fallait bien se garder d'abandonner la nomination des évêques à l'élection populaire. Facilement séduits par l'éloquence d'un orateur, et subissant fatalement l'influence des richesses, les habitants des campagnes, peu éclairés, seraient continuellement exposés à faire de mauvais choix. C'était aux prêtres, suivant lui, au clergé de chaque département convoqué en synode, où seraient admis les membres de l'assemblée administrative, à nommer eux-mêmes leurs chefs. Cette proposition fut accueillie avec une faveur marquée, et le rapporteur du comité ecclésiastique, Martineau, déclara s'y rallier pour sa part.

Robespierre, lui, combattit avec une grande vigueur d'esprit et de logique les arguments qu'on venait de présenter. Il montra d'abord combien il était contraire aux principes de faire uniquement concourir les membres des assemblées de département avec les simples prêtres à l'élection des évêques. Chargés de fonctions publiques relatives au culte et à la morale, au même titre que les autres fonctionnaires, les évêques devaient comme eux être nommés par le peuple, à qui il appartenait de déléguer tous les pouvoirs publics, et non par des officiers issus eux-mêmes du suffrage populaire. Transférer à d'autres le droit de pourvoir aux évêchés, c'était attenter aux droits du souverain. En second lieu, confier aux prêtres, comme ecclésiastiques, le soin d'élire leurs chefs, c'était rompre l'égalité des droits politiques, reconstituer le clergé en corps isolé, lui donner une importance politique particulière, c'était, en un mot, porter une atteinte révoltante à la constitution.

Quant aux arguments tirés de la corruption des électeurs en général, il était facile de répondre, et la réponse était accablante, que ces hommes à mœurs scandaleuses dont avait parlé l'abbé Jacquemard, qui, investis de fonctions épiscopales, avaient été dans ces derniers temps le déshonneur de l'Église, ne tenaient pas leurs siéges de l'élection. Cette objection, disait Robespierre, pourrait aussi bien s'élever contre toutes les élections possibles, contre tous ceux à qui le peuple délègue ses droits, puisque la corruption ne respecte aucune classe et que les privilèges du clergé ne vont pas jusqu'à en être préservés. « Au reste, » poursuivait-il, « au milieu de tous les inconvénients qui peuvent naître, dans tous les systèmes, de ce qu'on appelle la corruption du siècle, il est une règle à laquelle il faut s'attacher : c'est que la moralité, qui a disparu dans la plupart des individus, ne se retrouve que dans la masse du peuple et dans l'intérêt général; or l'opinion du peuple, le vœu du peuple expriment l'intérêt général; le vœu d'un corps exprime l'intérêt du corps ; l'esprit particulier du corps et le vœu du clergé exprimeront éternellement l'esprit et l'intérêt du clergé. Je conclus pour le peuple (1). »

Cette rapide improvisation produisit sur l'Assemblée un effet prodigieux et réagit puissamment contre l'impression momentanée qu'avait exercée sur elle le discours de l'abbé Jacquemard. Il y eut un revirement complet. Le Chapelier, Camus, Barnave, Reubell unirent tour à tour leurs efforts à ceux du député d'Arras. « Il a été, je crois, » dit le premier, « irrésistiblement démontré par M. de Robespierre qu'admettre le système de l'abbé Jacquemard ce serait aller contre deux points essentiels de la constitution. » En vain Goupil de Préfeln essaya quelques timides observations; l'Assemblée, écartant tous les amendements, vota presque unaniment l'article proposé par le comité ecclésiastique, qu'avait abandonné un moment le rapporteur lui-même.

Robespierre n'eut pas le même succès le lendemain en s'opposant à l'impression du discours d'un colonel d'artillerie, M. de Puységur, qui,

_____

(1) Voy. le *Point du jour*, beaucoup plus complet que le *Moniteur* pour cette séance, numéro 329, p. 454.

admis à la barre de l'Assemblée, avait offert en don patriotique, au nom de son régiment, une somme de 240 livres qu'un inconnu avait donnée à l'un des soldats du régiment pour le séduire. Il répugnait à quelques membres que le prix du crime fût apporté en offrande sur l'autel de la patrie. Comme un député de la droite, M. de Crillon, venait précisément de proposer, au nom du comité militaire, un décret très-rigoureux destiné à raffermir la discipline dans l'armée, Robespierre, trouvant entre le discours de M. de Puységur et le projet de décret présenté par Crillon une certaine connexité, réclama l'ordre du jour, craignant qu'en ordonnant l'impression du discours du premier l'Assemblée ne préjugeât les torts reprochés à quelques régiments. Les uns attribuaient à un esprit d'insubordination révolutionnaire les désordres auxquels s'étaient livrés quelques soldats, les autres, aux moyens de séduction dont ils étaient continuellement l'objet de la part des ennemis de la Révolution, comme on en avait présentement une nouvelle preuve. Suivant Robespierre, il était donc indispensable d'ajourner cette question, nécessairement liée au rapport du comité militaire; et il persistait à réclamer l'ordre du jour.

L'Assemblée, après quelques observations de Lameth, adopta le renvoi au comité du projet de M. de Crillon, trop sévère pour le soldat, et vota l'impression du discours de M. de Puységur, dans le but d'encourager le patriotisme de l'armée; en sorte qu'en définitive Robespierre dut être en partie satisfait.

XXVII

Restait à pourvoir au salaire des ecclésiastiques et à fixer le chiffre du traitement qu'il convènait d'allouer à chacun d'eux. Longues et parfois scandaleuses furent les discussions sur ce sujet. On put trop voir, hélas! ce que valait le désintéressement de la plupart de ces serviteurs d'un divin Maître dont pourtant le royaume n'est pas de ce monde. Si quelques membres du clergé inférieur, comme l'abbé Grégoire, le curé Dillon, le curé Aubert, fournirent l'exemple d'un renoncement vraiment chrétien, combien, dans le haut clergé, donnèrent librement carrière à des ressentiments indignes et se laissèrent aller à d'outrageantes apostrophes!

Trois fois Robespierre prit la parole dans le cours de ces orageux débats. La discussion commença le 16 juin. 50,000 livres à l'évêque de Paris, 20,000 aux évêques des villes d'une population de cinquante mille âmes et au-dessus, 12,000 à tous les autres évêques, paraissaient être au comité un traitement convenable et suffisant. Mais, avec sa fougue habituelle, Cazalès attaqua ce chiffre comme de beaucoup inférieur aux besoins de l'Église, et, le mot de charité à la bouche, sans se soucier des charges énormes dont il grevait la fortune publique, il ne proposa rien moins que 150,000 livres pour l'évêque de Paris, 40,000 livres pour les évêques de Lyon, Bordeaux, Marseille..., et le reste à l'avenant. « Messieurs, » dit Robespierre, « j'adopte les principes du préopinant, mais j'en tire une conséquence un peu différente : on vous a parlé de religion et de charité; saisissons l'esprit de la religion, agrandissons les idées de charité, et nous verrons que l'article du comité ne pèche rien moins que par l'économie. L'Auteur pauvre et bienfaisant de la religion a recommandé au riche de partager ses richesses avec les indigents; il a voulu que ses ministres fussent pauvres; il savait qu'ils seraient corrompus par les richesses; il savait que les plus riches ne sont pas les plus généreux; que ceux qui sont séparés des misères de l'humanité ne compatissent guère à ces misères; que par leur luxe et par les besoins attachés à leurs richesses ils sont souvent pauvres au sein même de l'opulence... »

Le vrai moyen de soulager les pauvres n'était donc pas, à son sens, de remettre des sommes considérables aux ministres de la religion et de leur confier le soin de les répandre. Il appartenait au législateur de diminuer le nombre des malheureux au moyen de sages lois économiques, de bonnes mesures administratives; mais faire dépendre du caprice et de l'arbitraire de quelques hommes la vie et le bonheur du peuple lui paraissait une souveraine imprudence. Vérités éternelles qu'on ne saurait trop répéter à ceux qui s'imaginent que l'aumône est le dernier mot de la charité, et qu'il n'y a pas de meilleur remède à apporter aux misères humaines. La véritable bienfaisance, disait l'orateur, consiste à réformer les lois antisociales, à assurer l'existence à chacun par des lois égales pour tous les citoyens sans distinction. Non-seulement il repoussait énergiquement les propositions exagérées de Cazalès, mais le comité lui-même lui semblait s'être montré trop large dans la fixation du chiffre des traitements. La somme de 12,000 livres était, à ses yeux, une rétribution suffisante. Il pensait même qu'il serait encore plus conforme à la justice de réduire cette somme, et qu'on ne devait accorder à aucun évêque un traitement supérieur à 10,000 livres (1).

(1) Voy. le *Moniteur* du 17 juin 1790, et aussi le *Courrier de Provence*, numéro 156, t. IX, p. 12.

On voit donc à quel point M. Michelet s'est trompé en peignant Robespierre comme cherchant à s'attirer les prêtres et à prendre un point d'appui dans le clergé. Lui marchander ainsi son salaire, le froisser dans ses intérêts pécuniaires, n'était pas assurément le moyen de l'attendrir et de le gagner. Mais, on ne saurait trop le répéter et la preuve en est à chaque page de cette histoire, jamais Robespierre ne se laissa guider par des considérations personnelles; il suivait la voie que lui traçait sa conscience sans se préoccuper de l'opinion. Certes, sa ligne de conduite lui conciliait bien des cœurs ; mais que d'ennemis puissants et impitoyables elle lui suscitait ! L'Assemblée crut devoir se montrer moins parcimonieuse et vota le projet du comité. Quelle charge de moins pour le budget de la France, si la voix de Robespierre eût été écoutée !

Sur le traitement des curés et des simples prêtres il ne dit rien ; ce traitement était modique, et ce n'étaient pas les faibles ressources de ceux qui se trouvaient placés plus près du pauvre qu'il aurait voulu diminuer.

XXVIII

On venait de pourvoir à l'existence du clergé futur ; il fallait maintenant assurer celle de l'ancien clergé, dont les biens avaient été dévolus à la nation.

Ce fut un de ses membres, l'abbé d'Expilly, qui, le mardi 22 juin, vint, au nom du comité ecclésiastique, déclarer, après avoir flétri le scandaleux contraste existant entre une religion fondée sur l'humilité et le mépris des richesses et le luxe insolent que déployaient ses ministres, déclarer, disons-nous, que le clergé n'avait été qu'usufruitier des biens immenses dont il avait joui jusqu'ici et proposer à l'Assemblée de décider que, à compter du 1er janvier 1790, le traitement des archevêques et évêques dont les revenus n'excédaient pas jadis la somme de 12,000 livres ne subirait aucune réduction ; que les titulaires dont les revenus étaient supérieurs à cette somme auraient également ce traitement de 12,000 livres, plus la moitié de leur excédant de revenus, sans que le tout pût dépasser la somme de 30,000 livres.

Castellane, Rœderer, Beaumetz et quelques autres députés combattirent vivement le projet du comité ; les uns invoquant la générosité

de la nation, l'habitude que les anciens titulaires avaient de la jouissance de biens dont l'importance même leur avait imposé certaines
obligations ; les autres, parlant au nom des créanciers dont les intérêts
seraient compromis, excipaient de la possession ancienne, cherchaient
à éveiller la pitié de leurs collègues en faveur de prélats pour qui la
réduction serait peut-être un coup mortel, et allaient jusqu'à accuser
le comité de cruauté envers des vieillards qui ne pouvaient changer
leurs habitudes. « Tous ces raisonnements, » dit le journal de Mirabeau,
« ont été fortement réfutés par M. Robespierre (1). »

Prétendre, sous le prétexte de la non-rétroactivité de la loi, qu'il
n'était pas permis de toucher aux revenus des titulaires ecclésiastiques,
c'était, à son avis, oublier que ces titulaires étaient des fonctionnaires publics, salariés par la nation, laquelle avait toujours le droit
de modifier les salaires, ainsi que l'Assemblée en avait usé elle-même
à l'égard d'une foule d'officiers publics. Comment donc ceux qui ne
s'étaient pas opposés à l'aliénation des biens du clergé, dans l'intérêt
général, pouvaient-ils logiquement réclamer aujourd'hui contre la réduction de ses revenus ?

Quant à invoquer en faveur des évêques la munificence de la nation,
c'était une dérision. « Quelle est donc la générosité qui convient à une
nation grande ou petite et à ses représentants? Elle doit embrasser
sans doute l'universalité des citoyens ; elle doit avoir surtout pour
objet la classe la plus nombreuse et la plus infortunée. Elle ne consiste
pas à s'attendrir exclusivement sur le sort de quelques individus *condamnés à recevoir un traitement de trente mille livres de rente*. Pour
moi, je la réclame, au nom de la justice et de la raison, pour la multitude innombrable de nos concitoyens dépouillés par tant d'abus; pour
les pères de famille qui ne peuvent nourrir les nombreux citoyens
qu'ils ont donnés à la patrie ; pour la foule des ecclésiastiques pauvres
qui ont vieilli dans les travaux d'un ministère actif et qui n'ont recueilli que des infirmités et la misère, dont les touchantes réclamations retentissent tous les jours à nos oreilles. Vous avez à choisir
entre eux et les évêques. Soyez généreux comme des législateurs,
comme les représentants du peuple, et non comme des hommes froids
et frivoles qui ne savent accorder leur intérêt qu'aux prétendues
pertes de ceux qui mesurent leurs droits sur leurs anciennes usurpations, sur leurs besoins factices et dévorants, et qui refusent leur
compassion aux véritables misères de l'humanité. »

Arrivant à cet autre argument tiré des dettes contractées par les

_____

(1) *Courrier de Provence*, numéro 158.

évêques, il voyait une raison de plus pour ne pas accorder un revenu considérable à des hommes que leur immense fortune n'avait pas empêchés de contracter des dettes énormes, peu en rapport avec la modestie et les vertus auxquelles les obligeait le caractère sacré dont ils étaient investis. C'était là, d'ailleurs, une considération médiocre à opposer aux principes qui devaient diriger dans la main du législateur la dispensation des biens nationaux. Et d'ailleurs 30,000 livres n'étaient-elles pas une somme suffisante pour qu'ils pussent, en vivant avec un peu plus d'économie, parvenir à satisfaire leurs créanciers. (1).

On comprend ce que de telles paroles durent causer de ressentiments parmi les membres du clergé supérieur, frappés dans leurs intérêts matériels, flétris pour leurs prodigalités ruineuses. Il ne manqua cependant pas d'orateurs pour soutenir leur cause, et la séance du 22 se termina par une proposition de Thouret, tendant à l'établissement d'une échelle en vertu de laquelle les revenus actuels des titulaires se seraient balancés proportionnellement à leurs revenus anciens entre 30,000 et 120,000 livres.

Reprise le lendemain, la discussion ne fut pas moins vive. A Clermont-Tonnerre osant parler des prétendus droits des ecclésiastiques à la reconnaissance du peuple répondit Ricard, qui demanda quels étaient les titres des évêques et où étaient les preuves de leur patriotisme pour solliciter de la nation des préférences et des sacrifices. Pétion parla dans le même sens. Cazalès revint à la charge; et Le Chapelier ayant appuyé la proposition de Thouret, en l'amendant légèrement, Robespierre remonta à la tribune afin de réclamer la priorité en faveur du projet du comité, lequel était tout à l'avantage du peuple, tandis que celui de Thouret favorisait une centaine d'individus opulents. Enfin il y avait un motif plus puissant encore, disait-il, c'était l'état de nos finances; rejeter l'avis du comité, c'était obérer la nation et courir le risque de ne pouvoir remplir d'immenses engagements. Robespierre décida la victoire, et l'Assemblée, convaincue par la force de ses raisonnements, vota le projet du comité en élevant, par exception seulement, à 75,000 livres le revenu provisoire de l'archevêque de Paris (2).

Si Robespierre se montrait d'une légitime sévérité pour ces anciens privilégiés, insatiables dans leur opulence, et dont il avait eu un type frappant sous les yeux dans le dernier abbé de Saint-Waast, ce trop fameux cardinal de Rohan, à qui ses prodigieux revenus n'avaient pas suffi pour satisfaire une prodigalité sans frein, il n'en était pas de

---

(1) Voy. le *Courrier de Provence*, numéro 158, t. IX, p. 70 et suiv. Voy. aussi le *Moniteur* du 23 juin 1790, moins complet.

(2) *Moniteur* du 24 juin 1790.

même lorsqu'il s'agissait d'une infortune vraie. Les malheureux ont toujours trouvé son cœur accessible. Cela se vit bien au moment où touchait à sa fin la longue discussion sur le traitement du clergé. C'était le 28 juin. On venait de proposer l'allocation d'un traitement annuel de 10,000 livres pour les évêques anciennement démis, les coadjuteurs des évêques et les évêques suffragants de Trèves et de Bâle ; le député Chasset avait même demandé que le maximum du traitement fixé pour les évêques fût élevé d'un tiers au profit de ceux qui, avant la publication du présent décret, se trouveraient âgés de soixante-dix ans ; mais personne n'avait songé à réclamer en faveur des ecclésiastiques vieux et infirmes, qui, n'ayant joui d'aucun bénéfice, se trouvaient aujourd'hui à la merci du besoin. Déjà, on s'en souvient, Robespierre, quelques mois auparavant, avait sollicité un supplément de pension pour les religieux dont les maisons avaient été supprimées, et que leur grand âge rendait incapables de tout travail. Cette fois sa réclamation eut quelque chose de touchant. « J'invoque la justice de l'Assemblée en faveur des ecclésiastiques qui ont vieilli dans le ministère et qui, à la suite d'une longue carrière, n'ont recueilli de leurs longs travaux que des infirmités. Ils ont aussi pour eux le titre d'ecclésiastique et quelque chose de plus, l'indigence (1). » En conséquence, il demandait qu'il fût pourvu à la subsistance des prêtres âgés de soixante-dix ans, n'ayant ni pensions ni bénéfices ; que le comité ecclésiastique fût chargé de déterminer le chiffre de la pension et que l'Assemblée déclarât n'y avoir lieu à délibérer sur l'augmentation proposée du traitement des bénéficiers actuels (2).

Hélas ! ce noble appel ne fut pas entendu, et la proposition de Robespierre vint échouer contre l'indifférence d'une assemblée où n'avait pas suffisamment pénétré le souffle bienfaisant de Jésus. Les riches, les privilégiés d'autrefois, les évêques aux mitres dorées, aux somptueux palais, n'avaient pas manqué d'amis pour défendre leurs richesses et réclamer le maintien de leurs revenus scandaleux ; mais en faveur de ces pauvres ecclésiastiques, vieux et infirmes, sans pensions ni bénéfices, une seule voix s'était élevée en vain, celle de Robespierre. S'en sont-ils souvenus ?

(1) Voy. le *Moniteur* du 24 juin 1790.
(2) *Ibid.* du 29 juin.

XXIX

Durant le cours de ces débats un grand événement s'était accompli dans l'Assemblée, la noblesse avait cessé d'exister. Tout le monde connaît les détails de cette fameuse séance du 19 juin. au soir où, sur la proposition du député Lambel, appuyée par Charles de Lameth et La Fayette, disparurent, emportés par l'irrésistible ouragan, les titres de duc et pair, comte, vicomte, marquis, qui semblaient préjuger la valeur d'un homme et faisaient croire à une foule de sots qu'ils étaient d'une nature supérieure. Par une bizarrerie qu'explique seule la sottise humaine, on était d'autant plus noble, d'après les principes du droit héraldique, qu'on s'éloignait davantage de l'arbre générateur de la noblesse. Ainsi, étant donné un Turenne, par exemple, anobli pour avoir sauvé la patrie, il n'eût été qu'un parvenu, tandis que ses descendants à la huitième ou dixième génération, peut-être fort incapables, fort peu honorables, eussent passé pour les gens les plus nobles de France et auraient eu le privilége de monter dans les carrosses du roi !

Cette suppression des titres était d'ailleurs une conséquence naturelle de l'abolition de la féodalité. Comme dans la nuit du 4 août, on vit des grands seigneurs faire assaut de générosité, en offrant d'eux-mêmes le sacrifice de leurs titres, en brisant de leurs propres mains ces hochets d'une vanité puérile. Et tandis qu'un plébéien pur sang, l'abbé Maury, s'acharnait à défendre ces derniers priviléges d'une noblesse condamnée sans retour, en principe, par la déclaration des droits, c'était un Montmorency qui demandait hautement, au nom de cette même déclaration, la destruction des armes et des armoiries, voulant que désormais les Français portassent, tous, les mêmes insignes, ceux de la liberté. Mais tous les nobles ne se montrèrent pas animés de cet esprit d'abnégation ; en général ils furent consternés ; de tous côtés on vit pleuvoir des protestations. Beaucoup d'entre eux s'étaient consolés de la perte des avantages réels attachés jadis à la noblesse par la perspective d'en conserver au moins les distinctions superfi-cielles. Mais cette dernière illusion enlevée les rendit furieux, tant l'égalité leur était un supplice affreux. D'un bout de la France à l'autre il y eut parmi les nobles un véritable déchaînement contre cette Révolution qui cependant ne s'était pas montrée exclusive pour eux, car dans les municipalités, dans la garde nationale, dans l'armée, partout elle les avait admis aux premières places. Ils n'en devinrent pas moins implacables. Aussi, quand la Révolution outrée, trahie, attaquée de toutes parts, deviendra implacable à son tour, il faudra moins s'en étonner, il faudra se rappeler combien elle avait été facile et indulgente à son aurore.

Robespierre ne dit mot pendant toute cette séance (1). Sans doute ce décret d'abolition des titres de noblesse dut lui causer une secrète joie, quoique au fond il attachât peu d'importance à ces distinctions. On peut même dire qu'il y contribua et y prépara l'Assemblée à force de demander que tous les citoyens jouissent des mêmes droits, sans autre distinction que celle des vertus et des talents. Dans ce grand holocauste de titres il sacrifia la particule dont son nom avait toujours été précédé. La particule n'équivalait pas à un titre, et n'impliquait pas la noblesse, à laquelle Robespierre n'eut jamais la moindre prétention; mais, en ce temps comme à notre époque, elle avait aux yeux d'une foule de gens un certain parfum aristocratique dont il jugea convenable de se débarrasser. Depuis longtemps déjà il était, pour le peuple, Robespierre tout court; à partir de ce moment il signera désormais Maximilien Robespierre (2).

Par une singulière coïncidence, et comme si l'Assemblée eût voulu qu'il inaugurât la phase nouvelle dans laquelle entrait la Révolution, lui, l'apôtre de la liberté et de cette égalité à laquelle une éclatante consécration venait d'être donnée, elle le nomma secrétaire dans cette même séance, en compagnie de Dedelay d'Agier et de Populus, et le lendemain il signait le procès-verbal de la séance du 20 juin, où était relatée l'abolition des titres de noblesse (3).

(1) S'il faut en croire Pierre Villiers, qui bâtit là-dessus une anecdote (*Souvenirs d'un déporté*, p. 3), Robespierre n'était pas présent. Mais ce Pierre Villiers, grand faiseur d'anecdotes, nous paraît ici dans l'erreur, puisque dans cette même séance Robespierre fut nommé secrétaire. Il était d'ailleurs extrêmement assidu aux séances de l'Assemblée; Villiers en fait l'aveu lui-même quelques lignes plus loin, au point que, se rendant un jour en voiture à l'Assemblée et se trouvant arrêté au coin des rues Saint-Denis et Greneta par une députation qui allait offrir à l'Assemblée nationale un modèle de la Bastille, il descendit précipitamment, pria son compagnon, qui n'était autre que Villiers, de payer, et partit en s'écriant : « Toutes les Bastilles du monde ne peuvent pas m'empêcher d'aller à mon poste. » (*Souvenirs d'un déporté*, p. 5.)

(2) Il n'y a pas de doute possible sur la date précise de cette modification de son nom. La motion, de sa main, citée plus haut est signée *M. Robespierre*, tandis que la lettre qu'il écrivait quelques jours auparavant, et que nous avons donnée dans notre texte, était signée *de Robespierre*.

(3) Minutes des motions, discours pour la rédaction des procès-verbaux de l'Assemblée nationale. *Archives*. C. ⸘ I, 348, carton 26. Les procès-verbaux des séances des 25 et 30 juin, 5, 8 et 15 juillet sont de la main de Robespierre.

XXX

Si, la plupart du temps, sentinelle avancée de la Révolution, Robespierre soutenait des thèses et des principes agréables au peuple, et qui soulevaient contre lui les ardentes colères du parti monarchique, il n'hésitait pas non plus à prendre en main la cause de ses adversaires, quand elle lui paraissait conforme à la justice.

Un des membres du côté droit de l'Assemblée, M. de Toulouse-Lautrec, avait été arrêté chez un de ses amis, au château de Blagnac, en vertu d'un décret de prise de corps rendu par la municipalité de Toulouse, sur la déposition de deux soldats qui l'accusaient de leur avoir confié un projet de contre-révolution, et d'avoir tenté de les corrompre en leur offrant de l'argent. La municipalité de Toulouse, en apprenant la qualité du prévenu, avait suspendu l'instruction de l'affaire, et toutefois maintenu l'arrestation jusqu'à la décision de l'Assemblée nationale, au sein de laquelle la nouvelle de cet événement avait causé une très-vive émotion. Voidel, au nom du comité des recherches, après avoir exposé l'affaire, concluait à la non-inviolabilité de Toulouse-Lautrec, et proposait que le président de l'Assemblée fût chargé de se rendre auprès du roi afin de le supplier d'ordonner la continuation de l'information jusqu'à jugement définitif, pour le tout être ensuite déféré au Châtelet. Des amis de Lautrec s'efforcèrent de disculper sa conduite, se refusant à croire qu'un vieux militaire eût pris pour confidents deux soldats inconnus, et leur eût offert de l'argent afin de les enrôler dans des bandes contre-révolutionnaires. (Séance du 25 juin.)

Robespierre, « prenant un vol plus élevé, » suivant l'expression du journal de Mirabeau (1), envisagea la question au point de vue des principes du droit national. Sans s'occuper des faits reprochés à l'inculpé, il se demanda si ce ne serait pas renverser les règles d'une bonne constitution que de permettre à un tribunal quelconque de décréter de prise de corps et de juger un député sans l'avis préalable des représentants du peuple, car il est de règle absolu, disait-il, qu'aucun corps particulier ne puisse s'élever au-dessus de celui qui représente la nation tout entière. Sans doute, si un député s'est rendu coupable de quelque délit, il doit être puni; mais ce n'est pas aux tribunaux à pré-

_____

(1) *Courrier de Provence*, numéro 159, t. IX, p. 95.

juger sa culpabilité ; autrement ils seraient l'arbitre des destinées des représentants de la nation, pour lesquels il n'y aurait plus ni sûreté, ni liberté, ni inviolabilité, ni indépendance. Et comme à ces paroles quelques murmures s'élevaient : « Il n'y a pas d'Assemblée nationale, si ces principes sont faux, » s'écria Fréteau.

Un seul pouvoir supérieur à celui de l'Assemblée serait en droit de statuer sur le sort d'un député, continuait Robespierre, c'était le peuple lui-même s'il pouvait s'assembler en corps; mais comme il est obligé de se faire représenter, c'est à ses représentants à prononcer à sa place. « Si vous ne consacrez pas ces principes, vous rendez le corps législatif dépendant d'un pouvoir inférieur qui, pour le dissoudre, n'aurait qu'à décréter chacun de ses membres. Il peut le réduire à la nullité, et toutes ces idées si vraies, si grandes d'indépendance et de liberté ne sont plus que des chimères. » Il adjurait donc ses collègues de décréter qu'aucun représentant du peuple ne pourrait être poursuivi par un tribunal avant que l'Assemblée nationale, connaissance prise de l'affaire, eût déclaré elle-même qu'il y avait lieu à accusation.

Ainsi se trouva solennellement posé et développé ce principe nécessaire de l'inviolabilité des membres du Corps législatif, sans lequel il n'y aurait en effet, comme le disait Robespierre, ni sécurité, ni indépendance, ni garantie pour les députés de la nation, et qui est resté, depuis, une des bases de notre droit public. Conformément aux observations de Robespierre, l'Assemblée nationale décida qu'à aucun juge il ne serait permis désormais de décréter de prise de corps un de ses membres avant qu'elle eût statué elle-même; et, regardant comme non avenue la sentence prise dans le courant du mois contre M. de Lautrec, elle enjoignit à ce membre de venir rendre compte de sa conduite à l'Assemblée. De plus, elle se réserva de désigner elle-même le tribunal devant lequel serait renvoyée l'affaire, dans le cas où elle croirait devoir se prononcer pour l'accusation (1).

XXXI

Le surlendemain, d'énergiques réclamations du district de Versailles, relatives à l'élection du commandant général de la garde nationale de cette ville, amenèrent encore Robespierre à la tribune. Par suite de la

_____

(1) Voy. le *Moniteur* du 27 juin 1790, et le *Point du jour*, numéro 346, p. 243, combinés.

démission du général La Fayette, que la garde nationale de Versailles s'était choisi pour chef, les électeurs avaient été convoqués à l'effet d'élire un nouveau commandant. Deux concurrents se trouvaient en présence : M. de Gouvernet, porté par les partisans de la cour, et Lecointre, soutenu par le parti populaire. La nomination du second paraissait certaine, quand le conseil général de la commune fit suspendre l'élection et envoya une députation à l'Assemblée nationale pour la prier de décider si tous les citoyens indistinctement pouvaient prendre part au scrutin, ou seulement les citoyens actifs. L'Assemblée arrêta, dans la matinée du 30, qu'il serait sursis à la nomination du commandant général de la garde nationale de Versailles jusqu'après l'organisation définitive des gardes nationales. C'était précisément contre cet ajournement que, le même jour, venait réclamer le district dont Robespierre se chargea d'exposer les griefs.

Le décret rendu le matin n'avait rien de constitutionnel suivant lui; c'était une simple décision sur laquelle l'Assemblée pouvait et devait revenir, parce qu'elle l'avait votée sans avoir été bien informée, parce que sa bonne foi avait été surprise. Les réclamations s'étaient seulement produites au moment où l'on allait proclamer le résultat du scrutin, elles étaient le fruit de l'intrigue et des passions particulières. Il fallait du moins, disait-il, pour se prononcer en toute connaissance de cause, entendre toutes les parties, et remettre à un autre jour la décision de cette importante question (1). Mais il ne fut pas écouté, car il était ici l'organe de la cause populaire. Le district de Versailles n'oubliera pas le concours qu'en cette circonstance lui prêta Robespierre.

Dans la même séance il reprit la parole, cette fois avec un peu plus de succès, à propos de troubles survenus dans l'île de Tabago, et dont Arthur Dillon avait déjà entretenu l'Assemblée la veille, de la part du ministre de la marine, M. de la Luzerne. Au nom du comité des rapports, Dillon venait de proposer à l'Assemblée de décréter que cette île demeurerait soumise à l'empire des lois anglaises jusqu'à l'achèvement de la constitution coloniale, et que le roi serait autorisé à y faire passer des secours et des vivres. Mais, objectait Robespierre, est-il prudent à l'Assemblée d'accorder une pareille autorisation, sous prétexte de secourir une colonie dont la situation, en définitive, n'est connue que par les renseignements personnels d'un ministre et d'un collègue. Ce n'étaient pas là des garanties suffisantes. Quelques cris *Aux voix!* s'étant fait entendre : « Croyez-les sur parole, » s'écria-

(1) *Moniteur* du 1er juillet 1790.

t-il, « et vous décrétez la guerre et la servitude! » Toujours cette crainte
l'obsédait, que le pouvoir exécutif ne profitât du premier motif venu
pour se livrer à quelque entreprise qui lui permît de concentrer entre
ses mains toutes les forces militaires du pays ; et tant que l'étranger
n'aura pas mis le pied sur le sol de la France, nous le verrons, sans
cesse dominé par ces mêmes idées, s'opposer à toute guerre agressive.
Ce sera l'origine de sa grande querelle avec les Girondins.

Le fougueux parlementaire Duval (ci-devant d'Éprémesnil, mais depuis quelques jours tous les titres et surnoms avaient été rayés des
papiers publics, au grand scandale de Mirabeau lui-même), croyant arrêter l'orateur par une plaisanterie, proposa à l'Assemblée d'envoyer
Robespierre à Tabago, afin qu'il s'assurât par lui-même de la réalité
des faits ; mais, sans se laisser interrompre par cette facétie : « Jamais, »
poursuivit-il, « nos décrets ne doivent être rendus sur des assertions
isolées et appuyées par des assertions ministérielles. » Il aurait fallu
au moins laisser au comité le temps d'éclairer l'affaire, et non point
venir, à la fin d'une séance, soumettre un pareil décret à l'Assemblée.
Plusieurs députés des colonies partageaient son avis, c'était tant en
leur nom qu'au sien propre qu'il demandait le renvoi au comité. Quelques observations à peu près analogues de Desmeuniers décidèrent
l'Assemblée à adopter le parti proposé par Robespierre ; elle renvoya
le projet de décret au comité, sur la proposition duquel, dans une
séance subséquente, elle décréta l'envoi de quelques subsides destinés
à ramener le calme dans l'île de Tabago (1).

Si Robespierre n'avait pas cru devoir répondre à l'interruption moqueuse de d'Éprémesnil, Camille Desmoulins ne manqua pas de la relever. « L'auguste Assemblée nationale, » écrivit-il, « descend quelquefois
à des plaisanteries dignes tout au plus d'un mauvais journal... Je vou-
drois bien que les aristocrates de l'Assemblée qui se moquent de nos
mauvaises plaisanteries fussent condamnés à faire un journal, et, ma-
lades ou bien portants, à rire une année entière (2). » Mais les siennes
étaient immortelles, elles avaient une portée dont témoignent les fureurs de ceux qui en ont subi les atteintes, tandis que Duval d'Éprémesnil ne ridiculisa que lui-même.

Ce fut encore sous l'empire de craintes pareilles que, dans la séance
du 4 juillet, Robespierre s'opposa vivement à la prise en considération
d'une proposition faite à l'Assemblée par quelques membres de supplier le roi d'armer plusieurs frégates, pour protéger notre commerce

(1) *Point du Jour*, numéro 350 : *Courrier de Provence*, numéro 160 ; *Moniteur* du
1er juillet.
(2) *Révolutions de France et de Brabant*, numéro 32.

et surveiller les intentions de nos voisins, sur le simple bruit qu'une flotte anglaise avait paru en mer. Dans ces motions alarmantes sans cesse renouvelées, dans ces continuelles propositions belliqueuses, amenées avec plus ou moins d'adresse, il voyait l'intention bien arrêtée, de la part des ennemis de la Révolution, d'entraîner le pays dans une guerre continentale, parce que c'était, suivant eux, le meilleur moyen d'enrayer cette Révolution dans sa marche. En adoptant des mesures dont le ministère avait certainement calculé l'effet, l'Assemblée risquait de passer pour complice des ministres ; ajourner, au contraire, toutes ces motions, c'était, à ses yeux, le meilleur moyen de déjouer les manœuvres de tous les ministres du monde. Cette fois l'Assemblée trouva qu'il avait raison et passa à l'ordre du jour (1).

XXXII

A cette époque, la France entière tressaillait d'un frémissement inconnu ; elle se sentait vivre d'une vie nouvelle, et c'était en effet une vie toute nouvelle à laquelle était conviée la patrie. Toutes les barrières intérieures qui séparaient jadis les unes des autres les populations de ce généreux pays, qui empêchaient les Lorrains de tendre la main aux Bretons, les Normands aux Provençaux, etc., avaient disparu. En moins d'une année l'unité s'était faite comme par enchantement : il n'y avait plus de Normands, plus de Bretons, plus de Provençaux, il n'y avait que des Français. Et pour porter à tous les échos du pays régénéré la bonne nouvelle, une grande voix se faisait entendre, muette jusqu'ici, celle de la presse affranchie.

On approchait du 14 juillet, date sainte à jamais, date impérissable, jour fatidique, où comme Lazare, vrai symbole du peuple, la nation française ressuscita à la vie, à la lumière, à la pensée. Ah ! nous ne savons pas, nous, génération sans enthousiasme, égoïste et froide, entraînée, perdue dans le courant des intérêts matériels, nous ne savons pas comme battaient avec attendrissement les cœurs de nos aïeux à la veille de ce jour immortel ! Il avait été décidé, au sein de la municipalité de Paris, que l'anniversaire de la prise de la Bastille serait célébré par une fédération générale ; et toutes les gardes nationales du royaume avaient été invitées, par un décret de l'Assemblée, à envoyer

(1) *Moniteur* du 5 juillet 1790 ; *Courrier de Provence*, numéro 162.

des députés, auxquels ne devaient pas manquer de se joindre une masse de citoyens, avides d'un tel spectacle.

L'idée si neuve et si touchante des fédérations, de ces fêtes patriotiques où les populations accouraient s'unir dans un sentiment commun d'abnégation, de concorde et de solidarité, n'était pas éclose à Paris : les provinces avaient donné l'exemple, Lyon, Valence, Orléans, Strasbourg, d'autres villes encore avaient eu leurs fédérations dans le courant de l'année, et dès le mois de novembre précédent les gardes nationales d'une dizaine de villes de la Provence, rassemblées, non loin du Rhône, dans la plaine de l'Étoile, s'étaient liées par un serment solennel d'abjurer désormais toutes distinctions de provinces, de vouer leurs fortunes et leurs vies à la patrie, au soutien des lois émanées de l'Assemblée nationale, d'être fidèles au roi, et de courir au secours de la capitale ou des autres villes qui pourraient être en danger pour la cause de la liberté (1). Il était bien juste que là où le peuple avait conquis cette liberté, vînt s'affirmer aussi dans une fédération générale le grand principe de la fraternité.

Et ce ne fut pas seulement la France qui se donna rendez-vous au Champ de Mars pour la fête du 14 juillet; tous les étrangers résidant à Paris tinrent à honneur d'y assister ; trois cents Anglais s'y rendirent, pleins d'admiration pour ce noble peuple qui conviait le genre humain à une régénération universelle. Car, ô nation bénie entre toutes, ô France, ô patrie que la Providence a marquée de son sceau, vous avez beau vous endormir quelquefois, et chercher dans les bras du despotisme un repos léthargique, vous n'en êtes pas moins la conductrice, l'avant-garde et le flambeau des peuples.

Cependant certaines appréhensions se mêlaient à la joie dont la prochaine solennité remplissait les cœurs. Le soupçon farouche s'était emparé de quelques esprits ; dans le camp aristocratique comme dans le parti patriote, les méfiances étaient égales. Beaucoup de nobles, se croyant exposés, quittèrent précipitamment la ville, et, sur une dénonciation incertaine, Marat écrivit : « La Fayette répondra sur sa tête de la moindre égratignure faite à MM. Barnave, Lameth, Robespierre, Duport, d'Aiguillon et Menou (2). » Mais non, l'heure des explosions terribles n'est pas arrivée; ne nous attristons donc pas d'avance ; assez tôt elle viendra, hélas!

L'Assemblée, elle, se sentait agitée de sentiments divers. Les trois grandes fractions qui la divisaient, celle des royalistes purs, celle des

(1) Voy. dans l'*Histoire de la Révolution*, par Michelet, t. II, chap. XI, et dans celle de Louis Blanc, t. IV, chap. XV, les récits très-éloquents des fédérations partielles.
(2) L'*Ami du Peuple ou le Publiciste parisien*, numéro 151.

membres du club de 89 et celle des membres de la gauche, espéraient bien, chacune à son profit, tirer parti de la fédération. Les premiers comptaient sur la pitié que, suivant eux, ne pouvait manquer
d'exciter parmi les fédérés la position amoindrie de la famille royale,
pour gagner des partisans à leur cause ; les patriotes, au contraire,
pensaient bien que le spectacle de cette fête de la patrie embraserait
les cœurs d'un feu plus ardent, et les attacherait pour jamais à la
Révolution. Aussi de part et d'autre cherchait-on à y attirer des gens
dévoués.

Dans la séance du 3 juillet au soir un membre du côté droit, Nom-
père de Champagny, vint exposer le désir manifesté par M. Albert (ci-
devant de Riom), récemment promu au commandement de l'escadre,
d'être admis à la fédération afin d'y prêter le serment civique, en son
nom et au nom de la flotte dont le commandement lui était confié. Cet
officier était le même dont, quelques mois auparavant, Robespierre
avait si vivement blâmé la conduite à Toulon, et il avait toutes sortes
de raisons de le croire assez mal disposé pour la cause populaire.
Voyant une partie du côté gauche applaudir avec toute la droite à la
motion de Champagny, il s'élança à la tribune pour la combattre. « Je
reconnais, » dit-il, « tout le mérite militaire de M. d'Albert, mais je ne
crois pas que des honneurs, que des distinctions particulières doivent
nous occuper dans cet instant ; je ne crois pas que la fête de l'Égalité... » La fête de l'Égalité ! c'était bien le vrai nom pourtant, mais une
telle expression sonnait mal aux oreilles d'une grande partie des membres de l'Assemblée, même de ceux qui avaient décapité la noblesse, et
les paroles de Robespierre furent accueillies par de violents murmures.
« C'est d'une fête nationale, » continua-t-il, « où tous les citoyens
viennent répéter un serment qu'ils ont prononcé avec le même
respect, qu'ils ont respecté avec le même courage, qu'on doit exclure
toutes les distinctions... » Et comme les murmures redoublaient : « Je
prends, » dit-il en se tournant vers le côté droit, « je prends la
liberté de demander aux plus zélés partisans de M. d'Albert s'il est de
tous les citoyens celui qui a le mieux servi la liberté publique. » A
cette apostrophe tout le côté gauche, se rappelant l'affaire de Toulon,
éclata en bruyants applaudissements. « Oui, » s'écria alors Robespierre, « mes principes sont les vôtres, ils sont incontestables. »
C'est à titre de chef d'escadre, ajouta-t-il, qu'on réclame pour M. d'Albert l'honneur d'être admis à la fédération ; faisant alors allusion aux
forces navales à la tête desquelles on venait de placer cet officier, il
témoigna l'espérance que la nation n'aurait pas besoin de ses talents
distingués. Que si la motion de M. de Champagny était accueillie, il

réclamait le même honneur pour tous les citoyens à qui la patrie était redevable de quelques services, et demandait qu'ils fussent placés suivant le degré d'utilité de leurs services. Quand l'orateur quitta la tribune, les applaudissements redoublèrent ; mais malgré ces marques d'assentiment sous lesquelles avaient été étouffés les murmures du côté droit, malgré le concours prêté à Robespierre par Charles de Lameth, l'Assemblée vota l'admission d'Albert de Riom à la fédération du 14 juillet (1).

Cette résolution ne fut pas très-bien accueillie par les journaux populaires ; Mirabeau lui-même, qui cependant, à cette époque, avait donné quelques gages au parti de la cour, ne put s'empêcher de la blâmer dans son journal. « Il n'est pas surprenant, » lisait-on quelques jours après dans le *Courrier de Provence*, « de voir des inquiétudes s'élever dans l'âme des vrais patriotes, quand on propose, dans des moments de crise, des honneurs particuliers pour des individus, quand surtout cet individu ne s'est pas distingué par sa popularité... (2). »

Tout autre fut le langage de Robespierre lorsque, quelques jours après, le 10 juillet, un certain nombre de citoyens des États-Unis, en résidence à Paris, parurent à la barre, ayant Paul Jones à leur tête, pour solliciter, eux aussi, l'honneur d'assister à la solennité du 14. Cette fois il s'agissait de républicains, d'hommes dévoués à la liberté, à cette liberté dont ils jouissaient, et pour la conquête de laquelle la France s'était associée avec eux. C'étaient alors des frères d'adoption, pour ainsi dire, et une place d'honneur leur était due à cette fête consacrée au souvenir de l'affranchissement d'un grand peuple. L'orateur de la députation présenta la demande de ses compatriotes dans un discours noble, simple, où éclatait la reconnaissance des Américains pour la France. Le président répondit en quelques mots. C'est en vous aidant à conquérir la liberté, dit-il en substance, que les Français ont appris à la connaître et à l'aimer ; ils verront donc avec plaisir assister à une réunion fraternelle ceux qu'ils considèrent comme des frères. Robespierre prit ensuite la parole, et tenant à rendre hommage au langage élevé avec lequel s'était exprimé l'orateur des citoyens des États-Unis, il réclama, au milieu d'interruptions qu'on s'explique seulement par le dépit que ressentaient les membres du côté droit d'entendre sans cesse et d'une façon de plus en plus accentuée sortir de sa bouche ces mots d'égalité et de liberté qui les épouvantaient, il réclama, dis-je,

---

(1) *Moniteur* du 5 juillet 1790 ; *Point du jour*, numéro 354, p. 377.
(2) *Courrier de Provence*, numéro 162, t. IX, p. 177.

l'impression du discours des députés américains, celle de la réponse du président, et, pour les premiers, une place d'honneur à la fête de la fédération. L'abbé Maury, en belle humeur demanda, lui, l'impression du discours de Robespierre, dont la motion n'en fut pas moins votée d'emblée par l'Assemblée.

Elle eut lieu enfin cette fête de la Fédération tant attendue. On sait comment, quelques jours auparavant, sur une simple invitation des districts, qui craignaient que les préparatifs ne fussent pas achevés pour le jour fixé, tous les citoyens, sans distinction d'âge ni de sexe, s'étaient rendus en foule au Champ de Mars, et la pioche à la main, la hotte sur le dos, réalisant la loi du travail attrayant, étaient venus à bout, en une semaine, d'une tâche véritablement gigantesque. Nous n'avons pas à rendre compte des cérémonies touchantes, des fêtes de tous genres dont Paris fut témoin en ce splendide anniversaire de la prise de la Bastille, sur l'emplacement de laquelle avait été établie une salle de danse qu'indiquait de loin aux passants cette inscription symbolique : *Ici l'on danse*, comme si la Révolution eût voulu changer en un lieu de plaisirs et de joyeux ébats le théâtre sinistre de tant de souffrances et de martyres. Qu'il nous suffise de dire que ce jour fut un des jours heureux de notre pays. Tous les rangs semblaient confondus ; on eût dit d'une seule et même famille. L'immortelle espérance planait, voilant de ses ailes dorées les maux passés et ceux de l'avenir. Qui eût dit alors qu'un an plus tard, à pareille époque, à quelques jours près, ce Champ de Mars si riant, si beau cette année, si bruyant de gaies et confuses rumeurs, se couvrirait de deuil, serait arrosé du sang français et retentirait des cris des victimes.

XXXIII

De tous les points du royaume affluaient à l'Assemblée nationale des adresses de félicitations et de soumission à ses décrets. Dans la séance du 8 juillet au soir, Robespierre, en sa qualité de secrétaire, avait lu un grand nombre de pièces que ne dictait pas un zèle officiel, et qui, résultat d'un élan spontané et sincère, prouvaient à l'Assemblée combien elle était soutenue dans son œuvre par l'assentiment unanime du pays (1).

C'était aussi à propos d'une lecture d'adresse de prisonniers que,

(1) Voy. le *Moniteur* du 12 juillet 1790.

quelques jours plus tard, un journal *modéré* de l'époque, *l'Ami du Roi*, appelait Robespierre l'*avocat des galériens* (1). Il faut dire à quoi faisait allusion l'estimable journal. Dans la séance du 1er juillet au soir, deux Fribourgeois, victimes de l'aristocratie de leurs pays, avaient demandé à être admis à la barre pour remercier l'Assemblée qui, par un décret solennel, les avait arrachés aux galères où ils avaient été injustement envoyés. Mais on avait rejeté leur demande par l'ordre du jour, en se fondant sur une ancienne ordonnance interdisant à tout homme sorti des galères d'approcher de la cour. Étrange préjugé! et bizarre inconséquence d'une Assemblée qui, proclamant à la face du monde l'innocence de deux malheureux condamnés par un arrêt inique, les repoussait comme ayant été flétris par les galères! C'est ce que généreusement, et avec un grand sens, n'avait pas manqué, mais en vain, de faire observer Robespierre (2).

On discutait alors le rapport des comités ecclésiastique et de constitution sur la division du royaume en arrondissements métropolitains, et sur la fixation des sièges des évêchés dans chaque département. Comme dans quelques autres départements, il y avait dans celui du Pas-de-Calais plusieurs évêchés. Boulogne, Arras et Saint-Omer étaient chacun en possession d'un siège épiscopal. A la quelle de ces trois villes donnerait-on la préférence? Telle était la question qui s'était agitée le 6; question grave si l'on songe à l'importance que les anciennes villes épiscopales, par amour-propre et par intérêt, attachaient à la conservation de leurs sièges. Le comité donnait la préférence à Saint-Omer comme étant la ville la plus centrale du département. Robespierre, d'accord cette fois avec Beaumetz, demandait l'ajournement jusqu'à ce que les électeurs du Pas-de-Calais, qui délibéraient en ce moment sur la fixation du chef-lieu, se fussent eux-mêmes prononcés. L'Assemblée passa outre, et, adoptant l'avis du comité, accorda l'évêché à la ville de Saint-Omer (3). Mais cette décision n'était pas appelée à avoir la consécration du temps; l'évêché devait faire retour à la ville d'Arras, choisie comme chef-lieu du département, et où il siège encore aujourd'hui dans une partie des anciens bâtiments de l'abbaye de Saint-Waast, restes déchus d'une splendeur inouïe dans les fastes ecclésiastiques.

A quatre jours de là, dans la même séance où il venait de demander l'impression du discours des délégués américains, Robespierre s'opposait énergiquement à ce que l'Assemblée votât l'élargissement d'une

(1) L'*Ami du Roi*, numéro 45, p. 181.
(2) *Point du jour*, numéro 360, p. 469.
(3) *Ibid.*, numéro 357.

vingtaine d'Avignonnais détenus à Orange, avant d'avoir pris une entière connaissance des faits qui avaient motivé leur arrestation. L'opinion bien connue des membres qui réclamaient cette mise en liberté, les formes acerbes et impérieuses dans lesquelles se produisait cette réclamation, indiquaient suffisamment à l'Assemblée que ces prisonniers n'étaient pas des amis de la Révolution. D'après les renseignements parvenus et les explications données de vive voix par quelques députés avignonnais accourus pour assister à la fédération, ils avaient été incarcérés pour avoir tenté de susciter des troubles à l'occasion du vœu hautement manifesté par les citoyens d'Avignon de voir le comtat Venaissin réuni à la France. Aussi ne faut-il pas s'étonner que l'abbé Maury, vivement appuyé par Malouet, de Crillon, Cazalès et de Virieu, ait été l'organe violent de leurs prétendus griefs, et que les clameurs du côté droit aient assailli Robespierre presque à chacune de ses phrases. Il put donc dire avec raison en descendant de la tribune : « D'après les efforts que l'on tente pour que cette affaire ne soit pas exactement connue, il est évident que c'est ici la cause de l'aristocratie contre les peuples et contre la liberté ; j'en atteste ceux qui murmurent et m'interrompent. »

Après lui, Camus parla dans le même sens. L'abbé Maury, avec cette modération de langage habituelle à tant de gens de son parti, avait traité les fédérés avignonnais de députés d'assassins et de scélérats. Camus, s'appuyant sur les pouvoirs que ces fédérés avaient reçus de la garde nationale et de tous leurs concitoyens d'Avignon, demanda qu'ils fussent entendus par le comité des rapports, auquel ils étaient à même de fournir tous les renseignements désirables. Il avait fait allusion, dans son discours, à certaines démarches d'un abbé Boyer auprès des personnes qui avaient réclamé en faveur des détenus. L'abbé Maury, se prétendant personnellement désigné, reprit la parole pour conjurer l'Assemblée de ne pas permettre, non à une ville, mais à quelques factieux, de se déclarer indépendants, se laissa aller contre Camus aux personnalités les plus injurieuses, et demanda à être autorisé par un décret à le poursuivre devant le Châtelet comme calomniateur. L'Assemblée décida que les députés avignonnais seraient entendus par le comité des rapports, et, sur la demande en autorisation de poursuites, passa dédaigneusement à l'ordre du jour, après quelques paroles ironiques de Bouche. Celui-ci établit une sorte de parallèle entre la tranquillité de Camus et le pacifique, le juste, le bienfaisant abbé Maury, qui, se prétendant calomnié par Camus, lui paraissait fort échauffé (1).

(1) Voy. le *Moniteur* du 12 juillet 1790 ; le *Courrier de Provence*, numéro 164, t. IX, p. 223.

Quant à Robespierre, dont les clients étaient traités de factieux parce qu'ils voulaient échapper au joug dissolvant de l'Église pour se retremper dans la liberté française, nous l'entendrons plus d'une fois encore soutenir en de solennelles discussions les intérêts de l'antique cité papale, et les citoyens avignonnais lui donneront, de leur côté, d'éclatants témoignages de reconnaissance.

XXXIV

Quelques jours après, dans ce même mois de juillet, il prenait partie pour la municipalité de Soissons contre le bailliage de cette ville qui, en annulant, sur la réclamation des boulangers, la taxe du pain fixée par les officiers municipaux, avait soulevé l'agitation populaire et occasionné de graves désordres. Les comités des recherches et des rapports, saisis de la réclamation des officiers municipaux portée à l'Assemblée nationale, concluaient à l'annulation de la sentence bailliagère. Telle était aussi l'opinion de Robespierre. Toute la question, suivant lui, se réduisait à ceci : « La taxe du pain est-elle une fonction judiciaire ou une fonction administrative ? » Le second cas n'était pas douteux ; car, sous l'ancien régime même, tout ce qui tenait aux subsistances et aux prix des denrées était du ressort des corps administratifs ; il ne saurait donc être permis à un tribunal d'empiéter sur les attributions des municipalités, à la compétence desquelles la sentence du bailliage de Soissons portait une atteinte formelle (1). L'Assemblée ne se rendit pas tout de suite à ces sages observations, mais l'opinion de Robespierre était en quelque sorte d'ordre public, et elle est devenue la règle commune.

Jamais, avons-nous dit, il n'hésitait à combattre une motion même très-populaire, quand cette motion lui paraissait injuste ou contraire aux intérêts bien entendus du pays, et cela au risque de compromettre sa propre popularité ; nous allons trouver, dans une des séances du mois de juillet, une nouvelle preuve de cette assertion.

Que, dès cette époque, une masse d'émigrés égarés cherchassent à recruter partout à l'étranger des ennemis contre la France révolutionnaire, c'est là un point incontestable. Qu'ils trouvassent des encouragements parmi tous les partisans de l'aristocratie, jusque dans

(1) *Moniteur* du 22 juillet 1790.

les conseils du roi, et que les vœux secrets de la cour les accompagnassent, c'est ce qu'il est aussi bien difficile de révoquer en doute. Le 26, un pamphlet sinistre, attribué à Marat : *C'en est fait de nous !* poussait le cri d'alarme. Le lendemain, par une assez étrange coïncidence, on apprenait qu'une armée autrichienne était autorisée à franchir le territoire français pour marcher sur le Brabant. A cette nouvelle, grande émotion dans l'Assemblée nationale, un décret, en date du 18 février dernier, interdisant le passage de troupes étrangères sur les terres du royaume, à moins d'une autorisation formelle du Corps législatif.

Le ministre des affaires étrangères répondit à une demande d'explications par des faux-fuyants peu dignes : il s'agissait d'un très-petit nombre de troupes ; l'autorisation était de bienséance entre deux nations voisines et amies; c'était à charge de revanche. Singulière bienséance que celle qui consistait à violer un décret de l'Assemblée. Enfin les fêtes de la fédération avaient seules jusqu'ici empêché le ministre de porter ces faits à la connaissance de l'Assemblée nationale (1). Mais ces explications parurent peu satisfaisantes à d'Aiguillon. Il ne suffisait pas à l'Assemblée, selon lui, d'interdire le passage des troupes autrichiennes sur le territoire français, il fallait improuver publiquement la conduite du ministre des affaires étrangères, et le rendre personnellement responsable des événements que pourrait amener son imprudence.

Mirabeau, pour parer le coup prêt à frapper le ministère, essaya de détourner l'attention de l'Assemblée en venant lui parler d'un manifeste contre-révolutionnaire adressé à plusieurs municipalités du royaume, et attribué au prince de Condé (2). Le peuple mécontent grondait au dehors; des groupes menaçants, répandus dans le jardin des Tuileries, à deux pas de l'Assemblée, réclamaient à grands cris le renvoi des ministres. L'adroit Mirabeau vit bien, suivant l'expression de Camille Desmoulins, « qu'il falloit donner de la corde au peuple, au lieu de s'exposer à la rompre en la tenant trop tendue (3). » Quoi de plus populaire, en effet, et de plus propre à satisfaire les passions irritées des masses qu'une motion énergique contre un prince émigré, si notoirement hostile aux principes de la Révolution? Que Louis-Joseph Bourbon, dit Condé, fût tenu de désavouer sous trois semaines, par un acte authentique et légal, le manifeste circulant sous son nom, et dénoncé au comité des recherches, sinon qu'on le déclarât traître

(1) Voy. dans le *Moniteur* du 29 juillet 1790 la lettre de M. de Montmorin.
(2) C'est ce que ne fait nulle difficulté d'avouer le propre journal de Mirabeau: Voy. le *Courrier de Provence*, numéro 170, t. IX, p. 369.
(3) *Révolutions de France et de Brabant*, numéro 36.

à la patrie et que ses biens fussent confisqués, voilà ce que Mirabeau demandait à l'Assemblée de décréter. Au premier abord, on le voit, cette motion était bien de nature à donner le change aux bons citoyens. Une partie de l'Assemblée et les tribunes éclatèrent en applaudissements ; mais sous cette motion, d'un patriotisme un peu affecté, quelques esprits clairvoyants soupçonnèrent un piège. Se préoccuper d'un manifeste peut-être faussement attribué à Condé, quand les ministres étaient pris en flagrant délit de violation des décrets de l'Assemblée, quand la cour tout entière semblait le foyer d'une vaste conspiration, n'était-ce pas, pensaient-ils, lâcher la proie pour l'ombre ?

Robespierre combattit d'abord la proposition de d'Aiguillon, non pas que la conduite de M. de Montmorin lui parût innocente ; mais, parce que tous les ministres étant coupables à ses yeux, il n'était pas juste de s'en prendre à un seul. Il concluait donc à ce que l'Assemblée, rejetant le projet de décret de d'Aiguillon, fixât un jour pour s'occuper utilement des moyens de déjouer les entreprises de tous les ennemis de la Révolution.

La motion de d'Aiguillon ayant été écartée par l'ordre du jour, Mirabeau reprit la sienne. Robespierre se leva alors pour la combattre également, sans s'inquiéter, comme nous l'avons dit, des atteintes que pourrait porter à sa popularité son attitude dans cette circonstance. « Sans être plus indulgent envers les ennemis de la patrie que M. de Riquetti, » dit-il, « je pense que sa motion est inadmissible et dangereuse. » Inadmissible, poursuivait-il, car on ne connaît pas, en définitive, l'auteur du manifeste ; on ne peut donc rendre un décret contre un homme innocent peut-être. Pourquoi d'ailleurs, parmi tant d'ennemis de la Révolution, avoir précisément choisi celui-là pour le déférer aux sévérités de l'Assemblée nationale ? Car, s'il en était d'excusables, c'étaient assurément ceux que des préjugés invétérés attachaient à l'ancien régime. Écoutez-le parlant du prince de Condé : « Est-il le seul qui ait donné des preuves d'opposition ? Et s'il fallait un exemple exclusif, je le demande à tous les hommes impartiaux, faudrait-il tomber sur un homme qui, attaché par toutes les relations possibles aux abus de tous genres, n'a pas goûté nos principes ? » Eh bien ce Robespierre qu'on a si faussement représenté comme faisant la guerre aux opinions, et qui en réalité ne l'a faite qu'aux actes d'hostilité contre la Révolution, nous le montrerons plus tard, au plus fort de la tourmente révolutionnaire, s'insurgeant contre ceux qui érigeaient en crimes des préjugés incurables. O vous qui, sourds aux clameurs injustes des partis, et dédaignant les anathèmes traditionnels, cher-

chez la vérité avant tout, vous vous souviendrez, quand, à la veille de
sa chute, vous l'entendrez s'écrier : « Est-ce nous qui avons déclaré la
guerre aux citoyens paisibles, érigé en crimes des préjugés incurables
ou des choses indifférentes, pour trouver partout des coupables et
rendre la Révolution redoutable au peuple même (1)? » vous vous
souviendrez que telle était déjà sa doctrine au sein de l'Assemblée
constituante, et que pour la soutenir il ne craignit pas d'entrer en lutte
contre Mirabeau lui-même et de compromettre cette popularité à
laquelle certains écrivains l'ont si faussement accusé d'avoir tout
sacrifié. Si la sévérité nationale doit s'exercer contre quelqu'un,
disait-il alors, c'est surtout contre ceux qui, chargés de diriger les
destinées de la Révolution, semblent se tourner contre elle. Il fallait
donc, à son avis, ajourner une proposition insidieuse et s'occuper
sans retard des mesures à prendre pour résister à la ligue des ennemis de la Révolution (2).

Mirabeau se sentit piqué au vif. Peut-être avait-il espéré rencontrer
en Robespierre un appui, et non un adversaire de sa motion, si patriotique en apparence. Voyant la ruse éventée, il se fâcha, prit à partie
Robespierre, lui reprocha d'avoir présenté des observations plus
longues et plus emphatiques que sa motion. On découvrait dans l'amertume de ses paroles le ressentiment qu'il éprouvait d'avoir été deviné.
Charles de Lameth défendit son collègue d'Arras. Il y a moins de courage, dit-il, à attaquer un absent que des ministres en place, et la
motion de M. de Mirabeau « toute belle qu'elle paraît aux autres et à
lui-même, n'est rien du tout. » Enfin, après quelques nouvelles observations de Robespierre et un discours de Michel Le Peletier dans le
même sens, l'Assemblée passa à l'ordre du jour (3).

Cette discussion fut diversement appréciée et comprise dans le
public. Beaucoup de patriotes moins clairvoyants que Robespierre, et
ne soupçonnant pas sa profondeur de vue, allèrent jusqu'à croire à la
trahison, irrités sans doute des éloges inusités qu'en cette circonstance certains organes du parti ultra-royaliste se hâtèrent de lui
décerner. Aux yeux de l'*Ami du Roi*, par exemple, Robespierre n'est
plus « l'avocat des galériens, » aux déclamations diffuses ; il est devenu
tout à coup, ô miracle de l'esprit de parti ! un orateur dont on applaudit

---

(1) *Discours du 8 thermidor.*

(2) Voici la contre-proposition de Robespierre, telle que nous l'avons trouvée aux
Archives, minutée de sa main : « Ajourner la proposition de M. de Riquetti, et décréter que demain l'Assemblée continuera de s'occuper des mesures ultérieures à
prendre pour assurer le salut public et l'effet de la délibération actuelle. » *Archives*,
procès-verbaux manuscrits de l'Assemblée nationale. C. ? I, 180, carton 30.

(3) *Moniteur* du 29 juillet 1790 ; *Point du jour*, numéro 381, p. 327 et suiv.

la raison et l'éloquence (1). En revanche, ni tant d'efforts tentés pour le triomphe de la cause populaire, ni tant de gages de patriotisme déjà donnés, ni les incessantes calomnies dont le poursuivaient les partisans de la cour, ne le mirent à l'abri des plus injustes et des plus violentes attaques. Camille Desmoulins, lui, comprit bien le sentiment auquel avait obéi son ancien condisciple en combattant la motion dirigée contre le prince de Condé. « Comme il est toujours à l'avantgarde des patriotes, » écrivit-il, « croyant reconnaître une manœuvre savante du général Mirabeau, il fut le premier à crier : « Ce sont les ennemis, à moi Auvergne ! » Cependant il ne peut s'empêcher de lui reprocher d'avoir, par l'influence de sa parole, épargné un décret sévère à l'un des plus irréconciliables ennemis de la Révolution. Malgré tout, s'écrie-t-il, « Robespierre sera toujours pour moi, en fait de principes, *primus ante omnes* (2). » Mais combien fut amer le langage de certains écrivains. Dans une brochure anonyme dirigée contre Robespierre et Charles de Lameth, on traite le premier en véritable suppôt du parti aristocratique : « Vous qui n'avez pas voulu que votre patrie fût préservée, rassurée... TREMBLEZ (3). » Ailleurs, c'est censément l'abbé Maury qui lui écrit pour le féliciter d'avoir embrassé la bonne cause, de s'être porté le défenseur, non-seulement du prince de Condé, mais encore de tous les ministres, et qui le considère déjà comme un des plus spirituels orateurs de l'aristocratie (4). Tristes libelles où semble complétement effacé le souvenir des services rendus, et qui prouvent à quel point sont défiants, soupçonneux et jaloux les partis.

Mais un flambeau l'éclairait, plus sûr que toutes les incitations et les injures, c'était sa conscience; guidé par elle, il s'avançait calme, inébranlable et serein, sans se laisser décourager par les menaces des uns ou les calomnies des autres. Les occasions n'allaient pas manquer pour lui, d'ailleurs, de donner la mesure de son patriotisme et de son dévouement aux intérêts démocratiques. L'homme qui sert la cause de la liberté, et s'y dévoue tout entier dans les vues les plus désintéressées, doit s'attendre à voir ses meilleures intentions travesties. La calomnie, l'outrage, l'exil, la ciguë, la croix ou l'échafaud seront peut-être son partage; trop heureux si la justice tardive de la postérité s'éveille enfin, et tresse pour sa mémoire ces couronnes civiques refusées à son tombeau par ses contemporains.

(1) L'*Ami du roi*, numéro 60.

(2) *Révolutions de France et de Brabant*, numéro 36, p. 582 et suiv.

(3) *Le Prince de Condé généreusement protégé par MM. de Lameth et Robespierre*, in-8°, de 8 p., 1790.

(4) *Lettre de M. l'abbé Maury à M. de Robespierre, défenseur du prince de Condé et des ministres*, in-8°, 4 p., de l'imprimerie de Champigny.

LIVRE QUATRIÈME

AOUT 1790 — AVRIL 1791

Ecrire la vie de Robespierre, c'est en même temps raconter l'histoire parlementaire de la Révolution française ; en effet, il n'est guère de discussions un peu graves auxquelles ce grand citoyen n'ait pris part. C'est aussi mettre en lumière une foule de faits passés jusqu'ici sous silence par tous les historiens, et dont l'importance, au point de

vue monographique, ne saurait être méconnue ; car ils expliquent admirablement l'homme, ils nous le montrent conséquent avec lui-même
depuis le commencement jusqu'à la fin, et, sous la République comme
sous la monarchie, toujours fidèle aux principes du premier jour. Autour de lui les événements rouleront comme des vagues tumultueuses,
se modifiant au gré des passions, des caprices et des intrigues ; les
hommes changeront également, et, de ses premiers compagnons d'armes, beaucoup déserteront en route l'âpre voie de la Révolution, les
uns par égoïsme, lassitude ou lâcheté, les autres par corruption ; lui
seul, impassible, tendre et farouche à la fois, gardien vigilant des
droits de l'humanité, luttera jusqu'au bout, l'œil fixé sur l'avenir, et
succombera sans varier, athlète désespéré de la justice et du droit.

Nous venons de le voir combattant avec énergie une motion de Mirabeau dirigée contre un prince de la maison de Bourbon, et nous avons
donné un échantillon de la violence avec laquelle l'avaient attaqué à ce
sujet certains écrivains toujours prêts à traiter d'apostats les meilleurs
serviteurs de la cause populaire, quand ils ne la servent pas selon leurs
rancunes et leurs vues étroites. A des libelles anonymes, à des déclamations injustes et passionnées, Robespierre se contenta de répondre
par des actes. Aussi bien l'occasion ne tarda pas à se présenter pour
lui de donner un démenti à ses détracteurs, et de mériter une fois
de plus la reconnaissance des véritables amis de la Révolution.

Il était alors beaucoup question de guerre ; les débats soulevés dans
l'Assemblée par le passage des troupes autrichiennes sur le territoire
rançais avaient alarmé les esprits ; une foule de patriotes, redoutant
déjà l'invasion, se tenaient prêts à marcher contre l'ennemi. Les vainqueurs de la Bastille n'avaient pas été des derniers à proposer leurs
services ; mais, avant de courir aux frontières, ils avaient voulu rendre
les derniers honneurs à leurs frères d'armes tués le 14 Juillet de l'année précédente à l'attaque de la vieille forteresse ; et, en faisant part
de ce projet à l'Assemblée nationale, ils l'avaient invitée à envoyer une
députation à la solennité où devaient figurer tous les bons citoyens et
les journalistes dont la plume était vouée à la défense de la Révolution.
Robespierre appuya vivement leur demande. « Vous avez décrété, » dit-
il à ses collègues le dimanche soir, 1er août, « qu'il serait envoyé une
députation au roi afin de lui donner une marque d'attachement de l'As
semblée. Je propose qu'en même temps une députation soit nommée
pour assister à la cérémonie funèbre qu'on prépare pour les citoyens
morts en défendant la liberté. » Un membre de la droite ayant réclamé
la question préalable : « Quel est celui qui ose proposer la question
préalable ? » s'écria un député nommé Vercherès ; « je demande qu'il

la motive. » M. de Crillon s'opposait à la prise en considération de la
motion de Robespierre, en se fondant sur ce que des difficultés étaient
survenues, au sujet de cette cérémonie, entre la garde nationale et les
volontaires de la Bastille. Mais qu'importe à l'Assemblée de savoir si
des personnes quelles qu'elles soient ne sont pas d'accord sur les honneurs à rendre aux victimes du 14 juillet? disait Maximilien. « Ce qui
importe aux représentants de la nation, c'est de savoir si l'Assemblée
peut refuser de concourir à cet hommage, si même elle n'aurait pas dû
le décerner elle-même. » Après une discussion de peu durée, l'Assemblée se décida pour ce dernier parti, décréta elle-même un service solennel en l'honneur des citoyens morts à la prise de la Bastille, et
chargea la municipalité de Paris de tous les détails de cette cérémonie (1).

II

Trois jours après, Robespierre prenait au sein de l'Assemblée nationale la défense d'un des plus charmants, d'un des plus incisifs, et aussi
d'un des plus étourdis écrivains de la démocratie, rendant ainsi hommage
à la liberté de cette presse dont une partie cependant dirigeait incessamment contre lui les plus odieuses, les plus inconvenantes attaques.
Mais à la différence des *libéraux* du côté droit, qui poussaient des cris
féroces contre les exagérations des écrivains populaires, et trouvaient
toutes naturelles les violences indignes auxquelles se livraient les journalistes de la cour et de l'aristocratie, Robespierre s'inquiétait assez
peu de ces intempérances de langage; elles étaient, à ses yeux, comme
l'écume nécessaire que produisent les meilleures choses en ébullition,
et du volcan révolutionnaire, à côté du feu pur et sacré, il ne pouvait
manquer de jaillir des laves plus ou moins impures.

Qui plus que lui pourtant aurait été en droit de se plaindre?
Nous avons donné un court aperçu des aménités de style qu'employaient à son égard les auteurs des *Actes des Apôtres*, de l'*Ami
du Roi*, dont un des rédacteurs, Montjoie, de la même plume cynique, menteuse, trempée dans le fiel et dans la boue, écrira plus
tard l'ignoble livre intitulé *Histoire de la conjuration de Robespierre*,
qui, par ses éditions multipliées et tirées à d'innombrables exemplaires,

(1) Voy. le *Point du jour*, numéro 385, et le *Moniteur* du 2 août 1790.

a tant contribué à égarer l'opinion. Il faut lire ces feuilles dévotes et
royalistes pour avoir une juste idée des excès de plume commis par
les écrivains *bien pensants*. Après cela sembleront moins étranges les
terribles élucubrations de Marat, duquel on a dit, non sans quelque
raison, qu'il était le *Royou* de la démocratie.

A côté de ces productions périodiques dont nous citons seulement
les plus importantes, paraissaient de temps à autre d'injurieux libelles
anonymes, reflet des mêmes passions, des mêmes haines, et qu'on
croirait écrits par les mêmes plumes. Parmi ceux que vit éclore l'année 1790, il en est deux auxquels notre devoir d'historien est d'accorder au moins une mention. Dans l'un, on reproche amèrement à Robespierre ses tendances républicaines; et, de ce que les prénoms de Damiens
étaient, d'après l'auteur du pamphlet, Robert-Pierre, on en induit que
Robespierre doit être au moins son neveu ou petit-neveu (1). C'était une
facétie renouvelée des *Actes des Apôtres*, et dont la paternité pourrait
bien être la même. L'autre est d'un ton beaucoup plus acerbe; la calomnie y emprunte un langage d'une grossièreté sans égale. Il n'est pas
uniquement dirigé contre Robespierre, c'est un pamphlet collectif,
sous forme de dialogue, entre Jacques Clément, Damiens, Ravaillac, un
Jacobiste, Robespierre et Barnave. Seulement le *petit-neveu Robespierre* est l'introducteur des trois régicides au club des Jacobins, et
leur présente tour à tour les membres les plus illustres du côté gauche
de l'Assemblée nationale. Veut-on avoir une idée des gentillesses qu'on
y rencontre? « Barnave est recommandable par cent assassinats et autant d'incendies qu'il a fait commettre et ordonnés... le duc d'Orléans
est un scélérat crapuleux, sans âme et sans courage... les Lameth,
désespoir des plus grands fripons, feront l'étonnement des plus grands
criminels... Le Chapelier, Camus, Tronchet, Target, Pétion, Reuhell sont
d'insignes brigands, assassins et incendiaires... Rœderer, un des plus
vils scélérats qui existent, a l'âme d'un Desrues sans en avoir le courage. » Telles sont les invectives dirigées contre tant de grands citoyens dont s'honorera éternellement notre pays; j'en passe, et des
meilleures. En revanche, les preux, les nobles, les vertueux, les courageux, sont naturellement les Cazalès, les Maury, les Montlosier, les
d'Éprémesnil (2), tous ceux enfin qui, défenseurs intéressés de tous

---

(1) *Sermon prononcé au club des Jacobins,* le premier dimanche de carême de la présente année, par dom Prosper-Iscariote-Honesta Robespierre de Bonnefoi, ci-devant
avocat en la ci-devant province d'Artois, honorable membre du côté gauche de
l'Assemblée nationale, et l'un des fondateurs du club des Jacobins. Paris, in-8°, 1790.

(2) *Les trois Régicides J. Clément, Damiens, Ravaillac au club des Jacobins.* Sous la
rubrique : De l'imprimerie du club jacobiste, l'an II de la Liberté.

les abus de l'ancien régime, tentaient d'impuissants efforts pour arrêter dans sa marche la Révolution, et s'évertuaient à crier au flot irrité :
Tu n'iras pas plus loin.

A toutes ces déclamations furibondes, à ces misérables inventions de
la haine, Robespierre opposait le plus souverain mépris ; il trouvait
d'ailleurs des compensations suffisantes dans l'estime publique et dans
les éloges que ne cessaient de lui prodiguer les journalistes du parti
populaire. Brissot lui-même, dans son *Patriote françois*, Gorsas dans
son *Courrier de Versailles à Paris*, Barère dans le *Point du jour*,
Carra et Mercier dans leurs *Annales patriotiques*, Loustalot dans les
Révolutions de Paris, Fréron, sous le nom de Martel, dans l'*Orateur
du peuple*, Garat dans le *Journal de Paris*, mademoiselle de Kéralio
dans le *Mercure national*, et une foule d'autres portaient chaque jour aux
nues son patriotisme ardent, son désintéressement à toute épreuve,
son amour de l'humanité, et lui préparaient cette réputation sans égale
qui devait être bientôt si retentissante dans le monde. La presse en
effet, semblable à la lance d'Achille, contient en elle son propre remède, et guérit elle-même les blessures qu'elle fait. Inutile en conséquence de la refréner à outrance, de l'enserrer dans des lois dracon-
niennes. Chaque mesure restrictive de la liberté de la presse est un
bâillon mis à la pensée. Aussi Robespierre, loin de réclamer contre
elle des lois compressives, à l'exemple de plusieurs de ses collègues,
s'en montra-t-il, en plus d'une occasion, l'intrépide défenseur ; jamais
il ne songea à poursuivre les folliculaires acharnés à le diffamer, ne
rangeant pas au nombre des injures à venger celles qui n'atteignaient
que sa personne.

Mais tous n'étaient pas animés du même esprit de tolérance. Parmi
ceux des membres de l'Assemblée nationale que la presse démocratique avait le plus vivement poursuivis de ses épigrammes mordantes
était l'ancien intendant de la marine Malouet, un des coryphées de ce
libéralisme menteur affecté par les membres du club de 89. Colorant
du prétexte du bien public et de la cause de l'ordre son ressentiment,
il avait dénoncé du haut de la tribune, le 31 juillet, avec la brochure
de Marat, *C'en est fait de nous*, dont nous avons dit un mot déjà, le dernier numéro des *Révolutions de France et de Brabant*, et obtenu un
décret d'accusation contre les auteurs d'écrits incendiaires. Tout en
estimant le talent et le patriotisme de Marat, Robespierre blâmait hautement la forme violente de ses articles ; les sanglantes hyperboles de
l'Ami du peuple lui causaient une invincible répugnance. Quant à Camille Desmoulins, dont il faisait grand cas, il lui reprochait surtout son
incorrigible étourderie, et de compromettre quelquefois dans les sar-

casmes d'un rire continuel la dignité de la Révolution. Quel était en cette circonstance le crime de Camille ? Il avait comparé la fête fédérale du 14 juillet au triomphe de Paul-Émile, où le vainqueur avait traîné derrière son char un roi humilié et suppliant. Après avoir entendu la dénonciation de Malouet, un membre de l'Assemblée, Defermont, avait demandé que le décret proposé fût commun aux auteurs des *Actes des Apôtres* et de la *Gazette de Paris*, dont les écrits n'étaient pas moins incendiaires dans un sens opposé ; mais le vent de la réaction soufflait, et l'Assemblée ne s'était pas montrée disposée à sévir contre les libelles de l'aristocratie.

Tandis que Marat, furieux, rendait guerre pour guerre et tonnait contre l'auteur de la dénonciation, Camille réclamait contre le décret dont il était l'objet, au moyen d'une adresse fort habile et conçue dans les termes les plus modérés. Après avoir protesté de son dévouement à la patrie et à la Révolution, il priait l'Assemblée de ne pas le sacrifier au ressentiment d'un ennemi personnel, et de prendre au moins connaissance du numéro dénoncé avant de le traiter comme un criminel de lèse-nation. La lecture de cette adresse, accueillie par de nombreux applaudissements, ramena Malouet à la tribune. Pâle, l'œil en feu, la voix irritée, comme un homme en proie aux agitations de la haine, il reprit son accusation contre Camille. « Qu'il se justifie, s'il l'ose ! » s'écria-t-il en terminant. « Oui, je l'ose, » répondit immédiatement une voix partie des tribunes. Cette voix, c'était celle de Camille Desmoulins. L'Assemblée presque entière se leva toute troublée par cette sortie inattendue, et le président crut devoir ordonner l'arrestation immédiate de l'interrupteur.

Robespierre, venant alors au secours de son camarade de collège, dont la liberté était menacée, entreprit chaleureusement sa défense. Plusieurs fois, dans le cours de la séance, il reprit la parole pour le soustraire aux rancunes des forcenés de la droite. Malheureusement les journaux du temps ne donnent qu'un récit fort abrégé des débats amenés par ce curieux incident. Camille Desmoulins, en racontant lui-même l'aventure, se contente de dire : « J'ai eu la gloire immortelle de voir Pétion, Barnave, Cottin, Lucas, Decroix, Biauzat, etc., confondre les périls d'un journaliste famélique avec ceux de la liberté, et livrer pendant quatre heures un combat des plus opiniâtres pour m'arracher aux noirs qui m'emmenoient captif ; maints beaux faits surtout ont signalé mon cher Robespierre (1)... » Ne voulant pas blâmer l'ordre d'arrestation donné par le président de l'Assemblée, Maximilien

_____

(1) *Révolutions de France et de Brabant*, numéro 37, p. 599.

avait commencé par déclarer qu'en effet cette mesure provisoire avait
été indispensable; « mais, » poursuivait-il, « l'imprudence et l'incon-
sidération devaient-elles être confondues avec le crime? Sans doute
M. Desmoulins a été condamnable d'interrompre les délibérations de
l'Assemblée; mais est-il aisé à un innocent de se taire quand il s'entend outrageusement accuser d'un crime de lèse-nation? On ne peut
supposer qu'il ait eu l'intention de manquer de respect au Corps législatif. L'humanité, d'accord avec la justice, réclame en sa faveur. Qui
oserait le condamner? Je demande son élargissement et qu'on passe à
l'ordre du jour (1). » En vain Malouet voulut revenir à la charge, l'Assemblée, édifiée sur le sentiment peu honorable auquel il avait obéi en
dénonçant Camille Desmoulins, se rendit aux observations de Robespierre, passa à l'ordre du jour, et, revenant sur son décret de l'avant-
veille, concernant les auteurs d'écrits incendiaires, déclara qu'il n'était
pas applicable à l'auteur des *Révolutions de France et de Brabant.* Ce
fut donc une double victoire remportée ce jour-là par Robespierre sur
le parti aristocratique.

III

Il y a dix-huit cents ans et plus, dans un petit coin de l'Asie, une voix,
qui semblait sortir des profondeurs de l'infini, avait prêché une doctrine
inconnue, ou du moins oubliée depuis bien des siècles chez les hommes.
D'après cette doctrine, révolutionnaire au premier chef et destinée à
renouveler la face du monde, tous les hommes étaient frères; le plus
petit, le plus pauvre devenait l'égal du plus grand et du plus riche, et
toutes les distinctions frivoles étaient condamnées. Le sage, le sublime
inspiré qui enseignait ces choses hardies était le fils d'un simple charpentier; mais comme il était véritablement animé du souffle divin, ses
disciples virent en lui l'élu, le fils de Dieu, et Dieu il est resté pour la
famille chrétienne. Sa doctrine n'était pas seulement révolutionnaire

(1) Voy. le *Moniteur* du 4 août 1790; l'*Orateur du Peuple*, numéro 61; le *Point du
jour*, numéro 387; le *Courrier de Provence*, numéro 172, combinés. Le *Moniteur*, fort
dévoué alors au club de 89, a évidemment adouci les paroles de Robespierre, car
voici comment s'exprime le journal de Mirabeau au sujet de la défense de Camille :
«.... C'est un mouvement si naturel, si pardonnable dans un homme attaqué, déchiré
par un autre homme qui l'insulte parce qu'il ne peut se défendre, que sa situation et
sa faute ont excité le plus vif intérêt.... »

au point de vue individuel, elle l'était surtout au point de vue de l'humanité. En conviant les hommes à une communion universelle, en les invitant à se grouper autour d'un nouveau culte en vertu de leur seule qualité d'enfants de Dieu, Jésus ne s'adressait pas seulement à ses concitoyens, aux habitants des bourgades de la Judée, il s'adressait à tous les peuples, et proclamait non les droits du Juif, mais les droits de l'homme. Cette doctrine ayant paru subversive aux puissants du jour, on mit en croix entre deux bandits l'intrépide novateur, et ce juste expira en effet pour le salut du monde.

Semée à tous les vents, la parole du maître, comme un bon grain déposé au sein de la terre, germa et fructifia, et d'ardents propagateurs la répandirent sur tous les points du globe. Mais peu à peu sa doctrine s'altéra, indignement commentée et travestie par des ministres aux gages de nouveaux pharisiens. Si elle se conserva pure dans le cœur d'un certain nombre d'hommes qui scellèrent de leur sang précieux la fidélité par eux gardée aux vrais principes, elle fut trop souvent invoquée par d'odieux oppresseurs contre ceux-là mêmes en faveur desquels Jésus l'avait enseignée en vain ; et c'est à l'ombre d'une religion de paix, d'amour et de charité qu'on a vu, pendant quatorze siècles, les peuples indignement asservis et torturés. La Révolution, renouant la chaîne interrompue, vint de nouveau affirmer le dogme de la fraternité universelle. Beaucoup de bouleversements ont agité les nations depuis l'existence des sociétés humaines, aucun n'a revêtu le caractère d'attraction et d'universalité qui restera la gloire impérissable du grand mouvement social dont la France a été le théâtre à la fin du dernier siècle, et qui sera le point de départ d'une vie nouvelle pour les peuples. La révolution d'Angleterre a passé sans que le monde s'en aperçût, pour ainsi dire ; elle est restée toute locale, conforme d'ailleurs au caractère étroit et égoïste du peuple anglais ; quel magnifique contraste présente aux regards éblouis notre Révolution ! En 89 comme en 93, ce ne sont pas les droits du citoyen français qu'elle inscrit en lettres d'or sur ses tables d'airain, ce sont les droits de l'homme, et par là elle est toute chrétienne. Elle est le laboratoire prodigieux où s'élabore l'avenir du genre humain. Combien de fois nous entendrons Robespierre parler de la reconnaissance dont lui seront redevables tous les peuples de la terre ! car il sentait bien qu'elle n'accomplissait pas son grand œuvre au profit seulement d'une nation d'élite parquée dans des limites conventionnelles, et que, franchissant barrières, fleuves et montagnes, elle embraserait le monde tout entier de sa flamme pure et sacrée comme la vérité.

Lui-même n'était-il pas en quelque sorte le député du genre humain? Toutes ses paroles n'étaient-elles pas comme un lointain écho du livre éternel qui proclame les hommes égaux et qui, réagissant contre l'absurde privilège de la naissance, choisit de préférence pour les élus de Dieu ceux que le monde dédaigne et repousse? Quand l'Assemblée nationale s'éloignait des principes du divin livre, n'était-ce pas lui qui toujours essayait de la ramener dans les voies de la justice et de l'équité? Aussi le peuple, par qui s'accomplissent toutes les grandes choses, ne se trompait pas sur son compte, il se sentait vivre et respirer en lui dans ses meilleures aspirations.

Un jour, vers le milieu du mois d'août, Robespierre reçut une lettre d'une écriture inconnue, il l'ouvrit et lut : « Vous qui soutenez la patrie chancelante contre le torrent du despotisme et de l'intrigue, vous que je ne connais que comme Dieu, par des merveilles, je m'adresse à vous, Monsieur, pour vous prier de vous réunir à moi pour sauver mon triste pays... » Cette lettre était d'un jeune homme dont tout récemment le nom avait retenti dans l'enceinte de l'Assemblée nationale, à propos de la protestation séditieuse des membres de la droite contre le décret relatif à la religion catholique. Saint-Just (car c'était lui) priait Robespierre d'appuyer de tout son talent une adresse dans laquelle il demandait l'annexion de son héritage aux domaines de son canton, à la condition qu'on maintiendrait les marchés francs du bourg de Blérancourt qu'on avait l'intention de transférer à la ville de Coucy. « Je ne vous connais pas, » disait-il en terminant, » mais vous êtes un grand homme. Vous n'êtes point seulement le député d'une province, vous êtes celui de l'HUMANITÉ et DE LA RÉPUBLIQUE. » Cette lettre porte la date du 19 août 1790 (1). On voit quelle était déjà à cette époque l'immense popularité de Robespierre. Dès ce jour, entre Saint-Just et lui une véritable fraternité s'établit. C'était la rencontre de deux âmes embrasées d'un même feu patriotique.

Aux yeux du plat rédacteur du rapport de Courtois, les accents échappés du cœur de Saint-Just ne sont que des flagorneries niaises (2). Pour ces froids rhéteurs de Thermidor, qui devaient noyer la République dans le sang et dans la boue, l'enthousiasme d'un jeune cœur pouvait être une niaiserie; mais cet enthousiasme, inspiré par le plus absolu désintéressement, le peuple tout entier le partagera. Et quant à Robespierre, ce qui le toucha profondément dans cette lettre, ce ne fut pas la naïve et sincère admiration qu'on y professait pour lui, mais bien

(1) Voy. notre *Histoire de Saint-Just,* t. I, p. 84; édition Meline et Cans. L'original de cette lettre est aux Archives, F. 7, 4436.
(2) *Rapport de Courtois,* p. 12.

l'ardeur d'un dévouement à la patrie, qui, comme le sien, ne devait pas avoir de bornes. Il sentit en ce jeune homme un frère d'adoption; et cette liaison, née d'un cri de reconnaissance, durera pure, jamais troublée, jusqu'au jour où, pour la même cause et les mêmes principes, ils tomberont tous deux sous le même couteau.

IV

En ce temps-là se discutait la belle institution des bureaux de paix et des tribunaux de famille. Diminuer le plus possible le nombre des procès; forcer les parties à essayer des voies conciliatrices avant de s'engager dans des luttes où s'évanouissent trop souvent le repos et la fortune des·familles; fournir aux pauvres dans leurs différends les moyens de s'éclairer et leur donner des défenseurs officieux et gratuits; étouffer sans éclat les contestations de deux époux ou de deux parents entre eux, et leur éviter de se ruiner après avoir été un objet de scandale pour la société; prévenir aussi les écarts des jeunes gens en les soumettant à une autorité paternelle : tel était le noble but poursuivi par l'Assemblée constituante. L'art. 11 du décret proposé interdisait à toute femme de se pourvoir en justice contre son mari, à tout mari contre sa femme, à tout fils ou petit-fils contre ses parents, au frère contre son frère, au neveu contre son oncle, au pupille contre son tuteur, avant d'avoir exposé leurs griefs devant un tribunal arbitral de parents, lequel, connaissance prise des faits, devait rendre une décision motivée. Cet article souleva de la part de Robespierre des objections sérieuses; il demanda la question préalable, parce que, à son sens, il était impraticable et contraire aux principes. C'était mettre en dehors du droit commun toute une catégorie de personnes. La femme plaidant contre son mari, le frère contre le frère, ne devaient-ils pas être jugés avec les mêmes garanties d'impartialité dont jouissaient les autres citoyens? Or, cette impartialité, la trouverait-on dans un tribunal uniquement composé de parents? et n'y avait-il pas à redouter qu'il ne rendît des décisions, non d'après les strictes règles de la justice, mais suivant l'affection des juges pour les parties? Ces considérations, quelque fortes qu'elles fussent, n'empêchèrent pas l'Assemblée d'adopter l'article proposé (1). Mais ce décret n'était pas destiné à avoir une

_____

(1) Voy. le *Moniteur* du 6 août 1790.

longue durée ; l'institution des justices de paix a seule survécu, et les conseils de famille ont remplacé le tribunal dont Robespierre signalait les graves inconvénients. Il faut seulement regretter ces bureaux de paix qui, plus à même qu'un seul juge d'étendre leur action bienfaisante, eussent, dans l'avenir, rendu à tous les citoyens, et principalement aux indigents, d'incalculables services.

Quelques jours après s'agitait l'importante question de savoir à qui serait délégué le droit d'accuser, c'est-à-dire par qui serait exercée l'accusation publique. Plusieurs systèmes se trouvaient en présence. Ce droit est aujourd'hui une des principales attributions du ministère public; mais l'Assemblée nationale en avait fait une fonction entièrement distincte. Comme le ministère public avait été délégué au roi, lequel nommait, pour l'exercer, des commissaires spécialement chargés de requérir l'application de la loi, plusieurs membres voulaient que le pouvoir exécutif fût également investi du droit d'accuser. Thouret, parlant au nom du comité de constitution, trouvait dangereux pour la liberté d'armer le gouvernement de ce droit exorbitant, et proposait de confier tout simplement aux juges de chaque tribunal le soin de désigner un d'entre eux pour exercer les fonctions d'accusateur public. Suivant d'autres membres, ce mode avait aussi ses inconvénients : les juges étaient bien nommés par le peuple, mais n'était-il pas à craindre de les voir choisir pour accusateur public celui que les suffrages populaires n'auraient pas préféré? Ainsi pensait Robespierre. Tout délit envers les membres de la société attaquant en réalité la nation, c'était à elle-même, disait-il, à en poursuivre seule la répression ou concurremment avec la partie lésée. Le pouvoir exécutif devait intervenir seulement quand l'accusateur et le juge avaient rempli leur mission. Puis, insistant sur les périls dont seraient sans cesse entourés les partisans de la Révolution, si l'accusation publique était déléguée à des fonctionnaires nommés par le roi, il disait : « Songez d'ailleurs au danger qui n'est pas imaginaire, de confier aux ministres ou à leurs agents une arme terrible qui frapperait sans cesse sur les vrais amis de la liberté (1). » Sa conclusion était qu'au peuple seul, source de toute autorité, appartenaient le droit d'accuser et le pouvoir de déléguer ce droit à des agents directement nommés par lui. Ce fut précisément ce qu'un peu plus tard décréta l'Assemblée constituante.

Au milieu de ces débats avait été lu le ridicule rapport d'un lieute-

---

(1) *Moniteur* du 11 août 1790. Ce discours de Robespierre avait sans doute beaucoup plus d'étendue, comme le font avec raison remarquer MM. Buchez et Roux (*Histoire parlementaire de la Révolution*, t. VII, p. 41) ; mais le *Moniteur* alors se montrait assez peu hospitalier aux discours de Robespierre.

nant du roi au Châtelet, Boucher d'Argis, sur les événements des 5 et 6 octobre. Rien n'était plus propre à démontrer le danger d'abandonner à des créatures du gouvernement l'exercice du droit d'accuser. Dur aux faibles, complaisant pour les riches et les puissants, ce tribunal du Châtelet allait mettre le comble à son impopularité bien méritée. En vain, pour satisfaire l'opinion publique irritée, il avait sacrifié le marquis de Favras ; on n'oubliait pas Lambesc impuni, Barentin et Besenval absous. Et puis, n'avait-il pas récemment condamné un pauvre colporteur à être pendu pour distribution d'écrits incendiaires. En toutes choses éclatait sa haine ardente contre la Révolution. Tandis qu'il poursuivait avec une excessive rigueur les écrivains de la démocratie, il laissait pleine licence aux folliculaires royalistes, dont les attaques contre |la constitution et les calomnies contre les personnes dépassaient toutes les bornes. Le but du rapporteur, en dressant péniblement contre deux membres de l'Assemblée, Mirabeau et le duc d'Orléans, tout un échafaudage de griefs impossibles, absurdes, était d'obtenir un décret d'accusation. Mais il comptait trop sur l'influence des députés de la droite, dont les cris d'approbation ne lui firent pas défaut, et trop peu sur le bon sens de la masse des députés ; il avait surtout perdu le souvenir de la séance où, sur les énergiques réclamations de Robespierre, l'Assemblée constituante avait solennellement affirmé l'inviolabilité de ses membres.

Un admirable discours de Mirabeau suffit pour pulvériser la volumineuse procédure du Châtelet, dont il voua le rapporteur au mépris et au ridicule ; et lorsque, quelque temps après, sur les vives réclamations de Robespierre, on décréta la suppression de ce tribunal, dès longtemps objet de l'anathème général, elle fut accueillie avec la plus vive satisfaction.

Le ministère, de connivence avec le Châtelet, avait sans doute espéré, en se décidant à évoquer le procès des événements accomplis à Versailles au mois d'octobre de l'année précédente, détourner l'attention publique d'une autre affaire dont on se préoccupait beaucoup alors. Le conspirateur Bonne Savardin, agent des princes émigrés et du ministre Saint-Priest, arrêté quelques mois auparavant, au moment où il se disposait à franchir la frontière, s'était récemment échappé des prisons de l'Abbaye, où il avait été enfermé. Un membre de l'Assemblée, l'abbé Perrotin de Barmond, était fortement soupçonné d'être complice de son évasion. Ce qu'il y a de certain, c'est qu'il s'enfuyait avec lui, quand, reconnus l'un et l'autre à Châlons-sur-Marne, ils furent ramenés à Paris dans la même voiture qui devait les transporter hors de France (1).

Conduit à la barre de l'Assemblée constituante, le 18 août, entre quatre huissiers, pour donner des explications sur sa conduite, l'abbé de Barmond avait essayé de se justifier d'une manière touchante en invoquant les souvenirs de l'hospitalité antique. Après une assez vive discussion, l'Assemblée, sur la proposition de Barnave, avait renvoyé l'affaire à l'examen du comité des recherches, en maintenant provisoirement l'arrestation de l'abbé Perrotin. Dans la séance du 23 août, Voidel, au nom de ce comité, présenta un rapport accusateur empreint d'une certaine sévérité, rapport dans lequel était impliqué un autre membre de l'Assemblée, M. de Foucauld, pour avoir offert un asile au conspirateur. A la suite de son rapport, il proposa un décret enjoignant au président de l'Assemblée de se rendre auprès du roi, afin de le prier · de donner ordre au Châtelet de Paris d'avoir à informer sans retard contre les auteurs, fauteurs et complices de l'évasion du sieur Bonne Savardin. Loin de chercher à se disculper, Foucauld se fit un titre d'honneur du délit dont il était accusé. Comment repousser un malheureux implorant un asile contre ses oppresseurs? La religion lui avait prescrit sa conduite, disait-il, le droit d'asile était autrefois un de ses plus beaux priviléges, et elle l'avait conservé dans les pays où elle était encore en vigueur. De telles paroles ne furent pas favorablement accueillies, et, au milieu des murmures, on entendit ces mots : superstition! fanatisme! Il est facile de comprendre à combien d'abus un pareil système pouvait donner carrière. Sous les dehors d'une générosité feinte, ne serait-il pas aisé de déguiser une complicité évidente? Ce fut ce que Robespierre démontra avec beaucoup de précision et de ménagement.

Partant de ce double principe, que la marche des révolutions ne saurait être soumise aux règles qui conviennent à l'état paisible d'une constitution établie, et que l'humanité ne consistait pas à sacrifier pour un particulier l'intérêt de la société, mais bien à aimer la patrie, à travailler pour le bien de tous les hommes; il disait : « J'en veux moins à ceux qui, par un enthousiasme et une exagération romanesques, justi-

(1) *Mémoires* de Ferrières, t. II, liv. VII, p. 108.

fient leur attachement à d'anciens principes qu'ils ne peuvent abandonner qu'à ceux qui couvrent des desseins perfides sous les dehors du patriotisme et de la vertu. » Toutefois Robespierre établissait une grande différence entre la conduite de l'homme qui favorisait l'évasion d'un conspirateur et la conduite de celui qui se bornait à lui accorder un refuge, à le mettre en sûreté; la première était bien plus criminelle à ses yeux : car autre chose était d'ouvrir les portes de la prison à un citoyen coupable envers la nation, et d'exposer l'État à toutes les conséquences d'une conspiration, ou de lui offrir simplement un asile. « Un accusé de lèse-nation se réfugie dans la maison d'un citoyen; je crois que l'honneur, ou plutôt un sentiment impérieux de commisération et d'humanité, ne me permet pas de le dénoncer et de le remettre entre les mains des tribunaux. Mais s'il va plus loin, s'il prend des mesures pour favoriser ultérieurement son évasion et pour le soustraire à de nouvelles poursuites, il devient répréhensible, et il enfreint le devoir imposé à tous les citoyens de veiller au salut public. » Cependant, continua-t-il, « il y a encore une différence sensible entre celui qui a tiré des mains de la loi un accusé de lèse-nation et celui qui, après lui avoir donné, dans sa fuite, l'asile qu'il implorait, prend ensuite des moyens de le mettre en sûreté. Il peut du moins être présumé avoir été entraîné par la suite du mouvement d'humanité qui l'avait intéressé au malheur de l'homme qui s'était jeté dans ses bras. » Dans les circonstances présentes, il était donc important, à son sens, de rechercher quelle part les deux inculpés avaient eue à l'évasion première de Bonne Savardin; seulement les indices recueillis par le comité lui paraissaient suffisants pour justifier leur arrestation jusqu'au résultat de plus amples informations.

Où Robespierre différait essentiellement d'avis avec le comité, c'était sur le tribunal auquel il convenait de déférer une pareille affaire. D'abord il n'y avait pas lieu de recourir au roi pour le prier d'ordonner la continuation des informations; c'était à l'Assemblée seule, disait-il, à pourvoir directement et par elle-même au salut public et au maintien de la constitution. On devait d'autant plus se méfier du pouvoir exécutif en cette occasion qu'un des ministres, Guignard de Saint-Priest, était hautement désigné comme complice du crime de lèsenation auquel se rattachait la discussion présente. Et maintenant comment osait-on proposer de renvoyer au Châtelet la connaissance de crimes contre-révolutionnaires? Ici Robespierre prit une grave initiative, et dont sa popularité grandit à coup sûr; il eut le courage de demander la mise en accusation de ce tribunal lui-même, indigne de la confiance du peuple et de celle de l'Assemblée nationale. « S'il est permis, » poursuivit-il, « aux représentants de la nation de parler de ce tribunal, ce n'est plus pour lui livrer les destinées de la nation, mais pour provoquer le compte qu'il doit lui-même rendre de sa conduite. » Il proposa donc à l'Assemblée, en terminant, de s'occuper immédiatement de l'organisation d'un tribunal national dont la première occupation devrait être de juger sévèrement les actes du Châtelet (1).

L'abbé Maury eut beau protester avec sa violence accoutumée, la grande voix de Mirabeau, qui flétrit les insolences des membres du Châtelet, et celle de Barnave vinrent appuyer l'éloquente improvisation de Robespierre. L'Assemblée décida, son comité des recherches entendu, qu'il y avait lieu à accusation contre l'abbé Perrotin, dit Barmond, relativement à l'évasion et à la fuite de Bonne-Savardin. Les conséquences de ce décret ne furent pas terribles du reste ; l'abbé en fut quitte pour garder quelques mois les arrêts dans sa propre demeure.

Λ

Certains membres de l'Assemblée nationale, réputés libéraux, avaient une étrange façon de comprendre l'égalité. On en vit un exemple dans la discussion relative au code pénal maritime, laquelle eut lieu dans l'intervalle de la comparution de l'abbé de Barmond devant l'Assemblée au jour où fut rendu le décret d'accusation contre lui. Le projet présenté par le comité de marine se ressentait encore singulièrement des habitudes grossières et brutales d'autrefois et du peu de respect que l'ancien régime professait pour la dignité humaine. Il y avait surtout un contraste étonnant entre les peines infligées aux matelots et celles appliquées aux officiers. Tandis que, pour de simples délits, les premiers pouvaient être condamnés à traîner des fers attachés au pied par un anneau ou à être exposés au grand mât pendant trois jours, deux heures chaque jour, les seconds couraient simplement risque des arrêts ou de la suspension de leur grade pendant un mois au plus. Comme peines afflictives, on prodiguait sans ménagement aux matelots les coups de corde au cabestan, la cale, la bouline, les galères, la mort, tandis que, pour les mêmes fautes, on se contentait de casser les officiers.

(1) Voy. le *Moniteur* du 24 août 1790, et surtout le *Point du jour* (numéro 407, p. 266 et suiv.), où le discours de Robespierre est bien plus complétement rendu.

Une telle inégalité ne manqua pas de choquer Robespierre : il critiqua vivement le projet présenté par M. de Champagny. « Est-ce, »
dit-il, « d'après l'égalité des droits que, pour un même genre de délit, on
propose de donner la cale aux soldats, et simplement de casser les
officiers. Si mes principes sont vrais, et ce sont ceux de la justice et
de la liberté, je demande que les mêmes fautes soient punies par les
mêmes peines, et que si on les juge trop sévères pour les officiers, on
les supprime pour les soldats. » Ce langage, qui le peut nier? était
bien celui du bon sens et de l'équité. Mais l'Assemblée avait aussi ses
casuistes ; et, de même que, par un syllogisme connu, le jésuite démon-
trait que, l'honneur étant plus cher que la vie, il était permis de tuer
pour défendre son honneur, il se trouva des députés qui, à l'aide d'un
procédé à peu près identique, essayèrent de prouver que, l'honneur
étant ce qu'un Français a de plus cher, il n'y avait pas de disproportion entre les peines appliquées au soldat et celles appliquées à l'officier, puisque, perdant son grade, celui-ci perdait en même temps son
honneur ; comme si le pauvre matelot condamné, pour un délit souvent
bien mince, à recevoir la cale ou à courir la bouline, c'est-à-dire à être
poursuivi à coups de câble par une trentaine d'hommes, n'était pas
aussi frappé dans son honneur. Certaines peines exposaient en outre
le patient à de déplorables conséquences, la calle, par exemple, ou le
supplice de l'immersion. D'après l'avis des médecins, cette peine avait
une influence très-funeste sur la tête des condamnés, produisait souvent l'épilepsie, ce qu'eut soin de rappeler un journal de l'époque (1).
Mais les gens du côté droit de l'Assemblée n'y regardaient pas de si
près. La justice eut beau faire entendre sa voix par la bouche de Robespierre, la sottise et l'orgueil parlèrent plus haut. D'André trouva même
que l'officier était le plus puni; suivant lui, Robespierre avait mal compris les articles proposés; autrement, dit-il, « il aurait vu que l'égalité
dont il parle si souvent, et avec tant de chaleur, n'est pas blessée. »
Un autre député, M. de Murinais, avait réclamé en énergumène le rappel à l'ordre de « ce factieux, de ce tribun du peuple. » Ce fut ce même
membre qui demanda qu'un amendement proposant la peine de trois
ans de galères contre tout officier coupable d'avoir abandonné son
poste pendant le combat ne fût pas mentionné au procès-verbal, afin
qu'on ne sût pas au dehors qu'il avait été « agité dans l'Assemblée nationale si un officier serait puni des galères (2). » De pareils exemples
montrent bien à quels sentiments étroits, égoïstes et mesquins obéissait

(1) *Point du jour*, numéro 403, p. 196.
(2) *Moniteur* du 20 août 1790.

une partie de l'Assemblée constituante et combien les partisans de la justice et du droit avaient à lutter contre la passion des distinctions puériles et les entêtements de la vanité.

Le projet du comité de marine passa malgré les résistances de Robespierre, dont la voix en cette circonstance ne trouva pas d'appui; mais seul il eut raison contre tous en flétrissant un code barbare, adouci depuis, et qui infligeait à des hommes des traitements contre lesquels on protège aujourd'hui les animaux même.

Quatre fois dans la même semaine, et sur des sujets bien différents, il reprit la parole. La première fois, ce fut à l'occasion d'une adresse par laquelle les députés du Béarn, au nom de leurs concitoyens, suppliaient le roi de ne pas permettre la vente du château de Pau, où son aïeul Henri IV avait commencé de vivre, et de le comprendre dans le nombre des domaines réservés à la couronne. Après s'être demandé si cette pétition, signée d'un seul député, provenait bien du fait du peuple béarnais, il témoigna son étonnement de ce qu'elle eût été adressée au roi au lieu de l'avoir été directement à l'Assemblée nationale, à qui il appartenait de délibérer sur ces sortes d'objet, déclarant du reste s'associer pleinement aux sentiments exprimés dans l'adresse pour Louis XVI et la mémoire du roi béarnais, comme jadis il n'avait pas ménagé les expressions de sa reconnaissance au monarque qui avait, un peu sans le vouloir il est vrai, convié la nation française à sa régénération. Jusqu'à la chute du roi, en effet, il essayera de concilier la liberté avec la monarchie; et c'est aux agents du pouvoir exécutif, non au chef, qu'il s'en prend surtout lorsque, non sans raison, il accuse le gouvernement de complicité dans les tentatives réactionnaires contre lesquelles il luttait sans relâche. D'autres auront avant lui à la bouche le mot de *république*, habiles à devancer l'opinion; pour lui, quand la nécessité de changer le mode de gouvernement lui paraîtra démontrée, il n'aura point à modifier ses principes, le Conventionnel sera le continuateur logique du Constituant. Mais revenons à l'adresse des députés du Béarn. Il y était dit que le peuple béarnais avait renoncé à l'ancienne constitution et à ses privilèges pour satisfaire aux désirs du roi. Robespierre s'éleva vivement contre ce passage peu convenable pour l'Assemblée. « Ceux qui ont rédigé cette adresse, » dit-il, « n'ont pas fidèlement exprimé le vœu de nos frères du Béarn; ils n'ont pas parlé en hommes libres, lorsqu'ils ont dit que c'était uniquement pour obéir aux désirs du roi qu'ils avaient échangé l'ancienne constitution de ce pays contre la nouvelle constitution française. C'était sans doute aussi et principalement par amour pour la liberté, par respect pour les droits des hommes et pour l'intérêt général de la nation... » Puis, après avoir rappelé combien large et généreuse s'était montrée l'Assemblée envers le monarque, il la conjurait, dans l'intérêt commun, de ne pas augmenter le nombre déjà si considérable des domaines royaux et de passer purement et simplement à l'ordre du jour. Mais cet avis, appuyé par Charles Lameth et plusieurs autres membres, ne prévalut pas ; l'examen de l'affaire fut renvoyé au comité des domaines (1).

Le lendemain, dans la discussion d'un projet de loi sur les postes et messageries, Robespierre demanda et obtint que les fonctions de commissaires du roi fussent différentes de celles des administrateurs, afin que les agents du pouvoir exécutif ne pussent abuser de leur influence, et que le secret des lettres ne courût aucun danger. Trouvant les appointements des administrateurs beaucoup trop élevés en comparaison de ceux alloués aux facteurs et employés subalternes, à qui incombait toute la peine, il réclama la diminution des premiers et l'augmentation des seconds ; mais la rémunération en ce monde est rarement en raison directe des labeurs et des services rendus. Robespierre eut beau appeler l'attention de l'Assemblée sur le travail pénible et journalier des facteurs, sa voix n'eut pas beaucoup d'écho ; on ne retrancha rien des gros traitements, et les petits salaires ne furent pas augmentés (2).

Deux objets un peu plus importants occupèrent l'Assemblée le surlendemain 25 août : les tribunaux de Paris, dont les élections devaient avoir lieu prochainement, et le rapport du comité diplomatique sur le pacte de famille de la maison de Bourbon. Dans l'une et dans l'autre question, Robespierre fit valoir des considérations dignes de fixer un moment notre attention.

En discutant l'organisation des tribunaux, on fut amené à se demander si, dans l'intérêt général, il n'était pas nécessaire d'exclure les ecclésiastiques de l'ordre judiciaire, où, sous l'ancien régime, ils étaient admis. Présentaient-ils pour exercer la justice des garanties d'impartialité suffisantes? n'essayeraient-ils pas de porter atteinte à la liberté, et ne risqueraient-ils pas de compromettre dans ces fonctions délicates et épineuses la sainteté de leur ministère? C'est ce que craignait Buzot, aux yeux duquel les ecclésiastiques avaient bien assez d'influence déjà sans qu'on y ajoutât celle qui résulterait encore pour eux de leur qualité de juges. Ainsi pensait Robespierre. « Les prêtres, » avait-il dit, « sont dans l'ordre moral des magistrats, » et, suivant lui,

(1) *Point du jour*, numéro 406, p. 253.
(2) *Ibid.*, numéro 407, p. 259.

ils devaient le moins possible toucher aux choses matérielles. Mais là n'était point sa principale raison de les éloigner de la magistrature civile. Ses motifs d'exclusion reposaient sur une raison toute constitutionnelle, non point particulière aux seuls ecclésiastiques, mais commune à tous les fonctionnaires dont faisaient partie les prêtres, en dépit de leur répugnance à être traités comme tels, raison d'ordre public en vertu de laquelle plusieurs fonctions ne pouvaient, sans péril pour la liberté, se trouver réunies dans la même main. Ce principe, il fallait le consacrer comme fondamental, disait-il, et le sanctionner immédiatement en excluant de l'ordre judiciaire tous les ecclésiastiques. L'Assemblée se décida dans ce sens et déclara toutes les fonctions de la magistrature incompatibles avec le ministère du prêtre (1).

Un peu plus tard, dans la même séance, Mirabeau présentait, au nom du comité diplomatique, un rapport fort étendu sur les anciens traités connus sous le nom de *pacte de famille* qui unissaient la France et l'Espagne. Les conclusions du rapporteur étaient que l'on conservât de ces traités toutes les stipulations purement défensives et commerciales, et qu'on priât le roi de faire immédiatement négocier avec les ministres de Sa Majesté Catholique, afin de perpétuer par un nouveau traité une alliance également utile aux deux nations. On voulait ouvrir tout de suite la discussion, mais Robespierre, se fondant sur l'importance des matières soumises à la délibération de l'Assemblée, réclama le temps nécessaire pour approfondir la question. « Celle dont il s'agit maintenant, » dit-il, « est une des plus importantes qui puissent jamais nous occuper. A-t-on bien senti ce que c'est que de décréter tout d'un coup toutes sortes d'alliances, de rétablir des traités que l'Assemblée ne connaît pas, qui n'ont jamais été examinés ni consentis par la nation, qui n'ont été faits que par des ministres ?... » La discussion fut ajournée au lendemain ; et, malgré quelques nouvelles observations de Robespierre et de Pétion sur la nécessité de reviser les traités conclus jadis avec l'Espagne par un ministre ambitieux, le décret passa tel à peu près qu'il avait été présenté par Mirabeau (2). Mais, ô fragilité des conventions humaines ! ce pacte de famille, ratifié par la France révolutionnaire, n'avait pas droit, il paraît, au respect de l'Espagne, car cette puissance devait aussi prendre les armes contre nous et entamer nos frontières.

(1) *Point du jour*, numéro 409, p. 301.
(2) *Ibid.*, numéro 410, et *Moniteur* des 26 et 27 août 1790.

l'intérêt général de la nation... » ꓵis, après avꬲ
large et généreuse s'était montrée Assemblée envꬲ
la conjurait, dans l'intérêt commu· de ne pas augꬲ
déjà si considérable des domaines ·oyaux et de pasꬲ
simplement à l'ordre du jour. Ma cet avis, appuyé ꬲ
meth et plusieurs autres membres ne prévalut pas ; l'eꬲ
faire fut renvoyé au comité des doꓵines (1).

Le lendemain, dans la discussio d'un projet de loi sur ꬲ
messageries, Robespierre demand ꬲt obtint que les fonctioꬲ
missaires du roi fussent différentꬲ de celles des administraꬲ
que les agents du pouvoir exécuti e pussent abuser de leur iꬲ
et que le secret des lettres ne coꬲt aucun danger. Trouvanꬲ
pointements des administrateurs ꓲꬲucoup trop élevés en compꬲ
de ceux alloués aux facteurs et ꬲployés subalternes, à qui iꬲ
bait toute la peine, il réclama la ꬲꓲinution des premiers et l'augꬲ
tation des seconds ; mais la rémꬲération en ce monde est rareꬲꬲ
en raison directe des labeurs et ꓲs services rendus. Robespierre ꬲ
beau appeler l'attention de l'Assꬲꓲblée sur le travail pénible et jouꬲ
nalier des facteurs, sa voix n'euꬲꬲs beaucoup d'écho ; on ne retranꬲ
cha rien des gros traitements, et ꓲs petits salaires ne furent pas augmentés (2).

Deux objets un peu plus impoꬲnts occupèrent l'Assemblée le surlendemain 25 août : les tribunauꬲ ꓲe Paris, dont les élections devaient
avoir lieu prochainement, et le ꬲpport du comité diplomatique sur le
pacte de famille de la maison dꬲBourbon. Dans l'une et dans l'autre
question, Robespierre fit valoi les considérations dignes de fixer un
moment notre attention.

En discutant l'organisation dꬲ ꓮribunaux, on fut amené à se demander si, dans l'intérêt général, il ꬲtait pas nécessaire d'exclure les ecclésiastiques de l'ordre judiciaiꬲ où, sous l'ancien régime, ils étaient
admis. Présentaient-ils pour exꬲcer la justice des garanties d'impar·
tialité suffisantes ? n'essayeraieꬲ ils pas de porter atteinte à la liberté,
et ne risqueraient-ils pas de cꬲꓲpromettre dans ces fonctions délicates et épineuses la sainteté dꬲeur ministère ? C'est ce que craignait
Buzot, aux yeux duquel les eꬲlésiastiques avaient bien assez d'influence déjà sans qu'on y ajoutàꬲelle qui résulterait encore pour eux
de leur qualité de juges. Ainsꬲensait Robespierre. « Les prêtres, »
avait-il dit, « sont dans l'ordreꓲoral des magistrats, » et, suivant lui,

(1) *Point du jour*, numéro 406, p. 2.
(2) *Ibid.*, numéro 407, p. 259.

ils devaient le moins possibl...
n'était point sa principale rais...
vile. Ses motifs d'exclusion rep...
tionnelle, non point particulière...
mune à tous les fonctionnaires d...
dépit de leur répugnance à être tr...
blic en vertu de laquelle plusieurs...
pour la liberté, se trouver réunies d...
il fallait le consacrer comme fonda...ital,
ner immédiatement en excluant de l dre j...
siastiques. L'Assemblée se décida ... ce s...
fonctions de la magistrature inco...atibles...
prêtre (1).

Un peu plus tard, dans la même séance...
nom du comité diplomatique, un ...port fort é...
traités connus sous le nom de *pacte* *famille* qui ...
et l'Espagne. Les conclusions du rapporteur étaient ...
vàt de ces traités toutes les stipula...ns purement d...
merciales, et qu'on priât le roi de fre immédiatement ...
les ministres de Sa Majesté Catholi...e, afin de perpétuer ...
veau traité une alliance également ...le aux deux nations. ...
ouvrir tout de suite la discussion, ...ais Robespierre, se ...
l'importance des matières soumises...a la délibération de l'As...
réclama le temps nécessaire pour aprofondir la question. « C...
il s'agit maintenant, » dit-il, « est ...e des plus importantes qu...
sent jamais nous occuper. A-t-on bi...n senti ce que c'est que de ...
ter tout d'un coup toutes sortes d'a...ances, de rétablir des trait...
l'Assemblée ne connaît pas, qui n'o. jamais été examinés ni con...
par la nation, qui n'ont été faits que ...ar des ministres ?... » La dis...
sion fut ajournée au lendemain; et, ...algré quelques nouvelles observations de Robespierre et de Pétio...sur la nécessité de reviser les
traités conclus jadis avec l'Espagne ...r un ministre ambitieux, le décret passa tel à peu près qu'il ava...été présenté par Mirabeau (2).
Mais, ô fragilité des conventions hu...aines! ce pacte de famille, ratifié
par la France révolutionnaire, n'av... pas droit, il para..., au respect
de l'Espagne, car cette puissance...evait aussi prendre les ar...
contre nous et entamer nos frontièr...

(1) *Point du jour*, numéro 409, p. 301.
(2) *Ibid.*, numéro 410, et *Moniteur* des 26 ...27 août 1790.

VII

Parmi les institutions de l'ancien régime il y en avait une, celle de l'armée, dont la réforme était d'une nécessité urgente, et pourtant l'Assemblée n'y avait pas touché encore. Elle aurait dû, se rendant à une sage proposition de Mirabeau, licencier entièrement cette armée, composée d'éléments tout hostiles à la Révolution, la réorganiser sans retard sur des bases conformes aux nouveaux principes proclamés par elle. Mais, étrange contradiction ! cette réorganisation si pressante, elle la rejetait à quinze ou vingt mois, comme si, effrayée de son propre ouvrage, elle préférait le mettre sous la garde d'officiers fatalement attachés à l'ancien ordre de choses et liés à la constitution nouvelle par un serment illusoire.

Chaque jour cependant lui fournissait des preuves de son imprudence : les troubles qui avaient éclaté depuis quelques mois dans plusieurs régiments, et dans lesquels Robespierre avait plus d'une fois signalé la main des officiers exaspérant à dessein le soldat, n'avaient pas d'autre cause que le maintien d'un état militaire intolérable dans le pays régénéré. Dès le commencement de la Révolution, l'armée, par l'effet même de son organisation, s'était trouvée divisée en deux partis, les amis et les ennemis de la liberté ; dans un camp les soldats, dans l'autre les officiers. Et il n'en pouvait être autrement ; si les premiers avaient accepté avec enthousiasme des principes qui de machines les faisaient hommes, les seconds, tous nobles ou à peu près, par conséquent dévoués à la cour, avaient au cœur la haine d'une révolution qui les dépouillait d'iniques privilèges, et ils ne pouvaient manquer de saisir les occasions de traduire en actes leur animosité contre elle. Cela hypocritement, sous le couvert du patriotisme, en invoquant les nécessités de la discipline. Pour rendre odieux au soldat les membres populaires de l'Assemblée nationale, on disait qu'ils insultaient l'armée. Et malheur aux soldats patriotes ! on employait à leur égard toutes les vexations imaginables. Souvent on essayait de les séduire ; quand on n'y parvenait pas, on s'en débarrassait à l'aide de quelques spadassins, ou bien on les congédiait du corps avec des cartouches jaunes, marque d'infamie.

Ce fut précisément ce qui se produisit dans le régiment du roi, dont les soldats étaient animés d'un zèle d'autant plus patriotique que leurs

officiers étaient notoirement hostiles à la Révolution. Ce régiment tenait alors garnison à Nancy. Dans cette même ville étaient casernés
deux autres régiments, l'un de cavalerie, Mestrecamp, l'autre d'infan-
terie, Châteauvieux, lesquels, à l'exemple du régiment du roi, profes-
saient les sentiments les plus patriotiques.

D'autres griefs non moins graves poussaient les soldats à l'insubordination contre leurs officiers. Ils étaient littéralement volés par eux,
les états-majors exerçaient une véritable rapine déguisée sous le
nom de retenue. Les réclamations des soldats, les nouvelles des désordres survenus principalement dans les régiments casernés à Nancy,
avaient décidé l'Assemblée, sur la proposition du député Emmery, à
décréter, le 6 août, que des inspecteurs nommés par le roi seraient
chargés d'examiner les comptes tenus par les officiers. Mais ces inspecteurs étaient eux-mêmes choisis dans le cadre des officiers ; ceux-ci
se trouvaient donc à la fois juges et parties. C'était mettre de l'huile
sur le feu. Du reste, les promoteurs du décret, La Fayette entre autres,
déjà fatigués de la Révolution, ne demandaient pas mieux que de pouvoir frapper un grand coup, faire un exemple. L'envoi à Nancy d'un
officier nommé Malseigne, homme provoquant, peu propre à ramener
la concorde, occasionna de nouveaux troubles. Les soldats écrivirent
d'abord directement à l'Assemblée nationale. Leur lettre ayant été in-
terceptée, ils prirent le parti, du consentement de leurs chefs, d'envoyer des députés chargés d'exposer leurs griefs. Mais, à peine arrivés
à Paris, leurs commissaires furent arrêtés en vertu d'un ordre de
La Fayette, évidemment complice de son cousin Bouillé en cette circonstance. Sans les entendre, et sur un nouveau rapport d'Emmery,
dans lequel les faits étaient odieusement dénaturés, l'Assemblée rendit,
le 16, un décret d'une excessive sévérité contre la garnison de Nancy.
Tout soldat ayant pris part à la prétendue rébellion et qui, dans les
vingt-quatre heures, n'aurait pas confessé ses torts, devait être poursuivi et puni comme coupable du crime de lèse-nation. La proclamation du nouveau décret fut assez bien reçue des troupes, mais, le 25,
arriva à Nancy l'officier Malseigne, dont la conduite irritante, insensée,
réveilla les colères assoupies. Aux réclamations des soldats du régiment suisse de Châteauvieux il répondit par des paroles d'une extrême dureté ; au lieu de leur promettre justice, il leur reprocha leur
conduite et les exaspéra au point que, le 28, éclata entre eux et un détachement de carabiniers commandé par lui une collision sanglante.

Ces faits, dont nous ne pouvons donner ici qu'une rapide esquisse,
pour expliquer l'attitude de Robespierre dans les discussions auxquelles
ils vont donner lieu, parvinrent à la connaissance de l'Assemblée na-

tionale dans la séance du mardi 31 août; mais ils y arrivèrent dénaturés, grossis, et cela par une raison bien simple, le correspondant était Bouillé lui-même, c'est-à-dire l'homme le plus intéressé, et nous ajouterons, le plus disposé à surprendre la bonne foi de l'Assemblée. Dans sa lettre il dit très-bien qu'on le faisait passer dans le département de la Meurthe pour être un ennemi de la Révolution, mais il se garda de donner le moindre démenti à ce bruit, hélas! trop fondé. Aussitôt le *brave* Emmery, pour nous servir de l'expression de Loustalot (1), présente un projet de décret tout préparé, en vertu duquel l'Assemblée constituante approuvait, les yeux fermés, tout ce qu'avait fait et ferait, conformément aux ordres du roi, le général Bouillé. Robespierre et plusieurs députés indignés s'opposent énergiquement à la prise en considération de ce décret; ils demandent qu'avant de délibérer on entende au moins les députés de la garde nationale de Nancy présents à Paris; car, dit le premier, il est de notre devoir d'examiner les faits avec la plus scrupuleuse attention, et il nous faut d'autres renseignements que des rapports ministériels. L'Assemblée se décida à entendre les députés de la garde nationale de Nancy, munis de pouvoirs en règle. Ces députés atténuèrent singulièrement les torts reprochés aux soldats et prouvèrent avec quelle partialité on avait dissimulé ceux des officiers. Ils montrèrent les premiers inaltérablement attachés à la Révolution, résolus à maintenir la constitution, tandis que les seconds leur faisaient un crime de cet attachement même à la Révolution. « Plus les soldats se dévouaient à la chose publique, » dirent-ils, « plus on les accablait de la discipline militaire, plus on exigeait d'eux des travaux pénibles. » Ils racontèrent les vexations indignes dont quelques Suisses du régiment de Châteauvieux avaient été l'objet sans raison, comment l'exaspération des soldats s'en était accrue ; ils déclarèrent enfin qu'il était à craindre que, témoins de leurs souffrances et de l'oppression sous laquelle ils gémissaient, les citoyens de Nancy n'épousassent leurs intérêts et ne prissent leur défense. Cependant, suivant eux, il était facile d'apaiser les esprits, de prévenir l'insurrection, en employant les moyens de douceur et de conciliation; ils terminèrent donc en suppliant l'Assemblée d'agir dans ce sens et de renvoyer, quant à présent, l'examen de l'affaire aux comités réunis de la guerre, des recherches et des rapports.

Ce récit, empreint d'une grande modération, d'un caractère de vérité saisissante, modifia sans peine les impressions de l'Assemblée prévenue par des rapports mensongers. La Fayette essaya d'en atténuer

(1) *Révolutions de Paris*, numéro 60, p. 377.

l'effet, persista à demander une approbation complète et aveugle de la
conduite de son cousin Bouillé; il la réclama au nom des soldats eux-
mêmes et des gardes nationales qui, dit-il assez hypocritement,
« créées pour la liberté mourront pour elle, » comme si dans l'instant
même, par la bouche de deux des leurs, les gardes nationaux de Nancy
ne venaient pas de proclamer bien haut leurs sympathies pour les soldats en garnison dans leur ville et de solliciter en leur faveur l'inter-
cession de l'Assemblée nationale. Biauzat, l'abbé Gouttes et Robespierre se levèrent tour à tour pour répondre au général et combattre
l'emploi des moyens de rigueur. En cette circonstance l'humanité
n'avait pas pour interprète le *héros des deux mondes*. Un seul sentiment doit nous animer tous, l'amour de la paix et le respect pour la
loi, dit Robespierre, l'homme d'ordre par excellence; mais il faut rechercher l'origine des insurrections afin de décréter des mesures
propres à les apaiser. Discutant alors le rapport de son collègue Emmery et son projet de décret, il se demanda si ce décret d'une inexo-
rable sévérité n'était pas de nature à troubler et à détruire à jamais
l'ordre public. Ne savait-on pas d'ailleurs à présent d'où venaient les
premiers torts? Était-ce donc contre des soldats trompés et justement
irrités, dont le patriotisme avait fait l'erreur, qu'il fallait envoyer
d'autres troupes? Ne devait-on pas craindre de voir d'un côté les soldats patriotes, et de l'autre, dans l'armée de Bouillé, tous les soudoyés
du despotisme et de l'aristocratie? Puis, à quel général le pouvoir exécutif avait-il confié le commandement de départements susceptibles
d'un moment à l'autre d'être envahis par l'ennemi et où, plus que
partout ailleurs, ou aurait eu besoin d'un général patriote? A un homme
qui détestait les institutions nouvelles de la France; qui d'abord avait
refusé le serment civique et ne s'était décidé à le prêter qu'à l'instigation d'une cour intéressée à avoir une de ses créatures à la tête de
l'armée. « L'officier général qu'on emploie vous dit lui-même qu'on le
regarde comme l'ennemi de la chose publique. Je vous demande d'après
cela seul si l'on n'est pas coupable de l'avoir choisi. On vous garantit
son patriotisme, et longtemps il a refusé de remplir un devoir de citoyen. Pourquoi ne douterait-on pas de la sincérité de son repentir?
Il n'y a pas de garantie individuelle du caractère moral d'un homme,
quand il s'agit du salut public. Il ne faut pas seulement fixer votre attention sur la garnison de Nancy, il faut d'un seul coup envisager la
totalité de l'armée. On ne saurait se le dissimuler, les ennemis de
l'État ont voulu la dissoudre : c'est là leur but. On a cherché à dégoûter les bons; on a distribué des cartouches jaunes; on a voulu aigrir
les troupes, pour les forcer à l'insurrection, faire rendre un décret et

en abuser, en leur persuadant qu'il est l'ouvrage de leurs ennemis. Il
n'est pas nécessaire d'un plus long développement pour prouver que
les ministres et les chefs de l'armée ne méritent pas notre confiance. »
On devait donc, suivant lui, s'efforcer de prouver aux soldats
que l'Assemblée, « toujours attachée au bien public et à la liberté, »
n'entendait les punir que s'ils étaient mûs par un esprit d'insubordination et d'indiscipline; que, du reste, officiers ou soldats, les coupables
éprouveraient un juste châtiment. Afin d'atteindre ce but, il proposa à
l'Assemblée nationale d'envoyer à Nancy quatre députés avec mission
de vérifier les faits, de suspendre ou du moins de diriger eux-mêmes
les mesures militaires, et d'attendre, quant à elle, leur rapport pour
se prononcer, en toute connaissance de cause, d'une manière définitive (1).

Barnave, ayant parlé après lui, conclut à peu près dans le même sens.
L'Assemblée décréta l'envoi de deux commissaires chargés de diriger la
force publique et porteurs d'une proclamation paternelle, propre à tout
calmer. Et un tel changement s'était opéré dans les esprits en faveur
de la garnison de Nancy qu'un membre du comité militaire, M. de
Noailles, demanda que les députés de la garde nationale de cette ville
fussent invités à retourner le plus promptement possible dans leur pays
pour apprendre à leur municipalité et à Bouillé les dispositions de
l'Assemblée.

Mais, hélas! à l'heure même où était rendu ce décret salutaire et
pacificateur, le sang coulait à torrent dans les rues de Nancy; Bouillé
s'était hâté de frapper le coup médité depuis longtemps. Facilement il
eût pu épargner le sang; il eût suffi de faire aux trois régiments, à
celui de Châteauvieux surtout, des conditions moins dures; mais on
tenait à donner un grand exemple de rigueur à l'armée; on voulait
frapper de terreur les soldats patriotes; qu'importait le sacrifice de
quelques milliers d'hommes! Il n'entre pas dans le cadre de notre récit
de raconter les événements lugubres dont la ville de Nancy fut le
théâtre dans cette journée fatale ; d'autres historiens en ont tracé le
tableau émouvant, ont montré sous leur vrai jour des faits trop longtemps obscurcis, dénaturés à plaisir (2); disons seulement combien fut
impitoyable dans sa vengeance la réaction victorieuse. Après la bataille,
une horrible boucherie eut lieu ; puis l'Assemblée laissa condamner
aux galères ce qui restait du régiment de Châteauvieux, de ce régi-

(1) Voy. les *Révolutions de Paris*, numéro 60 ; le *Moniteur* du 1er septembre 1790, et
le *Point du jour*, numéros 415, 416.

(2) Voy. les beaux récits de M. Louis Blanc (*Histoire de la Révolution française*, t. V,
liv. V, chap. II) et de M. Michelet, t. II, chap. IV.

ment qui, le 14 juillet de l'année précédente, avait refusé de tirer sur le peuple et avait ainsi assuré sa victoire. Le parti ministériel fut en joie; on croyait déjà la Révolution terrassée. Tout autre fut l'effet produit dans la population parisienne : émue, irritée à la nouvelle des massacres de Nancy, elle se porta en masse aux Tuileries, demandant le renvoi des troupes. Necker effrayé partit tout à coup, après avoir envoyé sa démission, comme s'il eût voulu se laver les mains du sang innocent qu'on venait de répandre.

A l'occasion du facile triomphe de Bouillé, Louis XVI écrivit à l'Assemblée nationale une lettre dans laquelle, tout en déplorant l'effusion du sang, il se félicitait du retour à l'ordre, dû, disait-il, à la fermeté et à la bonne conduite du général. Est-ce là, s'écria Loustalot, dans son dernier article, sombre et mélancolique (c'était le chant du cygne, car le jeune et éminent écrivain mourut quelques jours après), « est-ce là le ton d'un homme douloureusement affecté? Ah ! ce n'est pas Auguste criant dans tout son palais : Varus, rends-moi mes légions! » Et l'Assemblée, que fit-elle? En se rappelant les sentiments de bienveillance témoignés par elle dans sa séance du 31 août envers les régiments de la garnison de Nancy, et le peu de confiance qu'impliquait son décret à l'égard de la municipalité de cette ville et de Rouillé, on pourrait croire qu'elle s'empressa de blâmer la précipitation avec laquelle le général avait engagé un combat qu'il avait rendu inévitable; point. Elle se déjugea au contraire de la plus triste façon, et dans la séance du 3 septembre, sur la proposition de Mirabeau, sans prendre au moins la précaution d'interroger les vaincus, elle vota, malgré les énergiques protestations de Robespierre, des remercîments à Bouillé, des récompenses pour les gardes nationaux qui l'avaient suivi, lesquels, entre parenthèse, étaient fort peu nombreux, et aux morts de son parti des honneurs funèbres au Champ de Mars (1).

Le jour où eut lieu cette fête funéraire, qui n'était qu'une insulte de plus aux victimes de Rouillé, on enterrait un jeune écrivain patriote plein de cœur et de talent, mort à l'âge de vingt-huit ans, Loustalot, le rédacteur des *Révolutions de Paris*, et sur son cercueil une voix prophétique s'écriait: « Va dire à nos frères des régiments du roi et de Châteauvieux qu'il leur reste encore des amis qui pleurent sur leur sort, et que leur sang sera vengé (2)! » Deux ans plus tard, l'Assemblée législative, s'honorant par un acte solennel de réparation nationale, arrachait aux galères les Suisses de Châteauvieux, et la po-

(1) *Moniteur* du 5 septembre 1790.
(2) *Révolutions de Paris*, numéro 63.

pulation parisienne les accueillait en triomphateurs, au milieu des
acclamations et des applaudissements.

VIII

En se constituant l'avocat bien désintéressé des régiments de la
garnison de Nancy, Robespierre avait encore accru les colères du parti
royaliste contre lui. Quelques jours après, cependant, une simple
réclamation de sa part, concernant les ecclésiastiques, lui valut pour
la seconde fois les éloges de l'*Ami du Roi*. On avait, pendant le courant du mois de septembre, continué à discuter un projet de décret sur
le traitement et les habitations à fournir aux religieux dont la vie
monastique était brisée et qui se trouvaient expropriés de leurs maisons. Déjà l'on avait voté l'ensemble du projet, quand Robespierre
proposa une modification à l'article 18, parce que sa rédaction lui
faisait craindre qu'on ne rangeât au nombre des ordres mendiants des
ordres religieux qui, pourvus de revenus suffisants, n'avaient jamais
usé de la faculté de mendier, et qu'en conséquence leur position n'en
fût diminuée (1). Mais, sur l'observation de Lanjuinais que cette motion
tendait à faire revenir l'Assemblée sur un de ses décrets, on avait
écarté par l'ordre du jour la modification proposée. « Assurément, »
disait l'*Ami du Roi*, M. de Robespierre ne peut être soupçonné de partialité en faveur des religieux : il fallait une injustice bien révoltante
pour l'exciter à réclamer contre un décret de l'auguste Assemblée ;
cependant ses importunes réclamations ont été étouffées (2)... » Et le
dévot journal s'emportait fort contre Lanjuinais. Pourquoi donc ce fougueux défenseur des principes monarchiques et aristocratiques acca-
blait-il d'invectives le député d'Arras quand il s'élevait contre des
injustices bien autrement criantes ? Ah ! c'est que les partis écoutent
rarement la voix de l'équité ; ils ne trouvent juste et raisonnable d'ordinaire que ce qui flatte leurs passions. Un peu plus tard, et sans plus
de succès, Robespierre consentit à être l'organe d'une pétition des frères
lais de Saint-François qui demandaient à être traités comme les pères,
et cela lui valut une nouvelle approbation du journal royaliste (3).

----

(1) *Point du jour*, numéro 432.
(2) L'*Ami du Roi*, numéro 109.
(3) Séance du 21 septembre au soir. L'*Ami du Roi*, numéro 115.

Au reste il voulait être juste envers les prêtres, voilà tout, et, comme le disait très-bien l'*Ami du Roi*, il ne pouvait être accusé de partialité en leur faveur. Il l'avait prouvé en prenant part, vers le même temps, au débat assez orageux auquel avait donné lieu le costume ecclésiastique. Treilhard, au nom du comité, avait demandé l'abolition des costumes particuliers de tous les ordres. Dans la séance du 14 septembre, Beauharnais, le jeune, proposa une modification profonde à cet article et revendiqua pour tous les prêtres le droit de porter, hors de leurs fonctions, le costume qu'ils jugeraient à propos de prendre. Mais les ecclésiastiques membres de l'Assemblée repoussaient la nouvelle rédaction comme tendant également à détruire le costume du prêtre. Robespierre, quoique en principe ennemi du costume, appuya la motion de Beauharnais. Sa répugnance pour cette espèce d'uniforme dont étaient sans cesse revêtus les ecclésiastiques ne venait pas d'un motif injurieux pour eux ; il tint à le constater formellement. Heureux d'avoir vu la redoutable corporation du clergé anéantie par la volonté nationale, il considérait désormais les prêtres comme des citoyens ayant des droits égaux à ceux des autres citoyens ; mais, ajoutait-t-il, « il serait injuste et inconséquent de ne les regarder que comme une classe suspecte et en quelque sorte proscrite. » S'il est partisan de l'abolition du costume, c'est parce que son usage favorise trop l'esprit de corps, de morgue et de despotisme. Les ministres du culte étant, à ses yeux, de véritables fonctionnaires publics, ils devaient, comme les autres fonctionnaires, comme le juge, l'administrateur, le législateur lui-même, s'abstenir de tout costume distinctif en dehors de leurs fonctions. Toutefois, il pensait que, pour ne pas heurter une habitude invétérée et des préjugés religieux, il n'y avait pas à faire, actuellement du moins, de la défense de porter le costume une loi stricte et impérieuse ; il fallait, à son sens, laisser les ecclésiastiques libres d'agir à cet égard comme ils l'entendraient et décréter seulement qu'en dehors des pratiques de leur ministère ils ne seraient astreints à revêtir aucun costume particulier.

Aucun historien, jusqu'à ce jour, n'a révélé ces mille détails où se décèle le caractère intime du personnage, et qui prouvent avec quel soin ce révolutionnaire, le plus radical qui se soit produit depuis Jésus, ménageait des préjugés antiques, quand ils n'étaient contraires ni au droit, ni à l'équité, ni à la justice éternelle. Ils expliquent en même temps sa prodigieuse influence morale dans toutes les classes de la société, influence dont il est impossible de se rendre parfaitement compte si l'on s'en tient aux histoires générales, surtout après les stupides anathèmes dont sa mémoire a été chargée.

Après de tumultueux et interminables débats, l'Assemblée, rayant de l'article le mot *ecclésiastique*, décréta, au milieu des applaudissements des tribunes, l'abolition immédiate des costumes particuliers de tous les ordres, laissant d'ailleurs chaque. religieux libre de se vêtir à sa guise (1).

Quelques jours plus tard (le 23 septembre), Robespierre essayait en vain de s'opposer à l'adoption d'un décret qui blâmait sévèrement le maire et les officiers municipaux de la ville de Soissons pour n'avoir point tenu la main à l'exécution des décrets concernant la libre circulation des grains. On sait combien cette question des subsistances contribua à jeter d'inquiétude et de terreur dans le sein des populations. Le fantôme de la faim, apparaissant sinistre aux regards effarés des masses, les plongeait dans une sorte d'égarement qui leur ôtait la conscience des actes déplorables auxquels elles se laissaient trop souvent entraîner.

La ville de Metz avait fait acheter pour nourrir ses habitants une quantité considérable de grains à Soissons. Un premier envoi s'était effectué sans opposition et sans troubles; mais un second envoi, composé d'une vingtaine de voitures, ayant excité les défiances du peuple soissonnais, il refusa de le laisser partir, malgré les invitations de la municipalité, et remit les blés dans les greniers de la ville. L'Assemblée constituante, en blâmant solennellement les magistrats municipaux de Soissons de n'avoir pas déployé assez de fermeté, décréta en même temps que le roi serait prié de donner des ordres afin que le bailliage de Château-Thierry informât contre les auteurs et instigateurs des troubles survenus à Soissons. Tout cela paraissait à Robespierre beaucoup trop rigoureux : la municipalité de Soissons, disait-il, s'était conduite comme elle le devait, en se bornant à de simples remontrances. Le peuple, de son côté, voyant tant de grains sortir à la fois, avait été naturellement porté à s'inquiéter sur sa propre situation, il avait pu craindre aussi que ces blés dirigés vers une ville peu éloignée des frontières ne fussent exportés à l'étranger et ne servissent à la nourriture de troupes prêtes à marcher contre la France. Il fallait d'ailleurs se garder de l'irriter contre l'Assemblée nationale par des décrets d'une telle sévérité. Mais on objecta, non sans quelque raison, à l'orateur que, à ce compte, si l'on permettait aux pays producteurs de grains de s'opposer à la circulation de leurs denrées, les habitants de certaines villes, comme Metz par exemple, seraient exposés à mourir

(1) Voy. le *Point du jour*, numéro 431; le *Moniteur* (numéro du 16 septembre 1790) dit à peine quelques mots de ces débats.

de faim, et l'Assemblée, sourde à ses conseils d'indulgence, adopta le décret proposé (1).

La circulation illimitée des grains rencontra, il faut le dire, la plus vive opposition dans les journaux du parti populaire ; elle paraissait un piège ministériel. « Ah ! » s'écriait Marat, « si vous pouviez douter un instant que ce ne soit un redoutable artifice des ennemis de la Révolution, citoyens, ouvrez les yeux et voyez les Broglie, les Custine, les André, les Begnaud, les Dupont, les Duval, les Desmeuniers, les Virieu, les Montlosier, les Maury, les Cazalès, presser ces mesures désastreuses contre les réclamations de vos fidèles représentants (2). » Robespierre était alors dans les bonnes grâces de l'*Ami du Roi*, car nous voyons ce journal, moitié sérieusement, moitié sur le ton de l'ironie, blâmer à son tour l'Assemblée nationale de ne pas s'être rendue à son avis, et d'avoir inculpé fortement une municipalité dont le seul crime, en définitive, était d'avoir voulu éviter de faire couler peut-être des flots de sang (3).

IX

Tandis qu'au sein de l'Assemblée s'agitait de nouveau la question du papier-monnaie et que, pour payer la dette exigible, le Corps législatif, entraîné par l'éloquence de Mirabeau, décrétait une nouvelle émission de huit cents millions d'assignats, hypothéqués sur les domaines nationaux, commençaient dans toute la France les opérations électorales pour la nomination des juges destinés à remplacer l'ancienne magistrature à tout jamais détruite. C'était le 6 septembre qu'avait été définitivement décrétée la suppression des parlements, chambres des comptes, juridictions prévôtales, en un mot, de tous les vieux instruments judiciaires du bon plaisir. Mourir de bonne grâce, en s'inclinant devant la volonté nationale, c'eût été dignement comprendre la situation ; mais ces corps privilégiés ne surent pas honorer leur chute, et quelques-uns d'entre eux, par de vaines bravades, ajoutèrent aux longs griefs relevés contre eux. Le parlement de Toulouse se montra plus récalcitrant que les autres et répondit au décret de l'Assemblée par une protestation séditieuse.

(1) *Moniteur* du 25 septembre 1790.
(2) L'*Ami du Peuple ou le Publiciste Parisien*, numéro 242.
(3) L'*Ami du Roi*, numéro 117.

Grande fut l'émotion quand, dans la séance du 5 octobre au soir, le président, après avoir fait part d'une note du garde des sceaux sur la manière dont la chambre des vacations des diverses cours de justice avait accueilli le décret supprimant l'ancienne hiérarchie judiciaire, donna lecture de ce manifeste insensé qui ressemblait à un appel à la guerre civile. Les plus importants décrets constitutionnels y étaient insolemment censurés. Echo des rancunes de la noblesse et du clergé, l'arrêté du parlement languedocien traitait d'usurpateurs les représentants de la nation, les accusait d'avoir violé leur mandat et la foi jurée à leurs commettants, en changant l'antique constitution. La cour, en termes où perçait l'amer ressentiment de l'intérêt individuel froissé, protestait contre le bouleversement de la monarchie, l'anéantissement des ordres, l'envahissement des propriétés et la suppression du parlement de Languedoc. A peine le président eut-il terminé sa lecture : « Cet arrêté, » s'écria dédaigneusement Robespierre, » n'est qu'un acte de délire qui ne peut exciter que le mépris. L'Assemblée peut déclarer aux membres de l'ancien parlement de Toulouse qu'elle leur permet de continuer à être de mauvais citoyens. Ce corps se coalise avec le pouvoir exécutif... » Ici, des murmures éclatèrent ; Robespierre quitta la tribune après avoir prononcé encore quelques paroles perdues au milieu du bruit, mais sans conclure contre les signataires de la protestation (1). Ce fut un membre du côté droit, M. de Broglie, qui, trois jours après, vint, au nom des comités de constitution et des rapports, fulminer contre les *parlementaires* un réquisitoire terrible. « Chef-d'œuvre à la fois d'égarement et de perfidie, cet arrêté sacrilége, » dit-il, « est au-dessus de toute qualification ; c'est le tocsin de la rébellion sonné par ceux mêmes dont les fonctions augustes et bienfaisantes ne devaient tendre qu'à la paix et à la tranquillité. » Et là où l'homme de la Révolution, où Robespierre s'était contenté d'appeler sur d'orgueilleux et d'impuissants coupables le châtiment du mépris, le rapporteur royaliste proposa leur renvoi devant la haute cour nationale, dont, sous huit jours, un projet d'organisation serait présenté par le comité de constitution. « Leur audace vous prescrit votre devoir, » dit-il en terminant. « Que la punition sévère de cet arrêté soit l'éternel monument de la vindicte publique et de la puissance formidable des lois. »

L'Assemblée, faisant droit à ces conclusions, renvoya les membres de la chambre des vacations du parlement de Toulouse devant la haute cour nationale sous la prévention de rébellion et de forfaiture. Plus

(1) Voy. le *Moniteur* du 7 octobre 1790.

tard, bien plus tard, l'implacable tribunal révolutionnaire se souviendra, lui aussi, du réquisitoire de M. de Broglie.

Par une singulière coïncidence, le jour même où Robespierre vouait au mépris public l'inqualifiable protestation des magistrats toulousains, le bruit se répandait dans Paris qu'il était appelé lui-même à faire partie de la nouvelle magistrature, et que, en compagnie de deux de ses collègues également renommés pour leur patriotisme, Bouche et Biauzat, il venait d'être élu juge par les électeurs de Versailles. Le choix de ces trois députés, étrangers au département, étonna beaucoup les Parisiens, paraît-il (1). Mais Robespierre avait laissé les meilleurs souvenirs à tous ceux qui l'avaient connu à Versailles au temps où y siégeait l'Assemblée. Grande était sa réputation dans la ville où il avait commencé de se révéler, et dont les citoyens lui prouvèrent leur attachement en le choisissant pour président du tribunal de leur district. Ce choix ravit l'âme de Camille Desmoulins. « C'est Robespierre, notre cher Robespierre, si pur, si inflexible, » écrivit-il, « le *nec plus ultra* du patriotisme, qui est nommé à Versailles président du tribunal de district. Il doit des remercîments à M. Peltier d'avoir conté dans ses *Actes des Apôtres* que les Artésiens, sur un faux bruit de son arrivée à Arras, avoient voulu se porter à des excès contre lui. Sur le récit de l'*Apôtre*, les patriotes de Versailles se sont empressés de le ravir à une ville si peu digne de le posséder (2). »

C'était là en effet un ample dédommagement des injures, des calomnies dont le poursuivaient les écrivains royalistes ; aussi fut-il profondément touché de l'honneur que lui avaient fait ses concitoyens de Versailles. Le séjour de cette ville tranquille convenait bien à ses habitudes de recueillement, et il se complut dans l'espérance de s'y retirer, une fois les travaux de l'Assemblée terminés, pour y exercer ses nouvelles fonctions. « Versailles m'offroit une retraite paisible où j'aurois trouvé tous les avantages qui pouvoient flatter mon goût et ma sensibilité (3), » écrivait-il quelques mois plus tard à la société des *Amis de la Constitution* de cette ville. Mais la Révolution devait le condamner à être perpétuellement en scène ; nous verrons par suite de quelles circonstances il fut contraint de renoncer à un projet dans la réalisation duquel il avait un moment entrevu le repos et le bonheur.

----

(1) *Révolutions de Paris*, numéro 65, p. 682.
(2) *Révolutions de France et de Brabant*, numéro 44. p. 301.
(3) Lettre à la société des *Amis de la Constitution* de Versailles. Cette lettre est insérée en entier dans le t. II des *Mémoires de la Société des sciences morales* de Seine-et-Oise, 1849. L'original est aux Archives de la ville de Versailles.

X

Si en de rares circonstances il fournissait involontairement aux journaux royalistes l'occasion de parler de lui avec éloge, il ne tardait pas à échauffer leur bile et à irriter leurs passions, comme dans cette même séance du 5 octobre, où, d'un ton si méprisant, il avait traité les magistrats de Toulouse. Immédiatement après cet incident, Chasset avait présenté un rapport sur la vente, la conservation et l'administration des biens nationaux. On avait expressément excepté les châtaux, maisons, domaines et forêts réservés au roi, et l'article sur ce sujet allait passer dans ces termes, lorsque quelques membres du côté droit demandèrent qu'à ce mot *réservés*, on ajoutât : *d'après le choix du roi*. La gauche vit dans cette expression une sorte d'atteinte portée à la souveraineté de l'Assemblée, à laquelle, aux termes de la constitution, suivant Robespierre, il appartenait d'assigner au chef de l'État sa demeure et les domaines dont on lui concédait la jouissance. Sur sa motion, l'Assemblée nationale, non contente de repousser par la question préalable la demande des membres du côté droit, décréta qu'après les mots *réservés au roi*, on ajouterait ceux-ci : *en vertu des décrets de l'Assemblée*, voulant bien marquer ainsi aux yeux du monde qu'elle seule était souveràine, et que de la nation seule désormais le roi tenait toutes ses prérogatives. C'étaient là de bien petites choses ; mais aux yeux du parti royaliste, qui tenait pour le moins autant aux apparences qu'à la réalité même de la souveraineté, elles avaient une importance extrême, car elles témoignaient d'un grand changement, et qu'au lieu de venir du roi, tout venait du peuple, suprême dispensateur des grâces, des places et des faveurs. De là les colères violentes, les récriminations des journaux de ce parti (1).

A cette époque se discutait une des questions les plus graves, les plus sérieuses qu'ait eu à résoudre l'Assemblée constituante, une question vitale pour un peuple, celle des impôts. Robespierre n'avait encore pris aucune part aux débats, quand l'article 3 du décret relatif à la contribution foncière l'amena à la tribune : il s'agissait de déterminer la valeur des trois journées de travail, du payement de laquelle devait résulter la qualité de citoyen actif. Ici encore il tenta des efforts

(1) Voy. l'*Ami du Roi*, numéro 129.

désespérés en faveur de tant de milliers d'hommes frappés d'incapacité politique par le décret du marc d'argent. Les habiles de l'Assemblée essayèrent de couvrir d'un masque d'intérêt pour les classes pauvres l'espèce d'exhérédation dont elles étaient l'objet. D'après le projet du comité, les ouvriers les moins aisés pouvaient devenir citoyens actifs en acquittant volontairement la taxe des trois journées arrêtée par chaque département. D'André trouva cet article contraire au décret constitutionnel, lequel faisait dépendre du payement d'une somme déterminée la qualité de citoyen actif, et il se rallia à une proposition de Rœderer, tendante à exempter de toute espèce d'impôt le salarié ne gagnant que sa subsistance. Cette motion était certainement de nature à être bien accueillie d'une partie des masses; on peut d'ailleurs soutenir, non sans raison, que là où les individus ne participent pas à tous les avantages du pacte social, ils ne doivent pas non plus contribuer aux charges nécessaires à l'entretien de la société. Mais, sous cette proposition insidieuse, Robespierre devinait bien l'intention d'éliminer de la cité proprement dite l'élément populaire. Il y avait dans l'Assemblée une portion bourgeoise qui, satisfaite d'avoir humilié la noblesse et la royauté, de s'être emparée de la puissance dont jouissaient autrefois l'une et l'autre, entendait confisquer la Révolution à son profit, jugeant le reste de la nation trop peu éclairé pour prendre part aux affaires, et ne songeant guère à lui préparer les moyens de sortir de son ignorance et de sa nullité. Cet égoïsme révoltait Robespierre. Tous les membres du corps social, suivant lui, devaient également participer aux prérogatives de la société, et aussi aux charges, chacun dans la mesure de ses moyens. Il demanda donc la question préalable sur la proposition de Rœderer, et parla avec force, dit le journal *le Point du jour*, pour démontrer que la qualité de citoyen actif appartenait de droit à tous, que le Corps législatif ne pouvait frustrer l'indigent de ce droit naturel primordial, et que, dans tous les cas, loin d'augmenter les difficultés pour l'acquérir, il faudrait les diminuer (1). L'Assemblée repoussa la proposition de Rœderer, mais sans faciliter de beaucoup les moyens d'obtenir la qualité de citoyen actif, et elle laissa à chaque département le soin de fixer, sur la proposition des districts, le taux des journées de travail.

Le lendemain (25 octobre), Robespierre reprit la parole pour discuter le plan de haute cour nationale dont il avait demandé la formation quelques jours auparavant, et son discours, quoique animé de l'esprit le plus démocratique, obtint beaucoup de succès dans l'Assem-

_____

(1) Voy. le *Point du jour*, numéro 470, et le *Moniteur* du 24 octobre 1790.

blée. Il commença par définir très-exactement les crimes de lèse-nation,
par établir nettement la différence existant entre ces sortes d'attentats et ceux commis contre les particuliers. Il y avait, selon lui, deux
manières d'attenter à la sûreté et à la vie d'une nation, parce que toute
nation possédait une existence physique comme collection d'hommes,
et une existence morale comme corps politique. Attenter à la liberté
du peuple, c'est-à-dire aux lois constitutionnelles qui lui assurent
l'exercice et la conservation de ses droits, était, à ses yeux, un véritable parricide analogue à l'immolation d'un citoyen par le fer ou par
le feu; car, disait-il, « dès que la liberté est anéantie, le corps politique est dissous : il n'y a plus ni nation, ni magistrats, ni roi; il ne
reste qu'un maître et des esclaves. »

En temps ordinaire, lorsqu'une constitution est affermie sur des
bases consacrées par le temps, les simples citoyens, enchaînés par la
force publique et la volonté générale, lui paraissaient peu en état de
commettre de pareils crimes, les séditions et les conspirations contre
les gouvernements étant d'ordinaire réservées aux temps de troubles et
de révolutions; mais c'était des hommes revêtus de la puissance publique que, en toute époque, il redoutait des attaques plus ou moins
ouvertes contre la liberté du peuple. « S'il existe dans l'État une magistrature qui donne un pouvoir immense, » poursuivait-il, « de
grands moyens de force et de séductions, c'est celle-là qui menacera
les autres pouvoirs et la liberté publique; c'est contre elle que le
législateur doit prendre les plus grandes précautions; c'est contre elle
principalement que le tribunal de lèse-nation doit être établi. » De là,
la nécessité d'apporter à sa formation l'attention la plus scrupuleuse.
Si en temps de révolution, quand une nation a secoué le joug du despotisme, un tel tribunal peut être utile pour préserver contre les
complots des factions la constitution naissante, c'est à la condition
d'être composé de citoyens attachés aux nouveaux principes et à la
cause populaire ; autrement, si l'aristocratie s'en empare, si elle parvient à le former d'hommes corrompus d'avance ou susceptibles de
l'être, il devient le plus terrible fléau de la liberté. Il pouvait d'ailleurs
le devenir également en temps ordinaire, parce qu'il était de sa nature
d'être sans cesse en butte aux séductions du pouvoir, dont il était destiné à réprimer et à punir les usurpations; c'est pourquoi Robespierre
aurait voulu que les conspirateurs n'eussent d'autres surveillants et
d'autres juges que les représentants mêmes de la nation, auxquels se
rallierait naturellement le peuple dans toutes les circonstances où la
liberté courrait quelque péril; mais puisque l'Assemblée nationale en
avait décidé autrement, et que la haute cour était en quelque sorte

appelée à être l'arbitre des destinées de la nation, il s'agissait de la mettre en garde contre ce qu'il y avait de plus puissant et de plus redoutable dans l'État.

Il était donc essentiel, à son avis, que ses membres fussent nommés directement par le peuple, et non par le roi. Il réfutait donc avec force l'opinion du comité qui, après avoir laissé au roi le choix des membres du tribunal de cassation, proposait de prendre parmi eux les grands juges de la haute cour. N'était-ce pas, disait-il, sous les efforts continus du pouvoir exécutif, concentré dans les mains d'un seul, que chez presque toutes les nations succombe plus ou moins promptement la liberté. En conséquence, permettre à ce pouvoir de concourir d'une façon quelconque à la formation d'un tribunal chargé de sauvegarder la liberté, ce serait insulter à la fois au bon sens et à la raison ; c'était pourtant ce que faisait le comité. « Il met les principes de l'organisation de la haute cour en opposition avec son objet ; il fait un écueil a la constitution de ce qui devrait en être le boulevard ; et, après tout, n'est-il pas trop absurde et trop dérisoire que la cause la plus mince d'un particulier ne puisse être jugée que par des juges populaires, et que la cause auguste de la liberté et de la nation soit abandonnée à des juges choisis par la cour et par les ministres ? » Et là il n'y avait guère de réfutation possible, car si l'on avait laissé à des magistrats nommés par le peuple le soin de punir les crimes et délits particuliers, à plus forte raison, en saine logique, devait-on confier à des magistrats de même origine la répression des attentats commis contre une nation. Contrairement encore à l'avis du comité, Robespierre voulait qu'aucun commissaire du roi ne pût intervenir dans les affaires soumises à la décision de ce tribunal, auquel le pouvoir exécutif devait, selon lui, rester complétement étranger ; le comité, d'ailleurs, lui semblait avoir rendu lui-même hommage à ce principe en proposant d'exempter de la sanction royale les décrets du Corps législatif concernant les accusations à intenter devant la haute cour.

De plus, comme conséquence des observations qu'il venait de présenter, et afin de défendre autant que possible contre la corruption les juges élus par le peuple, il voulait que ce tribunal fût placé sous l'autorité du Corps législatif, que ses membres fussent élus pour un temps très-court, et aussi nombreux que pouvait le permettre la nature des choses. L'Assemblée, en décidant que les magistrats de la haute cour seraient renouvelés tous les deux ans, qu'ils connaîtraient seulement des affaires déférées par elle, enfin qu'elle commettrait elle-même deux de ses membres pour la poursuite des accusations, avait rempli les deux premiers objets. Mais le comité plaçait le siége de la haute cour

dans une ville éloignée de quinze lieues au moins de celle où siégerait
l'Assemblée législative, et cela, Robespierre ne pouvait le comprendre :
« La surveillance que celle-ci doit exercer semble exiger plutôt qu'elle
soit rapprochée d'elle ; et si je considère cette proposition sous d'autres
rapports, il me semble qu'un tribunal, défenseur des droits de la nation, dont les jugements doivent être l'expression du vœu général,
qui d'ailleurs a besoin d'être soutenu par l'opinion publique contre les
tentations qui l'environnent, ne peut être mieux placé que dans une
ville qui est le centre des lumières, et où l'opinion publique exerce
son heureuse influence avec plus d'impartialité et d'énergie. Et certes
les grands services que le patriotisme éclairé et courageux de la capitale a rendus à la liberté et à l'Assemblée nationale ne suffiraient-ils pas
seuls pour vous démontrer la nécessité de fixer dans son sein le tribunal qui doit exercer une si grande influence sur la prospérité et sur la
durée de votre ouvrage ? » Plus tard, lorsqu'au mois de février suivant,
on reprit la discussion sur l'organisation de la haute cour, il revint sur
ce sujet et insista de nouveau pour que ce tribunal siégeât dans le
même lieu que le Corps législatif, tenant à ce qu'il fût environné d'une
grande masse d'opinion publique, comme d'un contre-poids au danger
imminent de la corruption (1). Mais, malgré ses efforts, l'avis du comité prévalut.

Robespierre trouvait surtout insuffisant le nombre de jurés proposé :
il aurait voulu que chaque département en nommât au moins deux, et
que les grands juges fussent choisis parmi eux, une fois les récusa-
tions exercées. De plus, afin d'entourer le tribunal d'une sorte d'au-
réole d'indépendance et d'incorruptibilité, il cherchait à le prémunir
contre toutes les séductions possibles. Appliquant à ses membres un
système d'exclusion qu'un peu plus tard il devait réclamer avec succès
à l'égard de ceux de l'Assemblée nationale elle-même, il demanda
qu'ils ne pussent être réélus. Enfin, sachant combien la plupart des
hommes se laissent facilement aller à l'entraînement de l'ambition et
de la cupidité, il proposa à ses collègues d'interdire aux juges de
la haute cour de recevoir aucuns dons, pensions ou emplois du pouvoir exécutif, non-seulement pendant la durée de leurs fonctions, mais
encore pendant deux ans après leur magistrature expirée (2). Cette
mesure, appliquée déjà, en vertu d'un décret, aux membres de l'Assemblée nationale, du moins pendant l'exercice de leur mandat, il espé-

(1) *Moniteur* du 9 février 1791.
(2) Ce discours de Robespierre, tout à fait tronqué par le *Moniteur* (numéro du
26 octobre 1790), est reproduit *in extenso*, ou à peu près, dans le *Point du jour,*
numéros 473 et 474.

rait la voir s'étendre aux membres du prochain Corps législatif, car elle lui paraissait excellente aussi bien pour garantir l'indépendance des représentants du peuple que l'impartialité des magistrats de la haute cour.

Si l'impression produite par son discours fut vive au sein de l'Assemblée constituante, elle ne le fut pas moins au dehors ; le plan du comité rencontra de la part des journaux populaires une opposition formidable (1). Marat, dont les exagérations, avons-nous dit déjà, causaient à Robespierre une véritable répugnance, somma, dans son numéro 271, Pétion, Duport, d'Aiguillon, Lameth, Barnave, Robespierre, « en un mot tous les députés jaloux de passer pour fidèles représentants de la nation, » de s'opposer de toute leur force à la consécration des principes émis par le comité. Déjà, en mentionnant le discours du dernier, il avait écrit : « Voilà un orateur dans les grands principes, ses vues sont excellentes, mais elles ont besoin de développement, et nous ne doutons point qu'il ne les developpe d'une manière à faire sensation (2). » Mais pour Marat jamais Robespierre ne sera assez avancé.

Le jour même où commença la discussion sur la haute cour nationale, vers la fin de la séance, au moment où l'abbé Maury, désolé qu'on enlevât aux juges de l'ancien régime la connaissance des crimes politiques, demandait qu'on organisât le jury dans les tribunaux ordinaires avant de rien décider pour la haute cour, Robespierre s'écria : « Vous avez une disposition plus pressante, plus importante à prendre en ce moment ; il existe un tribunal inconstitutionnel et frappé de la haine de tous les bons citoyens ; vous ne pouvez le laisser subsister, je demande que sur-le-champ il soit supprimé. » Des acclamations presque unanimes accueillirent ces paroles, tant était grande l'impopularité du Châtelet. Le Chapelier avoua l'impossibilité de le conserver ; il proposa seulement qu'on lui laissât la connaissance des affaires civiles et des délits ordinaires jusqu'à la formation d'un tribunal provisoire. Robespierre se rallia à cet amendement, et sa motion, très-applaudie, dit le *Point du jour*, fut adoptée en ces termes : « L'Assemblée nationale décrète que l'attribution donnée au Châtelet de juger les crimes de lèse-nation est révoquée, et dès ce moment toutes procédures faites à cet égard par ce tribunal sont et demeurent suspendues (3). » Ainsi tomba, sur la proposition de Robespierre, et aux applaudissements de tous les amis de la Révolution, cet odieux Châtelet dont les juges, ven-

(1) Voy. notamment dans les *Révolutions de Paris* l'article intitulé de la *Haute Cour nationale*, numéro 68, p. 122.
(2) *L'Ami du Peuple ou le Publiciste parisien*, numéro, 265, p. 7.
(3) Voy. le *Moniteur* du 27 octobre 1790, et le *Point du jour*, numéro 472.

dus à la cour, hostiles aux nouveaux principes, absolvaient les conspirateurs royalistes, décrétaient de prise de corps les écrivains patriotes et avaient osé porter un acte d'accusation contre Mirabeau lui-même, coupable à leurs yeux d'avoir servi la Révolution.

XI

Quelques jours après (10 novembre), quand s'ouvrirent les débats sur la formation d'un tribunal de cassation, Robespierre combattit énergiquement, au nom des mêmes principes invoqués par lui dans la discussion sur la haute cour, les dispositions les plus importantes du projet du comité, lequel avait le tort de livrer presque complétement cette institution à l'influence ministérielle. En effet, par une étrange contradiction, tandis qu'on laissait au peuple le soin de nommer directement ses juges, on n'osait lui confier le choix des magistrats chargés de les rappeler à la stricte observation de la loi ; et, d'épuration en épuration, on abandonnait en définitive ce choix au pouvoir exécutif. C'était là, suivant l'orateur, « ouvrir le plus vaste champ à la cabale, à la corruption, au despotisme. » Les applaudissements avec lesquels l'Assemblée accueillit ces paroles avertirent le comité du sort réservé à cette partie de son travail, qui en effet fut rejetée dans la même séance.

Robespierre n'eut pas moins de succès quand il critiqua, avec tout autant de raison, l'idée d'investir le garde des sceaux de la présidence du tribunal de cassation. Sur ce point, le comité éprouva un nouvel échec. Au reste, tout dans le plan proposé paraissait défectueux à l'orateur. Ainsi, de cette cour suprême, placée au sommet de l'édifice judiciaire comme la gardienne de la loi, on faisait une sorte de tribunal de police chargée de surveiller les tribunaux ordinaires, d'humilier les juges pour de simples négligences dans l'exercice de leurs fonctions, et enfin, sur de simples dénonciations laissées à l'arbitraire du garde des sceaux, de prononcer des injonctions, des amendes et des suspensions de fonctions. Nul système, disait Robespierre, n'avait été mieux imaginé pour avilir l'autorité judiciaire, la mettre entre les mains du gouvernement. La cour de cassation devait être établie uniquement en vue du maintien de la loi et de l'autorité législative. Aussi, toujours sous l'empire de cette crainte que des magistrats, étrangers au pouvoir législatif, ne substituassent dans l'interprétation de la loi leur propre volonté à celle des législateurs, comme cela pouvait fort bien arriver, en revint-il à cette idée, précédemment émise par lui, de placer au sein même de l'assemblée législative le tribunal de cassation, rappelant que, d'après des principes consacrés, c'était au législateur seul à interpréter ses œuvres.

L'esprit général du projet lui semblait en contradiction formelle avec celui de la constitution, il n'y avait donc pas lieu de délibérer, suivant lui ; et, en terminant, il demanda le rappel des membres du comité au respect des principes constitutionnels dont ils s'étaient éloignés (1). Plusieurs orateurs, Goupil de Préfeln et Chabroud, entre autres, critiquèrent non moins vivement le plan soumis à l'Assemblée, qui, sans adopter entièrement la proposition de Robespierre, détruisit en partie l'économie du projet, en rejetant immédiatement ses principales dispositions, telles, par exemple, que l'idée de la présidence conférée au garde des sceaux. Sur le reste elle prononça l'ajournement.

Lorsque, un peu plus tard, la discussion fut reprise, Robespierre, voyant l'Assemblée constituante décidée à établir le tribunal de cassation en dehors du Corps législatif, essaya au moins de le rendre accessible le moins possible à ce terrible esprit de corps qui tend toujours à s'introduire dans les corporations judiciaires, et surtout de le prémunir contre l'esprit d'orgueil et la passion d'étendre son autorité. Pour parer à ces graves inconvénients, il était indispensable, selon lui et son collègue Anthoine, de décréter le renouvellement intégral et fréquent de ce tribunal. En vain redoutait-on la versatilité de sa jurisprudence ; ce mot : *jurisprudence* des tribunaux, bon sous l'ancien régime, répondait-il, doit être effacé de notre langue, parce que sous l'empire de la constitution nouvelle la jurisprudence n'étant autre chose que la loi elle-même, il y aurait toujours identité de jurisprudence. En fixant à six années, comme le demandait le comité, la durée des fonctions des membres du tribunal de cassation, on risquait de leur donner une puissance formidable à la constitution et à la liberté, il demandait donc leur réélection intégrale tous les deux ans. Barnave proposait le chiffre de quatre années et le renouvellement par moitié tous les deux ans. L'Assemblée, s'inspirant de l'un et de l'autre avis, décida que les magistrats du tribunal de cassation seraient renouvelés tous les quatre ans, mais en totalité (2). Plusieurs fois encore Robes-

(1) *Moniteur* du 11 novembre 1790, et le *Point du jour*, numéros 487 et 489.

(2) *Point du jour*, numéro 496, p. 249 et suiv. ; *Moniteur* du 19 novembre 1790.

pierre reprit la parole sur diverses questions de détails concernant l'organisation de cette cour suprême; mais les journaux de l'époque ont
singulièrement abrégé le compte rendu de cette discussion, et c'est à
peine s'ils ont mentionné les observations des orateurs (1).

Cette liberté, que Robespierre tenait à protéger contre les atteintes
possibles de ceux mêmes sous la sauvegarde de qui on la plaçait, il
cherchait à l'appliquer en toutes choses, et il n'était si petite occasion
où il ne trouvât moyen de revendiquer en sa faveur. Ainsi, dans la
séance du 16 novembre, se montra-t-il l'adversaire très-décidé du
monopole du tabac qu'on proposait d'abandonner au gouvernement.
Partisan de la liberté du commerce, ennemi de ces impôts indirects
peu onéreux aux riches, mais qui pèsent lourdement sur les pauvres,
il réclamait, au nom de la constitution, le droit pour tous de cultiver
cette plante dont l'usage commençait déjà à prendre une grande extension. D'accord cette fois avec lui, son collègue Beaumetz combattit également le monopole, dans l'intérêt de la richesse nationale, et comme on
objectait les besoins de l'État, l'Assemblée, s'écria-t-il, n'effacera pas
la belle déclaration des droits pour des millions à laisser gagner au
Trésor public. L'Assemblée applaudit fort et ajourna la question, laissant entrevoir qu'elle adopterait sur cet objet des principes libéraux,
dont, après elle, on devait singulièrement s'éloigner (2).

XII

La journée du surlendemain (18 novembre) fournit à Robespierre
l'occasion d'un de ses grands triomphes oratoires.

On était alors sous le coup de l'émotion produite dans Paris par le
duel de Castries avec Lameth, qui, moins heureux que Barnave dans sa
rencontre avec Cazalès, avait été assez grièvement blessé. Persuadé
qu'une ligue s'était formée pour se débarrasser des députés populaires
dans des combats singuliers, et voulant donner une leçon aux duel-
· listes, le peuple s'était porté en foule à l'hôtel de Castries et l'avait
complétement ravagé; mais les principaux chefs du parti révolutionnaire faisaient remonter plus haut la responsabilité des attaques, des
provocations dont les représentants hostiles à la cour étaient continuel-

(1) Voy. cependant le Point du jour, numéro 498.
(2) Point du jour, numéro 494.

lement l'objet. Si les aristocrates continuaient leurs complots liberticides, si dans beaucoup de départements les décrets de l'Assemblée
n'étaient pas exécutés, la faute en était aux ministres. Déjà quelques
jours auparavant, une députation de la commune de Paris, ayant à sa
tête un homme appelé à une réputation colossale, un des meneurs du
club des Cordeliers, le redoutable Danton, était venu demander leur
renvoi en termes dont l'énergie n'avait pas déplu à la majorité de
l'Assemblée constituante. Ce fut au milieu de ces circonstances, et à la
suite des orageuses discussions auxquelles donnèrent lieu, au sein du
Corps législatif, le duel de Charles Lameth et le sac de la maison Castries, que s'ouvrirent les débats sur la pétition par laquelle le peuple
avignonnais, fatigué du joug séculaire et dissolvant de la papauté, réclamait la réunion de son pays à la France, dont logiquement il n'aurait jamais dû cesser de faire partie.

Il y avait longtemps déjà que, ayant brisé d'eux-mêmes l'autorité du
saint-siège, les Avignonnais avaient sollicité l'honneur d'entrer dans
la grande famille française; ceux de leurs concitoyens, députés par
eux pour assister à la dernière fédération, avaient aiguillonné leur impatience en leur dépeignant l'enthousiasme, la joie de ce peuple si heureux et si fier de sa liberté conquise, et dont, en somme, ils se sentaient
les frères légitimes. Le retard que mettait l'Assemblée à se prononcer
sur cette importante affaire tenait à plusieurs causes. En prenant possession d'une partie des domaines du saint-siége, non par la conquête,
mais en vertu d'une offre libre et spontanée de la part des intéressés, elle
craignait, d'une part, de s'aliéner les nations catholiques, de l'autre,
d'exaspérer le clergé, dont cependant, en tant d'autres occasions,
elle se montra assez peu soucieuse de ménager les susceptibilités.
Toucher au bien de l'Église, disaient la plupart des membres du côté
droit, comme les Malouet, les Maury et autres, c'est une impiété, une
abomination. Cependant, dans la séance du 16 novembre au soir,
Pétion, après avoir, dans un long rapport, exposé la situation, proposa
à l'Assemblée, au nom de la majorité des membres du comité d'Avignon et du comité diplomatique, de décréter la réunion de la ville
d'Avignon et de son territoire à l'empire français, sauf à prier le roi de
négocier avec la cour de Rome au sujet des indemnités qu'elle pense-
rait lui être dues. Immédiatement après, un homme dont la doctrine
était que les peuples, comme des troupeaux, appartiennent à certains
êtres privilégiés appelés empereurs, papes ou rois, et n'ont pas la
liberté de disposer d'eux-mêmes, Malouet, cria bien fort au scandale.
Le jeudi soir, 18 novembre, Robespierre prit la parole pour combattre
cette monstrueuse doctrine et soutenir les droits des Avignonnais.

C'était le soir même du jour où, dans la séance du matin, il avait, pour la
seconde fois depuis le commencement du mois, parlé sur l'organisation
de la cour de cassation. Un membre qui depuis a rédigé des mémoires
où la pusillanimité le dispute au mensonge et à la calomnie, Durand
de Maillanne, prononça d'abord un discours dans lequel il conclut à la
prise en considération de la pétition des Avignonnais, sauf les indemnités à offrir au pape.

Robespierre lui succéda. Il occupa longtemps la tribune et fut écouté
avec une faveur marquée. « Je réclame, » dit-il en commençant, « je
réclame, pour la question qui vous est soumise, l'attention religieuse
qu'ont obtenue de vous les plus grands objets de vos délibérations ; ce
n'est pas sur l'étendue du territoire avignonnais que se mesure l'importance de cette affaire, mais sur la hauteur des principes qui garan-
tissent les droits des hommes et des nations. La cause d'Avignon est
celle de l'univers, est celle de la liberté. Il serait également inutile de
la défendre devant des esclaves et coupable de douter de son succès
devant des hommes libres, devant les fondateurs de la liberté. » Cette
question lui paraissait se réduire à deux propositions bien simples : le
peuple avignonnais avait-il le droit de demander sa réunion à la
France ? l'Assemblée nationale pouvait-elle se dispenser d'accueillir sa
pétition ? Le principal titre invoqué contre lui, c'était la cession faite
en 1348 à Clément VI par la reine Jeanne, en échange de l'absolution
qu'elle sollicitait de ce pape, au tribunal duquel elle avait été citée
pour le meurtre de son mari. Mais cet acte scandaleux était radicale-
ment nul, d'abord parce que la reine était mineure au moment où elle
l'avait consenti, ensuite parce qu'il était contraire aux bonnes mœurs.

Comme un certain nombre d'habitants du Comtat, par jalousie de la
ville d'Avignon dont ils redoutaient la prépondérance, avaient protesté
contre la pétition de leurs concitoyens, les adversaires de la réunion
prétendaient qu'une portion de peuple ne pouvait être séparée du tout
sans le consentement général de l'association. Robespierre, s'emparant
de leur argument, rappela que la nation provençale tout entière avait,
dès l'origine de la cession, réclamé, par l'organe des états généraux,
contre l'acte irrégulier passé par la reine Jeanne ; que les magistrats
d'Aix par divers arrêts avaient décidé que la ville d'Avignon n'avait
jamais cessé d'être partie intégrante du royaume de France ; qu'enfin
c'était un point incontestable de notre droit public reconnu par nos
premiers rois, que l'État avignonnais était détenu à titre précaire seulement par le pape. D'ailleurs, ajoutait Robespierre, la ville d'Avignon
est essentiellement distincte du comtat Venaissin cédé au pape par
Philippe le Hardi, moyennant la levée d'une sentence d'excommuni-

cation. Entre elle et lui, il y a différence de lois, de coutumes et de tribunaux; le refus des habitants du Comtat de se réunir à la France ne saurait donc être un obstacle à l'incorporation des Avignonnais. Dans la cause de ces derniers, il voyait celle de tous les peuples dont la souveraineté ne pouvait être aliénée au profit de tel ou tel individu, et il la défendait au nom même des principes proclamés par l'Assemblée constituante; autrement, disait-il, il n'y aurait plus de peuple, il n'y aurait qu'un tyran et des esclaves. C'était le principe des nationalités nettement posé.

Répondant à cette objection qu'Avignon était la propriété du pape, il s'écriait : « Juste ciel! les peuples, la propriété d'un homme! Et c'est dans la tribune de l'Assemblée nationale qu'on a proféré ce blasphème. » Ici l'orateur fut obligé de s'arrêter, interrompu par de bruyantes acclamations. Quelques membres, assimilant à une conquête l'annexion d'Avignon au territoire français, avaient invoqué le décret par lequel l'Assemblée, stipulant au nom du pays, avait renoncé à toute conquête. Mais, répondait victorieusement Robespierre, une conquête est l'oppression d'un peuple par un autre, ou plutôt par un despote, tandis que c'est spontanément et par un contrat librement consenti que les Avignonnais offrent de se réunir à nous. Et comme, pour jeter quelque défaveur sur leur pétition, on avait rappelé qu'elle avait été formée au milieu de troubles sanglants, troubles fomentés par l'aristocratie d'Avignon au mois de juin précédent, il dit : « Que les auteurs de ces raisonnements engagent donc les tyrans à rendre aux peuples l'exercice de leurs droits, ou qu'ils leur donnent les moyens de les renverser sans insurrection... » A ces paroles de nouveaux applaudissements interrompirent une seconde fois l'orateur; lui, reprenant : « ou plutôt qu'ils fassent le procès au peuple français et à ses représentants avant de le faire à ceux qui nous ont imités. »

Après s'être attaché à prouver combien il était absurde, ridicule, contraire à tous les principes de contester au peuple avignonnais le droit de demander sa réunion à la France, Robespierre chercha à démontrer que l'Assemblée nationale ne pouvait se dispenser d'accueillir sa pétition. Ne devait-elle pas avoir à cœur de consacrer ce principe de la souveraineté des peuples sur lequel reposait tout l'édifice de la constitution? N'était-il pas de sa dignité et de son honneur de ne pas exposer aux vengeances de ses ennemis un peuple resté français malgré toutes les conventions contraires, et dont le seul crime était de vouloir partager nos destinées? Mais ce n'était pas tout : une foule de raisons économiques et politiques de la plus haute importance faisaient en quelque sorte une nécessité de la réunion de cette ville au royaume.

Comment, en effet, tant qu'elle en demeurerait détachée, sa position entre plusieurs de nos départements permettait-elle de reculer aux frontières toutes ces barrières intérieures qui divisaient autrefois la France et la coupaient en une foule de petits États séparés d'intérêts et de coutumes? « Sa situation au confluent du Rhône et de la Durance, le rocher qui la domine, la facilité qu'elle peut donner, à ceux qui en seraient les maîtres, de mettre des entraves à la communication du Languedoc, de la Provence, du Dauphiné, en font une place infiniment importante et nécessaire à la France, et vous invitent à ne point violer la plus irréfragable de toutes les lois, celle de la nature même, qui a voulu qu'elle fût, qu'elle ne pût être qu'une portion du territoire français. » N'était-il pas à craindre, si l'on résistait plus longtemps à ses vœux, de la voir devenir le quartier général de l'aristocratie, qui de là dirigerait ses attaques contre notre constitution, tandis qu'elle pourrait être un boulevard contre tant d'ennemis puissants? « Voyez, » ajoutait-il, « au sein de cette partie de la France, où ils ont déjà fait germer les funestes semences des dissensions civiles, le comtat Venaissin et Avignon placés nécessairement pour être ou le principal foyer des conspirations, ou le ferme appui de la tranquillité publique, suivant le jugement que vous prononcerez sur le sort des Avignonnais. Quel danger n'y aurait-il pas à les laisser retomber sous le joug de ceux qui, unis par des passions et des intérêts communs, conspireront pour amener impunément une explosion fatale à notre glorieuse Révolution. C'est de ce pays que dans nos troubles domestiques les papes soufflaient sur ce royaume tous les fléaux du fanatisme, de la guerre civile et religieuse qui l'ont si longtemps désolé. C'est là que les ennemis du peuple avignonnais et du peuple français peuvent vous préparer de nouveaux troubles... » Et puis, oubliait-on les vœux formellement exprimés dans leurs cahiers par les bailliages voisins, pour réclamer la réunion de cette ville à l'Empire français ?

Que si les cours étrangères avaient l'intention de déclarer la guerre à la France, elles n'avaient pas besoin, comme on l'a dit, du prétexte de cette incorporation. Au surplus, poursuivait-il, vous n'avez à leur opposer que les armes dont les peuples, en état de révolution, ont toujours usé contre les tyrans : le serment de périr pour la liberté. « Adoptez d'autres principes, et montrez quelques craintes, vous êtes déjà vaincus. » Ce fier langage souleva, cette fois encore, les acclamations de l'Assemblée.

Jusque-là Robespierre s'était trouvé en parfaite communauté d'idées avec son collègue et son ami Pétion ; où il se sépara de lui, ce fut sur la question des indemnités à accorder au pape. Suivant lui, il n'y en

avait aucune à donner, car il ne pouvait être dû d'indemnité pour la
perte d'une usurpation, disait-il, et la cessation d'un long outrage aux
droits des nations et de l'humanité. Et si quelqu'un avait à réclamer
quelque indemnité, c'était le peuple victime d'un long esclavage, non
l'oppresseur. L'Assemblée témoigna son approbation de ces paroles par
de nouveaux applaudissements; et Robespierre, en terminant, lui proposa, comme un devoir, l'adoption du décret suivant : « L'Assemblée
nationale décrète qu'Avignon et son territoire font partie de l'empire
français, et que tous ses décrets y seront incessamment envoyés pour
y être exécutés comme dans le reste de la France (1). »

Robespierre, on peut le dire, s'était cette fois emparé de ses collègues ; l'impression de son discours fut votée d'enthousiasme. A
entendre les applaudissements qui, à plusieurs reprises, avaient interrompu l'orateur, on eût pu croire d'avance à une victoire complète,
et que sa motion serait décrétée d'emblée ; il n'en fut rien pourtant. Dans
un intérêt difficile à comprendre, Mirabeau demanda, le surlendemain,
au nom du comité diplomatique, l'ajournement de la question et l'envoi de troupes françaises à Avignon pour y protéger les établissements
français et la paix publique, de concert avec les officiers municipaux ;
l'Assemblée se prononça dans ce sens, et ajourna jusqu'à nouvel ordre
l'incorporation du peuple avignonnais à la France (2).

Grand fut le désappointement au dehors. Mais Robespierre avait fait
la conquête d'un peuple, et cette fameuse séance du 18 novembre au
soir donna lieu entre les magistrats municipaux d'Avignon et lui à une
correspondance qui mérite d'être recueillie par l'histoire : « Monsieur, »
lui écrivaient, le 4 décembre suivant, les administrateurs de la ville,
« les défenseurs des Avignonnais ont reçu au milieu des représentans
de la nation l'hommage de notre reconnaissance. Les sentimens que
leur générosité a fait naître dans les cœurs de nos concitoyens sont
consignés dans notre adresse à l'Assemblée nationale.

« Nous vous devons, Monsieur, un témoignage particulier de notre
gratitude, et nous remplissons avec empressement ce devoir sacré. Le
discours sublime que vous avez prononcé dans notre affaire est dans
les mains de tous nos patriotes ; ils ne se lassent pas de le lire. Si les

---

(1) *Discours à l'Assemblée nationale sur la pétition du Peuple avignonnais.* (Paris, de
l'imprimerie nationale, 1790, in-8° de 18 pages.) Le *Moniteur* du 20 novembre en
donne un résumé assez étendu. Il est singulier que Laponneraye, qui, dans son
édition des œuvres de Robespierre, s'est borné en général à donner le résumé de ses
discours d'après le *Moniteur*, ait omis celui-ci, dont le retentissement fut immense.
Voy. aussi les Procès-verbaux manuscrits de l'Assemblée nationale. (*Archives*, C, § 1,
446, carton 33.

(2) *Moniteur* du 22 novembre 1790.

principes que vous avez établis si victorieusement pouvoient être connus de tous les peuples de la terre, bientôt il n'existeroit plus de tyran. Si le courage d'une nation qui combat pour sa liberté pouvoit être abattu, le souvenir de ce que vous avez dit en notre faveur suffiroit pour ranimer nos espérances.

« Le décret que vous proposiez combloit nos vœux. Ce n'est pas assez pour nous d'être libres, il nous faut être Français. Il ne manque que ce nom à notre bonheur. Nous avons secoué le joug ultramontain, mais nous sommes encore sous la tyrannie fiscale ; des armées de commis nous entourent. Ces agents de la ferme, dont le règne va être détruit, affectent de redoubler à notre égard leurs vexations odieuses. Nous les dénonçons à votre patriotisme, et nous espérons que, si des raisons politiques ont retardé un décret que la justice sollicitoit, vous obtiendrez sans peine de l'Assemblée que nous soyons traités comme les enfants de la patrie. Cette faveur est due à notre amour pour la constitution, et peut seule modérer notre impatience.

« Nous sommes avec respect, Monsieur, vos très-humbles et très-obéissans serviteurs,

« Les maire et officiers municipaux : Richard, maire ; Mainvielle, Ayme, Niel, Duprat, officiers municipaux. »

Robespierre répondit : « Les principes qui m'ont porté à défendre la cause du peuple avignonnais doivent être pour vous, Messieurs, un sûr garant de mes sentimens pour les magistrats d'un peuple libre, dont la sainte autorité commence au moment où la tyrannie expire. Leur suffrage est, à mes yeux, le prix le plus flatteur de mon attachement à leur cause et à celle de l'humanité ! Leurs remercîmens ne peuvent me paroître qu'un excès de générosité. En défendant les Avignonnais, c'est la justice, c'est la liberté, c'est ma patrie, c'est moi-même que j'ai défendu. Je n'ai fait que remplir le vœu de tous les vrais Français et devancer celui de la postérité, qui bénira avec une tendre admiration ce peuple dont le courage a abattu d'un seul coup la puissance du despotisme et de l'aristocratie ; sa liberté ne périra pas plus que sa gloire. Elle est attachée à la destinée de la France. Oui, Messieurs, quelles qu'aient été les raisons qui ont suspendu la prononciation formelle de votre réunion, vous serez Français ; vous l'êtes, puisque vous le voulez et que le peuple français le veut. Ce ne sont point des terres nouvelles dont nous avons besoin, ce sont des hommes libres et vertueux ! Et quelle contrée nous en offrira, si ce n'est la vôtre ! Si Rome donnoit le droit de cité aux peuples qu'elle avoit vaincues, pourquoi repousserions-nous des frères, vainqueurs comme nous du despotisme, et destinés à combattre avec nous pour la conservation de la liberté commune? Voilà la seule politique qui puisse faire le bonheur des hommes; voilà du moins ma profession de foi. C'est vous dire assez, Messieurs, que vous n'avez pas besoin de me recommander vos intérêts pour l'avenir. Si vous êtes réduits à nous dénoncer encore ces armées de commis qui vous entourent, si les excès de la tyrannie fiscale profanent encore un territoire que votre vertu a consacré à la liberté, vous en délivrer est la moindre des preuves que l'Assemblée nationale doive vous donner de sa reconnoissance et de celle de la nation. Ils ne seroient plus au moment où je vous écris; le bonheur du peuple avignonnais seroit proportionné à sa magnanimité, si ma puissance égaloit mon zèle pour ses intérêts, et la tendre vénération que je lui ai vouée.

« Veuillez bien, Messieurs, en accepter le témoignage, et permettez qu'il supplée ici à toutes les formules. — Robespierre (1). »

Robespierre tint sa promesse : plus d'une fois nous l'entendrons reprendre la parole pour vaincre les résistances de ses collègues dont l'étrange obstination à retarder sans aucune espèce d'utilité la réunion d'Avignon à la France, finira par céder à sa persistance. Mais, comme il l'avait prévu, leur longue hésitation devait entraîner de déplorables conséquences ; quand le peuple avignonnais sera tardivement incorporé à l'Empire français, d'irréparables malheurs auront fondu sur lui ; et, pour n'avoir pas tout de suite ratifié la motion si juste, si sensée de Robespierre, l'Assemblée constituante sera cause que la patrie ne recevra dans son sein qu'une ville portant au front les stigmates sanglants d'épouvantables massacres.

XIII

Dans la soirée du 18, avant que Robespierre montât à la tribune, l'Assemblée avait entendu le maire de Paris, Bailly, et le général La Fayette: le premier, réclamant au nom du conseil général de la commune, une loi de police et la formation immédiate d'un tribunal provisoire pour juger les nombreux détenus dont les prisons étaient encombrées; le second, l'organisation définitive de la garde nationale.

Certes, si jamais moment fut favorable pour organiser cette institution sur des bases démocratiques, ce fut bien celui-là; mais déjà la

---

(1) Ces deux lettres se trouvent dans le numéro 59 des *Révolutions de France et de Brabant*.

bourgeoisie commençait à avoir peur du peuple, et elle commettait l'immense faute de tracer entre elle et lui une ligne de démarcation qui n'aurait jamais dû exister. Au lieu de fondre ensemble la masse des citoyens, d'intéresser le pauvre comme le riche à la conservation de l'œuvre constitutionnelle, sés principaux meneurs dans l'Assemblée, réagissant contre les principes d'égalité proclamés dans la déclaration des droits de l'homme, imaginèrent de faire de la garde nationale une sorte de garde prétorienne dont les rangs étaient inaccessibles aux profanes, et ces profanes, c'était... le peuple, dans le sens restreint que donnait à ce mot l'aristocratie bourgeoise. Telle fut, en effet, l'économie du projet présenté le dimanche 26 novembre par Rabaut Saint-Étienne, au nom du comité de constitution. Les citoyens actifs, leurs enfants mâles âgés de dix-huit ans, étaient seuls admis à être inscrits sur les rôles de la garde nationale ; il y avait seulement une exception en faveur des citoyens non actifs qui, au début de la Révolution, avaient pris les armes pour la liberté. Ainsi, d'un trait de plume, des millions de citoyens français étaient réduits à l'état d'ilotes. Non-seulement on les avait exclus des assemblées électorales, mais on les déclarait incapables de servir la patrie comme gardes nationaux ; et l'on constituait dans l'État, sans se douter des périls qu'on léguait à l'avenir, une nouvelle classe inconnue, pour ainsi dire, sous l'ancien régime, le prolétariat.

L'Assemblée nationale ordonna l'impression du rapport de Rabaut Saint-Étienne et ajourna le débat ; mais, aux Jacobins, la discussion ne fut pas ajournée. Le soir même Robespierre parut à la tribune, et, laissant déborder son cœur, il fit, en termes d'une éloquente amertume, la vive critique du plan exposé dans la journée à l'Assemblée constituante, en y joignant celle du décret du marc d'argent, cause première de tout le mal. « Qui pourroit ne pas partager la sainte indignation que Robespierre fit éclater aux Jacobins dans un discours admirable ! » s'écria, transporté, l'auteur des *Révolutions de France et de Brabant*. Mirabeau présidait. Irrité des applaudissements frénétiques prodigués par l'assistance émue aux paroles enflammées de son collègue, il entreprit d'imposer silence à l'orateur en prétendant qu'il parlait contre un décret rendu. Alors se passa une scène impérissable, grâce à la plume d'un témoin oculaire et passionné, Camille Desmoulins. La société tout entière se récria contre le despotisme du président. Tout en élevant Mirabeau au fauteuil pour les gages immortels qu'il avait donnés à la Révolution, les Jacobins ne pouvaient oublier ses derniers votes dans l'affaire de Nancy et celle d'Avignon ; et le parallèle entre Robespierre et lui était tout à son désavantage.

Sourds à la sonnette présidentielle violemment agitée, ils invitaient d'une commune voix l'orateur à continuer. Un tumulte indescriptible s'ensuivit et dura près d'une heure et demie. Mirabeau, croyant gagner la partie, s'avisa d'un moyen théâtral : « Que tous mes confrères m'entourent, » s'écria-t-il tout à coup en montant sur son fauteuil, comme si sa personne eût été menacée. Une trentaine de membres seulement accoururent à son appel. « Mais de son côté, » dit Camille, « Robespierre, toujours si pur, si incorruptible, et à cette séance si éloquent, avoit autour de lui tous les vrais Jacobins, toutes les âmes républicaines, toute l'élite du patriotisme. Mirabeau ne savoit donc pas que, si l'idolâtrie pouvoit être permise chez un peuple libre, ce ne seroit que pour la vertu. » Au petit nombre de fidèles dont il se vit entouré, il connut combien l'influence morale de Robespierre était supérieure à la sienne.

Charles Lameth ne fut pas plus heureux quand, arrivant avec son bras en écharpe, il prétendit, lui aussi, — non sans avoir au préalable appelé Robespierre « son ami très-cher » et l'avoir loué beaucoup de son amour pour le peuple, — qu'on n'avait pas le droit de parler contre un décret sanctionné ou non. Mais Noailles leva la difficulté en venant attester que le comité de constitution, dont il était membre, n'avait nullement entendu le décret en question dans le sens que lui prêtaient le président et Charles Lameth. C'était donner raison à Robespierre, à qui Mirabeau, tout désappointé, fut contraint de rendre la parole, et qui acheva son discours, comme il l'avait commencé, au milieu des plus vives acclamations (1). Il ne paraît pas d'ailleurs que Mirabeau lui ait gardé rancune, car nous le verrons, à quelques semaines de là, associant ses éloges à ceux de Camille Desmoulins, donner dans son propre journal les passages les plus importants du discours de Robespierre sur la garde nationale.

XIV

Au nombre des abus de l'ancien régime et des sources impures d'où provenait la fortune d'une foule de grands seigneurs, de courtisans, se trouvaient les brevets de retenue. On entendait par là, suivant la défi-

---

(1) Voy. dans le numéro 55 des *Révolutions de France et de Brabant* la très-curieuse narration de cette séance significative. MM. Buchez et Roux l'ont insérée en entier dans leur *Histoire parlementaire de la Révolution*, t. VIII, p. 67 et suiv.

nition donnée par Camus, rapporteur du comité des pensions, un acte signé de celui qui avait le droit d'accorder des provisions d'un office, acte par lequel il s'engageait à ne donner aucunes provisions à un nouveau titulaire sans que celui-ci eût remis aux mains du titulaire actuel ou de ses ayants cause une somme spécifiée dans le brevet.

On sent à combien de trafics scandaleux cela donnait nécessairement lieu à une époque où les offices non vénaux le devenaient par suite d'un pareil système. Ces brevets, de différentes classes, n'avaient pas tous la même origine. Les uns tenaient lieu de quittances de prix de charges versé au trésor public, comme ceux des commissaires des guerres; les autres avaient été expédiés en vertu d'ordonnances générales, comme les brevets relatifs aux gouvernements des provinces et places de guerre, accordés en échange de sommes payées par un nouveau titulaire à son prédécesseur au su et d'après l'ordre même du roi; il y en avait enfin qui n'étaient qu'un pur don, une libéralité à des personnes en crédit. Camus, dans son rapport concernant le rachat des offices supprimés et les indemnités à fournir aux titulaires dépossédés, avouait que la grâce et la faveur du prince avaient été l'origine du plus grand nombre des brevets de retenue. Nulle forme légale, consacrée par le droit civil et privé, n'avait été observée dans ces donations; c'étaient des actes du pouvoir arbitraire et absolu dont la validité n'était jamais contestée jadis, parce qu'il n'était permis à personne de les examiner.

On n'évaluait guère à moins de 100 millions le chiffre des indemnités à payer pour la suppression des brevets de retenue. Il y avait évidemment une distinction à établir entre les titulaires dont les brevets étaient la compensation de sommes primitivement payées au trésor public, et les titulaires qui ne pouvaient justifier d'aucun payement, c'est-à-dire dont les brevets étaient une pure libéralité. Or le plus grand nombre des porteurs de brevets, on l'a vu d'après l'aveu du rapporteur, était dans ce cas. Le comité établissait bien cette distinction, mais il ne proposait pas moins d'indemniser aussi les seconds, dans une mesure moindre, il est vrai, et seulement pour les brevets concédés à partir du 1er novembre 1769.

Pourquoi cette préférence accordée aux brevets portant une certaine date? Avaient-ils un caractère plus moral, étaient-ils mieux fondés? Et pourquoi grever les finances de l'État au profit des uns plutôt que des autres? C'est ce dont le rapporteur ne prit pas la peine de rendre compte. Cependant plusieurs orateurs, parmi lesquels M. de Castellane, ne trouvaient pas le projet du comité assez favorable aux porteurs de brevets. La discussion ayant été fermée avant qu'aucun

membre de l'Assemblée eût combattu avec quelque énergie les conclusions du rapport, Merlin réclama. « Il faut bien que quelqu'un parle
pour le peuple, » dit-il, « je n'ai entendu plaider que la cause des brevets de retenue. »

Robespierre se leva alors, comme pour répondre à une invitation
personnelle. S'emparant de l'aveu du rapporteur, il rappela que la plupart de ces brevets de retenue étaient des actes contraires aux lois,
des libéralités faites à des courtisans aux dépens du peuple, et souvent
un indigne trafic des ministres. « C'en est assez, » dit-il, « pour conclure qu'il n'y a pas lieu à délibérer sur les divers projets de rembour-
sement présentés à cet égard. Les titres imprescriptibles du peuple et
de l'humanité sont plus sacrés, quoi qu'on puisse dire, que ceux des
riches et des courtisans qui ont obtenu ces places et ces libéralités,
quelque couleur qu'on veuille leur donner. » Il fallait donc se garder,
selon lui, de grever le peuple d'une centaine de millions d'impôts pour
consacrer des actes qu'on devait mettre au rang des abus les plus ré-
voltants dont il avait été victime. Ces observations portèrent leurs
fruits : le comité modifia son projet de décret, et il fut décidé en principe que les sommes inscrites aux brevets de retenue seraient rem-
boursées dans le cas seulement où l'on produirait la justification
qu'elles avaient été versées au trésor public, soit par le titulaire actuel du brevet, soit par le titulaire précédent (1).

XV

C'était le moment où l'Assemblée constituante songeait à mettre un
terme aux entraves apportées par l'immense majorité des prélats à la
constitution civile du clergé; où Voidel, au nom du comité des
recherches, lui traçait une sombre peinture des résistances fomen-
tées contre ses décrets par un grand nombre de prêtres; où Mirabeau poussait contre ce clergé antipatriotique un cri d'indignation dont le retentissement prolongé devait ébranler la France
entière.

Sur la proposition de l'immortel tribun, et malgré les emportements
de l'abbé Maury, dont les fureurs s'étaient accrues du calme avec

---

(1) Voy. le *Point du jour*, numéro 503, et le *Moniteur* des 24, 25, et 26 novembre
1790.

lequel on l'avait écouté, il avait été décrété, le samedi soir 27 novembre, que, dans la huitaine à partir du jour de la publication du présent décret, tous prêtres, curés et évêques conservés en fonction seraient tenus, conformément à la constitution civile du clergé, de prêter, à l'issue de la messe, en présence du conseil général de la commune et des fidèles, serment de fidélité à la nation, à la loi et au roi, et de maintenir de tout leur pouvoir la constitution; qu'il serait pourvu au remplacement de ceux qui refuseraient le serment, ou qui, l'ayant prêté, viendraient à le violer. Les parjures devaient être poursuivis comme rebelles à la loi, punis par la privation de leurs traitements, déclarés en outre déchus des droits de citoyens actifs, et incapables d'aucunes fonctions publiques. Le clergé en général tint peu compte de ces dispositions sévères; et les ecclésiastiques de l'Assemblée allaient prochainement saisir l'occasion d'un facile triomphe, quittes à incendier tous les départements et à exaspérer les âmes pieuses égarées en criant bien fort à la persécution et au martyre.

Voilà précisément ce que redoutait Robespierre. Le silence gardé par lui dans ces discussions orageuses est une preuve non équivoque à nos yeux du peu d'approbation qu'il donnait à la conduite tenue par l'Assemblée en cette circonstance, et nous aurons l'occasion plus tard de montrer combien peu en général il était partisan des mesures de rigueur envers les gens d'Église. Il n'était pas seul de son avis dans le parti populaire; d'autres patriotes, dévoués comme lui à la Révolution, blâmaient, par exemple, cette inutile formalité du serment, dont le clergé allait se faire une arme terrible contre le nouvel ordre de choses, et bonne tout au plus à grossir le nombre de ses partisans (1).

Prétendre, comme le faisaient les prêtres, que la constitution civile portait atteinte à la religion catholique, c'était un mensonge calculé et d'autant plus odieux; mais ils s'en servirent avec une habileté diabolique. Assurément il n'y avait rien qui blessât le dogme dans cette obligation imposée aux ministres de l'Église de jurer fidélité à la nation, à la loi, au roi; et en ce qui concernait leurs rapports avec le saint-siège, Bossuet avait été au moins aussi loin que l'Assemblée nationale. Mais à quoi bon les astreindre, sous peine de déchéance, à un serment illusoire? Qu'importait à la Révolution qu'ils prêtassent des lèvres un serment qui n'était point dans leurs cœurs? Mais ce qui lui importait, c'était de ne pas leur fournir l'occasion de se poser en victimes et de montrer, comme des plaies faites à la religion, les blessures dont souffraient leur amour-propre et leur cupidité. Et cette occasion, comme

(1) Voy. les *Révolutions de Paris*, numéro 78.

ils la saisirent avec empressement! Comme ils s'évertuèrent à bouleverser les provinces, comme ils y soufflèrent le feu de leurs haines
ardentes, comme par tous les moyens, par la tombe et par le berceau,
ils surent agir sur les esprits faibles! Avec quel art machiavélique, décidés à tout abîmer plutôt qu'à se rendre et à donner, en véritables
chrétiens, l'exemple du respect à la volonté nationale, ils déchaînèrent
partout les passions et la discorde! Comme enfin ils contribuèrent à
amener cette situation formidable qui devait enfanter la Terreur! C'était
là sans nul doute ce que redoutait Robespierre, quand parfois il essayait
de conjurer l'orage suspendu sur la tête des ecclésiastiques, protestant
ainsi, nous le répétons, contre cette intolérance dont on l'a si faussement accusé. Laisser les prêtres libres; ne pas avoir l'air d'empiéter
sur le domaine de la conscience, c'était les annuler, il le savait; il
savait aussi combien puissants et dangereux pouvait les rendre la simple
apparence d'une persécution. Il avait donc bien raison de ne pas s'associer à des mesures dont les conséquences devaient être désastreuses.

Mais que l'occasion de réparer une injustice se présentât, on était
sûr de le voir paraître à la tribune. Ainsi l'entendit-on, dans le courant
de décembre, prêter l'appui de sa parole aux sous-officiers et soldats
du régiment de Royal-Champagne, alors en garnison à Hesdin, et que
leur patriotisme connu avait désignés aux vengeances de leurs supérieurs. L'affaire remontait au mois d'août dernier, époque à laquelle,
sur la dénonciation d'actes d'insubordination de la part de quelques
sous-officiers et cavaliers de ce régiment, l'Assemblée avait rendu un
décret en vertu duquel le roi avait été prié d'employer les moyens les
plus efficaces pour arrêter les désordres et en faire punir sévèrement
les auteurs. On sait déjà quel antagonisme existait alors entre les sous-
officiers et les soldats d'un côté, et les officiers de l'autre : les premiers se montrant en général tout dévoués aux institutions nouvelles,
les seconds au contraire détestant cordialement la Révolution, et usant,
pour la combattre, de tous les moyens en leur pouvoir. Aussi malheur
à ceux de leurs subordonnés qui témoignaient avec trop d'enthousiasme leur attachement aux principes libérateurs! Leur patriotisme
était un crime, et leurs moindres démonstrations en faveur de la cause
populaire étaient bien vite transformées en actes d'insubordination,
tant il paraissait dur à leurs supérieurs de voir surgir des hommes là
où depuis tant d'années ils étaient habitués à commander à des esclaves.

Munis du décret de l'Assemblée, les officiers de Royal-Champagne
avaient ignominieusement renvoyé du régiment trente-six hommes,
parmi lesquels deux adjudants, neuf maréchaux des logis et deux bri-

gadiers, après leur avoir délivré, au milieu d'un imposant appareil de
guerre, des cartouches de congé avec ordre de se rendre dans leurs
foyers, malgré le décret antérieur de l'Assemblée interdisant formellement d'expédier, sans jugement préalable, des cartouches infamantes aux soldats. La plupart des hommes ainsi chassés avaient de
quinze à trente ans de service, et n'étaient parvenus au modeste grade
qu'ils occupaient que par une longue suite de bonnes actions ; ce qui
avait été constaté au commencement d'octobre par les deux commissaires civils envoyés à Hesdin par l'Assemblée nationale, sur les vives
réclamations qu'avait soulevées de toutes parts la punition arbitraire
infligée à ces trente-six sous-officiers et soldats, les meilleurs du régiment. Chargé, au nom des comités militaire, des rapports et des recherches réunis, de présenter un rapport sur cette affaire, le député Salles
disculpa entièrement la conduite de ces victimes de l'aristocratie militaire, et il apitoya singulièrement l'Assemblée sur leur sort quand il
raconta que la cause de leurs persécutions était un pacte fédératif juré
à la face du soleil sur la place d'Hesdin entre la garde nationale du
pays et les soldats de Royal-Champagne, pacte dont le procès-verbal
avait été lu devant l'Assemblée constituante elle-même, et vivement
applaudi par elle. Ce rapport était suivi d'un projet de décret portant
que les sous-officiers et soldats renvoyés du régiment de Royal-Champagne toucheraient leur solde jusqu'à ce qu'ils eussent été replacés ;
que les congés à eux délivrés seraient annulés ; que le roi serait prié
de les incorporer dans la maréchaussée, et qu'enfin le ci-devant ministre de la guerre, M. de la Tour du Pin, et la municipalité d'Hesdin
seraient publiquement blâmés pour l'approbation qu'ils avaient donnée à la conduite des officiers de Royal-Champagne.

Un tel rapport et un tel décret, empreints d'un caractère si libéral,
devaient nécessairement soulever dans le côté droit de violentes rumeurs. Les du Châtelet, les Crillon, les d'Estourmel, les Murinais et
autres, presque tous officiers, et par conséquent juges dans leur propre
cause, se récrièrent vivement, défendirent en désespérés la conduite
de leurs collègues, si justement dénoncée au blâme de l'Assemblée
nationale. Robespierre se chargea, lui, de soutenir les conclusions du
rapport. Il montra combien les officiers de Royal-Champagne, en prononçant des punitions sans jugement, avaient agi d'une manière arbitraire et oppressive ; puis il signala la forme illégale des congés délivrés aux soldats renvoyés, forme illégale même sous l'ancien régime.
Les congés devaient dégager purement les hommes de leur service
et contenir témoignage de leur bonne conduite ; de quel droit les officiers avaient-ils expédié de véritables lettres d'exil ? N'était-il pas fa-

cile de voir qu'ils avaient été poussés dans cette voie par un esprit contre-révolutionnaire? En effet, dans la longue information à laquelle on s'était livré, on n'avait pu relever aucun grief grave contre leurs victimes. Mais, continuait l'orateur, on a prétexté l'insubordination pour renvoyer du corps les soldats les plus patriotes, les plus amis de la constitution ; et, ne pouvant les provoquer à des actes qui eussent permis de les traduire en jugement, on a eu recours au despotisme ministériel. Il fallait donc, suivant lui, donner un grand exemple de justice en votant le projet des comités.

Après une assez vive discussion, l'Assemblée, tenant largement compte des observations de Robespierre, et sans adopter complètement le projet de décret de ses comités, sans doute pour ménager l'amour-propre des officiers qu'elle espérait toujours rallier à la cause de la Révolution, déclara nulles et non avenues les cartouches délivrées aux cavaliers et sous-officiers du régiment de Royal-Champagne, et décréta qu'ils toucheraient le montant de leur solde jusqu'à ce qu'ils eussent été jugés, s'il y avait lieu, ou jusqu'à l'expiration de leur congé (1).

XVI

Trois jours après, dans la séance du 14 décembre, on discutait, au sein de l'Assemblée constituante, une des plus importantes questions de la nouvelle organisation de la justice, celle des offices ministériels et de la défense devant les tribunaux.

Les comités de judicature et de constitution avaient pensé avec raison que la suppression de la vénalité des charges judiciaires devait entraîner naturellement celle de la vénalité des offices de ces procureurs dont notre ancienne comédie a immortalisé l'esprit de chicane et la cupidité. Voulant sans doute couper le mal dans sa racine, les comités s'en prenaient non-seulement à l'abus, mais encore au principe, et proposaient la suppression complète des officiers ministériels. Mais comment et par qui les remplaçaient-ils? Là surtout était le point vulnérable du nouveau plan soumis par eux aux délibérations de l'Assemblée. Ils avaient imaginé de fondre ensemble les fonctions jadis attribuées aux procureurs et celles exercées par les avocats, et d'en

(1) Voy. le *Moniteur* du 13 décembre 1790, séance du 11 mars au soir.

investir, moyennant certaines conditions de stage, un petit nombre d'individus désignés dans chaque district par trois juges et deux hommes de loi. A cela plusieurs membres préféraient l'ancien système, trouvant en définitive plus de garanties pour les plaideurs dans l'officier ministériel forcé d'acheter sa charge, que dans ces procureurs déguisés dont le choix serait laissé à la discrétion de quelques juges. Ému de compassion sur le sort des procureurs dépossédés, non sans indemnité cependant, Prugnon plaida chaleureusement leur cause. Robespierre engagea le débat à un point de vue plus élevé; aussi son opinion fut-elle accueillie avec beaucoup plus d'applaudissements (1). Le plan du comité lui paraissait défectueux, surtout en ce qu'il restreignait le droit le plus imprescriptible et le plus sacré, celui de la défense naturelle. Ne pas permettre à un citoyen de confier le soin de défendre son honneur, sa vie ou sa liberté à celui qu'il jugeait le plus digne de sa confiance, c'était, aux yeux de l'orateur, saper jusqu'aux premiers fondements de la liberté individuelle, violer les plus saintes lois de la justice et de la nature. Il rappelait, non sans quelque fierté pour sa profession, que si autrefois l'introduction d'une demande devant les tribunaux et la procédure étaient enveloppées de formes vénales et forcément confiées à des officiers dont les charges étaient l'objet d'un véritable trafic, du moins la partie principale et essentielle de la défense, « la fonction de développer les faits, de faire valoir les moyens, de réclamer la sainte autorité des lois, de faire entendre la voix de l'humanité et les cris de l'innocence opprimée, » avait échappé au génie de la fiscalité et au pouvoir absolu. Moyennant un cours d'études facile et ouvert à tout le monde, chacun était libre d'exercer la profession d'avocat, tant le droit de la défense avait toujours été regardé comme un droit naturel et sacré. Aussi disait-il : « Tout en déclarant sans aucune peine que cette profession n'était pas exempte des abus qui infecteront toutes les sociétés qui ne vivront pas sous le régime de la liberté, je suis forcé de convenir que le barreau semblait encore montrer les traces de la liberté exilée du reste de la société ; que c'était là où se trouvait encore le courage de la vérité, ce zèle généreux qui défend avec énergie les droits du faible opprimé contre les crimes de l'oppresseur puissant, ces sentiments magnanimes qui n'ont pas peu contribué à amener une Révolution qui ne s'est opérée dans le gouvernement que parce qu'elle était préparée dans les esprits. » Privilége pour privilége, il aimait encore mieux l'ancien système que le régime imaginé par les comités de judicature et de constitution.

(1) *Point du jour*, numéro 523, p. 202.

Y avait-il, en effet, continuait-il en disséquant pièce à pièce le plan proposé, quelque chose de plus contraire aux institutions d'un peuple libre que cette élection d'un petit nombre de défenseurs laissée à deux hommes de loi et à trois juges? et n'était-ce pas reconstituer un corps privilégié au moment où l'on avait proscrit jusqu'au costume des gens de loi, sous prétexte qu'ils ne devaient point former une classe particulière dans l'État? Dans tous les cas, s'il appartenait à quelqu'un de déléguer à certaines personnes un droit commun à tous en principe, c'était au peuple seul ; permettre à des fonctionnaires publics de le conférer eux-mêmes, c'était attenter à la constitution. Mais là n'était pas le moindre inconvénient. Quels hommes investirait-on de ces fonctions délicates? A qui allait-on confier le soin de défendre l'honneur, la fortune de tant de familles? Serait-ce aux plus éclairés et aux plus vertueux? Non, disait-il ; « le génie, fier et indépendant, ne sait attendre ses succès que de lui-même ; la probité inflexible ne connaît ni les souplesses de l'intrigue, ni l'art des sollicitations; or, partout où un corps, où quelques hommes disposent de quelques avantages, de quelques emplois, les affections personnelles, l'intrigue, les sollicitations feront presque toujours pencher la balance dans leurs mains, ces hommes fussent-ils des juges, des administrateurs de districts. Non, vous ne verrez point entrer dans le temple de la justice ces défenseurs sensibles et magnanimes dont la sainte intrépidité serait l'appui de l'innocence et la terreur du crime. Ces hommes-là sont trop redoutables à la faiblesse, à la médiocreté! Que serait-ce à l'injustice, à la prévarication! Vous ne verrez descendre dans cette ridicule arène que vous ouvrez aux candidats que le rebut du barreau, que la lie des praticiens, que ces âmes faibles et froides qui préfèrent la bienveillance fructueuse des hommes en place aux stériles bénédictions du pauvre et de l'opprimé. » Évoquant alors les souvenirs du barreau romain, il rappelait éloquemment que les citoyens qui l'avaient illustré, après avoir servi leur pays dans les magistratures les plus importantes, n'avaient pas pris l'attache des édiles ou des juges qu'ils avaient mission d'éclairer, quand ils se présentaient pour défendre un de leurs concitoyens. On ne va pas à la liberté par des routes diamétralement opposées, ajoutait-il ; et si le législateur ne rompt pas avec la manie si justement reprochée aux gouvernements de vouloir tout régler, s'il persiste à mettre les citoyens en curatelle en donnant à l'autorité ce qui n'appartient qu'à la confiance individuelle, on tombera nécessairement sous le plus ridicule et le plus insupportable des jougs.

En vain essayait-on de justifier le plan du comité en disant qu'il admettait des défenseurs officieux; c'était là une disposition illusoire,

puisqu'on leur rendait difficile au dernier point, sinon impossible, la
défense des causes dont ils seraient chargés. En effet, on laissait aux
juges le droit d'exclure des tribunaux le défenseur officieux, non-
seulement lorsqu'il leur paraîtrait avoir manqué à la décence, au respect dû aux magistrats (termes vagues, disait l'orateur, et susceptibles de tant d'interprétations arbitraires!), de modération à l'égard des
parties (ce qui n'était ni plus précis ni plus déterminé, ajoutait Robespierre), mais encore lorsqu'il leur paraîtrait avoir manqué d'exactitude
dans l'exposition des faits ou des moyens de la cause.

On comprend combien le vague de pareilles dispositions jetait nécessairement de doute et d'épouvante dans un cœur qu'enflammait le
pur amour de la justice, dans l'esprit d'un jurisconsulte qui savait
que trop souvent les hommes en place sont enclins à interpréter dans
le sens de leurs passions et de leurs rancunes les œuvres les plus
sages du législateur. Pourquoi alors ouvrir une si large porte à un arbitraire dont seraient victimes, non ces hommes indifférents aux maux
d'autrui ou aux excès du despotisme, mais ceux dont le zèle généreux
serait traité de manquement à la décence, au respect dû aux tribunaux,
et dont on trouverait commode d'étouffer la sainte indignation en leur
faisant un crime de leurs vertus et de leurs talents? En s'exprimant
ainsi, il pensait sans doute à lui-même; et il y avait dans ses paroles un
ressouvenir de ses débuts au barreau, de cette époque où, tout jeune,
il s'était consacré à la défense des pauvres et des faibles, lorsqu'il
s'écriait : « C'est ainsi qu'on changerait en une école de lâcheté et de
vénalité une école de patriotisme où les vrais amis de la justice et de
l'humanité auraient prélude par leur courage à défendre la cause des
particuliers, au devoir plus important encore de défendre la cause du
peuple dans les assemblées publiques... Ah! si nous ne voulons pas
que la liberté soit un vain nom, adoptons-en l'esprit; parlons moins de
décence, de dignité, des tribunaux, des hommes en place, de modération, de prudence. L'humanité, la justice, l'égalité, la vertu, la liberté,
la loi, voilà les objets qui intéressent les hommes, voilà les objets de
notre culte! » En terminant, il conjura l'Assemblée de décréter, comme
article additionnel à la constitution, et afin de consacrer solennellement
les droits et la liberté de la défense, que tout citoyen pourrait défendre ses intérêts en justice par écrit ou verbalement, soit par lui-même,
soit par celui à qui il jugerait à propos de donner sa confiance (1).

_____

(1) Cet important discours de Robespierre n'a pas été, que nous sachions, réimprimé
à part. Nous en avons donné l'analyse très-succincte d'après les comptes rendus combinés du Point du jour, numéro 522, p. 202 et suivantes, et du Moniteur du 15 décembre 1790.

L'Assemblée nationale applaudit beaucoup ce discours écouté avec une religieuse attention ; elle écarta tout à fait le projet des comités, objet des critiques de Robespierre, et, le surlendemain, elle adopta, sur la proposition de Tronchet, un décret en vertu duquel des avoués étaient établis auprès des tribunaux pour représenter et même défendre les parties, lesquelles conserveraient le droit de se défendre elles-mêmes verbalement ou par écrit, ou d'employer le ministère d'un défenseur officieux. L'esprit du discours de Robespierre avait, on le voit, passé presque tout entier dans ce décret.

XVII

C'était aussi pour conserver plus de garantie à la dignité de la justice et à la liberté du citoyen que, quelques jours plus tard, dans la discussion du plan d'organisation des jurés présenté par Duport au nom des comités de constitution et de jurisprudence criminelle, il combattait avec force, d'accord avec son ami Pétion, Prieur, Mougins et quelques autres membres de l'Assemblée, l'idée du comité d'avoir, en ce qui concernait la police de sûreté, placé des fonctions militaires et civiles dans les mêmes mains, et érigé les officiers de gendarmerie en magistrats de police. Comment, disait-il, les comités n'avaient-ils pas aperçu le danger de confier le pouvoir de juger aux exécuteurs mêmes des ordonnances du juge? La police de sûreté est une justice provisoire, mais elle a un objet commun avec la justice ordinaire, la sûreté publique. Si la première se montre plus expéditive, plus arbitraire dans ses décisions, si ses formes sont moins scrupuleuses, elle n'en doit pas moins concilier la nécessité de réprimer le crime avec les droits de l'innocence et la liberté civile. Plus la loi accorde de latitude à la volonté, à la conscience du magistrat chargé du soin de la police, plus elle doit exiger de lui des présomptions morales de son impartialité, de son respect pour les droits du citoyen, de son éloignement pour toute espèce d'injustice, de violence et de despotisme. Autrement on s'exposerait à faire d'une institution destinée au maintien de la sûreté de tous le plus terrible fléau qui la pût menacer.

Il était donc souverainement imprudent d'investir d'une magistrature si intimement liée aux droits les plus sacrés des citoyens, des officiers de gendarmerie, toujours assez disposés à servir les caprices du

pouvoir exécutif. Le despotisme seul avait imaginé de réunir des fonctions aussi disparates ; et l'ancienne juridiction prévôtale parut une
monstruosité précisément parce qu'elle était à la fois civile et militaire.
Et puis n'était-ce pas aller contre les principes constitutionnels qui
subordonnaient toutes les fonctions publiques à l'élection populaire ?
Lorsque, dans l'intérêt général, les citoyens consentent à soumettre
leur liberté aux soupçons et à la volonté d'un homme, c'est bien le
moins qu'ils le choisissent eux-mêmes. N'avait-on pas déjà consacré
ce principe en remettant l'autorité de la police à des juges de paix
nommés par le peuple ? Pourquoi alors en déléguer une partie à des
agents militaires, en accordant même à ces derniers un pouvoir plus
étendu ? Robespierre invoquait un autre argument décisif, dont plusieurs fois nous l'avons entendu se servir, et qui malheureusement
était trop justifié à cette époque. « S'il est vrai, » disait-il, « que tous
les abus de l'autorité viennent des intérêts et des passions des hommes
qui l'exercent, n'était-il pas à craindre, dans les circonstances présentes, que le gouvernement ne songeât à tirer parti de la mauvaise
disposition dont la plupart des officiers sortis des classes privilégiées
étaient animés contre les partisans de la Révolution ? En leur abandonnant ce pouvoir exorbitant de susciter un procès criminel à tout
citoyen, de le flétrir d'un jugement préventif jusqu'à la décision du
jury, n'était-ce pas risquer de voir les plus zélés patriotes et le peuple
livrés à ces persécutions secrètes, à ces vexations arbitraires dont
l'exercice de la police, de l'aveu même des comités, pouvait être si
facilement le prétexte ? »

Le lendemain, après quelques nouvelles observations du même orateur, l'Assemblée renvoya les articles critiqués par lui à l'examen du
comité, qui, deux jours après, les représenta avec de légères modifications. Elles consistaient à laisser provisoirement seulement aux officiers de gendarmerie l'exercice de la police, concurremment avec les
juges de paix, et à ne leur permettre de lancer des mandats d'arrêt ou
d'amener que dans les cas de flagrant délit. Mais cette concession
paraissait insuffisante à Robespierre. Lancer un mandat d'amener,
c'était faire un acte judiciaire ; et l'Assemblée, en renvoyant l'avant-
veille son projet au comité, s'était, suivant lui, formellement prononcé-
cée contre cette délégation de fonctions judiciaires abandonnées aux
officiers de la gendarmerie, qui, plus actifs et plus entreprenants, finiraient toujours par usurper le pouvoir civil et l'autorité si respectable
des juges de paix. En vain proposait-on cette mesure comme provisoire.
Laisser aux législatures suivantes le soin de réformer une loi mauvaise, c'était, s'écria-t-il en terminant, rendre inutile et précaire la

liberté de la nation française (1). Malgré ses efforts, l'Assemblée, se déjugeant en quelque sorte, adopta le plan des comités, légèrement amendé par Thouret ; mais plus tard on comprit combien était dangereuse cette confusion de l'autorité civile avec le pouvoir militaire, et l'on en revint aux sages principes invoqués par Robespierre.

XVIII

Vers cette époque s'accomplit une cérémonie dans laquelle Maximilien Robespierre eut son rôle. Bien rares étaient les occasions où il consentait à s'arracher à ses travaux incessants ; mais cette fois il s'agissait du mariage d'un ami, et il y alla avant de se rendre à l'Assemblée. C'était le mercredi 29 décembre 1790. Ce jour-là un membre de l'Assemblée constituante, l'abbé Bérardier, donnait, à Saint-Sulpice, la bénédiction nuptiale à Camille Desmoulins, son ancien élève, et à Lucile Duplessis. Camille avait choisi, pour l'un de ses témoins, son cher camarade de collége, son idole, son dieu, Robespierre. Aimé depuis longtemps de la femme qu'il aimait, l'auteur des *Révolutions de France et de Brabant* touchait enfin au comble de ses vœux, et Lucile et lui allaient jouir d'un bonheur longtemps attendu. Ce n'était pas sans peine, en effet, que le sceptique et railleur écrivain était parvenu à obtenir pour son mariage les bénédictions de l'Église. Cependant l'éternel persifleur s'attendrit en entendant la voix émue de son maître tracer, dans le discours d'usage, les devoirs des époux, et lui dire, après l'avoir engagé à respecter la religion dans ses écrits : « Votre patriotisme n'en sera pas moins actif, il n'en sera que plus épuré, plus vrai ; car si la foi peut forcer à paraître citoyen, la religion oblige à l'être. » Quelques larmes, dit-on, s'échappèrent de ses yeux, larmes bien vite effacées du reste, car, quelques jours après, il plaisantait sur sa conversion forcée, et se livrait à des sarcasmes que la plus simple bienséance lui commandait de réprimer.

En s'apercevant de l'attendrissement de son ami, Robespierre, s'il faut en croire une brochure anonyme publiée deux ans plus tard, lui aurait crié brutalement : « Ne pleure donc pas, hypocrite (2). » Voyez-vous

---

(1) Voy. le *Point du jour*, numéros 535 et 537, et le *Moniteur* des 29, 30 novembre et 3 décembre 1790.

(2) *Histoire des évenemens arrivés sur la paroisse Saint-Sulpice pendant la Révolution,*

d'ici ce membre éminent de l'Assemblée nationale, dont la gravité, la
tenue digne n'ont jamais été contestées, qui, peu de mois auparavant,
dans une lettre dont le lecteur n'a sans doute pas perdu le souvenir,
gourmandait sur son défaut d'observation des convenances le journaliste un peu léger dont il avait bien voulu être le témoin, s'oubliant au
point de troubler une cérémonie auguste par une apostrophe irrévé-
rencieuse! Quoi de plus naturel que l'émotion de Camille! A coup sûr
elle ne venait pas d'une conversion subite, et le côté religieux n'y était
pour rien; mais ce qui dut le toucher profondément, ce fut la douce
peinture des joies du bonheur domestique longtemps rêvées. Se dire
qu'on possède enfin la femme aimée, qu'on y est attaché désormais
par les liens les plus chers, les plus sacrés, c'est un enchantement
sans égal, une ivresse délicieuse; le cœur se gonfle alors, car la
félicité comme la douleur a ses larmes, et à l'aspect de cette Lucile
qu'il idolâtrait et dont la main tremblait dans la sienne, l'insouciant
Camille put bien sentir des pleurs rouler dans ses yeux.

Inutile de dire que le propos cynique prêté à Robespierre par une
plume ennemie, propos si loin de son caractère, de ses habitudes, ne
repose sur aucune donnée certaine, sur aucun fondement, et nous
sommes étonné que de sérieux écrivains aient pu y ajouter quelque
foi. Malheureusement on s'est fait jusqu'ici de Robespierre dans l'intimité l'idée la plus fausse. On l'a peint sous un aspect rude et renfro-
gné; rien de moins vrai. Tous les documents de famille que nous avons
sous les yeux nous le présentent, au contraire, comme l'hôte le plus
aimable, le plus doux, le plus décemment enjoué. Débarrassé du
poids des affaires publiques, il devenait *bonhomme,* suivant sa propre
expression, et prenait volontiers sa part des innocents plaisirs d'un intérieur de famille. Maintenant, sans avoir rien du dévot, sans être plus
qu'un autre partisan du charlatanisme des prêtres, il était religieux,
comme Rousseau, dans le sens le plus élevé du mot; il était surtout
plein de respect pour les croyances sincères, et l'on peut affirmer que

---

*principalement à l'occasion du serment ecclésiastique, suivie de réflexions sur la position du
clergé.* Avec cette épigraphe : « Quæque ipse miserrima vidi. » A Paris, de l'imprimerie de Crapart, 1792, in-8° de 96 pages. Voici au surplus le passage textuel :
« .... Le sieur Camille fut marié ayant pour témoins Pétion, *Robertspierre* et M. de
Montesquiou, ci-devant premier écuyer de Monsieur. Mirabeau ne put s'y trouver,
ainsi qu'il l'avoit promis. M. le curé fit aux époux une exhortation, pendant laquelle
le sieur Desmoulins fondoit en larmes. *Robertspierre* lui dit : « Ne pleure donc pas,
hypocrite. » Ces pleurs n'étoient pas en effet bien sincères; le sieur Desmoulins ne se
rétracta pas dans un de ses numéros, comme il en avoit donné parole, et continua ses
licences contre la religion... » P. 25. Outre l'invraisemblable anecdote contée par
l'auteur anonyme, il y a dans ce court passage une autre erreur: ce ne fut pas le curé,
mais bien l'abbé Bérardier qui prononça la touchante allocution.

personne moins que lui n'était capable de troubler par une sortie inconvenante la bénédiction nuptiale donnée à un ami.

Ah! ce mariage de Camille, on ne peut y songer sans être assailli par d'amères réflexions. Qui eût dit alors, en voyant passer le joyeux couple et son cortège d'amis, qu'avant quatre ans, témoins et mariés disparaîtraient emportés par la tourmente révolutionnaire, Pétion, Brissot, Sillery dénoncés par Camille; Camille Desmoulins, suspect à son tour, entraînant dans l'abîme sa Lucile, cette Lucile au sourire d'enfant, au cœur de lionne, qui, dans une lettre suprême et désespérée, rappellera, mais en vain, à Robespierre le beau jour où il leur servit de témoin? La lettre ne parvint pas à son adresse, comme on le verra plus tard. Et quand même! Robespierre, tout membre du comité de Salut public qu'il était, eût été impuissant à détourner le coup, et il ne devait pas tarder lui-même à suivre sur l'échafaud l'infortunée jeune femme. Mais n'anticipons pas sur les événements; assez tôt viendront les heures tristes et sanglantes; il ne faut pas jeter sur les heures d'allégresse l'ombre épaisse des mauvais jours. Robespierre avait écrit sur le mariage des pages charmantes; il comprenait donc et appréciait bien tout le bonheur de son ami. Lui aussi, au sein des tempêtes, il rêvera la félicité domestique; lui aussi, au foyer de son hôte, il rencontrera sa Lucile; mais, moins heureux que Camille, il ne lui sera pas donné de voir l'accomplissement de ses rêves.

XIX

L'année 1791 s'ouvrit sous d'assez sombres auspices. Cette fois les cérémonies du jour de l'an passèrent à peu près inaperçues au milieu des préoccupations de la capitale. Irrités des provocations du parti royaliste, les écrivains démocratiques rivalisent de verve révolutionnaire. Aux violences du club monarchique, les Jacobins et les Cordeliers répondaient par des motions de plus en plus vigoureuses; l'élan était en raison directe des résistances, et de toutes parts les paroles des orateurs retentissaient comme un bruit de tocsin. C'est merveille de voir quelle activité déployait cette génération de 89 pour défendre la liberté et l'égalité conquises. Devant ces intérêts majeurs tout autre intérêt disparaissait. On sentait bien que c'était l'heure solennelle d'affirmer à jamais les droits de l'homme; que si on la laissait passer, c'en était fait pour des siècles peut-être, et l'unique souci était d'assurer le triomphe de ces droits. O grands aïeux, que de reconnaissance nous vous devons, et combien nous sommes petits auprès de vous!

Cependant les inquiétudes générales, les tentatives désespérées des contre-révolutionnaires n'arrêtaient point l'Assemblée dans son œuvre de reconstruction sociale. Parmi les travaux auxquels elle consacra une partie des mois de janvier et de février 1791, viennent en première ligne les discussions relatives au plan d'organisation des jurés présenté par Duport, discussions commencées dans les derniers mois de l'année précédente. Réorganiser la justice criminelle de façon à sauvegarder à la fois les intérêts de la société et ceux des accusés, parmi lesquels pouvaient se rencontrer des innocents, était une entreprise délicate, intéressant au plus haut degré la liberté individuelle, si légèrement sacrifiée jadis, et qu'il était urgent d'entourer des plus solides garanties. Témoin de tant d'erreurs et d'atrocités commises par la justice criminelle sous l'ancien régime, Robespierre avait à cœur d'en prévenir le retour par toutes les précautions imaginables; il prit à toutes ces discussions la part la plus active, et sur presque chacune des questions soulevées durant le cours de ces débats, sa parole émue, ardente, passionnée se fit plus d'une fois entendre en faveur de l'humanité.

Duport, dans son projet, avait repoussé l'admission des preuves écrites; mais statuer sur le sort d'un accusé d'après les traces fugitives que de simples déclarations verbales pouvaient laisser dans l'esprit des jurés paraissait singulièrement périlleux à Robespierre. Quand la loi posait des règles précises pour l'examen et l'admission des preuves, fallait-il s'en rapporter à la conviction arbitraire du juge? Voilà ce qu'il n'admettait pas. « Cette question, » disait-il dans la séance du 4 janvier, « ne peut être résolue sans qu'on remonte aux véritables principes de toutes les institutions judiciaires. En général, la procédure criminelle n'est autre chose que les précautions prises par la loi contre la faiblesse ou les passions des juges. Loin de considérer les magistrats comme des êtres abstraits ou impassibles, dont l'existence individuelle est parfaitement confondue avec l'existence publique, on sait que, de tous les hommes, ce sont ceux que la loi doit surveiller et enchaîner avec le plus de soin, parce que l'abus du pouvoir est le plus redoutable écueil de la faiblesse humaine. » La société, suivant lui, ne devait admettre la condamnation d'un accusé que sur des preuves indubitables, et ces preuves, l'écriture seule était à même de les constater, de permettre aux jurés de les comparer. « Sans cela, » disait-il encore, « il n'y a plus de barrière à l'arbitraire et au despotisme, il n'y a rien qui empêche ou qui constate les assassinats judiciaires et toutes les suites de la malversation. » Les preuves légales, résultant de la déposition conforme de deux ou de plusieurs témoins, étaient également insuffisantes à ses yeux pour motiver une condamnation, quand les preuves matérielles n'existaient pas. Et à ce sujet il citait un trait, supérieur, selon lui, à tous les arguments. En Angleterre un citoyen comparaissait devant le jury sous la prévention d'un crime capital. Les dépositions de tous les témoins avaient convaincu les jurés de sa culpabilité, et tous opinaient pour la condamnation, sauf un seul, qui refusait obstinément de ratifier le verdict de ses collègues. On s'étonnait de son opiniâtreté à ne pas se rendre aux preuves accablantes déroulées à la charge de l'accusé, quand, cédant au trouble de sa conscience agitée, il avoua qu'il était lui-même le coupable. Ainsi donc, si la loi n'eût pas exigé pour une condamnation l'unanimité des suffrages, un innocent était envoyé au supplice. Peut-être, pensait Robespierre, les jurés anglais ne se fussent-ils pas aussi facilement laissé entraîner, si l'on ne se contentait pas chez eux des dépositions orales. Il demandait donc que les dépositions des témoins fussent rédigées par écrit, afin d'être plus facilement pesées et discutées par les jurés, et que l'accusé ne pût jamais être déclaré coupable sur une simple conviction morale, en l'absence de preuves strictement déterminées par la loi (1).

Énergiquement soutenue par Goupil de Préfeln et par Tronchet, la doctrine de Robespierre ne triompha point ; il faut le regretter, car une instruction criminelle faite publiquement, en présence d'un juge et d'un jury d'accusation, rédigée par écrit, remise ensuite aux jurés, qui l'auraient scrupuleusement examinée et se seraient, pièces en mains, formé une conviction, eût certainement offert plus de garantie que l'instruction orale à laquelle il est procédé devant eux, et qui risque de laisser dans leurs mémoires des traces un peu effacées, sinon de déplorables erreurs.

Ces erreurs, irréparables trop souvent, hélas ! le moyen le plus efficace de les prévenir, c'était, sans aucun doute, d'exiger l'unanimité des suffrages de la part des jurés appelés à prononcer sur le sort d'un accusé. Il parut étrange à Robespierre que le comité qui, en repoussant l'admission des preuves écrites, s'était inspiré de la législation anglaise, en répudiât sur ce point les principes. Quelque temps après (2 février), il insista pour qu'aucune condamnation ne pût être pro-

_____

(1) Voy. le *Point du jour*, numéros 542 et 543, où le discours de Robespierre paraît être rendu d'une manière assez complète.

noncée sans que les opinions des jurés fussent unanimement conformes.
D'après le projet du comité, bien plus libéral d'ailleurs que la loi
remaniée depuis sous l'Empire, il suffisait de l'opinion favorable de
trois jurés pour l'acquittement de l'accusé. C'était déjà beaucoup,
mais aux yeux de Robespierre ce n'était pas assez; en matière criminelle la certitude morale était loin d'être acquise, selon lui, quand
l'unanimité n'existait pas, car, disait-il, il n'est peut-être pas extraordinaire de voir la raison du côté de la minorité. Ces paroles diversement interprétées soulevèrent dans le côté droit quelques applaudissements et quelques murmures. Sans répondre aux interrupteurs,
Robespierre rappela cet exemple, déjà cité par lui, dans son éloge du
président Dupaty, de trois malheureux sauvés du supplice parce qu'un
seul des magistrats chargés de les juger n'avait point été convaincu
de leur culpabilité. Les Calas, les Montbailly et tant d'autres eussent
évidemment trouvé leur salut dans la loi de l'unanimité, poursuivait-
il, et cette loi, ne dût-elle sauver qu'un innocent par siècle, était
d'une indispensable nécessité. Barnave combattit cette proposition en
se fondant sur ce que, en Amérique et en Angleterre, si l'unanimité
était requise pour condamner, elle l'était aussi pour absoudre. Robes-
bespierre n'avait pas dit le contraire; mais on s'empressa de fermer
la discussion. Son opinion, appuyée par M. de Folleville, un membre
de la droite! fut écartée cette fois encore, et l'Assemblée adopta l'article du comité (1).

La veille, dans les débats relatifs aux accusés coutumaces, contre
lesquels le comité avait présenté des dispositions très-rigoureuses,
Robespierre avait posé ce principe salutaire de l'indemnité à accorder
aux personnes injustement poursuivies. Un peu plus tard, le 5 du même
mois, il revint encore sur ce sujet, de concert cette fois avec Pétion,
Larochefoucauld et quelques autres membres; mais vainement il
essaya de toucher ses collègues sur le triste sort d'infortunés dont
l'innocence était reconnue souvent après de longs mois de détention,
quand leur position était perdue et leurs ressources nulles; l'Assemblée se montra insensible; il était réservé à la justice révolutionnaire
de se montrer plus équitable sur ce point.

Non content de refuser une indemnité au coutumace innocent, le

_____

(1) *Moniteur* du 3 février 1791. Voy. aussi les réflexions du *Journal de Paris*, numéro
du 3 février. Le peu de succès obtenu par la motion de Robespierre inspira au journal
les Révolutions de Paris les réflexions suivantes : « Nous dirons à la honte des patriotes
de l'Assemblée que la motion civique de M. *Roberspierre* n'a été appuyée que par
l'aristocrate M. Folleville. Nous remarquerons aussi que M. La Fayette, dont nous
avons cependant souvent censuré la conduite, a professé *sur les jurés* les principes les
plus purs. (Numéro 82, p. 165.)

comité voulait qu'on le condamnât à un mois de prison pour avoir douté de la justice de son pays. C'était là le cas de rappeler ces paroles prêtées à un magistrat illustre, au président de Harlay : « Si l'on m'accusait d'avoir volé les tours de Notre-Dame, je commencerais par prendre la fuite. » Combien d'innocents, en effet, sous le coup d'une accusation inouïe, troublés au souvenir de tant d'erreurs judiciaires, et redoutant les formes inquisitoriales des procédures criminelles, ne préféreront-ils pas, en quittant leur pays, prévenir les chances d'un acquittement précédé d'une longue prison préventive d'où la société les tirera peut-être, mais sans leur offrir la juste indemnité du dommage qu'ils auront subi ! « Avec cette chaleur qu'il met toujours dans tout ce qui intéresse l'humanité, » dit le *Point du Jour*, Robespierre s'étonna que le comité eût osé proposer un pareil article. C'était, selon lui, méconnaître les premiers principes du droit naturel et du bon sens. De quel côté, d'ailleurs, étaient les premiers torts? du côté de l'innocence injustement poursuivie, et fuyant sous l'empire d'une crainte bien naturelle, ou du côté de la société, qui l'a mise en danger en la soupçonnant sans raison? Exiger une réparation de la part de celui à qui elle est due bien plutôt, frapper un innocent d'un mois de prison après avoir été obligé de l'absoudre, n'était-ce pas renverser toutes les notions du juste et de l'injuste? Jamais, s'écriait Robespierre, l'antique tyrannie judiciaire n'a présenté une violation plus révoltante de la raison, de la nature et de l'humanité. Il réclama donc, au nom des principes proclamés par l'Assemblée, et obtint le rejet immédiat de la proposition du comité, que son rapporteur, Duport, n'osa même pas défendre, tant avait été générale l'impression causée par le discours de Robespierre (1).

Les vives attaques de Maximilien contre le plan d'organisation du jury présenté par Duport paraissent avoir été le point de départ de son hostilité avec ce qu'on a appelé le triumvirat Duport, Lameth et Barnave. Duport, dont l'amour-propre se trouva profondément blessé, ne lui pardonna point ; nous le verrons bientôt refuser l'importante fonction de président du tribunal criminel de Paris, uniquement parce que son adversaire avait été investi de celle d'accusateur public.

D'accord avec Merlin et Dumetz, Robespierre demanda aussi la radiation des mots *sur mon honneur* insérés dans la formule de déclaration des jurés. L'idée d'honneur, séparée de celle de probité et de conscience, lui paraissait une idée vaine et féodale de nature à perpétuer des préjugés gothiques incompatibles avec les principes sévères

(1) *Point du jour*, numéro 573, p. 39.

des nations libres; mais l'Assemblée, trouvant cette opinion trop philosophique, adopta purement et simplement la formule présentée par le comité (1).

Il fut plus heureux le même jour (3 février) en combattant une proposition assez étrange de l'abbé Maury. Champion désespéré de tous les abus de l'ancien régime, systématiquement hostile à toutes les idées de progrès, l'abbé voulait que, même dans le cas où les charges produites contre un accusé n'auraient point paru suffisantes, son absolution ne fût point irrévocable, et qu'on en revînt à cet égard à ce qu'on appelait autrefois le *plus ample informé*. Comme si les notions de charité lui eussent été complétement inconnues, il prononça ces paroles impies si peu en rapport avec le caractère de l'homme divin dont il se prétendait le ministre : « Quant à moi, je crois incompatibles ces mots *loi et clémence*. » Robespierre se leva aussitôt pour le réfuter. Comment osait-on proposer le rétablissement de ces conditions mitoyennes inventées par le despotisme, et grâce auxquelles un innocent pourrait être continuellement en butte aux persécutions d'ennemis puissants. « La loi, » dit-il, « doit condamner ou absoudre, je ne connais pas de milieu. » Si le despotisme ancien s'attachait plus à ne laisser échapper aucun coupable qu'à protéger l'innocent opprimé, il n'en saurait être de même sous le règne de la liberté; et une nation régénérée devait préférer au juste châtiment des crimes l'éclatante manifestation de l'innocence. Cette fois ses paroles, dignes de la doctrine évangélique, ne furent pas jugées trop philosophiques, et l'Assemblée, en y applaudissant, rejeta la proposition de l'abbé Maury (2).

XX

Une des questions les plus importantes, la formation du jury d'accusation, n'avait pas encore été discutée. Les débats sur ce grave sujet s'ouvrirent dans la séance du 5 février 1791. Robespierre en profita pour présenter un plan d'ensemble complet sur l'organisation des jurés et réfuter dans toutes ses parties le système présenté par Duport au nom des comités de judicature et de constitution. Déjà, quelques

(1) *Point du Jour*, numéro 573.
(2) Voy. le *Courrier de Provence*, numéro 252, et le *Moniteur* du 4 février 1790.

semaines auparavant, le 20 janvier, lors de la discussion relative aux tribunaux criminels, il avait essayé de traiter la question avec quelques développements, trouvant une connexité intime entre cette question des jurés et celle des tribunaux criminels. Mais, interrompu à chaque instant par des voix qui lui criaient : « Parlez donc du tribunal, » il avait, de guerre lasse, quitté la tribune, après avoir vainement tenté de dominer le tumulte (1).

Cette fois, l'occasion s'offrant à lui de s'étendre tout à son aise sur une matière qu'il avait longuement méditée et étudiée, il se garda bien de la laisser échapper. Le plan des comités offrait d'ailleurs largement prise à la critique, car, Duport, ancien magistrat, était loin d'avoir dépouillé le vieil homme ; son projet portait encore les traces trop visibles des préjugés et des méfiances que n'avait pu secouer tout à fait un membre de l'ordre judiciaire aboli.

Robespierre commença son discours par une exposition magnifique de ce que devait être l'institution des jurés, selon lui une des plus précieuses pour l'humanité. Seulement il fallait bien se garder de la détourner de son but, en empruntant servilement son organisation à un peuple voisin, sans s'inquiéter de la différence des usages et des mœurs, et surtout sans la mettre en rapport avec les nouveaux principes des Français ; sinon on risquerait de tourner contre la liberté une arme forgée pour la défendre. « Le caractère essentiel de cette institution, » dit-il, « c'est que les citoyens soient jugés par leurs pairs ; son objet est qu'ils le soient avec plus de justice et d'impartialité ; que leurs droits soient à l'abri des coups du despotisme judiciaire. » Or, à son avis, les comités présentaient bien le masque et le fantôme du jury, mais non point de véritables jurés.

D'après leur plan, en effet, les jurés ne se tiraient pas du sein de tous les citoyens actifs, comme cela eût été naturel pourtant : deux cents citoyens seulement, parmi ceux qui payaient la contribution exigée pour l'éligibilité aux places administratives, étaient choisis par le procureur général syndic de l'administration de chaque département. Sur ces deux cents éligibles, formant la liste du jury, et sur lesquels l'accusateur public et l'accusé avaient la faculté réciproque d'en récuser vingt, on en tirait douze au sort, et ces douze membres constituaient le jury de jugement appelé à décider si l'accusé était ou n'était pas convaincu. « Voilà donc un seul homme, » s'écriait Robespierre, « un officier d'administration maître de donner au peuple les

---

(1) *Journal de Paris* du 21 janvier 1791. Tous les autres journaux sont muets à cet égard.

juges qu'il lui plaît ; voilà tout ce que le génie de la législation pouvait
inventer pour garantir les droits les plus sacrés de l'homme et du
citoyen, qui aboutit à la sagesse, à la volonté, au caprice d'un procureur syndic ! » Qu'arriverait-il en ce temps où le pays se trouvait divisé
en tant de factions, d'une part les citoyens les moins puissants, les
moins favorisés de la fortune, de l'autre la foule innombrable de ceux
qui voulaient au profit de leur ambition rappeler les anciens abus ou
en créer de nouveaux, qu'arriverait-il si l'on venait à porter aux premières places de l'administration des intrigants, des hommes habitués
à voiler sous le masque du civisme leurs sinistres dispositions, c'est-à-
dire les plus dangereux amis de la liberté? Ces fonctionnaires ne
seraient-ils pas naturellement enclins à choisir comme jurés des
citoyens imbus de leurs principes, des hommes toujours prêts à se
donner au plus adroit et au plus fort? Et dans ce cas ne verrait-on pas
les patriotes les plus purs, suspects d'un trop grand attachement à la
cause populaire, persécutés au nom de l'ordre public, et les actes du
plus sincère patriotisme punis comme des actes de rébellion, comme
des attentats à la sûreté publique par des jurés dévoués aux vengeances
d'une aristocratie soupçonneuse et irritée? Car ces jurés, d'après le
plan des comités, il n'était permis de les prendre que dans les classes
les plus riches et les plus puissantes. Combien un semblable système
lui semblait éloigné de la déclaration des droits et de ce caractère de
justice et d'impartialité sans lequel l'institution du jury est une pure
fiction! Était-ce là ce qu'on appelait être jugé par ses pairs? Comment
les citoyens exclus de la classe privilégiée ne redouteraient-ils pas
avec raison, disait Robespierre, de rencontrer moins d'égards et d'indulgence de la part d'individus habitués à les regarder comme d'une
grande hauteur? Mieux vaudrait pour eux, à ce compte, être jugés
par les tribunaux; ils soumettraient du moins leur sort à des hommes
nommés par eux, et la richesse ne serait pas la seule mesure des droits
des citoyens.

Après avoir critiqué, beaucoup plus vivement que nous ne pouvons
le rendre ici en quelques lignes, la formation vicieuse du jury proposée
par les comités, Robespierre essaya de démontrer combien était dangereux également le pouvoir excessif donné au président du tribunal
criminel, qui, nommé pour douze ans, était investi d'une autorité tout à
fait discrétionnaire et indéfinie. De quelle prodigieuse influence ne serait
pas armé un magistrat chargé pendant un temps si long de diriger les
jurés eux-mêmes dans l'exercice de leurs fonctions, et libre d'ordonner
tout ce qu'il jugerait indispensable à la découverte de la vérité, sans autre
garantie que son honneur et sa conscience, comme s'il était infaillible

et à l'abri des passions humaines ! « La découverte de la vérité, » disait Robespierre, « est un motif très-beau ; c'est l'objet de toute procédure criminelle et le but de tout juge. Mais que la loi donne vaguement au juge le pouvoir illimité de prendre sur lui tout ce qu'il croira utile pour l'atteindre ; qu'elle substitue l'honneur et la conscience de l'homme à sa sainte autorité ; qu'elle cesse de soupçonner que son premier devoir est au contraire d'enchaîner les caprices et l'ambition des hommes toujours enclins à abuser de leur pouvoir, et qu'elle fournisse aux présidents criminels un texte précis qui favorise toutes les prétentions, qui pallie tous les écarts, qui justifie tous les abus d'autorité, c'est un procédé absolument nouveau, et dont les comités nous donnent le premier exemple. » N'était-ce pas aussi violer le principe salutaire de la séparation des pouvoirs que de mettre dans la dépendance ministérielle l'accusateur public, magistrat nommé par le peuple, dont on dénaturait ainsi l'institution en le subordonnant aux agents du pouvoir exécutif ? C'était bien la peine d'avoir retiré des mains des commissaires royaux le redoutable ministère de l'accusation, si par des voies obliques on restituait au roi une part de cette autorité judiciaire qu'on lui avait enlevée dans l'intérêt général et pour la bonne administration de la justice. Quant aux jurés, ils devenaient de purs instruments passifs, passant des mains de l'officier qui les avait créés entre les mains du magistrat qui les dirigeait. « Je vois partout, » s'écriait l'orateur, « les principes de la justice et de l'égalité violés ; les maximes constitutionnelles foulées aux pieds ; la liberté civile pressée, pour ainsi dire, entre un accusateur public, un commissaire du roi, un président et un procureur syndic... » Sans compter les officiers de gendarmerie transformés en magistrats de police et contre l'institution desquels il s'était, quelque temps auparavant, on s'en souvient, si énergiquement élevé.

En vain, pour couvrir les vices de leur système, les comités invoquaient-ils l'exemple des lois anglaises ; au moins fallait-il, quand on se mêlait de se régler sur une législation étrangère, lui emprunter ce qu'elle pouvait avoir de bon, et non ses parties les plus défectueuses. Il fallait exiger l'unanimité pour la condamnation de l'accusé et se contenter de l'avis d'un seul juge pour renvoyer l'affaire à un nouveau jury, au lieu de n'accorder à l'accusé la révision de son jugement que dans le cas chimérique où le tribunal tout entier et le commissaire du roi seraient d'un avis contraire au verdict affirmatif des jurés. Et puis voyait-on en Angleterre, par une étrange confusion de la justice criminelle et de la police, ce pouvoir monstrueux accordé à la maréchaussée de traiter les citoyens en suspects, de les déclarer

prévenus, de les livrer à l'accusateur public, de dresser enfin contre
eux toute une procédure ? Tandis qu'on exposait chez ¦nous la liberté
civile aux persécutions d'une autorité violente et despotique, les Anglais, au contraire, poussaient jusqu'au scrupule le respect de la
liberté individuelle. D'ailleurs, pouvait-on comparer leur situation
politique à la nôtre? Le peuple anglais avait-il réclamé ses droits
contre le gouvernement et contre l'aristocratie ? Il avait donc moins à
se préoccuper du danger d'abandonner à un seul homme le choix des
jurés. Mais en France, où les plus zélés défenseurs de la liberté
étaient représentés par un certain parti comme une troupe de brigands et de séditieux, ce système offrait les plus graves inconvénients,
et l'on pouvait y soupçonner le dessein préconçu d'immoler à la tyrannie les plus purs patriotes.

Il appartenait à l'Assemblée, poursuivait Robespierre, de substituer
à une organisation aussi vicieuse un plan fondé sur les principes
d'une constitution démocratique et réalisant tous les avantages que
semblait promettre le mot de *jurés*, chose aisée, en définitive, si l'on
s'en rapportait à la déclaration des droits au lieu de céder à un esprit
d'imitation irréfléchie ; et surtout si l'on comprenait que, à la hauteur où notre Révolution nous avait placés, nous ne pouvions être si
faciles à contenter en ce genre que la nation anglaise, dont le système
judiciaire, si défectueux qu'il fût, compensait néanmoins, jusqu'à un
certain point, les vices d'une organisation politique absurde et informe,
uniquement fondée sur les priviléges de la naissance et l'aristocratie des
richesses. « Mais qu'en France, « disait-il, » où les droits de l'homme
et la souveraineté de la nation ont été solennellement proclamés; où
ce principe constitutionnel *que les juges doivent être choisis par le
peuple* a été reconnu ; qu'en France où, en conséquence de ce principe, les moindres intérêts civils et pécuniaires des citoyens ne sont
décidés que par les citoyens à qui ils ont confié ce pouvoir, leur honneur, leur destinée soient confiés à des hommes qui n'ont reçu d'eux
aucune mission, à des hommes nommés par un simple administrateur
auquel le peuple n'a point donné et n'a pu donner une telle puissance;
que ces hommes ne puissent être choisis que dans une classe particulière parmi les plus riches ; que les législateurs descendent des principes simples et justes qu'ils ont eux-mêmes consacrés, pour calquer
laborieusement un système de justice criminelle sur des institutions
étrangères dont ils ne conservent pas même les dispositions les plus
favorables à l'innocence, et qu'ils nous vantent ensuite avec enthousiasme la sainteté des jurés et la magnificence du présent qu'ils veulent faire à l'humanité, voilà ce qui me paraît incroyable, incompré-

hensible; voilà ce qui me démontre plus évidemment que toute autre chose à quel point on s'égare lorsqu'on veut s'écarter de ces vérités éternelles de la morale publique qui doivent être la base de toutes les sociétés humaines... »

Conformément aux principes qu'il venait d'exprimer, Robespierre présenta un plan complet d'organisation judiciaire en matière criminelle, dont nous allons en peu de lignes donner la substance. Tous les ans, les électeurs de chaque canton se seraient réunis au chef-lieu de district pour nommer six cents d'entre eux appelés à exercer les fonctions de jurés. Sur la liste des élus huit auraient été tirés au sort pour former le jury d'accusation, lequel se fût assemblé une fois par semaine au jour indiqué par le tribunal de district et eût prêté, avant d'entendre les témoins, le serment d'examiner scrupuleusement, selon sa conscience, les pièces remises entre ses mains. Sa déclaration devait porter simplement qu'il y avait lieu ou non à accusation, et dans le cas de l'affirmative, être rendue à l'unanimité.

Quant au jury de jugement, il se serait formé de seize jurés tirés au sort sur la liste générale de tous les jurés nommés dans les divers districts du département. Ces seize jurés se seraient assemblés le 15 de chaque mois, dans le cas où il y aurait eu quelque affaire à juger, et l'accusé, sans donner aucun motif, aurait eu le droit de les récuser tous.

Un tribunal criminel, composé de six juges, pris à tour de rôle, tous les six mois, parmi les juges des tribunaux de district, était établi dans chaque département. Au lieu d'un président nommé pour douze années, et armé d'un pouvoir discrétionnaire, comme dans le plan des comités, ce tribunal aurait eu pour président un magistrat élu tous les deux ans par les électeurs du département et dont les fonctions, spécialement délimitées, eussent consisté à procéder au tirage au sort des jurés, à les convoquer, à leur exposer l'affaire soumise à leur appréciation et à surveiller l'instruction. Dans un seul cas, lorsqu'il se fût agi d'ordonner quelque chose d'utile à la manifestation de l'innocence d'un accusé, il lui eût été permis de s'écarter des formes ordinaires de la procédure déterminée par la loi.

Un accusateur public, nommé tous les deux ans par les électeurs du département, était chargé de poursuivre au nom du peuple les délits reconnus constants par les premiers jurés, sans qu'en aucune manière le pouvoir exécutif et le Corps législatif pussent se mêler de l'instruction des affaires criminelles, tant le principe de la séparation des pouvoirs paraissait à Robespierre un principe inviolable et sacré.

En ce qui concernait la procédure devant le jury de jugement, il se bornait à modifier les dispositions du plan des comités dans le sens des propositions déjà faites par lui à l'Assemblée constituante. Ainsi, d'après son projet, les dépositions des témoins devaient être, à la demande de l'accusé, rédigées par écrit, et il n'était pas permis aux jurés de rendre un verdict affirmatif, quelle que fût d'ailleurs leur conviction particulière, si les dépositions écrites étaient à la décharge de l'accusé, dont la culpabilité, en tous cas, ne pouvait être prononcée qu'à l'unanimité. Les décisions du jury étaient sans appel; cependant, pour éviter autant que possible les erreurs judiciaires, et afin de laisser une dernière chance de salut à l'innocent condamné, Robespierre, plus libéral que ne s'étaient montrés les comités, permettait à l'accusé de réclamer un nouveau jury, dans le cas où deux membres du tribunal criminel croiraient sa condamnation injuste.

Prévoyant bien quelques-unes des objections qu'on soulèverait contre son système, il s'attachait, en terminant, à les combattre. On ne manquerait pas de trouver incommodes, fatigantes pour le peuple, ces convocations annuelles d'électeurs pour la nomination des jurés, mais il fallait se rassurer à cet égard, éviter de susciter des difficultés imaginaires, ne pas décourager le patriotisme en lui présentant ses devoirs comme fastidieux. « Les hommes libres, » disait-il, « ne raisonnent pas comme des esclaves. » Reprenant alors sa thèse favorite, il tonnait de nouveau contre ces distinctions funestes de citoyens actifs et de citoyens passifs, qui rendaient, pour ainsi dire, étrangère à la patrie une partie de la population. Car rien, répétait-il, n'était plus contraire à la déclaration des droits que cette inégalité fondée sur la différence des fortunes. C'est pourquoi, afin de ne pas rendre préjudiciable aux citoyens peu aisés le poids des fonctions nationales obligatoires, il proposait, d'accord cette fois par hasard avec Cazalès, de les indemniser pour le temps pendant lequel ils seraient contraints de se soustraire à leurs travaux ordinaires. Et contrairement à l'opinion des comités, opinion étrange et injustifiable, il pensait avec raison que les jurés ne sauraient être plus déshonorés en recevant une juste indemnité que ne l'étaient la masse des fonctionnaires publics, les membres du Corps législatif et le roi, qui ne paraissait nullement humilié de sa liste civile.

Tel était dans son ensemble cet important discours, dont nous avons dû nous borner à donner un résumé très-succinct (1). Il fut impuissant

(1) Ce discours de Robespierre a été résumé en 25 lignes par le *Moniteur* (numéro du 6 février) et en 40 par le *Point du jour* (numéro 575). Il inspira au *Journal de Paris*, rédigé par Garat, Condorcet, etc., les réflexions suivantes : « Qn y trouvera cet esprit indépendant qui veut ramener toutes les lois sociales aux lois éternelles de

à amener la modification du plan défectueux présenté par Duport au nom des comités, quoiqu'il se rapprochât bien davantage des principes de la déclaration des droits dont l'Assemblée, après avoir posé les prémisses, parut redouter les conséquences, car trop souvent elle recula devant elles.

Dans la même séance, Robespierre reprit la parole pour combattre un amendement de l'abbé Maury, tendant à faire exempter les ecclésiastiques des fonctions de jurés, sous prétexte que c'étaient des ministres de miséricorde et de paix, mots détonnant singulièrement, il faut l'avouer, dans la bouche de l'abbé Maury, et ce cas de conscience était au moins étrange de la part d'un homme aussi violent. Robespierre répondit que juger les coupables était un acte de charité envers la société entière, et que, en vertu du principe de bienfaisance universelle, tous les citoyens étaient tenus de s'entr'aider de la sorte et de supporter également le poids des fonctions publiques (1). Cette doctrine de la pitié, de la sympathie et du dévouement pour tous, supérieure à celle de la pitié et du dévouement pour un individu, qui ne cessa d'être la règle de conduite de Robespierre, comme le font juste-

l'égalité des droits naturels. Le plus grand mal seroit qu'il n'y eût pas des esprits de cette trempe ; assez d'autres savent plier la vérité à ces conventions artificielles que les circonstances peuvent rendre inévitables, mais qui sont à la fois et un nuage devant la raison et une barrière devant ce modèle du mieux auquel il faut toujours tendre. » (Numéro du 8 février 1791.)

Robespierre publia son discours sous ce titre : *Principes de l'organisation des jurés et réfutation du système proposé par Duport au nom des comités de judicature et de constitution*, par Maximilien Robespierre. Cette publication rencontra, il paraît, quelques difficultés, comme nous l'apprend une lettre adressée par Robespierre, au mois d'avril de la même année, à la société des Amis de la constitution de Versailles, lettre dans laquelle, à la suite de l'annonce d'envoi d'un ouvrage dont il ne dit pas le titre, il ajoute en *post-scriptum* : « J'y joins un discours sur les jurés dont la publication a éprouvé dans le temps des obstacles d'une nature assez extraordinaire. » (*Mémoires de la Société des Sciences morales de Seine-et-Oise*, t. II, p. 174, 1849.) Il nous a été impossible de découvrir quels avaient été ces obstacles. Quoi qu'il en soit, ce discours imprimé de Robespierre est devenu une véritable rareté bibliographique. Il n'est même pas mentionné par Quérard dans sa *Monographie bibliographique* des Robespierre.

Nous avons sous les yeux un exemplaire manuscrit de l'époque, conservé par la famille Le Bas. Presque tous les discours manuscrits de Robespierre étaient, en Thermidor, entre les mains d'Éléonore Duplay, la fille aînée de son hôte, qui les cacha soigneusement, et ils avaient ainsi pu échapper au pillage du conventionnel Courtois. Mais en 1815, à la seconde Restauration, le frère d'Éléonore, Simon Duplay, administrateur du domaine des hôpitaux et hospices de Paris, avec lequel demeurait Éléonore, cédant à un regrettable sentiment de crainte, jeta au feu la plupart des lettres, manuscrits et papiers provenant de Maximilien, ainsi qu'un magnifique portrait en pied de lui peint par Gérard, et dont nous parlerons plus tard. Quelques lettres seulement et trois discours manuscrits échappèrent à ce désastre, le discours sur la pétition du peuple avignonnais ; le discours sur les jurés, et celui du 8 thermidor. Ce dernier seul, rendu incomplet à la famille Le Bas, est de l'écriture de Robespierre.

(1) *Point du jour*, numéro 375.

ment remarquer les auteurs de l'*Histoire parlementaire* (1), triompha
en cette occasion devant l'Assemblée, et la proposition de l'abbé Maury
fut rejetée.

XXI

La part très-active prise par Robespierre aux débats relatifs à l'organisation du jury ne l'avait pas empêché, dans le cours de ces mêmes
débats, de se mêler à des discussions d'un intérêt moindre, il est vrai,
mais non sans importance. Dans la séance du 11 janvier au soir,
Moreau de Saint-Méry, député de Saint-Domingue, ayant demandé
qu'aucun des comités ne pût présenter de rapport ayant trait aux
colonies sans l'avoir préalablement communiqué au comité colonial
auquel il appartenait, Robespierre s'éleva vivement contre ces prétentions dictatoriales si contraires aux principes de liberté dont,
suivant lui, devait se montrer jalouse toute assemblée législative. De
concert avec Pétion, il combattit une motion aussi insidieuse « avec
toute la force dont on reconnaît capable la sévérité des principes de
ces ardents défenseurs de la liberté, » dit le lendemain le journal de
Mirabeau (2) ; et, malgré tous les efforts de son auteur, la proposition
de Moreau de Saint-Méry fut enterrée sous la question préalable.

Robespierre, comme cela ressort clairement de cette histoire, écrite
d'après d'irréfragables documents, voulait la liberté en toutes choses
et pour tout le monde. Aussi devait-il être le premier à réclamer l'abolition des privilèges de théâtre que jusqu'à ce jour trois révolutions ne
sont pas parvenues à extirper de notre pays, tellement les hauts fonctionnaires ont tenu de tout temps à conserver ce moyen commode de
faveurs de toutes sortes. Dès le mois d'août de l'année précédente une
députation de gens de lettres et d'auteurs dramatiques s'était présentée à la barre de l'Assemblée constituante pour demander la liberté
des entreprises théâtrales. Elle avait eu pour orateur un littérateur
célèbre, la Harpe, ce fervent admirateur de Robespierre jusqu'au
9 Thermidor, et qui, par une lâcheté que l'impartiale histoire est obligée de flétrir, essaya de se faire pardonner, à force de calomnies
contre le vaincu dans sa tombe, les louanges que, vivant, il lui avait
prodiguées.

---

(1) *Histoire parlementaire de la Révolution française*, par MM. Buchez et Roux, t. III,
p. 457.
(2) Voy. le *Courrier de Provence*, numéro 242.

Favorablement accueillie par l'Assemblée, la pétition avait été renvoyée au comité de constitution. Dans la séance du 13 janvier, Le Chapelier vint, au nom de ce comité, présenter un long et remarquable rapport, à la suite duquel il proposa à ses collègues de déclarer que tout citoyen pourrait ouvrir un théâtre et y faire représenter des pièces de tous les genres moyennant une déclaration préalable à la municipalité du lieu. Son projet de décret était assurément fort libéral, surtout en comparaison de l'ancien état de choses; cependant certaines. dispositions, en vertu desquelles les théâtres étaient placés sous l'inspection immédiate des officiers municipaux, sorte de comité de censure d'un nouveau genre, parurent dangereuses à plusieurs membres. « Rien ne doit porter atteinte à la liberté des théâtres, » s'écria Robespierre. Il ne suffisait donc pas, à ses yeux, de permettre à tout citoyen d'en ouvrir, il fallait encore les préserver de toute inspection arbitraire. En cela il répondait au pétulant abbé Maury, qui, après avoir hypocritement déclaré que, comme ecclésiastique, il lui était impossible de traiter une pareille question, avait réclamé pour les théâtres une censure comme il en existait sous Louis XIV. « L'opinion publique, » disait Robespierre, « est seule juge de ce qui est conforme au bien. » Il protesta donc contre une disposition vague du projet de décret, laquelle donnait à un officier municipal le droit d'adopter ou de repousser tout ce qui pourrait lui plaire ou lui déplaire; car il voyait dans cette restriction un moyen de favoriser les intérêts particuliers, non les mœurs publiques, et il demanda le rejet de l'article sixième. Le Chapelier, reprenant la parole, loua extrêmement les intentions de son collègue et déclara qu'elles étaient également les siennes. « Mais, » répliqua Robespierre, « il ne suffit pas de les louer, il faut les adopter. « Malgré cela le projet du comité passa tout entier (1). C'était déjà un grand progrès.

La liberté des théâtres, on le sait, sombra avec la République. Il est fortement question aujourd'hui de la rétablir, sinon entière, au moins en partie; ce sera toujours une amélioration dont il sera juste de tenir compte au gouvernement actuel; mais n'oublions jamais qu'en toutes choses les progrès accomplis ou à accomplir ont été formulés par la Révolution. Quant à la liberté des théâtres, nous souhaitons seulement qu'elle soit telle que la réclamait Robespierre au mois de février 1791 (2).

---

(1) *Moniteur* du 15 janvier 1791.
(2) Depuis que ces lignes ont été écrites, la liberté des théâtres a été proclamée, mais combien elle est loin de ressembler à la liberté réclamée par Robespierre! Toutefois, c'est un progrès dont il faut s'applaudir.

Il n'était guère de sujets, si divers qu'ils fussent, qu'il ne traitât avec la même certitude de jugement, avec une égale supériorité de vues. Vers la même époque, le 28 janvier, à la suite d'un rapport de Menou sur la distribution des armes aux différents corps de troupes dans les départements, on l'entendit présenter d'importantes considérations sur les lacunes qu'offrait le projet de décret du comité militaire et sur la nécessité de compléter l'armement du pays au moment où les souverains étrangers semblaient animés contre la France des intentions les plus hostiles. Sur sa demande, et malgré l'opposition de quelques membres, on décida qu'une distribution de poudre et de balles serait faite aux gardes nationales commè aux troupes de ligne ; qu'on fabriquerait avec la plus grande activité des armes dans toutes les manufactures du royaume ; qu'on en interdirait l'exportation hors du royaume ; enfin, que de quinze jours en quinze jours les comités et le ministre de la guerre rendraient compte des mesures prises pour la fabrication et la distribution des armes et des munitions (1). Il ne voulait pas la guerre cependant, la guerre agressive, on le verra plus tard ; mais il tenait à ce qu'on fût prêt à repousser victorieusement la moindre attaque de la part de l'étranger. *Si vis pacem para bellum.*

Dans cette même séance, il ne fut pas moins heureux lorsqu'il demanda, aux applaudissements de l'Assemblée, la suppression des anciens droits établis pour les milices, droits que l'on continuait de percevoir, et l'ajournement, jusqu'à l'organisation définitive de la garde nationale, des derniers articles d'un projet de loi présenté par Alexandre Lameth sur la nécessité de pourvoir à la sûreté tant extérieure qu'intérieure du royaume (2). Ces articles, en effet, traitaient de la garde nationale, dont l'organisation préoccupait vivement Robespierre. Vers la fin de l'année précédente, il en avait longuement parlé aux Jacobins, on s'en souvient, et à son sujet avait publié un discours très-étendu, qu'il devait lire plus de deux mois plus tard à la tribune de l'Assemblée. Tous les journaux de l'opinion libérale en avaient parlé dès lors avec le plus grand enthousiasme, et Robespierre reçut des sociétés de province les félicitations et les adhésions les plus empressées. De Marseille lui vint la lettre suivante : « Monsieur, les Amis de la constitution ont voté des remercîmens à votre zèle pour la chose publique et à votre popularité. Ils ont arrêté qu'il seroit fait une adresse à l'Assemblée pour demander l'adoption de vos projets de décrets sur la gendarmerie et sur l'organisation de la garde nationale ; ils vont demander à

(1) Voy. le *Point du jour*, numéro 567, p. 421, 422.
(2) *Ibid.*, numéro 567, p. 425, 428.

la municipalité d'assembler les sections pour que la cité entière émette le même vœu.

« Recevez, Monsieur, l'hommage d'un peuple dont l'enthousiasme pour les talens et les vertus sont sans bornes. Cet hommage est la seule récompense digne des grands hommes. Nous sommes avec respect, Monsieur, les Amis de la constitution de la ville de Marseille. *Signé :* Guirand, *président ;* Ferou, *secrétaire.* »

Camille Desmoulins, en publiant cette lettre dans son journal, ne tarit pas en éloges sur son ami, qu'il appelle « le commentaire vivant de la déclaration des droits, le bon sens en personne, » et dont il annonce la brochure en ces termes : « *Discours sur l'organisation des gardes nationales,* par Maximilien Robespierre (et non pas Robertspierre, comme affectent de le nommer des journalistes qui trouvent apparemment ce dernier nom plus noble et plus moelleux, et qui ignorent que ce député, quand même il se nommeroit la *bête* comme Brutus, ou *pois chiche* comme Cicéron, porteroit toujours le plus beau nom de la France (1). »

Voici, de son côté, de quelles lignes flatteuses la feuille de Mirabeau faisait précéder, dans son numéro du 8 février, un extrait de ce discours : « Tous les partis s'accordent à rendre à M. Robespierre la justice qu'il n'a jamais renié les principes de la liberté, et il n'est pas beaucoup de membres dont on puisse faire le même éloge. Le discours dont on va lire un fragment prouve que M. Robespierre mérite cet éloge (2). » Nous analyserons plus tard, à sa date parlementaire, ce discours capital, mais il nous a paru utile de constater l'immense effet produit sur le pays par sa publication.

XXII

Après avoir détruit, l'Assemblée nationale s'attachait à reconstruire, ajoutant, chaque jour, quelque chose à son œuvre, et prenant, pour sa conservation, des précautions de toute nature. Peut-être même se montra-t-elle trop minutieuse à cet égard. Dans le désir immodéré d'assurer la solidité du nouvel édifice social bâti par elle, on la vit parfois retirer d'une main à la liberté des garanties qu'elle lui avait accordées de l'autre ; quelquefois elle manqua inutilement de confiance

---

(1) *Révolutions de France et de Brabant,* numéro 65.
(2) *Courrier de Provence,* numéro 254, à l'article VARIÉTÉS.

envers le peuple. En vertu de ses décrets, tous les fonctionnaires publics tenaient désormais leur mandat, non du pouvoir exécutif, mais du souverain lui-même, c'est-à-dire du peuple. Juger ce dernier digne de nommer ses administrateurs et ses juges, c'était en même temps l'estimer capable de les respecter ; cependant, par une contradiction au moins singulière, l'Assemblée eut peur que les fonctionnaires ne gardassent pas une indépendance suffisante à l'égard de leurs électeurs, et que ceux-ci n'eussent pas pour eux toute la déférence convenable. Sous l'empire de ces appréhensions, son comité de constitution, par la bouche de Le Chapelier, lui soumit, le 28 février 1791, un projet de décret destiné à assurer le respect dû aux fonctionnaires publics, magistrats ou administrateurs. Le dernier article de ce décret assimilait au crime de lèse-nation toute invitation faite au peuple, verbalement ou par écrit, d'outrager les fonctionnaires publics, de leur résister ou de désobéir à la loi. Mais la rédaction ambiguë de cet article était de nature à prêter à des interprétations diverses et laissait un champ vaste à l'arbitraire.

Toujours vigilant, gardien jaloux des libertés publiques, Robespierre demanda l'ajournement d'un pareil décret, dans lequel, après avoir, en termes pompeux, énoncé la souveraineté de la nation, le rapporteur en faisait bon marché en interprétant dans le sens le plus restrictif les paroles solennelles de la déclaration des droits. Qu'entendait-on par cette expression vague *toute invitation?* N'était-ce pas une menace perpétuelle suspendue sur la liberté de la presse ? « Ne voyez-vous pas, » continuait Robespierre, « combien une pareille loi serait funeste à la constitution? Ne voyez-vous pas qu'elle serait destructive de la liberté? Ne voyez-vous pas que des juges prévenus, partiaux, pourraient facilement trouver dans les expressions de cette loi les moyens d'opprimer un écrivain patriote et courageux?... Par cette loi vous ouvrez la porte à l'arbitraire, vous préparez la destruction de la liberté de la presse. » Une telle loi, où il s'agissait de la liberté publique et individuelle, où la vie et l'honneur des citoyens se trouvaient en jeu, lui paraissait, à juste titre, devoir être rédigée en termes moins équivoques et mériter l'honneur d'une discussion solennelle. Des applaudissements accueillirent les paroles de l'orateur, mais, après des débats auxquels prirent part Barnave, Buzot et quelques autres députés, dont plusieurs appuyèrent l'opinion de Robespierre, le projet de loi du comité n'en fut pas moins adopté, avec certaines modifications, il est vrai, dans un sens un peu plus libéral (1).

---

(1) *Moniteur* du 1er mars 1791.

Au commencement de cette séance, un incident inattendu avait donné lieu à une discussion assez courte, mais très-vive, et dont il est important de dire un mot, parce qu'il amena Robespierre à donner son opinion sur un objet intéressant au plus haut degré l'ordre public : le secret des lettres. On se rappelle peut-être, à ce propos, qu'au mois de juillet 1789 il avait insisté pour la lecture de papiers saisis sur un baron de Castelnau et envoyés comme suspects au président de l'Assemblée nationale par le maire de Paris. Mais il s'agissait alors d'un fait particulier; parmi ces papiers il y avait une lettre à l'adresse du comte d'Artois, déjà émigré; l'homme qui en était porteur avait été arrêté sur le pont Royal comme émissaire des princes, et, à ce moment même, tout en demandant à l'Assemblée de prendre, par exception, connaissance des papiers saisis, Robespierre rendait hautement hommage au principe de l'inviolabilité du secret des lettres (1). Quand l'occasion se présenta de la défendre, il ne la laissa pas échapper.

On venait de déposer sur le bureau du président un panier rempli de papiers présentés au contre-seing et destinés à divers départements. Ces écrits renfermaient, il paraît, beaucoup d'attaques contre l'Assemblée nationale. Noailles, qui présidait, demanda à ses collègues, en les informant du contenu de ces papiers, ce qu'ils voulaient qu'on en fît. Divers avis furent aussitôt proposés, parmi lesquels plusieurs très-rigoureux. Suivant quelques membres, il fallait prendre connaissaissance de ces écrits, les brûler, en poursuivre les auteurs. Mais Robespierre se levant alors : « Comment sait-on, » dit-il vivement, « que ce sont des écrits contre l'Assemblée nationale? On a donc violé le sceau des cachets? C'est un attentat contre la foi publique. Et quand même ces écrits aristocratiques n'eussent pas été fermés, on aurait dû respecter le contre-seing dont ils étaient revêtus... Autorisons cette violation, et l'inquisition s'exercera bientôt aussi contre les écrits patriotiques. Chaque député est libre dans ses opinions, dans ses écrits, et à plus forte raison dans ses correspondances. » Ces observations eurent un plein succès, et l'Assemblée rendit à la circulation, sans les

---

(1) M. Michelet a beaucoup reproché à MM. Buchez et Roux, L. Blanc et Lamartine de n'avoir pas dit un mot de l'affaire de Castelnau. Il y a quelque chose, à notre sens, de plus grave que d'être inexact par omission, c'est de l'être par exagération, par extension. Or, au lieu de raconter strictement le fait, que dit M. Michelet en divers passages, d'une manière générale, et sans préciser : « Robespierre demanda la violation du secret des lettres.... Dès 89 il a conseillé la violation... » (*Histoire de la Révolution*, t. II, p. 560, 567.) Eh bien! on a vu, au contraire, qu'il avait demandé *par exception* l'examen de lettres saisies sur un émissaire du comte d'Artois. Pourquoi maintenant l'illustre historien a-t-il gardé un si profond silence sur la séance du 28 février 1791, dans laquelle Robespierre se montra si énergiquement le défenseur de l'inviolabilité due au secret des lettres? Ah! les préventions!

ouvrir, les papiers déposés sur le bureau de son président. L'opinion de Robespierre ne fut pas moins bien reçue au dehors : presque tous les journaux populaires lui surent un gré infini d'avoir posé les véritables principes sur cette matière ; il eut pour lui l'assentiment général (1). Il fut, on peut le dire, l'écho de la conscience publique qui sentait bien qu'il n'y aurait plus de sécurité pour personne le jour où, sous prétexte de rechercher les opinions, en portant atteinte à l'inviolabilité des lettres, on s'emparerait du secret des familles.

XXIII

En cette même séance (28 février 1791) surgit encore une question grosse de tempêtes ultérieures, celle de l'émigration, laquelle, on ne pouvait se le dissimuler, prenait un caractère effrayant. Sur toutes les routes c'était une procession de gens s'enfuyant par peur ou par haine de la Révolution, d'anciens nobles désertant la patrie pour aller quêter contre elle les armes des souverains de l'Europe ; véritable épidémie contagieuse qui enlevait à la France non-seulement un nombre considérable de ses habitants, mais une partie de ses richesses, car les émigrés ne s'en allaient pas les mains vides : notre or passait avec eux à l'étranger. Le bruit de préparatifs pour la fuite du roi s'était répandu, avait pris une certaine consistance ; les journaux parlaient ouvertement des manœuvres employées par la cour afin d'assurer l'évasion de la famille royale (2). La nouvelle du départ de Mesdames, tantes du roi, accrédita les bruits propagés ; l'agitation devint extrême. Arrêtées à Arnay-le-Duc, sur la demande d'un grand nombre de citoyens actifs de la commune, Mesdames avaient été relâchées en vertu d'une décision de l'Assemblée nationale et avaient pu continuer leur route. Mais l'éveil était donné sur l'émigration ; les colères grandissaient ; de toutes parts on réclamait une loi contre ceux qui désertaient le pays en un tel moment de crise. L'impitoyable Marat, dans un des numéros de son journal, sommait « les Lameth, Pétion, Robespierre, Reubell, Barnave, d'Aiguillon, Menou, Crancé, sous peine d'être réputés lâches mandataires, » de faire rendre un décret rigoureux contre les émigrants de

---

(1) Le *Moniteur* est muet sur cet incident. Voy. le *Journal de Paris*, numéro du 1ᵉʳ mars 1791 ; le *Patriote français*, numéro 571, et le *Courrier de Provence*, numéro 241.

(2) *Annales Patriotiques* du 1ᵉʳ février 1791 ; *Révolutions de France et de Brabant*, numéro 62.

la famille royale (1). Mirabeau, de son côté, ne manqua pas d'encouragements l'excitant à les couvrir de son imposante parole. « Vous serez éloquent, » lui écrivait son ami le comte de La Marck, « et vous tuerez les Robespierre, les Crancé et Barnave, s'il le faut (2). » Mais le puissant orateur n'eut pas à tuer Robespierre, qui, au risque de passer pour un lâche mandataire aux yeux de Marat, se montra très-catégoriquement opposé à une loi contre l'émigration.

Cependant l'Assemblée n'en avait pas moins chargé son comité de constitution de lui en présenter une sur ce sujet, et, le 28 février, Le Chapelier vint lui soumettre un projet, en ayant soin de la prévenir qu'une telle loi sortait des limites de la constitution et entraînait des mesures dictatoriales. Quand il eut fini, personne ne demanda la parole. On était comme stupéfait de se laisser aller involontairement hors des voies de la légalité et sur une pente qui menait droit à la Terreur. Ah! les partisans d'une loi semblable, Merlin, Lameth, Reubell, Prieur, ne devinaient-ils pas ce qu'au delà il devait y avoir de sombre et d'effrayant quand l'épée serait tirée du fourreau!

Quelques membres se décidèrent enfin à réclamer l'ordre du jour, d'autres la question préalable. Robespierre monta alors à la tribune. Il commença par déclarer très-nettement qu'il n'était pas partisan d'une loi sur les émigrations; mais, selon lui, il fallait, par de solennels débats, reconnaître l'impossibilité ou les dangers d'une telle loi, afin qu'on ne crût pas que la discussion avait été désertée pour d'autres motifs que ceux de la raison et de l'intérêt public. Il quitta la tribune au milieu des applaudissements, après avoir expliqué, plus longuement sans doute, comment la raison et l'intérêt public s'opposaient à une loi contre l'émigration. Il eut au moins le mérite de bien poser la question, se montra franchement l'adversaire de cette loi, comme s'il eût prévu quelles complications elle amènerait dans l'avenir, et en cela il obéissait au seul cri de sa conscience (3).

Après lui Mirabeau parla, avec son éloquence accoutumée, contre la loi proposée. Était-il aussi sincère que son collègue dans sa réprobation? Évidemment oui; car son grand sens politique lui montrait, cachée dans cette loi, une source trop féconde de vexations. Mais était-il

(1) Voy. l'*Ami du Peuple ou le Publiciste Parisien*, numéro 382.

(2) *Correspondance entre le comte de Mirabeau et le comte de la Marck de 1789 à 1791*, recueillie par Ad. de Bacourt. Paris, Lenormant, 1851, t. III, p. 65.

(3) Le *Point du jour*, numéro 567 et le *Moniteur* du 1er mars 1791 résument en quelques lignes seulement le discours de Robespierre, qui, à coup sûr, resserra beaucoup moins sa pensée, puisque dans la soirée, aux Jacobins, Alexandre Lameth parla des grands principes *développés* le matin par Robespierre. Voy. les *Révolutions de France et de Brabant*, numéro 67.

aussi désintéressé? Hélas! non. Et ces paroles, mises au service de la
vérité, combien il est fâcheux qu'elles aient été payées à prix d'or. Il
ne voulait pas, lui, comme Robespierre, qu'on discutât la loi au grand
jour. Mais vainement il tenta d'empêcher la lecture du projet de loi du
comité, la majorité de l'Assemblée semblait disposée à arrêter, coûte
que coûte, des émigrations dont le nombre toujours croissant commençait à l'épouvanter. Quand Le Chapelier eut donné lecture du projet
de loi élaboré par le comité, Mirabeau reprit la parole et essaya de
nouveau de faire enterrer sous l'ordre du jour toute espèce de loi
contre les émigrations. Il eut des emportements d'éloquence dignes de son
génie immortel. Quelques murmures, partis du côté gauche, l'ayant
interrompu : « Silence aux trente voix ! » s'écria-t-il insolemment de
sa voix tonnante. Ces trente voix, c'étaient les Duport, les Lameth, les
Barnave, les d'Aiguillon, qui ne pardonnèrent pas à Robespierre de ne
pas s'être, en cette circonstance, rangé de leur côté. Rien ne prouve
mieux, suivant nous, combien peu ce grand citoyen était un homme de
parti, dans l'acception ordinaire du mot. Les questions étaient justes
ou non, voilà tout; puis, dégagé de tout intérêt personnel, il était du
parti de sa conscience. S'il n'eut pas l'approbation de ses anciens
amis, il reçut en revanche, comme il le raconte lui-même, les félicitations empressées, et plus ou moins sincères, de plusieurs de ses collègues, membres du club de 1789 (1). Duquesnoy, dans son journal
l'Ami des patriotes (2), Regnault (de Saint-Jean d'Angély) dans le *Pos-
tillon, par Calais,* vantèrent sa droiture, la mirent en opposition avec
« les intrigues coupables et le charlatanisme » qu'ils imputaient à leurs
adversaires du jour, espérant peut-être, par des louanges insidieuses,
l'attirer dans leur camp. Mais lui, insensible à ces flatteries intéressées, se tint à l'écart, sachant combien les opinions de ces hommes
étaient profondément en désaccord avec les siennes, et il repoussa
leurs avances, à bon droit suspectes à ses yeux.

Mirabeau, malgré tous ses efforts, n'avait pu parvenir à triompher
complétement de la loi contre l'émigration ; le projet présenté par Le
Chapelier avait bien été rejeté, mais, sur la proposition du député
Vernier, la question avait été renvoyée à l'examen de tous les comités

---

(1) Voy. son *Adresse aux Français*, p. 11.

(2) Voici en effet ce qu'écrivait le royaliste Duquesnoy, dans son numéro du 5 mars :
« MM. Robespierre et Buzot... sont tous deux du nombre de ceux que personne n'accuse d'être à un parti, de servir ou de défendre une faction; leur conduite publique
n'a pas varié une minute, et elle est parfaitement d'accord avec leurs idées privées.
Je crois que M. Robespierre a souvent été emporté hors des mesures par un amour peu
réfléchi de la liberté, mais il est impossible de le soupçonner d'avoir sacrifié à une
autre idole. » *L'Ami des Patriotes ou le Défenseur de la Constitution*, numéro 15.

L'émotion dont l'Assemblée constituante avait tressailli dans cette journée semblait s'être communiquée au dehors. Depuis quelques jours, du reste, Paris était sous le coup d'une agitation due au départ de Mesdames, aux bruits de préparatifs de la fuite du roi, aux menaces et aux provocations maladroitement adressées aux patriotes. Dans la matinée du 28, le peuple, égaré par de perfides instigateurs, s'était porté en foule au château de Vincennes, dans l'intention de détruire le donjon ; La Fayette, dont la popularité avait dès lors reçu un coup mortel, accourut à temps avec la garde nationale pour empêcher cette dévastation. Le soir une expédition dans un sens tout contraire eut lieu aux Tuileries, où l'on arrêta une foule d'anciens gentilshommes qui, sur la nouvelle d'un danger imaginaire couru par la famille royale, étaient venus au château, armés jusqu'aux dents, et que, pour cette raison, on appela les chevaliers du poignard.

La séance des Jacobins devait subir le contre-coup des agitations de la ville et de l'Assemblée, elle le ressentit en effet ; cette séance du 28 février restera une des plus fameuses dans l'histoire de ce club célèbre. Quand Mirabeau entra, Duport occupait la tribune. Des murmures d'indignation éclatèrent à son aspect. L'exaspération contre lui était telle, à cause de ses discours dans la séance du matin à l'Assemblée, que d'Aiguillon, chez lequel il était invité à dîner avec une douzaine de ses collègues, lui avait fermé la porte au nez. Par une allusion sanglante, Duport s'était écrié en se tournant vers lui : « Les hommes les plus dangereux à la liberté ne sont pas loin de vous ; » et tous les regards de se diriger vers Mirabeau. « Qu'il soit un honnête homme, » dit l'orateur en terminant, « et je cours l'embrasser. » Sans se préoccuper des applaudissements frénétiques dont ce discours fut suivi et qui étaient autant de traits lancés contre sa personne, Mirabeau essaya de se justifier. Il fut écouté avec respect, mais les acclamations auxquelles il était accoutumé n'accueillirent pas ses paroles ; il descendit de la tribune au milieu d'un silence tout nouveau pour lui. Son sentiment sur les émigrations, avait-il dit, était celui de tous les philosophes ; durant quatre heures, l'Assemblée nationale avait paru être de son avis ; aucun des chefs d'opinion ne l'avait combattu ; et s'il était dans l'erreur, il s'en consolait en songeant qu'il s'y trouvait en compagnie de tant de grands hommes.

Alexandre Lameth se chargea de lui répondre : son discours incisif, nerveux, impitoyable, obtint un succès prodigieux. Assis sur un siège, non loin de l'orateur, Mirabeau, suivant l'expression de Camille Desmoulins, semblait dans son jardin des Olives. Alexandre Lameth s'attacha à repousser l'épithète de factieux qu'il accusait Mirabeau, d'accord en cela avec les membres du club de 89 et ceux du club monarchique, de jeter à tout propos à la tête des Jacobins. Faisant allusion ensuite à ces chefs d'opinion dont avait parlé Mirabeau, il disait : « Est-ce qu'il y a d'autres chefs d'opinion que l'amour de la patrie, le salut du peuple et les grands principes qu'ont développés ce matin MM. Vernier, Muguet, Reubell, Prieur et Robespierre? » Par chef d'opinion Mirabeau entendait évidemment ce dernier, car les autres avaient été d'un avis tout à fait opposé au sien. Quant à Robespierre, en en faisant dans la circonstance un adversaire de Mirabeau, Alexandre Lameth n'était pas juste ou manquait de mémoire. Mirabeau avait réclamé l'ordre du jour pur et simple sur toute espèce de loi contre l'émigration ; Robespierre, au contraire, avait demandé une discussion solennelle, afin qu'il fût bien démontré que, si l'Assemblée repoussait ces sortes de lois, c'était dans l'intérêt général et par respect pour la justice éternelle. Au fond ils étaient du même avis.

Mirabeau ne voulut pas rester sous le coup du terrible réquisitoire d'Alexandre Lameth ; pour reconquérir sa popularité compromise, il consentit à s'humilier, lui l'orateur superbe, l'orgueilleux tribun. Il avait boudé les Jacobins, mais sans cesser de leur rendre justice ; il les aimait tous, disait-il, à l'exception de deux ou trois. Ces paroles lui valurent son pardon, et il fut salué d'unanimes acclamations lorsque, profondément ému, il s'écria : « Je resterai parmi vous jusqu'à l'ostracisme. »

L'opinion de Robespierre sur la loi contre les émigrations avait bien été conforme à celle de Mirabeau, mais sa popularité n'en souffrit point, parce qu'on savait que sa conviction n'avait pas d'autre guide que sa conscience. Il était généralement regardé, suivant l'expression d'un publiciste trop fameux, comme le seul orateur qui fût toujours dans les grands principes (1). Il y gagna d'être loué à la fois par les adversaires et les partisans de la loi ; et, sans jouer personnellement un rôle dans la mémorable séance du 28 février aux Jacobins, il y eut une part dont il n'eut pas à se plaindre ; car il fut de ceux dont Alexandre Lameth disait : « C'est un malheur pour le peuple que de tels hommes ne soient pas chefs d'opinion. » Mais Mirabeau avait raison, déjà il l'était ; et d'un bout de la France à l'autre on l'écoutait comme la parole vivante de la démocratie (2).

(1) Voy. l'*Ami du Peuple ou le Publiciste Parisien*, numéro 290.
(2) Voy. dans le numéro 67 des *Révolutions de France et de Brabant* le récit très-complet et très-curieux de la séance du 28 février 1791 aux jacobins.

XXIV

Cependant, ainsi que nous l'avons dit plusieurs fois et comme on vient d'en avoir un nouvel exemple, il n'hésitait jamais à soutenir une thèse contraire au sentiment populaire, quand elle lui paraissait conforme à la justice. Cela se vit encore lors de la discussion soulevée dans la séance du 7 mars au soir par la présentation du rapport de l'abbé Gouttes sur le projet de tontine viagère imaginé par un sieur Lafarge, tontine au moyen de laquelle, prétendait son auteur, on devait arriver à ménager de précieuses ressources aux indigents pour leur vieillesse, moyennant un sacrifice insensible. La nation y trouvait aussi son compte, car la caisse tontinière eût en même temps servi de caisse d'amortissement et éteint en un certain nombre d'années une partie de la dette publique.

Ce projet, basé sur des calculs déclarés exacts par l'Académie des sciences, avait en effet de quoi séduire l'Assemblée, et Gouttes, au nom du comité des finances, lui en proposa l'adoption. Mirabeau, émerveillé des résultats probables d'une entreprise à laquelle il était peut-être intéressé, puisqu'un de ses secrétaires, Clavière, financier très-habile, en était l'administrateur gérant, Mirabeau vanta, dans un assez long discours, les avantages d'un établissement destiné à inspirer au peuple le goût de l'économie. Il alla même, dans son enthousiasme, jusqu'à proposer à l'Assemblée de former elle-même les premiers fonds de la caisse en décrétant qu'il serait prélevé par le trésor public cinq jours de traitement sur chaque député, et que le produit de cette retenue serait employé à l'acquisition de douze cents actions à répartir entre autant de familles pauvres. Une partie de l'Assemblée applaudit, demanda à voter immédiatement. Un membre du côté droit, Foucauld, renchérissant sur cette proposition, demanda que, si au 5 mai prochain la constitution n'était pas terminée, les traitements des représentants fussent, à partir de cette époque, versés intégralement dans la caisse de la tontine pour les vieillards.

C'était remettre en question la juste indemnité due aux représentants de la nation. De la part des gens de la droite, possesseurs presque tous d'assez grandes richesses, pareille proposition manquait au moins de générosité ; ils pouvaient se faire à bon marché une réputation de désintéressement. Mais, en thèse générale, est-il juste, est-il convenable d'avoir des députés sans traitement, comme le pensent certaines personnes, et comme cela s'est pratiqué sous la Restauration et sous la monarchie de Juillet? Rien de moins démocratique d'abord, de plus contraire à l'intérêt général, car ce serait mettre la représentation nationale uniquement entre les mains des riches ; or il n'est nullement démontré qu'ils soient plus que d'autres aptes à bien gérer les affaires d'un pays. Ce serait priver les citoyens d'être représentés par tel homme de cœur et de talent que son peu de fortune, la nécessité de vivre de son travail empêcheraient d'accepter un poste qu'il ne pourrait remplir avec dévouement qu'en négligeant ses propres affaires. Le salaire dû aux mandataires du peuple est dans une certaine mesure, on peut l'affirmer, la garantie de leur indépendance. Telles étaient une partie des considérations invoquées par Robespierre pour combattre la motion de Mirabeau, reprise et aggravée par Foucauld.

Il avait en premier lieu blâmé comme souverainement immorales les formes de loterie affectées par la tontine Lafarge. Il lui paraissait indigne de l'État de s'associer à une pareille entreprise, d'en être le patron et le directeur. Venant ensuite à la contribution qu'on avait proposé de lever sur les membres de l'Assemblée, afin de former les premiers fonds de cette tontine, contribution colorée d'un prétexte de bienfaisance, et sans se dissimuler qu'il lui fallait un certain genre de courage pour s'élever contre une proposition qui semblait inspirée par des vues d'humanité, il signala, comme de nature à vicier les principes protecteurs de la sûreté publique, ces motions de détourner de leur destination le salaire des représentants, lequel était, à ses yeux, une propriété nationale, non une propriété individuelle. Il faut se garder, disait-il à ses collègues, de ces bienfaisances illusoires dommageables à l'intérêt général bien entendu. Adoptez en faveur des malheureux les mesures les plus efficaces, mais ne touchez pas à l'une des bases essentielles de votre constitution. « Le peuple doit payer ses représentants pour que d'autres ne les payent pas. » Ces paroles étaient-elles une allusion directe à la position de Mirabeau ? Nous ne le supposons pas, car sa vénalité n'était nullement constatée alors, et l'hommage public que Maximilien n'allait pas tarder à lui rendre nous donne à penser qu'il n'ajoutait pas une foi entière aux accusations vagues répandues dès cette époque ; mais ces paroles n'en pénétrèrent pas moins sans doute comme un poignard au cœur du grand orateur. « Le sacrifice qu'on vous demande, » ajoutait Robespierre, « léger pour plusieurs, serait peut-être pénible pour quelques-uns. » Cette considération dans sa bouche était, il est permis de l'assurer, dégagée de toute pensée d'intérêt personnel. Pauvre, il avait des ressources encore au-dessus de ses besoins ; nous avons dit plus haut à quel usage il employait son traitement de représentant ; il avait d'ailleurs une telle indifférence pour l'argent qu'à sa mort on retrouva chez lui un certain nombre de mandats pour son indemnité de député à l'Assemblée constituante qu'il avait négligé de toucher. Son désintéressement bien connu ajoutait à ses paroles une autorité plus grande ; le projet de tontine présenté par l'abbé Gouttes et la proposition de Mirabeau furent repoussés à la presque unanimité (1).

XXV

Il avait été moins heureux le même jour, dans la séance du matin, en demandant l'ajournement d'un projet de décret présenté par Desmeuniers au nom du comité de constitution et destiné à compléter l'organisation des corps administratifs. Le projet du comité, prévoyant le cas où des corps administratifs fomenteraient la résistance à la loi ou à l'autorité supérieure, contenait contre eux des mesures sévères. De plus, il tendait à mettre les municipalités et les administrations de district sous la tutelle directe des directoires de département, subordonnés eux-mêmes à l'autorité du pouvoir exécutif.

Le rapporteur aurait voulu qu'on discutât article par article le projet de décret soumis à la délibération de l'Assemblée. Mais, avant de procéder ainsi, il était indispensable, suivant Robespierre, de discuter l'ensemble du projet. La matière en valait la peine : il s'agissait d'un décret d'où dépendait le sort des corps administratifs inférieurs qu'on ne voulait placer dans la dépendance des directoires de département qne pour mettre ceux-ci sous la sujétion ministérielle. Cette franchise de langage déplut à la majorité et attira de violents murmures à l'orateur. Il témoigna un douloureux étonnement de se voir interrompu en traitant une question si essentielle à la liberté du pays. Ses adversaires eux-mêmes réclamèrent le silence pour lui, et l'un d'eux voulut bien reconnaître que sa demande d'ajournement était juste. « Comment, » disait Robespierre, « entamer une discussion de cette importance sur un décret proposé la veille, contenant une foule de questions du plus haut

---

(1) Voy. le *Moniteur* du 5 mars 1791, et le *Journal de Paris*, du même jour, combinés. Rejetée par l'Assemblée nationale, la tontine Lafarge fut mise en œuvre à titre d'entreprise particulière.

intérêt, et dont l'adoption pouvait ou affermir ou ébranler la constitution ? » Jamais on n'avait vu l'Assemblée discuter si précipitamment des lois semblables. Un délai de quelques jours lui semblait donc indispensable pour permettre à chaque membre d'examiner attentivement le projet et de se préparer à la discussion ; il le demandait au nom de la liberté et de la nation, presque certain du succès de sa réclamation en l'appuyant de ce double titre. Mais son espoir fut trompé; malgré l'appui que donnèrent à sa proposition Buzot et Pétion, elle fut rejetée, et l'Assemblée passa outre.

Séance tenante elle adopta, presque sans discussion, les cinq premiers articles du projet. Le deuxième fut seulement refondu. Il exigeait d'abord pour les arrêtés des directoires ou conseils de districts et de départements la signature de tous les membres présents. Robespierre fit remarquer combien cette mesure était injuste à l'égard de ceux des membres qui auraient été d'un avis contraire à l'arrêté, et, sur son observation, il fut décidé que les dissidents pourraient se dispenser de signer.

L'article huitième donna lieu à des débats un peu plus longs. Il portait que tout corps administratif qui publierait des arrêtés ou lettres de nature à provoquer la résistance à l'exécution des ordres émanant des autorités supérieures serait suspendu de ses fonctions et, en cas de récidive, destitué. Robespierre trouvait effroyablement vague la rédaction de cet article. Elastique comme il l'était, sans précision aucune, prêtant en conséquence à une foule d'interprétations, il favorisait la prévention du juge, ouvrait la porte à l'arbitraire. Le droit de suspendre les administrateurs de leurs fonctions étant accordé au ministre, combien ne lui serait-il pas facile de découvrir dans une lettre une ligne, un mot fomentant la résistance à des ordres supérieurs, c'est-à-dire aux siens propres ? Robespierre voyait surtout dans un tel article la pensée d'empêcher les corps administratifs de communiquer entre eux, de se consulter;' c'est pourquoi il demandait la question préalable. Attaqué également par Chabroud à cause du vague de sa rédaction et de la sévérité de ses dispositions, défendu par d'André, l'article passa, mais avec quelques modifications atténuantes, laissant moins de prise à l'arbitraire (1).

Ces discussions sur le complément de l'organisation des corps administratifs se prolongèrent pendant une quinzaine de jours. La question de savoir quels seraient les juges compétents des contestations relatives au droit d'élection et à la violation des formes ramena Robes-

(1) Voy. le *Point du jour*, numéro 601, p. 6, 9 et 11, et le *Moniteur* du 5 mars 1791.

pierre à la tribune. Toujours fidèle à ses principes, dit un journal du temps, il soutint que les corps administratifs ne devaient en aucune manière s'occuper de ce qui regardait les assemblées primaires, et qu'aux représentants seuls de la nation appartenait le droit de statuer sur les contestations élevées dans le sein de ces assemblées, sections éparses de la souveraineté ; sinon, disait-il, la liberté et la constitution courraient risque de dégénérer entre les mains des corps administratifs et des tribunaux judiciaires (1). Ces observations portèrent fruit : l'Assemblée nationale, en effet, décida que jamais le pouvoir exécutif ne pourrait s'immiscer dans les élections ; que dans tous les cas on aurait le droit de recourir au Corps législatif, auquel devraient être portées les contestations relatives à l'élection de ses propres membres et à celle des membres du tribunal de cassation et du haut jury.

XXVI

Une question de droit public de la plus haute importance, celle de l'extradition, fournit à Robespierre l'occasion de bien établir quels étaient à cet égard les droits et les devoirs réciproques des nations. La cour de Vienne, se fondant sur les anciens usages et procédés existant entre les États d'Autriche et la France, réclamait l'extradition de deux individus prévenus d'avoir fait circuler de fausses lettres de change, et arrêtés à Huningue sur la réquisition du ministre de la cour de Vienne. Le comité diplomatique, ayant pour rapporteur du Châtelet, proposait à l'Assemblée nationale de se prononcer dans ce sens (15 mars). Mais les conclusions du rapport furent très-vivement combattues par Reubell d'abord, qui, après avoir essayé de démontrer que les deux personnes poursuivies et illégalement arrêtées à Huningue étaient des victimes innocentes des directeurs de la banque de Vienne, dont les affaires étaient en souffrance, témoigna la crainte qu'en accordant légèrement l'extradition, on n'autorisât le gouvernement français à réclamer à son tour celle d'accusés politiques réduits à aller chercher à l'étranger un asile contre les rigueurs du despotisme. Après lui, Biauzat se leva pour demander l'ordre du jour pur et simple, l'extradition d'individus réfugiés en France ne pouvant, selon lui, être accordée, en tous cas, qu'après une condamnation.

(1) *Point du jour*, numéro 612, p. 180.

Robespierre prit le débat de plus haut. Evidemment, pensait-il, l'Assemblée ne statuerait pas légèrement sur le sort de qui que ce fût ; mais, à ses yeux, il s'agissait moins ici d'une question de fait que d'une question de droit public ; et ce n'était pas sur un rapport superficiel, incomplet, ambigu qu'elle devait se prononcer sur les plus précieuses lois de la société et sur les rapports des nations entre elles. Son avis était qu'on renvoyât l'examen de la question au comité de constitution et qu'on la discutât plus tard avec tout le soin, toute la préparation dont elle était digne.

Mais le comité diplomatique semblait avoir à cœur cette affaire ; il insista pour obtenir tout de suite un décret d'extradition, et dans l'espérance de persuader l'Assemblée, son rapporteur produisit un certificat émanant du conseil impérial de Vienne et attestant que les deux accusés avaient livré à la circulation une grande quantité de fausses lettres de change. Dans un premier rapport, antérieurement présenté, il s'agissait de billets de banque falsifiés ; cette contradiction fut immédiatement relevée. « Comment se fait-il, » reprit Robespierre, « qu'on nous envoie un simple certificat au lieu de toutes les pièces de la procédure, seules capables de nous éclairer complétement ? Encore une fois il faut ajourner, de peur de préjuger la question de droit en décidant celle de fait sans connaître ni l'une ni l'autre. » « Si l'on accède à la demande du ministre autrichien, s'écria un autre membre, Cottin, je réclamerai l'extradition de M. de Lambesc, décrété de prise de corps. » Fréteau tenta de venir au secours du comité diplomatique, chargé, dit-il, non de fournir des preuves de réciprocité de procédés, mais de présenter un acte légal d'accusation comme l'était celui de la municipalité de Vienne. Alors Robespierre : « Je ne crois pas qu'aucun membre de l'Assemblée veuille faire ici en quelque sorte le rôle d'accusateur et que quelqu'un ait intérêt à s'opposer à l'ajournement. Je demande qu'on aille aux voix. »

L'ajournement fut prononcé.

Il était juste, comme le demandait Robespierre, qu'avant de statuer sur un fait particulier on résolût au préalable la question de droit public, car il était de la plus simple prudence de ne pas laisser à l'arbitraire ministériel le soin de décider dans quels cas l'extradition serait ou non permise. En conséquence, l'Assemblée, après avoir ordonné l'ajournement, chargea ses comités diplomatique et de constitution de lui présenter prochainement une loi sur cette matière (1).

_____

(1) Voy. le *Moniteur* du 7 mars 1791, et le *Courrier de Provence*, numéro 264.

XXVII

Quatre jours après se présentait à l'Assemblée, dans la discussion relative à l'organisation du trésor public, une question non moins importante, celle de savoir qui nommerait les administrateurs de la caisse nationale. Au roi seul, d'après l'avis du comité des finances, devait appartenir le choix de ces fonctionnaires. Le roi, objectait Pétion, a son trésor particulier, il en nomme les régisseurs, c'est justice ; mais le trésor public étant la propriété de la nation, il est juste aussi que ses régisseurs soient nommés par elle. M. de Jessé ayant répondu dans un sens conforme à l'opinion du comité des finances, de nombreuses voix réclamèrent la clôture. Mirabeau s'y opposa vivement, s'étonnant qu'une des plus graves questions de l'organisation financière du pays fût éclairée par d'aussi minces débats. Quant à lui, il hésitait encore entre les divers systèmes proposés. Dans son esprit il y avait peut-être moyen de tout accorder en laissant au roi le soin de désigner un ordonnateur et à la nation celui de choisir un conseil d'administration ; c'est pourquoi il réclamait la continuation des débats.

Après quelques observations de Dupont de Nemours en faveur de l'opinion du comité, Robespierre intervint dans la discussion. « Les impôts, » dit-il, « n'étant autre chose qu'une partie du bien de tous mise en commun pour subvenir aux besoins de la société, il fallait d'abord qu'il n'en existât pas d'autres que ceux librement établis par la nation, ensuite que les précautions les plus efficaces fussent prises afin d'en assurer la conservation et l'emploi fidèle. » Mais le principe salutaire de l'établissement de l'impôt par la nation elle-même ou par ses représentants ne risquerait-il pas de devenir illusoire, si le droit d'en surveiller l'emploi n'appartenait pas au peuple ? Deux systèmes étaient soumis à l'Assemblée : l'un d'abandonner au pouvoir exécutif, l'autre de remettre entre les mains de la nation l'administration des finances. Pouvait-on hésiter ? Les ministres méritaient-ils plus de confiance que les membres de la représentation nationale ? Qui donc avait jusqu'ici, de tout temps, dilapidé les richesses de l'État, dévoré la substance du peuple ? N'étaient-ce pas la cour et les ministres ? N'étaient-ce pas au contraire les représentants de la nation qui avaient arrêté le mal et, par des lois sages, prévenu le retour des anciens désordres ? C'était donc une proposition au moins illogique que celle de confier au roi le soin d'administrer nos finances.

En vain présentait-on le chef de l'État comme étant également le représentant de la nation ; c'était là un pur sophisme, car il n'avait pas été choisi par elle et ne se retrempait pas à certains jours dans le baptême des élections populaires. Les seuls et véritables mandataires du peuple étaient ceux que, pour un temps déterminé, il chargeait d'être les organes de sa volonté souveraine, de contrôler les actes de l'administration et de défendre, au besoin, ses droits contre les tentatives d'empiétement possibles de la part du pouvoir exécutif. Autrement, continuait Robespierre, si une confusion venait à s'établir entre les représentants réels et le gouvernement, suivant les prétentions de certaines personnes, « il n'y aurait plus qu'un pouvoir royal ou ministériel immense , destiné à tout engloutir ; il n'y aurait plus de nation. » Ce qui arriverait infailliblement si on remettait entre les mains du chef de l'État les finances et l'armée. Il fallait donc décider, par respect pour les droits de la nation, qu'elle nommerait par elle-même ou par ses représentants les administrateurs du trésor public (1).

Cette solide argumentation fut appuyée par Rœderer, qui parla en vrai Jacobin, suivant l'expression de Camille (2), et demanda, lui aussi, la nomination des administrateurs et du trésorier général de la caisse publique par le peuple ; elle fut, malgré cela, impuissante à entraîner l'Assemblée nationale ; l'avis du comité des finances, soutenu en dernier lieu par d'André, obtint gain de cause. Mais à combien de récriminations donna lieu dans le public la décision de l'Assemblée ! Il faut, pour s'en rendre compte, lire la polémique qui s'engagea à ce sujet dans les journaux du temps, et surtout les appréciations malveillantes dirigées contre les administrateurs du trésor nommés par le gouvernement, contre Lavoisier, entre autres, pour lequel Brissot se montra impitoyable.

XXVIII

On a vu avec quel soin jaloux Robespierre défendait les intérêts populaires et la cause de la liberté en général ; on a vu quel empresse-

(1) Voy. le Point du jour, numéro 607.
(2) Révolutions de France et de Brabant, numéro 68, p. 123.

ment il mettait surtout à se montrer le champion de la justice en laissant de côté tout esprit de parti, comme dans l'affaire de Toulouse-Lautrec, dans celle du prince de Condé et récemment à propos de la loi contre les émigrations. On a vu aussi qu'il n'hésitait pas à parler en faveur des ecclésiastiques, des simples prêtres principalement, souvent victimes des caprices et de la tyrannie de leurs supérieurs, et à leur prêter son appui contre les préventions quelquefois injustes de ses collègues. Beaucoup d'ecclésiastiques, il est vrai, s'étaient fait remarquer par leur ardeur à combattre les idées nouvelles, par leur haine de la Révolution, par leurs résistances opiniâtres aux décrets ; les agitations auxquelles le pays se trouvait en proie étaient en partie leur ouvrage ; il n'y avait donc pas trop à s'étonner si quelquefois l'Assemblée nationale était disposée à se montrer sévère à leur égard.

Mais Robespierre inclinait à la douceur plutôt qu'à la violence envers les membres du clergé ; avant tout, il conseillait l'emploi de la persuasion. Combien ne devait-il pas se sentir disposé à accorder l'appui de sa parole influente aux simples prêtres , aux pauvres curés de campagne, que leur amour pour la Révolution exposait aux rancunes, aux persécutions d'un parti resté puissant malgré sa défaite, puisqu'une foule de royalistes purs, partisans de l'ancien régime, s'étaient glissés dans presque toutes les administrations ! L'exemple suivant montre bien à quel point l'aristocratie avait encore de force, comment elle parvenait à persécuter les meilleurs patriotes.

Parmi ces membres du clergé inférieur qui virent dans la Révolution française comme l'accomplissement des paroles de Jésus, comme la réalisation de ses rêves, aucun ne montra plus d'enthousiasme, plus de zèle pour les nouveaux principes que le curé d'Issy-l'Évêque, petite commune des environs d'Autun. Dès le mois d'octobre 1789, les habitants de cette commune avaient, pour maintenir le bon ordre, formé un comité permanent, institué une milice nationale, et, voulant donner à leur curé, qui avait adopté les nouveaux principes avec enthousiasme, un éclatant témoignage d'affection et d'estime, ils l'avaient nommé membre de ce comité et de l'état-major de la milice. Ils avaient de plus, d'un consentement unanime, rédigé une espèce de règlement de police composé de soixante articles, dont beaucoup étaient très-sages, très-utiles, d'après l'aveu même d'un membre du comité des rapports, Merle, peu suspect d'une bien vive ardeur révolutionnaire. Parmi ceux que ce député trouvait, je ne sais en vérité pourquoi, contraires aux vrais principes de l'administration, il en était un qui obligeait les fermiers à déposer à la maison commune tant de boisseaux de grains pour former un grenier d'abondance. Tout cela vraisemblablement inspiré par le curé. C'était une mesure de précaution bien simple, bien légitime, et à laquelle tous les cultivateurs de la commune avaient donné leur acquiescement. Il arriva qu'un jour deux métayers ayant voulu enlever du blé sans en porter au grenier commun, la garde nationale s'opposa au départ de leurs voitures. Aussitôt grande rumeur dans les villages voisins, dont le patriotisme n'était pas à la hauteur de celui des habitants d'Issy-l'Évêque. Ce comité permanent, sorte de conseil municipal, cette garde nationale si rapidement improvisée, choses inconnues encore, jetèrent l'alarme dans le cœur des partisans de l'ancien régime, et, organe de quelques contre-révolutionnaires du pays, un député de la droite dénonça à l'Assemblée constituante le curé d'Issy-l'Évêque comme un perturbateur du repos public.

Au moment même où il était l'objet d'une pareille dénonciation, l'humbre prêtre, vrai père de sa commune, était nommé par ses concitoyens chef de la municipalité nouvellement élue. Il homologua en cette qualité les délibérations du comité permanent et du conseil municipal. Plusieurs gros propriétaires, ennemis acharnés de la Révolution, revinrent à la charge quelque temps après; cette fois ils le dénoncèrent au bailliage d'Autun, au lieu de s'adresser à l'Assemblée nationale. Ils avaient eu bien raison de compter sur les passions locales, car les magistrats de ce bailliage, dignes magistrats de l'ancien régime, s'empressèrent de mettre leur ministère au service des rancunes de la contre-révolution. Et telle fut leur animosité qu'ils décrétèrent de prise de corps le curé d'Issy-l'Évêque comme ayant enfreint la loi sur la libre exportation des grains, laquelle n'existait pas à l'époque où avait été résolue par le comité permanent la création d'un grenier d'abondance, et qu'ils le renvoyèrent devant le Châtelet comme criminel de lèse-nation. Le digne pasteur, malgré son double caractère, également sacré, de maire et de curé, malgré les énergiques protestations de ses administrés et de ses paroissiens, de qui il était adoré, fut brutalement arraché de son presbytère, conduit à Paris et jeté dans les prisons du Châtelet. Ce curé patriote, dont le nom mérite d'être conservé par l'histoire, s'appelait Carion.

Les sympathies et les réclamations de ses concitoyens le suivirent à Paris. Mais cet odieux tribunal du Châtelet, instrument de toutes les passions contre-révolutionnaires, ce tribunal marqué comme d'un fer rouge par la parole brûlante de Mirabeau, et dont l'Assemblée constituante, dans un jour d'indignation, avait, sur la proposition de Robespierre, supprimé la juridiction politique, en attendant qu'elle le supprimât tout à fait, se serait bien gardé de lâcher spontanément, par le seul amour de la justice, une proie offerte par la réaction. Il garda donc durant sept mois dans ses cachots le curé d'Issy-l'Évêque, non à cause du prétendu crime sous la prévention duquel l'avait décrété le bailliage d'Autun, mais pour avoir continué ses fonctions de maire malgré la procédure dirigée contre lui (1). Nouveau crime imaginé par les juges du Châtelet et non prévu par nos lois pénales, car l'inique procédure d'un bailliage n'avait pu lui enlever la qualité de maire qu'il tenait du libre suffrage et de l'affection de ses concitoyens. Douloureusement indignés, ceux-ci ne se lassèrent pas de nombreuses démarches restées d'abord sans résultat. Des députés de la commune d'Issy-l'Évêque, et même de tout le canton, accoururent à Paris, sollicitèrent la faveur d'être emprisonnés à la place de leur maire, de leur pasteur. Hommage bien significatif rendu au civisme de l'administrateur, aux vertus du prêtre; offre touchante qui prouve combien l'honnête curé était digne de l'affection de ses concitoyens et de cette liberté dont il avait embrassé le culte.

Le jour de la justice se leva tardivement. L'Assemblée s'était émue enfin des réclamations ardentes soulevées par l'incarcération inique du maire d'Issy-l'Évêque, du pasteur de cette commune dont les envoyés déposèrent eux-mêmes à ses pieds la pétition du curé et des officiers municipaux; et ne pouvant rester plus longtemps sourde à ce cri d'innocence qui montait vers elle du fond des cachots du Châtelet, elle avait chargé son comité des rapports d'instruire cette affaire et de lui en rendre compte. Dans la séance du 17 mars au soir, le député Merle lut un rapport, rédigé à la suite d'une longue et minutieuse instruction, dans lequel il exposa les faits dont nous venons de donner nous-même une analyse assez complète. Qu'il conclût à la nullité de la procédure instruite contre le curé Carion, soit par les magistrats d'Autun, soit par les juges du Châtelet, c'était ce dont on ne pourrait douter; il n'en fut pourtant pas ainsi. L'Assemblée constituante n'avait pas qualité, suivant lui, pour délibérer sur cette matière; et néanmoins, par une contradiction au moins singulière, il demanda l'élargissement provisoire du curé d'Issy-l'Évêque.

Robespierre se chargea de lui répondre. Il commença par combattre, comme contraires aux décrets de l'Assemblée, les conclusions du rapport. Aucune accusation de lèse-nation ne pouvait être en effet portée devant les tribunaux sans un décret spécial du Corps législatif, parce que de pareilles accusations laissées à l'initiative des magistrats eussent été de nature à compromettre la liberté publique. Il était donc néces-

---

(1) Rapport de Merle, au nom du comité des rapports.

saire, suivant lui, de délibérer sans retard sur l'affaire du curé
Carion, poursuivi à raison d'actes qui ne lui étaient pas personnels et
pour une prétendue infraction à des lois non encore rendues à
l'époque, dans la crainte de prolonger la captivité d'un citoyen arbitrairement détenu depuis sept mois, et sur le sort duquel ni le bailliage d'Autun ni le tribunal du Châtelet n'avaient encore osé statuer,
trouvant plus commode de le retenir sept mois en prison que de le
juger.

Après avoir rappelé les faits en vertu desquels le maire et curé
d'Issy-l'Évêque avait été arrêté; après avoir fait bonne justice de
l'accusation dirigée contre lui et démontré que l'oppression dont il
avait été victime avait eu pour unique motif son zèle pur et généreux
pour les droits du peuple, les intérêts de l'humanité, il pria l'Assemblée
d'annuler, séance tenante, cette absurde accusation de lèse-nation. Sa
proposition fut accueillie par les clameurs de la droite. A coup sûr, s'il
se fût agi d'un adversaire de la Révolution, d'un de ces prêtres,
hélas! comme il y en avait tant, qui semaient dans les campagnes
l'esprit de révolte et de désobéissance, les membres de ce côté de
l'Assemblée eussent, d'une voix unanime, réclamé son élargissement;
mais les persécutions dont souffrait un patriote étaient peu de chose
à leurs yeux, et à grands cris ils demandèrent la question préalable,
espérant par là étouffer la motion de Robespierre. « Ah! » reprit l'orateur, « combien d'accusés ont été élargis sur des considérations de
liberté et d'humanité, quoique chargés de soupçons bien autrement
graves! Je ne m'y suis jamais opposé, parce que le sentiment d'humanité balançait en moi la crainte de voir la liberté compromise; mais
ici on ne m'objectera pas sans doute l'intérêt de la liberté et le salut
de la société. Est-ce donc parce que celui que je défends est sans
appui que l'on murmure? Ah! s'il eût été un ennemi du peuple, il ne
gémirait pas depuis sept mois dans une prison! Peut-être n'y serait-il
jamais entré. Ne serions-nous donc inexorables qu'envers les infortunés,
envers les amis de la patrie accusés d'un excès d'enthousiasme pour
la liberté?... Non, ce n'est point le moment d'accabler des citoyens
sans appui, lorsque tant de coupables, jadis illustres, ont été absous.
Je citerai l'abbé de Barmond, le client de M. Malouet, et tant d'autres,
qui, se trouvant dans l'ordre anciennement puissant, ont été élargis
par le Châtelet. » Aux applaudissements dont la salle retentit à ces
paroles on put juger des dispositions de l'Assemblée. « Un sentiment
de justice, » continua Robespierre, « l'humanité, la raison dont vous
devez établir l'empire, ne vous dictent-ils pas ce que je vous propose? Décrétez donc la nullité des procédures instruites contre

le curé d'Issy-l'Évêque et son élargissement pur et simple (1). »

Cette proposition fut vivement appuyée par Mirabeau. Le puissant orateur, dont la grande voix allait être si subitement éteinte par une mort imprévue, rappela, lui aussi, qu'au Corps législatif seul il appartenait de déclarer un accusé criminel de lèse-nation, et flétrit, à son tour, l'inique procédure du Châtelet. Il prononça peu de mots, du reste; l'Assemblée était édifiée et convaincue avant de l'entendre. Adoptant les conclusions du discours de Robespierre, elle annula la procédure du bailliage d'Autun et du Châtelet, et ordonna la mise en liberté immédiate du curé Carion, sauf son renvoi devant les tribunaux ordinaires s'il y avait lieu.

Cette nouvelle victoire de Maximilien sur les royalistes de l'Assemblée ne manqua pas de causer dans le public une impression profonde. « En vain le côté droit a hurlé la question préalable, » s'écria le journal du regrettable Loustalot, « le courage invincible de *M. Roberspierre* l'a emporté, il a fait triompher la cause des malheureux et a fermé la bouche aux hurleurs... Continue, intrépide *Roberspierre*, à te faire haïr des méchants : ta vengeance est dans leur cœur; ils sont forcés de t'admirer (2). » Ainsi grandissait de jour en jour, par la force des choses, une popularité désormais irrésistible et qu'avait seul engendrée l'amour immense de la patrie, de la justice et de la liberté. Ces lignes, publiées par le journal le plus répandu de l'époque, écho sincère des sentiments du peuple, ne partaient point d'un cœur intéressé, ne sortaient pas de la plume d'un ami, car leur rédacteur, malgré l'universelle renommée dont jouissait déjà Robespierre, ne connaissait pas encore l'orthographe de ce grand nom.

XXIX

Il s'agissait encore d'ecclésiastiques dans les vifs débats qui eurent lieu le surlendemain à la séance du soir, à propos des troubles sanglants dont la ville de Douai venait d'être le théâtre, débats auxquels Robespierre prit une part très-active. Cette fois, il est vrai, c'était dans un ordre d'idées tout différent; il n'était plus question de prêtre per-

(1) Voy. le *Point du jour*, numéro 616, p. 248, 249, et le *Moniteur* du 19 mars 1791, combinés.

(2) Les *Révolutions de Paris*, numéro 88, p. 506.

sécuté pour son attachement à la Révolution, au contraire, mais d'une
sorte de procès de tendance dirigé contre le clergé en général; et si
Robespierre en cette circonstance, se séparant de ses collègues de la
gauche, tenta vainement de s'opposer à l'entraînement irréfléchi de
l'Assemblée, ce fut en vertu de ce sentiment inné en lui qui lui faisait
mettre la justice au-dessus des nécessités de parti.

La question des vivres a toujours joué un grand rôle dans les émotions
populaires; on a vu déjà quelle influence sinistre exerça en ce temps le
spectre de la famine, avec quelle déplorable facilité, sous l'empire de
craintes souvent chimériques, les masses se laissèrent aller aux extrémités les plus fâcheuses. De graves désordres avaient éclaté à Douai dans les
journées des 16 et 17 mars, à l'occasion d'un chargement de blés. Le
directoire, au lieu de requérir lui-même la force publique, avait invité
la municipalité à publier la loi martiale; mais les officiers municipaux
s'y étaient refusés, probablement dans la crainte d'amener une collision
entre le peuple et la troupe. Comme il y a toujours dans les foules des
natures perverses et sanguinaires, prêtes à faire le mal pour le mal, à
tuer pour le plaisir de tuer, il était arrivé que dans la bagarre deux
citoyens avaient été percés de coups et pendus à un arbre. Le sang
innocent criait vengeance. A qui devait remonter la responsabilité de
ces meurtres? Suivant les uns, la municipalité en était coupable, suivant d'autres, le directoire, composé en partie d'anciens conseillers au
parlement, notoirement hostile à la Révolution et qui s'était prudem-
ment, pour ne pas dire plus, réfugié à Lille, était lui-même complice
des désordres; quelques-uns enfin rejetaient toute la faute sur le
commandement de la force armée, M. de Noue, dont l'inaction leur paraissait assez justement incompréhensible.

Le député Alquier, au nom des comités militaire, des rapports et
des recherches, incrimina principalement les membres de la municipalité; les traitant un peu légèrement peut-être en ennemis de la constitution, parce qu'ils n'avaient pas proclamé la loi martiale. Trouvant
qu'il était temps de réprimer par des mesures sévères les manœuvres
des malveillants encouragés par trop d'indulgence, il proposa à l'Assemblée de traduire à sa barre, dans les trois jours à compter de la no-
tification du décret, le maire et les officiers municipaux de la ville de
Douai, et faute par eux d'obtempérer à cet ordre, de les décréter d'accusation. Proposer une pareille mesure avant d'entendre les explications
de la municipalité, c'était déjà se montrer d'une excessive rigueur,
mais le rapporteur alla plus loin. S'en prenant aux fanatiques qui s'in-
surgeaient contre les décrets de l'Assemblée, et sous prétexte que la
prochaine élection de l'évêque, différée par le directoire du district,

semblait présager de nouveaux malheurs, il proposa encore à l'Assemblée de charger ses comités de constitution et de judicature de lui présenter incessamment un projet de décret sur les peines à infliger aux ecclé-, siastiques qui, soit par leurs discours, soit par leurs écrits, exciteraient le peuple à la révolte. Comme en définitive rien n'indiquait la moindre participation des prêtres dans les derniers troubles de Douai, il était bien permis de demander pourquoi on les prenait à partie. Ce fut ce que ne manqua pas de faire Robespierre, avec une indépendance et une fermeté auxquelles on ne saurait s'empêcher de rendre justice.

Député d'un pays voisin de celui où s'étaient produits les désordres dont on demandait la répression, il commença par déclarer qu'en prenant la parole il cédait autant à l'intérêt qui l'attachait à la liberté publique qu'à celui qui le hait à son pays. Ce double sentiment l'avait engagé à examiner scrupuleusement les faits sur lesquels était basé le rapport dont on venait d'entendre la lecture, et il ne pouvait s'empêcher de regretter, disait-il, que l'Assemblée fût exposée à rendre une décision sur un rapport fait avec autant de précipitation.

Les conclusions de ce rapport avaient été accueillies par quelques murmures; on les trouvait trop indulgentes. Plusieurs députés, de ceux qui s'intitulaient volontiers les *modérés*, auraient voulu que les membres de la municipalité de Douai fussent condamnés sur-le-champ. Biauzat avait demandé leur arrestation immédiate. C'était surtout contre ces exagérations que voulait protester Robespierre. Il fallait, suivant lui, se contenter de mander à la barre les officiers municipaux de la ville de Douai, les entendre avant de les juger, et non proposer de les transférer tout de suite dans les prisons d'Orléans. Une voix s'étant écrié : « Ce projet absurde n'existe que dans la tête du préopinant (1), » il reprit froidement : « J'ai cependant, à la lecture du projet de décret, entendu dire et crier unanimement qu'il fallait envoyer la municipalité à Orléans. » Ici de violents murmures ayant éclaté : « Il m'est impossible de résister à la force tumultueuse des interruptions... S'il fallait une profession de foi pour se faire entendre dans cette Assemblée... » Le bruit lui coupa de nouveau la parole; enfin le calme s'étant peu à peu rétabli, il continua : « Je déclare que je suis moins que tout autre porté à approuver ou à excuser la municipalité; je dis-

---

(1) « *Absurde,* » s'écria Camille Desmoulins, « *absurde* tant que vous voudrez. Il n'en est pas moins vrai que c'est là ce que venoit de dire Biauzat; c'est ce qu'on croit de toutes parts ; c'est ce qu'on va décréter tout à l'heure à l'unanimité. N'est-il pas étrange après cela d'entendre injurier et démentir indécemment un orateur de l'Assemblée nationale qui ne fait que répéter ce qui venoit d'y être dit? et le tachygraphe de Panckoucke auroit bien dû nommer cet interlocuteur M***. » (*Révolutions de France et de Brabant*, numéro 70, p. 213.)

cute les principes généraux qui doivent déterminer une Assemblée
sage et impartiale. Je pense que dans une affaire aussi importante le
Corps législatif doit s'imposer la loi d'examiner, je ne dis pas avec
scupule, mais avec cette attention réfléchie que s'impose tout juge... »
Du reste il ne demandait même pas l'ajournement, il voulait simplement qu'avant de se prononcer l'Assemblée consentît au moins à
entendre le maire et les officiers municipaux de Douai. Là se bornait
son observation sur la première partie du projet de décret.

Quant au dernier article de ce projet, c'était, suivant Robespierre, le
renversement de tous les principes. Il était de la plus révoltante iniquité d'incriminer sans aucune espèce de raison ni de preuve, et par
pure hypothèse, toute une classe de citoyens. Dans le parti démocratique il n'y avait pas que lui de cette opinion. Un journal, peu suspect
de tendresse pour le clergé, les *Révolutions de Paris*, écrivait à propos
des troubles de Douai, qu'il attribuait, lui, à un complot de l'aristocratie :
« Quelques politiques à courte vue ont voulu accuser les prêtres ; il seroit injuste de leur faire partager l'horreur qu'inspire ce complot. La
preuve qu'ils n'y sont pour rien, c'est que les électeurs que le directoire a voulu intimider persistent à vouloir faire, à Douai, l'élection de
l'évêque du département (1). » Et Camille Desmoulins : « Laissez au
papisme son intolérance et ses inquisiteurs · c'est la raison qui fait toute
notre force. Pourquoi voulez-vous entourer la vérité de *san-benito*, et
lui donner le masque du fanatisme et du mensonge (2)? » Ce qui paraissait surtout monstrueux à Robespierre, c'était le vague des expressions de cet article. Qu'entendait-on par ces mots *discours*, *écrits*
excitant à la révolte? Il ne comprenait pas, pour sa part, ces crimes
commis par la parole ou par la plume, ni qu'ils pussent être le sujet
d'une poursuite ou d'une peine. Allait-on, comme sous Auguste, l'in-
venteur de ce genre de délits, exposer tous les citoyens à devenir la
proie d'un arbitraire sans frein? L'Assemblée n'avait pas encore décrété
jusqu'ici que des discours tenus pouvaient donner lieu à une poursuite
criminelle. Pourquoi donc cette préférence à l'égard des ecclésiastiques?
Comment venait-on proposer contre eux une loi qu'on n'avait pas osé
porter contre les autres citoyens? « Des considérations particulières, »
dit-il, « ne doivent jamais l'emporter sur les principes de la justice et
de la liberté. Un ecclésiastique est un citoyen, et aucun citoyen ne peut
être soumis à des peines pour ses discours ; il est absurde de faire une
loi uniquement dirigée contre les discours des ecclésiastiques... » Il

fallait quelque courage à Robespierre pour s'exprimer ainsi, car il y avait alors contre les prêtres un déchaînement presque unanime, et il n'est pas si grand le nombre des orateurs populaires qui, n'écoutant que la voix de la conscience, ne craignent pas de froisser le sentiment général de leur parti.

Des explosions de murmures venues de la gauche lui apprirent à quel point un certain nombre de ceux qui siégeaient de son côté étaient blessés de ses paroles. « Passez du côté droit, » murmuraient quelques voix; mais lui, impassible comme la vérité : « J'entends des murmures, et je ne fais qu'exposer l'opinion des membres qui sont les plus zélés partisans de la liberté; et ils apprécieraient eux-mêmes mes observations, s'il n'était pas question des affaires ecclésiastiques. » Ce dernier trait et les applaudissements dont le saluèrent quelques députés de la droite achevèrent d'exaspérer certains membres dont l'intolérance était au moins égale à celle de ces prêtres auxquels ils refusaient la justice qu'ils voulaient bien accorder aux autres citoyens. L'un d'eux, Dumetz, alla jusqu'à accuser Robespierre d'avoir outragé l'Assemblée et demanda son rappel à l'ordre. On ne tint pas compte de cette motion insensée. Robespierre, sans y répondre, insista, en terminant, afin qu'on entendît le maire et les officiers municipaux de la ville de Douai, comme un peu plus tard, le 31 mars, il réclama la même faveur pour les membres de la ci-devant assemblée coloniale de Saint-Marc, dont l'avocat Linguet vint à la barre de l'Assemblée présenter la défense (1); ils insista surtout pour qu'une loi, tenant à la liberté des écrits et des opinions, ne fût rendue qu'après une discussion générale et approfondie des principes, ainsi qu'il l'avait souvent demandé, et surtout qu'elle ne portât pas sur une classe particulière de citoyens.

Sur le premier point, l'Assemblée, cédant à une sorte de courant furieux, renchérit encore sur le décret proposé par ses comités. Comme pour donner un démenti sanglant à ceux qui prétendaient tout à l'heure que l'absurde projet de décréter l'arrestation des officiers municipaux de Douai n'existait que dans la tête de Robespierre, un de ses membres, Regnault, député de Saint-Jean d'Angély, prit la parole pour demander de nouveau leur arrestation et leur transfèrement dans les prisons d'Orléans. L'Assemblée applaudit. « C'est ici le moment, » s'écria-t-il avec emphase, « de déployer sur la tête des coupables la vengeance des lois. » On voit d'où sont partis les premiers cris de fureur. Ah! ces paroles de colère, nous les entendrons trop souvent retentir au sein de la Convention nationale; mais alors elles auront leur justification, car

(1) Voy. le *Point du jour*, numéro 630.

la France, déchirée à l'intérieur par les factions, envahie sur toutes ses frontières par l'étranger, hors d'elle-même, n'aura de moyen de salut que dans son désespoir, et ses rugissements auront leur grandeur et leur utilité. Mais sous la Constituante de pareils cris étaient au moins inopportuns. Alexandre Lameth lui-même se rangea à l'opinion du député de Saint-Jean d'Angély, que Camille dans son style imagé appelait plaisamment « le Pompier de 89, » et, comme lui, vota pour l'arrestation de la municipalité de Douai, pensant qu'en ne réprimant pas avec assez d'énergie les troubles dont la ville de Douai avait été le théâtre, on donnerait raison à ceux qui disaient que l'ordre était incompatible avec la liberté. Au reste, la pensée de Robespierre n'avait pas été de justifier les officiers municipaux, il l'avait déclaré en termes formels (1); seulement il aurait voulu qu'on les entendît avant de les condamner en principe. Cazalès ayant demandé une aggravation de la loi martiale, il parla encore, essaya de nouveau, de concert avec Pétion et appuyé par un membre même du comité des recherches, Voidel, d'arrêter l'Assemblée dans la voie de rigueur où elle semblait décidée à entrer. Un article du projet de décret portait que les informations seraient continuées contre les faiseurs et complices du délit. Cette disposition n'était-elle pas la règle même du despotisme? disait Robespierre. Qu'entendait-on par cette expression vague de *complices?* Toutes les personnes qui se seraient trouvées dans la foule seraient donc exposées à être inquiétées, poursuivies? Il tenta, mais en vain, de démontrer à quel point un pareil article était favorable à l'arbitraire; les murmures lui fermèrent la bouche. L'Assemblée tenait à se montrer sévère sans s'inquiéter d'être juste; elle vota le projet de son comité, amendé par Le Chapelier dans le sens le plus rigoureux, décrétant ainsi l'arrestation de la municipalité de Douai et son transfèrement dans les prisons d'Orléans (2).

Battu sur un des points de sa discussion, Robespierre eut du moins la satisfaction de triompher complétement sur l'autre : toute la partie du projet de décret, concernant les discours et écrits des ecclésiastiques fut écartée, au grand désappointement d'un certain nombre de membres de la gauche, dont les rancunes ne manquèrent pas d'interprètes dans la presse. Robespierre, de son côté, trouva des défenseurs ardents. « Le lendemain, » lisons-nous dans le journal de Camille, « de soi-disant patriotes, dans leurs journaux, dirent beaucoup d'injures à Robespierre; cependant mon ami Robespierre avoit raison, et le

(1) Voy. les *Révolutions de France et de Brabant*, numéro 70.
(2) *Moniteur* du 21 mars 1791. *Révolutions de France et de Brabant*, numéro 70.

cul-de-sac aussi, pour cette fois (1). » Il avait raison certes, et nous ne sommes pas suspect en parlant ainsi, nous qui faisons partie de la légion des libres penseurs. S'il y a quelque courage à combattre, à attaquer les prêtres quand ils sont maîtres de la situation, quand ils dominent dans les conseils du gouvernement, qu'ils tendent à envahir nos foyers, il y en a peut-être un plus grand à les défendre lorsqu'ils sont en butte à d'injustes agressions, et que, comme pour leur infliger la peine du talion, on les persécute à leur tour. En cela Robespierre ne faillit jamais à la mission de justice qu'il s'était imposée, incapable de se laisser aller à de lâches compromis, et sans s'inquiéter des récriminations de parti. D'ailleurs, comme l'a très-bien dit un éminent historien, il était du parti de sa conviction, cela lui suffisait (2). En des heures plus sombres, plus périlleuses, seul il osera réclamer en faveur des prêtres, et nous l'en louerons encore, parce que le courage civil n'est pas chose assez commune pour qu'on néglige l'occasion de glorifier ceux qui l'ont pratiqué sans ostentation, et sous la seule impulsion de la conscience.

XXX

Les derniers jours du mois de mars furent remplis dans l'Assemblée nationale par d'importantes discussions sur la régence et sur les mines, auxquelles il ne paraît pas que Robespierre ait pris la moindre part; débats célèbres où Mirabeau brilla d'un dernier et splendide éclat. Très-probablement ses efforts multipliés pour faire triompher la thèse qu'il soutenait dans la question de la régence et dans celle des mines,.joints aux excès de plaisirs auxquels il se livra en même temps, accélérèrent sa fin, car la France était à la veille de perdre son prodigieux orateur.

Une fois seulement, dans les derniers jours de ce mois, Robespierre remonta à la tribune; ce fut pour combattre de nouveau Duport à propos d'une assez grave question se rattachant à l'organisation du jury. Le rapporteur du comité de jurisprudence criminelle venait de proposer l'adjonction d'un commissaire du roi près le tribunal criminel de chaque département. Aussitôt Robespierre prit la parole, et, dans

(1) *Révolutions de France et de Brabant*, numéro 70. Le cul-de-sac, c'était le côté droit.
(2) *Histoire de la Révolution française*, p. L. Blanc, t. V, p. 270.

une discussion rapide, il démontra, avec une clarté saisissante, combien cette proposition était inopportune. Son premier inconvénient était d'être dangereuse pour la liberté publique, en ce qu'elle donnait au pouvoir exécutif quatre-vingt-trois nouveaux satellites, dont, sans aucune utilité, les appointements grèveraient le trésor d'une charge considérable ; enfin elle était tout à fait superflue, puisque les commissaires du roi au civil, n'étant pas très-occupés, pourraient fort bien remplir les mêmes fonctions auprès du tribunal criminel ; et cela avec d'autant plus de facilité qu'aux accusateurs publics incomberait le poids des plus lourds travaux. Le rapporteur du comité de jurisprudence criminelle s'acharna, mais en vain, au milieu des murmures de l'Assemblée, à défendre sa motion ; tous ses raisonnements ne tinrent pas contre les vives critiques de Robespierre, et sa proposition disparut sous la question préalable (1).

Tandis que Maximilien remportait sur Duport cette petite victoire, Mirabeau se mourait. Il n'entre pas dans notre sujet de raconter sa longue et dramatique agonie, un peu embellie peut-être par les témoins, dignes de foi cependant, qui ont recueilli ses dernières paroles, ses derniers gestes. On sait quelle stupéfaction douloureuse répandit dans Paris cette nouvelle funèbre : Mirabeau se meurt! On sait aussi avec quelle solennité un peu théâtrale il quitta ce monde tout rempli de sa renommée. Camille Desmoulins, si longtemps son admirateur passionné et son ami, ne manqua pas de rapporter qu'il usa amplement de la permission qu'ont les mourants de dire du bien d'eux-mêmes. « Soulève ma tête, tu n'en porteras pas une pareille, » disait à son domestique, dans un moment de crise, l'immortel moribond. Et, ajoute Camille, comme il entendait un bruit extraordinaire, ayant appris que c'était un coup de canon, il s'écria : « Seraient-ce déjà les funérailles d'Achille (2) ? » De cette métaphore, assez peu juste entre parenthèse, Robespierre, s'il faut en croire l'auteur des *Révolutions de France et de Brabant* aurait tiré un bon augure. « Achille est mort, Troie ne sera pas prise! » Troie c'était la Révolution. Mais Mirabeau eût eu beau survivre, il aurait été, malgré la puissance de son génie, incapable de la dompter, de la retenir dans sa course effrénée. Robespierre n'était pas Hector, et il était là, forteresse vivante et inexpugnable de cette Révolution.

Trop grand pour être envieux, Mirabeau rendait pleine justice à la valeur de son collègue, dont il disait, on s'en souvient : « Cet homme

(1) Voy. le *Point du jour*, numéro 62, et le *Courrier de Provence*, numéro 275.
(2) *Révolutions de France et de Brabant*, numéro 72.

ira loin, il croit tout ce qu'il dit, et il n'a pas de besoins ; » et contre
les raisonnements duquel nous avons vu en diverses circonstances se
briser son éloquence. Il n'avait pas de besoins! c'est-à-dire son cœur
et sa raison étaient au-dessus de ses passions. Ce qui était sa force
était la faiblesse de Mirabeau. Celui-ci, incapable de résister aux emportements de son tempérament fougueux, alla jusqu'aux limites mêmes
de la trahison pour satisfaire ses goûts de luxe et de plaisirs ; celui-là
sut rester inaccessible aux séductions grossières et dompter la nature.
Dire d'un homme qu'il n'a pas de passions, c'est un moyen commode
d'excuser les libertins et d'amoindrir le mérite de ceux qui parviennent
à se rendre supérieurs à elles. Lui aussi, au contraire, était d'un tempérament ardent, mais en le combattant à tout moment, et à force de
volonté, il était arrivé à le maîtriser (1).

Tandis que Mirabeau s'installait effrontément dans un hôtel splendide de la Chaussée-d'Antin, qu'il entretenait à grands frais des dan-
seuses de l'Opéra, menant de front cette vie dévorante de plaisir et de
travail, Robespierre, retiré dans son froid logis de la rue de Saintonge,
songeait à moraliser le peuple, et, penseur austère, dînant frugalement
à trente sous (2), prenait en pitié ces jouissances matérielles par lesquelles, hélas! furent détournés des vrais principes de la Révolution
tant d'hommes qui d'abord lui avaient paru si dévoués. Ame vénale,
le premier eut les mains souillées de l'or de la cour ; le second résista
à toutes les tentatives employées pour le corrompre. Un grand nombre
de fois, atteste un témoin peu suspect de partialité en sa faveur (3), il
refusa des offres et des envois qui n'exigeaient rien de lui, pas même
un remercîment. Bertrand de Molleville donne également dans ses
Mémoires des preuves du désintéressement parfait de ce grand citoyen,
dont, sur ce point du moins, la réputation est restée invulnérable.
Quand, après Thermidor, quelques misérables voulurent essayer de la
ternir, la risée publique, même en ce temps de réaction impitoyable,
fit bonne justice de leurs ignobles pamphlets. Et lorsqu'en cette année 1791 un libelle royaliste ne craignit pas de le peindre comme un
des chefs d'un parti stipendié par l'Angleterre et la Prusse, il put répondre avec une légitime fierté : « Oui, citoyens, ceux qui ont dédaigné l'or des despotes de leur pays, ceux qui n'ont pas voulu puiser
dans cette source immense de richesses ouverte par notre système financier à la cupidité de tant de vampires publics, ceux que l'on veut per-

(1) Voy., à ce sujet, les *Souvenirs d'un déporté*, par P. Villiers, p. 2.
(2) *Révolutions de France et des Royaumes*, etc. (Nouveau titre du journal de Camille Desmoulins.) Numéro 78.
(3) *Souvenirs d'un déporté, ubi suprà.*

dre parce qu'on ne peut les acheter, sont soudoyés par le despote de
la Prusse et par les aristocrates Anglais, pour défendre, depuis l'origine
de la Révolution, aux dépens de leur repos et au péril de leur vie,
les principes éternels de la justice et de l'humanité, pour lesquels ils
combattoient avant la Révolution même, et qui font aujourd'hui la terreur de tous les despotes et de tous les aristocrates du monde (1). »

Dire que Mirabeau fut un traître serait certainement aller au delà de
la vérité et de la justice ; non, jamais il ne rompit entièrement avec cette
Révolution pour laquelle il se sentait en définitive des entrailles de
père ; mais on peut assurer qu'en beaucoup de discussions ses discours
eussent eu un caractère tout autre, plus conforme à son instinct et à la
logique révolutionnaire, s'il n'eût pas conclu avec la cour un marché
honteux. Cela se pressentait à l'époque, sans qu'il y eût alors rien de
certain. Robespierre, lui, ne fut jamais que l'homme de sa foi. Ah! c'est
qu'au premier il manquait, pour se diriger au travers des écueils de la
vie, cette boussole de la conscience qui ne fit jamais défaut au second,
et sans laquelle, comme il l'a dit lui-même dans un jour de suprême
mélancolie, il aurait été le plus malheureux des hommes.

Mirabeau possédait, sans nul doute, des qualités oratoires supérieures à celles de Robespierre ; il avait dans ses discours improvisés de
ces mouvements sublimes dont la mémoire des hommes ne perdra
jamais le souvenir ; c'était, en un mot, l'éloquence même, l'éloquence
emportée et furieuse. Mais Robespierre était la figure vivante du droit
et de la justice, non la statue roide, compassée, comme à tort on l'a
trop souvent prétendu ; rien d'entraînant et de passionné, au contraire,
comme quelques-uns de ses discours ; la fibre intime, celle du cœur, y
vibre bien plus que dans ceux de Mirabeau. A côté de discussions toutes
juridiques, d'inflexibles maximes, que d'effusions de tendresse, d'explosions de sensibilité, qui lui conquirent en France les sympathies de
tant de milliers de citoyens! Mirabeau eut des amis dévoués, et surtout
de joyeux compagnons ; Robespierre, lui aussi, eut des amis dévoués ; si
le premier était facile et commode dans l'intimité, le second n'était pas
moins affable, et sur la bonté de son cœur, sur sa bonhomie, nous avons
d'irrécusables témoignages : il eut des amis dévoués jusqu'à l'ostracisme,
jusqu'à partager volontairement sa proscription et sa mort, ce qui est la
plus grande preuve d'amitié, et la plus rare qu'un homme puisse recevoir. La mort de Mirabeau causa une douleur universelle, mais celle de
Robespierre, nous le croyons, eût été plus vivement sentie encore ; et
ces lignes d'un journal populaire nous semblent avoir été l'expression

(1) *Adresse aux Français*, par Maximilien Robespierre, p. 37.

sincère du sentiment général : « L'Assemblée perd le premier peut-être de ses orateurs, mais M. Mirabeau ne tenoit pas le même rang dans le petit nombre de ses membres patriotes. Que le peuple français ne désespère pas de la chose publique, tant qu'il lui restera quelque représentant de la trempe de M. Robespierre (1). »

Mirabeau mourut le 2 avril 1791, à huit heures du matin. Avec une touchante unanimité, on résolut de lui décerner des funérailles magnifiques. Le directoire du département envoya une députation à l'Assemblée nationale pour lui demander de décréter que le nouvel édifice de Sainte-Geneviève serait destiné désormais à recevoir les cendres des grands hommes, et que le corps de Riquetti Mirabeau y serait le premier déposé. Defermont ayant réclamé le renvoi de la pétition du département au comité de constitution, Robespierre prit la parole. Son opinion sur Mirabeau n'avait pas toujours été la même. Au commencement de l'Assemblée constituante, on se le rappelle peut-être, il avait conçu de lui la plus fâcheuse idée, ne voyant en lui que l'homme d'autrefois, corrupteur et corrompu, vivant d'expédients et trafiquant de sa plume; mais il était bien vite revenu de sa première impression, et n'avait pas tardé à être subjugué par le génie de son collègue. Souvent il s'était rencontré avec lui sur le même terrain parlementaire, dans les mêmes discussions, soit comme allié, soit comme adversaire, mais toujours il l'avait cru, pour sa part, sincère et convaincu. Si plus tard, sous la Convention, il varia de nouveau d'opinion à son égard, c'est que l'armoire de fer se trouva pleine de révélations fâcheuses, qui donnèrent lieu à une foule de suppositions devenues, depuis, des certitudes, et accablantes pour la mémoire de Mirabeau. Mais, au moment de la mort du grand orateur, il y avait seulement des conjectures que personnellement Robespierre repoussait sans doute. Il éprouvait même pour la personne de Mirabeau une véritable affection; il eût désiré se rapprocher de lui, et aurait fait les premiers pas, disait-il quelquefois, si son collègue eût fréquenté moins d'hommes de la cour (2). Rien d'étonnant en conséquence à ce qu'il s'associât avec empressement aux hommages rendus à l'illustre défunt. Voici en quels termes, dans la séance du 3 avril, il répondit à Defermont : « La pétition du département de Paris vous présente deux objets également dignes de votre attention; l'un particulier à M. Mirabeau, l'autre général et tendant à fixer la manière dont la nation doit récompenser les grands hommes qui l'ont servie. Quant au premier, il n'appartient, je crois, à personne dans cette

(1) *Révolutions de Paris*, numéro 90, p. 612.
(2) *Souvenirs d'un déporté*, par Pierre Villiers, p. 4.

assemblée de contester la justice de la pétition qui vous est présentée au nom du département de Paris. Ce n'est pas au moment où les regrets qu'excite la perte d'un homme illustre sont les plus vifs, ce n'est pas lorsqu'il s'agit d'un homme qui, dans les moments critiques de la Révolution, a opposé la plus grande force au despotisme qu'il faut se montrer difficile, sur les moyens de l'honorer et arrêter l'effusion du sentiment qu'excite une fête aussi intéressante. Je ne contesterai donc en aucune manière cette première partie de la pétition du département de Paris ; je l'appuierai au contraire de tout mon pouvoir, ou plutôt de toute ma sensibilité (1). »

Le second point, qui se rattachait aux plus graves intérêts de la patrie et de la liberté, puisque les récompenses décernées aux grands hommes devaient contribuer, selon lui, à développer le patriotisme, source de toutes les vertus, lui paraissait mériter d'être l'objet d'une délibération très-mûre. Il proposa donc à l'Assemblée d'adopter tout de suite la pétition du département en ce qui concernait spécialement Mirabeau, et de renvoyer le reste à l'examen du comité de constitution. Cette proposition fut décrétée à l'instant même. Dès le lendemain, le comité de constitution, tenant par son empressement à prouver son respect pour la mémoire du puissant orateur si brusquement enlevé à la France, présenta un rapport à la suite duquel l'Assemblée décréta que le nouvel édifice de Sainte-Geneviève serait désormais consacré à la sépulture des grands hommes, et qu'au-dessus de son fronton on graverait ces mots : « AUX GRANDS HOMMES LA PATRIE RECONNAISSANTE ; » qu'au Corps législatif appartiendrait le droit de décider à quels hommes cet honneur serait rendu ; qu'Honoré Riquetti Mirabeau était jugé digne de cet honneur.

Le même jour eurent lieu les funérailles. Ce qu'elles furent, tout le monde le sait ; jamais souverain n'en avait eu de pareilles. Robespierre y assista avec tous ses collègues, sans se douter peut-être que son nom, par la mort de Mirabeau, devenait le plus grand nom de la Révolution française.

(1) Voy. le *Courrier de Provence*, numéro 277, dont la version est beaucoup plus complète que celle du *Moniteur* du 4 avril 1791.

LIVRE CINQUIÈME

AVRIL 1791 — SEPTEMBRE 1791.

Opinion de Robespierre sur le droit de tester. — Discussion sur l'organisation du ministère. — Exclusion prononcée contre les membres de l'Assemblée nationale et des législatures suivantes. — De la prescription des crimes et délits des ministres. — De la répartition de leurs fonctions. — De leur traitement. — Les pensions ministérielles. — De l'initiative des ministres. — Virulente sortie de Robespierre contre les ministres et le comité diplomatique. — Nouveaux efforts en faveur d'Avignon. — Sur les félicitations à présenter au roi. — Discussion sur l'organisation des gardes nationales. — Du droit de pétition et d'affiche. — Affaires coloniales ; les hommes de couleur et les esclaves. — Robespierre s'oppose à la réélection des membres de l'Assemblée nationale et à celles des députés d'une législature à l'autre. — Fixation du lieu des assemblées primaires. — Encore les citoyens actifs et passifs. — Robespierre demande l'abolition de la peine de mort. — L'abbé Raynal. — Discours en faveur de la liberté illimitée de la presse. — Défense de l'imprimeur du *Moniteur*. — Sur la nécessité de licencier les officiers de l'armée. — Incompatibilités législatives. — Robespierre est nommé accusateur public près le tribunal criminel de Paris. — Lettre à ses électeurs de Versailles. — Lettre à son ami Buissart. — Les chasseurs de Hainaut à Brie-Comte-Robert. — Circulaire électorale. — Fuite de la famille royale. — Madame Roland et le Genevois Étienne Dumont. — La séance des Jacobins du 21 juin. — Robespierre demande des couronnes civiques pour ceux qui ont arrêté le roi. — Il s'élève contre les mesures proposées pour son retour. — Son avis concernant l'interrogatoire du roi et de la reine. — Le gouverneur du Dauphin. — Les républicains en 1791. — Robespierre propose l'ajournement de la discussion sur l'inviolabilité royale. — Remarquable discours de lui sur cette question ; il n'y a point de complices là où il n'y a pas de coupable. — Il demande la mise en accusation de Monsieur. — Dernier discours sur la fuite du roi. — Curieux incident aux Jacobins. — La pétition Laclos. — Opinion de Robespierre. — Massacres au Champ de Mars. — Robespierre rue de Saintonge — Madame de Chalabre. — L'évêque de Bourges. — Changement dans la vie de Robespierre. — Les erreurs de madame Roland. — Maurice Duplay. — Scission des Feuillants et des Jacobins. — Adresse à l'Assemblée nationale et aux Sociétés affiliées. — Victoire des Jacobins. — Le boucher Legendre. — Adresse de Maximilien Robespierre aux Français. — Impression qu'elle produit. — De la délégation des pouvoirs. — Discours sur la nécessité de révoquer les décrets du marc d'argent, etc. — Encore la liberté de la presse. — De la condition des membres de la famille royale. — Robespierre et les Lameth. — De l'acceptation de la constitution. — Dernière lutte contre Barnave. — De l'inviolabilité des assemblées électorales. — Défense des sociétés populaires. — Fin de la Constituante. — Triomphe de Robespierre.

On a dit à tort que, Mirabeau mort, Robespierre grandit tout à coup ;
que, au lendemain du regrettable événement, il prit un ton nouveau,
plus audacieux, comme si l'espace rendu libre lui eût permis de s'é-
tendre, de se développer plus à l'aise ; Mirabeau mort, Robespierre
resta exactement ce qu'il était auparavant, comme ont pu s'en convaincre ceux qui l'ont suivi de près depuis l'ouverture des états généraux, et comme en jugeront les lecteurs attentifs de cette histoire. Son
immense popularité, consacrée depuis longtemps, l'emportait déjà sur
celle de l'incomparable orateur, parce que le talent et le patriotisme
se rehaussaient en lui d'une probité politique dont on commençait à
soupçonner l'absence chez Mirabeau, et qu'il faut au génie, afin de
s'imposer aux masses autrement que par la force, l'honnêteté pour
sanction.

En quelles circonstances, du vivant de Mirabeau, Robespierre avait-il
manqué d'initiative et d'audace ? Quelles questions intéressant la liberté
l'avaient trouvé indifférent ? Toujours sur la brèche, ne s'était-il pas
montré le plus intrépide soldat de la Révolution ? Sans doute, vers la
fin de la Constituante, la situation devint en quelque sorte plus pressante ; des complications inattendues surgirent ; de nouvelles questions
se présentèrent, et la révision de l'acte constitutionnel amena Robespierre à s'expliquer plus nettement sur certains points qu'il avait déjà
traités avec une rare vigueur ; mais la présence de Mirabeau n'eût rien
changé à l'état des choses. Peut-être, entraîné par la logique des événements, guidé par son instinct révolutionnaire, l'illustre orateur eût-il
fini par se séparer tout à fait d'une cour que ses aveugles partisans et
tous les fauteurs de complots réactionnaires conduisaient fatalement
aux abîmes ; il eût alors marché de concert avec Robespierre. Dans le
cas contraire, et à chaque pas qu'il aurait fait dans le sens de la contre-
révolution, il l'aurait vu se dresser devant lui comme un obstacle ; et,
battu plusieurs fois déjà dans les diverses occasions où il était entré en
lutte avec lui, il se serait exposé à de nouvelles et irréparables défaites.

Mort, il eut encore la gloire de tenir l'Assemblée attentive par un de
ses discours, et du fond de la tombe, si je puis ainsi parler, il prit part
à une discussion dans laquelle il eut Robespierre pour approbateur et
pour appui. Il s'agissait du droit de tester. Dans la prévision d'un prochain débat à ce sujet, Mirabeau tenait prêt un immense discours où se

trouvaient coordonnées toutes ses idées sur cette matière. Se sentant mourir au moment où cette question, dont il s'était beaucoup préoccupé et qu'il avait traitée avec un soin tout particulier, était à l'ordre du jour de l'Assemblée, il avait fait demander son ami l'évêque d'Autun, Talleyrand-Périgord, et l'avait prié de donner en son nom à ses collègues lecture de son dernier discours. Cette œuvre suprême était encore un hommage rendu à la Révolution, qui avait détruit les monstrueuses inégalités existant jadis dans les successions; elle fut écoutée avec un religieux silence interrompu par de fréquents applaudissements. Mirabeau, en effet, avait émis une opinion conforme au sentiment général de l'Assemblée en réclamant la plus stricte égalité dans les partages, en demandant la proscription des majorats et des fidéicommis, et que les donations entre-vifs, institutions contractuelles et dispositions testamentaires sans charge de rapport, fussent réduites au dixième de la masse des biens composant un patrimoine.

Les éternels défenseurs des abus de l'ancien régime, Foucauld et Cazalès, s'élevèrent vivement contre une opinion subversive des lois qui réglaient jadis l'état des familles françaises, et combattirent avec une ardeur digne d'une meilleure cause les vues du glorieux défunt (1). Robespierre se chargea de les défendre. Toute institution tendante à augmenter l'inégalité des fortunes, disait-il avec raison, est mauvaise et contraire au bonheur social. Le but du législateur devait donc être de prévenir autant que possible cette inégalité, source de tous les maux, par laquelle l'homme avilit l'homme « et fait de son semblable l'instrument de son orgueil, le jouet de ses passions ou le complice de ses crimes. » Que voyait-on dans les pays où les grandes fortunes étaient entre les mains d'un petit nombre d'individus? la vertu méprisée et les richesses seules en honneur. En vain la nature et la raison indiquent-elles que les hommes sont nés tous égaux, les lois deviennent entre les mains des riches un moyen d'opprimer les pauvres; et si par hasard quelques penseurs élèvent la voix au nom de la justice éternelle, ils sont regardés comme des insensés, bien heureux encore quand on ne les traite pas en séditieux. « Législateurs, » s'écriait-il, « vous n'avez rien fait pour la liberté si vos lois ne tendent à diminuer par des moyens doux et efficaces l'extrême inégalité des fortunes. » Or le meilleur moyen d'atteindre ce but était, suivant lui, d'établir l'égalité des partages en matière de succession et d'empêcher les citoyens d'éluder ou d'anéantir la loi par un effet de leur propre volonté. Il était nécessaire d'ailleurs de protéger l'homme contre l'in-

(1) Voy. le *Point du jour*, numéro 630, p. 635.

trigue, la fraude, les captations dont il pouvait être victime dans les derniers moments de sa vie, si la faculté de tester lui était laissée pleine et entière. Et puis n'avait-on pas à prendre les précautions les plus minutieuses contre le préjugé funeste en vertu duquel tous les biens d'une famille étaient dévolus à l'aîné au détriment des autres enfants, préjugé dont les racines étaient encore vivaces sous les débris de la féodalité? N'était-il pas à craindre que les partisans des anciens abus ne cherchassent à éluder les dispositions bienfaisantes de la loi en y substituant leur volonté particulière, et ne relevassent ainsi indirectement le droit d'aînesse aboli? Il fallait donc empêcher un individu de déranger suivant son caprice l'ordre établi par le législateur, prévenir par de sages limites posées à la vo'onté des mourants de criantes iniquités et des procès pleins de scandales.

Quelle institution que celle qui permet à un père d'immoler des enfants à un autre enfant! « Voyez, » disait Robespierre, « la cruelle opulence d'un frère insultant à l'indigence de son frère; les tourments de l'envie, les fureurs de la vengeance remplacer les doux sentiments de la nature et les charmes de la paix domestique. Cependant ce sont ces familles particulières qui composent la grande famille de l'État; ce sont les mœurs privées qui sont la base des mœurs publiques; voilà donc la félicité générale empoisonnée dans sa source, voilà la liberté sapée dans ses premiers fondements. » En vain aux immenses inconvénients de l'inégalité des partages opposait-on la nécessité de maintenir intacte la puissance paternelle; en vain invoquait-on l'exemple des lois romaines! A Rome, l'autorité du père de famille était celle d'un maître sur ses esclaves : elle allait jusqu'au droit de vie et de mort; qui oserait aujourd'hui réclamer ce pouvoir atroce! Le devoir du législateur est de conserver à la puissance paternelle tout ce que la nature a mis en elle de bon et de juste, non ce que le despotisme et des systèmes exagérés y ont ajouté.

Sans prétendre enlever à l'homme la faculté de tester, Robespierre voulait qu'elle demeurât enfermée dans les limites de la loi; qu'on ne pût en aucun cas violer le principe salutaire de l'égalité des partages en matière de succession proclamé par l'Assemblée nationale. En conséquence il demandait, d'accord avec Mirabeau, que les substitutions fussent abolies et qu'il fût interdit aux pères de famille d'avantager par des dispositions testamentaires quelques-uns de ses héritiers au détriment des autres (1). Cela était juste et bien. Mais Robespierre voulait

---

(1) Voy. ce discours de Robespierre dans le *Point du jour*, numéro 634, p. 60 et suiv. Voyez aussi le *Moniteur* du 7 avril 1791; le *Journal de Paris*, du même jour, et le *Courrier de Provence*, numéro 279.

également restreindre, en ligne collatérale, la faculté de tester ; c'était aller trop loin, selon nous. Si la nature même oblige en quelque sorte le père de famille à maintenir égale la balance entre ses propres enfants, il n'en est pas de même à l'égard des collatéraux, dont quelques-uns méritent souvent plus d'affection, et auxquels on peut en certains cas préférer même des étrangers. N'arrive-t-il pas en effet que certaines personnes qui ne nous touchent par aucun lien du sang ont plus droit à nos sympathies, à notre tendresse, à notre reconnaissance que d'autres auxquelles, par le fait du hasard, nous rattache un degré plus ou moins éloigné de parenté ? Pourquoi donc interdirait-on à un homme sans enfant de disposer de ses biens en faveur de ses amis, de ces parents du cœur qui forment quelquefois la véritable famille ? Mais en désirant qu'on restreignît généralement la faculté de tester, Robespierre songeait surtout à achever la ruine de la féodalité, laquelle n'était pas tellement abattue qu'on ne la supposât capable d'user de tous les moyens pour se reconstituer, et à provoquer la division des grandes fortunes, qu'il considérait, non à tort, comme un obstacle à la prospérité, au bonheur des sociétés humaines. Du reste, ni le discours de Mirabeau ni celui de Robespierre, malgré la faveur avec laquelle ils furent accueillis, ne déterminèrent l'Assemblée à se décider tout à fait dans leur sens. En ajournant la question elle parut se ranger à l'avis de ceux qui pensaient qu'une latitude beaucoup plus grande devait être accordée aux testateurs. Mais, en ce qui concerne l'égalité des partages entre enfants, l'opinion de Robespierre a été ratifiée, sinon par la loi, au moins par la plupart des pères de famille ; et, sauf en des circonstances exceptionnelles, bien peu trouvent dans leurs cœurs le courage de profiter du bénéfice que leur accorde la loi, d'avantager, dans une certaine mesure, un ou plusieurs de leurs enfants au détriment des autres.

II

Plus nous approchons du terme des travaux de l'Assemblée constituante, plus semble se prodiguer l'infatigable lutteur. Beaucoup de ceux qui, au début, combattaient avec lui, se sont arrêtés en chemin, les uns par lassitude, les autres satisfaits d'avoir affaibli la royauté dans leur intérêt, et édifié sur les ruines de la noblesse le règne de la bourgeoisie ; mais Robespierre, nous l'avons dit, ne voulait pas laisser confisquer la Révolution au profit d'une caste. On l'entendra, jetant le défi aux déserteurs de la cause populaire, revendiquer pour tous le droit, la justice, la liberté ; et le jour où le triomphe de la réaction paraîtra assuré, on le verra, plus âpre, plus ardent, puisant dans sa conscience des forces nouvelles, s'acharner à défendre, à compléter les conquêtes de la Révolution.

Dès le commencement d'avril il se multiplie en quelque sorte. A chaque instant il occupe la tribune ; le 2, c'est pour demander, après un rapport d'Alquier au sujet des troubles de Nîmes, des précautions afin que l'innocent ne soit pas confondu avec le coupable (1) ; le 5, pour soutenir la doctrine de l'égalité en matière de successions ; le même jour, dans la soirée, pour invoquer la question préalable sur une motion de Barnave, avec lequel commencent ses longs démêlés à propos des colonies (2) ; le 6, pour s'élever contre la précipitation mise par le comité de constitution à soumettre aux délibérations de l'Assemblée son projet de loi concernant l'organisation du ministère.

Arrêtons-nous un moment sur cette dernière discussion, destinée à soulever quelques orages. Desmeuniers venait de donner lecture du premier article, ainsi conçu : « Au roi seul appartiennent le choix et la révocation des ministres. » Robespierre se plaignit vivement de l'esprit expéditif qui depuis quelque temps présidait aux travaux de l'Assemblée. Était-il permis de lui présenter à l'improviste les projets les plus importants ? Quelques membres ayant protesté contre les paroles de l'orateur, et même crié : A l'ordre ! Robespierre, sans s'émouvoir : « Je ne m'effraye pas de cette manière d'étouffer la voix de ceux qui veulent dire la vérité. » Oui, poursuivit-il, allant au-devant d'une objection prévue, « il faut accélérer nos travaux, mais non pas en discutant précipitamment des décrets de nature à renverser la liberté, à anéantir les principes constitutionnels établis par les décrets précédents. Il n'y a qu'un seul parti à prendre, c'est la question préalable sur le premier article (3). » Charles Lameth et Pétion appuyèrent avec force l'avis de leur collègue. « M. Robespierre avoit raison, » écrivit Brissot dans son journal (4) ; l'Assemblée en jugea ainsi en ajournant la discussion sur les premiers articles du projet et en décidant qu'on s'occuperait d'abord du titre relatif à la responsabilité ministérielle, sur lequel les débats s'ouvrirent immédiatement. Vers la fin de la séance, Cazalès, par bravade, réclama pour le roi le droit de dissoudre le

---

(1) Point du jour, numéro 632.
(2) Ibid., numéro 635.
(3) Moniteur du 8 avril 1791 ; Point du jour, numéro 635.
(4) Le Patriote françois, numéro 607.

Corps législatif. Le Chapelier se chargea de combattre une pareille proposition. Elle n'avait aucune chance d'être prise au sérieux ; mais elle amena Prieur à demander à son tour à l'Assemblée de décréter que le Corps législatif pourrait, quand il le croirait convenable, déclarer au roi que les ministres avaient perdu la confiance de la nation. *Pourrait* n'est pas le mot, disait Robespierre, car il s'agit d'un droit pour le peuple et d'un devoir pour ses représentants. Toutefois, l'Assemblée trouva suffisante la rédaction présentée par Prieur, dont elle adopta la motion comme la meilleure réponse au semblant de défi imprudemment jeté dans la discussion par Cazalès (1).

L'ambition d'un certain nombre de membres importants de l'Assemblée nationale n'était un mystère pour personne. Robespierre résolut de la déjouer, espérant peut-être rattacher ces collègues à la cause populaire en rendant inutiles pour eux les concessions qu'il les voyait disposés à faire au pouvoir exécutif, dont ils cherchaient visiblement à s'attirer les faveurs. Il usa pour cela d'un moyen qu'avait déjà employé l'Assemblée à l'égard de Mirabeau en décrétant qu'il ne serait permis à aucun de ses membres de cumuler son mandat de député avec les fonctions de ministre.

Le lendemain (7 avril), au moment où l'on allait reprendre la discussion commencée la veille sur l'organisation du ministère, il demanda tout à coup la parole pour une motion d'ordre. Un silence profond se fit dans l'Assemblée surprise. « J'ai, » dit-il, « à vous soumettre une proposition qui ne peut être adoptée que dans ce moment. Un philosophe dont vous honorez les principes disait que, pour inspirer du respect et de la confiance, le législateur devait s'isoler de son œuvre ; c'est l'application de cette maxime que je veux vous proposer, et je fais la motion qu'aucun membre de cette Assemblée ne puisse être porté au ministère pendant les quatre années qui suivront la session, ni recevoir aucuns dons, pensions, places, traitements ou commissions du pouvoir exécutif pendant le même délai. » De vifs applaudissements accueillirent ces paroles. On s'attendait peut-être à quelques réclamations de la part des députés contre lesquels Robespierre avait cru bon de prendre une telle précaution, il n'en fut rien ; aucun ne souleva d'objection. Au contraire, plusieurs renchérirent sur la proposition de leur collègue. Bouche proposa d'étendre cette exclusion aux membres du tribunal de cassation et du haut jury, et de leur interdire également de recevoir du pouvoir exécutif, pendant le même laps de temps, aucuns emplois, places, dons, gratifications, pensions, traitements et

---

(1) *Point du jour*, numéro 635, p. 80.

commissions d'aucuns genres. D'André demanda, lui, que tous les membres de l'Assemblée prissent l'engagement de s'abstenir rigoureusement de toute espèce de sollicitations pour leurs parents et leurs amis. Beaumetz lui-même, enthousiasmé, s'écria : « Empressons-nous d'adopter les propositions de MM. Robespierre et Bouche (1). » Ainsi, suivant la remarque du journal de Brissot, la motion de Robespierre fut, « par un concert bien rare entre les indépendants, les Jacobins et 1789, » appuyée par Rœderer, Beaumetz, Charles Lameth, Prieur, Buzot, Barnave et Le Chapelier (2).

L'Assemblée nationale, en veine de désintéressement, vota par acclamation les diverses motions, et un éclat nouveau rejaillit sur le député à qui en appartenait l'initiative (3). « Les patriotes, » dit le *Courrier de Provence* survivant à son illustre directeur, « doivent compter comme une de leurs grandes victoires le décret rendu sur la motion de M. Robespierre. » On était à cinq jours seulement de la mort de Mirabeau. Attribuer à l'absence du glorieux défunt la prodigieuse influence exercée par Robespierre sur ses collègues en cette occasion, et dans plusieurs autres séances dont nous parlerons bientôt, c'est manquer tout à fait de réflexion, c'est avoir mal étudié la logique et l'enchaînement des événements. Robespierre fut d'ailleurs loin d'être aussi heureux en beaucoup d'autres circonstances ; mais il arrive qu'à certaines heures la vérité finit par s'imposer comme d'elle-même, et depuis assez longtemps il était en possession de la faveur publique pour être en droit d'obtenir le triomphe de quelques-unes de ses idées au sein de l'Assemblée nationale.

III

Il prit à la discussion sur les ministères la part la plus active, parce qu'à ses yeux cette question intéressait au plus haut point la liberté elle-même, et que, selon leur bonne ou mauvaise organisation,

---

(1) Voy. le *Moniteur* du 9 avril 1791, et le *Point du jour,* numéro 636, p. 85 et suiv.

(2) Le *Patriote françois,* numéro 608.

(3) Voici la motion de la main de Robespierre, déposée par lui sur le bureau du président : « L'Assemblée nationale décrète qu'aucun membre de l'Assemblée nationale actuelle ne pourra être promu au ministère, ni recevoir aucunes places, dons, ni pensions, ni traitements, ni commissions du pouvoir exécutif pendant quatre ans après la fin de ses fonctions. » *Archives,* C. § 1, 633, carton 50.

fonctionnerait plus ou moins bien la constitution. Son opinion sur cette matière fut d'ailleurs rarement admise par l'Assemblée. Ainsi, le 8, le comité ayant proposé de fixer à trois ans pour le ministre de la marine et des colonies, et à deux ans pour les autres ministres le délai de la prescription en matière criminelle, il demanda pourquoi les crimes et délits des ministres seraient prescrits plus tôt que ceux des autres citoyens, quand, en raison des fonctions dont ils étaient investis, leurs fautes pouvaient être beaucoup plus funestes à la société. Sans s'arrêter à cette observation, assez juste cependant, l'Assemblée adopta le délai proposé par son comité de constitution (1).

Le lendemain, il s'agissait de savoir qui serait chargé du soin de la répartition des attributions entre les divers ministères. Suivant Robespierre, ce soin appartenait tout naturellement au pouvoir exécutif. Les fonctions ministérielles n'étaient-elles pas fixées d'avance en quelque sorte par les précédents décrets sur toutes les parties de la constitution relatives au pouvoir exécutif? A quoi bon alors le comité venait-il présenter une suite d'articles vagues concernant les fonctions des différents ministres? Prétendait-il donc élever un pouvoir distinct à côté de l'autorité royale? N'était-ce pas même porter atteinte à ces principes monarchiques qu'on opposait toujours avec emphase à ceux de la liberté? Les ministres étant les agents directs du roi, c'était à lui seul à délimiter leurs fonctions; autrement il était à craindre de les voir s'arroger une autorité illégale, interpréter eux-mêmes les lois, usurper le pouvoir législatif. Par exemple, le ministre de la justice n'avilirait-il pas les magistrats par de prétendus avertissements nécessaires, sous le prétexte de les rappeler à la décence et à la règle de leurs fonctions? Et le ministre de l'intérieur, investi d'un pouvoir immense, ne tendrait-il pas à altérer sans cesse les principes constitutionnels en pesant de toute son influence sur les assemblées primaires, sur les corps administratifs? De quelles craintes ne devaient pas être assaillis les vrais amis de la liberté quand le comité osait proposer d'armer les ministres du droit exorbitant de faire arrêter arbitrairement les citoyens, renouvelant en quelque sorte les lettres de cachet sous le nom de mandats d'arrêt? Et cela sous un prétexte digne du Sénat de Rome sous Tibère, dans le cas où le ministre jugerait la personne du roi compromise, en sorte que, suivant le caprice ministériel, de simples paroles concernant l'individu royal courraient risque d'être érigées en crime de lèse-majesté! Telle était, en résumé, la vive critique faite par Robespierre du projet du comité, de ce projet où la

_____

(1) *Point du jour*, numéro 67, p. 111.

contre-révolution éclatait à chaque ligne, et qu'il paraissait à l'orateur non-seulement dangereux de décréter, mais même d'examiner, tant ses termes vagues étaient susceptibles d'interprétations et d'extensions arbitraires. Il demanda donc en terminant que l'Assemblée, laissant au roi le soin de répartir lui-même les attributions ministérielles, se bornât à fixer le nombre des ministres, et s'en référât, quant à la délimitation de leurs fonctions, à ses précédents décrets sur cette matière, de peur que des paraphrases et des commentaires ne tuassent l'esprit même de ces décrets et n'étouffassent les principes de la constitution (1).

En abandonnant au pouvoir exécutif seul le soin de répartir les diverses attributions ministérielles, Robespierre voulait évidemment éviter qu'une part de la responsabilité inhérente aux fonctions des agents du pouvoir exécutif ne rejaillît indirectement sur le Corps législatif; mais était-ce une raison suffisante pour s'opposer à la délimitation bien nette, par l'Assemblée nationale, des fonctions spéciales des divers ministres, afin qu'on fût bien d'accord sur ce que chacun d'entre eux aurait à faire ou à ne pas faire, nous ne le croyons pas ; et, selon nous, l'Assemblée eut raison de garder pour elle, sur la proposition de Barnave, le droit de statuer sur le nombre, la division et la démarcation des départements ministériels.

Le dimanche 10, tentant un nouvel effort pour arracher la victoire au comité, il essaya, d'accord avec Buzot, d'obtenir la préférence en faveur d'un contre-projet du député Anson, lequel fournissait moins aux ministres les moyens d'échapper toujours à la responsabilité de la loi (2). Le 11, il essaya encore, mais en vain, d'empêcher l'adoption de l'article qui donnait au ministre de la justice la haute main sur tous les magistrats, et lui permettait de censurer les juges des tribunaux de districts et criminels, les juges de paix et de commerce. Il voyait là le renouvellement de ces mercuriales de l'ancien régime, trop souvent adressées « par des magistrats ayant tous les vices à des juges qui avaient toutes les vertus. » C'était, suivant lui, grandement exposer la liberté que de mettre un seul homme au-dessus de tous les tribunaux d'un royaume; que de livrer les magistrats issus du suffrage du peuple à l'arbitraire de la cour et des ministres. S'il y avait de la part des juges prévarication réelle, la répression était dans la loi, et c'était à l'accusateur public à poursuivre sur les plaintes des parties (3). Une

---

(1) Voy. le *Moniteur* du 10 avril 1791, et surtout le *Point du jour*, où le discours de Robespierre est beaucoup plus complétement rendu, numéro 638, p. 117 et suiv.

(2) *Patriote françois*, numéro 612; *Point du jour*, numéro 639, p. 144.

(3) *Point du jour*, numéro 640, p. 149 ; *Journal de Paris*, numéro du 12 avril 1791.

petite satisfaction lui fut cependant accordée : il avait dit que les magistrats populaires étaient aussi bons juges de la décence et de la dignité de leurs fonctions que le ministre, et l'on supprima de l'article du projet de loi la phrase qui attribuait à cet agent du pouvoir exécutif le droit de rappeler les membres des tribunaux à la décence et à la dignité de leurs fonctions.

Le même jour, après avoir présenté encore quelques observations sur le ministère des affaires étrangères, il s'éleva vivement, et combien il avait raison cette fois! contre les traitements énormes proposés en faveur des ministres, 150,000 liv. à celui des affaires étrangères et 100,000 aux autres. C'est une question encore débattue de savoir s'il y a avantage à combler de gros traitements les hauts fonctionnaires de l'État. Oui, disent les uns, parce que les ministres ont besoin d'une grande représentation, parce que l'argent qu'ils reçoivent, rendu au commerce par leurs dépenses en quelque sorte obligatoires, retourne au pays pour ainsi dire ; parce qu'enfin c'est leur ôter l'idée de s'enrichir à l'aide de prévarications. Mauvaises raisons. La dignité d'un peuple n'est nullement intéressée à ce que ses fonctionnaires se mettent en frais de représentation et fassent étalage d'un luxe considérable; puis, pour quelques ministres prodigues, beaucoup thésaurisent et se gardent bien de rendre leurs traitements à la circulation. Il vaut mieux d'ailleurs laisser aux contribuables le plus d'argent possible, tout le monde y gagnera. L'exemple ne sert de rien en pareille matière; l'Amérique est le pays où l'on dépense le plus, et c'est celui où les hauts fonctionnaires sont le moins rétribués. Quant aux prévarications, les ministres s'en préservent par leur honnêteté naturelle, jamais par les gros traitements qu'on leur alloue, ceci est élémentaire.

Cette exagération du traitement demandé pour les ministres était, selon Robespierre, tout à fait opposée aux principes d'économie que l'Assemblée était tenue d'apporter dans la gérance des finances de la nation; de plus, elle était dangereuse en raison de la corruption engendrée d'ordinaire par les richesses. Sans doute il fallait payer honorablement les principaux fonctionnaires d'un pays; mais il n'était pas de positions qui ne fussent convenablement rétribuées par un salaire de 50,000 liv.; il proposait donc ce chiffre comme très-convenable pour le traitement des ministres (1). Sa motion fut fort applaudie, et, de plus, énergiquement appuyée par Lanjuinais. On pouvait

----

« M. de Robespierre, » lit-on dans ce dernier journal, « à qui on ne peut jamais dire : *Tu dors, Brutus,* s'est élevé avec beaucoup de véhémence contre cet article. » Le *Moniteur* est muet sur beaucoup de ces incidents.

(1) *Point du jour,* numéro 640, p. 158; *Moniteur* du 12 avril 1791.

donc croire que l'Assemblée nationale, soucieuse des intérêts de ses commettants, s'empresserait de l'adopter; le contraire eut lieu. Le projet du comité passa, et les ambitieux de portefeuilles, en dehors de l'Assemblée, purent s'endormir avec la perspective d'une situation dorée.

IV

Le comité de constitution, encouragé sans doute par les bonnes dispositions de l'Assemblée nationale, vint le surlendemain, par la bouche de Desmeuniers, son rapporteur, lui demander d'accorder aux ministres renvoyés ou démissionnaires une pension de 2,000 livres par chaque année de service, en fixant à 12,000 livres le maximum du chiffre de cette pension; mais cette fois, combattu encore par Robespierre, il éprouva un échec complet. Comment, disait Maximilien, quand une foule de fonctionnaires, après de longs services rendus, n'ont droit à aucune espèce de pension s'ils n'ont passé au moins trente ans de leur existence dans l'administration, on ose vous en réclamer une pour des ministres qui, après avoir touché 100,000 livres de traitement par année, se démettront volontairement ou seront renvoyés de leurs fonctions! Ne voulant pas consacrer un tel système de priviléges, il concluait à la question préalable. Desmeuniers balbutia en vain quelques raisons timides à l'appui de sa proposition : c'était un article bien indifférent en lui-même, peu de ministres auraient l'occasion d'en profiter... L'Assemblée se montra insensible, et, comme l'avait demandé Robespierre, repoussà par la question préalable le projet du comité (1).

Laisser à l'État, par conséquent aux ministres, le moins d'initiative possible, de façon à empêcher le gouvernement de confisquer, à un moment donné, les libertés publiques, était une des préoccupations constantes de Robespierre. Il savait bien que le pouvoir exécutif, essentiellement envahisseur de sa nature, chercherait par tous les moyens à sortir du cercle dans lequel l'enfermait la constitution, et à empiéter sur les attributions des autres pouvoirs. C'est pourquoi, lorsque Desmeuniers, appuyé par d'André, proposa à l'Assemblée

---

(1) *Point du jour*, numéro 642, p. 191.

d'autoriser les ministres à exercer une sorte de contrôle excessif sur les corps administratifs, et à mettre d'eux-mêmes la gendarmerie en mouvement, il se leva encore pour s'opposer de toutes ses forces à cette extension de pouvoir sollicitée en faveur des ministres. C'était, selon lui, aux seuls corps administratifs à diriger la gendarmerie nationale; les agents du gouvernement ne devaient avoir sur elle aucune influence directe ou indirecte. L'Assemblée indécise prononça l'ajournement de la question (1).

Ce court débat donna lieu, de la part de Beaumetz, à une curieuse accusation contre Robespierre; il lui reprocha de vouloir détruire l'unité monarchique au profit d'un système fédératif. Une pareille accusation dirigée contre l'adversaire le plus redoutable des aveugles partisans de ce fédéralisme qui eût amené l'abaissement et peut-être le démembrement de la France, contre le membre de l'Assemblée dont les discours se distinguaient le plus par le sentiment unitaire et une passion nationale poussée au suprême degré, prouve au moins combien peu étaient sérieuses les raisons qu'on avait à lui opposer. Sans doute Robespierre était l'ennemi de cette excessive centralisation administrative, grâce à laquelle la vie semble s'être paralysée dans les communes; sans doute, en pleine Convention, on l'entendra se plaindre éloquemment de cette manie que, de tout temps, on a eue en France de s'en rapporter pour toutes choses à l'État, comme s'il devait être le pourvoyeur général du pays, et revendiquer pour les individus, pour les familles, la plus grande somme de liberté possible; mais la centralisation politique, cette unité française qui plus tard permit à la République d'affronter victorieusement toute l'Europe coalisée, il s'en montra toujours le défenseur énergique. Il ne daigna même pas répondre à son collègue Beaumetz; mais Buzot se chargea de ce soin et protesta hautement contre des observations où perçait trop visiblement l'intention d'inculper les meilleurs patriotes.

La conduite des ministres était, du reste, peu propre à leur attirer la confiance de l'Assemblée nationale. On admirait combien peu semblaient les préoccuper les intrigues et les machinations qui déjà, dans la plupart des cours de l'Europe, s'ourdissaient contre la France révolutionnaire. Dans la séance du 19 avril, un des secrétaires ayant donné lecture d'une longue adresse par laquelle les habitants de Porentruy informaient l'Assemblée constituante d'une concentration de troupes autrichiennes sur leur territoire, un député d'un département voisin de cette ville, Reubell, prit la parole pour se plaindre de ce qu'une

(1) *Moniteur* du 14 avril 1791.

nouvelle si grave, au lieu de venir directement du ministère, fût annoncée par des alliés et des voisins. Il accusa le comité diplomatique de ne pas surveiller d'assez près le ministre des affaires étrangères, qui dormait sans doute, dit-il. « Le comité dort aussi, » s'écria Bouche.

Les comités de l'Assemblée nationale, dont Robespierre ne fit jamais partie, s'enveloppaient assez volontiers de mystère, s'érigeaient en quelque sorte en oligarchies ; rarement ils daignaient faire part des communications ministérielles, et cette conduite, avec raison, déplaisait à un bon nombre de députés. Un des membres du comité diplomatique, d'André, trouvant une connexité fâcheuse entre les plaintes sorties de la bouche de Reubell et les alarmes semées depuis plusieurs jours dans Paris au sujet des affaires étrangères par quelques journaux populaires, entreprit de défendre à la fois et le ministre et le comité, lequel avait récemment, prétendait-il, présenté un rapport exact et détaillé sur la situation politique de l'Europe. C'était, suivant lui, aux officiers généraux à surveiller les mouvements des troupes ennemies sur les frontières, et si l'Assemblée croyait avoir à se plaindre, elle devait s'en prendre au comité militaire. Ce que d'André ne disait pas, c'est qu'autrefois, au moindre bruit d'alarmes, aux premiers indices d'hostilité de la part d'un souverain étranger, les ministres s'empressaient d'exercer la surveillance la plus scrupuleuse, et de mettre les frontières en état de défense ; tandis qu'aujourd'hui, au milieu des intrigues publiquement ourdies entre les émigrés et les cours de Berlin et de Vienne, en présence de nombreux rassemblements de troupes autrichiennes à nos portes, on les voyait s'endormir avec complaisance dans une sécurité profonde.

Voilà ce que ne manqua pas de rappeler Robespierre en s'élançant à la tribune pour répondre à d'André. Les ministres sont inactifs, dit-il, et cependant, depuis plus de six mois, il n'est pas permis de douter de l'intelligence des ennemis de l'extérieur avec ceux du dedans. Incriminant alors les membres du comité diplomatique, ces commissaires chargés de surveiller les ministres, et qui, infidèles à leurs devoirs, gardaient le silence, ou trompaient l'Assemblée, il poursuivait en ces termes : « Et c'est une nation étrangère qui nous avertit des dangers que nous courons ! Et quand un député des départements menacés, connu par son patriotisme, demande que le comité diplomatique instruise l'Assemblée et lui propose des mesures pour la sûreté du pays, ce comité suppose des intentions perfides ! Il vient froidement, par l'organe d'un de ses membres, discuter une question de compétence, comme s'il n'était pas indifférent à quel comité cette affaire fût renvoyée! Il discute le patriotisme des ministres; il prétend qu'on devrait inculper plutôt celui de la guerre que celui des affaires étrangères; comme si les représentants de la nation ne devaient pas surveiller avec la même activité tous les ministres sans exception! » Interrompu par les applaudissements de la gauche : « Je parle ici,» reprit-il, « avec une franchise qui pourra paraître dure. » Non, non! lui crient plusieurs voix. « Mais ce n'est pas le moment de nous ménager réciproquement; c'est le moment de nous dire mutuellement la vérité; c'est le moment pour l'Assemblée de savoir que chacun de ses membres doit se regarder comme chargé personnellement des intérêts de la nation. C'est le moment de sortir de la tutelle des comités et de ne pas prolonger les dangers publics par une funeste sécurité. » Puis, reprochant sévèrement au comité diplomatique de n'avoir point confié à l'Assemblée nationale des secrets importants dont son devoir était de lui donner communication, il l'accusait d'avoir entretenu l'inquiétude générale en ne dénonçant pas tout de suite ces rassemblements ennemis, causes d'alarmes continuelles dans le royaume; de n'avoir jamais proposé aucune mesure capable d'en imposer à ces puissances étrangères qui épiaient un moment favorable pour écraser la Révolution; enfin de n'avoir jamais averti l'Assemblée de la négligence des ministres. Quelle avait été sa conduite relativement à l'affaire d'Avignon? N'était-il pas coupable d'avoir dissimulé des faits dont la connaissance aurait infailliblement obligé l'Assemblée à prendre plus vite une décision au sujet de cette malheureuse ville? Et pour avoir négligé de se prononcer plus tôt, on était exposé, par la faute de ce comité diplomatique, à voir éclater d'un moment à l'autre une guerre civile désastreuse, non-seulement entre les citoyens d'Avignon et ceux du Comtat, mais encore entre les départements voisins, dont les uns semblaient prêts à prendre le parti des Avignonnais et des patriotes du Comtat, les autres, celui des aristocrates de ce pays. Après avoir ainsi pressé ses accusations trop justifiées contre le comité diplomatique, Robespierre lui reprocha encore d'avoir retardé jusqu'ici le rapport qui seul pouvait rendre la tranquillité à cette province désolée par de sanglantes discordes. Sans son mystérieux langage, sans les frayeurs non motivées que ce comité était parvenu à jeter, quelques mois auparavant, au sein de l'Assemblée, au moment où elle paraissait toute disposée à voter la réunion d'Avignon à la France, on n'aurait pas ajourné cette question et entraîné ainsi la prolongation des malheurs de cette ville. Il n'y avait donc pas à s'arrêter aux déclamations du comité diplomatique, quand il était convaincu de chercher à obscurcir aux yeux de l'Assemblée nationale les vérités les plus évidentes.

A cette foudroyante apostrophe, d'André parut d'abord comme interdit. Tout en demandant faiblement à répondre, il préférait encore se taire, si, disait-il, l'Assemblée les regardait comme justifiés, ses collègues et lui. Mais on lui cria : Parlez; et il lui fallut bien s'exécuter. Selon lui, le préopinant, « dans la chaleur de son patriotisme, » avait oublié toutes les mesures de défense proposées par les comités militaire et diplomatique. Quant au rapport sur l'affaire d'Avignon, on allait le présenter incessamment; le retard dont on se plaignait tenait à ce que les circonstances trop délicates n'avaient pas permis au comité de s'en occuper plus tôt. Singulière excuse lorsque peut-être, sans ce retard, des flots de sang n'eussent pas été répandus! Enfin, continuait d'André, si l'Assemblée jugeait convenable de renvoyer au comité diplomatique l'adresse des habitants de Porentruy pour qu'un rapport fût présenté promptement, il ne s'y opposait pas, et demandait pardon, en terminant, d'avoir donné lieu à cette discussion.

La clôture ayant été prononcée après quelques paroles de Noailles à l'appui de la véhémente improvisation de Robespierre, Pétion pria l'Assemblée d'enjoindre expressément au comité diplomatique d'avoir à surveiller les mouvements extérieurs. Quelques membres réclamèrent aussitôt la question préalable. Si cette proposition, à laquelle est essentiellement liée la tranquillité publique, est rejetée, s'écria vivement Robespierre, je demande que le comité diplomatique soit cassé. Menou défendit, à son tour, le comité dont il était membre comme d'André, mais en incriminant avec une excessive violence le ministre, et en rejetant tout sur son compte. Vous aurez toujours un mauvais comité diplomatique, dit-il à ses collègues, « tant que vous aurez un Montmorin pour ministre des affaires étrangères. » Paroles accueillies par les murmures de la droite et les applaudissements de la gauche. L'agitation menaçant de se prolonger, l'Assemblée y coupa court en décrétant le renvoi de l'affaire de Porentruy au comité diplomatique, et en le chargeant de présenter un rapport sous deux jours. C'était en définitive un blâme indirect au ministre et au comité; Robespierre avait atteint son but (1).

(1) Voy. le *Moniteur* du 21 avril 1791, et le *Point du jour*, numéro 649, combinés.

On se rappelle l'éclatant succès obtenu au mois de novembre précédent par son discours sur la nécessité de réunir Avignon à la France, discours dont nous avons rendu compte dans notre dernier livre. Après cela le vote de l'Assemblée ne paraissait pas douteux ; cependant, entraînée par des raisons captieuses, elle s'était prononcée pour l'ajournement. Plus de quatre mois s'étaient écoulés depuis cette époque, des torrents de sang avaient été versés dans l'intervalle, et l'on n'entendait parler de rien, quand Robespierre, comme on vient de le voir, profita de la discussion amenée par l'adresse des habitants de Porentruy pour réclamer avec son énergie habituelle le troisième rapport sur cette interminable affaire d'Avignon. D'André, au nom du comité, avait promis qu'il serait très-prochainement déposé.

Le surlendemain (21 avril), Latour-Maubourg ayant dépeint sous les plus sombres couleurs la situation de cette ville et réclamé à son tour la présentation du rapport, Menou, rapporteur du comité diplomatique, s'excusa en disant qu'il n'avait pu encore réunir à la bibliothèque du roi toutes les pièces nécessaires pour rédiger l'historique d'Avignon et mettre ses collègues en état de se prononcer. C'était puéril, il faut l'avouer ; pendant ce temps on s'égorgeait dans le Midi, faute d'une décision de la part de l'Assemblée. Robespierre revint alors à la charge, plus pressant que jamais. Il rappela en quelques paroles émues tous ces patriotes immolés à Avignon et dans le Comtat, et dont plusieurs maires, celui d'Arles entre autres, avaient juré de venger le meurtre. N'était-il pas urgent d'arrêter l'effusion du sang, de prévenir une effroyable guerre civile ? Qu'attendait-on pour se prononcer ? N'était-on pas suffisamment édifié par la pétition du peuple avignonnais, par les rapports antérieurs de Tronchet et de Pétion ? Enfin tous les moyens tirés du droit positif et du droit des gens ne venaient-ils pas à l'appui de la nécessité de la réunion immédiate ? Tels étaient, en résumé, les arguments de nouveau invoqués par Robespierre. Et ne pouvant se défendre d'un sentiment d'amertume en présence de la funeste incurie du comité diplomatique, il ajoutait : « Est-il possible, d'après cela, que l'on diffère sous prétexte de rechercher dans la bibliothèque du roi l'historique d'Avignon ? Est-il quelqu'un qui ne sache, sans fouiller une bibliothèque, tout ce qu'il faut savoir sur les rapports des Avignonnais avec la France ? Est-il quelqu'un qui ne connaisse les pétitions des communes du pays appuyées par les départements voisins? A-t-on oublié que les députés de la ci-devant Provence étaient chargés de solliciter la réunion du Comtat?» Il réclamait donc impérieusement la présentation immédiate du rapport, ajoutant qu'au reste l'Assemblée en savait assez pour se décider séance tenante. Bouche et Latour-Maubourg appuyèrent de toutes leurs forces les paroles de leur collègue, et l'Assemblée, en se séparant , mit la lecture du rapport sur l'affaire d'Avignon à l'ordre du jour de la séance du mardi prochain (1).

Au jour indiqué, le rapporteur du comité diplomatique ne parut pas ; son rapport n'était pas terminé. Il en informa l'Assemblée par une lettre, promettant d'être prêt pour le jeudi. On pouvait regarder cela comme une sorte d'engagement d'honneur; l'ajournement fut prononcé. Mais le jeudi suivant, 28 avril, nouvelle lettre de Menou, réclamant un nouveau délai. Cette fois l'Assemblée se fâcha. Se moquait-on? Des murmures d'impatience éclatèrent. «M. Menou,» disait-on, «ne calcule pas combien de sang peut faire verser chaque jour de retard. » Martineau proposa même d'envoyer chez lui prendre ses notes, afin que lecture en fût donnée dans cette séance par un de ses collègues. Cette mesure venait d'être adoptée quand une troisième lettre de Menou, annonçant la présentation certaine du rapport pour le samedi, calma un peu l'Assemblée ; on résolut d'attendre encore.

Cependant la discussion n'en fut pas moins engagée immédiatement, par suite d'une proposition inattendue. Clermont-Lodève, député d'Arles, demanda l'envoi immédiat à Avignon de troupes chargées d'y rétablir la tranquillité au nom du roi jusqu'au jour où l'on aurait reconnu solennellement que les droits du saint-siège étaient inattaquables, et fit beaucoup valoir toute la reconnaissance du pape pour ce bon office. Robespierre s'empressa de relever le gant jeté aux partisans de la réunion, à ceux qui soutenaient que les Avignonnais avaient parfaitement le droit de se soustraire à une domination étrangère, injustifiable, et de se donner à la France, leur patrie naturelle. Or, disait-il, adopter la motion du député d'Arles, ce serait nier ce droit primordial de tous les peuples de disposer d'eux-mêmes. Le but évident de l'auteur de la proposition était, suivant lui, d'empêcher l'Assemblée de reconnaître la souveraineté du peuple avignonnais; ces troupes, dont

---

(1) *Point du jour*, numéro 650, p. 318 ; *Moniteur* du 22 avril 1791 ; *Courrier de Provence*, numéro 285. « M. Robespierre, » dit ce dernier journal, « a dû le faire rougir de sa lenteur (Menou), par la vivacité avec laquelle il l'a opposée aux motifs les plus pressans qu'on a de se hâter pour arrêter le carnage qu'on fait dans cette contrée malheureuse. » P. 260.

on demandait avec tant de sollicitude l'envoi sous prétexte de le protéger, on espérait bien les faire servir à opérer la contre-révolution dans
le Comtat, et l'on se serait bien gardé de réclamer une telle mesure
s'il se fût agi, par exemple, de soutenir à Avignon les amis de la France
et les principes de la liberté. D'ailleurs, l'envoi de troupes ne ressem-
blerait-il pas à une prise de possession par la conquête? Or, si les
Avignonnais devaient être un jour incorporés au peuple français, il
fallait qu'il fût bien entendu, aux yeux du monde, que c'était de leur
propre volonté. Robespierre engageait donc l'Assemblée à passer
simplement à l'ordre du jour sur la proposition de Clermont-Lodève.
Quant à Menou, dont la conduite était au moins inexplicable, il n'y
avait pas à lui accorder un plus long délai, et dans tous les cas on
pouvait très-bien, dès à présent, reprendre la discussion sur la pétition
du peuple avignonnais, sauf à entendre la lecture du rapport avant de
statuer définitivement. Après Robespierre plusieurs députés, Legrand,
Prieur et Pétion, parlèrent dans le même sens; Crillon jeûne soutint
la motion de Clermont-Lodève, sur laquelle l'Assemblée passa à l'ordre
du jour. Toutefois, par condescendance pour le comité diplomatique,
elle consentit encore à remettre au lendemain la discussion sur l'affaire
d'Avignon (1).

Enfin, le samedi 30 avril, Menou vint lire ce rapport si longtemps,
si impatiemment attendu. Après un historique très-étendu de l'affaire
et l'exposé des circonstances au milieu desquelles les Avignonnais
avaient réclamé la réunion de leur pays à la France, le rapporteur
concluait à l'incorporation, sous réserve de traiter avec la cour de
Rome au sujet des indemnités à lui accorder. Les débats commencèrent immédiatement. On peut juger de leur vivacité par les noms
des orateurs de la droite qui y prirent part; en effet, nommer
l'abbé Maury, Cazalès, Malouet, c'est dire combien la discussion
fut ardente, passionnée. Elle dura quatre jours pleins. Entendu le
premier, Maury conclut à ce que l'Assemblée mît la ville d'Avignon et
le Comtat-Venaissin sous la protection de la France, et ajournât la
discussion quant au reste. Toujours des délais, des compromis funestes, des retards inutiles quand le sang continuait de couler, quand
une résolution vigoureuse et définitive était seule capable d'en arrêter
l'effusion. Ce fut ce que ne manqua pas de faire valoir Charles Lameth,
auquel succéda Clermont-Tonnerre, qui appuya, à peu de chose près,
les conclusions de l'abbé Maury. Vint ensuite l'infatigable Robespierre.
Il conjura ses collègues de ne pas retarder par une vaine discussion

(1) *Moniteur* du 29 avril 1791; *Point du jour*, numéro 657, p. 421.

la solution d'une question à laquelle était intéressée la vie de tant de milliers de citoyens. Rien de noble, de ferme et de touchant à la fois comme son langage. Après avoir rappelé les horreurs dont le récit avait attristé l'Assemblée : « Je déclare, » dit-il, « que si M. Clermont a voulu exciter notre commisération pour les victimes des deux partis, elle ne peut leur être refusée, puisque ce sont des hommes malheureux dans tous les partis. » A ces mots des applaudissements éclatèrent de toutes parts. Traçant ensuite le tableau des factions qui divisaient ce malheureux pays, il montra d'un côté les partisans de l'ancien régime s'obstinant à laisser leur patrie sous le joug d'un gouvernement protecteur de tous les abus, et, de l'autre, les amis de la Révolution réclamant à grands cris la réunion de leur ville à la France. Pas de mesures provisoires, disait l'orateur, car c'étaient les plus funestes de toutes. De deux choses l'une : ou l'Assemblée considérait le Comtat comme une province tout à fait étrangère, et alors elle n'avait aucunement le droit de s'immiscer dans ses affaires en y envoyant des troupes ; ou la pétition du peuple avignonnais était juste, et dans ce cas on était tenu de rejeter toutes propositions d'ajournement, de se prononcer tout de suite sur le fond de l'affaire. De nouveaux applaudissements accueillirent ces paroles ; l'Assemblée écarta la proposition de l'abbé Maury ce jour-là, et remit au lendemain la continuation des débats (1). Tout semblait présager un succès.

La discussion recommença le lundi seulement (2 mai). Robespierre prit de nouveau la parole pour répondre à de longues observations de Malouet, et aussi à une assertion de l'abbé Maury, lequel avait déposé sur le bureau un procès-verbal constatant que les habitants du Comtat avaient voté le renouvellement de leur serment de fidélité au pape. Il ne fut pas difficile à Robespierre de prouver que le procès-verbal dont il venait d'être question, résultat d'une délibération des anciennes communautés du Comtat, contenait l'expression des vœux d'officiers municipaux dévoués au saint-siège, non l'opinion des communes ; qu'il était d'ailleurs d'une date déjà ancienne, tandis que la pétition du peuple avignonnais, plus certaine et plus légale, était du mois de mai 1790. Dans le Comtat comme en France, ajoutait-il, la noblesse et le clergé se sont coalisés pour combattre les intérêts populaires. L'aristocratie a été vaincue. Mais la cause du peuple avignonnais est la nôtre ; les mêmes intérêts, les mêmes passions sont en jeu ; de là vient l'acharnement avec lequel les ennemis de la Révolution s'opposent à ses justes réclamations. Les citoyens d'Avignon et du Comtat, dont on

(1) Point du jour, numéro 659, p. 455 et suiv.; Moniteur du 1er mai 1791.

a disposé jadis sans leur consentement, sont toujours restés Français ; il n'y a donc rien à innover ; ils vous demandent simplement de consacrer un droit existant antérieurement. Et, poursuivait Robespierre, « si les peuples ne sont pas des troupeaux, ils peuvent changer la forme de leur gouvernement. Suivant M. Malouet, le vœu des Avignonnais n'a pas été libre ; il aurait été énoncé au milieu de troubles et de désordres : qu'il apprenne donc aux peuples à se ressaisir de leurs droits et à manifester leur volonté sans insurrection. » Ces paroles, vraies surtout à une époque où il n'y avait guère d'autre moyen pour les peuples d'échapper aux dures étreintes du despotisme, excitèrent les applaudissements de la gauche. Reprenant un à un, sous une forme nouvelle, les arguments déjà présentés par lui dans ses précédents discours, Robespierre revint sur la nécessité de consolider la Révolution française en ramenant la tranquillité dans toutes les parties du royaume. Or différer de prononcer sur la réunion, c'était entretenir au milieu des départements du Midi un foyer d'anarchie et de guerre civile, conserver aux ennemis de la Révolution un centre de résistance. Il engageait donc l'Assemblée à repousser tous les moyens dilatoires et à voter immédiatement la réunion (1).

La séance du mardi tout entière, depuis dix heures du matin jusqu'à neuf heures du soir, fut encore consacrée à l'affaire d'Avignon. Pétion parla de nouveau très-énergiquement dans le sens des conclusions de son collègue et de son ami. Après lui, l'abbé Maury reparut à la tribune, et prononça un interminable discours auquel répondirent Charles Lameth, Barnave et Camus. Cependant l'Assemblée se sépara encore sans rien décider. Le lendemain, la discussion recommença. C'était le 4 mai. Il y avait tout juste deux ans qu'à pareil jour les états-généraux s'étaient réunis à Versailles. Certes, l'occasion était belle pour voter un décret populaire, on ne pouvait guère mieux fêter un tel anniversaire que par un éclatant hommage rendu aux vrais principes démocratiques. Robespierre tenta de nouveaux efforts, se souvenant de ses promesses aux officiers municipaux d'Avignon. « En défendant les Avignonnais, » leur avait-il écrit, « c'est la liberté, c'est ma patrie, c'est moi-même que j'ai défendu... Vous serez Français, vous l'êtes, puisque vous le voulez et que le peuple français le

_____

(1) Ce discours est résumé en quelques lignes seulement par le *Moniteur* du 3 mai 1791, et le *Point du jour*, numéro 661. Il dut cependant avoir une certaine importance, car voici ce que dit Camille Desmoulins : « A la suite d'un discours aussi éloquent que solide de l'immuable Robespierre, en faveur de la réunion, l'abbé Maury, pendant trois heures consécutives, a assommé l'Assemblée de sa cruelle audition et de ses déclamations. » (*Révolutions de France....*, numéro 76, p. 411.)

veut (1).... » Mais, efforts inutiles! un esprit de réaction inattendu
semblait s'être emparé de l'Assemblée, des mauvaises dispositions de
laquelle on put juger aux murmures qui accueillirent la nouvelle
apparition de Robespierre à la tribune. Ce fut à peine si l'on consentit
à l'entendre. Il s'attacha cependant à combattre encore toutes les
motions tendantes à l'envoi pur et simple de troupes, soutenant avec
raison qu'on n'avait aucunement ce droit si l'on persistait à considérer le Comtat et la ville d'Avignon comme pays étranger. La
seule chose à faire, répéta-t-il, c'était, comme le demandait le comité
lui-même, de les déclarer l'un et l'autre partie intégrante du territoire
français. Latour-Maubourg et Buzot se joignirent à lui pour essayer
d'entraîner l'Assemblée, mais, vaine tentative! ce jour était destiné au
triomphe de l'abbé Maury. Quatre cent quatre-vingt-sept voix contre
trois cent seize décidèrent le maintien de ce malheureux pays sous le
joug de la cour de Rome (2).

La victoire du parti clérical et royaliste ne fut pas, il est vrai, de
très-longue durée. La cause de la justice et du droit finit par l'emporter, et les efforts de Robespierre se trouvèrent tardivement couronnés
de succès ; mais que de malheurs eût prévenus l'Assemblée par une
résolution plus prompte ; que de haines, de passions, de rancunes elle
eût amorties dont l'explosion devait être effroyable ! Ce ne fut que dans
un des derniers jours de sa session (14 septembre) que, au bruit des
applaudissements des tribunes et d'une partie des députés de la prochaine législature présents à la séance, elle proclama solennellement
la réunion d'Avignon et du Comtat-Venaissin à la France. Conquête
importante sur l'esprit de réaction, très-vivace à cette époque, et à
laquelle Robespierre contribua, comme on l'a pu voir, pour une si
grosse part.

VI

Durant le cours de ces débats, d'autres discussions eurent lieu auxquelles il se mêla non moins activement. Quand, par exemple, dans la
séance du samedi soir 23 avril, on eut donné lecture d'une lettre écrite
au nom du roi par le ministre des affaires étrangères à tous les ambas-

---

(1) Voy. cette lettre dans notre précédent livre.
(2) Moniteur des 5 et 6 mai 1791.

sadeurs près les diverses cours de l'Europe, lettre où afin de détruire des bruits mal fondés, le ministre annonçait à ses agents que Sa Majesté avait accepté librement la nouvelle forme du gouvernement français, qu'elle s'estimait parfaitement heureuse du présent état de choses, qu'enfin elle était sincèrement attachée à la constitution et aux principes de la Révolution, il y eut des transports d'enthousiasme, et l'on entendit les cris cent fois répétés de *Vive le Roi!* Les sentiments exprimés dans cette lettre étaient-ils bien sincères? Hélas! à quelques semaines de là le roi lui-même allait se charger de leur donner un démenti éclatant. Mais personne alors ne songea à révoquer en doute la parole royale, tant l'homme aime à se repaître d'illusions, tant il se sent disposé à croire au serment, au bien, à la vertu.

Plusieurs membres tenaient à donner immédiatement à Louis XVI une marque publique de leur gratitude. Alexandre Lameth émit la proposition qu'une députation allât le remercier d'avoir, en quelque sorte, appris à l'univers son attachement à la constitution. Biauzat, dans son exaltation, voulait que l'Assemblée tout entière se rendît en corps auprès de lui. Robespierre, « toujours sévère comme les principes et la raison, » dit un journal du temps (1), s'efforça de calmer cette effervescence. Sans doute il était bon de rendre hommage au roi, mais l'Assemblée se devait à elle-même de ne pas compromettre sa dignité en se déplaçant tout entière. De vifs murmures, mêlés de quelques applaudissements, ayant accueilli ces paroles, Robespierre assura qu'il n'avait nullement l'intention de combattre la proposition de Lameth, il demandait une simple modification. Ce n'était pas sans doute de ce moment seulement que l'Assemblée avait foi dans le patriotisme du roi, et elle devait le croire attaché aux principes constitutionnels depuis le commencement de la Révolution. Il fallait donc, non le remercier, mais le féliciter du parfait accord de ses sentiments avec ceux de la nation. Cette fois on n'entendit que des applaudissements. L'Assemblée, convaincue, chargea une députation d'aller immédiatement porter au roi ses félicitations dans les termes mêmes proposés par Robespierre (2). La majorité du côté droit, déconcertée, refusa de prendre part à la délibération ; vaine protestation des impuissants partisans du passé !

Mais le grand succès de Robespierre à la tribune de l'Assemblée nationale, dans ce mois d'avril 1791, fut son discours sur l'organisation des gardes nationales ; succès sans résultat, il est vrai, puisque

(1) *Point du jour,* numéro 653, p. 366.
(2) *Moniteur* du 25 avril 1791.

l'Assemblée, malgré les applaudissements prodigués par elle à l'orateur, resta sourde à ses avis et n'admit pas ses conclusions. On est émerveillé quand on étudie aujourd'hui de sang-froid cet important discours, si peu connu de notre génération, de voir quelle admirable intuition politique, quelle science d'observation, quelle parfaite connaissance des hommes possédait cet éminent esprit ; avec quelle force de raisonnement il défendait l'égalité proscrite du plan des comités, et comme il rappelait fièrement la cause de la liberté oubliée par eux. Égalité, liberté! il les voulait toutes deux, non pas hypocritement, comme ceux qu'on appelait les *constitutionnels*, mais dans leur entière et loyale expression, l'une se complétant par l'autre, afin que la Révolution bénie par quelques-uns, par ceux à qui elle profitait, ne fût pas exposée à être maudite par le plus grand nombre.

Rien de moins populaire, en effet, que le projet d'organisation de la garde nationale, dont Rabaut Saint-Étienne, au nom du comité de constitution, avait longuement présenté le rapport. Son moindre tort était de consacrer la division du pays en deux classes bien distinctes ; les citoyens actifs seuls étaient admis dans les rangs de la garde nationale. Ainsi, d'une part, des citoyens ; de l'autre, des ilotes. Il semblait qu'on eût pris à tâche d'armer les riches contre les pauvres laissés sans armes et de mettre la garde nationale à la disposition du pouvoir exécutif.

Le discours de Robespierre, ou plutôt son mémoire, comme le désigne plus justement Brissot dans son journal (1), était déjà connu, célèbre, lorsque, dans les séances des 27 et 28 avril, il en donna lecture à ses collègues de l'Assemblée nationale. Dès la fin de l'année précédente, ce discours avait paru en brochure, et l'on n'a pas oublié sans doute le retentissement profond que, peu de temps après, vers le mois de fevrier, il eut dans toute la France. Robespierre, avant de le lire, le fit précéder de quelques observations en réponse à une proposition de Rabaut, qui demandait qu'on ouvrît seulement le débat sur la partie du plan relatif à la formation des listes. Pouvait-on le circonscrire dans des bornes aussi resserrées? N'était-il pas nécessaire d'entamer une discussion générale, afin qu'on pût relever à la fois les imperfections répandues dans toute l'économie du système, et liées entre elles par des rapports intimes? Cet avis ayant obtenu l'assentiment de l'Assemblée, Robespierre commença.

On chercherait en vain dans le *Moniteur* un compte rendu exact, l'analyse complète de cet immense discours, lequel ne remplit pas

_____

(1) *Le Patriote françois,* numéro 630.

moins de soixante-dix-huit pages d'impression; mais on y trouve, dans une certaine mesure, la physionomie de la séance, les interruptions, les interpellations adressées à l'orateur et les vives ripostes de Robespierre, qui, interrompant la lecture de son manuscrit, eut des inspirations d'un rare bonheur.

De la bonne organisation des gardes nationales dépendaient, à ses yeux, le sort de la liberté, la stabilité de la constitution. Quels étaient, avant tout, l'objet précis de leur institution, la place qu'elles devaient tenir, leur fonction dans l'économie politique? En vain chercherait-on des exemples analogues chez les peuples anciens et modernes, cette idée de la garde nationale était essentiellement neuve, appartenait en propre à la Révolution. Là, tous les citoyens, nés soldats, s'arment pour défendre la patrie menacée et rentrent ensuite dans leurs foyers, où ils ne sont plus que simples citoyens; ici, des armées permanentes sont alternativement employées par les princes pour combattre leurs ennemis étrangers et enchaîner leurs sujets. Les circonstances extérieures ont dû forcer l'Assemblée nationale à conserver sur pied une armée nombreuse; mais comme contre-poids à cette force dangereuse pour la liberté d'une nation, comme remède à ce mal jugé nécessaire, on avait appelé les gardes nationales, ou plutôt, disait Robespierre, « au premier cri de la liberté naissante, tous les Français ont pris les armes et se sont rangés en bataille autour de son berceau; et vous, convaincus qu'il ne suffisait pas de créer la liberté, mais qu'il fallait la conserver, vous avez mis dès lors au rang de vos premiers devoirs le soin de consolider par des lois sages cette salutaire institution que les premiers efforts du patriotisme avaient fondée. » Ainsi donc la garde nationale bien organisée devient la garantie naturelle de la liberté, car une armée nombreuse, docile à la voix du prince, façonnée à l'obéissance passive, sera nécessairement l'arbitre d'un peuple sans armes; et partout où une telle puissance existera sans contre-poids, le peuple ne sera pas libre, en dépit de toutes les lois constitutionnelles du monde.

Or ce contre-poids nécessaire, cette sauvegarde, il les trouvait dans l'institution des gardes nationales. Elles auront donc, disait-il, le double devoir d'empêcher le pouvoir exécutif de tourner contre la liberté les forces immenses dont il dispose et de ne pas opprimer, de leur côté, ce pouvoir exécutif qui, « tant qu'il se renferme dans les bornes que la constitution lui prescrit, est lui-même une portion des droits de la nation. » On ne pouvait assurément mieux motiver le respect dû au gouvernement d'un peuple libre. Maintenant, à quelles conditions les gardes nationales rempliraient-elles leur mission salutaire?

Il fallait, en premier lieu, qu'elles fussent constituées tout autrement que les troupes de ligne et qu'elles échappassent tout à fait à l'influence du prince, sous peine d'être aussi des auxiliaires du despotisme au lieu de servir de rempart à la liberté. De là la nécessité de ne pas abandonner au gouvernement la nomination des officiers des gardes nationales; de ne pas permettre qu'ils fussent choisis parmi les officiers des troupes de ligne; et, comme il est de la nature des choses que tout corps cherche à s'isoler de la volonté générale et à la dominer, d'empêcher soigneusement les gardes nationales d'adopter un esprit particulier ressemblant à un esprit de corps : « Songez, » ajoutait-il, « combien l'esprit de despotisme et de domination est naturel aux militaires de tous les pays; avec quelle facilité ils séparent la qualité de citoyen de celle de soldat et mettent celle-ci au-dessus de l'autre. Redoutez surtout ce funeste penchant chez une nation dont les préjugés ont attaché longtemps une considération presque exclusive à la profession des armes, puisque les peuples les plus graves n'ont pu s'en défendre. Voyez les citoyens romains commandés par César : si dans un mécontentement réciproque il cherche à les humilier, au lieu du nom de soldats il leur donne celui de citoyens, *quirites;* et à ce mot ils rougissent et s'indignent. » En conséquence on devait s'appliquer à confondre dans les gardes nationales la qualité de soldat avec celle de citoyen; ne pas créer au milieu d'elles des troupes dites d'élite, des corps privilégiés essentiellement contraires à leur principe; réduire le nombre des officiers à la stricte mesure nécessaire; les nommer pour un temps très-court, et surtout leur défendre formellement de porter, en dehors de l'exercice de leurs fonctions, les marques distinctives de leurs grades. Il fallait aussi leur défendre de recevoir du pouvoir exécutif aucunes décorations. Il ne saurait appartenir au roi de récompenser ou de punir les gardes nationales. Ces distinctions extérieures, qui poursuivent partout les hommes en place, appâts faciles à la disposition des tyrans, bonnes à enfanter l'esprit d'orgueil et de vanité, à humilier le peuple, lui paraissaient incompatibles avec le caractère d'hommes libres, et surtout convenir moins qu'à personne aux chefs de soldats citoyens... « Défenseurs de la liberté, » s'écriait-il, « vous ne regretterez pas ces hochets dont les monarques payent le dévouement aveugle de leurs courtisans. Le courage, les vertus des hommes libres, la cause sacrée pour laquelle vous êtes armés, voilà votre gloire, voilà vos ornements. » A ces fières paroles, la salle retentit d'acclamations. Mais Robespierre n'était pas encore arrivé au point capital de son discours; son éloquence parut grandir quand il revendiqua pour tous les citoyens domiciliés le droit de faire partie de la garde nationale.

C'était là toucher au cœur même du projet du comité. S'inspirant en effet de cette fatale idée de l'Assemblée nationale d'avoir divisé la nation en citoyens actifs et en citoyens passifs, il avait éliminé des cadres la majeure partie du peuple. Or les gardes nationales étant la nation armée pour protéger ses droits au besoin, elles étaient viciées dans leur principe même du moment où l'admission dans leurs rangs dépendait du payement d'une certaine contribution. Dépouiller une portion quelconque des citoyens du droit de s'armer, pour en investir une autre, c'était violer à la fois l'égalité, base du nouveau pacte social, et les lois les plus sacrées de la nature. Voilà ce que Robespierre démontra avec une invincible force de raisonnement. On avait bien pu s'imaginer d'abord qu'il était possible de priver de leurs droits politiques tant de millions de Français trop pauvres pour acquitter une certaine quantité d'impositions; mais l'Assemblée ne se séparerait point, pensait-il, sans avoir réparé une si criante injustice; aussi bien, nous le verrons bientôt s'épuiser encore en efforts désespérés pour obtenir l'abrogation du décret du marc d'argent. En dépouillant ainsi de leurs droits une partie des citoyens, avait-on oublié que tous, sans distinction de fortune, avaient concouru à l'élection des députés à l'Assemblée nationale? Et pour confier à un petit nombre d'entre eux seulement le soin de défendre les lois et la constitution, on trouvait donc la chétive propriété, le modique salaire de l'homme pauvre et laborieux moins respectables que les vastes domaines et les fastueuses jouissances du riche!

De deux choses l'une, ou les lois et la constitution étaient faites dans l'intérêt général, et dans ce cas elles devaient être confiées à la garde de tous les citoyens, où elles étaient établies pour l'avantage d'une certaine classe d'hommes, et alors c'étaient des lois mauvaises. Mais cette dernière supposition serait trop révoltante; il importait donc de reconnaître comme principe fondamental de l'institution des gardes nationales que tout citoyen domicilié en était membre de droit. « C'est en vain, » continuait-il, « qu'à ces droits inviolables on voudrait opposer de prétendus inconvénients et de chimériques terreurs. Non, non, l'ordre social ne peut être fondé sur la violation des droits imprescriptibles de l'homme... L'humanité, la justice, la morale, voilà la politique, voilà la sagesse des législateurs : tout le reste n'est que préjugé, ignorance, intrigue, mauvaise foi. Partisans de ces funestes systèmes, cessez de calomnier le peuple et de blasphémer contre votre souverain, en le représentant sans cesse comme indigne de jouir de ses droits, méchant, barbare, corrompu; c'est vous qui êtes injustes et corrompus... Le peuple est bon, patient, généreux; notre Révolution, les crimes de ses ennemis l'attestent; mille traits récents, qui ne sont chez lui que naturels, en déposent. Le peuple ne demande que tranquillité, justice, que le droit de vivre : les hommes puissants, les riches sont affamés de distinctions, de trésors, de voluptés. L'intérêt, le vœu du peuple est celui de la nature, de l'humanité, c'est l'intérêt général; l'intérêt, le vœu des riches, des hommes puissants est celui de l'ambition, de l'orgueil, de la cupidité, des fantaisies les plus extravagantes, des passions les plus funestes au bonheur de la société. Les abus qui l'ont désolée furent toujours leur ouvrage; ils furent toujours les fléaux du peuple. Aussi qui a fait notre glorieuse Révolution? Sont-ce les riches, sont-ce les hommés puissants? Le peuple seul pouvait la désirer et la faire; le peuple seul peut la soutenir par la même raison. »

« — Par peuple, » s'écria en ce moment un député nommé Lucas, « j'entends tous les citoyens. — Et moi aussi, » reprit Robespierre; « j'entends par peuple la généralité des individus dont se compose la société; mais si je me suis un moment servi de cette expression dans un sens moins étendu, c'est que je croyais avoir besoin de parler le langage de ceux que j'avais à combattre (1). » Pourquoi diviser la nation en deux classes, dont l'une semblera armée pour combattre l'autre comme un ramas d'esclaves toujours prêts à se mutiner. D'une part, les oppresseurs, les tyrans, les sangsues publiques; de l'autre, le peuple. Eh! quel prix attachera-t-il à la liberté s'il n'en ressent pas les bienfaits? Veut-on, à force d'injustices, le forcer à trahir sa propre cause? « Ah! cessez, » continua Robespierre, « cessez de vouloir accuser ceux qui ne cesseront jamais de réclamer les droits de l'humanité. Qui êtes-vous, pour dire à la raison et à la liberté : Vous irez jusque-là; vous arrêterez vos progrès au point où ils ne s'accorderaient plus avec les calculs de notre ambition ou de notre intérêt personnel? Pensez-vous que l'univers sera assez aveugle pour préférer à ces lois éternelles de la justice qui l'appellent au bonheur ces déplorables subtilités d'un esprit étroit et dépravé, qui n'ont produit jusqu'ici que la puissance, les crimes de quelques tyrans et les malheurs des nations? C'est en vain que vous prétendez diriger par les petits manèges du charlatanisme et des intrigues de cour une Révolution dont vous n'êtes pas dignes; vous serez entraînés comme de faibles insectes dans son cours irrésistible; vos succès seront passagers comme le mensonge, et votre honte immortelle comme la vérité. »

Robespierre était fatigué, plusieurs membres proposèrent de renvoyer au lendemain la suite de son discours. Rabaut, à qui les applau-

---

(1) *Moniteur* du 28 avril 1791.

dissements prodigués à son collègue donnaient à songer que son projet courait grand risque d'être rejeté, parut à la tribune, loua fort les idées qu'on venait d'exposer, et comme pour faire bénéficier le plan du comité de l'approbation très-vive dont le discours de Robespierre avait été l'objet, il osa dire que, sauf l'admission des citoyens inactifs, pour laquelle il inclinait personnellement, le comité et lui étaient en définitive entièrement de l'avis du préopinant. Mais, le lendemain 28, Robespierre dut lui prouver de nouveau par quels abîmes ils étaient séparés. Après avoir énuméré les dangers qu'il y aurait à laisser au pouvoir exécutif la moindre action sur les gardes nationales, il reprocha au comité de n'avoir pas une seule fois, dans son projet, prononcé le mot de liberté, dont cette institution était précisément destinée à être la sauvegarde. Dissiper les émeutes populaires, les attroupements séditieux, réprimer les désordres et le brigandage, telle paraissait avoir été l'unique préoccupation du comité ; mais de la nécessité de tenir constamment la tyrannie en échec, de prévenir son retour, il ne s'était nullement préoccupé. Contre le peuple seul il semblait avoir pris ses précautions, comme si c'était une horde de factieux à dompter ou d'esclaves à enchaîner. Tout cela dit avec cette clarté qui était un des mérites de Robespierre, avec calme, appuyé des raisonnements les plus vigoureux, et relevé par la plus éloquente diction. « Eh! quel autre esprit règne aujourd'hui ?» s'écria-t-il ; «que voit-on partout, si ce n'est une injuste défiance, de superbes préjugés contre ceux que l'on appelle encore le peuple? Qui est-ce qui aime l'égalité? Qui est-ce qui respecte la dignité de l'homme dans son semblable? » Ses conclusions, on les connaît. Invoquant, en terminant, le glorieux souvenir du 14 juillet, de cette prise de la Bastille à laquelle avaient concouru tant d'hommes mis par les décrets de l'Assemblée en dehors du droit commun et privés des bienfaits de cette liberté· conquise par eux, il persistait à réclamer comme un droit primordial l'admission de tous les citoyens dans les rangs de la garde nationale (1). Obtenir cela eût été à ses yeux un

(1) *Discours sur l'organisation des gardes nationales*, à Paris, chez Buisson, libraire, rue Hautefeuille, numéro 20 (1790, in-8° de 78 p.). On le trouve presque *in extenso* dans les numéros 656, 657 et 660 du *Point du jour*. L'article 16 du projet de décret présenté par Robespierre, à la suite de son discours, portait que sur les drapeaux des gardes nationales on graverait ces mots : LIBERTÉ, ÉGALITÉ, FRATERNITÉ.

Ce discours avait été réédité en province, notamment à Besançon, où il parut chez Simard (in-8° de 61 pages), suivi de cette note : « La société des Amis de la Constitution établie à Besançon, à qui le Mémoire ci-dessus a été envoyé par l'Assemblée nationale, ayant trouvé que les droits du peuple relativement au service militaire national y étoient établis d'une manière aussi claire que solide, a délibéré que, pour mettre un grand nombre de personnes à même de se pénétrer des excellents prin-

triomphe important, un acheminement vers l'abrogation de l'odieux
décret du marc d'argent.

Tous les journaux populaires de l'époque s'accordent pour rendre
témoignage de l'enthousiasme avec lequel l'Assemblée nationale accueillit ce discours capital, ce véritable traité sur la matière (1). Elle
ne put s'empêcher d'applaudir à ces grandes idées de justice, de droit,
d'équité, si noblement exprimées. Pétion, Noailles lui-même appuyèrent la proposition de Robespierre ; mais Barnave, Duport, tous les
grands agitateurs des premiers jours gardèrent le silence. Était-ce par
jalousie contre un collègue dont la popularité effaçait la leur, ou bien,
saisis tout à coup de méfiance à l'égard de ce peuple dont jadis ils
s'étaient aussi proclamés les défenseurs, entendaient-ils le tenir à
l'écart de la vie politique ? Peut-être obéirent-ils à ce double sentiment. D'André, désormais leur fidèle allié, essaya en quelques mots
de réfuter Robespierre, et, s'il n'y parvint pas, il fut du moins assez
heureux pour indisposer l'Assemblée contre son collègue. En effet,
quand, afin de retenir la victoire qu'il voyait prête à lui échapper, le
tenace tribun reparut pour la troisième fois à la tribune, de violents
murmures éclatèrent. En vain tenta-t-il de lutter contre les cris, en
vain, indigné, lança-t-il d'une voix hautaine cette·phrase à la majorité : « Toute violence qui tend à étouffer ma voix est destructive de
la liberté, » qu'accueillirent cependant quelques applaudissements, il
ne put tenir contre le tumulte et quitta la tribune, se sentant vaincu (2).
L'Assemblée exclut donc des rangs de la garde nationale les citoyens
passifs, creusant ainsi de plus en plus la ligne de démarcation qu'entre
la bourgeoisie proprement dite et le peuple elle avait si imprudemment établie.

VII

Le comité de constitution semblait prendre à tâche de courir au-
devant de l'impopularité en présentant une foule de décrets empreints

cipes qu'il renferme, et donner en même temps à l'auteur un témoignage particulier
de son estime et de sa reconnoissance, il seroit livré à l'impression.
     Besançon, ce 3 février 1791.   MICHAUD, *président.*
                            GUYE, VÉJUS, *secrétaires.*

(1) Voyez entre autres le *Patriote françois*, numéros 628 et 630.
(2) *Moniteur* du 29 avril 1791.

d'un esprit essentiellement contraire à celui des principes contenus dans la déclaration des droits. Le directoire du département de Paris, dont les membres appartenaient à la haute bourgeoisie de la ville, imagina, pour frapper la puissance des clubs, de demander à l'Assemblée nationale une loi restrictive du droit de pétition et du droit d'affiche, deux des principaux moyens d'action des sociétés populaires.

Dans la séance du 9 mai, Le Chapelier vint, au nom du comité de constitution, présenter un projet de loi très-dur. Voulait-il atteindre indirectement Robespierre, dont ses collègues et lui jalousaient fort l'influence aux Jacobins? On peut le supposer; mais il obéissait surtout à ce déplorable esprit de réaction qui commençait d'animer une partie des membres de la gauche même de l'Assemblée nationale. Ils avaient peur du peuple et songeaient à le museler, ne s'apercevant pas combien leur défiance injuste était faite pour le jeter hors des voies de la modération, le pousser aux partis extrêmes.

Non-seulement le comité proposait à l'Assemblée de réserver à l'autorité publique exclusivement le droit d'affiche, d'interdire à toute réunion et association de citoyens d'exercer en nom collectif le droit de pétition, mais encore de déclarer que ce dernier droit appartiendrait seulement aux citoyens actifs. C'était odieux. Tout cela enveloppé de précautions oratoires, de phrases hypocrites, où le rapporteur louait beaucoup la liberté et l'égalité, tout en détruisant l'une et l'autre. Un journal, qui pourtant n'était pas hostile à la monarchie, lui lança brutalement à la face l'accusation d'astuce (1).

Robespierre ne pouvait rester muet. Il s'élança à la tribune, et d'une voix singulièrement émue il rappela que ce droit de pétition était le droit imprescriptible de tout être intelligent et sensible, de tout homme en société; que même les despotes n'avaient jamais songé à le contester à ceux qu'ils nommaient leurs sujets, que Frédéric II recevait les plaintes de tous les citoyens. Il ne serait donc permis d'adresser aux législateurs d'un peuple libre ni observations, ni demandes, ni prières? Et comme une voix lui reprochait d'exciter le peuple : Non, répondit-il vivement, « ce n'est point pour exciter les citoyens à la révolte que je parle à cette tribune, c'est pour défendre les droits des citoyens; et si quelqu'un voulait m'accuser, je voudrais qu'il mît toutes ses actions en parallèle avec les miennes, et je ne craindrais pas le parallèle. » Dans ces paroles se révélait l'homme d'ordre par excellence. Personne ne releva le défi. Alors, avec une sorte d'attendrissement auquel l'Assemblée ne demeura pas insensible,

(1) *Courrier de Provence*, numéro 290.

il ajouta en parlant de tous les Français : « Je défendrai surtout les plus pauvres. Plus un homme est faible et malheureux, plus il a besoin du droit de pétition. Et c'est parce qu'il est faible et malheureux que vous le lui ôteriez ! Dieu accueille les demandes non-seulement des plus malheureux des hommes, mais des plus coupables. » Passant ensuite à la proposition d'interdire l'exercice collectif de ce droit, il s'éleva plus énergiquement encore contre ces abus d'autorité dans lesquels on cherchait à entraîner l'Assemblée. Comment ! il serait défendu à toutes les sociétés patriotiques, comme celle des *Amis de la Constitution*, de rédiger et de présenter au Corps législatif des adresses capables peut-être d'éclairer le législateur ? Demandant alors à tout homme de bonne foi s'il n'y avait pas dans le projet du comité comme un dessein préconçu d'attenter à la liberté et de troubler l'ordre public par des lois oppressives, il réclamait l'ajournement de la question jusqu'après l'impression du rapport (1). Cette demande ayant été repoussée, la discussion recommença le lendemain.

Grégoire développa, sous une autre forme, les considérations présentées la veille par Robespierre, qui lui-même reprit la parole pour répondre à Beaumetz. « Cet ardent ami de l'humanité, » dit le *Courrier de Provence*, revint à la charge avec une force nouvelle. Robespierre, en effet, tenta d'incroyables efforts pour arrêter l'Assemblée dans sa marche rétrograde. Ses paroles, sévères et touchantes à la fois, retentissaient comme un écho des vérités éternelles. Elles devaient nécessairement irriter quelques membres. Impatienté des interruptions de Martineau, l'orateur somma le président d'empêcher qu'on ne l'insultât lorsqu'il défendait les droits les plus sacrés des citoyens. D'André, qui présidait, ayant demandé s'il ne faisait pas tous ses efforts... « —Non, » lui cria brusquement une voix de la gauche. » — Que la personne qui a dit non se nomme et prouve. » —Laborde se levant : « J'ai dit non, parce que je m'aperçois que vous ne mettez pas le même soin à obtenir du silence pour M. Robespierre que vous en mettiez lorsque MM. Beaumetz et Le Chapelier ont parlé. » Robespierre continua après cet incident et s'attacha de nouveau à prouver que le droit de pétition devait être moins que tout autre refusé à la classe des citoyens les plus pauvres. « Plus on est faible, plus on a besoin de l'autorité protectrice des mandataires du peuple. Ainsi, loin de diminuer l'exercice de cette faculté pour l'homme indigent en y mettant des entraves, il faudrait le faciliter. » Interrompu de nouveau par les membres qu'offusquait un tel discours, il reprit avec plus d'énergie encore. L'honneur de l'Assemblée

(1) Voyez le *Moniteur* du 11 mai 1791.

était intéressé, suivant lui, à ce que les droits de l'homme fussent franchement et formellement mis en pratique, et elle ne pouvait se dispenser d'accorder à tout citoyen, sans distinction, le droit de pétition.

S'il ne parvint pas à le conserver aux sociétés populaires, il eut du moins le mérite d'empêcher ses collègues de commettre une injustice criante. Le rapporteur lui-même n'osa pas soutenir l'interdiction proposée par le comité contre les citoyens non actifs, et les sept premiers articles du projet se trouvèrent remplacés par un article unique reconnaissant à tous les citoyens le droit de pétition (1). Le droit d'affiche, revendiqué pour l'administration seule par le comité, fut également accordé à tous les citoyens, sauf à l'exercer individuellement et à signer. C'était une double victoire, due en majeure partie à Robespierre, car presque seul il avait supporté tout le poids de la lutte et combattu avec un acharnement rare ; victoire importante, si l'on considère les injustifiables méfiances dont était animée à l'égard du peuple l'Assemblée nationale, qui, de gaieté de cœur, avait pour ainsi dire, suivant l'expression de Grégoire, recréé les ordres par la division du peuple français en citoyens actifs et en citoyens non actifs.

On vit dans cette occasion, chose assez rare pour être signalée, l'abbé Maury défendre l'opinion de Robespierre, cette opinion conforme à tous les principes de la justice, à toutes les saines notions politiques. Rien ne prouve mieux, suivant nous, combien peu l'illustre tribun se laissait diriger par l'esprit de parti, puisqu'un des membres les plus fougueux de la droite venait lui prêter son appui, sentant de quelle utilité pouvait être à sa propre cause ce droit de pétition et d'affiche que Robespierre revendiquait pour tout le monde.

Il fut moins heureux en combattant l'article 3 du projet du comité, lequel faisait dépendre en quelque sorte du bon plaisir des municipalités la réunion des assemblées communales et sectionnaires. Les formes despotiques proposées par le comité lui semblaient bonnes à fomenter le désordre et l'anarchie ; et Buzot, se levant ensuite pour soutenir les mêmes idées, disait avec raison que plus on comprime la liberté, plus on s'expose aux dangers de l'anarchie. Voulait-on laisser aux communes l'insurrection pour unique recours si on leur contestait le droit de se réunir afin de présenter des pétitions? L'article du comité mis aux voix fut littéralement adopté. Mais au dehors, tandis que l'Assemblée nationale voyait insensiblement se retirer d'elle des cœurs

---

(1) Voyez le *Moniteur* du 12 mai 1791 ; le *Courrier de Provence*, numéro 290, et le *Point du jour*, numéro 668.

qu'elle avait enthousiasmés jadis, et le sentiment général s'accentuer plus fortement dans le sens de la Révolution, la popularité de Robespierre grandissait, grandissait toujours.

VIII

Un des plus incontestables mérites de la Révolution française, avons-nous dit déjà, c'est de n'avoir pas été locale; c'est de ne s'être pas circonscrite dans des limites étroites, tracées par le compas; c'est d'avoir provoqué l'affranchissement, non pas seulement d'un peuple, mais du genre humain tout entier; c'est d'avoir porté l'espérance et la consolation partout où l'on était opprimé. D'échos en échos, par delà les mers, s'étaient répercutés ses principes immortels. Par delà les mers aussi, sur ces terres de douleurs où des centaines de mille de créatures humaines vivaient réduites à l'état de bêtes de somme, le nom de Robespierre était parvenu comme un symbole de délivrance et d'égalité, et plus d'un, les regards tournés vers la France, attendait de lui ce double bienfait.

Déjà, dès le mois de février, deux délégués de la Guyane s'étaient adressés à lui, et dans un chaleureux appel à son patriotisme, à son humanité, l'avaient prié de vouloir bien se charger de la défense des droits et des intérêts de leurs commettants (1). On l'a pu voir dans plusieurs circonstances lutter énergiquement contre les mesures contre-révolutionnaires du comité colonial.

Deux questions préoccupaient singulièrement les colonies et tous ceux qu'y rattachait un intérêt quelconque : celle des hommes de couleur et celle des esclaves. Accorderait-on aux premiers comme aux blancs, du moment où ils rempliraient les conditions légales, la jouissance des droits politiques? Affranchirait-on les seconds? Tel était le redoutable problème posé devant l'Assemblée constituante. Si l'on ne consultait que la justice, le bon droit et l'humanité, la solution n'était pas douteuse; mais il y avait en jeu de puissants intérêts auprès desquels la question de droit parut secondaire à beaucoup de députés; et les planteurs, les propriétaires d'esclaves trouvèrent au sein même de

---

(1) Voyez la lettre de Le Blond et de Mathelin à Robespierre, dans le t. III des *Papiers inédits trouvés chez Robespierre, Saint-Just, etc...*, p. 55. Beaudoin frères, Paris, 1828.

l'Assemblée des avocats dont le moins passionné ne fut pas Barnave. Des écrivains à leurs gages entreprirent contre les *amis des noirs*, contre Grégoire, contre Brissot, qui dans son journal malmenait rudement les propriétaires d'esclaves, Charles Lameth tout le premier, une guerre acharnée. Déjà portée à l'Assemblée constituante, la question y avait été pour ainsi dire éludée. Cependant il avait été décrété, au mois de mars de l'année précédente, qu'il serait créé, dans toutes les colonies où il n'en existait pas déjà, des assemblées coloniales composées de toutes personnes âgées de vingt-cinq ans, propriétaires d'immeubles ou domiciliées depuis deux ans au moins dans la colonie et payant une contribution, et que, au moyen de ces assemblées, les colonies émettraient leurs vœux sur la législation coloniale et sur l'état des personnes. On devait bien s'attendre à ce que ces vœux n'iraient pas jusqu'à réclamer l'abolition de l'esclavage; mais au moins le décret de l'Assemblée constituante consacrait-il, par son silence même, l'égalité des droits politiques entre les hommes de couleur libres et les blancs. Néanmoins de ce silence les colons arguèrent le contraire, et à Saint-Domingue, par exemple, l'assemblée de Saint-Marc se mit en véritable état de rébellion. De là d'irréparables malheurs, d'affreuses vengeances, des scènes d'horreur sans nom. On sait les soulèvements des mulâtres et des nègres, les massacres à la lueur des incendies, les terribles représailles des colons, le barbare supplice d'Ogé et de ses compagnons.

Les choses étaient dans cet état lorsque, dans la séance du 7 mai, le député Delâtre, à la suite d'un long rapport, proposa à l'Assemblée nationale un projet de décret en vertu duquel aucune loi sur l'état des personnes et le régime intérieur des colonies ne pourrait être faite que sur la demande formelle des assemblées coloniales, et qui remettait à une assemblée générale de toutes les colonies le soin de rédiger des lois pour l'amélioration du sort des hommes de couleur et des nègres libres. Des esclaves, pas un mot. Singulier remède apporté aux maux dont souffraient nos colonies, que de charger de la guérison les principaux auteurs de ces maux! Les débats, commencés le jour même, puis remis au 11, s'ouvrirent par une éloquente protestation de Grégoire, à laquelle le créole Moreau de Saint-Méri osa répondre par ces mots : « Si vous voulez de la déclaration des droits quant à nous, il n'y a plus de colonies (1). » Comme lui, Malouet et Barnave appuyèrent de toutes leurs forces le projet du comité. De la part du premier il n'y avait rien d'étonnant; on était trop habitué à l'entendre soutenir les plus criants abus, les plus odieux et les plus injustes préjugés; mais

(1) Voyez le *Moniteur* du 9 mai 1791.

de la part du second cela parut une défection ; sa popularité en reçut
une atteinte mortelle. Lanjuinais combattit Barnave avec une grande
énergie ; il conclut, comme Grégoire, à ce que les hommes de couleur
fussent admis comme les autres Français à l'exercice du droit de citoyens actifs.

La discussion durait depuis trois jours quand Robespierre parut à la
tribune, succédant au vieux Goupil de Préfeln qui avait défendu le
projet du comité. « Il étoit impatient de parler, » dit une feuille du
temps, « et l'on étoit impatient de l'entendre (1). » Il ne s'agissait pas
de savoir, commença-t-il par dire, si l'on accorderait les droits politiques aux gens de couleur, mais bien si on les leur conserverait, puisqu'ils en jouissaient autrefois en vertu des décrets de l'Assemblée,
lesquels attribuaient la qualité de citoyen actif à tout homme payant
une contribution de trois journées de travail sans aucune distinction
de couleur. Accueillies par de chaleureux applaudissements, les premières paroles de l'orateur excitèrent les murmures de l'abbé Maury,
qui se fit rappeler à l'ordre.

« Immobile dans les principes éternels, » écrivit Brissot, Robespierre
somma fièrement ses collègues de ne pas se rendre à des injonctions
menaçantes (2). Comment ! pour engager l'Assemblée à céder aux iniques
prétentions des colons qui voulaient exclusivement jouir des droits de
cité, on osait la menacer des suites de leur mécontentement ! « Je demande s'il est bien de la dignité des législateurs de faire des transactions de cette espèce avec l'intérêt, l'avarice, l'orgueil d'une classe de
citoyens ? (On applaudit.) Je demande s'il est politique de se déterminer
par les menaces d'un parti pour trafiquer des droits des hommes, de
la justice et de l'humanité ? » D'ailleurs, poursuivait-il, n'était-il pas
facile de retourner l'argument, et ne pouvait-on prévoir à quels périls
seraient exposées nos colonies par le ressentiment de citoyens injustement privés de leurs droits et disposés sans doute à mettre autant de
courage à les défendre que leurs adversaires opposaient d'obstination
à vouloir les en dépouiller ? Mais, objectait le parti des blancs, accorder aux hommes de couleur l'exercice des droits politiques, c'était diminuer le respect des esclaves pour leurs maîtres. Objection absurde !
Car les mulâtres aussi étaient propriétaires d'esclaves, et les traiter en
quelque sorte de la même manière, c'était rendre leur cause presque
commune. Et comment le comité éludait-il la question, n'osant la trancher en principe ? Il proposait une sorte de congrès colonial appelé à

---

(1) *Journal de Paris*, numéro du 13 mai 1791.
(2) *Le Patriote françois*, numéro 643.

prononcer sur le sort des hommes de couleur, et composé... de colons blancs! Quelle dérision ! « C'est, » dit-il, « comme si, lorsqu'il s'est agi en France de savoir si le tiers état aurait une représentation égale en nombre à celle de la noblesse et du clergé, on eût établi un congrès composé de ces deux ordres seulement pour donner au gouvernement son avis sur les droits des communes. » Une partie des tribunes et de l'Assemblée couvrirent d'applaudissements cette comparaison si juste.

Barnave, avec une bonne foi douteuse ou une naïveté bien grande, avait prétendu que la décision du congrès colonial serait favorable aux mulâtres ; et pourtant, en terminant son discours, il avait cru devoir avertir l'Assemblée qu'elle courait le risque de perdre les colonies si elle statuait sur l'état politique des hommes de couleur. Robespierre, le prenant à partie, avait beau jeu contre lui. Il le poussa vivement, le mit en opposition avec lui-même, l'enserra dans ses contradictions, tout cela aux applaudissements de l'Assemblée. « Non, lorsqu'on a la justice de son côté, on ne déraisonne pas d'une manière aussi contradictoire ; lorsqu'on a quelque respect pour le Corps législatif, on ne croit pas le séduire par des menaces ou des raisons aussi ridicules. » De nouvelles acclamations retentirent à ces mots. Espérant influencer l'Assemblée, Barnave avait présenté l'Angleterre comme prête à fondre sur nos colonies, dans le cas où l'on ne donnerait pas gain de cause aux blancs. Mais Robespierre prouva sans peine que les Anglais pouvaient tout aussi bien profiter du mécontentement des mulâtres. Si dans l'un et l'autre parti à prendre il y avait des inconvénients, il fallait au moins préférer le parti de la justice et de l'humanité ; c'était encore le plus sûr, le plus utile ; et ce n'était pas aux Français à donner l'exemple scandaleux d'une politique à la fois contraire à la morale et à la sagesse. Il conjurait donc l'Assemblée de repousser par la question préalable le projet du comité, sous peine de perdre le beau caractère de protectrice des droits de l'humanité (1).

Ce discours eut un succès prodigieux ; et cependant l'Assemblée constituante, après une première épreuve douteuse, n'en décida pas moins qu'il y avait lieu de délibérer sur le projet du comité. Cette décision irrita profondément le journaliste Brissot, défenseur énergique des hommes de couleur et des noirs (2). Toutefois la partie n'était pas perdue encore.

Le lendemain, la discussion reprit plus vive, plus ardente. L'abbé Maury parla longuement ; il est superflu d'indiquer dans quel sens : il

(1) Voyez le *Moniteur* du 14 mai, et le *Point du jour*, numéro 670, combinés.
(2) Voyez le *Patriote françois*, numéro 643.

suffit de dire que lorsqu'il descendit de la tribune plusieurs membres de la droite coururent l'embrasser. Robespierre, la veille, avait laissé tout à fait de côté la question de l'esclavage. Elle n'était d'ailleurs pas en jeu, quand un amendement de Moreau de Saint-Méri vint lui fournir l'occasion d'en parler indirectement. Le projet du comité portait que toute loi sur les personnes ne pourrait être faite que sur la demande expresse des assemblées coloniales. Un membre, nommé Lucas, ayant proposé qu'à ces mots *sur l'état des personnes* on ajoutât *non libres*, Moreau de Saint-Méri se récria ; il ne fallait pas dire, selon lui, des personnes *non libres*, mais *des esclaves*. Au reste, mulâtres et esclaves étaient enveloppés par lui dans le même anathème. Robespierre demanda aussitôt la parole. Que votre décret, dit-il vivement d'une voix indignée, n'attaque pas au moins d'une manière trop révoltante les principes et l'honneur de l'Assemblée. Des explosions de murmures mêlés d'applaudissements l'interrompirent ; quand le calme se fut rétabli : « Oui, dès le moment où dans un de vos décrets vous aurez prononcé le mot *esclave*, vous aurez prononcé votre propre déshonneur. » Arrêté presque à chaque phrase par les mêmes murmures et les mêmes applaudissements, il n'en continua pas moins à protester avec une suprême énergie contre ces ennemis de la liberté et de la constitution qui demandaient à l'Assemblée de démentir tous ses principes. N'y avait-il pas un piège sous cette proposition insidieuse, et ne voulait-on pas se réserver le moyen d'attaquer tous les décrets libérateurs ? Car, disait-il à ses collègues, que répondrez-vous lorsqu'on vous dira : « Vous nous alléguez sans cesse les droits de l'homme, et vous y avez si peu cru vous-même que vous avez décrété constitutionnellement l'esclavage ? » A cette vigoureuse apostrophe, les murmures redoublèrent.

Impatienté, l'auteur de l'amendement, Lucas, demanda si les colons prenaient part à la délibération, s'étonnant qu'on se permît d'interrompre ainsi un orateur dont les sentiments devaient être dans le cœur de tous les citoyens. Mais Robespierre n'était pas homme à se laisser intimider. Ce n'était pas à l'Assemblée, suivant lui, à renverser de ses propres mains les bases de la liberté. « Périssent les colonies !... » s'écriat-il. Ici une nouvelle explosion de murmures. Reprenant d'une voix plus forte : « Oui, périssent les colonies, s'il doit vous en coûter votre honneur, votre gloire, votre liberté ! Je le répète : Périssent les colonies, si les colons veulent par les menaces nous forcer à décréter ce qui convient le plus à leurs intérêts. Je déclare au nom de l'Assemblée » (se reprenant) « au nom de ceux des membres de cette Assemblée qui ne veulent pas renverser la constitution, je déclare, au nom de la nation qui veut être libre, que nous ne sacrifierons pas aux députés des

· colonies, qui n'ont pas défendu leurs commettants comme M. Monneron ; je déclare, dis-je, que nous ne leur sacrifierons ni la nation, ni les colonies, ni l'humanité tout entière (1). » Puis, après avoir de nouveau soutenu avec une égale énergie les droits des hommes de couleur, il demanda, comme la veille, la question préalable sur le projet du comité.

Cette chaleureuse improvisation produisit au dehors un immense effet. Parmi les feuilles qui louèrent à l'envi l'orateur dont la bouche avait si éloquemment flétri l'esclavage, citons celle de l'abbé Fauchet : « Quelle liberté, lorsque quelques-uns peuvent dire à plusieurs : Nous ne voulons pas que vous soyez membres actifs dans le corps social, soyez passifs! C'est une liberté à la J.-P. Maury. Robespierre, dans cette séance, a développé l'âme des Français. Combien il étoit grand au milieu de ces préjugistes et de ces vendeurs d'hommes qui ont parlé avant et après lui (2) ! » Ces lignes de la *Bouche de fer* résument bien l'impression que laissèrent dans le public les deux discours de Robespierre.

Ce jour-là, l'Assemblée adopta le premier article du projet du comité en y ajoutant les mots *non libres*, proposés par Lucas, ce qui détruisait en définitive toute l'économie du projet de loi du comité, puisque ainsi les esclaves seulement se trouvaient à la merci du congrès colonial. Barnave se sentit vaincu ; mais, loin d'abandonner la partie, il proposa à l'Assemblée de substituer à l'article deuxième du comité un article décidant, comme l'ancien article premier, qu'il ne serait statué sur l'état politique des hommes de couleur et nègres libres que sur la demande formelle des assemblées coloniales. C'était remettre en question un procès déjà jugé. L'Assemblée consentit à rouvrir le débat. Le 15, Barnave reprit la parole pour soutenir son déplorable système. Robespierre lui répondit avec une vivacité extrême. On avait sacrifié les esclaves, du moins devait-on consacrer solennellement les droits de toutes les personnes libres, de quelque couleur qu'elles fussent. « Quant à moi, » dit-il en terminant, « je sens que je suis ici pour défendre les droits des hommes, je ne puis consentir à aucun amende-

---

(1) Nous citons les paroles mêmes du *Moniteur*, qui de tous les journaux du temps est celui qui a rendu le plus complétement cette intéressante discussion. (Numéro du 15 mai 1790.) La fameuse phrase « Périssent les colonies plutôt qu'un principe ! » n'est donc pas de Robespierre, comme on l'a quelquefois avancé par erreur. C'est à tort également qu'on l'a attribuée à Barère ; elle est de Duport, qui dit en propres termes : « Il vaudrait mieux sacrifier les colonies qu'un principe. » (*Moniteur* du 15 mai.) C'était chose rare, du reste, que de voir le royaliste Duport soutenir la même opinion que Robespierre.

(2) *La Bouche de fer*, numéro 56, p. 293.

ment, et je demande que le principe soit adopté dans son entier. ».
Il descendit de la tribune au milieu des applaudissements réitérés de la'
gauche et des tribunes. Cette longue discussion se termina par
l'adoption d'un article proposé par Reubell, et portant que l'Assemblée ne délibérerait jamais, sans le vœu préalable et spontané des colonies, sur l'état des gens de couleur nés de pères et mères non libres ;
mais que ceux nés de pères et mères libres seraient admis dans toutes
les assemblées provinciales et coloniales, s'ils avaient d'ailleurs les
qualités requises pour l'exercice des droits de citoyen (1). Quant à
l'esclavage, pas un mot. Pour extirper cette institution honteuse, si
justement flétrie par Robespierre, et que ne sauraient justifier tous les
sophismes du monde, il faudra arriver jusqu'à nous. A la Révolution de
1848 sera réservée la gloire d'en prononcer l'abolition définitive.

La victoire remportée par Robespierre sur Barnave n'en fut pas
moins très-réelle, décisive ; c'était le triomphe du droit, de la justice
et de l'humanité sur les préjugés et l'arbitraire. Il y eut dans cette discussion quelque chose de singulier : tandis que, déserteur de la cause
de la liberté, Barnave s'unissait aux Malouet et aux d'Eprémesnil, on
voyait se ranger du côté de Robespierre des hommes qui d'ordinaire ne
soutenaient guère ses opinions, les Duport, les Regnault, les La Fayette
et autres membres du club de 89 ; mais alors qu'il luttait, lui, au nom
des principes éternels, et sans se préoccuper de l'opinion, ils combattaient, eux, s'il faut s'en rapporter à Camille Desmoulins, par esprit
de parti et pour dépopulariser Lameth et Barnave (2).

IX

Nous cheminons lentement, pour plus de sûreté, explorant en détail
ce vaste champ de la Révolution, ne voulant rien laisser dans l'ombre,
rien abandonner au hasard de ce qui concerne l'homme extraordinaire
dont nous écrivons l'histoire. Plus nous avançons, plus nous le voyons
se multiplier ; à l'Assemblée nationale, comme aux Jacobins, il est toujours sur la brèche, prêt à traiter toutes les questions, si diverses de
sujets qu'elles soient. On a peine à comprendre qu'un seul homme ait
pu suffire à un tel labeur. Peu sympathique à cette partie bourgeoise

(1) *Moniteur* du 16 mai 1791.
(2) *Révolutions de France et aes Royaumes...* numéro 77, p. 569.

de l'Assemblée qui, le mot d'égalité sur les lèvres, refusait au peuple l'exercice des droits politiques, il parvient cependant à s'imposer à elle, surtout dans ces grandes discussions du mois de mai, tant l'honnêteté, une conscience droite, d'inébranlables convictions et la vérité enfin ont, à certaines heures, d'irrésistibles puissances. Chez lui, pas de ces grandes phrases pompeuses et redondantes, pas de cette éloquence théâtrale un peu superficielle que nous aurons bientôt l'occasion d'admirer chez les orateurs de la Gironde; tout est sobre, serré, pressant; il va droit au but, ce qui du reste n'exclut ni l'ampleur des idées, larges chez lui comme cette humanité qu'il défend, ni la magnificence du langage. Il n'était pas jusqu'à l'austère simplicité de Robespierre, venant à pied de sa rue de Saintonge et dînant à trente sous, qui ne contribuât à augmenter son crédit auprès de ses collègues. Et Camille écrivait : « Au milieu des dangers qui nous environnent, à quel gouvernail s'attacher plutôt qu'à celui de la vertu, qui seule relève les empires sur le penchant de leur ruine (1)? » A tort ou à raison, supposant des vues intéressées aux Constitutionnels, aux Duport, aux Lameth, aux Barnave, aux Thouret, à tous les meneurs de la haute bourgeoisie; les soupçonnant de considérer la Révolution comme leur propre chose et de vouloir en conserver éternellement la direction, Robespierre résolut d'apporter d'insurmontables entraves à leurs projets ambitieux; luttant hier contre Barnave, aujourd'hui contre Thouret et Duport.

Le lendemain du jour où fut rendu le décret sur les colonies, se discuta une question autour de laquelle s'agitèrent bien des amours-propres, bien des convoitises, bien des espérances, celle de la rééligibilité des membres de l'Assemblée actuelle au prochain Corps législatif, sur l'organisation duquel l'ordre du jour appelait précisément le débat. Thouret, au nom du comité de constitution, venait de présenter son rapport sur cette matière, et après avoir proposé à l'Assemblée de discuter d'abord les articles 6 et 7 du projet de décret, lesquels portaient que les représentants du peuple pourraient être réélus d'une législature à l'autre, il se disposait à développer les motifs qui avaient décidé le comité à admettre le principe de la rééligibilité, quand Robespierre demanda la parole pour une motion d'ordre. « Cette question est délicate, » dit-il au milieu d'un silence solennel; « nous ne pouvons la discuter avec dignité, et surtout avec impartialité, qu'autant que nous serons dépouillés de tout intérêt personnel. Il faut que, pour l'examiner de sang-froid, nous nous placions dans la classe des citoyens

(1) *Révolutions de France et des Royaumes...* numéro 77, p. 569.

privés. Je demande donc qu'à l'instant il soit décrèté, sans rien préjuger pour les autres législatures, que les membres de celle-ci ne pourront être réélus (1). » Diverses furent les impressions à cette motion inattendue, mais l'enthousiasme avec lequel elle fut généralement reçue indiqua clairement l'opinion de la majorité ; tout le côté gauche et une partie de la droite se levèrent comme d'un commun accord et demandèrent à grands cris à aller immédiatement aux voix (2).

Qu'en s'associant à une mesure proposée par un membre de l'extrème gauche les députés de la droite aient cédé à des préoccupations personnelles ; que, certains de n'être pas réélus, ils aient tenu à partager avec tous leurs anciens collègues l'ennui de rentrer dans la vie privée, après deux ans d'une existence agitée, mais glorieuse ; qu'enfin ils aient agi ainsi dans l'espérance de pousser la Révolution dans un gouffre et de la voir s'y abîmer, comme les en accuse un des leurs (3), tout cela est possible ; mais l'accusation dirigée contre Robespierre, par quelques personnes, d'avoir en cette circonstance cédé à des vues intéressées, ne nous semble même pas valoir la peine d'être réfutée. En effet, n'avait-il pas la certitude d'être réélu un des premiers ? Il lui restait la tribune des Jacobins, dit-on. Sans doute il était sûr de conserver une grande autorité morale ; mais, en sacrifiant son titre de législateur, il perdait toute influence sur la marche du gouvernement ; et ne sent-on pas combien sa position diminuait d'importance à ne pas être relevée par une consécration populaire ? Mais si rares sont les inspirations dégagées de tout intérêt personnel qu'on répugne même à les admettre chez l'homme qui a donné le plus de preuves du désintéressement et de la probité politiques. On verra par quelles considérations pleines de grandeur et de noblesse il répondit aux arguments étroits et mesquins des interprètes du comité de constitution. « Il a plus craint, » dit Camille, « pour la chose publique, de la réélection des Chapelier, des Desmeuniers, des d'André, des Beaumetz, etc., qu'il n'a espéré de la sienne. Voilà le vrai patriote (4) ! »

Thouret parvint à se faire entendre et combattit longuement la motion proposée. Elle était, selon lui, attentatoire aux droits du peuple, déjà limités par l'obligation où il était de choisir ses députés dans le

---

(1) *Point du jour*, numéro 674, p. 212.

(2) Voy. *Le Patriote françois*, numéro 647. D'après le *Point du jour*, tout le côté droit serait resté immobile ; mais nous avons dû préférer la version du journal de Brissot, laquelle concorde avec celle du *Moniteur*, les diverses appréciations des écrivains populaires sur cette séance, et celles du député royaliste Ferrières. Voyez les *Mémoires* de ce dernier, t. II, p. 286.

(3) *Mémoires de Ferrières*, t. II, p. 289.

(4) *Révolutions de France et des Royaumes...* numéro 78, p. 601.

ressort de chaque département. Singulière et tardive préoccupation de la part d'un comité qui avait provoqué la division des citoyens en actifs et non actifs. Il fallait ensuite prendre garde, disait-il, de laisser altérer la constitution ; enfin, la réélection était en quelque sorte le prix d'honneur d'un bon député, sa véritable noblesse. Combattue par Prugnon, l'opinion du comité fut fortement appuyée par Merlin (de Douai), un des futurs auteurs de la loi des suspects. Quant à ce dernier, il est vrai, il craignait surtout que la cour ne profitât de la marche faible et incertaine d'une législature composée d'hommes noūveaux, inexpérimentés, pour essayer quelque bouleversement. Après un incident soulevé par la lecture d'une lettre des députés de Saint-Domingue, de la Martinique et de la Guadeloupe, lettre par laquelle ils annonçaient leur dessein de renoncer à suivre les séances de l'Assemblée nationale, afin de n'avoir pas l'air de souscrire au décret rendu la veille sur les colonies, Robespierre, ayant reproduit sa motion, monta à la tribune pour la soutenir.

« Les plus grands législateurs de l'antiquité, » dit-il en débutant, « après avoir donné une constitution à leur pays, se firent une loi de rentrer dans la foule des simples citoyens et de se dérober même quelquefois à l'empressement de la reconnaissance publique ; ils pensaient que le respect des lois nouvelles dépendait beaucoup de celui qu'inspirait la personne des législateurs, et que le respect qu'imprime le législateur est attaché en grande partie à l'idée de son caractère et de son désintéressement. Du moins faut-il convenir que ceux qui fixent les destinées des nations et des races futures doivent être absolument isolés de leur propre ouvrage ; qu'ils doivent être comme la nation entière et comme la postérité. Il ne suffit pas même qu'ils soient exempts de toute vue personnelle et de toute ambition, il faut encore qu'ils ne puissent pas même en être soupçonnés. Pour moi, je l'avoue, je n'ai pas besoin de chercher dans des raisonnements bien subtils la solution de la question qui vous occupe ; je la trouve dans les premiers principes de la droiture et dans ma conscience. » Sans doute, poursuivait-il, c'est une louable ambition que celle d'aspirer à l'honneur d'être membre du Corps législatif, et pour sa part, il déclarait franchement n'y être pas insensible ; mais, dans les circonstances actuelles, les membres de l'Assemblée n'étaient-ils pas obligés en quelque sorte d'agir comme ces juges dont le devoir est de se récuser dans une cause à laquelle ils tiennent par quelque affection ou quelque intérêt ? Puis quelle autorité imposante ne gagnerait pas la constitution à ce sacrifice volontaire des plus grands honneurs auxquels un citoyen pût prétendre ! Il rappela aussi cette maxime d'un ancien, digne d'être éternellement méditée : « En fait de politique, rien n'est juste que ce qui est

honnête, rien n'est utile que ce qui est juste. » Maxime dont rien ne
pouvait mieux, suivant lui, prouver les avantages que sa proposition.
On avait paru redouter, dans une législature d'où seraient exclus les
membres de l'Assemblée constituante, l'absence de législateurs expéri-
mentés; on appréhendait de voir la constitution péricliter dans des mains
inhabiles à la diriger : ces craintes lui paraissaient tout à fait chimériques. Comment! une nation de vingt-cinq millions d'hommes ne trouverait pas dans son sein sept cent cinquante citoyens capables de recevoir et de conserver le dépôt sacré de ses droits quand, à une époque où elle ignorait ses droits mêmes, où l'esprit public n'était pas
éveillé, elle avait envoyé aux états généraux les hommes à qui
elle devait sa régénération! A plus forte raison était-elle à même de
choisir, aujourd'hui qu'elle avait les leçons de l'expérience et qu'une
foule de citoyens s'étaient livrés depuis deux ans à l'étude de nos lois
et de la constitution nouvelle. Peut-être même, en dehors du milieu
où ils vivaient, eux législateurs, était-on mieux placé pour apprécier
l'œuvre faite, juger ses résultats; et s'élevant à des considérations de
l'ordre le plus élevé, il ajoutait : « Je pense d'ailleurs que les principes
de cette constitution sont gravés dans le cœur de tous les hommes et
dans l'esprit de la majorité des Français ; que ce n'est point de la tête
de tels ou tels orateurs qu'elle est sortie, mais du sein même de l'opinion publique, qui nous avait précédés et qui nous a soutenus. C'est à
elle, c'est à la volonté de la nation qu'il faut confier sa durée et sa perfection, et non à l'influence de quelques-uns de ceux qui la représentent en ce moment. »

Si donc la constitution était en partie l'ouvrage de la nation, il ne
fallait pas se méfier d'avance des représentants qu'elle élirait pour la
sauvegarder et la compléter. Mais, disaient encore les partisans de la
réélection, n'était-il pas nécessaire de laisser à un certain nombre de
membres de l'Assemblée actuelle le soin de diriger la législature suivante, de l'éclairer de leurs lumières, de leur expérience? Voyons comment répondit à un pareil argument cet homme sur qui pèse depuis si
longtemps l'accusation de dictature, accusation, du reste, dont nous
promettons de faire bonne justice : « Quant aux prétendus guides
qu'une assemblée pourrait transmettre à celles qui la suivent, je ne
crois pas du tout à leur utilité. Ce n'est point dans l'ascendant des orateurs qu'il faut placer l'espoir du bien public, mais dans les lumières et
dans le civisme de la masse des assemblées représentatives; l'influence
de l'opinion publique et de l'intérêt général diminue en proportion de
celle que prennent les orateurs; et quand ceux-ci parviennent à maîtriser les délibérations, il n'y a plus d'assemblée, il n'y a plus qu'un fan-

tôme de représentation. Alors se réalise le mot de Thémistocle, lorsque, montrant son fils enfant, il disait : « Voilà celui qui gouverne la Grèce; ce marmot gouverne sa mère, sa mère me gouverne ; je gouverne les Athéniens, et les Athéniens gouvernent la Grèce. » Ainsi une nation de vingt-cinq millions d'hommes serait gouvernée par l'assemblée représentative et par un petit nombre d'orateurs adroits : et par qui ces orateurs seraient-ils gouvernés quelquefois?... Je n'ose le dire ; mais vous pourrez facilement le deviner. Je n'aime point cette science nouvelle qu'on appelle la tactique des grandes assemblées, elle ressemble trop à l'intrigue; et la vérité, la raison doivent seules régner dans les assemblées législatives. Je n'aime pas que des hommes habiles puissent, en dominant une assemblée par ces moyens, préparer, assurer leur empire sur une autre et perpétuer ainsi un système de coalition qui est le fléau de la liberté. »

Quant à ces restrictions des droits du peuple dont on avait parlé, on était mal venu à s'en plaindre, alors qu'on en avait introduit dans la constitution de si contraires à l'égalité. Et pouvait-on présenter comme une atteinte à la liberté des précautions destinées à sauvegarder la liberté même? Tous les peuples n'avaient-ils pas adopté cet usage de proscrire la réélection dans certaines magistratures pour écarter les ambitieux et les intrigants? Il ne s'agissait pas ici d'une loi dictée par un souverain à ses sujets : c'était la nation elle-même s'imposant des décrets par l'organe de ses représentants, et l'on ne pouvait les considérer comme illégitimes du moment où ils étaient justes et conformes aux droits de tous. Après s'être attaché à prouver combien il était utile de prévenir toute erreur, toute surprise dans les élections; après avoir montré quel grand exemple de désintéressement donnerait au monde une assemblée qui depuis deux ans supportait des travaux dont l'immensité semblait être au-dessus des forces humaines, il terminait en disant : « Quand la nature et la raison nous commandent à tous le repos, bien plus encore pour l'intérêt public que pour le nôtre, l'ambition, ni même le zèle n'ont pas le droit de les démentir. Athlètes victorieux, mais fatigués, laissons la carrière à des successeurs frais et vigoureux qui s'empresseront de marcher sur nos traces, sous les yeux de la nation attentive, et que nos regards seuls empêcheraient de trahir leur gloire et la patrie. Pour nous, hors de l'Assemblée législative, nous servirons mieux notre pays qu'en restant dans son sein ; répandus dans toutes les parties de cet empire, nous éclairerons ceux de nos concitoyens qui ont besoin de lumières; nous propagerons partout l'esprit public, l'amour de la paix, des lois et de la liberté!... Rien n'élève l'âme des peuples, rien ne forme les mœurs publiques comme les vertus des législateurs ; donnez à vos concitoyens ce grand exemple d'amour pour l'égalité, d'attachement exclusif au bonheur de la patrie ; donnez-le à vos successeurs, à tous ceux qui sont destinés à influer sur le sort des nations. Que les Français comparent le commencement de votre mission avec la manière dont vous l'aurez terminée, et qu'ils doutent quelle est celle de ces deux époques où vous vous serez montrés plus dignes de leur confiance. Je ne connais point de meilleur moyen d'imprimer à votre ouvrage le sceau de la stabilité, qu'en l'environnant du respect et de la confiance publique. » Et comme, pour l'honneur de l'assemblée même, il lui semblait que sa motion ne devait pas être décrétée avec trop de lenteur, il engagea ses collègues à se prononcer immédiatement sur cette importante question.

L'effet de ce discours fut prodigieux, irrésistible. Fréquemment interrompu par des applaudissements réitérés pendant qu'il le prononçait, Robespierre, en descendant de la tribune, fut l'objet d'une véritable ovation. Les acclamations redoublèrent plus bruyantes, plus enthousiastes. « Je demande l'impression de ce discours sublime, » s'écria le député royaliste Tuault. Depuis les grands triomphes de Mirabeau, on n'avait pas eu l'idée d'un pareil succès. « J'ai vu, » écrivit Camille Desmoulins, « ceux qui avoient affecté jusqu'ici de ne reconnoître à Robespierre que des vertus convenir, ce jour-là, de son éloquence (1). » Et Barère de son côté : « Il n'appartenoit qu'à un patriote pur, ferme et désintéressé comme M. Robespierre, de défendre et de faire adopter une pareille motion (2). » Elle fut en effet décrétée à la presque unanimité (3). En vain Le Chapelier s'était élancé à la tribune, en vain Beaumetz, avec une sorte de rage, avait demandé à présenter des observations contradictoires, s'était écrié qu'un pareil décret serait le tombeau de la constitution ; l'Assemblée ne voulut rien entendre, devinant bien à quel mobile obéissaient les opposants. Une partie d'ailleurs, la droite principalement, cédait elle-même, comme on l'a vu, à des inspirations qui n'étaient pas dépouillées de tout intérêt personnel, et Maximilien, pour la réussite de ce que Camille appelle « un coup de maître de son cher Robespierre (4), » pour vaincre l'amour-propre des membres du comité de constitution, comme le dit encore fort bien Camille, compta sans doute sur l'amour-propre des membres dont la non-réélection eût été certaine. Toutefois, il y eut dans l'Assemblée un tel enthousiasme, une telle unanimité, qu'il est impossible

---

(1) *Révolutions de France et des Royaumes...* n° 78.
(2) *Point du jour*, numéro 674, p. 223.
(3) Voyez le *Moniteur* du 18 mai 1791, et le *Point du jour*, numéros 674 et 675.
(4) *Révolutions de France et des Royaumes...* numéro 78, p. 600.

de croire qu'elle ait cédé tout entière à des vues intéressées. Non, elle se laissa entraîner à un grand acte de renoncement, de magnanimité, de grandeur d'âme, auquel la convia Robespierre, et elle s'honora en s'y associant.

Tandis que, presque à l'unanimité encore, elle décrétait l'impression de ce discours(1), les Constitutionnels vaincus rongeaient leur frein en silence, méditant une revanche ; et dans l'âme rancunière de Duport s'envenimaient contre Robespierre des sentiments de haine dont nous ne tarderons pas à voir se produire les effets.

X

Le lendemain même se présenta une occasion. On discutait la question de savoir si les membres d'une législature pourraient être réélus, sans interruption, à la législature suivante. Duport, qui la veille était resté muet, s'élança à la tribune, disant qu'il venait défendre son pays menacé d'anarchie. Certains hommes s'arrogent ainsi, dans leur immense orgueil, le monopole de la défense du pays, s'imaginant plus ou moins sérieusement que tout est perdu s'ils ne sont plus là pour diriger les affaires, et traitant volontiers de factieux et d'anarchistes tous ceux qui ne pensent pas comme eux. Ridicule prétention d'ambitieux, contre laquelle protestent toutes les leçons de l'histoire.

Duport occupa longtemps la tribune, et dans son discours, presque entièrement à l'adresse de Robespierre, il laissa trop visiblement percer l'amer ressentiment de son amour-propre froissé, comme si le décret rendu la veille lui eût été personnel et l'eût atteint en pleine poitrine. Suivant lui, il fallait se garder de l'exagération des principes ; établir un gouvernement ferme et stable ; la Révolution était faite. Parole d'égoïste. Sans doute, pour cet ancien parlementaire, satisfait d'avoir abattu la noblesse par laquelle cependant il avait été envoyé aux états généraux, amoindri la royauté, et sur leur puissance détruite élevé la prépondérance de la haute bourgeoisie, à laquelle il appartenait plutôt qu'à la noblesse, la Révolution était faite. Mais l'était-elle en réalité, quand tous les vaincus de l'ancien régime se coalisaient,

(1) *Discours de Maximilien Robespierre à l'Assemblée nationale, sur la réélection des membres de l'Assemblée nationale,* imprimé par ordre de l'Assemblée nationale. (In-8° de 11 pages, de l'Imprimerie nationale.)

prêts à pactiser avec l'étranger, pour monter à l'assaut des nouveaux principes? L'était-elle, quand aux privilégiés de la naissance on avait substitué ceux de la fortune, lorsque tant de milliers de citoyens français, réduits à l'état de parias, se trouvaient frappés d'exhérédation politique? Et y avait-il lieu de s'étonner si toutes ces victimes de l'aristocratie bourgeoise tournaient avec reconnaissance leurs regards vers Robespierre, vers l'homme qui ne cessait de plaider si chaleureusement leur cause, c'est-à-dire celle de la justice ?

Buzot et Laréveillière-Lepaux avaient soutenu contre Duport l'opinion de Robespierre; mais, pris en quelque sorte à partie, celui-ci rentra dans la lice, et le mercredi 18 il. reparut à la tribune. Il suivit Duport pas à pas et ne laissa sans réponse aucun de ses arguments, aucune de ses attaques. « Dans cette affaire, comme dans toutes les autres questions de principe et de grand intérêt national, » dit le *Courrier de Provence*, « M. Robespierre s'est exprimé avec autant d'énergie que de patriotisme. Il a combattu, l'une après l'autre, toutes les raisons, toutes les objections de ses adversaires avec la supériorité que donnent toujours une âme droite et une conscience pure (1). »

Duport, en terminant son discours, avait essayé de mettre Robespierre en contradiction avec lui-même, en l'accusant de vouloir dépouiller le peuple d'une partie de cette souveraineté que Maximilien avait avec tant d'insistance et inutilement revendiquée pour lui lors de la discussion relative au marc d'argent. Mais pour détruire cette accusation ridicule, Robespierre n'eut qu'à rappeler que, en combattant le décret du marc d'argent qui enlevait au peuple un de ses droits les plus précieux, celui de choisir le candidat le plus vertueux et le plus distingué, en dehors de toute condition de fortune, il avait eu principalement pour but de favoriser le mérite et de paralyser l'intrigue. Puis il s'étonna à bon droit que, après avoir montré si peu d'empressement à défendre les principes de la liberté et de l'égalité alors qu'ils étaient attaqués, on montrât tout à coup pour eux tant de zèle au moment où il s'agissait d'assurer à des représentants une réélection éternelle. Signalant les tendances de la plupart des hommes investis d'une part d'autorité à augmenter leur pouvoir, et évoquant le souvenir de ces magistratures jadis électives, devenues perpétuelles par l'abus et ensuite héréditaires, il disait : « Il faut que les législateurs se trouvent dans la situation qui confond le plus leur intérêt et leur vœu personnel avec ceux du peuple; or pour cela il est nécessaire que souvent ils redeviennent peuple eux-mêmes. » En vain redoutait-on de voir s'affaiblir

---

(1) *Courrier de Provence*, numéro 291, p. 554.

l'autorité du Corps législatif; c'était une appréhension tout à fait illusoire, puisque sa permanence était assurée par la constitution, et qu'il
n'était pas permis au roi de le dissoudre. On semblait croire que des
députés rééligibles étaient à l'abri des séductions du gouvernement
depuis qu'il leur était interdit d'accepter aucuns dons, places ou faveurs; mais n'était-il pas possible d'exercer la séduction par des moyens
indirects? Ces députés n'avaient-ils pas des parents, des amis? Ne sentait-on pas ensuite combien les représentants du peuple seraient moins
détournés de leur mission, lorsqu'ils n'auraient pas à se préoccuper de
leur réélection; combien leur caractère gagnerait en dignité quand ils
se trouveraient préservés des intrigues, des jalousies qu'amènent toujours les compétitions et les rivalités? Des députés nommés pour deux
ans n'étaient bons qu'à médire des ministres et à s'occuper des affaires
de leurs départements, avait-on prétendu avec un certain air de dédain. Quant à médire des ministres, répondit Robespierre, cela prou-
verait déjà qu'ils ne leur seraient point asservis; mais, ajoutait-il, « je
suis persuadé que nous emploierons notre temps à quelque chose de
mieux qu'à médire des ministres sans nécessité, et à parler des affaires
de nos départements; et je suis convaincu, au surplus, que le décret de
lundi, quoi qu'on puisse dire, n'a pas affaibli l'estime de la nation pour
ses représentants actuels. »

Comme Thouret dans les précédents débats, Duport avait soulevé
une objection peu digne de lui, en paraissant douter qu'on trouvât aisément dans une nation comme la France assez d'hommes capables
pour composer une nouvelle législature. Robespierre avait déjà répondu
à cet argument; il avait montré combien il était injurieux pour ce pays
où vivaient tant d'hommes distingués dans tous les genres. Que si des
citoyens fuyaient la législature, parce qu'ils n'y seraient pas attirés
par l'appât d'une réélection, tant mieux, car le génie de l'intrigue seul
les eût poussés dans une carrière que le seul génie de l'humanité devrait ouvrir. D'ailleurs, ne pourrait-on, au bout de deux ans, se représenter aux suffrages des électeurs, après un repos indispensable
même à l'homme le plus éclairé? Et, s'adressant plus particulièrement
à Duport et aux membres du comité de constitution, il disait : « Les
partisans les plus zélés de la réélection peuvent se rassurer, s'ils se
croient absolument nécessaires au salut public; dans deux ans, ils
pourront être les ornements et les oracles de la magistrature... Pour
moi, un fait particulier me rassure, c'est que les mêmes personnes qui
nous ont dit : Tout est perdu si on ne réélit pas, disaient aussi, le jour
du décret qui nous interdit l'entrée du ministère : Tout est perdu, la
liberté du peuple est violée, la constitution est détruite; je me rassure,

dis-je, parce que je crois que la France peut subsister, quoique quelques-uns d'entre nous ne soient ni législateurs ni ministres. Je ne
crois pas que l'ordre social soit désorganisé, comme on l'a dit, précisément parce que l'incorruptibilité des représentants du peuple sera garantie par des lois sages. » Puis, après avoir fait allusion à une longue
mercuriale prononcée par Duport contre l'Assemblée nationale, à ces
anathèmes lancés du haut de la tribune contre toute doctrine « qui
n'était point celle du professeur; » après s'être efforcé de prouver combien étaient imaginaires ces dangers dont on avait paru si affecté afin
d'effrayer l'Assemblée elle-même, il terminait en ces termes : « Au
reste, le remède contre les dangers, de quelque part qu'ils viennent,
c'est votre prévoyance, c'est votre sagesse, votre fermeté. Dans tous
les cas, nous saurons consommer, s'il le faut, le sacrifice que nous
avons plus d'une fois offert à la patrie. Nous passerons ; les cabales des
ennemis passeront : les bonnes lois, le peuple, la liberté resteront. »
Prévoyant bien que quelque moyen terme serait proposé, il combattit
d'avance toute espèce de compromis et conclut à ce que l'Assemblée
se prononçât d'une façon absolue pour la non-réélection des membres
d'une législature à l'autre.

Ce discours, comme celui de l'avant-veille, avait été fréquemment
interrompu par les plus vifs applaudissements, mais il ne fut pas couronné d'un succès aussi complet (1). En effet la discussion finit, le
lendemain, par une sorte de *mezzo termine* imaginé par Barère. Il fut
décidé, sur sa proposition, que les membres d'une législature seraient
rééligibles à la suivante, mais qu'ils ne pourraient l'être de nouveau
qu'après un intervalle de deux années. Cette solution fut d'ailleurs loin
de satisfaire les membres du comité de constitution, qui avaient en
vain essayé de la faire repousser par la question préalable.

(1) Voyez le *Moniteur* des 19 et 20 mai 1791; le *Point du jour*, numéro 676, et le
Journal de Paris du 19 mai. Voyez aussi l'*Ami du Roi* du 21 mai; voici une curieuse
appréciation de Robespierre par son ancien professeur, l'abbé Royou, celui qu'on a si
justement surnommé le *Marat des royalistes* : « Il faut rendre cette justice à M. Robespierre, il semble avoir expié tous ses écarts démagogiques par la manière ferme
et noble dont il s'est montré dans cette discussion. Aucun intérêt secret, aucun esprit
de parti, aucune considération particulière n'a pu ébranler ni affaiblir son zèle pour
une cause qui lui paraissoit intimement liée au bien public. Jamais il n'a parlé avec
plus de force et d'éloquence, et ce que je regarde comme un véritable triomphe pour
lui, c'est que sa constance et son courage, dans une pareille occasion, donnent lieu de
croire qu'il est plus attaché à ses principes qu'à ses intérêts... » O misères de l'esprit
de parti ! Ainsi, pour qu'une fois par hasard un écrivain royaliste rende justice à
Robespierre, il faut que ce grand citoyen ait involontairement servi les rancunes et
les amours-propres des hommes du côté droit !
Ce nouveau discours de Robespierre parut à l'époque sous ce titre : *Second Discours
prononcé à l'Assemblée nationale, le 18 mai 1791, par Maximilien Robespierre, député*

XI

Les luttes étaient fréquentes entre Robespierre et le comité de constitution, et, comme on vient de le voir, la victoire ne restait pas toujours à ce dernier. Quelquefois le rapporteur de ce comité fuyait la discussion, comme il arriva à Desmeuniers à l'occasion du projet de loi sur la convocation de la première législature soumis à l'Assemblée dans la séance du 27 mai. D'après ce projet, les directoires de district étaient autorisés à déterminer eux-mêmes, suivant les circonstances, le lieu où se réuniraient les assemblées primaires. Robespierre combattit très-vivement cette disposition, contraire, selon lui, à la liberté électorale, à cette liberté indispensable à la bonne composition d'une assemblée de laquelle allait dépendre le sort de la constitution et de l'État. Ne sentait-on pas combien pourrait influer sur les élections cette latitude laissée à des directoires de district, peut-être ennemis de la Révolution, de transférer les assemblées primaires où bon leur semblerait? Il fallait donc de toute nécessité en fixer le lieu. La justesse de ces observations parut telle que Desmeuniers n'osa pas soutenir l'article du comité, et l'Assemblée décida que les assemblées primaires se tiendraient au chef-lieu de canton (1).

Robespierre ne pouvait laisser passer une question relative à l'exercice des droits politiques sans revenir sur le fatal décret qui avait divisé la nation en citoyens actifs et en citoyens inactifs. Dans la séance du lendemain, il s'écria que c'était le moment de réformer le décret du marc d'argent, et de déclarer tout Français citoyen actif et éligible. Mais l'Assemblée resta sourde à ce cri de justice, et la proposition de Robespierre, vainement appuyée par le député Lavigne, se trouva étouffée sous les murmures (2). Nous l'entendrons bientôt la reproduire sans plus de succès, lors des débats occasionnés par la révision de la constitution ; le souffle réactionnaire dont semblait animée l'Assemblée sera bien plus violent encore à cette époque.

Il ne put empêcher non plus, le 30, l'Assemblée Constituante d'adopter, sur la motion de Duport, l'établissement d'adjoints ou substituts

---

du Pas-de-Calais, sur la rééligibilité des membres du Corps législatif. (In-8° de 16 p., de l'Imprimerie nationale.)

(1) Point du jour, numéro 686, p. 500.

(2) Moniteur du 29 mai 1791. Patriote françois, numéro 659.

près les tribunaux criminels. En vain allégua-t-il que c'était contraire au décret déjà rendu, par lequel, afin d'éviter un double emploi, et aussi par raison d'économie, on avait décidé que les commissaires du roi près les tribunaux civils procéderaient également devant les tribunaux criminels; l'Assemblée, se déjugeant en quelque sorte, donna cette fois gain de cause à Duport (1).

XII

Un jour pourtant ces deux éternels adversaires, séparés désormais sur les grandes questions sociales et politiques, l'un se rattachant, de plus ou moins loin, à ce despotisme et à ces priviléges à la destruction desquels il avait pourtant contribué, l'autre allant logiquement vers la démocratie pure, et voulant la Révolution pour tous, se rencontrèrent dans une pensée commune, dans une sainte et noble pensée.

On se souvient sans doute que, au commencement de sa carrière, étant juge au tribunal de l'évêque d'Arras, — il y a déjà bien long-temps, tellement les idées ont marché depuis, — Robespierre, obligé de condamner à mort un accusé, avait immédiatement donné sa démission, tant la peine de mort lui inspirait d'horreur. Je sais bien, disait-il, que c'est un scélérat, mais faire mourir un homme (2)! Devenu législateur, il ne pouvait manquer de chercher à effacer de nos lois une peine inutile à ses yeux, et digne des temps barbares. Dans un mémoire resté célèbre, il avait victorieusement attaqué l'inique préjugé en vertu duquel la honte attachée aux peines infamantes rejaillissait sur toute la famille d'un criminel, et il avait eu la joie de voir l'Assemblée nationale sanctionner son œuvre en proscrivant ce détestable préjugé. La peine de mort, suivant lui, n'avait pas plus de raison d'être, et déjà, dans son mémoire, il avait tenté d'en démontrer l'inutilité.

Devait-on maintenir cette peine dans le nouveau Code pénal? Telle était la question soumise, le 30 mai 1791, aux délibérations de l'Assemblée. Non, s'écriait Robespierre. C'était la première fois qu'une voix s'élevait si hautement en France pour réclamer l'abolition de la peine de mort. « Effacez du code des Français les lois de sang qui commandent des

---

(1) *Point du jour*, numéro 688, p. 542.
(2) *Mémoires de Charlotte Robespierre*, p. 69.

meurtres juridiques, et que repoussent leurs mœurs et leur constitution nouvelles. » Il fallait prouver que la peine de mort est essentiellement injuste; qu'elle n'est pas la plus réprimante des peines ; qu'enfin, au lieu de prévenir les crimes, elle y dispose plutôt. Il le fit, et d'une manière admirable, selon nous.

Certes je suis loin de m'apitoyer, pour ma part, sur le sort d'un misérable assassin, et j'aime mieux réserver ma pitié à sa victime ; mais puis-je approuver la société de venir le tuer en grand appareil, au milieu d'une foule indifférente et moqueuse ? Je ne vois là qu'assassinat contre assassinat, et je ne saurais admettre une peine dont l'efficacité n'est nullement démontrée. Comme le disait Robespierre, un condamné est à l'égard de la société dans la situation d'un ennemi vaincu et impuissant. Tue-t-on un ennemi vaincu ? Mais, s'écrient, épouvantés, les partisans de la peine de mort, qui nous garantira des assassins ? Quand la torture fut abolie, beaucoup de criminalistes prétendirent que le nombre des criminels irait croissant du jour où ils n'auraient plus sous les yeux la perspective de ces abominables traitements réservés aux accusés. Le contraire eut lieu ; c'est qu'en effet les lois douces font les mœurs douces. Quel but veut atteindre le législateur ? poursuivait Robespierre ; celui de mettre le coupable dans l'impossibilité de nuire. Était-il besoin de l'égorger pour cela ? N'avait-on pas d'autres peines autrement efficaces, et ayant au moins le mérite de ne pas émousser le sentiment moral chez le peuple, comme un précepteur maladroit abrutit et dégrade l'âme de ses élèves par l'usage de châtiments cruels ? Après avoir montré les crimes plus rares dans les pays heureux où la peine de mort n'existait pas, comme jadis dans plusieurs des républiques de la Grèce, tandis qu'ils se multipliaient là où les supplices étaient prodigués, il arrivait à un argument resté jusqu'ici sans réponse : « Écoutez la voix de la justice et de la raison : elle vous crie que les jugements humains ne sont jamais assez certains pour que la société puisse donner la mort à un homme condamné par d'autres hommes sujets à l'erreur. Eussiez-vous imaginé l'ordre judiciaire le plus parfait, eussiez-vous trouvé les juges les plus intègres et les plus éclairés, il restera toujours quelque place à l'erreur ou à la prévention. Pourquoi vous interdire les moyens de les réparer ? Pourquoi vous condamner à l'impuissance de tendre une main secourable à l'innocence opprimée ? Qu'importent ces stériles regrets, ces réparations illusoires que vous accordez à une ombre vaine, à une cendre insensible ? Elles sont les tristes témoignages de la barbare témérité de vos lois pénales. Ravir à l'homme la possibilité d'expier son forfait par son repentir ou par des actes de vertu, lui

fermer impitoyablement tout retour à la vertu, à l'estime de soi-
même, se hâter de le faire descendre, pour ainsi dire, dans le tombeau, encore tout couvert de la tache de son crime, est à mes yeux le
plus horrible raffinement de la cruauté. » La colère et la vengeance
devaient être, suivant lui, bannies de la loi; et quand elle versait le
sang humain, pouvant l'épargner, lorsqu'elle offrait, comme à plaisir,
aux regards du peuple d'horribles scènes de carnage, elle altérait dans
le cœur des citoyens les notions du juste et de l'injuste.

Un écrivain de beaucoup d'esprit a écrit : « Abolissons la peine de
mort, mais que messieurs les assassins commencent. » Cette jolie
phrase a eu un grand succès dans le monde ; force gens, après avoir
dit cela, ont cru avoir tout dit. Et pourtant, quel pauvre et triste argument pour le maintien d'une peine immorale ! C'est à la société plus
forte, plus éclairée, plus clémente, à faire passer elle-même dans les
cœurs le respect que l'homme doit à son semblable. Autrement, disait
Robespierre en terminant : « L'HOMME N'EST PLUS POUR L'HOMME UN OBJET
SI SACRÉ... l'idée du meurtre inspire bien moins d'effroi lorsque la loi
même en donne l'exemple et le spectacle; l'horreur du crime diminue
lorsqu'elle ne le punit plus que par un autre crime. Gardez-vous bien
de confondre l'efficacité des peines avec l'excès de la sévérité; l'un est
absolument opposé à l'autre. Tout seconde les lois modérées; tout
conspire contre les lois cruelles... » La rigueur des lois pénales lui paraissait être en raison de la liberté d'un pays; et l'humanité était of-
fensée, là surtout où la dignité de l'homme était méconnue, là où un
maître commandait à des esclaves. Mais à un pays libre et régénéré
il fallait des lois plus douces; il concluait donc à l'abolition de la peine
de mort en toute matière (1). Soixante-dix ans se sont écoulés depuis
cette époque, et je ne sache pas qu'on ait fait entendre, depuis, beaucoup d'arguments plus solides, de raisons plus décisives en faveur de

---

(1) Voyez le *Moniteur* du 1er juin 1791. Publié une première fois en 1791, paraît-il, ce
discours a été réimprimé d'après la version du *Moniteur*. (Paris, Prevost, Mansut, 1830.
in-8° de 16 p.) Cette édition se trouve précédée d'un petit avant-propos apocryphe, tiré
tout simplement des *Mémoires de Robespierre* par M. Ch. Reybaud. (Voy. t. II, p. 180.)
L'opinion de Robespierre rencontra dans le public de sympathiques échos; nous
lisons dans une brochure d'un avocat nommé Boussemart, dédiée à Robespierre :
« Mon cher confrère, non pas en qualité de député, mais par un caractère indélébile,
celui d'avoir prêté tous deux le même serment dans le même tribunal où nous avons
juré d'offrir notre ministère au pauvre comme au riche, à la veuve comme à l'orphelin,
de défendre les droits de l'humanité, de la justice, serment sacré, serment que rien
ne peut rompre, Robespierre, recevez mon hommage, vous le méritez, et la postérité
vous rendra justice... Vous êtes brave, Robespierre, vous marchez à grands pas vers
l'immortalité, que les obstacles ne vous arrêtent point. Plus le péril aura été grand,
plus la gloire sera durable; tonnez dans la tribune; terrassez avec ces armes de l'élo-

la suppression de cette peine que nous ne sommes point encore parvenus à effacer de nos codes.

Les comités de constitution et de jurisprudence criminelle avaient bien aussi conclu à l'abolition de la peine de mort, mais non sans restriction ; ils la maintenaient en un point, et, chose singulière, en matière politique. Le lendemain Pétion et Duport vinrent joindre leurs voix à celle de Robespierre, et, à l'appui de leur opinion commune, ils apportèrent des raisonnements dont on ne saurait méconnaître ni la noblesse ni la profondeur. Mais tant de paroles éloquentes et généreuses ne parvinrent pas à convertir ceux que Robespierre appelait si justement les partisans de l'antique et barbare routine ; la peine de mort fut conservée. Plusieurs journaux populaires applaudirent à la touchante initiative de Robespierre (1) ; seul, Marat trouva à le blâmer, tout en rendant justice à un sentiment qui, disait-il, faisait honneur à sa sensibilité, mais était sujet à des inconvénients trop graves pour être adopté (2). Cela seul suffit à montrer quels abîmes séparaient ces deux hommes. La peine de mort, dont l'abolition eût été l'honneur de la Révolution, resta donc inscrite dans nos codes. Qui sait si, en adoptant la motion de Robespierre, l'Assemblée nationale n'eût pas épargné à la France les flots de sang qui ont rougi le pavé de nos places publiques ?

---

quence qui vous ont si bien servi jusqu'à ce jour, et qui sont si redoutables aux ennemis de notre constitution et du genre humain; frappez, dis-je, d'anathème ces hommes qui ont osé donner leurs voix pour la destruction de leurs semblables...
   (*Sentimens d'un François sur la peine de mort prononcée par l'Assemblée nationale.* Dédié à M. ROBESPIERRE, député patriote, avec cette épigraphe : « *Non occides* ». (Paris, in-8° de 8 pages.)
   (1) Voyez entre autres le *Courrier de Provence*, numéro 295.
   (2) *L'Ami du Peuple, ou le Publiciste parisien*, numéro 478. L'opinion de Marat vaut la peine d'être citée tout entière : « L'ordre du jour ayant appelé la discussion sur l'abolition de la peine de mort, l'Assemblée a décrété avec raison, mais sans tirer à conséquence, que la peine de mort serait réservée pour les grands crimes : question sur laquelle nos fidèles Pethion et *Roberspierre* avoient établi un sentiment qui fait honneur à leur sensibilité, mais sujet à des inconvénients trop graves pour être adopté. Le droit d'infliger des peines capitales qu'a la société n'est pas douteux, puisqu'il découle de la même source que le droit de donner la mort qu'a tout individu, je veux dire le soin de sa propre conservation. Or, toute peine doit être proportionnée au délit; celle de l'assassin et de l'empoisonneur doit être capitale, à plus forte raison celle du conspirateur et de l'incendiaire. » Quelle déplorable argumentation ! et que de sophismes en quelques lignes ! Etonnez-vous donc que l'atrabilaire *Ami du Peuple* ait, dans ses sanguinaires hyberpoles, demandé tant de têtes !

XIII

Le dernier jour de ce mois de mai, si glorieux et si laborieux à la fois pour Robespierre, fut encore marqué pour lui par un éclatant triomphe. Voici à quelle occasion. Une ancienne victime des persécutions du despotisme, l'abbé Raynal, banni par un arrêt du parlement pour son *Histoire philosophique des deux Indes*, était récemment revenue à Paris. Entouré aussitôt par des évêques, de ci-devant nobles, par les partisans de ces vieux abus dont il avait été lui-même l'amer censeur, indemnisé des pertes auxquelles l'avaient entraîné les condamnations prononcées autrefois contre lui, l'abbé se mit en tête de dresser l'acte d'accusation de la Révolution française, et de l'envoyer sous forme de lettre au président de l'Assemblée nationale, s'imaginant, par cette sorte de trait de folie, ramener l'opinion publique au fétichisme de la royauté.

Duport venait d'achever son discours contre la peine de mort, quand Bureaux de Pusy, qui présidait, annonça qu'un homme, également connu pour son éloquence et sa philosophie, l'abbé Raynal, lui avait fait l'honneur de passer chez lui dans la matinée, et lui avait remis une adresse en le priant de la communiquer à l'Assemblée. Celle-ci consentit à entendre ce morceau. Lecture en fut donnée par un des secrétaires. C'était une censure amère des travaux de l'Assemblée constituante, un pamphlet contre la Révolution, une longue diatribe d'un bout à l'autre. L'auteur osait pourtant se présenter comme un vieil ami de la liberté ; et, en rappelant qu'il avait donné des leçons aux rois, il engageait sérieusement l'Assemblée à révoquer ses décrets constitutionnels, à rétablir le pouvoir exécutif dans sa force première. Quelques murmures d'impatience avaient à peine interrompu la lecture de ce libelle, auquel l'Assemblée prêta une attention méprisante comme à l'œuvre d'un maniaque.

Le président, s'il faut en croire un écrivain royaliste (1), s'était un peu trop complaisamment prêté à la petite comédie dont l'abbé Raynal, à près de quatre-vingts ans, avait bien voulu faire les frais. Comme il avait eu connaissance de l'adresse, quelques membres crurent qu'il s'était moqué de l'Assemblée en lui proposant d'en écouter la lecture.

(1) *Mémoires de Ferrières*, t. II, liv. IX, p. 313.

Rœderer l'interpella rudement, demanda la parole contre lui. Mais, aux yeux de Robespierre, la chose ne valait pas la peine d'être prise au sérieux.

Il monta précipitamment à la tribune. La lettre de l'abbé Raynal avait simplement excité dans son cœur une compassion pleine de dé- dédain. Il commença par dire que jamais l'Assemblée ne lui avait paru si fort au-dessus de ses détracteurs qu'au moment où il l'avait vue écouter avec tant de tranquillité la véhémente censure de sa conduite et de la Révolution. Une triple salve d'applaudissements salua ce début de l'orateur. Robespierre continua, toujours sur un ton d'excessive modération ; mais, tout en rappelant que cet homme célèbre, accusé jadis de pécher par excès d'exagération, avait publié des vérités utiles à la liberté, il ne put s'empêcher de témoigner d'amers regrets de le voir rompre un long silence précisément à l'heure où tous les ennemis de la Révolution se coalisaient pour l'arrêter dans son cours. De nou- velles acclamations accueillirent ces paroles. L'Assemblée était dans des dispositions telles qu'un mot pouvait l'amener à user de rigueur envers l'abbé. Mais Robespierre ne songeait nullement à provoquer une mesure rigoureuse. « Je suis bien éloigné de vouloir diriger la sévérité, je ne dis pas de l'Assemblée, mais de l'opinion publique sur un homme qui con- serve un grand nom. Je trouve pour lui une excuse suffisante dans une circonstance qu'il vous a rappelée, je veux dire son grand âge. » On applaudit de nouveau. Faisant alors allusion à ceux à l'instigation de qui avait évidemment agi le vieillard, et auxquels pour sa part il pardon- nait volontiers également, à ces hommes du passé qui autrefois accu- saient l'abbé Raynal de licence, et le choisissaient aujourd'hui pour leur apôtre, leur héros ; il admirait combien la constitution était favo- rable au peuple et funeste à la tyrannie, puisqu'on ne reculait pas, pour la détruire, devant des moyens si extraordinaires ; puisqu'on dé- nonçait à l'univers comme des crimes ce trouble, ces tiraillements passagers, crise naturelle de l'enfantement de la liberté, et sans la- quelle le despotisme et la servitude seraient incurables.

Il n'y avait donc pas à se livrer à d'inutiles alarmes. « C'est en ce moment, » dit-il, « où par une démarche extraordinaire on vous an- nonce clairement quelles sont les intentions manifestes, quel est l'acharnement des ennemis de l'Assemblée et de la Révolution, c'est en ce moment que je ne crains pas de renouveler en votre nom le ser- ment de suivre toujours les principes sacrés qui ont été la base de votre constitution ; de ne jamais nous écarter de ces principes par une voie oblique et tendant indirectement au despotisme, ce qui serait le eul moyen de ne laisser à nos successeurs et à la nation que troubles et anarchie. » Et sans vouloir s'occuper davantage de la lettre de l'abbé Raynal, il proposa à l'Assemblée de passer à l'ordre du jour. Il n'était certes pas possible de répondre par un langage plus ferme et plus digne à d'insultantes provocations. La majorité de l'Assemblée, au grand déplaisir du côté droit, prouva toute sa satisfaction à Robespierre, en le couvrant d'applaudissements plus chaleureux encore lorsqu'il descendit de la tribune ; et, comme il l'avait demandé, elle passa dédaigneusement à l'ordre du jour (1).

XIV

Jusqu'ici nous avons peu parlé des Jacobins. L'histoire de cette société célèbre est, en effet, assez difficile à pénétrer pour les deux premières années de son existence, aucun organe de publicité n'ayant rendu un compte exact et suivi de ses séances. Le *Journal des Amis de la Constitution*, rédigé par Choderlos de Laclos, un des intimes du duc d'Orléans, est loin de répondre à son titre ; on n'y trouve aucune physionomie vraie des débats, c'est plutôt une feuille de correspondance avec les sociétés affiliées. Au 1er juin va paraître un nouveau journal, celui des *Débats de la Société des Amis de la Constitution,* où nous puiserons de précieux renseignements au sujet des discussions auxquelles donnera lieu, dans le courant du mois de juillet, la fuite de la famille royale ; mais les premiers numéros sont encore bien obscurs.

Nous savons par quelques feuilles populaires, celle de Camille Desmoulins principalement, et même par certains journaux contre-révolutionnaires, comme les *Actes des Apôtres*, par exemple, de quelle prodigieuse influence jouissait Robespierre au sein de la société ; que son entrée y était saluée par les plus vifs applaudissements ; que, plusieurs fois déjà il avait été appelé à l'honneur de la présider ; mais les innombrables discours que jusqu'en juin il y prononça n'ont pas été recueillis. Quelques-uns seulement ont été mentionnés çà et là, et sauvés ainsi de l'oubli. Cependant il en est un capital dont il donna lecture dans la séance du 11 mai, et qui, livré à l'impression, a été heureusement conservé pour l'histoire. C'est son discours sur la liberté de la presse.

(1) Voyez le *Moniteur* du 2 juin 1791, et le *Courrier de Provence*, numéro 296.

Déjà, plus d'une fois, nous l'avons entendu, à la tribune de l'Assemblée nationale, élever la voix en faveur de cette liberté sans laquelle toutes les autres libertés ne peuvent guère exister chez un peuple qu'à l'état précaire, et défendre les écrivains dénoncés par les meneurs du côté droit. Certes, de toutes nos libertés perdues, celle de la presse n'est pas la moins regrettée des hommes d'intelligence, des véritables patriotes : eh bien! qu'ils relisent aujourd'hui l'admirable discours dont nous allons entreprendre l'analyse, et ils s'affligeront profondément avec moi de ce que des écrivains, décorés du nom de libéraux, et confondant d'ailleurs le rude athlète de la Convention, obligé de lutter pour le salut de la France contre les ennemis du dehors et ceux du dedans; le confondant, dis-je, avec le législateur doux et profond, aient lancé contre Robespierre des invectives qu'eussent signées les pamphlétaires et les libellistes du parti royaliste.

Aux yeux de l'immortel tribun, la faculté de communiquer ses pensées, qui est à la fois le lien, l'âme, l'instrument de la société, ne peut s'exercer utilement que par la liberté de la presse, identique avec celle de la parole et, comme elle, nécessaire au développement, aux progrès, au bonheur de l'humanité. Si presque partout, chez tous les peuples, elle a été comprimée, c'est parce qu'elle est le plus redoutable fléau du despotisme, lequel a puisé sa force dans l'ignorance commune. L'ambition, au contraire, rencontre d'insurmontables obstacles là où l'innocence opprimée a le droit de faire entendre sa voix, là où l'opinion publique et la volonté générale présentent à la tyrannie une digue infranchissable. Aussi a-t-on vu de tout temps les despotes se liguer contre la liberté de parler et d'écrire; les uns la proscrivant au nom du ciel, les autres au nom du principe monarchique.

L'exemple des États-Unis d'Amérique, de ce peuple si jeune et si grand déjà, chez lequel le droit de communiquer ses pensées ne pouvait être gêné ni limité en aucune manière, répondait d'avance au reproche d'exagération dont on ne manquerait pas de poursuivre son opinion; car, suivant lui, la liberté de la presse devait être entière et indéfinie, sinon elle n'existait pas. Deux moyens de la modifier existaient : l'un, de l'assujettir à certaines formalités restrictives; l'autre, d'en réprimer l'abus par des lois pénales. Ainsi restreindrait-on le droit de posséder des presses? et d'un bienfait qui devrait être commun à tous ferait-on le patrimoine de quelques-uns? Permettrait-on aux uns de parler plus ou moins librement de politique et des événements publics, aux autres de s'occuper purement d'objets de littérature? Telles étaient les mesures de précaution à l'aide desquelles la liberté d'écrire avait été refrénée jusqu'ici par le despotisme, qui, sous prétexte de rendre les hommes sages et paisibles, en faisait des instruments passifs ou de vils automates.

En second lieu, quelles étaient les peines à établir contre les abus possibles. La liberté d'écrire s'exerçait nécessairement sur deux objets, les choses et les personnes. La morale, la législation, la politique, la religion étaient du domaine du premier; or pouvait-on punir un homme pour avoir manifesté son opinion sur toutes ces questions? L'humanité ne comporte-t-elle pas une prodigieuse diversité d'esprits et de caractères? Où sera l'erreur, où sera la vérité? En effet, disait très-bien Robespierre, « la liberté de publier son opinion ne peut être autre chose que la liberté de publier toutes les opinions contraires. Il faut que vous trouviez le moyen de faire que la liberté sorte d'abord toute pure et toute nue de chaque tête humaine. Elle ne peut sortir que du combat de toutes les idées vraies ou fausses, absurdes ou raisonnables. C'est dans ce mélange que la raison commune, la faculté donnée à l'homme de discerner le bien et le mal, s'exerce à adopter les unes, à rejeter les autres. Voulez-vous ôter à vos semblables l'usage de cette faculté pour y substituer votre autorité particulière? Mais quelle main tracera la ligne de démarcation qui sépare l'erreur de la vérité? Si ceux qui font les lois ou ceux qui les appliquent étaient des êtres d'une intelligence supérieure à l'intelligence humaine, ils pourraient exercer cet empire sur les pensées; mais s'ils ne sont que des hommes, s'il est absurde que la raison d'un homme soit, pour ainsi dire, souveraine de la raison de tous les autres hommes, toute loi pénale contre la manifestation des opinions est une absurdité. » Il est facile, poursuivait-il, d'atteindre des actes criminels parce qu'il y a un corps de délit, un fait clairement défini et constaté; mais une opinion, un écrit, où trouver le critérium de sa criminalité? C'est un écrit incendiaire, dangereux, dit-on; mais ce sont là des termes vagues, incertains. Suivant le temps, suivant le lieu, et même les impressions personnelles du juge, le délit existe ou n'existe pas. Ce qui sera crime ici deviendra vertu plus loin. Tel, regardé comme un extravagant par un despote, sera admiré comme un citoyen vertueux par les hommes libres. « Le même écrivain trouvera, suivant la différence des temps et des lieux, des éloges ou des persécutions, des statues ou un échafaud. » Les hommes de génie qui ont révélé au monde les plus grandes vérités avaient en général devancé l'opinion de leur siècle; aussi les montrait-il, poursuivis par l'ignorance et les préjugés, presque constamment en butte à l'ingratitude de leurs contemporains et tardivement récompensés par les hommages de la postérité. Galilée expia son génie dans les cachots de l'inquisition; Descartes mourut sur une terre étrangère, et l'éloquent philosophe de Genève, ce Rousseau, à qui, au nom de la patrie, l'Assemblée nationale venait de décerner une statue, n'avait-il pas été atteint par la persécution? Mais tandis qu'on poursuivait comme perturbateurs de l'ordre public les meilleurs amis de l'humanité, on prodiguait les caresses, les encouragements, les pensions, à ces écrivains courtisans « vils professeurs de mensonge et de servitude, » dont les doctrines funestes altéraient les principes de la morale, et dépravaient l'esprit public. « La presse libre, » continuait-il, « est la gardienne de la liberté; la presse gênée en est le fléau... Ce sont ces entraves qui produisent ou une timidité servile ou une audace extrême. Ce n'est que sous les auspices de la liberté que la raison s'exprime avec le courage et le calme qui la caractérisent... Pourquoi prendre tant de soin pour troubler l'ordre que la nature établissait d'elle-même? Ne voyez-vous pas que, par le cours nécessaire des choses, le temps amène la proscription de l'erreur et le triomphe de la vérité? Laissez aux opinions bonnes ou mauvaises un essor également libre, puisque les premières seulement sont destinées à rester. Avez-vous plus de confiance dans l'autorité, dans la vertu de quelques hommes intéressés à arrêter la marche de l'esprit humain que dans la nature même?.., L'opinion publique, voilà le seul juge compétent des opinions privées, le seul censeur légitime des écrits. Si elle les approuve, de quel droit, vous homme en place, pouvez-vous les condamner? Si elle les condamne, quelle nécessité pour vous de les poursuivre? Si, après les avoir improuvées, elle doit, éclairée par le temps et par la réflexion, les adopter tôt ou tard, pourquoi vous opposez-vous aux progrès des lumières? Comment osez-vous arrêter ce commerce de la pensée que chaque homme a le droit d'entretenir avec tous les esprits, avec le genre humain tout entier? » Pourquoi enfin substituer à cet empire de l'opinion publique, doux, salutaire et naturel, celui de l'autorité, nécessairement odieux et tyrannique?

A ces principes éternels on objectait la raison d'État, la soumission aux lois. Mais, sans troubler aucunement l'ordre public, sans enfreindre l'obéissance due aux lois existantes, n'était-ce pas le droit de tout citoyen d'appeler l'attention du législateur sur des lois imparfaites, d'en demander la réforme, de prouver qu'elles étaient contraires à l'intérêt général? N'était-ce pas là le meilleur usage, le plus digne que l'homme pût faire de sa raison? Robespierre assimilait à cet égard la grande société politique aux sociétés particulières, où chaque associé a le droit d'engager ses coassociés à modifier, pour la prospérité de l'entreprise, les conventions premières. Avant la Révolution même, n'avait-on pas le droit d'écrire et de disserter sur les lois. On parle

toujours d'appels à la révolte, et c'est un beau prétexte pour arriver à
l'anéantissement de la presse ; mais s'imagine-t-on que des écrits re-
muent si facilement les citoyens et les portent tout à coup à briser
un état de choses appuyé par la force publique, cimenté par l'habitude ? Ce sont des préjugés répandus par le despotisme. Les écrits
n'agissent sur les peuples que par l'action lente et progressive du
temps et de la raison ; toutes les déclamations contre ce qu'on appelle
les écrits incendiaires cachent toujours le dessein secret d'opprimer
une nation dont le premier besoin est d'être éclairée sur ses droits,
sur ses intérêts. Il fallait donc renoncer à tout acte de rigueur contre
les écrivains, et maintenir, comme la plus solide base du bonheur
social, la liberté illimitée d'écrire sur toutes choses.

Envisageant ensuite la liberté de la presse par rapport aux personnes, il distinguait entre les personnes publiques et les personnes privées. Quant aux premières, la question ne lui paraissait pas douteuse.
En effet, un des plus grands avantages, le but essentiel de cette
liberté, n'était-il pas de contenir l'ambition, le despotisme des gens en
place, des dépositaires de l'autorité ? Si, sous prétexte de calomnie, on
leur laisse le droit de poursuivre légèrement un écrivain qui aura
blâmé leur conduite, ce frein salutaire de la liberté de la presse deviendra absolument nul ; car qui osera s'exposer aux vengeances des
hommes puissants ? Attendra-t-on pour dénoncer Catilina qu'on ait
des preuves juridiques de sa culpabilité ? Devant quel tribunal luttera-
t-on contre Tibère ? Si l'on incrimine les dénonciations contre tel ou tel
fonctionnaire, ne sent-on pas combien il sera difficile de déjouer les
complots liberticides ? Ceux qui gouvernent ont trop les moyens d'envelopper de mystères leurs projets ambitieux ; et si, pour les mettre
en cause devant l'opinion publique, des preuves juridiques sont absolument exigées, ne courra-t-on pas risque de voir leurs machinations
exécutées avant qu'on ait pu les prévenir ? « Dans tout État libre, »
disait-il, « chaque citoyen est une sentinelle de la liberté qui doit crier
au moindre bruit, à la moindre apparence de danger qui la menace.
Tous les peuples qui l'ont connue n'ont-ils pas craint pour elle jusqu'à l'ascendant même de la vertu ? » Chose singulière, on eût dit qu'il
prévoyait par là le reproche qu'au lendemain de Thermidor devait lui
adresser Barère.

Que si, poursuivait-il, d'excellents citoyens, comme Aristide, n'é-
taient pas à l'abri de l'injustice et de la calomnie, ils trouvaient, dans la
satisfaction d'une conscience pure, de suffisantes consolations, sachant que des persécutions passagères rehausseraient encore leur
gloire, et seraient un témoignage plus éclatant de leur vertu. Quels

personnages, au contraire, entendait-on sans cesse réclamer contre la licence des écrits? ceux dont la réputation éphémère, fondée sur des succès de charlatanisme ne pouvait supporter le choc de la moindre contradiction, et qui craignaient sans cesse qu'une voix libre ne vînt révéler leurs transactions honteuses et leurs petites intrigues. Caton, cent fois dénoncé, dédaigna toujours de poursuivre ses accusateurs; mais les décemvirs de Rome édictèrent des lois terribles contre les libelles. C'est sous l'empire du despotisme qu'un écrit calomnieux est principalement dangereux, parce qu'il n'est pas toujours aisé d'y répondre, surtout quand il est favorable à la cause de la tyrannie; mais, sous le régime de la liberté, la réputation d'un bon citoyen ne saurait être facilement ternie, l'opinion publique étant à même de juger en toute connaissance de cause. Pour lui alors certains éloges pourraient sembler un opprobre, tandis que certains pamphlets seraient de véritables titres de gloire. La liberté de la presse n'inspirait de terreur qu'à ces gens usurpateurs d'un crédit et d'une considération de mauvais aloi, forcés de s'avouer intérieurement combien leur était nécessaire l'ignorance publique.

Caton n'avait jamais poursuivi ses calomniateurs, venait-il de dire. N'y avait-il pas dans ces quelques mots une allusion directe à lui-même? En effet, de tous les défenseurs du peuple, de tous les glorieux combattants de la Révolution, en était-il un que l'envie eût maltraité avec autant d'acharnement, sur qui la calomnie se fût exercée avec plus de fureur et de mauvaise foi? N'était-il pas chaque jour dévoué aux vengeances de la réaction dans les écrits cyniquement diffamatoires des Peltier, des Rivarol, des Royou, des Mallet du Pan et de tant d'autres stipendiés de l'aristocratie, dans ces feuilles monarchiques dont quelques-unes dépassaient de bien loin en exagérations le terrible journal de Marat? Eh bien! avait-il un seul instant songé à poursuivre ses calomniateurs? les avait-il dénoncés à la tribune, traduits à la barre de l'Assemblée nationale, comme avaient fait les Malouet et les Maury? Loin de là, il combattit toujours toute mesure compressive de la liberté de la presse, lui, l'objet de la rage de tous les folliculaires royalistes. Et dans le discours dont nous nous occupons, comment s'exprimait-il au sujet de ces personnalités odieuses dont il était victime chaque jour, et que, suivant lui, le mépris public seul devait atteindre? Écoutez, écoutez, vous tous qui, persistant à ne voir en lui que l'homme héroïque de la Convention et du Comité de salut public, c'est-à-dire le soldat sur le champ de bataille, semblez ignorer qu'il a été le plus intrépide de ceux qui ont tenté de fonder la liberté en France. Conjurant ses collègues de ne pas déshonorer leur ouvrage en mettant des entraves à la libre communication de la pensée, il leur disait : « Que tous les libelles répandus autour de Vous ne soient pas pour vous une raison de sacrifier aux circonstances du moment les principes sur lesquels doit reposer la liberté des nations. Songez qu'une loi sur la presse ne réparerait pas le mal, et vous enlèverait le remède. Laissez passer ce torrent fangeux, dont il ne restera bientôt plus aucune trace, pourvu que vous conserviez cette source immense et éternelle de lumière, qui doit répandre sur le monde politique et moral la chaleur, la force, le bonheur et la vie. N'avez-vous pas déjà remarqué que la plupart des dénonciations qui vous ont été faites étaient dirigées, non contre ces écrits sacrilèges où·les droits de l'humanité sont attaqués, où la majesté du peuple est outragée, au nom des despotes, par des esclaves lâchement audacieux, mais contre ceux que l'on accuse de défendre la cause de la liberté avec un zèle exagéré et irrespectueux envers les despotes? N'avez-vous pas remarqué qu'elles vous ont été faites par des hommes qui réclament amèrement contre des calomnies que la voix publique a mises au rang des vérités, et qui se taisent sur les blasphèmes séditieux que leurs partisans ne cessent de vomir contre la nation et ses représentants? Que tous mes concitoyens m'accusent et me punissent comme traître à la patrie, si jamais je vous dénonce aucun libelle sans en excepter ceux où, couvrant mon nom des plus infâmes calomnies, les ennemis de la Révolution me désignent à la fureur des factions comme l'une des victimes qu'elle doit frapper. Eh! que nous importent ces méprisables écrits? Ou bien la nation française approuvera les efforts que nous avons faits pour assurer la liberté, ou elle les condamnera. Dans le premier cas, les attaques de nos ennemis ne seront que ridicules; dans le second cas, nous aurons à expier le crime d'avoir pensé que les Français étaient dignes d'êtres libres, et, pour mon compte, je me résigne volontiers à cette destinée. »

Et ce n'était pas seulement l'intérêt de son pays qui lui dictait ces paroles. La Révolution, à ses yeux, avait un caractère universel; ce n'était pas uniquement pour le temps présent, pour les habitants de la France qu'il fallait faire des lois, c'était pour les siècles, pour le monde entier; ainsi, dans la *Déclaration des droits*, l'homme passait avant le citoyen. Ah! ne l'oublions jamais cet ardent amour de notre Révolution pour l'humanité! Sans la liberté indéfinie de la presse, disait Robespierre, point de liberté. Toutefois, en considérant la presse par rapport aux personnes privées, il admettait une restriction; et, tout en préférant, pour sa part, laisser au tribunal de l'opinion publique le soin de réprimer également les calomnies ordinaires, il permettait aux citoyens de poursuivre devant les magistrats la répression de cette sorte de délit. Ses conclusions, formulées en projet de décret, portaient que tout citoyen aurait le droit de publier ses pensées par quelque moyen que ce fût, et que la liberté de la presse ne pourrait être gênée ni limitée en aucune manière ; que des peines sévères frapperaient quiconque y attenterait ; enfin que les particuliers calomniés auraient le droit de poursuivre devant les magistrats la réparation des calomnies dont ils auraient été l'objet de la part de la presse (1).

Ce discours, dont certainement personne ne contestera ni l'élévation ni la noblesse, avait été composé pour être prononcé à la tribune de l'Assemblée nationale ; il ne le fut pas, faute d'occasion sans doute. Cependant, à propos d'une loi proposée contre les écrits par les Constitutionnels, nous entendrons bientôt Robespierre en reproduire les principales idées. Il obtint, comme on pense, un éclatant succès, non-seulement aux Jacobins, mais aussi au Cercle social, où Fauchet, le nouvel évêque du Calvados, le rédacteur de la *Bouche de fer*, en lut lui-même la plus grande partie (2). Peu s'en fallut que ce discours ne fût entièrement perdu pour l'histoire. En effet, dans la soirée du 12 mai, Robespierre, sortant de chez le docteur Lanthenas, son ami alors et son futur collègue à la Convention, ou de chez les Roland, qui logeaient dans le même hôtel, rue Guénégaud, près du quai Conti, et à qui sans doute il était venu lire son discours dans l'intimité, prit un fiacre sur le quai des Augustins pour retourner chez lui, rue de Saintonge. Fort distrait, comme nous l'avons dit au commencement de cette histoire, il oublia son manuscrit dans la voiture. Heureusement pour lui et pour nous, il lui fût fidèlement rapporté par un bon citoyen (3).

Il ne devait pas tarder à requérir au sein de l'Assemblée l'application des principes qu'il avait développés dans son discours, et cela à propos du *Moniteur* lui-même, dénoncé par le ministre des affaires étrangères. Dans la séance du 1er juin, une lettre de M. de Montmorin signalait à l'attention de l'Assemblée nationale une correspondance

(1) *Discours sur la liberté de la presse*. Paris, de l'Impr. nationale, 1791, in-8° de 23 p. On trouve ce discours imprimé dans le premier volume des œuvres de Robespierre recueillies par Laponneraye, p. 201 à 225.

(2) Voyez le *Patriote françois*, numéro 647.

(3) Plusieurs journaux du temps, entre autres le *Patriote françois*, numéro 647, contiennent une annonce par laquelle Robespierre promet une récompense à ceux qui, ayant entendu parler de son manuscrit, se donneraient quelque peine pour le lui faire recouvrer, et les prie de l'adresser chez lui, rue de Saintonge, au Marais, n° 8, ou bien chez M. F. Lanthenas, rue Guénégaud, hôtel Britannique, faubourg Saint-Germain. Stimulé d'un beau zèle, le docteur Lanthenas écrivit lui-même une brochure sur la liberté indéfinie de la presse, qui remplit tout un numéro du *Courrier de Provence*, et dont il est question dans le numéro 714 du *Patriote françois*.

d'Allemagne insérée dans le numéro 151 du *Moniteur*, et dans laquelle
on prêtait au roi le projet d'évasion le plus absurde, disait le ministre.
Or on était à vingt jours de la fuite de Louis XVI, ceci est à retenir.
Le ministre semblait indiquer à l'Assemblée sa ligne de conduite, en déclarant que, s'il avait été personnellement désigné par le journal, il n'hésiterait pas à traduire l'imprimeur devant les tribunaux. La lecture de la
lettre du ministre à peine achevée, plusieurs voix de la droite demandèrent
violemment que le rédacteur du *Moniteur* fût tout de suite chassé de la
tribune qu'il occupait dans la salle ; d'autres, qu'il fût enjoint par l'Assemblée elle-même à l'accusateur public de poursuivre l'imprimeur afin
de le forcer à nommer l'auteur de l'article. La feuille du libraire Panckoucke était loin, à cette époque, d'être favorable à Robespierre, quoiqu'elle commençât à mettre un peu plus de soin dans le compte rendu
de ses discours ; mais Robespierre plaçait la question des principes au-
dessus de celle des personnes, et, comme il avait défendu jadis son ami
Camille Desmoulins, attaqué par Malouet, il se fit l'avocat d'office de
l'imprimeur de la *Gazette nationale* (1). D'abord, dit-il, ce n'était pas
à l'Assemblée constituante à se charger des vengeances ministérielles.
Ensuite que savait-on si l'assertion de M. Montmorin était plus exacte
que celle du correspondant anonyme? — A trois semaines de là l'événement vint prouver combien Robespierre avait raison de douter. —
Enfin les hommes en place n'appartenaient-ils pas à l'opinion? N'y
avait-il pas une différence à établir entre eux et les simples particuliers? Après avoir rapidement exposé les considérations par lui émises
à cet égard dans le discours dont nous avons rendu compte, il demanda la question préalable sur toutes les motions proposées et les
qualifia de serviles. L'Assemblée, en définitive, lui donna raison, en
passant à l'ordre du jour, au grand scandale des Montlosier et des Praslin (2).

XV

Mais retournons aux Jacobins, où se trouve à l'ordre du jour une
question importante, celle du licenciement des officiers de l'armée,
dont l'opinion publique, à Paris et dans les départements, se préoccupait fort depuis quelques mois. Anthoine y prononça le 2 juin un dis-

(1) Le *Moniteur* s'intitulait alors *Gazette nationale ou Moniteur universel.*
(2) Voyez le *Moniteur* du 3 juin 1791.

cours énergique dans lequel il dénonça le cadre des officiers comme un perpétuel foyer d'aristocratie qu'il était impossible de laisser subsister. Nommé rapporteur d'une commission chargée par le club d'examiner la question, Rœderer parla longtemps, plusieurs jours après, sur les moyens de *désaristocratiser* l'armée, et conclut à une réorganisation complète. C'était le 8 juin. Le même jour Robespierre prit aussi la parole.

Il ne venait pas proposer des mesures sur un licenciement dont la nécessité lui paraissait démontrée, ni approfondir les inconvénients qui en résulteraient, selon quelques personnes ; il voulait simplement épancher au sein de la société les sentiments dont son âme était pénétrée à l'aspect des dangers de la patrie. Après avoir tracé un assez sombre tableau de l'armée, rappelé la catastrophe de Nancy due aux intrigues des officiers, les supplices odieux dont s'étaient rassasiés dans cette malheureuse ville les ennemis de la liberté ; après avoir montré dans quelques régiments certains officiers ne craignant pas d'arborer la cocarde blanche, il se demandait comment on pouvait douter de cette nécessité du licenciement des officiers de l'armée. Quant à lui, en voyant le gouvernement confier à des hommes notoirement hostiles à la Révolution la garde de nos places principales et la défense de nos frontières, il ne pouvait hésiter ; et, avec une franchise, dont il avouait lui-même la rudesse, il qualifiait de traître quiconque était opposé au licenciement.

A ces mots, un membre, saisi de transport, interrompît l'orateur et demanda, aux applaudissements de l'Assemblée, que ces derniers mots fussent inscrits en gros caractères aux quatre coins de la salle.

Robespierre, reprenant, s'attacha à dissiper les craintes propagées par les personnes intéressées. Loin de produire le moindre trouble, le licenciement ramènerait, au contraire, l'ordre absent depuis si longtemps de notre armée par suite de l'antagonisme fatal existant entre l'officier et le soldat. L'effet disparaîtrait avec la cause ; les troupes s'empresseraient d'obéir à des officiers patriotes, dignes de leur confiance, et les liens de la discipline se resserreraient au lieu de se détendre. Pourquoi dans la nation régénérée conserver un dernier vestige de l'ancien régime détruit ? « Pourquoi attacher des cadavres à des corps vivants? » Tous les partisans du despotisme, tous les ennemis de la Révolution, on pouvait en être certain, réclameraient, en invoquant l'amour de la paix, le maintien des officiers actuels, sûrs de rencontrer en la plupart d'entre eux des complices de leurs perfides desseins. Aussi fallait-il se méfier de ces hommes qui, ne voyant dans la Révolution qu'un moyen de fortune, se retournaient volontiers vers

l'ancien régime quand leur ambition se trouvait déçue ; de ces hommes
dont la feinte modération recélait trop souvent d'affreux projets de
vengeance. En terminant, il engageait ses concitoyens à se mettre en
garde contre leur bonne foi et leur facilité ; car, à ses yeux, la constitution nouvelle avait surtout pour ennemis la faiblesse des honnêtes
gens et la duplicité des malveillants (1). Après lui parut à la tribune
des Jacobins un homme porteur d'un nom illustre, du Couedic, qui
essaya de le réfuter, tout en applaudissant à son civisme. La lutte
devait être plus vive, plus acharnée à l'Assemblée nationale, où la
question se présenta le surlendemain.

Peu s'en était fallu que Robespierre ne fût appelé lui-même à diriger
ces débats orageux. En effet, lors du dernier renouvellement de la
présidence de l'Assemblée, le 6 juin, il s'était trouvé candidat, avec
Dauchy, agronome distingué. Son concurrent avait été élu. « M. Robespierre, qui depuis longtemps mérite l'honneur du fauteuil, » écrivait le
lendemain Brissot dans son journal, « doit se consoler en pensant que
c'est ici un hommage rendu à l'agriculture (2). »

Ce projet de licencier l'armée pour la réorganiser complétement sur
les bases mêmes de la constitution n'était pas nouveau ; il avait occupé le vaste génie de Mirabeau, dont la grande voix, appuyant celle
de Robespierre, eût indubitablement jeté dans la discussion un prodigieux éclat. Chargé au nom des comités de constitution, militaire,
diplomatique, des rapports et des recherches, de présenter à l'Assemblée un rapport sur les meilleurs moyens de ramener l'ordre au milieu
de l'armée, et d'assurer ainsi la tranquillité publique, Bureaux de Pusy
ne trouva rien de mieux à proposer, dans la séance du 10, que le can-
tonnement des troupes et l'application de peines sévères contre quiconque troublerait la discipline militaire. Quant aux officiers, dont
l'incivisme et la malveillance pour les nouveaux principes étaient trop
connus, ses précautions se bornaient à exiger d'eux un engagement
par écrit, un engagement d'honneur d'obéir à la constitution et de la
respecter. Dumouriez avait déjà émis une proposition semblable, en
dehors de l'Assemblée, et Rœderer, avec raison, l'avait combattue
comme purement illusoire. A ceux qui croiraient devoir refuser le serment prescrit, on se contentait de retrancher les trois quarts de leurs
appointements, en les mettant en disponibilité.

---

(1) Voyez les numéros 7 et 8 du *Journal des débats de la Société des Amis de la Constitution*. Ce n'est pas ce discours qui a été imprimé à part, *in extenso*, comme on le croit
généralement, mais bien celui que Robespierre prononça le surlendemain à la tribune
de l'Assemblée constituante.

(2) *Patriote françois*, numéro 668.

Comme à Rœderer, ces mesures parurent à Robespierre tout à fait inefficaces. Il monta à la tribune immédiatement après le rapporteur, et débuta par quelques considérations générales sur l'organisation de l'armée. Comment, lorsque toutes les fonctions publiques avaient été reconstituées suivant les principes de la liberté et de l'égalité, avait-on laissé subsister jusqu'ici cette aristocratie militaire, élevant encore son front audacieux et menaçant au milieu des ruines de toutes les aristocraties? Puis, présentant les armées nombreuses et permanentes comme un danger perpétuel pour la liberté, il disait : « Ignorez-vous que tous les peuples qui l'ont connue ont réprouvé cette institution, ou ne l'ont envisagée qu'avec effroi? Combien de précautions ne devez-vous donc pas prendre pour préserver d'une influence dangereuse la liberté! Vous savez que c'est par elles que les gouvernements ont partout subjugué les nations; vous connaissez l'esprit des cours; vous ne croyez point aux conversions miraculeuses de ces hommes dont le cœur est dépravé et endurci par l'habitude du pouvoir absolu, et vous soumettez l'armée à des chefs attachés naturellement au régime que la Révolution a détruit! Qu'attendez-vous donc de ces chefs? S'ils sont sans autorité, sans ascendant, ils ne peuvent exercer leurs fonctions; s'ils en ont, à quoi voulez-vous qu'ils l'emploient, si ce n'est à faire triompher leurs principes et leur parti? Sans doute il est une partie des officiers de l'armée sincèrement attachés à la cause de la Révolution, animés des plus purs sentiments du civisme, de la liberté; j'en connais moi-même de ce caractère, même dans des grades distingués; mais pouvons-nous fermer l'oreille aux plaintes innombrables des citoyens, des administrateurs même, qui vous prouvent qu'une partie très-nombreuse de ce corps professe des opinions opposées? Que dis-je? jetez un regard sur le passé, et tremblez pour l'avenir. Voyez avec quelle obstination ils ont servi, dès le commencement de la Révolution, le projet favori de la cour, d'attacher l'armée à ses intérêts particuliers; voyez-les semant la division et le trouble, armant dans quelques lieux les soldats contre les citoyens, et les citoyens contre les soldats, interdisant à ceux-ci toute communication avec les citoyens.... tantôt dissolvant des corps entiers dont le civisme déconcertait les projets des conspirateurs... » N'avait-on pas vu, poursuivait-il, les officiers chasser les soldats suspects d'un patriotisme un peu ardent, et les renvoyer dans leurs foyers avec des cartouches infamantes? C'étaient en général les meilleurs soldats, les plus anciens, les plus éprouvés. Et à quel moment s'en débarrassait-on? Précisément à l'heure où les armées étrangères semblaient nous menacer, où se formaient trop visiblement contre notre Révolution

une ligue des despotes de l'Europe. Or n'était-il pas absurde de laisser
l'armée française entre les mains d'hommes disposés à défendre la cause
du monarque contre celle du peuple? Avec quelle patience les soldats
n'avaient-ils pas supporté les plus révoltantes injustices? Et cependant on exigeait d'eux la plus aveugle soumission, le plus entier respect
pour des officiers qui, chaque jour, violaient publiquement et outra-
geaient la constitution et les lois. Voulait-on forcer les soldats à opter
brusquement entre l'obéissance passive à la discipline et l'amour de la
patrie? Non ; il fallait concilier ces deux intérêts, et faire en sorte, par
une réorganisation bien entendue, que l'armée pût respecter à la fois
ses officiers et les lois de son pays.

Toute cette première partie du discours de Robespierre était écrite.
Les plus grands orateurs de nos premières assemblées ne traitaient pas
autrement les sujets auxquels ils attachaient beaucoup d'importance,
réservant l'improvisation pour les répliques et les incidents, qui, fréquemment renouvelés, leur offraient du reste l'occasion d'exercer leur
facilité oratoire. Ainsi en usait Mirabeau ; ses discours les plus considérables étaient rédigés par écrit d'un bout à l'autre. Il n'est pas donné
à tout le monde d'improviser sur tel ou tel sujet ; c'est un don naturel,
qu'on peut d'ailleurs acquérir à force de travail, mais qui a toujours ses
dangers. Certains sujets exigent de longues méditations, veulent être
traités avec un recueillement tout particulier ; et s'exposer, en les
abordant en public, aux défaillances de la mémoire ou aux périls de
l'improvisation, n'est pas chose prudente. Je comprends donc très-
bien que les orateurs de l'Assemblée constituante et de la Convention
aient eu la précaution, dans les circonstances graves, d'écrire leurs
discours. Cela ne les empêchait pas d'être en même temps d'admirables
improvisateurs, comme Mirabeau et Robespierre. Quelques personnes
ont avancé le contraire relativement au dernier ; elles ont commis une
grosse erreur pour ne s'être pas donné la peine d'examiner avec
quelque soin les innombrables discussions auxquelles il prit part.
Maintes fois, comme il est bien facile de s'en rendre compte, il eut à
parler à l'improviste sur les sujets les plus imprévus : il s'en tira toujours avec infiniment de talent et de bonheur, témoin le magnifique
discours que lui inspira la lettre de l'abbé Raynal à l'Assemblée constituante.

Ainsi, dans la séance du 10 juin, lorsqu'il fut arrivé à la fin de son
discours écrit, il continua de parler (1), releva une à une les principales dispositions du projet des comités qu'il n'avait pu prévoir, et

_____

(1) Voy. à cet égard le *Journal de Paris*, qui note soigneusement la distinction.
Numéro du 12 juin 1791.

les combattit toutes successivement. Livré à l'inspiration du moment, et sous l'impression des attaques dirigées par le rapporteur contre les soldats et les sous-officiers, il devint plus vif, plus véhément, plus agressif. Quels moyens proposait-on au lieu de l'indispensable mesure du licenciement des officiers? D'abord de punir sévèrement les soldats accusés d'indiscipline. Inexorables aux faibles, aux innocents opprimés, les comités se montraient doux et complaisants pour les oppresseurs, oubliant la promesse faite depuis deux ans par l'Assemblée aux soldats de réprimer les désordres sans distinction de grades. Or l'impunité semblait assurée aux officiers. Qu'exigeait-on d'eux maintenant pour toute garantie? Un nouveau serment, une nouvelle promesse de ne point conspirer contre la nation. « Eh quoi! » s'écriait-il, « n'êtesvous pas encore las de prodiguer les serments? » Et à propos de ces serments politiques si vivement critiqués par Robespierre, je ne puis m'empêcher de rappeler que la Révolution de 1848 en avait sagement prononcé l'abolition. «Est-ce par des serments ou par des lois, » poursuivait-il, « que vous voulez gouverner la France et affermir la liberté? Les serments, inutiles pour les bons citoyens, n'enchaînent pas les mauvais. S'ils effrayent quelques hommes de bonne foi, les conspirateurs et les traîtres s'y prêtent avec facilité et rient de la crédulité de ceux qui se reposent du salut de l'État sur de pareils garants. Les citoyens, les militaires n'ont-ils pas déjà prêté le serment civique? Ceux qui ont pu le violer en respecteront-ils un second? Et si ce second peut ajouter à la force du premier, il faudra leur en demander un troisième... le tout pour corroborer leur patriotisme et donner des preuves plus éclatantes de votre sagesse. Mais, dit-on, ce n'est pas un nouveau serment qu'on propose, c'est un engagement d'honneur. Ainsi vous connaissez donc un engagement plus sacré que la religion du serment? Quel est donc cet honneur qui s'allie avec le parjure? qui ne suppose ni amour de la patrie, ni respect pour l'humanité, ni fidélité aux devoirs les plus sacrés du citoyen? Il est donc une vertu secrète, un talisman attaché à la parole d'honneur d'une classe de citoyens? L'honneur est le patriotisme particulier du corps des officiers, les actes de patriotisme, les serments sont faits pour les autres; mais ceux-là, il suffira qu'ils promettent sur leur honneur. Et c'est vous qui consacrerez ces absurdes préjugés et ces insolentes prétentions; c'est vous qui établirez en principe que chez les Français, chez des hommes libres, l'honneur féodal peut remplacer la morale et la vertu!... » Comme à ces derniers mots une voix de la droite lui criait qu'il ne connaissait pas l'honneur : « Oui, » répliqua-t-il vivement en jetant un regard méprisant vers le côté d'où était partie l'interruption, « je me fais gloire de ne pas connaître un honneur qui permet d'être l'ennemi de la liberté et de sa patrie(1)... » Arrivant à la disposition par laquelle les comités accordaient aux officiers démissionnaires pour refus de serment un quart de leur traitement, il ne pouvait s'empêcher d'admirer cette munificence d'une nation distribuant des récompenses et des pensions à des citoyens qui ne voulaient point promettre de ne pas conspirer contre elle. Enfin, comme digne couronnement de son œuvre, le comité proposait de cantonner les soldats, c'est-à-dire de les séparer des citoyens, afin de pouvoir plus facilement séduire les uns, dégoûter les autres, et en faire les dociles satellites de la cour et des intrigants ambitieux. Une seule chose étonnait Robespierre, c'était l'audace incroyable avec laquelle on avait espéré faire sanctionner un pareil projet par l'Assemblée constituante. Aussi demanda-t-il qu'il fût rejeté avec indignation et que le licenciement des officiers fût prononcé avant tout (2).

Il y avait quelque courage à Robespierre à s'exprimer avec cette rude franchise, car un assez grand nombre de membres de l'Assemblée, principalement parmi ceux de la droite, c'est-à-dire parmi les anciens privilégiés, appartenaient à l'armée. Cazalès s'élança, plein de rage, à la tribune, traita de lâches calomnies les assertions si vraies et si justes du précédent orateur, et alla jusqu'à menacer en quelque sorte l'Assemblée nationale des vengeances de l'armée, si elle ne repoussait pas à l'unanimité la proposition du licenciement. Aucun de ceux qui, aux Jacobins, avaient énergiquement soutenu l'opinion de Robespierre ne vint à son appui dans l'Assemblée. Un membre seulement répondit à Cazalès qu'on voyait des officiers français auprès de Condé et qu'on n'y voyait pas de soldats.

Le lendemain la discussion fut reprise; même silence des membres de la gauche. Seul, Robespierre tenta d'inutiles efforts en faveur de sa motion. Comme on réclamait contre elle la question préalable, il demanda vivement la parole pour une question d'ordre, mais l'Assemblée refusa de l'entendre. Debout au milieu de ses collègues assis, et muets, pour ainsi dire, devant la menace indécente faite la veille par Cazalès, Robespierre, dit un témoin oculaire, promena longtemps ses regards à droite et à gauche, comme s'il eût voulu, par sa seule attitude, reprocher à ses collègues leur pusillanimité et leur faiblesse (3).

---

(1) Courrier de Provence, numéro 300, p. 163.

(2) Suivant son habitude, le Moniteur ne donne qu'un résumé assez écourté de ce discours (numéro du 11 juin 1791); le Point du jour (numéro 700) fait de même. Voyez le discours imprimé, Paris, de l'Imp. nat., in-8° de 15 p.

(3) Nous donnons ici comme document curieux la lettre de Pio, gentilhomme ita-

Le projet des comités fut adopté, après que l'Assemblée eut repoussé par la question préalable la proposition du licenciement. Ainsi, comme l'avait dit Robespierre au début de son discours, au milieu de toutes les aristocraties détruites restait seule l'aristocratie militaire. Combien il fallait que vous fussiez dans le cœur du peuple, ô Révolution immortelle, pour résister à de tels décrets qui remettaient vos destinées entre les mains de vos ennemis! Ah! s'écria le journal de Mirabeau, comme si l'ombre de son glorieux fondateur eût plané sur lui, « le vertueux Robespierre est le seul qui ait eu le courage d'élever la voix contre ce projet de décret. Mais avec quelle force de raisonnement n'a-t-il pas démontré la nécessité du licenciement! Avec quelle force de principes n'a-t-il pas pulvérisé le projet des comités! Avec quelle force de style n'a-t-il pas fait le triste tableau des troubles qui agitent l'armée et dévoilé les longues iniquités des chefs(1)! » Mais l'Assemblée nationale marchait à grands pas vers la réaction.

lien, proclamé citoyen français par la Commune de Paris, au mois d'avril 1790, lettre publiée dans le numéro 81 des *Révolutions de France et des Royaumes*... « C'est dans votre journal, Monsieur, que je désirerois de voir passer à l'immortalité un des plus beaux traits qui honorent nótre liberté, et un de ces hommes qui est devenu aujourd'hui le plus cher à la patrie. Robespierre mérite la couronne civique; Robespierre, levé tout seul au milieu du sénat le 11 de ce mois, jour à jamais déplorable! lorsqu'on a mis aux voix le licenciement des officiers. Que faisoient donc dans ce moment là les autres enfants de la patrie, ceux que nous avons tant chéris jusqu'à présent, les amis ardens de la République? Ce Romain qui mérita le nom de *Père de la patrie*, et qui osa sauver la République le 5 décembre, trouva au moins dans le sénat deux opinions qui se levèrent avec lui, et qui appuyèrent courageusement son avis. Il y en eut bien quelqu'un qui, au dire de Salluste, quitta lâchement sa place, mais Sinalus, mais Caton se mirent du côté de Cicéron, et la patrie fut sauvée. Et vous ne l'avez pas osé ce 11 juin, Pétion, Anthoine, Buzot et tant d'autres que je passe sous silence pour leur honneur, et que Robespierre a fait rougir lorsqu'il promenoit ses regards à droite et à gauche, se tenant immobile, tout seul, à la décision de cette fatale question d'où dépendoit le salut du peuple? Qu'il étoit beau de voir un citoyen au milieu de huit cents soi-disans pères conscripts, au milieu de toute l'Assemblée nationale, reprocher, par sa seule attitude, leur pusillanimité, leur foiblesse, et je dirois presque leur lâcheté à ses collègues! Il me sembla l'entendre dire à tous ce que ce brave Lacédémonien disoit à Pausanias la veille de la bataille de Platée, où Mardonius fut tué et les Perses taillés en pièces : « Je me moque de toutes les autres résolutions et conclusions « lâches et timides de ce faux conseil. » (V. Plutarque, *Vie d'Aristide*.) Que David, que Houdon, que Pajou représentent notre cher Robespierre dans la ferme et héroïque attitude du 11 juin; c'est là la seule que la postérité doit connoître. Chabrias fut bien copié dans la posture où il se disposa à combattre les ennemis; sa statue étoit un genou appuyé contre son bouclier, et présentant la pique en avant; la statue de Robespierre sera celle d'un seul citoyen debout parmi les autres assis, que je ne dis pas citoyens, mais députés.

« *Signé* : PIO.

« Ce 15 juin 1791. »

(1) *Courrier de* PROVENCE, numéro 300, p. 159. Le journal de Brissot ne fut pas moins élogieux pour Robespierre : « On ne peut rien d'ailleurs opposer au tableau effrayant que M. Robespierre a fait de toutes les vexations, les inquisitions, les horreurs com-

XVI

Robespierre avait été plus heureux la veille, dans la discussion concernant les incompatibilités législatives, en appuyant un amendement de Regnault, tendant à faire prononcer l'incompatibilité des fonctions municipales, administratives et judiciaires avec les fonctions législatives, non-seulement pendant chaque session, comme le proposait le comité de constitution, mais pendant la durée de la législature. Il était absurde, selon lui, qu'un même homme pût cumuler le mandat de législateur et l'autorité du fonctionnaire public, puisqu'il se trouverait inviolable comme législateur et responsable comme fonctionnaire. L'Assemblée, applaudissant à ces paroles, déclara les fonctions municipales, administratives et judiciaires imcompatibles avec celles de la législature (1).

Le 10 juin, le jour même où il réclamait en vain le licenciement des officiers de l'armée, Robespierre recevait des électeurs du département de Paris un éclatant témoignage d'estime et d'affection. Ce jour-là, en effet, les citoyens composant l'assemblée électorale du département de Paris se réunissaient à huit heures du matin, sous la présidence de Lacépède, à l'archevêché, et nommaient Robespierre, à une majorité considérable, accusateur public près le tribunal criminel du département de Paris (2). D'André, qui avait obtenu quatre-vingt-dix-neuf voix, fut ensuite nommé substitut de l'accusateur public par

mises dans la plupart des régimens par les officiers. M. Cazalès appelle cela des calomnies, mais trop de voix s'élèvent en faveur de ces faits pour qu'ils soient des calomnies. » (*Patriote françois*, numéro 673).

(1) *Point du jour*, numéro 698, et *Moniteur* du 10 juin 1791.

(2) Il y eut deux tours de scrutin ; au premier, 235 électeurs prirent part au vote ; la majorité absolue était de 118 voix. Robespierre obtint 116 suffrages : il en avait en réalité réuni 118 ; mais deux bulletins, ne portant que son nom sans la qualification de député, ne lui furent pas comptés, après une longue discussion, à la suite de laquelle l'assemblée électorale décida qu'un second tour de scrutin aurait lieu. Les citoyens qui après lui réunirent le plus de voix furent d'André, député (49 voix) ; Martineau, député (16 voix) ; Fréteau, député (12 voix), et Rœderer, député (5 voix) ; Pétion n'obtint que 3 voix. Au second tour, il y eut 372 votants ; la majorité absolue était de 187 voix. Robespierre en obtint 220, non compris cinq bulletins où son nom n'était pas suivi de la qualification de député. Après lui venaient d'André (99 voix), et Martineau (24). « D'après ce résultat, dit le procès-verbal, M. le président a proclamé, au nom de l'assemblée électorale, accusateur public du tribunal criminel du département de Paris, M. Robespierre, député à l'Assemblée nationale, âgé de (*l'âge est resté en blanc*), demeurant rue Saintonge, au Marais. (*Archives* de l'empire B, I A, 5, cote 14.)

quatre-vingt-sept voix seulement. Il refusa cette place, sans doute par dépit de se trouver le subordonné de son collègue. Le 13, une lettre de Pastoret, procureur syndic du département, annonça à l'Assemblée électorale l'acceptation de Robespierre, et en même temps le refus de Duport, qui, le 9, avait été nommé président du même tribunal (1).

Voici en quels termes, de son côté, Robespierre notifiait lui-même à ses électeurs son acceptation : « Messieurs, M. le procureur général syndic vient de m'annoncer officiellement le choix que vous avez fait de moi pour remplir les fonctions d'accusateur public au tribunal criminel du département de Paris. Je me fais un devoir d'accepter cette place importante et pénible. Je n'envisage point sans effroi la grandeur des obligations qu'elle m'impose ; mais j'ose espérer que l'amour de la patrie et le désir de justifier les suffrages glorieux qui me l'ont déférée me donneront les forces nécessaires pour en porter le poids (2). » Cette lettre était datée du 11 juin ; Lacépède en donna lecture à l'assemblée électorale dans la séance du 13.

Duport avait sur le cœur les échecs successifs que, sur une foule de questions, Robespierre lui avait fait subir, et il en gardait à son collègue une rancune mortelle. Il mit tout en œuvre, il paraît, afin d'empêcher son élection. La veille, au milieu de la nuit, il avait envoyé un message à un électeur pour le supplier d'employer tout son crédit à s'opposer à ce choix, menaçant de donner sa démission de président si le corps électoral lui adjoignait Robespierre comme accusateur public (3). « A la vue de cette lettre, » écrivit Camille Desmoulins indigné, « holà ! quoi ! me suis-je dit, est-ce bien là ce Duport qui disoit à Mirabeau, à la séance du 28 février aux Jacobins : Qu'il soit un honnête homme, je cours l'embrasser. Méprisable hypocrite ! tu repousses de ton tribunal Robespierre, c'est-à-dire la probité même, et n'ayant pu réussir à l'écarter, tu désertes le poste où te plaçoit la confiance ou plutôt l'erreur de tes concitoyens ! Voilà comme tu cours embrasser l'homme de bien (4) !... » En effet, les électeurs n'ayant pas tenu

<hr />

(1) Lettre de M. de Pastoret au président de l'assemblée électorale du département de Paris, en date du 13 juin 1791. (*Archives*, ubi suprà.)

(2) Extrait du procès-verbal de la séance du 13 juin 1791. (Archives B, I A, 2, cote 7.) L'original de cette lettre se trouve dans une collection particulière.

(3) S'il faut en croire Montlosier, Bailly et La Fayette n'auraient pas été étrangers à la cabale. Voy. ses *Mémoires*, t. II, liv. XV, p. 124.

(4) *Révolutions de France et des Royaumes*, etc. Numéro 81, p. 98. S'adressant à Duport, le bouillant Camille lui disait encore : « Tu n'ignores pas l'estime universelle dont il jouit, et les couronnes civiques que lui ont décernées les sociétés fraternelles. Tu as été témoin cent fois des applaudissemens unanimes qu'ont excités parmi les Jacobins ses discours et sa seule présence. Tu sais quelle intervalle immense

compte des manœuvres de Duport, il tint parole, et, comme nous l'avons dit, donna immédiatement sa démission.

Ce refus causa dans le parti populaire une impression extrêmement fâcheuse pour lui. On le soupçonna généralement de n'avoir pu pardonner à son incorruptible collègue d'avoir fait écarter, pour quatre ans, des places du ministère les membres de la législature, reculé ainsi le terme où son ambition eût eu chance d'être contentée, et achevé de lui enfoncer un poignard dans le cœur en l'empêchant d'être réélu à la prochaine Assemblée. Avec moins de véhémence que Camille, et moins d'indignation, Brissot blâma aussi Duport et lui reprocha, non sans quelque amertume, de n'avoir pas sacrifié sa vanité aux grands intérêts de la liberté. « Je le vois, » dit-il, « on ne cherche que l'égoïsme (1). » Quoi qu'il en soit, et à quelque sentiment qu'ait obéi Duport, amour-propre froissé, ambition déçue, rancune personnelle, cette rancune si transparente dans son discours sur la réélection, sa conduite en cette circonstance ne fut pas celle d'un bon citoyen (2).

Robespierre, on s'en souvient, avait été nommé, quelques mois auparavant, juge au tribunal de Versailles. Il envisageait cette position, nullement fatigante, appropriée d'ailleurs à ses goûts paisibles et studieux, comme une halte, comme une retraite après ces deux années d'agitation et de fièvre. A Versailles il espérait trouver le repos nécessaire après les vives luttes auxquelles il avait été mêlé, se retremper pour les prochains combats. Le vote de l'assemblée électorale de Paris vint tout à coup changer sa résolution ; il crut qu'il ne pouvait se dispenser d'opter pour un poste nécessairement environné d'écueils, et où il y aurait de nouveaux services à rendre à la cause de la liberté. Ce ne fut pas sans de profonds regrets qu'il renonça à la place où l'avait appelé la confiance de ses concitoyens de Versailles. « Des circonstances impérieuses, puisées dans l'intérêt public, » écrivait-il au procureur syndic du département de Seine-et-Oise, en lui annonçant sa nomination d'accusateur public près le tribunal criminel de Paris, « m'ont forcé à accepter cette pénible et importante fonction ; mais le sacrifice auquel elles me condamnent ne fait que redoubler les sentimens de reconnoissance et d'attachement que j'ai voués pour ma vie aux citoïens de la ville et du district de Versailles... » Il terminait

l'opinion publique met entre son patriotisme et le tien ; ce ne peut donc pas être l'orgueil qui t'éloigne de lui. »

(1) Voy. le *Patriote françois*, numéro 676.

(2) A sa place fut élu Pétion, comme président du tribunal criminel. Buzot remplaça comme vice-président Bigot de Preameneu, non-acceptant, et Faure devint, au lieu de d'André, substitut de l'accusateur public.

en le priant d'annoncer à ses électeurs qu'il s'efforcerait de justifier leur confiance en servant la cause commune dans un poste plus difficile et plus périlleux.

En même temps il écrivait à la société des *Amis de la Constitution* de Versailles, dont il venait de recevoir une lettre pleine de choses touchantes et de protestations de la plus ardente amitié. Dans sa réponse il exposait les motifs qui l'avaient déterminé à accepter, malgré lui pour ainsi dire, ce poste d'accusateur public. « Il m'imposoit de toutes les charges la plus contraire à mon goût et à mon caractère ; il m'engageoit dans un tourbillon d'affaires délicates, épineuses, immenses, au moment où j'aspirois après la fin de tant de travaux et d'agitations. » Son désir eût été de se reposer dans l'étude des grandes vérités de législation et de politique convenant à un peuple libre ; son ambition de les défendre et de les faire triompher un jour au sein des assemblées législatives. Aussi avait-il longtemps hésité ; mais ses amis lui ayant représenté que c'était lui qui, dans ses discours, avait prouvé combien la puissance des nouveaux magistrats criminels pouvait être fatale à la liberté, à la constitution, si elle était exercée par des hommes faibles et suspects, il s'était déterminé à accepter comme un fardeau redoutable, comme l'occasion d'un pénible sacrifice, une place qu'il aurait refusée comme une récompense et comme un honneur. Ses amis de Versailles ne le blâmeraient pas, et comprendraient ses motifs ; c'était son espérance. Il leur promettait d'ailleurs d'aller prochainement les entretenir plus en détail au sein même de leur société, aux séances de laquelle il se proposait d'assister quand ses occupations lui en laisseraient le loisir. « Soyez, » disait-il en terminant, « soyez les interprètes de mes regrets et de ma douleur auprès de vos concitoïens, auprès des habitans de la contrée qui m'avoit honoré de sa confiance. Dites-leur que cette seule qualité sera toujours à mes yeux un titre sacré ; dites-leur que, pour aimer ardemment la patrie, je n'en suis pas moins attaché à leur bonheur particulier, et que je leur offre à tous en général et à chacun en particulier mon zèle, ma voix, toutes mes ressources et ma vie même (1). »

. Et qu'on ne s'imagine pas que ces regrets si délicatement exprimés, cette peinture de ses hésitations, de l'anxiété de son âme, soient de simples banalités d'usage, de ces phrases qu'exigent la politesse et l'urbanité ; non, c'était l'expression vraie, sincère, de ses sentiments

---

(1) Cette lettre et la précédente, dont les originaux existent aux archives de la ville de Versailles, ont été imprimées dans le tome deuxième des *Mémoires de la Société des sciences morales, etc.*, de Seine-et-Oise, p. 176 et suiv. 1849. La seconde s'y trouve en *fac-simile*.

intimes. Nous en avons la preuve dans une autre lettre complétement inédite, lettre adressée à ce cher confident d'Arras qui, dans les commencements de l'Assemblée constituante, alors que Robespierre avait un peu plus de loisir, recevait de lui ces longues et intéressantes lettres qu'on a bien voulu nous confier, et auxquelles nous avons fait de nombreux emprunts. Depuis, la correspondance est devenue rare, car les occupations se sont multipliées, ont pris tous les instants. Cependant Robespierre ne peut laisser ignorer à son ami la faveur dont il vient d'être l'objet de la part de la population de Paris, il lui écrit donc; mais ce ne sont plus de ces faciles et abondantes causeries, où il raconte en quelque façon l'histoire de l'Assemblée; à peine a-t-il le temps de tracer à la hâte quelques lignes qui, du reste, n'en ont pas moins une importance capitale. Or, dans cette lettre toute personnelle, qui n'a pas été rédigée pour être discutée et commentée par toute une société politique, dans cette lettre où le cœur se fond tout entier, on va voir comment il s'exprime au sujet des habitants de Versailles, et si elle n'est pas une sanction évidente de celle dont nous avons donné plus haut l'analyse et quelques extraits : « Mon cher et joyeux ami, » écrit-il, à la date du 12 juin, à son ami Buissart, « je suis trop convaincu de votre attachement pour moi pour ne point vous parler d'un événement qui m'intéresse. Les électeurs de Paris viennent de me nommer accusateur public du département, à mon insçu, et malgré les cabales. Quelque honorable que soit un pareil choix, je n'envisage qu'avec fraïeur les travaux pénibles auxquels cette place importante va me condamner dans un temps où le repos m'étoit nécessaire, après de si longües agitations. D'ailleurs, je regrette mes chers citoïens de Versailles qui m'ont donné les preuves les plus touchantes de leur attachement, et à qui cet événement causera beaucoup de peine. Mais je suis appelé à une destinée orageuse; il faut en suivre le cours jusqu'à ce que j'aie fait le dernier sacrifice que je pourrai offrir à ma patrie. Je suis toujours accablé. Je ne puis m'entretenir avec vous, ni aussi souvent, ni aussi longtems que je le désire. Il ne me reste, mon cher ami, que le tems de vous embrasser de toute mon âme... »

En citant cette lettre bien remarquable, nous ne pouvons nous empêcher de faire observer qu'elle ne contient aucun reproche blessant pour Duport, qui cependant n'avait pas craint de descendre jusqu'à de basses intrigues pour mettre obstacle à la nomination de son collègue, élu sans avoir eu même la pensée de solliciter les suffrages populaires. Une simple allusion : « J'ai été nommé malgré les cabales. » Or, ceci est à noter de la part d'un homme si injustement accusé d'avoir été haineux, vindicatif et envieux. On permet tout à ses ennemis, nous le verrons

plus tard ; on lui fait un crime à lui de se défendre parfois avec quelque
amertume. Quelle belle occasion pourtant d'épancher son ressentiment
dans l'âme d'un ami dévoué ! Mais non, de plus hautes pensées l'occu-
pent. Et puis, en songeant à cette nuée d'ennemis puissants que lui ont
suscités son âpre amour de la justice et son dévouement à la cause populaire, il ne peut se défendre d'un secret pressentiment. Il est appelé, il le
sent bien, à une destinée orageuse ; mais il en suivra le cours jusqu'à ce
qu'il ait fait à sa patrie le dernier sacrifice qu'il puisse lui offrir. Il était
digne, en effet, de se dévouer ainsi d'avance, l'homme qui, contrairement à des accusations dont nous n'aurons pas de peine à démontrer
la fausseté, donna en toute occasion les preuves d'un courage civil indomptable.

XVII

Les Constitutionnels, comme Duport et d'André, les membres du côté
droit. n'apprirent pas sans déplaisir et sans colère l'élection de Robespierre à l'importante place d'accusateur public près le tribunal criminel du département de Paris. Ils ne manquèrent pas de saisir la première occasion de laisser percer leur dépit et leur ressentiment. Dans la
séance du 18 juin au soir, Merlin était venu rendre compte de troubles
survenus dans la ville de Cambrai. Les gens appelés autrefois *comme il
faut*, avait-il dit, irrités de la composition patriotique de la municipalité de cette ville, avaient suscité une émeute au théâtre, et un citoyen
de Cambrai était tombé, le crâne ouvert, sous les coups de l'aristocratie ; Merlin demandait donc que le tribunal de Valenciennes fût
invité à informer sur ce crime. L'Assemblée renvoya l'affaire au
comité des rapports, en le chargeant d'en rendre compte incessamment.

Robespierre réclama aussitôt la même mesure à l'égard d'attentats
commis à Brie-Comte-Robert contre la liberté civile par les chasseurs
de Hainaut, sur la réquisition même de la municipalité. Une centaine
de citoyens de Brie, ayant à leur tête un officier municipal et le procureur de la commune, étaient venus lui dénoncer les faits et le prier de
les porter à la connaissance de l'Assemblée. Les plus horribles vexations avaient été exercées contre des citoyens : on avait vu tout récemment, au milieu de la nuit, des soldats envahir, en brisant les portes,
le domicile de citoyens accusés par la municipalité d'avoir occasionné

quelques désordres dans la ville ; des hommes et des femmes avaient été brutalement arrachés de leurs lits, garrottés, mutilés, jetés en prison. Ainsi, à quelques distances de la capitale, disait-il, et dans un moment où l'on parlait tant de justice et de liberté, il existait une ville livrée au despotisme militaire.

Regnault (de Saint-Jean d'Angély), invoquant les nécessités de la tranquillité publique, combattit le renvoi au comité des rapports ; et un député de la droite, Murinais, demanda si déjà « M. Robespierre faisait l'apprentissage de son métier d'accusateur public. » C'est comme membre de l'Assemblée, répondit Robespierre, que je lui soumets des plaintes signées de plusieurs centaines de citoyens ; et la malveillance même dont je suis l'objet vous oblige à ne pas prononcer légèrement en faveur des oppresseurs contre les opprimés, dont tout le monde n'aurait pas osé entreprendre la défense. Au reste, ajouta-t-il dédaigneusement, les yeux tournés vers la droite : « Je méprise ce système d'oppression, et les inculpations continuelles qu'on cherche à répandre contre ma conduite et mes principes. J'en appelle au tribunal de l'opinion publique ; il jugera entre mes détracteurs et moi. » Il ne demandait rien autre chose d'ailleurs, sinon qu'on prît la peine de vérifier les faits. Se rendant à ces justes observations, l'Assemblée renvoya l'affaire à l'examen du comité des rapports (1).

Cette affaire fit quelque bruit au dehors. Peu de temps après, un des citoyens incarcérés étant mort dans le cachot où il avait été jeté, Robespierre adressa à ce sujet une nouvelle plainte au comité des rapports. On alla aux informations près de la municipalité de Brie-Comte-Robert, qui naturellement donna les meilleurs renseignements sur l'état des prisons et la manière dont les citoyens y étaient traités. Hélas ! je ne me sens guère disposé, pour ma part, à ajouter foi aux explications d'une municipalité fortement soupçonnée d'opinions contre-révolutionnaires. On sait avec quel sans-gêne inhumain sont trop souvent traités les détenus politiques. N'en avons-nous pas vu, de nos jours, de terribles exemples ? Or que devait-ce être sous un régime se ressentant encore des rigueurs de cette ancienne législation criminelle qui faisait si bon marché de la vie des hommes ? Quoi qu'il en fût, un témoignage sinistre s'élevait contre la municipalité de Brie-Comte-Robert. Malgré cela, Muguet n'en vint pas moins un peu plus tard, le 6 août, demander en sa faveur un bill d'indemnité. Robespierre s'y opposa vainement. Sans doute, si les chasseurs de Hainaut s'étaient contentés d'exécuter des décrets de prise de corps, ils ne seraient point

(1) Voy. le *Point du jour*, numéro 708, p. 277 et suiv.

coupables ; mais on les accusait d'avoir arraché de leurs demeures et traîné en prison des citoyens contre lesquels il n'y avait pas de décret. La procédure seule pouvait amener la découverte de la vérité : il fallait se garder de la préjuger. En dépit de ces sages observations, l'Assemblée refusa d'improuver la conduite de la municipalité de Brie-Comte-Robert et celle des chasseurs de Hainaut, après quelques paroles de Barnave qui, devenu à son tour un des chefs du parti réactionnaire, se retournait pour ainsi dire contre son passé (1).

XVIII

A cette époque du mois de juin 1791, on s'inquiétait beaucoup des prochaines élections à l'Assemblée législative ; c'était la préoccupation de toute la France. Des nouveaux législateurs, en effet, allait dépendre le sort de la Révolution, et Paris, gardien jaloux de la liberté française, songeait à en assurer la conservation par le choix de candidats franchement libéraux.

La société des Jacobins résolut d'adresser à toutes les assemblées primaires une circulaire, une instruction concernant les scrutins qui allaient s'ouvrir. Le comité de correspondance de la société jugea à propos de confier à Robespierre la rédaction de cette circulaire. Robespierre reçut la lettre par laquelle on le priait de vouloir bien se charger de cette besogne dans la journée du 19, au moment où il revenait de l'Assemblée nationale, dont la séance peu importante avait été levée vers deux heures et demie. C'était un dimanche. Comme il avait un petit voyage à faire le lendemain, il se mit tout de suite à l'œuvre, ne voulant pas retarder l'envoi de cette instruction aux assemblées primaires, et le soir même il se trouva en mesure de donner lecture de son travail. Il commença par s'excuser de la précipitation qu'il avait été contraint d'apporter à la rédaction de cette circulaire, « mais, » dit-il, « obligé de faire un petit voyage demain soir, il m'eût été impossible de vous la lire demain. » Cette instruction courte, très-nette et singulièrement énergique, fut accueillie par les plus bruyants applaudissements.

Robespierre engageait d'abord les électeurs à se rendre exactement aux assemblées primaires, insistant sur la nécessité de bien choisir les

(1) Voy. le *Moniteur* des 17 juillet et 8 août 1791, et le *Point du jour*, numéro 759.

électeurs qui, à leur tour, seraient chargés de nommer les députés du pays. La réunion des talents et de la vertu est certainement désirable, leur disait-il, mais les premiers sont moins indispensables que la seconde, laquelle peut, à la rigueur, se passer de talents, tandis que les talents sans vertu deviennent parfois un fléau. Quand on aime la justice et la vérité on aime ses semblables, et l'on est prêt à défendre leurs droits. Rejetez quiconque s'est montré vil et impitoyable, quiconque a été vu rampant aux pieds d'un ministre, car on peut changer de manières, mais le cœur reste le même. C'est aux hommes d'un caractère ferme et prompt, toujours disposés à s'émouvoir au récit des malheurs des autres et à se consacrer à la défense des opprimés, qu'il faut confier le soin de soutenir la cause populaire contre ces ennemis perfides sans cesse enclins à se couvrir du voile de l'ordre et de la paix. « Ils appellent ordre tout système qui convient à leurs arrangements; ils décorent du nom de paix la tranquillité des cadavres et le silence des tombeaux. » Robespierre désignait par là tous ces faux modérés si impitoyables dans leurs vengeances. « Ce sont ceux-là, » disait-il en terminant, « qui assiègent les assemblées primaires pour obtenir du peuple qu'ils flattent le droit de l'opprimer constitutionnellement. Évitez leurs pièges, et la patrie est sauvée. S'ils viennent à vous tromper, il ne vous reste plus qu'à réaliser la devise qui nous rallie sous les drapeaux de la liberté : *Vivre libre ou mourir.* »

Il ne faut pas oublier qu'à l'époque où, avec un tel enthousiasme, se prononçaient et s'écoutaient de telles paroles, on sortait à peine d'une léthargie politique quatorze fois séculaire, et l'on ne se souciait pas de reprendre sitôt des chaînes si glorieusement brisées. On demandait l'impression immédiate de cette circulaire et son envoi à toutes les assemblées électorales, quand une observation très-juste de Rœderer amena un petit incident. Robespierre, préoccupé de l'idée que l'obligation de se rendre aux assemblées primaires occasionnerait un sacrifice de temps assez lourd pour certains électeurs, avait parlé d'indemnités fondées, à son sens, sur la raison, la justice et l'intérêt public. C'était une erreur, suivant nous; il faut qu'aucun motif d'intérêt particulier n'entre en ligne de compte avec l'accomplissement des devoirs politiques; c'est aux législateurs à les rendre le moins onéreux possible aux électeurs. Robespierre, au reste, s'était inspiré en cela d'une motion faite quelques jours auparavant, au sein même de l'Assemblée constituante, et à laquelle le rapporteur du comité de constitution, Desmeuniers, avait paru favorable. Mais Rœderer objecta que rien n'avait été décidé encore à cet égard, et Robespierre modifia sa phrase. Cet incident vidé, on vota l'impression de la circulaire au nombre de trois mille exemplaires, et son envoi à toutes les sociétés affiliées et aux quarante-huit sections de Paris (1).

XIX

Vraisemblablement Robespierre fut absent de Paris pendant la journée du 20, comme il en avait, la veille, prévenu les Jacobins. Peut-être était-il allé rendre aux *Amis de la Constitution* de Versailles la visite promise dans la lettre qu'il leur avait adressée quelques jours auparavant. Quoi qu'il en soit, il était de retour déjà lorsque, dans la matinée du lendemain, se répandit tout à coup, instantanément, d'un bout de Paris à l'autre, cette nouvelle étrange, pleine d'alarmes, grosse de tempêtes : Le roi est en fuite. Personne n'ignore comment, dans la nuit du 20 au 21 juin 1791, Louis XVI, Marie-Antoinette, le petit dauphin et sa sœur, madame Élisabeth et madame de Tourzel, trompant la surveillance des nombreuses sentinelles dont se trouvaient inondées les Tuileries, parvinrent à quitter Paris, se dirigeant par la route de Châlons, vers Montmédy, où les attendait Rouillé.

L'annonce de ce départ circulait depuis quelques jours déjà dans la capitale; plusieurs journaux en avaient parlé comme d'un événement prochain et définitivement convenu; la municipalité, le commandant de la garde nationale avaient reçu de secrets avertissements; mais on se demandait jusqu'à quel point ces bruits étaient fondés, et l'on se contenta, bien en pure perte, il est vrai, d'un redoublement de surveillance. Un journaliste eut même l'infamie d'attribuer à la reine et d'insérer dans sa feuille une lettre ignoble adressée au prince de Condé, lettre dans laquelle Marie-Antoinette, annonçant le départ prochain de la famille royale, appelait l'Assemblée constituante l'*Assemblée des cochons*, et traitait les Parisiens de *crapauds et de grenouilles*. On y lisait aussi que La Fayette et Bailly, complices de sa fuite, tâcheraient également de s'échapper de leur côté (2). Ce journaliste, c'était Fréron. Il prétendait tenir cette lettre d'une dame Deflandre, laquelle l'aurait reçue de madame de Rochechouart. Fréron promena cette femme de sections en sections; il la conduisit même à l'Assemblée, où son ami Camille Desmoulins la présenta à Buzot et à Robespierre, qui, surpris au premier

---

(1) Voy. le *Journal des débats de la Société des Amis de la Constitution*, numéro 12.
(2) Voy. cette lettre dans le numéro 49 de l'*Orateur du Peuple*.

moment et ne soupçonnant pas la fraude, se disposaient à prendre
à partie La Fayette et Bailly ; mais un peu de réflexion les convain-
quit bientôt qu'ils parleraient d'après un faux témoignage, et ils se
turent (1).

Qu'une stupeur mêlée de colère ait saisi l'âme des Parisiens à la
nouvelle du départ de la famille royale, cela se conçoit à merveille.
Nul ne pouvait en deviner les conséquences ; pour beaucoup l'avenir
se présentait sous les plus sombres présages : c'était l'invasion peut-
être, la guerre civile, la patrie en sang. Mais à quoi bon écrire ces lignes
lâches et cruelles qu'on lut dans l'Orateur du Peuple : « Elle est partie
cette reine scélérate qui réunit la lubricité de Messaline à la soif du sang
qui dévorait Médicis! Femme exécrable, furie de la France, etc... »
Nous ne saurions assez dire quel dégoût nous inspirent de pareilles
exagérations. Ah ! quels qu'aient été les torts de Marie-Antoinette envers la France, jamais une parole amère ne tombera de nos lèvres, ne
s'échappera de notre plume contre une femme sacrée à nos yeux par
le malheur. L'auteur de ces dégoûtantes injures, c'était Fréron. Eh
bien ! l'homme assez lâche pour jeter ainsi l'insulte à une grande infortune est le même qui plus tard conspirera la perte de Robespierre, et
inventera, propagera les calomnies odieuses sur lesquelles tant de gens
jugent encore la victime de Thermidor.

Tandis que dans Paris ému reparaissaient les piques du 14 juillet,
qu'une foule immense courait précipitamment aux Tuileries, avide de
connaître sur les lieux mêmes les détails de l'évasion, de visiter l'intérieur
de ce palais abandonné par son royal hôte, et dont elle allait apprendre le chemin, l'Assemblée nationale ouvrait sa séance à neuf heures
du matin (2). Au milieu d'un profond et solennel silence, elle reçut la
nouvelle officielle de la fuite du roi et de sa famille, « enlevés cette nuit,
dit le président, par les ennemis de la chose publique. » Nous n'avons
pas à rendre compte ici de la discussion très-digne, très-calme à
laquelle cet événement donna lieu; il nous suffira d'en indiquer les
résultats. L'Assemblée, prenant résolûment en mains le pouvoir exécutif, commença par mander tous les ministres à sa barre pour leur donner ses ordres et par décréter l'envoi immédiat, dans tous les départements, de courriers chargés d'enjoindre à tous fonctionnaires, gardes
nationales et troupes de lignes, d'arrêter ou faire arrêter toutes personnes sortant du royaume. Puis elle adopta une proclamation invitant
les citoyens de Paris à se tenir à sa disposition pour maintenir l'ordre

_____

(1) Voy. la narration de MM. Buchez et Roux, d'après les journaux du temps.
Hist. parlementaire, t. X, p. 243 et suiv.

(2) Point du jour, numéro 710, avec cette épigraphe : EXCIDAT ILLA DIES.

public et défendre la patrie; autorisa les ministres à assister à ses séances, à se réunir en conseil, à mettre ses décrets à exécution sans qu'il fût besoin de sanction ni d'acceptation (1), et chargea son comité militaire de veiller à la sûreté intérieure.

Elle entendit ensuite la lecture du mémoire laissé par Louis XVI, d'où il résultait que le roi et la reine abandonnaient Paris pour se mettre en sûreté, parce que l'autorité royale était détruite, parce qu'ils n'avaient pas trouvé au château des Tuileries toutes les commodités auxquelles ils étaient habitués dans leurs autres demeures, parce qu'enfin, depuis le mois d'octobre 1789, ils étaient privés de toute liberté, et comme prisonniers dans leurs propres États. D'après ce mémoire, il était clair comme le jour que le roi, désertant un poste d'honneur, s'était enfui spontanément, de sa propre volonté, sans céder à des suggestions étrangères. Or prétendre, comme persistait à le faire l'Assemblée constituante, que la famille royale avait été victime d'un enlèvement, c'était un mensonge grossier sous lequel on pouvait déjà pressentir d'indignes calculs. Les Constitutionnels, pour qui le roi était un rouage nécessaire de leur système de gouvernement, imaginèrent ainsi d'innocenter tout à fait Louis XVI, sauf à faire retomber, contrairement aux vraies notions de la justice, toute la responsabilité de l'évasion sur les agents qui y avaient prêté la main. Ce subterfuge ne convenait nullement à Robespierre. L'énergie de l'Assemblée ne lui parut pas à la hauteur des circonstances. « Je ne puis que m'étonner, » s'écriat-il, « de ce que l'on propose des mesures assez molles ; je crois que celles adoptées sont également faibles ; mais il faut connaître plus particulièrement les circonstances, et en attendant il faut veiller sur les traîtres et sur le salut de la chose publique (2). » Assurément ce ne sont point là les paroles d'un homme à qui la situation aurait inspiré quelque appréhension personnelle. Il était alors trois heures et demie. Sur la demande de Le Chapelier, l'Assemblée suspendit pour une heure ses délibérations.

(1) Les ministres alors étaient Duport-Dutertre, Montmorin, Duportail, Thevenard, de Lessart et Tarbé.
(2) Voy. le *Moniteur* du jeudi 23 juin 1791.

XX

Quelle impression ressentit Robespierre de la fuite du roi, et quelle fut son attitude en ces graves et critiques conjonctures ? Il est important d'insister là-dessus, parce que les assertions les plus fausses ont été admises et ont eu cours. Un célèbre historien de nos jours, qui a suivi pas à pas, aveuglément, des Mémoires que nous allons discuter, le présente à diverses reprises comme effrayé, « exprimant librement son rêve de terreur. » On ne comprend pas en vérité comment, quand tous les faits protestent du contraire, un grand esprit a pu, dans sa sincérité, commettre une semblable méprise (1). Mais si Robespierre avait eu peur, s'il avait, comme on l'a dit, redouté pour son compte personnel une Saint-Barthélemy de patriotes, il aurait commencé par ne dire mot, par faire le mort, et ainsi il n'aurait eu rien à craindre. Loin de là, dès le premier jour, dès la première heure, il lutte presque seul contre l'Assemblée nationale qui hypocritement innocentait déjà le roi au détriment de ses serviteurs ; et nous allons le voir dans la soirée prendre aux Jacobins une attitude si ferme, si énergique, se désigner si franchement aux coups de la réaction, que certainement sa tête serait tombée la première si Louis XVI était rentré vainqueur dans sa capitale.

Il y avait alors à Paris une femme jeune encore, d'une figure gracieuse quoique virile, d'un esprit charmant, et dont l'enthousiasme pour la Révolution française était sans bornes, nous voulons parler de madame Roland. Arrivée dans le courant du mois de février 1791, après une absence de cinq ans, elle était allée s'installer avec son mari dans ce petit hôtel Britannique de la rue Guénégaud, où demeurait un de leurs amis, le médecin Lanthenas, qui les mit en rapport avec Robespierre. Dans sa patriotique ardeur, madame Roland suivit assidû-

---

(1) Michelet, *Révolution française*, t. III ; voyez tout le chapitre premier. Pour n'avoir pas, avec assez de soin, porté dans l'examen des documents le flambeau de la critique, M. Michelet est trop souvent tombé dans la fantaisie historique. Il ne suffit pas de nous montrer des personnages vivant, gesticulant, livrant sous nos yeux la bataille de la vie, encore faut-il que ce soient les personnages eux-mêmes, et non des types de convention créés par l'imagination de l'auteur. Si d'ailleurs nous examinons d'aussi près l'œuvre de M. Michelet, cela prouve tout le cas que nous faisons d'un confrère illustre dont les récits, acceptés un peu légèrement quelquefois, même par les gens les plus distingués, ont contribué à accréditer sur les hommes et les choses de la Révolution de si regrettables erreurs.

ment les séances de l'Assemblée nationale, et se sentit naturellement
entraînée vers les défenseurs constants de la liberté. Immense était
alors son admiration pour Robespierre, et à cette admiration se joignait une amitié qu'on aurait pu croire inaltérable. « J'ai eu foi, » lui
écrivait-elle vers la fin du mois de septembre de cette année, quand,
de retour dans son habitation de la Platière, elle se prenait à jeter un
regard mélancolique sur l'œuvre de réaction accomplie par l'Assemblée nationale dans les derniers mois de sa session, « j'ai eu foi à
l'intérêt avec lequel vous receviez des nouvelles de deux êtres dont
l'âme est faite pour vous sentir, et qui aiment à vous exprimer une
estime qu'ils accordent à peu de personnes, un attachement qu'ils n'ont
voué qu'à ceux qui placent au-dessus de tout la gloire d'être juste et
le bonheur d'être sensible (1). » Par quel miracle ce grand attachement se transforma-t-il tout à coup, près d'une année plus tard, en un
tout autre sentiment? Robespierre modifia-t-il les principes qui lui
avaient valu l'affectueuse admiration de madame Roland? Nullement.
Mais le cœur de la femme reçut des atteintes profondes, et nous aurons à expliquer comment, entraînée par une passion que nous n'avons
d'ailleurs pas à juger, elle passa dans le camp des ennemis de Robespierre.

Pendant son séjour à Paris, elle avait reçu chez elle les personnages
les plus influents du parti populaire. Buzot, Pétion, Brissot étaient les
hôtes fidèles de son salon. Casanier de sa nature, Robespierre assistait aussi, mais moins souvent, à ces réunions, où, comme on pense,
la politique était la grande affaire. Cependant il venait quelquefois,
paraît-il, demander sans façon à dîner à la future héroïne du parti de
la Gironde, laquelle professait alors pour lui un véritable culte; car, ce
qu'on ne saurait contester, ce dont on a pu se rendre compte déjà, ce
que nous démontrerons mieux encore tout à l'heure, c'est que, en
cette année 1791, madame Roland était son admiratrice passionnée. Et
cependant, d'après les Mémoires écrits par elle durant l'époque de sa
détention, il semblerait qu'elle eût eu dès lors pour lui une très-mé-
diocre estime; il y a là une contradiction par trop grossière. Aussi
avons-nous pensé un moment que ces Mémoires n'étaient pas entièrement son œuvre et qu'ils avaient été arrangés au goût de la réaction

---

(1) *Lettre de madame Roland, née Phlipon, à Maximilien Robespierre.* Du clos de la
Platière, paroisse de Thézée, district de Villefranche, département de Rhône-et-
Loire, 27 septembre 1791. Cette lettre, dont Charlotte Robespierre conserva l'original
jusqu'à sa mort, se trouve insérée *in extenso* dans ses *Mémoires*, p. 77 et suiv. Voilà
ce que M. de Lamartine appelle « une correspondance sèche. » *Histoire des Girondins*,
t. II, p. 44 (1re édition).

girondine, très-puissante au moment de leur publication (1795). Le nom seul de l'éditeur (M. Bosc), dont les appréciations sur la Révolution ont de singulières affinités avec les notices historiques de madame Roland, nous était à bon droit suspect. Autrement il nous fallait accuser madame Roland de mensonge; or il nous répugnait trop de croire qu'une femme, dont le caractère élevé nous inspire tant de respect et de sympathie, eût pu se laisser aigrir par le malheur et égarer par la haine au point d'offenser si grièvement la vérité et de calomnier, de travestir par une rancune étroite ses premiers sentiments. Il y a d'ailleurs dans ses Mémoires des contradictions tellement choquantes, de telles calomnies contre quelques-uns des hommes de notre Révolution, qu'avaient tout intérêt à noircir les réacteurs de 1795, qu'il nous semblait difficile de les imputer à la femme distinguée dont le souvenir nous est cher. Il n'a fallu rien moins que l'examen approfondi du manuscrit lui-même pour dissiper tous nos doutes ; et en feuilletant ces pages rapides, écrites par une main pressée, nous étions tout attristé de rencontrer parmi tant de choses attendrissantes et pleines de charmes des phrases dictées par une haine aveugle, et de sentir tant de fiel et d'amertume sous la trace brûlante des larmes.

Ce Robespierre, à qui madame Roland portait tant d'estime et d'attachement, est devenu dans ses Mémoires l'homme « au rire amer, l'orateur au-dessous du médiocre (1) ; » on devine que le souffle de Guadet et de Louvet a passé là. Ah! comment a-t-elle pu tracer ces appréciations haineuses, la même main qui, en septembre 1791, écrivait à Robespierre : « Lors même que je n'aurois suivi le cours de la Révolution et la marche du Corps législatif que dans les papiers publics, j'aurois distingué le petit nombre d'hommes courageux, toujours fidèles aux principes, et parmi ces hommes mêmes celui dont l'énergie n'a cessé d'opposer la plus grande résistance aux prétentions, aux manœuvres du despotisme et de l'intrigue : j'aurois voué à ces élus l'attachement et la reconnaissance des amis de l'humanité pour ses généreux défenseurs. Puissions-nous, en appréciant les vices que les préjugés et les ambitieux ont fait introduire dans notre constitution, sentir toujours davantage que tout ce qui s'écarte de la plus parfaite égalité, de la plus grande liberté, tend nécessairement à dégrader l'espèce, la corrompt et l'éloigne du bonheur ! Vous avez beaucoup fait, Monsieur, pour démontrer et répandre ces principes ; il est beau, il est consolant de pouvoir se rendre ce témoignage à un âge où tant

_____

(1) *Mémoires de madame Roland*, t. I, p. 298. Édition Berville et Barrière. Le manuscrit de ces Mémoires se trouve à la bibliothèque impériale.

d'autres ne savent point encore quelle carrière leur est réservée ; il vous en reste une grande à parcourir pour que toutes les parties répondent au commencement, et vous êtes sur un théâtre où votre courage ne manquera pas d'exercice (1)... » Si dans les tristesses de la prison madame Roland s'est laissée aller à écrire les Mémoires signés de son nom, on voit aussi comment elle se réfute par elle-même.

Dans l'après-midi du 21 juin, elle vit Robespierre et Brissot chez Pétion. Ce dernier demeurait au faubourg Saint-Honoré ; il est possible que, dans l'intervalle de la suspension à la reprise de la séance, vers quatre heures, Pétion ait amené chez lui son collègue et son ami bien cher alors, et que madame Roland soit venue précisément à ce moment. Elle fut frappée, dit-elle, de la terreur dont Robespierre parut pénétré, comme s'il eût été infiniment fâché du départ de la famille royale (2). Eh bien ! voici comment, le soir même, Robespierre s'exprimait aux Jacobins : « Ce n'est pas à moi que la fuite du premier fonctionnaire public devait paraître un événement désastreux. Ce jour pouvait être le plus beau de la Révolution ; il peut le devenir encore, et le gain de quarante millions d'entretien que coûtait l'individu royal serait le moindre des bienfaits de cette journée. » Il n'y a pas de meilleure réponse.

Un autre faiseur de Mémoires, le Genevois Dumont, grand prôneur de Robespierre alors, et qui, au temps de la réaction, jeta, comme tant d'autres, sa part de boue à la mémoire du vaincu, va plus loin encore. Longtemps après les événements, il osa écrire que Robespierre fut si épouvanté à la fuite du roi, qu'il se tint caché pendant deux jours et projeta même de se sauver à Marseille (3). Il n'y a qu'un malheur, c'est qu'il oublie de nous dire quels sont les jours pendant lesquels se serait caché Maximilien. Le 20 au soir, on s'en souvient, Robespierre, en effet, fit une courte absence, comme il l'avait annoncé lui-même à la tribune des Jacobins ; mais alors, qui songeait à l'évasion du roi ? Et le lendemain matin, dès l'heure où fut connu l'événement, ne le voyons-nous pas à son poste, au milieu de ses collègues, et rester,

---

(1) Lettre du 27 septembre, du clos de la Platière (ubi suprà).

(2) Mémoires de madame Roland (ubi suprà.)

(3) Souvenirs sur Mirabeau, par Étienne Dumont, chap. 16, p. 329. Dumont, s'il faut en croire M. Michelet, qui n'indique pas ses preuves, était pensionné de l'Angleterre. Il y a un rapprochement assez curieux à établir. Ce publiciste écrivait ses Souvenirs vers 1799, c'est-à-dire quelques années après la publication de la première édition de ces Mémoires de madame Roland, où l'on insinue que Robespierre avait paru pénétré de terreur lors de la fuite de Varennes. Or le Genevois Dumont, qui page suivante (299) est qualifié d'homme d'esprit par madame Roland, renchérissan sur elle, écrit que Robespierre se cacha pendant deux jours. On voit combien peu de crédit en général il faut accorder à ces faiseurs de Souvenirs et de Mémoires.

sans désemparer, sur la brèche ? En vérité, nous demandons pardon au lecteur de réfuter de pareilles puérilités ; mais comme tout a été exploité contre ce grand calomnié, force nous est de ne rien laisser dans l'ombre, de mettre toutes choses en lumière.

Dans les courts instants que Robespierre passa chez Pétion, on agita, s'il faut s'en rapporter à madame Roland, la question de la déchéance. Brissot et Pétion, nous dit-on, se montrèrent fort satisfaits du départ du roi ; c'était, selon eux, le moment favorable pour changer la constitution et diriger les esprits vers la République. Or est-il vrai qu'à ces mots, Robespierre, « ricanant et mangeant ses ongles, » aurait demandé ce qu'était une république (1)? Il est bien permis d'en douter lorsque nous voyons madame Roland lui écrire, quelques semaines après, au sujet des patriotes de Villefranche : « Ils aiment la Révolution parce qu'elle a détruit ce qui était au-dessus d'eux, mais ils ne connaissent rien à la théorie d'un gouvernement libre, et ne se doutent pas de ce sentiment sublime et délicieux qui ne nous fait voir que des frères dans nos semblables, et qui confond la bienveillance universelle avec l'ardent amour de cette liberté, seule capable d'assurer le bonheur du genre humain. Aussi tous ces hommes-là se hérissent-ils au nom de république, et un roi leur paraît une chose essentielle à leur existence (2)... » Il serait assez étrange qu'elle se fût adressée en ces termes à Robespierre, si en effet, comme elle le prétend dans ses Mémoires, il avait demandé « en ricanant et en mangeant ses ongles » ce qu'était une république?

Au reste, nous aurons à nous expliquer dans un instant sur ce mot république, qu'au lendemain de sa proclamation, tout le monde revendiqua un peu comme l'ayant prononcé le premier. Seulement il conviendra de distinguer entre ceux qui ont toujours voulu la chose avec toutes ses conséquences et ceux qui se contentaient volontiers du mot, comme si la république était un pur objet d'art.

XXI

A cinq heures l'Assemblée nationale rouvrit sa séance et rendit encore quelques décrets dont le plus important fut celui concernant la

---

(1) *Mémoires de madame Roland,* t. I, p. 299 (feuille 39 du manuscrit).
(2) Lettre du 27 septembre (*ubi suprà*).

mise en activité de la garde nationale dans tout le royaume. Mais là ne fut pas le grand intérêt de la soirée ; il faut aller aux Jacobins. Robespierre y courut vers dix heures.

La foule se pressait, inquiète, haletante, avide d'émotions. Lorsqu'entra Camille Desmoulins, qui, seul de tous les journalistes de l'époque, nous a laissé le récit complet de cette séance et en a retracé la physionomie, Robespierre était à la tribune. Il avait commencé par déclarer, on l'a vu, que, à ses yeux, la fuite du roi était loin d'être un événement désastreux. Seulement il fallait prendre d'autres mesures que celles adoptées dans la journée par l'Assemblée nationale. Et quel moment le premier fonctionnaire du royaume avait-il choisi pour déserter son poste ? celui où toutes les ambitions déçues se coalisaient pour influencer les prochains comices ; où l'application du malencontreux décret du marc d'argent allait peut-être armer les citoyens les uns contre les autres ; où les émigrés complotaient avec leurs complices de l'intérieur la ruine de la constitution ; où tous les tyrans couronnés paraissaient vouloir s'unir pour envahir et affamer le pays. « Mais ce ne sont point ces circonstances qui m'effrayent, » s'écriait-il ; et, avec un accent prophétique : « Que toute l'Europe se ligue contre nous, et l'Europe sera vaincue. » Ce qui l'épouvantait, non pour lui, mais pour la chose publique, pour cette liberté à laquelle il s'était d'avance offert en sacrifice, c'était d'entendre tout le monde parler le même langage, aussi bien les ennemis de la Révolution que ses plus ardents partisans. N'y avait-il pas là-dessous quelque piège caché ? Était-il possible que le roi se fût déterminé à s'enfuir sans un plan prémédité, sans laisser au sein même du royaume des appuis capables d'assurer sa rentrée triomphale ? Comme si déjà il eût prévu le futur manifeste de Brunswick, il montrait le roi apparaissant sur nos frontières, escorté de tous les émigrés, de l'empereur d'Autriche, du roi de Suède, de tous les tyrans coalisés, se proclamant, dans un manifeste paternel, le plus ferme soutien de la liberté, promettant l'amnistie tout en dénonçant comme factieux les vrais amis de la Révolution, et, à travers nos départements en proie à la guerre civile, donnant la main à ses complices de l'intérieur.

Comment ne pas croire à l'existence de ces complices, quand on voyait l'Assemblée nationale, par un lâche et grossier mensonge, appeler un *enlèvement* la fuite du roi, alors que le roi lui-même avait pris soin de lui expliquer dans un long mémoire tous les prétendus griefs qui l'avaient déterminé à quitter le royaume ? Étaient-ils patriotes tous ces ministres à qui l'on venait de confier le pouvoir exécutif sous la surveillance des comités de l'Assemblée, dont la plupart, comme le

comité militaire, par exemple, étaient composés de membres notoirement hostiles à la Révolution? Et, rappelant dans quelle circonstance il
avait récemment défendu l'imprimeur du *Moniteur* dénoncé comme
calomniateur par Montmorin pour avoir inséré une correspondance
dans laquelle étaient dévoilés les projets de fuite du roi, il se demandait s'il était prudent d'abandonner les relations extérieures à un pareil ministre, qui, quinze jours auparavant, protestait au nom du roi
contre des allégations justifiées aujourd'hui, et se portait caution que
Louis XVI *adorait* la constitution? Mais on voulait à tout prix conserver au monarque sa qualité de roi. La droite et une partie de la gauche
se coalisaient, et, pour renforcer la coalition, on allait venir, il le
savait, proposer aux Jacobins de se réunir à leurs ennemis les plus
connus, à ceux qui sans cesse les désignaient comme des factieux,
comme des anarchistes. Ces nouveaux alliés, c'étaient les ministres,
les membres du club de 89, le maire de Paris, le général de la garde
nationale. « Comment pourrions-nous échapper? » poursuivait-il; « Antoine commande les légions qui vont venger César! et c'est Octave
qui commande les légions de la République. On nous parle de réunion,
de nécessité de se serrer autour des mêmes hommes. Mais quand Antoine fut venu camper à côté de Lepidus et parla aussi de se réunir, il
n'y eut bientôt plus que le camp d'Antoine, et il ne resta plus à Brutus
et à Cassius qu'à se donner la mort. »

Ces vérités qu'il venait de faire entendre, elles n'auraient point été
écoutées au sein de l'Assemblée nationale, et il ne se dissimulait pas
que, sans un miracle de la Providence, attentive à veiller sur les libertés de la France, elles ne sauveraient pas la patrie; mais il avait voulu,
du moins, les déposer dans le procès-verbal de la société comme un
monument de sa prévoyance, afin qu'un jour on n'eût pas à lui reprocher de n'avoir pas à temps poussé le cri d'alarme. Cette dénonciation, utile à la chose publique, était dangereuse pour lui, il ne l'ignorait pas; car, en accusant un si grand nombre de ses collègues d'être
contre-révolutionnaires, les uns par ignorance, les autres par ressentiment, par orgueil blessé, d'autres par terreur, confiance trop aveugle
ou corruption, il savait bien qu'il soulevait contre lui tous les amours-
propres, qu'il aiguisait mille poignards et se dévouait à toutes les
haines; mais, disait-il, en terminant, « si dans les commencements de
la Révolution, et lorsque j'étais à peine aperçu dans l'Assemblée nationale, si lorsque je n'étais vu que de ma conscience, j'ai fait le sacrifice
de ma vie à la vérité, à la liberté, à la patrie, aujourd'hui, que les suffrages de mes concitoyens, qu'une bienveillance universelle, que trop
d'indulgence, de reconnaissance, d'attachement, m'ont bien payé de

ce sacrifice, je recevrai presque comme un bienfait une mort qui m'empêchera d'être témoin des maux que je vois inévitables... »

Tel fut à peu près le sens des paroles de Robespierre, d'après Camille Desmoulins, qui vraisemblablement les a résumées avec une scrupuleuse fidélité. Mais ce que ne put rendre l'éminent publiciste, il l'avoue lui-même, ce fut l'abandon, l'accent de patriotisme et d'indignation avec lesquels elles furent prononcées. Toute l'assistance émue écoutait, dit-il, avec cette attention religieuse qu'on prête aux dernières paroles d'un mourant. Quand Robespierre parla de sa certitude de payer de sa tête les vérités qu'il venait de dire, Camille, les larmes aux yeux, s'écria : « Nous mourrons tous avec toi. » Et telle fut, ajoute-t-il, l'impression que son éloquence naturelle et la force de son discours produisirent sur l'assemblée, que plus de huit cents personnes se levèrent toutes à la fois, et, entraînées par un mouvement involontaire, « firent un serment de se rallier autour de Robespierre, et offrirent un tableau admirable par le feu de leurs paroles, l'action de leurs mains, de leurs chapeaux, de tout leur visage, et par l'inattendu de cette inspiration soudaine (1). » En ce moment même parurent les ministres, le maire de Paris, le général La Fayette, et tous les membres du club de 89, à point nommé pour être témoins du triomphe de Robespierre. Alors, et comme pour jeter une teinte lugubre sur ce tableau d'enthousiasme, tombèrent, comme un glas funèbre, de la bouche de Danton, ces paroles foudroyantes, suivies d'un long réquisitoire contre La Fayette : « Si les traîtres se présentent dans cette assemblée, je prends l'engagement formel de porter ma tête sur un échafaud, ou de prouver que la leur doit tomber aux pieds de la Nation qu'ils ont trahie (2). » Ah ! sombre pronostic de terreur, pourquoi n'es-tu pas resté une menace inutile et sonore, comme ces vaines paroles que jetaient aux vents les augures d'autrefois !

XXII

La crainte générale était que Louis XVI n'amenât les armées étrangères sur le sol français et ne reculât devant aucun moyen pour recouvrer l'autorité absolue. Cette crainte était en même temps celle des Consti-

---

(1) *Révolutions de France et des Royaumes*, etc..., numéro 82, p. 162 à 173. Cela constaté également par les registres de la société des *Amis de la Constitution*.

(2) Extrait des registres de la société des *Amis de la Constitution*, du 21 juin 1791.

tutionnels qui voulaient garder l'ombre de la monarchie et celle des
révolutionnaires plus énergiques auxquels la déchéance ne répugnait
pas, mais qu'effrayait à juste titre la perspective de l'invasion et
d'une affreuse guerre civile. Les ultra-royalistes seuls étaient radieux,
n'attendant que d'un cataclysme universel la résurrection de cet ancien
régime, objet de leurs regrets éternels.

Ces appréhensions ne devaient pas être de longue durée. En effet,
dans la journée du 22, se répandit tout à coup la nouvelle de l'arrestation de la famille royale à Varennes. Dès le lendemain Robespierre
appela la reconnaissance publique sur le porteur de cette nouvelle, le
chirurgien Mougins qui, ayant le premier reconnu Louis XVI, disait-on,
avait, en compagnie de deux gardes nationaux, forcé la voiture de
s'arrêter; il demanda pour eux des couronnes civiques (1). L'Assemblée renvoya cette proposition au comité de constitution. Dans la
matinée, trois de ses membres, Pétion, Latour-Maubourg et Barnave,
avaient été chargés par elle d'aller au-devant de la famille royale et de
la ramener à Paris.

On avait décrété, la veille, qu'une adresse, en réponse au mémoire
laissé par le roi, serait envoyée à tous les départements. Inopinément
Thouret, au nom du comité de constitution, après avoir rappelé le
grand crime commis dans la nuit du 21 juin, avait proposé à l'Assemblée, d'abord, de déclarer traîtres tous ceux qui avaient conseillé, aidé
et exécuté l'enlèvement; ensuite, d'ordonner l'emploi de la force contre
tous ceux qui oseraient porter atteinte au respect dû à la majesté
royale et leur arrestation. On voit par là quel esprit dirigeait ce
comité. « Que ne feroit-il pas, » s'écriait un journal du temps, « si
Robespierre n'étoit là pour opposer la digue de son patriotisme au
débordement des principes détestables de ce comité(2)? » Thouret
espérait bien emporter la délibération; mais Robespierre se leva indigné : «Vous ne voulez donc, » dit-il, « vous attacher qu'à punir les perfides conseillers du roi? C'est une mesure plus vaste qu'exige la stricte
justice. » Il y eut ici dans l'Assemblée un mouvement de surprise,
comme une espèce d'effroi (3). « Maintenant, » poursuivit Robespierre,
« devez-vous ainsi supposer des intentions coupables contre le roi?
Pourquoi donc ces précautions insultantes à l'égard du peuple? A-t-il
excité des désordres? Sa conduite, au contraire, n'a-t-elle pas été
sage et imposante? Craignez, en voulant trop prévenir les troubles, de
faire naître vous-même le danger. Laissez à ce peuple le mérite de sa

(1) *Patriote françois*, numéro 686, *Moniteur* du 24 juin 1791.
(2) *Révolutions de Paris*, numéro 102, p. 341.
(3) *Patriote françois*, numéro 686.

dignité; reposez-vous sur sa sagesse et ses propres intérêts. » On devait, suivant lui, repousser absolument la seconde partie du décret proposé, et ajourner la première (1); l'Assemblée ajourna.

En même temps, et comme il fallait au moins un semblant de sanction pénale à ce que Thouret avait appelé *un grand crime*, on s'occupait d'informer contre les auteurs du prétendu enlèvement; car les Constitutionnels voulaient à toute force détourner de la personne royale la responsabilité d'une fuite qui, dans les circonstances présentes surtout, avait le caractère d'une trahison, d'un véritable crime d'État. Le jour même où rentrait dans Paris le monarque humilié (25 juin), l'Assemblée décrétait la mise en état d'arrestation de toutes les personnes qui avaient accompagné la famille royale, et se contentait de placer le roi, la reine et le dauphin sous la surveillance d'une garde particulière.

Le lendemain Duport vint, au nom des comités de constitution et de législation criminelle, proposer à l'Assemblée nationale de confier aux juges du tribunal de l'arrondissement des Tuileries le soin d'interroger toutes les personnes arrêtées en vertu du décret de la veille, et de charger trois commissaires choisis dans son sein de recueillir les déclarations du roi et de la reine. La première partie de cette proposition fut adoptée sans beaucoup d'opposition; mais Robespierre critiqua vivement la seconde, et demanda son rejet. Elle n'était, selon lui, ni sage, ni conforme aux principes. Aux juges chargés de l'information appartenait également le droit de recevoir les déclarations du roi et de la reine; là était le vrai principe. En vain objectait-on la nécessité de sauvegarder la dignité royale; était-on dégradé pour être tenu de rendre compte à la justice, en se conformant à la loi? Citoyens eux-mêmes, le roi et la reine devaient, comme les autres personnes mêlées aux circonstances de leur fuite, être interrogés par le tribunal de l'arrondissement des Tuileries; et le roi, coupable en ce moment devant la nation, était tenu, comme premier fonctionnaire public, de donner l'exemple de la soumission à la loi (2). Ces paroles, quoique fort applaudies et énergiquement appuyées par Bouchotte et Buzot, n'entraînèrent pas l'Assemblée. Dominée par les Constitutionnels, elle adopta, dans son entier, le projet de décret du comité, et désigna, comme commissaires chargés d'interroger le roi et la reine, Thouret, d'André et Duport. Mais l'interrogatoire serait-il constaté? en garderait-on au

---

(1) Voy. le *Point du jour*, numéro 715, le *Moniteur* du 24 juin 1791, et le *Patriote françois*, numéro 686, combinés.

(2) *Moniteur* du 27 juin. *Point du jour*, numéro 718, p. 40.

moins la trace? Dans les dispositions où l'on savait le comité, dont les commissaires nommés étaient membres, on pouvait craindre le contraire. Robespierre demanda que les déclarations fussent reçues par écrit, signées du roi, de la reine et des commissaires, ce qui fut immédiatement décrété (1).

Les Constitutionnels, dans l'espérance de former le dauphin aux institutions nouvelles, eurent l'idée de lui donner une éducation toute nationale; et, sur leur motion, le jour même où l'Assemblée crut devoir le placer lui aussi sous la surveillance d'une garde particulière, elle résolut de choisir elle-même un gouverneur à l'héritier présomptif de la couronne. Le 2 juillet, un des secrétaires fit connaître la liste des personnes qui avaient obtenu des suffrages. Elles étaient au nombre de plus de quatre-vingts, appartenant, la plupart, à des opinions peu favorables à la Révolution. Bouillé lui-même figurait sur cette liste. Aux Jacobins on s'indignait fort des candidatures désignées par les salons au choix de l'Assemblée. Un membre très-attaché à la famille d'Orléans, le citoyen Danjou, réclama, à la séance du 27 juin, des patriotes de la trempe de Pétion et de Robespierre, tout en demandant un conseil de régence présidé « par celui que les droits de sa naissance appelaient à de telles fonctions (2). » C'était assez significatif. Cette idée, de confier à Robespierre le soin d'élever le dauphin dans les principes de la Révolution, avait aussi germé dans la tête de Marat. Les noms sortis de l'urne avaient exaspéré l'Ami du peuple, et il avait, dans des pages pleines de colère, tracé de sa plume acerbe les portraits peu flattés des divers personnages parmi lesquels devait être choisi le gouverneur du dauphin. Il ne suffisait pas, selon lui, d'avoir de la probité et des lumières, il fallait un véritable homme d'État. Montesquieu eût été, à ses yeux, l'homme le plus capable de remplir cette importante fonction; mais, vu les préjugés du moment, pensait-il, il n'aurait peut-être pas eu une voix. « De qui donc faire choix? » s'écriait-il. « Du seul homme qui puisse le suppléer par la pureté de son cœur, l'amour de l'humanité et les vues politiques... de Robespierre (3). » Mais eût-il accepté, et consenti à se charger de l'éducation d'un prince, lui qui semblait avoir reçu mission de faire celle d'un grand peuple?

(1) *Point du jour*, numéro 718.
(2) *Journal des débats de la Société des Amis de la Constitution*, numéro 15.
(3) *L'Ami du Peuple ou le Publiciste parisien*, numéro 510.

XXIII

Tandis que l'Assemblée nationale confinait Louis XVI prisonnier au fond de son château, tout en couvrant sa captivité d'une sorte de manteau doré, et en dirigeant de sombres menaces contre quiconque attenterait à l'autorité ou à la dignité royale, les questions les plus menaçantes s'agitaient au dehors et remuaient profondément les esprits.

En voyant le chef héréditaire du pouvoir exécutif déserter son poste, sans se soucier du trouble dans lequel il allait plonger peut-être le pays dont l'administration lui était confiée, beaucoup de personnes distinguées s'étaient posé cette question : Est-il nécessaire de conserver à la tête de l'État un personnage inamovible, d'entretien coûteux, et dont la présence n'était nullement indispensable à la marche des affaires? Le mot de République fut prononcé. Ce n'était pas la première fois. Déjà, plus de deux mois auparavant, le journal *les Révolutions de Paris* avait essayé de démontrer les avantages du gouvernement républicain sur le gouvernement monarchique(1) ; la fuite de Louis XVI fut une occasion toute naturelle de raviver le débat. Cependant l'idée républicaine était loin d'être populaire alors ; et quand pour la première fois, aux Jacobins, un homme dont le nom reviendra plus d'une fois sous notre plume, Billaud-Varennes, posa publiquement la question, des murmures improbateurs étouffèrent sa voix.

Il y avait dans ce mot, mal défini encore, un vague dont s'effrayaient certains esprits pratiques. Bonneville, dans *la Bouche de fer,* arborait bien en principe le drapeau de la République, mais il ne suffisait pas, suivant lui, de dire *république*, car l'aristocratique Venise avait été une république. Brissot aussi penchait pour ce mode de gouvernement ; mais on ne pouvait s'empêcher de se rappeler que, dans les premiers mois de l'année 1790, — il n'y avait pas si longtemps, — il avait attaqué la permanence des districts et défendu ce fameux conseil des Trois-Cents, dont il avait été membre, et qui par ses tendances arbitraires avait contristé au début de la Révolution tous les amis de la liberté. Mais il s'était plié à l'opinion publique, et la devançait même à présent, au moins par les mots ; il contribuait à la fondation

(1) *Révolutions de Paris*, numéro 90, p. 613.

du journal *le Républicain*, dont quelques numéros parurent alors, et prononçait à la tribune des Jacobins un discours dans lequel il demandait à la fois et la déchéance et le jugement de Louis XVI. L'année prochaine, en revanche, nous l'entendrons, à l'Assemblée législative, menacer les véritables républicains « du glaive de la loi. »

Robespierre ne se prononça pas tout d'abord, et plus d'une fois on lui a reproché d'avoir tardivement abandonné *ses opinions royalistes*. C'est là, à coup sûr, une simple querelle de mots, ou bien ceux qui lui ont adressé ce reproche n'ont jamais pris la peine d'étudier de près l'histoire de l'Assemblée constituante. Si, en effet, les opinions qu'il y a énoncées en toutes choses ne constituent pas le républicanisme le plus pur, le plus radical, tel que nous le comprenons aujourd'hui, il faut renoncer à s'entendre, et déclarer que la langue française est inintelligible. Qui donc, dans l'Assemblée ou ailleurs, avait défendu avec autant de courage et d'acharnement la cause de l'égalité et de la liberté? Était-ce à Brissot ou au marquis de Condorcet que depuis deux ans les royalistes jetaient comme une injure l'épithète de *républicain*? Que répondait alors Robespierre à ceux qui l'accusaient de vouloir introduire dans la constitution le gouvernement de la République? « Je ne suis pas épouvanté des mots de roi, de monarchie; la liberté n'a rien à craindre pourvu que la loi règne, et non pas les hommes (1). » N'est-ce pas là le rêve ardent de tous les esprits sincèrement dévoués à la liberté?

Que disait, en cette année 1791, Camille, à qui l'on a fait à tort l'honneur de l'initiative républicaine : « Si les chefs de 89, pour isoler Barnave, s'étoient d'abord serrés autour de Robespierre dans l'affaire des colonies, ils n'ont pas tardé à se repentir d'avoir accrédité le système de celui-ci, qui est mieux conçu qu'ils ne veulent le faire croire, dont toutes les parties se tiennent, et qui nous mène, non pas à la république, mot insignifiant dont se servoit François Ier, qui disoit la *République de France* dans ses ordonnances, aussi bien que Charlemagne dans ses Capitulaires, mot auquel personne de nous ne tient, mais à la liberté à laquelle nous marchons tous, et vers laquelle, tout vu et considéré, nous venons de faire un grand pas, à mon avis, par les décrets sur la non-rééligibilité. » Et plus loin : « Par république, j'entends un État libre avec un roi ou un stathouder, ou un gouverneur général ou un empereur, le nom n'y fait rien (2). » On voit à quel point le pétulant auteur des *Révolutions de France* se trouvait à cet

---

(1) *Révolutions de Paris*, numéro 92, p. 7.
(2) *Révolutions de France et des Royaumes*, etc., numéro 78.

égard en conformité d'opinion avec Robespierre. Ajoutons qu'une double considération empêchait encore ce dernier de se prononcer bien nettement, et cela est fort compréhensible : c'était avant tout l'homme des formes légales. Membre de l'Assemblée constituante ou de la Convention nationale, après le 21 juin comme au 9 Thermidor, il ne voulut jamais donner l'exemple de la violation de la loi. Que l'Assemblée prononçât la déchéance, proclamât elle-même la république, il se serait incliné avec bonheur, et il fit tout pour l'entraîner dans cette voie. Mais abandonner à la place publique le soin de décider du sort de la France, laisser à la merci des factions cette liberté si laborieusement conquise, lui paraissait la plus dangereuse, sinon la pire des choses. Il savait trop bien que les royalistes poussaient eux-mêmes aux extrêmes, se doutant que les agitations populaires ramèneraient à la monarchie tous les gens timorés. Il voulait donc, lui, la liberté avec l'ordre, sans lequel elle est exposée sans cesse à sombrer. « Qu'on m'accuse, si l'on veut, de républicanisme, » disait-il le 14 juillet à la tribune de l'Assemblée constituante, « je déclare que j'abhorre toute espèce de gouvernement où les factieux règnent. » A coup sûr ce n'est point là le langage d'un flatteur de la multitude.

Pour beaucoup d'individus, avait-il dit la veille aux Jacobins, où l'on avait traité la question de l'inviolabilité pendante à l'Assemblée constituante, les mots *république* et *monarchie* étaient entièrement vides de sens. Si l'Assemblée nationale avait hésité jusqu'ici à aborder cette question de la responsabilité royale, c'était grâce à l'accusation de républicanisme dirigée contre les amis de la liberté. Mais ce mot *république*, à ses yeux, ne signifiait aucune forme particulière de gouvernement; il appartenait à tout gouvernement d'hommes libres ayant une patrie. On pouvait être libre avec une monarchie comme avec un sénat. La constitution actuelle de la France était-elle autre chose qu'une république avec un roi? Elle n'était, à ses yeux, ni monarchie ni république, elle était à la fois l'une et l'autre. Aussi pouvait-il dire : « On m'a accusé au sein de l'Assemblée d'être républicain, on m'a fait trop d'honneur, je ne le suis pas. Si l'on m'eût accusé d'être monarchiste, on m'eût déshonoré, je ne le suis pas non plus. » Il est fort clair que Robespierre inclinait dès lors vers la république; mais, membre d'une assemblée souveraine, il ne voulait pas prendre devant le pays la responsabilité d'entraîner ses concitoyens dans des voies illégales, et prévoyait trop bien que ses collègues, les membres des comités principalement, s'empresseraient de saisir l'occasion de raffermir, même par la force, le principe de l'autorité royale considérablement ébranlé ! Maintenant, pour bien apprécier la portée et le vrai sens des paroles de Robespierre, en admettant leur parfaite exactitude, il aurait fallu connaître les développements qu'il donna à sa pensée. Par malheur, l'unique journal dans lequel nous ayons pu puiser çes renseignements se contente de dire, après avoir cité son exorde, qu'il exposa des sentiments dignes de son patriotisme et relevés par l'éloquence qui lui était particulière (1).

Il était tard, la séance allait être levée, quand un jeune homme, nommé Sigaud, fils d'un médecin distingué, entra et donna lecture d'une lettre rédigée au Palais-Royal au nom de trois cents personnes, lettre dans laquelle, après avoir voté des remercîments à Robespierre et à Pétion pour le courage qu'ils ne cessaient de déployer en défendant la cause du peuple, les signataires disaient : « On vous menace des poignards, de la mort; ne craignez rien, leurs poignards ne pourront pénétrer jusqu'à vous qu'à travers le rempart de nos corps; nos bras, nos cœurs, nos vies, tout est à vous. » L'enthousiasme des signataires se communiqua à toute la salle frémissante. Un évêque constitutionnel, membre de l'Assemblée constituante, monta à la tribune pour déclarer que lui aussi combattrait de tout son pouvoir l'opinion des comités, et le jeune délégué du Palais-Royal se jeta tout ému dans ses bras. Scènes touchantes que peuvent railler les sceptiques de notre époque, mais qui prouvent avec quelle ardeur, quelle sincérité cette génération de 1789 avait la passion de la liberté !

XXIV

Dans la matinée même, Muguet de Nanthou, au nom des divers comités réunis, avait lu, à l'Assemblée nationale, un long rapport où tous les faits de l'événement du 21 juin étaient indignement travestis. Toujours le même système : le roi avait cédé à la contrainte; d'ailleurs son voyage n'était pas une fuite; il lui était permis de s'éloigner de vingt lieues au moins de la capitale; enfin son inviolabilité était inscrite dans la constitution. Mais avait-on pu prévoir le cas où il se mettrait lui-même hors des termes de cette constitution? Le rapporteur avait conclu à la mise de Louis XVI et des siens hors de cause; et, par compensation, réservant ses sévérités pour les coupables subal-

(1) Voy. le *Journal des débats de la Société des Amis de la Constitution*, numéro 26.

ternes, il avait proposé de renvoyer devant la cour d'Orléans les
Bouillé, les Fersen et autres complices de la fuite.

On se rappelle avec quelle indignation Robespierre avait, quelques
jours auparavant, demandé l'ajournement d'un projet analogue présenté par Le Chapelier, et qui, innocentant le roi, livrait à la vindicte des lois les conseillers du monarque. Cette fois encore il ne
put s'empêcher de protester. Quelques membres ayant demandé l'impression du rapport de Muguet et l'ajournement de la discussion
jusqu'après l'impression, d'André s'opposa à tout ajournement, prétendant que, dans l'intervalle, des factieux et des ignorants tenteraient
de renverser la constitution. « J'ignore, » répondit gravement Robespierre, « à quel titre on caractérise de factieux ceux qui demandent de
discuter solennellement l'importante question qui vous est soumise.
Je demande, moi, l'ajournement, de peur que de factieux courtisans ne
renversent la constitution en substituant au calme et à la sagesse la
surprise et la précipitation, qui sont les armes les plus terribles dans
les mains de l'intrigue (1). » De nombreux applaudissements, venant
des tribunes et des membres du côté gauche de la salle, accueillirent
ces paroles ; mais lancée dans les voies de la réaction, où cherchaient
à la diriger désormais les Lameth, les Duport, les Barnave, l'Assemblée
repoussa toute proposition d'ajournement. Séance tenante, la discussion commença, et Pétion combattit vivement les conclusions du comité.

Le lendemain 14, le débat continua. A Larochefoucauld-Liancourt et
à Prugnon, défendant l'inviolabilité royale, et appuyant la demande de
mise en accusation de pauvres serviteurs dévoués, dont plusieurs
avaient agi sans pouvoir apprécier la portée de l'acte auquel ils
s'étaient associés, Robespierre succéda, et il leur répondit par un de
ces discours qui méritent de prendre place dans la mémoire de tous
les hommes aux yeux desquels la justice et l'équité passent avant toute
autre considération. « Messieurs, » dit-il en débutant, « je ne veux
pas répondre à certain reproche de républicanisme qu'on voudrait
attacher à la cause de la justice et de la vérité ; je ne veux pas non
plus provoquer une décision sévère contre un individu ; mais je viens
combattre des opinions dures et cruelles, pour y substituer des mesures douces et salutaires à la cause publique ; je viens surtout défendre
les principes sacrés de la liberté, non pas contre de vaines calomnies,
qui sont des hommages, mais contre une doctrine machiavélique dont

(1) Voy. le *Moniteur* du 15 juillet 1791, et le *Courrier de Provence*, numéro 316,
p. 544, combinés.

les progrès semblent la menacer d'une entière subversion. Je n'examinerai donc pas s'il est vrai que la fuite de Louis XVI soit le crime de Bouillé, de quelques aides de camp, de quelques gardes du corps et de la gouvernante du fils du roi ; je n'examinerai pas si le roi a fui volontairement de lui-même, ou si, de l'extrémité des frontières, un citoyen l'a enlevé par la force de ses conseils ; je n'examinerai point si les peuples en sont encore aujourd'hui au point de croire qu'on enlève les rois comme les femmes. Je n'examinerai pas non plus si, comme l'a pensé M. le rapporteur, le départ du roi n'était qu'un voyage sans sujet, une absence indifférente, ou s'il faut le lier à tous les événements qui ont précédé ; s'il était la suite ou le complément des conspirations impunies, et, par conséquent, toujours renaissantes, contre la liberté publique ; je n'examinerai pas même si la déclaration signée de la main du roi en explique le motif, ou si cet acte est là preuve de l'attachement sincère à la Révolution que Louis XVI avait professé plusieurs fois d'une manière si énergique. Je veux examiner la conduite du roi, et parler de lui comme je parlerais d'un roi de la Chine ; je veux examiner avant tout quelles sont les bornes du principe de l'inviolabilité. »

Il se demandait ensuite si l'inviolabilité prescrite par la constitution pouvait couvrir un crime ordinaire. Sans doute le roi était inviolable, mais dans toutes les choses auxquelles était liée la responsabilité ministérielle, c'est-à-dire dans toutes les questions de gouvernement et d'administration ; cette inviolabilité pouvait-elle être invoquée quand il s'agissait d'un acte entièrement personnel ? Que si, par exemple, le roi venait à commettre un crime particulier, s'il outrageait la femme ou la fille d'un citoyen, lui dirait-on : « Sire, nous vous avons tout permis, » autorisant par cela même le citoyen outragé à se venger de ses propres mains, et substituant à l'action calme et salutaire de la loi la justice privée de chaque individu. Or ce n'était pas seulement un particulier qu'avait offensé le roi, c'était tout un peuple exposé par lui aux horreurs de la guerre civile et étrangère. Il· était inviolable, disait-on, mais le peuple aussi l'était ; sacrifierait-on l'inviolabilité des peuples à celle des rois ? s'écriait Robespierre aux applaudissements d'une fraction de la gauche. On invoquait la loi pour autoriser la violation de toutes les lois ! Quel exemple donné aux citoyens, aux magistrats ! Était-ce là le moyen d'attirer le respect sur les institutions du pays ? Que voulait-on ? Rétablir le roi coupable dans toute sa puissance ! c'est-à-dire exposer la liberté à un danger perpétuel ; car pouvait-on douter qu'il n'employât à faire triompher ses passions personnelles l'autorité immense dont il disposait ? Ou bien quelques intrigants n'avaient-ils pas l'intention de laisser flotter entre ses mains débiles les rênes du gouvernement, afin de régner sous son nom? Et ici l'orateur avait évidemment en vue les Duport, les Lameth, les Barnave, tous ceux enfin qui, tenant à conserver un fantôme de roi, confisquaient l'autorité royale, non au profit du peuple tout entier, mais dans l'intérêt de la haute bourgeoisie déjà ralliée à une partie des hommes de la droite. Les gouvernements faibles dans ce sens étaient, aux yeux de Robespierre, les plus dangereux pour la liberté, en ce qu'ils devenaient une sorte d'oligarchie toujours disposée à étouffer la liberté et à violer les droits du peuple (1). Ce fut alors qu'il prononça ces paroles déjà citées : « Qu'on m'accuse si l'on veut de républicanisme, je déclare que j'abhorre toute espèce de gouvernement où les factieux règnent. » Il ne suffisait pas, suivant lui, de secouer le joug d'un despote, il fallait encore prévenir le retour de toute tyrannie, et ne pas imiter cette Angleterre s'affranchissant de la domination d'un roi, pour retomber sous celle plus avilissante d'un Cromwell. Il fallait surtout donner au peuple l'exemple du respect pour la liberté.

L'Assemblée nationale, à la demande des comités, venait de suspendre les opérations électorales pour la nomination des députés au prochain Corps législatif. Robespierre blâma énergiquement cette mesure prise au moment· où l'opinion publique semblait disposée à porter ses choix sur les candidats les plus dévoués à la Révolution. La nation ne pouvait voir sans inquiétude ces délais éternels de nature à favoriser la corruption et l'intrigue, et cela précisément à la sollicitation d'hommes qui prétendaient mettre leur ambition sous le couvert de l'inviolabilité royale. « Aux mesures que vous ont proposées les comités, » disait-il en terminant, « il faut substituer des mesures générales, évidemment puisées dans l'intérêt de la paix et de la liberté! Ces mesures proposées, il faut vous en dire un mot : elles ne peuvent que vous déshonorer; et si j'étais réduit à voir sacrifier aujourd'hui les premiers principes·de la liberté, je demanderais au

---

(1) C'est ce qui faisait dire le lendemain au *Courrier de Provence* (n° 317) : « M. Robespierre a trouvé le mot d'une grande énigme politique, quand il a dit que *rien ne convient mieux aux factieux et aux intrigants que les gouvernements foibles.* Voulez-vous savoir pourquoi les ennemis les plus acharnés se sont embrassés fraternellement? pourquoi les partis les plus divisés de principes et de sentiments se sont rapprochés? pourquoi les intérêts les plus opposés se sont confondus? Voulez-vous savoir pourquoi la faction de la cour marche maintenant d'accord avec la faction qui s'étoit longtemps déclarée avec tant de violence contre cette cour où elle avoit jadis dominé? pourquoi tous s'élèvent hautement en faveur d'un roi que la plupart détestent, que tous méprisent? Je vous répondrai avec M. Robespierre : Rien ne convient mieux aux factieux et aux intrigants qu'un gouvernement foible. »

moins la permission de me déclarer l'avocat de tous les accusés; je voudrais être le défenseur des trois gardes du corps, de la gouvernante du dauphin, de M. Bouillé lui-même. Dans les principes de vos comités, le roi n'est pas coupable, il n'y a pas de délit! Mais partout où il n'y a pas de délit, il n'y a pas de complices. Messieurs, si épargner un coupable est une faiblesse, immoler un coupable faible au coupable puissant est une lâche injustice. Vous ne pensez pas que le peuple français soit assez vil pour se repaître du spectacle du supplice de quelques victimes subalternes; vous ne pensez pas qu'il voie sans douleur ses représentants suivre encore la marche ordinaire des esclaves, qui cherchent toujours à sacrifier le faible au fort, à tromper et à abuser le peuple pour prolonger impunément l'injustice et la tyrannie! » De nombreux applaudissements l'arrêtèrent un moment à ces mots. Selon lui, et n'était-ce pas la justice qui parlait par sa bouche? on devait ou prononcer sur tous les coupables ou les absoudre tous. En conséquence, il proposa à ses collègues de lever le décret suspensif de l'élection des représentants appelés à leur succéder; de décider que l'on consulterait la nation pour statuer sur le sort du roi, enfin de repousser par la question préalable les conclusions du comité. Et si, par impossible, les principes au nom desquels il avait parlé venaient à être méconnus, il demandait au moins qu'une assemblée française ne se souillât point par une marque de partialité contre les. complices prétendus d'un crime sur lequel on voulait jeter un voile (1). De vifs applaudissements accueillirent encore ces dernières paroles; mais, « malgré cette éloquence dans le goût du grand génie de l'antiquité, » dit un journal de l'époque (2), malgré les efforts de Grégoire, et ceux de Buzot, qui, allant plus loin que Robespierre, opinait pour le jugement immédiat du roi, l'Assemblée constituante, adoptant l'avis de ses comités, mit en réalité Louis XVI hors de cause, et livra à la vindicte des lois ceux qui avaient favorisé son évasion, déclarant ainsi, à la face de Dieu, et par le plus étrange renversement de toute justice, qu'il y avait des complices là où il n'y avait pas de coupable.

Le décret était en partie rendu, quand six délégués d'une masse de citoyens réunis au Champ de Mars pour adresser à l'Assemblée nationale une pétition sur cette grande affaire prièrent, par un billet, Robespierre de négocier leur admission à la barre. Il sortit alors avec Pétion, afin de leur parler. Les délégués lui montrèrent la pétition; il

---

(1) Voy. ce discours reproduit *in extenso* dans l'*Histoire parlementaire de la Révolution*, par MM. Buchez et Roux (t. XI, p. 24 et suiv.). Voy. aussi le *Point du jour*, numéro 736 et suiv., et le *Moniteur* du 15 juillet 1791.

(2) *Courrier de Provence*, numéro 316, p. 549.

la trouva simple, courte, rédigée dans les termes les plus respectueux et exprimant le vœu formé par lui-même : que la nation fût consultée; mais il leur dit qu'elle était inutile, parce que la décision de l'Assemblée était prise. A la suite d'un certificat demandé par les commissaires pour attester qu'ils avaient fidèlement rempli leur mission, Robespierre et Pétion ajoutèrent les recommandations les plus conciliantes; les plus pacifiques, et sans nul doute la conduite sage et modérée du peuple fut due à leurs conseils (1).

La discussion relative à l'inviolabilité royale se prolongea jusqu'au 15. Robespierre, qui, à la fin de la dernière séance, s'était opposé à ce que la constitution fût présentée au roi pour le moment, parce que ç'eût été préjuger la question de sa mise en jugement (2), voyant l'Assemblée décidée à adopter le projet de décret des comités, tenta d'y faire comprendre Monsieur, frère du roi, fortement soupçonné d'avoir rédigé le mémoire de Louis XVI, et beaucoup plus coupable à ses yeux que toutes les personnes incriminées par les comités. Cette proposition inattendue causa quelque agitation. Comme on lui demandait des preuves : Si j'en avais, répondit-il, il n'y aurait pas à délibérer s'il y a lieu de le mettre en accusation. Mais, poursuivait-il, dédaignant les murmures dont retentissait une partie de la salle, qui ose soutenir que les indices ne sont pas aussi forts contre Monsieur que contre madame de Tourzel, par exemple, dont le dévouement à la famille royale a été incriminé?

Puis, rappelant le souvenir de Favras, immolé à ce même homme qui, plus heureux que le roi, était parvenu à s'enfuir, il engageait encore ses collègues à ne pas sacrifier les faibles aux conspirateurs puissants. Quant à lui, en présence des inconséquences contenues dans le décret, il se croyait obligé de protester au nom de la nation. Quelques éclats de rire indécents furent aussitôt réprimés par les applaudissements de la gauche et des tribunes; et tandis que l'Assemblée repoussait la motion de Robespierre, Monsieur, depuis Louis XVIII, s'occupait de recruter à l'étranger ces alliés à la suite de qui un jour il put rentrer dans ce noble pays de France, contre lequel il passa une partie de son existence à conspirer. A moins d'un mois de là, il arrêtait avec le roi de Prusse et l'empereur d'Autriche la convention de Pilnitz.

(1) *Adresse de Maximilien Robespierre aux Français*, p. 18 ; voyez aussi la *Lettre de Pétion à ses commettants*, citée dans le numéro 86 des *Révolutions de France et des Royaumes*, etc.

(2) *Moniteur* du 15 juillet 1791.

XXV

La décision de l'Assemblée constituante, à laquelle on était loin de s'attendre, indigna tout le peuple de Paris ; il est donc aisé de comprendre quelle faveur s'attacha aux orateurs qui l'avaient combattue, et combien grandit encore la popularité de Robespierre.

Dans la soirée du 14, parlant aux Jacobins sur la question dont l'Assemblée avait été occupée toute la journée, il se livra à une petite critique de quelques-uns des discours prononcés à ce sujet. Pétion, son ami, et Prugnon, lui paraissaient avoir tour à tour dépassé les justes bornes ; celui-ci trouvant le monarque impeccable et inviolable en toutes choses, celui-là pensant qu'il pouvait être appelé en justice pour les plus légères causes. La responsabilité, il fallait la réserver pour les crimes sérieux, tels que celui du 21 juin. A cette objection supposée : Voudriez-vous donner à l'Europe une seconde représentation de la cruelle tragédie dont Cromwell fut le premier acteur ? il répondait : La seule question est un crime, la réponse en serait un autre. Ah ! certes, il aurait frémi si on lui eût dit qu'à moins de deux ans de là Louis XVI, convaincu de trahison envers la France, subirait le sort de Charles Ier. Puis il ajoutait ces mots bien remarquables dans la bouche d'un homme dont la conduite en ces circonstances a paru à quelques personnes manquer de décision : « Il n'est plus possible qu'un roi qui s'est déshonoré par un parjure, de tous les crimes le plus antipathique à l'humeur française..., se montre encore sur le trône... » Sans doute le peuple, comme l'avait dit M. Prugnon, pouvait être par sentiment attaché à la monarchie, depuis qu'elle était devenue constitutionnelle ; quelques-uns même tenaient par intérêt au système arbitraire ; mais, poursuivait-il, comme répondant à des menaces indirectes, cette monarchie n'existerait bientôt plus, « si un massacre national devait en être le prix. » On était alors, chose étrange, à trois jours à peine des tueries du Champ de Mars. C'était aux monarques, ajoutait Robespierre, à faire aimer et respecter la monarchie. Les Romains ne s'étaient pas lassés des Tarquins, mais ceux-ci, ayant cessé d'être justes, se firent chasser plutôt qu'on ne les chassa (1).

(1) *Dernier discours de M. Robespierre sur la fuite du roi*, prononcé à la Société des

Ce jour-là même 14 juillet, date impérissable ! deuxième anniversaire de la prise de la Bastille, il avait été, paraît-il, un des commissaires nommés par l'Assemblée nationale pour assister à la fête de la fédération. Était-ce un hommage rendu au plus ardent défenseur de la liberté, ou, comme le crut Marat, avait-on voulu se débarrasser de lui au moment où l'on s'occupait de statuer sur le sort du roi (1)? Dans tous les cas on n'aurait pas réussi, puisque ce fut dans cette journée que Robespierre prononça l'admirable discours dont nous avons tracé une rapide analyse.

La scène suivante, très-curieuse comme indice de l'opinion, et dont la salle des Jacobins fut, le lendemain, le théâtre, offre une idée exacte de l'immense considération dont il jouissait alors. Dès l'ouverture de la séance, un membre dénonce un citoyen pour avoir tenu le matin, dans une maison particulière, des propos grossièrement injurieux sur la personne de Robespierre. Aussitôt des cris d'indignation éclatent de toutes parts. Le citoyen dénoncé essaye de se justifier, nie une partie de l'accusation, et la société décide de passer à l'ordre du jour. Mais le soulèvement était général contre le diffamateur, il est violemment expulsé de la salle. En vain Laclos, qui présidait, essaye d'apaiser le tumulte ; en vain il se couvre ; la proposition de nommer des commissaires pour informer sur cette affaire parvient seule à ramener le calme. Le président venait de les désigner quand parut Robespierre, dont l'aspect fut salué par de frénétiques acclamations. Informé de ce qui venait de se passer, il monta tout de suite à la tribune, et, en termes parfaitement dignes, témoigna ses regrets de ne pas être arrivé assez à temps pour s'opposer à la mesure prise, à cause de lui, contre un citoyen auquel on ne pouvait reprocher aucun délit, puisqu'il n'avait fait qu'exprimer sa façon de penser au sujet d'un individu. Il pria donc la société de passer à l'ordre du jour sur la nomination des commissaires, et de n'inscrire aucun détail de cette affaire dans son procès-verbal (2). On ne pouvait mieux dire. Robespierre était d'ailleurs conséquent avec lui-même ; partisan de la liberté illimitée de la presse, jamais une dénonciation n'était tombée de sa bouche contre les folliculaires royalistes dont, chaque jour, il subissait les calomnies et les grossièretés, et il ne voulait pas que sa personne servît de prétexte à une violation de la liberté de la parole.

Cet incident vidé, on s'occupa de la grande question du moment, du

Amis de la Constitution. De l'imprimerie de Calixte Volland, in-8º de 8 p. Le *Journal des débats de la Société des Amis de la Constitution* ne mentionne pas ce discours.
(1) L'*Ami du Peuple ou le Publiciste parisien,* numéro 519.
(2) *Journal des débats de la Société des Amis de la Constitution,* numéro 27.

vote de la journée. L'exaspération était au comble. Robespierre reprit
la parole, et expliqua qu'en définitive, bien que l'intention évidente de
l'Assemblée eût été de mettre Louis XVI hors de cause, on n'avait rien
statué à cet égard; qu'en conséquence la question demeurait entière.
Alors parut à la tribune un homme bien connu pour ses relations
avec le duc d'Orléans, Choderlos de Laclos, l'auteur un peu cynique
des *Liaisons dangereuses*. Il venait proposer d'adresser à l'Assemblée
nationale une pétition exprimant le vœu du peuple, et signée de tous
les bons citoyens, des femmes et même des enfants. Combattue par
Biauzat, cette proposition fut énergiquement soutenue par Danton,
après lequel, pour la troisième fois dans cette séance, Robespierre parla
encore. Sans doute dit-il en commençant sa longue improvisation, ce
serait une consolation de trouver un moyen légal, constitutionnel,
d'exprimer le vœu de la nation entière. — Ainsi, dès les premiers mots,
on reconnaît l'homme de la légalité.— Sans doute, continua-t-il, l'Assemblée avait eu l'intention d'innocenter le roi, mais son décret n'ayant
pas le sens clair et précis de la loi, la nation était en droit de lui dire :
Expliquez-vous. Il y a des complices, prétendez-vous, mais alors il y a
aussi un coupable, car il ne saurait y avoir de complices sans cou-
pahle. Eh bien! ce coupable, montrez-le-nous, ou dites franchement
que vous l'exceptez. Puis, en supposant que son inviolabilité le mette
en toutes choses à l'abri des peines prononcées par la loi, pourquoi
lui rendre le dépôt du pouvoir exécutif? « De ce que Louis ne puisse
pas être puni comme les autres citoyens, s'ensuit-il que la France
n'ait pas le droit de retirer les rênes de l'empire des mains de ce mandataire infidèle? » Le peuple, en faveur de qui était faite la constitution, aurait donc à cet égard moins de droits que le roi? Ceux qui nous
traitent de factieux aujourd'hui, parce que nous soutenons toujours les
vrais principes, n'étaient-ils pas de notre avis quelques mois auparavant? N'était-ce pas dans cette même tribune, disait Robespierre évoquant le souvenir de la fameuse séance du 28 février, qu'ils accusaient
Mirabeau de chercher à substituer dans la constitution le despotisme
de l'aristocratie à la liberté? Or ces craintes que MM. Duport et
Alexandre Lameth manifestaient alors contre Mirabeau, pourquoi ne
les concevrions-nous pas contre eux-mêmes, lorsque nous savons qu'il
existe un projet de révision à la faveur duquel ils espèrent altérer profondément la constitution. Quant à la pétition proposée par Laclos,
elle lui paraissait devoir être, sinon rejetée, du moins modifiée ; il
fallait surtout se garder d'y faire figurer les femmes et les mineurs.
Pour sa part, déclarait-il franchement, il eût préféré voir la société
instruire, par une adresse, toutes les sociétés affiliées de la situation

grave où l'on était, et les initier aux mesures fermes qui seraient adoptées (1).

On était en train de délibérer quand près de quatre mille personnes se précipitèrent dans la salle. En effet l'émotion produite par le décret de l'Assemblée n'avait pas été moins vive au dehors, dans les rues, qu'au sein du club. Pendant la journée, des bandes nombreuses s'étaient promenées autour de l'Assemblée, demandant à grands cris la déchéance du roi. On entendit même, s'il faut en croire un écrivain royaliste, quelques voix proposer de placer Robespierre sur le trône (2). Le soir presque tous les théâtres fermèrent, comme si un grand deuil eût plané sur la nation. En envahissant la salle des Jacobins le peuple venait annoncer qu'il entendait aller, dès le lendemain, jurer, au Champ de Mars, sur l'autel de la patrie, qu'il ne reconnaissait plus Louis XVI. Entraînés par ce renfort, les Jacobins adoptèrent la motion de Laclos; et, sourds aux conseils de prudence donnés par Robespierre, ils chargèrent Brissot de rédiger cette pétition fameuse, de funèbre mémoire, tendante à la déchéance du roi. Aussi Robespierre put-il écrire un peu plus tard, sans crainte d'être démenti : « Qui proposa cette motion? Est-ce moi, à qui on l'a imputée? Ce fut un homme dont on sait qu'en général je ne partage pas les opinions. Qui la combattit? moi (3)... » Quand on se sépara, il était minuit.

XXVI

Les Constitutionnels ne s'apercevaient pas sans inquiétude du mécontentement excité dans la population par leur décret. Dans la journée du 16, voyant l'Assemblée en proie à une sorte de terreur, ils firent voter coup sur coup, dans l'éventualité de quelques désordres, une foule de mesures répressives. On entendit même un député obscur, nommé Boery, demander que, si quelque membre de l'Assem-

---

(1) Ce discours de Robespierre a été résumé avec assez d'étendue par le *Journal des débats de la Société des Amis de la Constitution*, numéro 27.

(2) *Mémoires de Ferrières*, t. II, liv. X, p. 465. Le *Babillard* (numéro du 26 juillet), fait un grand crime à Robespierre d'avoir été demandé « pour roi par la nation souveraine, assemblée au Champ de Mars le 17 juillet. » Les énonciations les plus absurdes ne coûtaient pas à cette feuille royaliste.

(3) *Adresse de Maximilien Robespierre aux Francais*, p. 26. M. Michelet commet donc une grossière erreur quand il présente Robespierre comme ayant appuyé la motion de Laclos. *Histoire de la Révolution*, t. III, p. 126.

blée s'était rendu coupable, « le glaive de la loi s'appesantit sur lui. » C'était un *modéré*. Alors parut piteusement à la tribune un autre députéqui. précédemment, avait, dans un discoursrempli d'exagération, combattu, lui aussi, le décret de l'inviolabilité du roi. Pris de frayeur, il venait se désavouer, déclarer qu'il détestait le système républicain, qu'il était prêt à exposer sa vie pour défendre les décrets. L'Assemblée applaudit à cette lâcheté! Ce député, c'était Vadier, un des futurs héros de Thermidor (1).

Que les Duport, les Lameth, les Barnave, les d'André, alliés maintenant des Regnault, des Duquesnoi, des Malouet même, dont ils avaient paru jadis les irréconciliables ennemis, aient préparé de leurs mains le sanglant événement du lendemain, nous n'en croyons rien ; mais qu'ils désirassent une émeute pour avoir l'occasion de recouvrer par la force leur prestige éteint, leur autorité ébranlée, cela n'est pas douteux. En même temps Bailly prenait contre les factieux, « les aristocrates et autres ennemis du bien public, » un arrêté dont on ordonna l'impression, l'affichage et la proclamation à son de trompe. Tout avait été prévu, et l'on se tenait prêt à réprimer énergiquement la moindre velléité de manifestation antiroyaliste.

La fermentation était au comble. Afin d'ôter tout prétexte aux ennemis de la liberté de sévir contre les sociétés populaires, Robespierre engagea les Jacobins à envoyer des commissaires au Champ de Mars pour retirer la pétition offerte sur l'autel de la patrie à la signature des citoyens ; cette pétition qu'il avait combattue tout d'abord, parce que, comme il le dit lui-même, un funeste pressentiment, des indices trop certains l'avertissaient qu'on cherchait depuis longtemps « l'occasion de persécuter la société et d'exécuter quelque sinistre projet contre les citoyens rassemblés (2). » Son avis fut adopté, et les *Amis de la Constitution* déclarèrent que, fidèles à leur titre, il désavouaient toutes les productions fausses ou dénaturées répandues comme émanant d'elle.

Tout en exhortant ses collègues du club à ne pas donner prise aux accusations qu'on ne manquerait pas de susciter contre eux, Robespierre n'en déploya pas moins dans la soirée du 16 une énergie extraordinaire. « L'intrépide Robespierre seul avoit protesté à la tribune contre l'infâme décret; il étoit aux Jacobins; l'Assemblée nationale est toute où est Robespierre, » s'écrie Camille dans son enthousiasme pour son ami (3). Dès sept heures il occupait la tribune de la société. « De-

---

(1) *Moniteur* du 17 juillet 1791.
(2) *Adresse de Maximilien Robespierre aux Français*, p. 27.
(3) *Révolutions de France et des Royaumes*, etc., numéro 85, p. 329.

mandons une autre législation, » dit-il, « mais obéissons à la loi (1)....
J'y obéirai pour ma part, mais je vous dois la vérité... terrible. » Alors,
et se désignant d'avance et sans peur aux coups de la réaction, il
traça un sombre tableau de ces comités au sein desquels s'étaient coalisés tous les ci-devants privilégiés de l'Assemblée nationale. Il montra
leurs desseins perfides, leurs projets contre-révolutionnaires se déce-
lant dans tous leurs actes. C'était aux citoyens à déjouer ces trames en
ne permettant pas que la division se mît entre eux, en s'unissant aux
gardes nationales qu'on voulait égarer. Quant à lui, on le trouverait
toujours ferme, inébranlable sur les principes, indifférent aux attentats préparés contre sa personne. On croyait, dit le journal de l'abbé
Fauchet, auquel nous empruntons ces détails, « on croyoit entendre
l'infortuné Rawleigh dire à ses bourreaux : Frappez : quand le cœur est
droit, qu'importe où va la tête ? » Il s'agit ici de la liberté de toute la
nation, ajoutait Robespierre ; c'est la cause de l'humanité tout entière,
c'est le triomphe de la vérité persécutée depuis des milliers de siècles...
Encore un peu de courage, et tout sera consommé. Les députés des
communes se rappelleront la sainteté de leur mission !... Les peuples
rentreront dans leurs droits imprescriptibles, les tyrans seront confondus ; leurs infâmes calomnies n'auront que des succès passagers. Nous
avons la vérité et la justice, nous sommes invincibles.

Telle fut, résumée en quelques lignes, l'éloquente improvisation de
Robespierre à la tribune des Jacobins, la veille d'une des plus néfastes
journées de la Révolution française (2).

Le lendemain, — c'était un dimanche,— une foule de citoyens ayant
persisté, en dehors des Jacobins, dans le dessein de présenter à l'Assemblée nationale une pétition pour demander la déchéance de Louis XVI,
retournèrent au Champ de Mars afin de s'occuper de cet objet. Tout le
monde sait sous quels sombres auspices s'ouvrit ce jour fatal. Deux
hommes, attirés par une curiosité obscène, avaient imaginé de se ca-
cher sous les planches des gradins de l'autel de la patrie. Découverts

---

(1) C'était aussi le mot de Brissot à propos du décret : « Il est rendu, il faut obéir.»
Le *Patriote françois*, numéro 706.

(2) Le compte rendu de la séance du 16 juillet aux Jacobins ne se trouve que dans
le journal *la Bouche de fer*, numéros 96 et 99. Ce dernier numéro, qui est du 21 juillet, contient pour épigraphe cette citation :

> Vous allumez un feu qui ne pourra s'éteindre,
> . . . . Il vous faudra tout craindre,
> . . . . . Toujours trembler dans vos projets,
> Et pour vos ennemis compter tous les Français.

Vid. RACINE.

L'article dans lequel il est rendu compte du discours de Robespierre est vraisemblablement de Bonneville. Il est intitulé : VOILA UN HONNÊTE HOMME.

par l'effet du hasard, arrêtés et conduits au poste du Gros-Caillou, ils venaient d'être mis en liberté après leurs explications. Mais le bruit s'était répandu qu'ils étaient les agents d'un noir complot, et qu'ils avaient été apostés sous l'autel de la patrie pour le miner et faire sauter les signataires de la nouvelle pétition. On n'ignore pas avec quelle déplorable facilité se propagent et sont acceptées les nouvelles les plus absurdes. A peine libres, ils avaient été saisis et impitoyablement massacrés. Personne ne flétrit plus vivement et plus sincèrement que Robespierre « cette violence criminelle » d'autant plus odieuse, dit-il, que des circonstances extraordinaires faisaient naître dans l'esprit des fidèles amis de la liberté de sinistres soupçons sur la nature des causes qui avaient dirigé le bras des meurtriers (1). Il n'y avait, dans tous les cas, aucune espèce de rapport entre ce fait et la pétition et les pétitionnaires. Cependant les meneurs de la réaction dans l'Assemblée tirèrent un merveilleux parti de ce douloureux incident. Un membre annonça, avec une rare impudence, que deux honnêtes citoyens venaient d'être victimes de leur zèle au moment où, au Champ de la Fédération, ils exhortaient le peuple assemblé à se conformer à la loi. En vain le curé Dillon affirma que le fait ne s'était pas passé ainsi, Regnault (de Saint-Jean d'Angély), un des coryphées de ce parti de la réaction, eut l'effronterie d'insister et demanda, aux applaudissements d'une partie de l'Assemblée, l'application de la loi martiale pour le cas où le désordre continuerait, de cette loi si vivement combattue, on s'en souvient, par Robespierre. Il demanda en outre que toute personne qui, par écrits, soit individuels, soit collectifs, exciterait le peuple à résister aux autorités constituées fussent poursuivies comme criminelles de lèse-nation. C'était bien encore d'un *modéré* (2). L'attente de Regnault ne fut que trop bien remplie.

Nous n'avons pas à raconter dans tous leurs détails les déplorables événements qui signalèrent la fin de la journée du 17 juillet. Débarrassés des voiles dont les intéressés et les écrivains de la réaction avaient essayé de les couvrir, ils sont aujourd'hui parfaitement connus. On sait comment, tandis qu'au Champ de Mars une multitude de citoyens, sans armes, exerçaient un droit sacré, dans toutes les conditions prescrites par la loi, en apposant leur signature au bas de la pétition incontestablement légale déposée sur l'autel de la patrie, la loi martiale était proclamée et le drapeau rouge arboré aux fenêtres de

---

(1) *Adresse de Maximilien Robespierre aux Français*, p. 28.

(2) *Moniteur* du 18 juillet 1791. Voy. aussi les *Révolutions de Paris*, numéro 106. Suivant ce dernier journal, Regnault aurait dit que les deux victimes étaient *deux gardes nationaux*, cela pour exaspérer la garde nationale contre le peuple.

l'hôtel de ville ; comment Bailly parut lui-même au Champ de Mars, à la tête d'une colonne de gardes nationaux furieux, assumant sur sa personne la responsabilité terrible du sanglant épisode dont cette vaste plaine allait être le théâtre ; comment enfin, vers huit heures du soir, quelques pierres ayant été jetées des glacis sur la garde nationale, une effroyable détonation retentit, avant que les sommations légales eussent été faites, et comment le Champ de Mars fut en un instant jonché de cadavres d'enfants, de femmes et de citoyens inoffensifs. « Le premier de ces deux faits, » a écrit Robespierre, « peut seul expliquer le second, ou il faudroit fuir la société des hommes. » C'était, à ses yeux, un malentendu funeste, aussi ne voulait-il faire le procès à personne. « Donnons des larmes aux citoyens qui ont péri, » écrivait-il encore, « donnons des larmes aux citoyens même qui, de bonne foi, ont pu être les instruments de leur mort. Cherchons du moins un sujet de consolation dans un si grand désastre. Espérons qu'instruits par ce funeste exemple les citoyens armés ou non armés se hâteront de se jurer une paix fraternelle, une concorde inaltérable sur les tombeaux qui viennent de s'ouvrir (1). » Il se trouvait aux Jacobins quand arriva l'événement. Des commissaires furent, sur sa demande, envoyés dans les divers quartiers de Paris afin de prendre des renseignements sur ce qui se passait. En ce moment de grands cris retentirent au dehors, des cris de menaces dirigés contre les Jacobins. C'était la garde nationale qui, en revenant du Champ de Mars, après ce bel exploit, invectivait les Jacobins contre lesquels on cherchait à l'exciter ; et pourtant ils avaient donné la preuve de leurs dispositions conciliantes en retirant la pétition de déchéance dont Laclos avait été le promoteur.

Une scission profonde s'était dès lors opérée au sein de la société : le club des Jacobins avait été en effet déserté, la veille, par la plupart des membres de l'Assemblée nationale qui en faisaient partie, les Constitutionnels en tête. Les dissidents s'étaient immédiatement installés dans un nouveau local; c'était aussi un couvent de moines, situé presque vis-à-vis des Jacobins, à côté du Manège où siégeait l'Assemblée constituante, et dont les anciens hôtes appelés Feuillants donnèrent leur nom aux nouveaux ; nous en parlerons tout à l'heure. Buzot, Rœderer, Pétion et quelques autres demeurèrent avec Robespierre fidèles à l'ancienne société. Au moment où tous les esprits étaient préoccupés de la scène sanglante du Champ de Mars, Robespierre prononça un discours qui n'a pas été recueilli, et dans lequel, après avoir exposé et réfuté toutes les calomnies dont la société était l'objet, il proposa les

(1) *Adresse aux Français,* p. 30.

moyens de rétablir la paix. Quant à la désertion de la plupart des
membres de l'Assemblée constituante, les Jacobins en prirent aisément
leur parti, et Camille Desmoulins put, à la fin de cette séance, s'é-
crier, sans rencontrer de contradicteurs : « Certainement là où sont
MM. Robespierre et Pétion il n'y a pas de scission avec l'Assemblée
nationale (1). »

XXVII

Le soir du 17 juillet 1791, un grand changement s'opéra dans l'existence de Robespierre. Nous avons dit quelle vie retirée et studieuse il
menait dans son petit garni de la rue de Saintonge ; dînant à trente sous,
allant rarement au spectacle (2), qu'il aimait pourtant, il se rendait plus
rarement encore aux nombreuses invitations qu'on lui adressait, comme
à tous les hommes fameux. Il avait conservé d'excellents rapports avec
les chanoines du chapitre de Paris, dont avait été membre un de ses
parents, l'abbé Laroche, qui, on s'en souvient peut-être, lui avait servi
de correspondant au collége de Louis-le-Grand, et quelquefois il allait
dîner avec eux (3). Dans l'origine de l'Assemblée constituante, il avait
assisté peu souvent aux réunions de Necker, auxquelles il était convié comme député aux états généraux (4); mais dès qu'entre les hommes
de la cour et les partisans des libertés publiques toute entente fut devenue
impossible, il se garda bien de reparaître dans les salons ministériels.
Un de ses camarades de collège, Duport-Dutertre, venait de temps à
autre, de la rue Bailleul où il demeurait, lui rendre visite au Marais ;
Robespierre cessa de le voir quand cet ancien condisciple eut remplacé
au ministère de la justice, dans les derniers jours de l'année 1790,
l'archevêque de Bordeaux, Champion de Cicé.

Nous avons dit, au commencement de cette histoire, qu'il exerçait
sur les femmes un grand empire, et nous en verrons, chemin faisant,
plus d'une preuve. Parmi les personnes distinguées avec lesquelles il

(1) *Journal des débats de la Société des Amis de la Constitution*, numéro 28. *Révolutions
de France et des Royaumes,* etc., numéro 86.
(2) *Mémoires de Charlotte Robespierre*, p. 75.
(3) Rapport de police cité (t. II, p. 238 et suiv.) dans les *Mémoires* sur la police,
attribués à Peuchet, livre apocryphe dont nous parlerons plus loin.
(4) Madame de Staël raconte qu'elle causa une fois avec lui, en 1789, chez son père,
où, dit-elle « on ne le connoissoit que comme un avocat de l'Artois très-exagéré
dans ses principes démocratiques. »
(*Considérations sur la Révolution française*, chap. 19, 3ᵉ partie.)

était en relation et en correspondance suivies, il faut citer, outre
madame Roland, alors son admiratrice passionnée, une dame apppartenant à un monde dont il n'avait guère les sympathies, madame de Chalabre, femme d'une assez grande naissance et d'une fortune considérable. Les lettres de cette dame,. qui nous ont été conservées, sont
toutes animées du souffle antique de la liberté. Ce n'est pas une républicaine à la façon de Charlotte Corday, agitée des passions vengeresses de Némésis; c'est une Spartiate, dont l'amour de la liberté et de
l'égalité a embrasé le cœur. Dès le mois de février 1791 son patriotisme lui a valu les éloges de Robespierre, elle en est toute fière. Elle
lui écrit pour lui dire combien elle est heureuse de la conformité de
leurs sentiments, combien elle serait charmée de le compter dans le
petit nombre des amis qui fréquentaient son salon. « Si tous vos moments n'étoient pas consacrés au salut de notre chère patrie, je désirerois bien en causer avec vous, mais je crains de lui voler un temps
si précieux. S'il étoit possible de concilier ce désir, vous me feriez
beaucoup d'honneur et de plaisir. » Ce désir fut concilié, et Robespierre, à des intervalles assez éloignés, il est vrai, devint l'hôte de la
maison. Quelques jours plus tard elle ne peut s'empêcher de lui témoigner toute son indignation au sujet du décret qui laissait au pouvoir
exécutif la nomination des administrateurs du trésor. « Ciel! » s'écriet-elle, « ô quelle iniquité, quelle dégradation de l'espèce humaine! et
c'est l'or, ce vil métal, qui rend les hommes stupides et féroces! Quel
mépris des richesses ne doivent pas avoir les vrais patriotes!... Trois
députés seulement, et vous êtes de ce nombre, toujours au chemin de
l'honneur ont combattu l'infâme décret. Que vont dire les provinces?»
Après une vive peinture des maux que doit, suivant elle, entraîner la
détermination de l'Assemblée, elle le prie d'accepter un petit dîner, et
de la prévenir au moins deux jours à l'avance, afin qu'elle puisse
avertir M. et madame Bitaubé, qui, dit-elle, « seront charmés de se
rencontrer avec vous (1). » Quelques patriotes purs, des écrivains
recommandables, telles étaient les personnes dont se composait la
société de madame de Chalabre. Bitaubé, c'était le célèbre traducteur
d'Homère; les rapports qu'il eut, à cette époque, avec l'illustre ami de
madame de Chalabre, ne l'empêchèrent pas d'être incarcéré sous la
Terreur, comme tant d'autres que l'amitié de Robespierre fut, ainsi
qu'on le verra plus tard, impuissante à sauver de la proscription.

La soirée du 17 juillet, avons-nous dit, amena un grand changement

---

(1) Voy. ces lettres dans le t. I des *Papiers inédits trouvés chez Robespierre, Saint-Just*, etc.; collection Berville et Barrière, p. 171 et suiv.

dans la vie du député d'Arras. « Je ne connais pas d'effroi comparable
à celui de Robespierre dans ces circonstances, » a écrit madame Roland dans ses Mémoires (1). Voilà encore une de ces phrases ridicules
dictées par la haine, par l'esprit de parti, et démenties par tous les
faits (2). Immédiatement après le massacre du Champ de Mars, une
véritable terreur s'abattit sur la capitale ; des mandats d'arrêt furent
lancés contre les patriotes les plus connus ; Danton, Camille Desmoulins, Fréron, le boucher Legendre s'y dérobèrent par la fuite. L'auteur
des *Révolutions de France* déposa sa plume, laissant comme une sorte
de testament un dernier numéro où, à chaque ligne, son patriotisme
se répand en traits indignés, et où sa parole stridente retentit, formidable et mélancolique, comme le glas de la liberté. La réaction furieuse, hors d'elle-même, avait, s'il faut en croire Camille, conjuré la
destruction du parti populaire. Or, s'il était un patriote qui semblât
désigné d'avance à ses coups, c'était assurément Maximilien Robespierre. Sa popularité était alors à son comble. Dans une brochure du
temps, que nous avons sous les yeux, et où les principaux députés de
l'Assemblée nationale sont taxés d'après l'estime publique, il est coté :
sans prix (3). L'ex-capucin Chabot se vantait aux Jacobins d'avoir
baptisé un enfant auquel les parents avaient donné le nom de Robespierre, « si cher aux patriotes purs et désintéressés (4) ; » et, un peu plus
tard l'évêque de Bourges, Pierre-Anastase Torné, prédicateur distingué, ancien aumônier du roi Stanislas, écrivant à Robespierre au sujet
des élections à la prochaine législature, à laquelle il allait être envoyé
par le département du Cher, lui disait : « Combien je serois heureux
si je pouvois mériter le glorieux surnom de PETIT ROBESPIERRE (5)! » Et
ce n'était pas seulement au sein de cette population de Paris, qui se
méprend rarement sur ses véritables amis, que l'enthousiasme pour
lui allait jusqu'à l'idolâtrie, l'élan était le même sur tous les points du

(1) *Mémoires de madame Roland*. Collection Berville et Barrière, t. Ier, p. 304.

(2) Un écrivain, à qui sa haute position littéraire commandait peut-être plus de
respect pour la vérité, Charles Lacretelle, membre de l'Académie française, et frère
du littérateur qui jadis avait partagé avec Robespierre le prix de l'Académie de Metz,
commet sciemment un mensonge odieux ; car il assistait régulièrement aux séances
de l'Assemblée constituante. Il n'a pas craint d'écrire : « Robespierre ne se fie à personne. Il ne trouve point de souterrain assez enfoncé pour lui servir de retraite... A
peine sorti de la cave où la peur l'avait conduit après la journée du Champ de
Mars, etc. » (*Histoire de l'Assemblée constituante*, t. II, p. 314-322.) Que dire de semblables inepties? Il n'y a qu'à signaler de pareilles œuvres au mépris de tous les
hommes qui ont le culte de la vérité.

(3) *Tarif des députés à l'Assemblée nationale ou leur valeur actuelle, d'après l'estimation
faite par l'opinion publique*, 1791, in-8o de 8 p.

(4) *Journal des débats de la Société des Amis de la Constitution*, numéro 64.

(5) Voy. cette lettre dans le t. I des *Papiers inédits*, etc., collection Berville. p. 169

pays, et, dans une foule d'adresses des sociétés de départements affiliées à la société des *Amis de la Constitution* de Paris, son nom revient
sans cesse comme un symbole de patriotisme, d'égalité et de liberté (1).
De tous les défenseurs de la Révolution il était donc le plus en vue.
On agita, paraît-il, fortement la question de lui intenter un procès, bien
qu'il fût notoire qu'il avait été opposé à la manifestation du Champ de
Mars. Quelques chefs du parti victorieux, tâtant l'opinion, laissaient
entendre qu'il faudrait peut-être en arriver là. Toutefois on recula
devant les conséquences probables d'une pareille mesure. Une dénonciation contre lui fut ensevelie, dit-il lui-même, dans les ténèbres
du comité des recherches (2). Ses amis tremblèrent pour lui, mais lui,
comme l'homme impassible d'Horace, resta calme devant la tempête.
D'autres avaient fui, redoutant les vengeances de la réaction victorieuse ; il demeura stoïquement à son poste, continuant à combattre
pour la liberté, et nous allons le voir porter seul tout le poids de la lutte
des Jacobins contre les Feuillants. Déjà, du reste, avant l'événement
du Champ de Mars, des menaces avaient été publiquement proférées
contre lui par des ennemis de la Révolution. Sa tête avait été mise à
prix, disait-on, et au club des Cordeliers il fut arrêté que des commissaires seraient nommés pour s'attacher à ses pas, et le garantir, aux
dépens de leur vie, des dangers dont il était menacé (3). Témoignage
bien frappant de l'intérêt qui s'attachait à cet homme.

Madame Roland a écrit, dans ses Mémoires, que dans la soirée du 17,
vers onze heures, véritablement inquiète sur son compte, elle s'était
rendue chez lui au fond du Marais, accompagnée de son mari, dans
l'intention de lui offrir un asile (4). Mais, ajoute-t-elle, il avait déjà

---

(1) Voy. entre autres l'Adresse de la Société de Marseille, en date du 7 juillet 1791,
insérée dans le numéro 32 du *Journal des débats de la Société des Amis de la Constitution*, et dans le numéro 86 des *Révolutions de France et des Royaumes*. On y lit : Français ! hommes vraiment libres des quatre-vingt-trois départemens, vos frères et amis
les Marseillais vous invitent à rendre hommage à Robespierre, ce digne représentant
de la nation, cet apôtre de la liberté nationale. Reconnaissez avec lui l'attentat énorme
commis contre vos droits. Il est cette sentinelle vigilante que rien n'a pu surprendre,
cet unique émule du Romain Fabricius, dont le despote Pyrrhus louoit les vertus par
ces mots si célèbres : Il est plus facile de détourner le soleil de sa course que d'écarter
Fabricius de la voie de l'honneur... Répondez-nous de la vie, des jours de Robespierre, etc... » Cette Adresse, s'il faut en croire Lacretelle, aurait été rédigée par
Barbaroux, qui, depuis !... Voyez aussi celle de la Société d'Arcis-sur-Aube, insérée
dans le numéro 734 du *Patriote françois*, etc.

(2) *Adresse de Maximilien Robespierre aux* Français, p. 42.

(3) Extrait du procès-verbal, dans le *Journal des Cordeliers*, publié par Momoro,
dont dix numéros seulement ont paru.

(4) *Mémoires de madame Roland*, t. I, p. 304 (collection Berville), feuille 42 du manuscrit.

M. Thiers, de son côté, s'exprime ainsi : « Sa *terreur et sa jeunesse* inspirèrent de

quitté son domicile. Ceci est tout à fait inexact. Robespierre n'était pas rentré, car à cette heure il était au club des Jacobins, cherchant à calmer l'effervescence, et déjà proposant des moyens pour ramener la concorde et rétablir la paix (1)! Du reste, l'assertion de madame Roland est elle vraie? Nous en doutons fort, et voici pourquoi : dans un autre passage de ses Mémoires l'illustre femme raconte que, à onze heures du soir, revenant des Jacobins, elle reçut chez elle la visite de M. et de madame Robert, qui venaient lui demander un asile. C'est précisément l'heure à laquelle elle prétend être allée avec son mari rue de Saintonge pour offrir l'hospitalité à Robespierre, qu'elle croyait menacé. Il y a là déjà une contradiction par trop choquante. Mais ce n'est pas tout; poursuivons : « Je vous sais bon gré, » dit-elle à madame Robert (mademoiselle de Kéralio) « d'avoir songé à moi dans une une aussi triste circonstance, mais vous serez mal cachés ici... Cette maison est fréquentée, et l'hôte est fort partisan de La Fayette (2)... » Comment alors pouvait-elle avoir eu l'idée de proposer à Robespierre sa demeure pour asile? Ainsi, à la même heure, madame Roland se met en scène en deux endroits différents, et se fait jouer à elle-même deux rôles complétement opposés. De si grossières contradictions nous donnent le droit de dire que ses Mémoires, tout en conservant d'ailleurs tout le mérite d'une œuvre littéraire pleine de charmes, ne sauraient avoir aucune valeur historique.

Or, voici ce qui se passa à l'issue de la séance des Jacobins. Il y avait parmi les membres du club un entrepreneur en menuiserie nommé Maurice Duplay. C'était alors un homme d'une cinquantaine d'années. Né à Saint-Didier-la-Seauve, dans la Haute-Loire, il était venu de bonne heure à Paris, avait été protégé par madame Geoffrin, et, en quarante ans de travail, était parvenu à amasser une fortune de 15,000

---

l'intérêt à Buzot et à Roland ; on lui offrit un asile. » (*Hist. de la Révolution française.*) Il est bon de faire remarquer que cette histoire de M. Thiers, dédaignée à juste titre de toutes les personnes qui ont étudié la Révolution, n'est trop souvent qu'une paraphrase, plus ou moins adroite, des *Mémoires de madame Roland* et des autres *Mémoires* de la collection Barrière et Berville, lesquels ont été, comme chacun sait, choisis et annotés avec la plus déplorable partialité.

Il n'est pas jusqu'à ce misérable Fréron, qui, dans un libelle post-thermidorien, reproduit dans cette collection, n'ait présenté Robespierre comme « implorant un asile, » et conduit tout tremblant par Lecointre chez Duplay. Rarement on a vu menteur plus cynique que ce Fréron. Il oubliait alors ce qu'en ce mois de juillet 1791, après le massacre, il put lire dans son journal *l'Orateur du Peuple*, alors que lui-même s'était sauvé : « O Robespierre, tu es donc LE SEUL QUI AIT OSÉ prendre la défense du peuple ! » (Numéro 19 du t. VII, p. 146.)

(1) *Journal des débats de la Société des Amis de la Constitution*, numéro 23.

(2) *Mémoires de madame Roland*, t. II, p. 170. (Collection Berville), feuille 109 du manuscrit.

livres de rente en maisons, somme considérable pour l'époque (1).
S'il avait embrassé avec ardeur les principes de la Révolution, ce
n'était donc pas comme tant d'autres dans l'espoir de s'enrichir au
milieu des convulsions politiques de son pays ; il n'avait qu'à y perdre
une partie de cette fortune si laborieusement gagnée, mais il était de
ces hommes de forte trempe qui placent avant toutes les considérations d'intérêt personnel et privé celles du droit, de l'équité, de la justice éternelle.

En face de la rue Saint-Florentin et de l'Assomption se trouvait alors
un immense enclos, borné au midi par les maisons donnant sur la rue
Saint-Honoré, à l'ouest par la rue Royale et quelques hôtels donnant
sur cette rue, qu'on appelait encore à cette époque le Rempart, au nord
par le boulevard de la Madeleine, portant aussi le nom de Rempart, et
à l'est par les maisons en bordure sur la rue de Luxembourg ; c'était le
couvent des religieuses de la Conception. Les bâtiments du monastère,
formant un carré assez régulier, occupaient une partie de l'emplacement
traversé aujourd'hui par la rue Duphot qui, sur son passage, a également
renversé l'église du couvent, à laquelle on arrivait par une sorte de
cour d'honneur ayant accès sur la rue Saint-Honoré. Des vingt-trois
maisons s'ouvrant sur cette dernière rue, depuis la rue de Luxembourg
jusqu'au Rempart, dix appartenaient à la congrégation voisine (2).
Parmi ces dix maisons, presque vis-à-vis de la rue Saint-Florentin, on
en voyait une assez importante, portant alors le numéro 366. Il ne faut
pas oublier qu'à cette époque on numérotait par quartier ; lorsque, dans
les premières années de l'empire, on adopta le système beaucoup plus
rationnel du numérotage par rues, elle prit le numéro 398, qu'elle con-
serve encore au moment où nous écrivons.

Dans la cour de cette maison étaient des ateliers de menuiserie, et,
au fond, un petit bâtiment formant pignon sur la cour ; c'était là que
demeurait Maurice Duplay, à quelques pas du club des Jacobins ; il
était principal locataire des religieuses de la Conception moyennant la
somme de 1,800 livres en principal et 244 livres de pot-de-vin (3). De
toute cette maison, dont nous donnerons autre part la description

(1) Maurice Duplay était à cette époque propriétaire de trois maisons situées rue
de l'Arcade, rue de Luxembourg et rue d'Angoulême. (*Manuscrit de madame Le Bas*.
Ce manuscrit précieux, qui nous a été confié après la mort du savant et regrettable
Philippe Le Bas, contient sur la vie privée de Robespierre les renseignements les plus
précis. On jugera plus tard de l'importance de ce document.)

(2) Nous donnons ces détails d'après un plan très-complet du couvent des religieuses de la Conception pour l'année 1786, où se trouvent indiquées toutes les maisons
riveraines avec les noms des propriétaires, plan que nous avons trouvé aux Archives
de l'Empire.

(3) Bail passé devant Choron et son confrère, notaires à Paris, le 5 may 1787.

complète, on chercherait vainement un vestige aujourd'hui, il n'en reste plus une pierre. En prairial an IV, lors de la vente des biens du couvent, elle fut achetée moyennant 32,888 livres par Maurice Duplay. Quelques années après, en messidor an IX, Auzat, gendre de Duplay, cessionnaire, pour moitié, des droits de son beau-père, vendit sa part à un bijoutier nommé Jacques Rouilly, qui, pendant la Révolution, occupait une des boutiques sur le devant, et entre les mains duquel la maison passa tout entière en 1810. L'année suivante, quand, sur l'emplacement de l'ancien couvent, on perça les rues Richepanse et Duphot, le nouveau propriétaire démolit les hangars de la cour et le pavillon du fond occupé par la famille Duplay pour y élever les constructions qui existent aujourd'hui et rapetissent singulièrement la cour, et, un peu plus tard, en 1816, à la place de la maison basse du devant qu'habitèrent Charlotte et Augustin Robespierre, il fit bâtir sur les dessins de l'architecte Dufaud la maison, assez peu monumentale du reste, qu'on voit maintenant (1).

Admirateur passionné de Robespierre, Duplay eut les mêmes craintes que madame Roland, et, à l'issue de la séance des Jacobins, il le pria d'accepter pour la nuit un asile dans sa demeure. Maximilien, touché, accepta l'offre, et se laissa conduire au sein de la famille du menuisier, de cette famille qui désormais allait être la sienne. Elle se composait de Maurice Duplay, de sa femme, d'un fils ayant alors une douzaine d'années et de quatre filles, dont l'une, la seconde, était déjà mariée à un avocat d'Issoire, en Auvergne, nommé Auzat. Madame Duplay accueillit Robespierre comme un fils; elle l'aimait déjà avant de le connaître, car elle partageait tous les sentiments de son mari; les filles le reçurent comme un frère. Nous dirons plus tard quelle fut sa vie au milieu de cette famille de mœurs patriarcales, vie heureuse où il se reposait des agitations du dehors. Quand, le lendemain, il voulut prendre congé de ses hôtes pour retourner rue de Saintonge, la mère et les filles le conjurèrent de rester. On avait à lui donner une petite chambre isolée où il travaillerait à son aise, sans avoir à se préoccuper des besoins de l'existence matérielle, on y pourvoirait pour lui; et puis il serait à deux

---

(1) Nous avons eu sous les yeux les titres mêmes, sur lesquels il nous a été permis de donner ces détails précis, et qu'a bien voulu nous communiquer M. Voury, propriétaire aujourd'hui de la maison portant le n° 398. Ainsi, nous le répétons, de la maison qu'habita Robespierre il ne reste aucune trace; c'est donc à tort que MM. Esquiros, de Lamartine et quelques autres écrivains l'ont présentée comme existant encore avec de simples modifications. M. Michelet commet également une erreur quand, trompé sans doute par l'apparence de la maison actuelle, il parle « de cette cour humide et sombre, de cette porte basse. » (*Histoire de la Révolution*, t. III, p. 191.) La cour était plus vaste alors, et l'on entrait dans la maison de Duplay par une grande porte cochère.

pas de l'Assemblée nationale, du club des Jacobins, où chaque jour il était obligé de se rendre. Robespierre savait peu résister à une prière, il céda à de si affectueuses instances, à la condition toutefois de payer pension, et s'installa, comme dans la sienne propre, au milieu de cette famille qu'il devait associer à sa gloire et à ses malheurs (1).

On voit comme Robespierre se déroba en effet à la vue et aux recherches de ses ennemis. Au lieu de se confiner au fond du Marais, dans sa rue de Saintonge, si déserte, si abandonnée, et où, plus sûrement que partout ailleurs, il eût pu trouver un abri, il vient se loger rue Saint-Honoré, à l'heure où retentissaient encore les vociférations de la garde nationale, dans un quartier aristocratique assez peu favorable à la Révolution, à deux pas de l'Assemblée où siégeaient ses plus acharnés adversaires, non loin du château des Tuileries, où veillaient des troupes dont les Constitutionnels, par La Fayette, avaient la disposition ; et, pour toute garde dans la maison dont il était devenu l'hôte, il avait qui? un patriote sincère, une femme dévouée et trois jeunes filles, garde invincible à coup sûr, si ses moyens eussent été à la hauteur de son affection (2).

(1) Tous ces renseignements, dont nous pouvons garantir l'exactitude, nous ont été donnés par le regrettable M. Le Bas (de l'Institut), petit-fils de Duplay, ancien précepteur de l'empereur Napoléon III. Ils se trouvent également dans le manuscrit de madame Le Bas, que nous avons sous les yeux. Voyez aussi le *Dictionnaire encyclopédique de la France.* (Article DUPLAY, écrit par M. Le Bas.)

(2) Charlotte Robespierre suppose que son frère fut recueilli chez Duplay au moment où il revenait lui-même du Champ de Mars, et où, reconnu dans la rue Saint-Honoré, il était acclamé devant la porte du menuisier. Tout son récit est erroné. Elle n'était pas d'ailleurs à Paris en ce moment, et elle a écrit de mémoire longtemps après. (Voy. ses *Mémoires*, p. 84.) M. Michelet n'est pas plus exact. Dans sa narration pittoresque, mais toute fantastique, il suit, en partie, Charlotte Robespierre, et aveuglément madame Roland, sans s'inquiéter de savoir si l'une a été bien renseignée et si l'autre s'est inspirée de la vérité. (*Hist. de la Révolution*, t. III, p. 162.) Que dire du récit de madame Roland? Elle prête à Buzot ce propos absurde : « Je ferai tout pour sauver *ce malheureux jeune homme.* » (*Mémoires de madame Roland*, t. I, p. 304.) Or Buzot, né en 1760, était de deux ans plus jeune que Robespierre, et beaucoup plus jeune surtout relativement à l'importance politique des deux personnages. Buzot, à cette époque, était du reste, pour ainsi dire, l'*alter ego* de Robespierre. Il jouissait aussi d'une grande popularité, et, par contre, était également l'objet de la haine des partisans de la cour. Avant donc de songer à sauver *ce malheureux jeune homme*, il aurait eu très-probablement, si le péril avait été si grand, à pourvoir à sa propre sûreté.

XXVIII

Cependant l'inquiétude était vive aux Jacobins : la désertion de la plus grande partie des membres appartenant à l'Assemblée nationale, l'organisation d'un club rival dans le couvent des Feuillants, n'étaient pas sans causer certaines appréhensions, et les craintes ne diminuèrent point, quand, le 18 juillet, Feydel vint réclamer le local et la correspondance des Jacobins au nom des Feuillants, qui se prétendaient les fondateurs de la société. Robespierre, en cette circonstance, montra une habileté consommée ; il rendit cœur aux plus effrayés, et si sa conduite fut empreinte d'une extrême modération, il mit dans sa prudence une dignité à laquelle il est impossible de ne pas rendre hommage.

Au lieu de solliciter humblement les Feuillants d'opérer une fusion, comme le conseillaient quelques membres, il proposa l'envoi à l'Assemblée nationale d'une adresse où seraient nettement expliqués la conduite et les sentiments des Jacobins. Cette adresse, il l'avait d'avance rédigée, et il en donna lecture aussitôt. Ceux qui ont prétendu qu'elle respirait « une étonnante humilité (1) » l'ont certainement bien mal lue, car, dans la situation présente, on ne pouvait faire entendre un plus noble, un plus fier langage. C'était en définitive un appel à la conciliation et à la paix en des termes dont l'urbanité n'excluait pas l'énergie. Les Jacobins, y était-il dit, ont toujours eu pour règle l'obéissance aux lois; s'ils aspirent à la perfection de ces lois, c'est par des moyens conformes à la constitution. Le décret du 15, relatif à la fuite du roi, ne décidant rien quant à la réintégration de Louis XVI dans ses fonctions, ils étaient parfaitement dans leur droit en rédigeant une pétition sur cet objet et en invitant tous les citoyens à formuler leurs vœux. « Ils ont pensé que, dans des conjonctures si importantes, un rassemblement de citoyens paisibles, sans armes, réunis par le plus pur sentiment de patriotisme (après avoir rempli la formalité de prévenir la municipalité) pour vous adresser une pétition légitime en soi, n'avait rien qui pût mériter la censure des bons citoyens ni la vôtre : voilà tout leur crime. » Jusque-là nous ne voyons rien de bien humble. Puis, après avoir rappelé qu'aussitôt le décret du 16 connu, les condi-

_____

(1) Comme, par exemple, M. Michelet, qui affirme sans citer. (*Histoire de la Révolution*, t. III, p. 167.)

tions se trouvant changées, la pétition avait été retirée, Robespierre
ajoutait : « Nous ne sommes point des factieux ; c'est en vain que l'on
voudrait lier l'idée du crime à l'amour de la liberté, la plus pure et la
plus sublime de toutes les vertus ; et certes, on ne nous a point encore
accusés de ne point aimer la liberté. L'excès même de cette vertu trouverait aisément un remède dans son principe, il trouverait sans doute
plus facilement grâce à vos yeux que la stupide indifférence des esclaves ou la perfide douceur des ennemis de la constitution ; il est un
excès contraire, beaucoup moins rare et beaucoup plus funeste. » Si
une émotion passagère s'était produite, si les citoyens avaient donné
quelques signes d'inquiétude et de douleur, était-ce une raison pour
s'alarmer. Ah ! disait-il, « vous auriez lieu de vous effrayer davantage
si vous n'aperceviez dans les Français que cette funeste léthargie qui
est le sceau dont le ciel a marqué les peuples destinés à l'esclavage ;
elle vous offrirait le présage certain de la ruine de votre propre ouvrage et de notre commune servitude. »

Il parlait, il est vrai, du respect de ce peuple français pour une Assemblée dont la nation avait secondé les généreux efforts contre le
despotisme, et sur laquelle elle comptait encore pour obtenir dans tout
son épanouissement, « le premier de tous les biens, » la liberté ! mais
il n'avait garde de faire l'éloge de ces comités dont, avec raison, il avait
attaqué récemment les tendances contre-révolutionnaires ; et, en rappelant à l'Assemblée la sagesse, la vigilance, la fermeté qu'elle avait
déployées dans les premiers temps, il témoignait l'espérance de la
voir finir comme elle avait commencé. Pressentant les derniers combats qu'il aurait à livrer au sein de cette Assemblée constituante contre
l'esprit de réaction, il disait en terminant : « Si vous touchez à vos
propres décrets, comme le présage le projet de révision que vous avez
annoncé, loin d'ajouter aux prérogatives du dépositaire du pouvoir
exécutif, loin de conserver des distinctions injurieuses à l'humanité,
s'il était quelques dispositions contraires à vos propres principes, et
qui eussent été surprises à votre sagesse par les circonstances, ce sont
celles-là que vous effacerez de votre code. Vous remettrez entre les
mains de vos successeurs, que vous êtes résolus à appeler bientôt, une
constitution pure, conforme aux droits imprescriptibles de l'homme que
vous avez solennellement reconnus ; et vous rentrerez dans le sein de
vos concitoyens, dignes de vous-mêmes et dignes du peuple français... » Puis, défiant en quelque sorte tous ceux dont le système était
de dépeindre la raison, la liberté et la vertu, sous les couleurs du vice,
de la licence, de l'anarchie, il résumait ainsi la pensée des Jacobins :
« Respect pour l'Assemblée des représentans de la nation, fidélité à la

constitution, dévouement sans bornes à la patrie et à la liberté (1) ! »

Cette adresse fut adoptée à l'unanimité; on en vota l'impression à un grand nombre d'exemplaires, et l'envoi aux membres de l'Assemblée nationale, à toutes les sociétés affiliées, aux quarante-huit sections et aux bataillons de la capitale (2). Puis on rejeta d'un commun accord l'étrange réclamation présentée par Feydel au commencement de la séance.

Quelques jours après (le 24) nouveau message des Feuillants. Robespierre prit aussitôt la parole. S'il était resté, avec quelques membres de l'Assemblée nationale, au sein de la société des Jacobins, c'était parce que, suivant lui, les patriotes devaient se serrer de plus près là où ils étaient attaqués. Combattant l'avis de ceux qui penchaient pour la réunion aux Feuillants, il montra combien un tel parti serait funeste à l'intérêt public et consacrerait les reproches injustes allégués comme prétexte de la scission. Il proposa donc à la société de déclarer, avant de prendre connaissance du message, qu'elle avait été et serait toujours la société des *Amis de la Constitution*. Cette motion fut adoptée avec enthousiasme (3).

Les Feuillants consentaient à admettre les Jacobins dans leur sein, moyennant acquiescement aux ·conditions arrêtées par la société scissionnaire. Or, parmi ces conditions, il en était une qui portait en elle un germe de mort, c'était celle en vertu de laquelle les seuls citoyens actifs étaient admis aux Feuillants. Là se reconnaissait bien l'esprit des Duport, des d'André et de la plupart des membres du comité de constitution; c'était en quelque sorte un défi jeté à Robespierre, qui tant de fois s'était éloquemment élevé contre cet inique partage de la nation en citoyens actifs et citoyens inactifs. Au reste, cette profonde atteinte portée à l'égalité, aux principes de la Révolution, n'était pas de nature à disposer favorablement les esprits en faveur des Feuillants. Ceux-ci, que par une assez juste ironie on appelait les amis de la contre–révolution (4), avaient envoyé des lettres circulaires aux quatre-vingt-trois départements. Robespierre proposa aux Jacobins d'agir de même, et d'expédier une adresse à toutes les sociétés affiliées, afin de leur rendre

---

(1) Cette adresse ne se trouve pas dans le *Journal des débats de la Société des Amis de la Constitution*. Elle a été insérée dans le numéro 714 du *Patriote françois*, suivie de cette réflexion : — « *N. B.* Cette adresse a été rédigée par M. Robespierre, il est facile d'y reconnaître ses principes, tant calomniés aujourd'hui. » Ce qui n'empêche pas M. Michelet de supposer que, si Brissot la publia dans son journal, ce fut dans l'intention d'avilir le rédacteur. (Voy. son *Histoire de la Révolution*, t. III, p. 167.)

(2) *Journal des Débats de la Société des Amis de la Constitution*, numéro 29.

(3) *Journal des débats de la Société des Amis de la Constitution*, numéro 31.

(4) *Révolutions de Paris*, numéro 107, p. 130.

compte des faits et des motifs de la scission. Cet avis ayant été adopté, il fut chargé de rédiger lui-même une adresse dont il donna lecture dans la séance du 1er août. C'était d'abord une narration succincte, mais exacte et complète, des faits antérieurs à l'événement du Champ de Mars. Puis venait un touchant appel à la concorde et à l'oubli. Et après avoir tracé le tableau des réactions dont avait été suivi le massacre : « Heureux et mille fois heureux, » disait-il, « le citoyen paisible qui vit loin du théâtre où règnent les factions! Heureux celui qui ne soupçonne pas les vils ressorts de l'intrigue! Nous avons vu la liberté de la presse attaquée; les citoyens arrêtés, forcés à fuir; les sociétés populaires et les clubs menacés d'une prochaine destruction; nous avons cru un instant à la résurrection du despotisme et à la mort de la liberté; il nous a fallu tout le courage que donne le suffrage d'une conscience pure pour ne pas succomber à notre douleur. » Il expliquait ensuite comment des citoyens égarés avaient cru devoir s'éloigner des Jacobins, les présenter comme des factieux, et rappelait les tentatives infructueuses de conciliation faites auprès des Feuillants pour les engager à rentrer dans le sein de la société mère. « Ils nous ont envoyé leurs règlemens, » poursuivait-il, « nous les aurions acceptés avec joie, s'ils n'avaient pas exclu tous ceux qui ne sont pas citoyens actifs ou fils de citoyens actifs. Pénétrés d'un patriotisme indépendant d'aucune vue particulière, nous n'avons pas voulu nous engager à rejeter les plus fermes appuis de la constitution, la classe la plus honorable de l'humanité, parce qu'elle avait le malheur de ne pouvoir payer une certaine somme d'impôt. » Au reste, la majorité du club des Feuillants, disait-il encore, n'était pas hostile; quelques individus seulement conspiraient contre la liberté et la constitution, mais la plupart des membres scissionnaires restaient aux Feuillants afin de combattre l'influence fâcheuse des véritables factieux. C'était là, on le voit, une porte ouverte à tous ceux qui voudraient revenir aux Jacobins. La lecture de cette adresse avait été, à diverses reprises, interrompue par de bruyants applaudissements (1).

Robespierre avait parlé d'épuration de la société. En effet, dès le 25 juillet, un comité composé de douze membres, parmi lesquels six des députés restés fidèles aux Jacobins, Coroller, Grégoire, Prieur, Pétion, l'abbé Royer et Robespierre, avait été chargé, dans le but de reconstituer la société, de présenter une liste d'où seraient exclues toutes les personnes dont l'hostilité aux principes de la Révolution était notoire. Déjà, à cette époque, un grand nombre des sociétés affi-

---

(1) Voyez le texte de cette adresse dans le *Journal des débats de la Société des Amis de la Constitution*, numéro 37.

liées des départements s'étaient, malgré les intrigues des Feuillants, ralliées entièrement aux Jacobins. Le mouvement se prononça de plus en plus dans ce sens. Là où se trouvaient Robespierre et Pétion était l'Assemblée nationale, disaient, comme Camille Desmoulins (1), beaucoup de personnes. « Le vertueux Robespierre vous reste, » s'était écrié à son tour Bonneville, dans une adresse lue aux Jacobins au nom du Cercle social; « laissez partir de votre sein tous ces intrigants que tant de fois nous avons dénoncés à l'opinion publique (2). » Quatre ou cinq sociétés au plus, dans les départements, correspondaient exclusivement avec les Feuillants, dont la plupart des membres se débandèrent bientôt et rentrèrent dans le giron de la société mère.

En même temps plusieurs des victimes de la réaction victorieuse s'adressaient à Robespierre, le priant d'intervenir pour elles auprès de l'Assemblée nationale. Parmi les fugitifs du 17 se trouvait un homme appelé à une renommée bruyante, le boucher Legendre. Il écrivait alors : « Une reconnaissance immortelle s'épanche vers Robespierre, toutes les fois qu'on pense à un homme de bien (3). » Ce Legendre, dont nous aurons à raconter les violences, devait être un des plus acharnés proscripteurs de Thermidor.

D'autres dénonçaient à Robespierre les arrestations arbitraires opérées à la suite des scènes du 17 avec une déplorable légèreté, comme s'il avait le pouvoir de remédier à tous les abus (4). Et telle paraissait déjà être son influence aux yeux des étrangers, qu'un vonkiste du nom de Van-Miest, chassé de Belgique dans les derniers événements dont ce pays avait été le théâtre, lui écrivait de Londres, vers la fin de juin de cette année, pour lui offrir ses services, s'imaginant que les destinées de la Révolution dépendaient entièrement de lui (5).

XXIX

Robespierre était l'âme des résistances opposées à cet esprit de réaction dont s'inspiraient les Constitutionnels, Barnave en tête; et c'était

---

(1) *Révolutions de France et des Royaumes*, etc., numéro 86, p. 27.

(2) La *Bouche de fer*, numéro 101.

(3) Voyez la lettre de Legendre dans le t. I des *Papiers inédits trouvés chez Robespierre*, etc. (collection Berville), p. 180.

(4) Voyez une lettre signée L, dans les *Papiers inédits*, t. II, p. 167, avec cette épigraphe : *Faciamus experientiam in anima vili*.

(5) Voyez la lettre de van Miest dans les *Papiers inédits*, t. II, p. 171.

bien parce qu'il était le représentant le plus vrai, le défenseur le plus énergique des principes proclamés au début par l'Assemblée nationale, que la France tournait les yeux vers lui comme vers une sorte d'ancre de salut des libertés publiques. D'après cela, il est aisé de comprendre quelles sourdes colères grondaient dans le cœur de ces Constitutionnels, qui faisaient cause commune pour ainsi dire, à cette heure, avec les Malouet, les Duquesnoi, les Regnault et autres, dont quelques mois auparavant ils étaient les plus acharnés adversaires.

Leur exaspération contre Robespierre se traduisait de toutes les façons ; toutes armes leur étaient bonnes ; livres, brochures, journaux répandaient sur son nom la calomnie à pleins bords, sans parvenir à ébranler sa popularité. On tenta même de lui interdire la tribune. Dans la séance du 23 juillet, Salles, ayant, au nom des comités réunis, reproduit une proposition tendante à l'organisation d'un tribunal spécial pour juger les crimes et délits commis au Champ de Mars, Lanjuinais signala le projet des comités comme destructif de la liberté ; après lui, Robespierre voulut défendre à son tour les principes de la constitution menacés. Mais quand on l'aperçut à la tribune, des cris perçants *Aux voix ! aux voix !* se firent entendre. C'était un parti pris de la part de quelques membres du club de 1789 de lui fermer la bouche. A quelque temps de là nous le verrons prendre une éclatante revanche. Toutefois la majorité pure de l'Assemblée ne se laissa pas entraîner ; elle repoussa le projet des comités (1).

Entre ses détracteurs et lui, Robespierre résolut de prendre le pays pour juge, et, dans les premiers jours du mois d'août, il publia une longue lettre adressée au peuple français, lettre dont nous avons déjà cité quelques extraits. « On me force à défendre à la fois mon honneur et ma patrie, » disait-il en commençant, « je remplirai cette double tâche. Je remercie mes calomniateurs de me l'avoir imposée. » Une faction puissante dans l'État, et qui se flattait de dominer l'Assemblée nationale, s'acharnait contre lui ; mais ce n'était pas sa personne qu'on attaquait, c'étaient ses principes et la cause du peuple. « Nation souveraine, » s'écriait-il, « nation digne d'être heureuse et libre, c'est à vous qu'il appartient de juger vos représentans, c'est devant vous que je veux défendre ma cause et la vôtre ; c'est à votre tribunal que j'appelle mes adversaires. » En réponse aux accusations de ses ennemis, il offrait ses actes, ses paroles, sa vie entière. Les seuls principes qu'il eût jamais soutenus, c'étaient ceux de la déclaration des droits proclamés par l'Assemblée nationale. Or cette déclaration n'était pas, à ses yeux,

(1) Voyez l'*Adresse de Robespierre aux Français*, p. 40, et le numéro 714 du *Patriote françois*, où Brissot exhale toute son indignation.

une vaine théorie, mais l'ensemble des maximes de justice universelle applicables à tous les peuples. « J'ai vu que le moment de fonder sur elles le bonheur de notre patrie étoit arrivé, et que, s'il nous échappoit, la France et l'humanité entière retomboient pour la durée des siècles dans tous les maux et dans tous les vices qui avoient presque partout dégradé l'espèce humaine ; et j'ai juré de mourir plutôt que de cesser un seul instant de les défendre. » La morale d'un peuple libre ne pouvait être, selon lui, celle des despotes ; c'est pourquoi il avait repoussé toutes les transactions avec la raison et la vérité, n'appuyant que les lois puisées aux sources de la justice éternelle, conformes à l'intérêt général, et de nature à assurer la régénération et la félicité du peuple. Il avait craint surtout, et combattu de toutes ses forces, ces ambitieux qui, par toutes sortes de manœuvres et d'intrigues, essayaient de diriger la Révolution vers un but particulier, et sous le masque du civisme, ne tendaient à rien moins qu'à ramener le despotisme ancien, et forceraient bientôt le peuple à reprendre ses chaînes « ou à acheter, au prix du sang, la liberté conquise par la seule force de la raison. »

Il rappelait alors avec quelle persistance il s'était efforcé de mettre les décrets de l'Assemblée d'accord avec l'égalité des droits et la souveraineté nationale ; comment, attaché surtout à la cause des malheureux, il avait réclamé pour tous les Français domiciliés, n'étant ni infâmes ni criminels, la jouissance de tous les droits du citoyen, l'admissibilité à tous les emplois, le droit de pétition, celui de faire partie de la garde nationale. Étaient-ce là des opinions criminelles ou insensées ? quel homme, ayant quelque droiture de cœur ou d'esprit, oserait le prétendre ? Quant à l'accusation de les avoir soutenues pour soulever le peuple, il y répondait par le plus souverain mépris. Le peuple, il l'avait toujours vu modéré, généreux, raisonnable et magnanime dans les grandes circonstances. N'était-ce pas insensé de le rendre solidaire des actes de violence commis par quelques individus dans les temps de troubles ; aussi, en l'entendant calomnier sans cesse par des gens intéressés à le dépouiller et à l'enchaîner, croyait-il à bon droit la liberté en danger ; car, disait-il, il n'en est point sans l'égalité des droits. « Partout où l'égalité des droits n'existe pas entre tous les citoyens, elle n'existe plus en aucune manière, et bientôt l'état social ne présente plus qu'une chaîne d'aristocraties qui pèsent les unes sur les autres, où l'homme orgueilleux et vil se fait gloire de ramper aux pieds d'un supérieur pour dominer sur ceux qu'il croit voir au-dessous de lui. » On ne lui reprocherait pas, continuait-il, d'avoir sacrifié ses principes au plaisir d'être applaudi dans l'Assemblée nationale; mais si parfois il avait fait entendre de dures vérités à ses collègues, c'était parce que l'indépendance absolue des représentants de la nation à l'égard du peuple lui paraissait un monstre dans l'ordre moral et politique.

Répondant au reproche dont il avait été souvent l'objet, de chercher à renverser la royauté pour y substituer la république, il déclarait hautement n'avoir point partagé, quant à lui, l'effroi inspiré à toutes les nations libres par le titre de roi. Il ne redoutait même pas l'hérédité des fonctions royales dans une famille, à la condition toutefois que la majesté du peuple ne fût jamais abaissée devant son délégué, et que le monarque n'eût entre les mains ni assez de forces ni assez de trésors pour opprimer la liberté. Telles étaient ses opinions sur cette matière, et il ajoutait, non sans quelque fierté : « Elles peuvent n'être que des erreurs, mais à coup sûr ce ne sont point celles des esclaves ni des tyrans. » On ne l'en poursuivait pas moins des noms de républicain et de factieux. Si, au nom de la constitution, il s'opposait à quelque motion ministérielle ; s'il essayait d'empêcher les corps administratifs de devenir des instruments aveugles de la cour ; s'il soutenait qu'il était impossible d'accorder à un ministre le droit d'ordonner l'arrestation arbitraire des citoyens sous le vague prétexte de la sûreté de l'État... factieux. Si, dans la discussion du projet de loi sur la police correctionnelle, il trouvait exorbitante la peine de deux ans de prison proposée par le comité de constitution contre tout citoyen convaincu d'avoir mal parlé du roi, de sa femme, de sa sœur ou de son fils ; s'il défendait la liberté individuelle, la liberté illimitée de la presse, le droit de pétition... factieux et républicain. Factieux encore s'il témoignait quelque inquiétude sur la résolution prise par l'Assemblée nationale de remettre entre les mains de la cour le trésor public. Factieux et républicain, s'il se refusait à croire aux vertus des créatures ministérielles et à leur ardent amour pour la liberté (1). Et par qui était-il poursuivi de tant d'invectives ? « Par les partisans les plus connus du pouvoir ministériel, par des hommes qui, naguère divisés entre eux, s'accusoient réciproquement, à la face de l'univers, d'être des factieux et des ennemis de la liberté ; qui dans ce temps-là même, sachant très-bien que des factieux ne se dévouent pas, pour la défense

_____

(1) Un homme appelé à siéger sur les bancs de la Convention, et qui tour à tour, suivant le temps, flatta les royalistes et les Jacobins, Beaudin (des Ardennes), reprocha aussi, vers cette époque, à Robespierre, *son esprit de républicanisme*, tout en rendant justice à ses talents et à sa probité. Ce Beaudin ne comprenait pas qu'un perruquier, un menuisier, un charron fussent électeurs. Pour un futur conventionnel, il n'était guère partisan de l'égalité politique. (Voy. la note écrite de sa main, dans les *Papiers inédits*, etc. (collection Berville), t. III, p. 278.

des droits de l'humanité, à la haine de tous les hommes puissans et aux fureurs de tous les partis, avoient rendu hautement témoignage à la pureté de notre zèle et à l'ardeur sincère de notre amour pour la patrie. » Il désignait ainsi les Lameth, les Barnave et les Duport, si hostiles, au mois de février précédent, au parti La Fayette-Le Chapelier, et qui ne pouvaient lui pardonner de leur avoir fermé l'accès du ministère, de toutes les places à la disposition du pouvoir exécutif, aussi bien que de les avoir privés de la faculté d'être réélus à la prochaine législature. Duport n'avait-il pas exhalé à la tribune tout son fiel, tout son ressentiment contre le décret et ceux qui l'avaient provoqué? et ne voyait-on pas ces anciens membres du côté gauche de l'Assemblée s'allier avec la minorité de la noblesse, sans doute dans le but d'altérer la constitution? On saura bientôt combien étaient fondées ces craintes de Robespierre.

Arrivant à la fuite du roi, il montrait ses adversaires lui imputant à crime d'avoir, dans cette affaire, préféré à l'inviolabilité absolue des rois les grands principes de liberté en vertu desquels s'abaissent devant la loi toutes les têtes coupables, demandé que le vœu de la nation fût consulté, et l'accusant presque de rébellion. On lui faisait encore un crime de la faveur populaire, de ces stériles bénédictions du peuple, auxquelles d'autres préfèrent des avantages plus certains, de ces bénédictions achetées au prix des haines et des vengeances de tous les ennemis puissans de l'humanité. Il n'avait pourtant, on le savait, ni prôneurs gagés, ni intrigues, ni parti, ni trésors. Voilà ce que, trois ans après, sans crainte d'être démenti, il put répéter, la veille du 9 Thermidor. Ah! poursuivait-il, « il y a encore une méchanceté profonde à diriger contre un homme un genre d'accusation qui le force à se justifier de choses qui lui sont avantageuses, et à irriter ainsi la haine et l'envie des malveillants ; mais pourquoi ne serois-je pas aussi hardi à me justifier que mes ennemis à me calomnier? Je prends le ciel à témoin que les preuves de la sensibilité de mes concitoyens n'ont fait que rendre plus cruel pour moi le sentiment des maux que je voyois près de fondre sur eux ; mais sans me piquer de cette fausse modestie qui n'est souvent que l'orgueil des esclaves, je dirai encore que, si c'est un crime d'être estimé du peuple, les citoyens des campagnes et le peuple des villes des quatre-vingt-trois départemens sont mes complices ; j'opposerai aux absurdes calomnies de mes accusateurs, non le suffrage de ce peuple qu'ils osent mépriser, mais le suffrage très-imprévu pour moi de plusieurs assemblées électorales, composées, non de citoyens passifs, mais de citoyens actifs, éligibles même, et de plus favorisés de la fortune ; car le caractère de tous les vrais patriotes et de tous les honnêtes gens de toutes les conditions, c'est d'aimer le peuple, et non de haïr et d'outrager ses défenseurs. »

Il avait toujours honoré le caractère des représentants de la nation, et parlé avec respect de l'Assemblée en général; mais pour cela il ne s'était pas interdit le droit de demander, par exemple, le renouvellement de ces comités devenus éternels, et dont le système semblait être de tuer l'esprit public et d'anéantir la constitution. Il voulait obéir aux lois, mais sans cesser d'éclairer ses concitoyens, selon ses faibles lumières, sur les grands intérêts de la société et de l'humanité. Des ambitieux seuls pouvaient tenir à imposer silence à l'opinion; mais, selon lui, le législateur devait s'attacher avant tout au triomphe de la vérité, de la raison et de la liberté. « Je crois, » ajoutait-il, « qu'il ne peut ni haïr, ni se venger, qu'il ne peut pas même être offensé. » Le salut public ne reposait pas, à ses yeux, sur l'anéantissement de la liberté, sur le renversement des principes fondamentaux de la constitution, mais sur l'union des bons citoyens contre tous les ennemis de la patrie. « Je ne crois pas, » disait-il encore, « que ce soient la vérité, la justice, le courage qui perdent la liberté et les nations, mais l'intrigue, la faiblesse, la sotte crédulité, la corruption, l'oubli des principes et le mépris de l'humanité. »

Après avoir, en historien fidèle, tracé l'émouvant tableau des scènes du Champ de Mars, des faits qui les avaient précédées et suivies, et conjuré ses concitoyens de consoler, par une paix à jamais durable, l'humanité consternée de la perte de tant de Français, de ces femmes et de ces enfants dont le sang versé avait rougi des lieux où, l'année précédente, le spectacle du plus pur patriotisme, de l'union la plus touchante avait réjoui tous les cœurs, il racontait par quelles manœuvres les récents partisans de la cour avaient tenté de ternir la réputation des meilleurs patriotes; comment la société des *Amis de la Constitution* avait été couverte d'une défaveur momentanée, comment les membres du club de 1789, après s'être réunis à elle, le jour même de la fuite du roi, s'en étaient séparés avec éclat pour se retirer aux Feuillants, entraînant avec eux un certain nombre de députés trompés par leurs artifices et leurs calomnies. Pour lui, qui cependant s'était défié de la pétition de Laclos, il avait, ainsi que plusieurs de ses collègues, considéré comme un devoir de défendre contre ses ennemis une société animée de l'amour du bien public. « Nous avons cru, » disait-il noblement, « que le temps de la persécution étoit celui où nous devions lui rester plus fermement attachés. »

Il rappelait ensuite les démarches inutilement tentées dans un but de conciliation par les Jacobins auprès des Feuillants, les dédains affectés de ceux-ci, et l'abandon mérité dont ils étaient l'objet au moment où il écrivait; il rappelait les arrestations arbitraires et multipliées, l'insistance avec laquelle Barnave avait provoqué les mesures les plus sévères contre les coupables de ce qu'il traitait de sédition; la proposition d'organiser un tribunal prévôtal à l'effet d'expédier en dernier ressort toutes les personnes impliquées dans les derniers événements; la façon indécente, brutale, avec laquelle on l'avait empêché de combattre cet odieux projet de décret, heureusement repoussé par la sagesse de l'Assemblée, et les menaces de procès dirigées contre lui. « Eh quoi! » s'écriait-il, « seroit-il vrai qu'il y eût entre le mois de juillet 1789 et le moment où j'écris un intervalle si immense que les ennemis de la nation eussent pu se livrer à l'espoir de traiter ses défenseurs en criminels? Eh! pourquoi ces derniers n'auroient-ils pas mérité de boire la ciguë? Nous manqueroit-il des Critias et des Anitus? Le philosophe athénien avait-il plus que nous offensé les grands, les pontifes, les sophistes, tous les charlatans politiques? N'avons-nous pas aussi mal parlé des faux dieux, et cherché à introduire dans Athènes le culte de la vertu, de la justice et de l'égalité? Ce n'est point de conspirer contre la patrie qui est un crime aujourd'hui, c'est de la chérir avec trop d'ardeur; et puisque ceux qui ont tramé sa ruine, ceux qui ont porté les armes contre elle, puisqu'enfin tous ceux qui ont constamment juré fidélité à la tyrannie contre la nation et l'humanité sont traités favorablement, il faut bien que les vrais coupables soient ceux qui ont défendu constamment l'autorité souveraine de la nation et les droits inaliénables de l'humanité. Avec de l'or, des libelles, des intrigues et des baïonnettes, que ne peut-on pas entreprendre! Toutes ces armes sont entre les mains de nos ennemis; et nous, hommes simples, faibles, isolés, nous n'avons pour nous que la justice de notre cause, notre courage, et le vœu des honnêtes gens. » Ces motifs de tous les maux présents, il les voyait, non dans les vaines menaces des aristocrates, non dans l'énergie des bons citoyens, ni même dans la fougue de tel ou tel écrivain patriote, non dans les complots de prétendus brigands, non dans les perfidies de la cour, les mouvements des puissances étrangères, ou la grandeur des charges de l'État, mais dans la politique artificieuse des partisans de la cour, dans la cupidité et l'incivisme des fonctionnaires publics, dans les entraves mises à la liberté de la presse, dans les tracasseries suscitées à tous les amis de la Révolution, dans le plan préconçu de rendre la classe laborieuse appelée peuple suspecte aux autres citoyens, dans le concert existant entre l'ennemi du dehors et celui du dedans, et dans la licence effrénée d'un agiotage impudent, qui, du sein même des nouvelles richesses nationales, faisait naître la détresse publique. Pour remédier à tant de maux, il comptait sur la prochaine législature, si les cabales des factions et de la cour ne l'emportaient dans les élections sur l'intérêt public. Il formait le vœu que des ambitieux ne reculassent pas encore la formation de l'Assemblée nouvelle, et terminait en ces termes : « Qu'elle arrive avec des sentimens et des principes dignes de sa mission ; qu'elle renferme dans son sein seulement dix hommes d'un grand caractère, qui sentent tout ce que leur destinée a d'heureux et de sublime, fermement déterminés à sauver la liberté ou à périr avec elle, et la liberté est sauvée (1). »

Cette longue adresse aux Français, où la vie politique de Robespierre jusqu'à ce jour était si nettement et si franchement expliquée, eut un succès prodigieux. « Bons Parisiens, et vous, Français des quatre-vingt-deux autres départements, » disait le journal le plus populaire du temps, « lisez l'épître éloquente et vérace de M. Robespierre, lisez-la dans la chaire de vos églises, dans la tribune de vos assemblées, sur le seuil de la maison commune de vos municipalités ; et si vous êtes hors de la bonne voie, elle vous y fera rentrer (2). » Une autre feuille s'exprimait en ces termes : « Quand on voit tant de philosophie et de calme dans celui qui se trouve ainsi l'objet de la calomnie, on doit en conclure pour la bonté de la cause qu'il défend (3). » A Nantes, la société des *Amis de la Constitution*, transportée à la lecture de cette adresse, en vota l'impression à deux mille exemplaires (4). « Immortel défenseur des droits du peuple, » écrivait à Robespierre, le 26 août, l'évêque de Bourges, « j'ai lu avec enthousiasme votre lettre adressée aux Français (5). » Enfin madame Roland, retournant vers la mi-septembre dans les propriétés de son mari, à la Platière, semait, dans les endroits où elle passait, des exemplaires de cette vigoureuse adresse, « comme un

(1) *Adresse de Maximilien Robespierre aux François*. Paris, Paquet, rue Jacob, n° 29. In-8° de 49 pages. Cette adresse ne figure pas dans le recueil des Œuvres de Robespierre éditées par Laponneraye d'une façon fort incomplète, comme on sait.

(2) *Révolutions de Paris*, numéro 109. Ce numéro contient une longue analyse et de nombreuses citations de la lettre de Robespierre, p. 226 et suiv.

(3) *Feuille de correspondance du Libraire*, année 1791, p. 184.

(4) Voy. dans le *Patriote françois*, une lettre de Pio à ce sujet. Voici comment, de son côté, s'était exprimé Brissot, qui, suivant M. Michelet, dont l'imagination va toujours trop vite, sympathisait déjà très-peu avec Robespierre (*Hist. de la Révol.*, t. III, p. 167). « C'est bien à regret que nous nous trouvons obligés de ne donner qu'un extrait de l'adresse de M. Robespierre, qui présente une apologie énergique et vraie de sa conduite ; adresse bien propre à faire rougir ses accusateurs, qui savent bien intriguer, mais ne savent pas écrire deux lignes, et qui, sans le secours que leur prêtent des plumes vénales, seroient déjà dans l'oubli le plus profond. » Suit l'extrait. Numéro 738.

(5) Lettre de Torné, évêque de Bourges, dans les *Papiers inédits*, etc., t. I, p. 169.

excellent texte aux méditations de quelques personnes (1). » En butte aux calomnies des Constitutionnels et de tóus les écrivains payés de la cour, Robespierre venait de faire sa confession publique ; et si intime était le rapport entre ses actes et ses paroles qu'il fut impossible de le mettre en contradiction avec lui-même. Cette adresse le grandit encore aux yeux de ses concitoyens ; mais elle eut un autre avantage : elle contribua singulièrement à rabattre l'orgueil de ces Constitutionnels qui, depuis le fatal événement du Champ de Mars, se croyaient maîtres des destinées de la France.

XXX

Cependant l'Assemblée nationale touchait au terme de ses travaux. Épuisée par deux ans de luttes incessantes, elle avait bien droit au repos, à ce repos forcé auquel une motion de Robespierre avait condàmné tous ses membres. Rien ne prouvait mieux sa lassitude que la dispersion des députés, dont la moitié à peine assistaient maintenant aux séances.

• Tous les articles de la constitution avaient été discutés et votés ; restait à les coordonner, et, des diverses parties éparses, à composer un tout homogène : ce fut à quoi tendit le travail de la révision. Nous avons entendu Robespierre exprimer la crainte que les Constitutionnels ne portassent la main sur leur propre ouvrage et ne profitassent de cette révision pour altérer la constitution, la modifier dans un sens tout favorable à la cour ; ses appréhensions se trouvèrent pleinement justifiées. Y eut-il, comme cela paraît assez clairement résulter d'une lettre de M. de Gouvernet à Bouillé, entente réelle entre un certain nombre de membres du côté droit et Le Chapelier, Barnave et leurs amis? cela semble assez probable, à en juger par l'attitude de ces anciens membres de la gauche dans les débats auxquels la révision donna lieu. Barnave était bien changé depuis le retour de Varennes !

Le 5 août, anniversaire du jour où, deux ans auparavant, l'Assemblée avait posé les bases de l'édifice terminé, Thouret donna lecture du projet du comité ; le 8, la discussion commença. Malouet et Duval d'Eprémesnil ayant violemment attaqué, au point de vue royaliste, l'œuvre

---

(1) Lettre de madame Roland, en date du 27 septembre 1791 (Voy. cette lettre dans les *Mémoires de Charlotte Robespierre*, p. 80).

constitutionnelle, Robespierre se leva pour leur répondre ; mais l'Assemblée, dédaignant d'impuissantes attaques, décida qu'on suivrait dans la discussion l'ordre indiqué par les comités de constitution et de révision (1).

La constitution française est représentative, disaient.les comités; les représentants du peuple sont le Corps législatif et le roi. Cette rédaction fut, de la part de Rœderer et de Robespierre, l'objet d'une longue et vive critique. On se rappelle quelle tempête avait, un jour, soulevée celui-ci en soutenant que le roi n'était pas le représentant, mais bien le commis, le premier fonctionnaire de la nation. Cette fois encore, sans plus de succès, il soutint la même opinion. La souveraineté, suivant lui, était inaliénable de son essence, et il était indispensable d'affirmer cette doctrine. La nation investissait le roi des fonctions de la puissance exécutive, et elle confiait un mandat au Corps législatif; mais elle ne déléguait pas sa souveraineté, comme cela semblait résulter du projet du comité; autrement on tomberait dans un despotisme odieux. Le mot *inaliénable*, omis dans l'article du comité, fut ajouté sur la demande de Robespierre ; mais quant à l'amendement présenté par lui et par Rœderer, et consistant dans la suppression du mot *représentant* appliqué à la personne du roi, l'Assemblée adopta la question préalable (2).

Funestes devaient être, selon Brissot, les conséquences de cette qualification accordée au roi (3); car il pouvait arriver que le chef de l'État, se sentant armé du même pouvoir que le Corps législatif, tentât de le supplanter tout à fait. Mais combien plus fatale était cette inique division du peuple français en citoyens actifs et citoyens passifs ! On n'a pas oublié avec quelle persistance, avec quelle ténacité, Robespierre n'avait cessé d'attaquer les décrets de l'Assemblée qui attachaient l'exercice des droits du citoyen à la contribution du marc d'argent, ou d'un nombre déterminé de journées de travail; mais chaque fois qu'il avait essayé de démontrer la nécessité de les révoquer, des clameurs avaient étouffé sa voix. Désespérant d'être écouté de ses collègues, il en avait appelé à ses concitoyens, et dès le mois d'avril de cette année, il avait, dans une longue brochure, développé ses idées sur ce sujet. Invoquant comme point de départ la déclaration des droits, d'après laquelle tous les hommes étaient égaux, et présentant la loi comme devant être l'expression de la volonté générale, il se demandait où était cette égalité, quand une partie seulement des citoyens

(1) *Point du jour*, numéro 761, p. 179.
(2) *Moniteur* du 11 août 1791, et *Point du jour*, numéro 762.
(3) Le *Patriote françois*, numéro 732.

jouissaient de la faculté d'élire et d'être élus, et comment la loi pouvait être l'expression de la volonté générale quand le plus grand nombre de ceux pour qui elle était faite ne concouraient en aucune manière à sa formation? Il nous est impossible de donner une analyse complète de ce magnifique discours, et nous le regrettons, tant il étincelle de beautés de premier ordre. En vain invoquait-on le bien accompli, les progrès réalisés : on n'avait rien fait, prétendait Robespierre, tant qu'il restait quelque chose à faire. Il ne voulait pas qu'on fût autorisé à dire des membres de l'Assemblée constituante : « Ils pouvaient rendre les hommes heureux et libres, mais ils ne l'ont pas voulu, ils n'en étaient pas dignes. » C'étaient assurément de belles paroles, celles par lesquelles il répondait aux gens qui, confondant l'intérêt particulier avec l'intérêt général, voulaient restreindre aux seuls propriétaires la qualité de citoyen. « Mais, dites-vous, le peuple ! des gens qui n'ont rien à perdre, pourront donc, comme nous, exercer tous les droits des citoyens? Des gens qui n'ont rien à perdre ! que ce langage de l'orgueil en délire est injuste et faux aux yeux de la vérité ! Ces gens dont vous parlez sont apparemment des hommes qui vivent, qui subsistent au sein de la société, sans aucun moyen de vivre et de subsister. Car s'ils sont pourvus de ces moyens-là, ils ont, ce me semble, quelque chose à perdre ou à conserver. Oui, les grossiers habits qui me couvrent, l'humble réduit où j'achète le droit de me retirer et de vivre en paix ; le modique salaire avec lequel je nourris ma femme, mes enfants; tout cela, je l'avoue, ce ne sont point des terres. des châteaux, des équipages ; tout cela s'appelle *rien* peut-être pour le luxe et pour l'opulence, mais c'est quelque chose pour l'humanité ; c'est une propriété sacrée, aussi sacrée sans doute que les brillants domaines de la richesse.

« Que dis-je ! ma liberté, ma vie, le droit d'obtenir sûreté ou vengeance pour moi et pour ceux qui me sont chers, le droit de repousser l'oppression, celui d'exercer librement toutes les facultés de mon esprit et de mon cœur ; tous ces biens si doux, les premiers de ceux que la nature a départis à l'homme, ne sont-ils pas confiés, comme les vôtres, à la garde des lois? Et vous dites que je n'ai point d'intérêt à ces lois ; et vous voulez me dépouiller de la part que je dois avoir, comme vous, dans l'administration de la chose publique, et cela par la seule raison que vous êtes plus riches que moi!... » Et quel péril n'y avait-il pas à créer un pareil antagonisme entre les pauvres et les riches? On objectait les dangers de la corruption; ne trouvait-on pas la vertu aussi bien dans les classes les moins aisées que parmi les plus opulentes? Puis venait un parallèle entre les *gens de rien*, qui étaient des hommes de mérite, et les *gens comme il faut*, qui étaient souvent les plus vils, les plus corrompus de tous les hommes. En prenant la richesse pour mesure des droits des citoyens, on réduisait à l'état d'ilotes les neuf dixièmes de la nation, assimilés véritablement à ces individus notés d'infamie par les tribunaux et à la peine de qui la loi ajoutait celle de la privation des droits civiques. Que de grands hommes, faute de pouvoir payer un marc d'argent de contribution, n'auraient pas été éligibles ! Ainsi le génie et la vertu étaient ravalés en quelque sorte par le législateur au-dessous de l'opulence et du crime. Le despotisme lui-même, en convoquant les états généraux, avait imposé aux citoyens des conditions moins dures. Il était donc urgent de revenir sur ces décrets monstrueux ; de réparer une erreur funeste, sans s'arrêter à la prétendue irrévocabilité des décisions législatives, maxime bonne pour les tyrans, et de décider que désormais tous les Français nés et domiciliés en France jouiraient, sans aucune espèce de condition de cens, de la plénitude et de l'égalité des droits du citoyen (1).

Ce discours est une théorie complète du suffrage universel ; et sur ce vaste projet si digne d'occuper les méditations du philosophe, on n'a jamais mieux dit. Que les libéraux qui, mécontents de la façon dont fonctionne aujourd'hui ce suffrage universel, en attaquent le principe même, relisent attentivement ce magnifique traité, et ils seront convaincus, je le crois, qu'en matière de liberté, il n'y a point deux poids et deux mesures, qu'il n'y a point pour les nations deux manières d'être libres, et que là où une partie du peuple jouit de droits refusés à l'autre la liberté n'est qu'une fiction et un leurre.

Il est aisé de se rendre compte de l'enthousiasme avec lequel ce discours fut accueilli par tous les déshérités politiques, par cette masse de citoyens qui s'en allaient se demandant les uns aux autres : A quoi donc nous sert la Révolution ? Lu dans la séance du 20 avril au club des Cordeliers, il y excita les plus vifs transports. La société en vota l'impression à ses frais, afin de le répandre comme le meilleur manuel du citoyen ; et, dans une sorte de manifeste, elle recommanda à toutes les autres sociétés patriotiques de faire lire dans leurs séances « cette production d'un esprit juste et d'une âme pure, » et à se bien pénétrer des principes qu'elle contenait, engageant en même temps les pères de famille à les inculquer à leurs enfants (2). « Pour Dieu ! Robespierre,

(1) *Discours sur la nécessité de révoquer les décrets qui attachent l'exercice du droit de citoyen à la contribution du marc d'argent ou d'un nombre déterminé de journées d'ouvriers.* Paris, de l'imp. de Calixte Volland, in-8° de 32 p.

(2) *Discours par M. Robespierre sur la nécessité,* etc., précédé de l'arrêté du club des

fais révoquer cet abominable décret du marc d'argent, » lui criait d'autre part la société des *Indigents Amis de la Constitution*, dans une adresse où l'enthousiasme pour lui allait jusqu'à l'idolâtrie (1).

Tant de réclamations ne furent pas sans impressionner les comités de constitution et de révision. Dans la séance du 11 août, Thouret proposa, en leur nom, à l'Assemblée, de révoquer le décret du marc d'argent; mais en souscrivant à la suppression de cette condition d'éligibilité, et comme s'ils eussent craint de trop accorder, les comités demandaient qu'à l'avenir ceux-là seuls eussent la qualité d'électeurs qui payeraient une contribution égale à la valeur de quarante journées de travail. C'était tomber de Charybde en Scylla. En effet, le peuple était-il vraiment libre de choisir ses représentants quand il n'avait pas le droit de choisir ses intermédiaires? Voilà ce que ne manqua pas de faire observer Robespierre. A une condition mauvaise, les comités substituaient une condition plus mauvaise et plus onéreuse encore. Reprenant un à un la plupart des arguments de son discours sur le marc d'argent, il fut tour à tour amer, incisif et touchant. « Que nous importe, » s'écriait-il impétueusement, aux applaudissements de l'extrême gauche et des tribunes, « que nous importe qu'il n'y ait plus de noblesse féodale, si vous y substituez une distinction plus réelle, à laquelle vous attachez un droit politique? Et que m'importe à moi qu'il n'y ait plus d'armoiries, s'il faut que je voie naître une nouvelle classe d'hommes à laquelle je serai exclusivement obligé de donner ma confiance? » N'y avait-il pas là une contradiction de nature à entacher la bonne foi et la loyauté de l'Assemblée? Puis montrant dans l'indépendance et la probité particulières la garantie de la sincérité des votes, et sans se préoccuper des murmures soulevés par sa rude franchise, il se demandait où était la garantie d'Aristide lorsqu'il subjugua les suffrages de la Grèce entière? » « Ce grand homme, » dit-il, « qui, après avoir administré les deniers publics de son pays, ne laissa pas de quoi se faire enterrer, n'aurait pas trouvé entrée dans vos assemblées électorales. D'après les principes de vos comités, nous devrions rougir d'avoir élevé une statue à J.-J. Rousseau, parce qu'il ne payait pas le marc d'argent. Apprenez à reconnaître la dignité d'homme dans tout être qui n'est pas noté d'infamie. Il n'est pas vrai qu'il faille être riche pour tenir à son pays; la loi est faite pour protéger les plus faibles; n'est-ce pas injuste qu'on leur ôte

Cordeliers, signé Peyre, président, Momoro et Rutledge, secrétaires, et suivi d'un avertissement du propriétaire du *Journal du Creuzet*, dans lequel parut aussi le discours. In-8° de 32 p. de l'imp. du Creuzet, rue Saint-Martin, n° 219.

(1) *Adresse de la Société des Indigens Amis de la Constitution à Robespierre, député à l'Assemblée nationale.* Voy. cette adresse dans les Œuvres de Robespierre, éditées par Laponneraye, t. I, p. 181 et suiv.

toute influence dans sa confection? » Sa conclusion, applaudie par un assez grand nombre de ses collègues, on la connaît : il rejetait et le marc d'argent et les nouvelles conditions proposées par les comités : à tout citoyen né et domicilié en France, et non frappé d'une peine infamante appartenait, selon lui, le droit d'élire et d'être élu (1).

La discussion fut excessivement animée. A Robespierre succédèrent Beaumetz et Barnave, dont les rancunes s'exhalèrent en paroles acerbes et pleines d'amertume. Ils parlèrent longtemps en faveur du projet des comités, sans pouvoir entraîner l'Assemblée ce jour-là ; elle était comme en suspens sous l'impression des paroles de Robespierre ; mais, un peu plus tard, elle décréta que la qualité d'électeur dépendrait d'une certaine quantité de revenus, variant suivant les localités. L'Assemblée législative après le 10 août, effaça ces inégalités injurieuses, et la Convention inscrivit le suffrage universel dans la constitution de 1793 ; mais, comme nous l'avons dit ailleurs, il a fallu arriver jusqu'à nos jours pour la consécration du grand principe de justice dont Robespierre fut le champion éloquent et infatigable.

XXXI

Chaque jour c'était un combat à livrer contre les idées rétrogrades dont s'étaient inspirés les membres du comité de révision. Ainsi, ils proposaient à l'Assemblée de donner entrée aux ministres au sein du Corps législatif et de leur permettre de parler sur tous les objets en discussion. C'était là, suivant Robespierre, une infraction grave au principe de la séparation des pouvoirs, un empiétement du pouvoir exécutif sur le pouvoir législatif. Et quels inconvénients n'en résulterait-il pas ! Les ministres n'avaient-ils pas entre les mains, en dehors des ressources de l'éloquence, mille moyens de corruption et d'intrigues, des places à donner, des faveurs à répandre, pour entraîner les délibérations et attenter à la liberté publique ? Il opinait donc pour la question préalable sur cette proposition. Ses paroles, vivement appuyées par Lanjuinais et Pétion, avaient paru impressionner l'Assemblée, et l'on croyait au rejet de l'article, quand, vers la fin de la séance, il passa

---

(1) Ce discours se trouve résumé en quelques lignes seulement dans le *Moniteur* du 13 août 1791, et dans le *Point du jour*, numéro 763. Le *Courrier de Provence* (numéro 328, en donne une analyse beaucoup plus étendue.

subrepticement pour ainsi dire, légèrement amendé par Charles Lameth (1).

Attribuant à une surprise le vote de l'Assemblée, Robespierre engagea le soir, aux Jacobins, ses collègues de la gauche à se trouver présents le lendemain à la lecture du procès-verbal, afin de réclamer le rapport de cet article (2); mais il ne paraît pas que son appel ait été entendu; le droit des ministres d'assister aux séances du Corps législatif et d'y prendre la parole demeura consacré par la constitution. Ces résistances de Robespierre aux modifications contre-révolutionnaires proposées par les comités n'étaient pas, on le pense bien, sans amener de violentes récriminations de la part des Constitutionnels. « Je vais vous dépopulariser, » lui cria un jour Le Chapelier hors de lui (3). Mais sa popularité était trop enracinée dans le cœur de la nation pour être facilement ébranlée; et, lui vivant, elle ne devait pas subir d'atteinte. Si parmi ses collègues sa voix était quelquefois impuissante, comme lorsque, dans la séance du 19 août, il demandait compte aux ministres du mauvais état des frontières de l'Est et du Nord, ou lorsqu'un peu plus tard il s'opposait en vain à ce qu'une garde particulière fût donnée au roi, dont la personne, suivant lui, devait rester confiée au patriotisme et à la vigilance des gardes nationales (4), elle franchissait l'enceinte de l'Assemblée et rencontrait au dehors, d'un bout de la France à l'autre, de longs échos d'approbation.

Comment sa parole eût-elle laissé les esprits indifférents dans un pays à qui la liberté récente était d'autant plus chère qu'il avait connu, non par ouï-dire, mais par expérience, toutes les tristesses, toutes les amertumes du despotisme, quand par exemple il venait défendre la liberté de la presse contre les mesures restrictives proposées par les comités? Dans la séance du 22 août, Thouret ayant soumis à l'Assemblée nationale une loi de répression destinée surtout à protéger les fonctionnaires publics, Robespierre ouvrit le premier la bouche pour attaquer le projet présenté, tout en convenant que l'heure n'était peut-être pas très-favorable pour exposer ses idées complètes sur la liberté de la presse, à cause des abus qui, dans un moment de révolution, en étaient résultés. La liberté de la presse! Il avait, plus d'une fois déjà, pris la parole en sa faveur à la tribune de l'Assemblée, et l'on connaissait de reste ses idées à cet égard, puisqu'il avait récemment publié sur ce sujet un discours dont le retentissement avait été immense. Il la vou-

(1) *Point du jour*, numéro 768.
(2) *Journal des débats des Amis de la Constitution*, numéro 44.
(3) Voy. le *Patriote françois*, numéro 735.
(4) Voy. le *Moniteur* des 20 et 25 août 1791.

lait illimitée ou à peu près, la croyant capable d'amener beaucoup de bien sans pouvoir produire grand mal. On devait se garder, sous prétexte de réprimer les abus, d'anéantir la liberté, disait-il. Ne suffisait-il pas d'avoir prononcé des peines contre les fauteurs de séditions? Allait-on maintenant opposer l'intérêt des fonctionnaires publics à celui de la patrie? « Caton, cité soixante fois en justice, » s'écria-t-il encore, « ne fit jamais entendre la moindre plainte, mais les décemvirs firent des lois contre les libelles, parce qu'ils craignaient qu'on ne dévoilât leurs complots. » Il fallait donc se borner à poursuivre les écrits provoquant formellement à la désobéissance à la loi, et laisser entièrement libres toutes les opinions ayant pour objet l'intérêt général, afin de ne pas empêcher les écrivains de dénoncer les manœuvres de certains fonctionnaires par la crainte d'être traduits comme calomniateurs devant les tribunaux. Ce discours fut fort applaudi, il paraît; et ce jour-là rien ne fut décidé relativement aux fonctionnaires publics (1). Le soir, aux Jacobins, où quelquefois il lui arrivait de rendre compte des séances de l'Assemblée (2), Robespierre discuta une seconde fois la question. Dans la matinée, songeant à lui sans doute, sur qui les journaux de la réaction avaient à l'envi épuisé toutes les calomnies imaginables, il avait engagé ses collègues à oublier, avant de se prononcer, les petites blessures que la presse pouvait leur avoir faites, de peur que la mémoire ne troublât leur impartialité de juges (3). Aux Jacobins il disait encore : « L'homme vertueux qui s'est dévoué pour la patrie est calomnié, mais aussi la liberté de la presse reste entière, et sans elle point de liberté (4). »

La discussion fut reprise, le lendemain, à l'Assemblée nationale, et Robespierre tenta de nouveaux efforts pour sauver cette liberté de la presse qui lui était si chère. La rédaction de l'article des comités était d'une élasticité bien dangereuse : le simple soupçon contre la droiture des intentions des fonctionnaires publics y était érigé en crime. Un membre de la droite, Larochefoucauld, en proposa une autre, en vertu de laquelle tout citoyen avait le droit d'imprimer et de publier son opinion sur tous les actes des fonctionnaires publics; la calomnie sur leur vie privée pouvait seule être l'objet de poursuites. Robespierre se rallia à ce projet et le défendit avec sa vigueur ordinaire. A Regnault (de Saint-Jean d'Angély), le sommant d'indiquer la corporation dont il

---

(1) Voy. le *Point du jour*, numéro 774, le *Moniteur* du 23 août 1781, et surtout le *Courrier de Provence*, numéro 332.

(2) *Journal des débats de la Société des Amis de la Constitution*, numéros 48 et 50.

(3) Voy. le *Patriote françois*, numéro 744.

(4) *Journal des débats de la Société des Amis de la Constitution*, numéro 47.

était le chef, parce qu'il s'était servi de cette expression *nous*, il répondait : « Quand je dis *nous*, je parle de ceux que la question intéresse, c'est-à-dire de la généralité des citoyens ; ce sont les droits de la nation que je réclame contre un article qui me paraît les attaquer. » Il continua, interrompu souvent, tantôt par des murmures, tantôt par des applaudissements que les Constitutionnels tout-puissants alors ne pouvaient cependant empêcher. Poursuivrait-on un citoyen, demandait-il, si, surprenant un ministre en flagrant délit de négligence dans l'exécution des lois relatives à la défense du royaume, il l'accusait hautement devant le pays? Celui-là eût sans doute passé pour un calomniateur qui, avant la fuite du roi, eût dénoncé Bouillé comme nourrissant des projets perfides ; et cependant y avait-il un doute aujourd'hui sur la trahison de ce général dont le faux patriotisme avait été, après l'affaire de Nancy, l'objet d'un tel engouement? Mais Larochefoucauld et Robespierre eurent beau dire, l'article du comité passa, légèrement amendé par Salles, et la liberté de la presse fut, en partie, sacrifiée à la dignité des fonctionnaires publics (1).

XXXII

Le surlendemain surgissait une autre question, celle de la condition des membres de la famille royale dans la constitution nouvelle. Les comités proposaient à l'Assemblée nationale de leur interdire les droits de citoyens actifs, en maintenant pour eux le titre de prince, contrairement aux décrets qui avaient supprimé tous titres de noblesse; c'était, en définitive, leur enlever des droits auxquels la plupart d'entre eux tenaient assez peu, pour leur laisser une distinction à laquelle ils attachaient beaucoup d'importance. Cependant le duc d'Orléans déclara que, pour sa part, si cette proposition était adoptée, il déposerait sur le bureau du président sa renonciation formelle à ses droits de membre de la dynastie régnante, afin de conserver ceux de citoyen français.

Robespierre demanda, lui, quelle importance il y avait à chercher un titre pour les parents du roi : à l'héritier présomptif de la couronne appartenait celui de prince royal, mais les autres membres de la famille étaient tout simplement... les parents du roi. Il ne comprenait pas

(1) *Moniteur* du 24 août 1791, et *Point du jour*, numéro 775.

qu'on pût s'arrêter à de pareilles puérilités. Il y avait donc, d'après les comités, un titre supérieur à celui de citoyen? L'éclat du trône n'était pas, à ses yeux, dans ces distinctions frivoles, dans la conservation des préjugés et des hochets de famille, il était dans le pouvoir légal et constitutionnel. « L'Europe, » disait-il, « sera étonnée d'apprendre qu'à cette époque de sa carrière l'une des délibérations de l'Assemblée à laquelle on ait attaché le plus d'importance a eu pour objet de donner aux parents du roi le titre de princes. » Était-ce le moyen d'étouffer les germes de noblesse et de féodalité non encore éteints, que de violer l'égalité des droits et de former dans l'État une caste particulière dont une foule de partisans s'occuperaient de caresser la vanité? Comment! s'écriait-il après avoir cherché des exemples en faveur de son opinion dans les pays les plus aristocratiques et énuméré longuement tous les dangers de cette restauration d'une noblesse en France, comment les comités ont-ils osé vous proposer une telle loi? Comme à ces mots quelques murmures éclataient, il témoigna aussitôt son étonnement de voir l'Assemblée écouter toujours en silence ces membres des comités, dont les principes actuels étaient si différents de ceux qu'ils avaient professés autrefois, tandis qu'on se permettait d'interrompre sans cesse un membre dont l'attachement à la liberté et aux principes de la constitution n'avait pas varié. Ce reproche était vrai, exprimé d'ailleurs avec une dignité parfaite, on ne put s'empêcher d'applaudir (1).

Suivant Lanjuinais, il s'agissait de savoir si l'on rétablirait la noblesse ou non. Ceci se passait le 26 août. Ce jour-là l'Assemblée décida que les membres de la famille royale ne seraient éligibles à aucune des fonctions dont le peuple avait la nomination. Le lendemain, Desmeuniers, au nom des comités, soumit à la délibération l'article par lequel les membres de la famille royale étaient autorisés à porter le titre de prince. Quelques minutes se passèrent dans le silence; l'Assemblée semblait indécise au moment de violer elle-même un des principes proclamés par elle. Robespierre se décida à reprendre la parole. De deux choses l'une, dit-il; ou les titres étaient une chose absolument indifférente, pourquoi alors ne pas les rétablir tous? ou bien on y attachait quelque importance, comme cela résultait du décret portant suppression de toutes les distinctions honorifiques; et alors il fallait respecter le principe, de crainte qu'une première violation n'amenât beaucoup d'autres abus. Il termina par ce trait qui, paraît-il, excita dans l'Assemblée un rire général : « Si j'entends dire : M. le prince de Condé,

(1) Voyez le discours de Robespierre dans l'*Histoire parlementaire de la Révolution*, par MM. Buchez et Roux, t. XI, p. 334 et suiv. Voyez aussi le *Point du jour*, numéro 778.

M. le prince de Conti, je consens volontiers à entendre dire: M. le duc de Montmorency, M. le prince de Broglie; rien ne me répugne plus, et je ne m'opposerai pas à ce qu'on dise: M. le comte de Lameth(1). » On sait à quelle résolution assez bizarre s'arrêta l'Assemblée : elle décida que le nom des membres de la famille royale, d'après l'énoncé de l'acte de naissance, serait tout simplement suivi de la dénomination de prince français, sans qu'on pût y joindre aucun nom de terre, croyant éloigner ainsi tout souvenir féodal.

Depuis longtemps déjà était brisée l'amitié qui unissait Robespierre aux Lameth (trois mois peut-être, mais alors les mois étaient des années). On était loin de l'époque où Charles Lameth, souffrant des suites de sa blessure, recevait, deux fois par jour, la visite de son collègue. On n'ignore pas les causes de cette division : l'un, lutteur fatigué, s'arrêtait en chemin, songeant déjà à remonter vers le passé ; l'autre, immuable, inflexible, poursuivait seul la route âpre et sévère de la justice et du droit, qu'ensemble ils avaient parcourue au début.

La récente épigramme de Robespierre avait rempli d'amertume l'âme de Charles Lameth. Deux jours plus tard celui-ci, de concert avec son frère, fit contre le premier une violente sortie à propos de quelques troubles qui avaient éclaté dans le régiment de Beauce, en garnison à Arras. Ils ne craignirent pas de rejeter sur lui la responsabilité des désordres de l'armée. Aux yeux d'Alexandre Lameth, les trois cents soldats enfermés comme factieux dans la citadelle d'Arras étaient trois cents brigands, et cela parce que, M. de Rochambeau leur ayant interdit de porter sur leurs habits les couleurs patriotiques, ils s'étaient livrés à certains actes d'insubordination. Robespierre eut toutes les peines du monde à obtenir le silence, pour se disculper d'abord, puis pour combattre un projet de décret excessivement sévère, présenté par Chabroud, à l'effet de réprimer toutes les infractions à la discipline militaire. Les armes du raisonnement sont préférables à celles de la calomnie, dit-il en commençant; il ne faut donc pas se prononcer sur des bruits vagues, accrédités à dessein pour répandre la terreur, mais sur des faits avérés. Or les faits allégués étaient faux, selon lui, ou du moins entachés de beaucoup d'exagération. A ces mots, un député nommé Roussillon l'accusa d'entretenir une correspondance avec l'armée. « A cette inculpation, qui n'est qu'une assertion ridicule ou une calomnie atroce, je ne réponds pas, » reprit dédaigneusement Robespierre. Était-il juste de s'en rapporter aveuglément aux officiers, dont les frères Lameth étaient les interprètes, et de ne pas interroger

---

(1) Voyez le *Patriote françois*, 748 et le *Point du jour*, numéro 779.

au moins les soldats? Ceux de la garnison d'Arras avaient manqué de respect à leurs chefs? Mais quels ordres leur avait-on donnés? l'ordre de renoncer à se parer des couleurs nationales. Du reste, il n'y avait pas eu sédition de leur part, puisque eux-mêmes avaient dénoncé les ennemis de la constitution qui, profitant de leur mécontentement, s'étaient efforcés d'en faire les instruments de leur projet. Ce n'était donc pas, disait Robespierre en terminant, le cas de présenter une loi peu propre à concilier les choses; et il demanda, mais en vain, la question préalable sur le projet de décret de Chabroud, que l'Assemblée adopta après une courte discussion, et sans prendre la précaution de bien éclaircir les faits (1).

XXXIII

Retournons pour un instant aux Jacobins, où là du moins Robespierre était écouté avec une religieuse attention. Deux fois, dans le cours de ce mois d'août, il avait été appelé à présider la société, en l'absence de Pétion, président en titre. Il occupait le fauteuil quand, le vendredi 12 août, les délégués de la société des *Amis de la Constitution* de Strasbourg vinrent jurer de rester éternellement attachés « à leur mère, à cette société qui renfermait dans son sein les Robespierre, les Pétion, les Buzot, les Grégoire. » Placés à la porte du pays, les habitants de Strasbourg étaient mieux que d'autres à même de juger les intrigues auxquelles se livraient les émigrés et les royalistes restés à l'intérieur, et leur adresse aux Jacobins témoignait, de leur part, des craintes et des inquiétudes sérieuses. Pressentant déjà les jours sombres, Robespierre, en complimentant, à titre de président, les délégués sur le patriotisme de leurs concitoyens, les encouragea dans leur dessein de déjouer les complots de tous les ennemis de la liberté, leur promettant de préférer, comme eux, la mort au retour de la servitude et d'essayer au moins de sauver la patrie en mourant (2).

Quelques jours plus tard, le 21 août, honteux en quelque sorte des avances faites par les Jacobins à la société dissidente, aux Feuillants, il s'opposait vivement à ce qu'on leur envoyât une nouvelle lettre d'invitation à rentrer dans le sein de la société mère (3). Il ne fallait, di-

---

(1) Voyez le *Moniteur* du 29 août 1791, et le *Courrier de Provence*, numéro 334.
(2) *Journal des débats de la société des Amis de la Constitution*, numéro 42.
(3) *Ibid.*, numéro 46.

sait-il, ni avoir l'air de tenir à eux ni les presser ; tous finiraient par revenir, comme beaucoup déjà étaient revenus. Tous, c'était peu probable, et Robespierre ne comptait guère que les Lameth, les Duport, les Barnave, rentreraient dans une société où leur influence était à jamais effacée par la sienne. Entre eux et lui, il savait bien la scission irrévocable ; trop cuisantes étaient les blessures de leur amour-propre. Un certain nombre de membres de la gauche, subissant leur ascendant, persistaient à demeurer avec eux aux Feuillants ; une nouvelle démarche ayant été tentée auprès des dissidents, malgré l'avis de Maximilien, ils s'obstinèrent dans leur refus. Mais l'insuccès de leurs avances près des sociétés affiliées put leur donner la mesure de leur peu d'influence dans le pays, les édifier sur leur impuissance ; et l'heure n'était pas éloignée où, en pleine Assemblée nationale, Robespierre allait, de quelques mots, assommer le Feuillantisme.

Le 31 août fut le dernier jour où l'on s'occupa de la rédaction de l'acte constitutionnel. On y prononça un nom destiné à acquérir une terrible et prodigieuse notoriété, celui de Convention nationale. Ce fut sur la proposition de Frochot qu'on agita la question de savoir si, lorsque la nation témoignerait le désir de voir la constitution remaniée dans quelques-unes de ses parties, on convoquerait une convention nationale. Divers amendements se produisirent, modifiant plus ou moins le projet de l'ami de Mirabeau. Nous n'avons pas à nous en occuper. Robespierre était également d'avis de laisser au peuple le moyen de changer sa constitution, sans recourir à l'insurrection ; mais une convention n'était pas seulement, à ses yeux, destinée à réformer la constitution, elle devait avoir aussi pour mission d'examiner si le Corps législatif, à côté duquel elle exercerait son mandat, n'avait pas outrepassé ses pouvoirs, car ce *tyran* ne voulait pas plus du despotisme des assemblées que du despotisme de l'État. Aussi aurait-il désiré que la convocation des assemblées nationales ne fût pas subordonnee au bon vouloir du Corps législatif (1). Au reste, tout en adoptant le principe de la révision, l'Assemblée nationale décida que la législature ferait elle-même l'office de Convention, dont le nom ne fut même pas inscrit dans la constitution, et que la nation, à cet égard, suspendrait pendant trente ans l'exercice de son droit. O fragilité des décisions humaines !

Cependant l'acte constitutionnel était terminé. Dans la séance du 1er septembre, Beaumetz, au nom des comités, proposa à l'Assemblée

---

(1) Voyez le *Moniteur* du 2 septembre 1791, le *Point du jour*, numéro 784, et le *Patriote françois*, numéro 753.

un projet de décret en trois articles, portant en substance qu'une députation serait nommée pour présenter la constitution au roi, lequel
serait prié de donner, suivant sa convenance, les ordres pour la garde
et la sûreté de sa personne, et d'indiquer le jour où, devant l'Assemblée nationale, il accepterait la royauté constitutionnelle et s'engage-
rait à en remplir fidèlement les fonctions. Fréteau voulait qu'on allât
aux voix immédiatement sur la proposition du comité, sans entrer dans
aucune discussion; mais Lanjuinais réclama, au nom de la dignité nationale. Délibérons froidement, dit-il, et que celui qui a demandé la
parole la prenne (1).

Déjà Robespierre était à la tribune. Quelle belle occasion, en se
portant garant du pacte social, de flétrir implicitement ce parti des
Constitutionnels dont le patriotisme avait si subitement changé de
masque, dont les opinions libérales s'étaient si étrangement modifiées
depuis quelques mois. Il ne la laissa point échapper. Impassible comme
le droit, persuasif comme la vérité, il commença en ces termes :
« Nous sommes donc enfin arrivés à la fin de notre longue et pénible
carrière. Il ne nous reste plus qu'un devoir à remplir envers notre
pays : c'est de lui garantir la stabilité de la constitution que nous lui
présentons. Pour qu'elle existe, il ne faut qu'une seule condition, c'est
que la nation le veuille. Nul homme n'a le droit ni d'arrêter le cours
de ses destinées ni de contredire la volonté suprême. » Louis XVI
accepterait la constitution, dont le sort était d'ailleurs indépendant de
sa volonté ; il l'accepterait même avec transport, pensait Robespierre,
car, en définitive, le pouvoir exécutif lui était assuré comme un patrimoine ; il pouvait suspendre à son gré, au moyen du veto, les opérations de plusieurs assemblées ; il avait la main haute sur tous les corps
administratifs ; l'armée était à sa disposition, et le trésor public, grossi
de tous les domaines nationaux, était pour ainsi dire entre ses mains.
Arrêté ici par de violents murmures : « Ce ne sont pas là des calomnies, c'est la constitution elle-même, » reprit-il. Et lorsque tant d'avantages avaient été accordés au roi pour lui rendre cette constitution
agréable, pouvait-on supposer qu'il hésiterait un instant à l'accepter?
Pourquoi donc présenter comme un problème la manière dont elle
serait soumise à son acceptation? Ne suffisait-il pas des plus simples
notions de la prudence et du bon sens? La nation offrait à Louis XVI le
trône le plus puissant de l'univers; le titre, c'était l'acte constitutionnel ; la réponse du roi, immédiate, devait consister dans ces simples
mots : « Je veux ou je ne veux pas. » Lui ferait-on violence pour le

(1) *Point du jour*, numéro 787.

forcer à être roi ou le punir de ne vouloir pas l'être? Ce n'était pas à
supposer. Mais il fallait enfin rassurer le pays sur le sort de la constitution, calmer les alarmes dont témoignaient les adresses envoyées de
toutes parts ; se prémunir contre tous les piéges, toutes les intrigues
dont on ne cessait d'être obsédé dans un moment de révolution ; il
fallait déconcerter tous les complots et ôter à tout jamais aux ennemis
de la constitution l'espérance de l'entamer encore une fois. Après tant
de changements obtenus, c'est bien le moins, dit-il, « qu'on nous
assure la possession des débris qui nous restent de nos premiers
décrets. Si on peut attaquer encore notre constitution après qu'elle a
été arrêtée deux fois, que nous reste-t-il à faire? reprendre ou nos
fers ou nos armes. » A ces paroles éclata une véritable tempête, et
aux cris furieux des Constitutionnels répondirent les applaudissements
de l'extrême gauche.

En ce moment on vit Duport se diriger vers la tribune, l'œil plein
de colère, menaçant du geste l'orateur, et s'oubliant jusqu'à l'injurier.
« Je vous prie de dire à M. Duport de ne pas m'insulter s'il veut rester
auprès de moi, » dit simplement Robespierre au président (1). De nouveaux applaudissements partirent des bancs de la gauche et des tribunes.
Sans se déconcerter et d'un ton méprisant : « Je ne présume pas qu'il
existe dans cette assemblée un homme assez lâche pour transiger avec
la cour sur aucun article de notre code constitutionnel, assez perfide
pour faire proposer par elle des changements nouveaux que la pudeur
ne lui permettrait pas de proposer lui-même, assez ennemi de la patrie
pour chercher à décréditer la constitution parce qu'elle mettrait quelque borne à son ambition ou à sa cupidité, assez impudent pour avouer
aux yeux de la nation qu'il n'a cherché dans la Révolution qu'un moyen
de s'agrandir et de s'élever ; car je ne veux regarder certain écrit et
certain discours qui pourraient présenter ce sens que comme l'explosion passagère du dépit déjà expié par le repentir. » A cette foudroyante
apostrophe, tous les regards se portèrent vers le côté des Duport, des
Lameth, des Barnave, qui, muets, semblaient anéantis sous ces paroles

(1) D'après le *Moniteur*, tout dévoué alors aux Constitutionnels, les voisins de
Duport, Lavie, entre autres, prétendirent n'avoir rien entendu; mais un témoin oculaire, membre de l'Assemblée, un fervent royaliste, Montlosier, qui, dans la même
séance, demanda acte du silence de son parti, rend compte de la conduite inconvenante de Duport, et dans cette circonstance, lorsqu'il a pour garant la parole de
Robespierre, il peut être cru. (Voy. ses *Mémoires*, t. II, p. 201.) Comment M. Michelet
s'en tient-il sur ce point au témoignage du *Moniteur*, quand à côté il couche tout au
long dans son histoire la version presque littérale de M. de Montlosier, relative à
la fameuse apostrophe de Robespierre? (Voy. son *Histoire de la Révolution*, t. III, p. 192.
Il est facile, de cette façon, de dire : « Il se trouvait justement que Duport n'avait rien
dit... *Probablement* Robespierre avait d'avance arrêté de le nommer... »

brûlantes. Cependant toute une partie de la gauche et les tribunes applaudissaient à outrance, tandis que la droite se pâmait de rire, ne pouvant contenir sa joie de cette exécution des Constitutionnels.

« Nous du moins, » reprit Robespierre, « nous ne serons ni assez stupides ni assez indifférents à la chose publique pour consentir à être les jouets éternels de l'intrigue, pour renverser successivement les différentes parties de notre ouvrage au gré de quelques ambitieux, jusqu'à ce qu'ils nous aient dit : Le voilà tel qu'il nous convient. Nous avons été envoyés pour défendre les droits de la nation, non pour élever la fortune de quelques individus ; pour renverser la dernière digue qui reste encore à la corruption, non pour favoriser la coalition des intrigants avec la cour, et leur assurer nous-mêmes le prix de leur complaisance et de leur trahison. Je demande que chacun de nous jure qu'il ne consentira jamais à composer avec le pouvoir exécutif sur sur aucun article de la constitution, et que quiconque osera faire une semblable proposition soit déclaré traître à la patrie (1). »

Ce discours fut suivi de plusieurs salves d'applaudissements. Le soir, aux Jacobins, sur la proposition d'un de ses membres, la société arrêta qu'elle ferait imprimer à ses frais le discours prononcé dans la matinée par Robespierre. C'était la consécration de sa victoire sur les Constitutionnels. Il parla longtemps ensuite, et avec beaucoup de succès, paraît-il, sur le droit de grâce (2). L'exercice de ce droit avait été enlevé au roi par un décret et transporté aux jurés, qui devaient l'exercer d'après des formes prescrites. Le surlendemain, Robespierre et Lanjuinais demandèrent à l'Assemblée nationale de vouloir bien faire de ce décret un article de la constitution, afin qu'il ne pût être arbitrairement révoqué (3). Mais l'Assemblée passa à l'ordre du jour, ne voulant pas si solennellement priver la royauté d'une de ses plus nobles prérogatives, et que sans inconvénients, il nous semble, on aurait pu lui laisser. On sait comment, portée au roi par une députation de soixante membres, dans la journée du 3 septembre, la constitution fut acceptée par lui le 13 ; en quels termes il notifia son acceptation, et

---

(1) Voy. ce discours cité en entier dans le *Courrier de Provence*, numéro 336, où il est précédé de ces lignes : « M. Robespierre prononça un discours que nous croyons devoir insérer ici dans son entier, parce qu'il a été généralement jugé un des plus énergiques et des plus éloquents que cet orateur ait encore faits à la tribune (p. 450 et suiv.). Voy. aussi le *Moniteur* du 3 septembre 1791, et le *Point du jour*, numéro 787. Ce discours a été imprimé à part, sous ce titre : *Discours de Maximilien Robespierre à l'Assemblée nationale, sur la présentation de la constitution au roi*, imprimé par ordre de la société des *Amis de la Constitution* (in-8° de 8 pages, de l'imprimerie du *Patriote françois*).

(2) *Journal des débats de la société des Amis de la Constitution*, numéro 53.

(3) *Point du jour*, numéro 787 (au supplément).

comment, le lendemain, il vint au sein même de l'Assemblée prêter serment de fidélité à la nation et à la loi. Ce jour-là, un peu avant son arrivée, le président rappela à l'Assemblée le décret qui interdisait à tous ses membres de prendre la parole en présence du roi, et lui recommanda de se tenir assise pendant que Louis XVI prêterait son serment. Malouet réclama; c'était, selon lui, manquer de respect à la dignité royale. Est-il vrai qu'alors une voix railleuse demanda pour Malouet, et quiconque en aurait envie, la permission de recevoir le roi à genoux? C'est du moins ce que raconte un homme qui a fait commerce de prétendus souvenirs de la Terreur, à l'usage de tous les ennemis de la Révolution et de tous les gens crédules (1). Venant de telle source, les faits, quand ils ne se trouvent pas corroborés par des assertions plus véridiques, ne sauraient être acceptés légèrement; c'est pourquoi nous mentionnons celui-ci sous toutes réserves.

On observa du reste à peu près le même cérémonial qu'à l'ouverture des états généraux, quand, à l'exemple des députés de la noblesse, et au grand scandale de cet ordre, les membres des communes se couvrirent devant le roi. Louis XVI parut; toute l'assemblée se leva à son aspect, puis se rassit, couverte, lorsqu'il eut prononcé les premiers mots de son serment. Les rôles étaient bien changés; et, à ce spectacle, il était aisé de reconnaître que désormais le seul souverain c'était la nation.

XXXIV

Les travaux de l'Assemblée constituante touchaient à leur fin; son mandat expirait, elle avait donné une constitution à la France. Les derniers jours furent employés en discussions d'importance relativement secondaire sur l'administration, les finances, les colonies. Là encore Robespierre combattit héroïquement en faveur des principes, infatigable jusqu'au bout.

On n'a pas oublié la lutte animée à laquelle avait donné lieu, au mois de mai précédent, le décret rendu en faveur des hommes de couleur, avec quelle chaleur il avait parlé pour eux et pour les esclaves, tandis que Barnave et les Lameth soutenaient les prétendus droits des colons. Le comité colonial, hostile au décret, avait mis à son application toutes

---

(1) *Souvenirs de la Terreur,* par Georges Duval, t. I, p. 345. Nous reparlerons autre part et plus longuement de ce livre, plein de mensonges et de calomnies.

les entraves possibles. La lutte se raviva, plus acharnée, dans le courant du mois de septembre, à propos d'une pétition adressée par la ville de Brest à l'Assemblée nationale, et par laquelle on se plaignait du retard apporté à l'exécution de la loi. Cette pétition étant restée sans effet, les habitants de la ville de Brest, unis par d'intimes liens aux colonies, s'étaient décidés à envoyer à Paris une députation qui se présenta à la barre de l'Assemblée dans la séance du 5 septembre au soir. Aux paroles très-convenables de l'orateur réclamant un prompt rapport sur la pétition des citoyens de Brest, Alexandre Lameth répondit par un discours d'une excessive violence. Après avoir commencé par malmener les pétitionnaires, il s'emporta d'une façon assez indécente contre ceux des membres de l'Assemblée qui avaient soutenu le décret du 15 mai, auquel il attribua les désordres dont les colonies étaient le théâtre, quand, au contraire, il était certain que les troubles venaient surtout de la non-exécution de ce décret conciliateur et parfaitement juste.

Ainsi personnellement mis en cause, Robespierre s'élança à la tribune, et, après avoir fait sentir la haute inconvenance de la conduite de Lameth à l'égard des pétitionnaires et de quelques-uns de ses collègues, il s'écria, retournant l'accusation : « S'il est quelques individus, s'il est quelque section de l'Assemblée qui puisse imposer silence à quelques membres de l'Assemblée lorsqu'il est question des intérêts qui les touchent de près, je vous dirai, moi, que les traîtres à la patrie sont ceux qui cherchent à vous faire révoquer votre décret ; et si, pour avoir le droit de se faire entendre dans cette assemblée, il faut attaquer les individus, je vous déclare, moi, que j'attaque personnellement M. Barnave et MM. Lameth (1). » A ces mots se produisit dans l'Assemblée une violente agitation. D'une part retentirent des applaudissements prolongés, de l'autre on entendit des voix étouffées criant : « A l'Abbaye, à l'Abbaye, M. Robespierre. » Lui, calme au milieu de l'orage, reprit, quand le tumulte se fut apaisé : « Je défends des citoyens patriotes, et je fais quelques réflexions sur des membres de cette assemblée coupables, à mes yeux, de n'avoir pas concouru de toutes leurs forces à l'exécution de vos décrets. » La décision de l'Assemblée, fondée sur les principes de la saine politique, de l'équité et de la justice, était rationnelle et sage, poursuivait-il ; et si elle avait été exécutée loyalement, tout aurait été apaisé. Il fallait donc examiner d'un œil sévère la conduite de ceux qui avaient contribué à ralentir les

---

(1) Brissot écrivit dans son journal : « Les applaudissemens plusieurs fois réitérés de l'Assemblée et des tribunes ont prouvé que tous les patriotes adhéroient à cette dénonciation courageuse. » (*Patriote françois*, numéro 759.)

mesures d'exécution du décret, et puisque les membres du comité colonial se plaignaient d'avoir été inculpés par lui, il priait l'Assemblée de lui permettre, à un jour fixé par elle, d'exposer les motifs de son opinion à leur égard.

Barnave, un des coryphées des partisans de l'esclavage dans l'Assemblée, répondit aigrement. Les désordres coloniaux, il les attribuait à une cabale, et les auteurs de cette cabale étaient sans doute, à ses yeux, les Buzot, les Grégoire, les Robespierre, tous ceux qui réclamaient au nom du droit et de la justice la participation des hommes de couleur à tous les droits de citoyen et l'abolition immédiate de l'esclavage. Il ne faut pas, disait-il, que les honnêtes gens soient dupes d'une cabale. « Il ne faut pas non plus qu'ils soient dupes des traîtres, » lui répondit rudement Robespierre. Il n'y a souvent qu'un pas de la complaisance à la trahison ; or nos lecteurs ne sont pas sans connaître les rapports qui existaient à cette époque entre Barnave et la cour. Cette fois l'Assemblée passa à l'ordre du jour (1), mais la question des colonies ne tarda pas à se représenter devant elle.

Dans la séance du 23 septembre, Barnave fit un long rapport insidieux où les faits étaient peints sous les couleurs les plus fausses. Rien d'hypocrite comme ce discours. L'orateur invoquait bien, pour demander l'abrogation du décret libéral du 15 mai, des pétitions adressées à l'Assemblée nationale, mais seulement celles des colons ; quant aux réclamations formulées au nom des hommes de couleur et des nègres, il ne s'en occupait guère. Ce rapport, suivi d'un projet de décret tout à l'avantage des colons blancs, et où toutes les notions du juste et de l'injuste étaient bouleversées, ne pouvait manquer d'amener Robespierre à la tribune. Il venait défendre, dit-il, « un des décrets qui, au jugement de la nation, avaient le plus honoré l'Assemblée nationale. » On l'attaquait, en foulant aux pieds tous les principes de l'humanité d'après des faits recueillis par des parties intéressées ; il opposait à ces attaques tous les sentiments de justice et de philosophie méconnus. Toutes les raisons alléguées contre le décret n'avaient-elles pas été prévues et discutées? En accordant aux hommes de couleur les mêmes droits qu'aux blancs, on craignait que les nègres ne s'aperçussent à leur tour qu'entre eux et les blancs n'existait pas cette distance énorme sur laquelle était, disait-on, fondée leur obéissance! Quel pitoyable argument! En prenant une sorte d'engagement de ménager les intérêts des colons, s'était-on engagé aussi à dépouiller les hommes de couleur de leurs droits de citoyens actifs? N'avait-on

_____

(1) Voy. pour les détails de cette intéressante séance, le *Moniteur* du 8 septembre 1791, et surtout le *Courrier de Provence*, numéro 340.

pas formellement déclaré, au contraire, qu'ils étaient implicitement compris dans le décret du 28 mars, qui réglait la condition des hommes libres aux colonies, et qui avait été précisément présenté par l'auteur même du nouveau rapport dont il combattait aujourd'hui les conclusions. Barnave, ayant nié le fait, s'attira de la part de Grégoire un démenti énergique, auquel il répondit en balbutiant une explication banale.

Comment, continuait Robespierre après cet incident, pouvait-on, de bonne foi, attribuer au décret du 15 mai les désordres des colonies, puisqu'il n'était pas encore exécuté, puisqu'il n'avait même pas été envoyé? Des intrigues, dont étaient complices plusieurs membres du comité colonial, avaient causé tout le mal, et il ne venait pas d'une loi sage, réparatrice, nécessaire. N'avait-on pas, d'ailleurs, laissé pressentir à l'Assemblée qu'on provoquerait l'insurrection des blancs contre l'autorité législative? Abjurerait-on aujourd'hui par légèreté ou par faiblesse les grands principes proclamés dans le décret du 15 mai? « Oublierez-vous. » dit-il, « que c'est la faiblesse et la lâcheté qui perdent les États et les gouvernements, et que c'est le courage et la constance qui les conservent? » Avait-on prouvé un seul des faits dénoncés? Et de quelle source venaient-ils? Après avoir réfuté un à un tous les arguments présentés par Barnave, opposé aux pétitions invoquées par lui celles des villes de Rennes, de Brest et de Bordeaux, il demandait si, pour satisfaire l'égoïsme d'une certaine classe de colons, l'Assemblée reviendrait sur un de ses meilleurs décrets, et poursuivait en ces termes : « Qu'il me soit permis de vous dire, quelque haine qui puisse exister contre moi, que le courage gratuit que j'ai montré à défendre la justice, l'humanité et les intérêts sacrés d'une partie de citoyens que nous devons protéger en Amérique, puisque nous nous occupons de leur sort, ne m'abandonnera pas; qu'il me soit permis de remettre sous vos yeux quel spectacle nous a présenté l'affaire des colonies depuis qu'il en a été question parmi nous. Rappelez-vous les dispositions particulières toujours présentées à l'improviste. Jamais aucun plan général qui vous permît d'embrasser d'un coup d'œil et le but où l'on voulait vous conduire et les chemins par lesquels on voulait vous y faire parvenir. Rappelez-vous toutes ces délibérations où, après avoir remporté l'avantage auquel on semblait d'abord borner tous ses vœux, on s'en faisait un titre pour en obtenir de nouveaux ; où, en vous conduisant toujours de récits en récits, d'épisodes en épisodes, de terreurs en terreurs, on gagnait toujours quelque chose sur vos principes et sur l'intérêt national, jusqu'à ce qu'enfin, échouant contre un écueil, on s'est bien promis de réparer son naufrage. »

Comment! on allait arracher à ces hommes des droits qu'on leur avait formellement reconnus! On allait les replonger dans la misère et dans l'avilissement, les remettre aux pieds de maîtres impérieux dont on les avait aidés à secouer le joug! Étaient-ce donc des biens de peu d'importance que ceux dont on prétendait les priver? Comment! les intérêts les plus sacrés, le droit de concourir à la nomination de magistrats auxquels on confie sa fortune et son honneur, celui de concourir à la formation de la loi en nommant le législateur; tout cela, ce n'était rien! Ah! s'écriait-il en terminant, « que l'on pense ainsi lorsqu'on regarde la liberté comme le superflu dont le peuple français peut se passer, pourvu qu'on lui laisse la tranquillité et du pain; que l'on raisonne ainsi avec de tels principes, je ne m'en étonne pas. Mais moi, dont la liberté sera l'idole, moi qui ne connais ni bonheur, ni prospérité, ni moralité pour les hommes ni pour les nations sans liberté, je déclare que j'abhorre de pareils systèmes et que je réclame votre justice, l'humanité, la justice et l'intérêt national en faveur des hommes libres de couleur (1). »

Fréquemment interrompu par de chaleureux applaudissements, ce discours véritablement superbe de Robespierre ne put cependant empêcher l'Assemblée de se déjuger et de commettre un acte d'iniquité révoltant. Quelle triste fin d'une si belle carrière! Barnave triompha; le sort des hommes de couleur et des nègres fut abandonné aux assemblées coloniales; mais, loin d'apaiser les colonies, l'inique décret présenté par lui y excita de nouvelles fureurs, et pour longtemps elles devaient rester en proie à toutes les horreurs de la guerre civile. En Robespierre furent vaincus, ce jour-là, le droit, la justice, l'humanité! Quand vint l'heure de la réparation, se rappela-t-on ses magnifiques efforts pour le triomphe de la bonne cause? Hélas! la reconnaissance n'est guère la vertu des hommes.

XXXV

Quelques jours auparavant on l'avait entendu défendre avec vivacité la dignité des assemblées électorales contre les théories des membres du comité de constitution, Le Chapelier et d'André entre autres. Voici

---

(1) Voyez le *Courrier de Provence*, numéro 346, dans lequel ce discours de Robespierre ne tient pas moins de quatorze pages (193 à 206). Voy. aussi le *Moniteur* du 26 septembre 1791.

à quelle occasion : un huissier nommé Damiens, porteur d'un décret de prise de corps contre Danton, s'était permis, afin de mettre à exécution ce décret, de pénétrer dans l'enceinte où les électeurs de Paris procédaient aux élections législatives. Voyant dans ce fait une atteinte à la liberté électorale, l'Assemblée avait ordonné l'arrestation de l'huissier, lequel avait été immédiatement conduit à l'Abbaye. Saisis de l'affaire, les membres de l'Assemblée constituante eurent quelque peine à se mettre d'accord (17 septembre). Les uns, comme Le Chapelier et d'André, voulaient qu'on blâmât hautement la conduite du corps électoral; les autres, comme Reubell, Robespierre et même Malouet, invoquant le respect dû à la liberté des élections, soutenaient qu'il était impossible d'inculper l'assemblée électorale, dont l'enceinte avait été violée par un huissier. On ne pouvait se dissimuler, disait Robespierre, l'intention perfide d'insulter le corps électoral. Eh bien! il fallait préserver de toute atteinte les représentants du peuple chargés d'élire en son nom, au moment où ils étaient dans l'exercice de leur ministère. Voilà, selon lui, ce qu'il y avait à prendre en considération, si l'on trouvait quelque irrégularité de forme dans la conduite de l'assemblée électorale. Improuvant donc toute proposition de blâme à l'égard des électeurs de Paris, il demandait, lui, une loi destinée à protéger désormais contre tous huissiers et exécuteurs d'ordres le lieu où les assemblées électorales tenaient leurs séances; ce devait être une sorte de lieu sacré! Accueillie, comme presque toujours, par les applaudissements des tribunes et d'une partie de la gauche, son opinion ne prévalut pas cependant; l'Assemblée adopta celle de son comité, légèrement amendée par Lanjuinais (1).

Une douzaine de jours après (le 29 septembre), Robespierre livrait une dernière bataille aux membres du comité de constitution, à propos d'un projet de loi conçu en termes d'un vague redoutable contre les sociétés populaires, auxquelles la Révolution avait dû cependant en partie sa force et son triomphe. Du long rapport dont Le Chapelier donna lecture, et qui devait être joint au décret comme instruction, il résultait que l'intention évidente du comité avait été, non pas seulement d'empêcher les sociétés patriotiques d'usurper les pouvoirs constitués, et de procéder par voies de pétitions collectives, — des décrets antérieurs le leur interdisaient formellement, — mais de s'opposer à ce que ces sociétés populaires pussent s'affilier, se communiquer librement leurs pensées. Cela ressort clairement du discours de Le Chapelier, et d'André commit un mensonge quand il osa soutenir le contraire.

(1) *Moniteur* du 18 septembre 1791. *Point du jour*, numéro 801.

C'était là, selon Robespierre, un attentat à la constitution, qui garantissait aux Français le droit de s'assembler paisiblement et sans armes et de se communiquer librement leurs pensées à la condition de ne point faire de tort à autrui. Il combattit donc avec une vigueur extrême le projet de décret et l'instruction du comité. Comment si, ainsi qu'on le prétendait, on restait fidèle aux principes constitutionnels, pouvait-on défendre aux sociétés patriotiques de correspondre entre elles et de s'affilier? L'affiliation était-elle autre chose que la relation d'une société existant légitimement avec une autre société ayant également une existence légitime? Y avait-il là le moindre danger pour la sécurité publique? On n'avait pas, il est vrai, ménagé l'éloge aux sociétés des *Amis de la Constitution*, mais c'était sans doute pour avoir le droit d'en dire beaucoup de mal et d'alléguer contre elles des faits calomnieux. On avait bien été obligé d'avouer les services rendus par elles à la liberté et à la nation depuis le commencement de la Révolution; mais on n'en avait plus besoin, on jugeait la Révolution terminée, et l'on voulait briser l'instrument dont on s'était si bien servi. Ah! pour moi, s'écria-t-il alors, avec un accent tristement prophétique, « quand je vois, d'un côté, que la constitution naissante a encore des ennemis intérieurs et extérieurs; quand je vois que les discours et les signes extérieurs sont changés, mais que les actions sont toujours les mêmes, et que les cœurs ne peuvent avoir été changés que par un miracle; quand je vois l'intrigue, la fausseté, donner en même temps l'alarme, semer les troubles et la discorde; lorsque je vois les chefs des factions opposées combattre moins pour la cause de la Révolution que pour envahir le pouvoir de dominer sous le nom du monarque; lorsque, d'un autre côté, je vois le zèle exagéré avec lequel ils prescrivent l'obéissance aveugle, en même temps qu'ils proscrivent jusqu'au mot de liberté; que je vois les moyens extraordinaires qu'ils emploient pour tuer l'esprit public en ressuscitant les préjugés, la légèreté, l'idolâtrie, je ne crois pas que la Révolution soit finie. »

Au reste, il ne se le dissimulait pas, le comité, à force de petits moyens, de sophismes, de calomnies, avait pu rallier à son projet tous les méchants et tous les sots, tous les hommes corrompus intéressés à prévariquer impunément, et qui redoutaient la surveillance de leurs concitoyens, comme les brigands la lumière. On voulait ôter à la corruption son frein le plus puissant. Les ambitieux, les conspirateurs, les intrigants savaient bien éluder la loi, s'assembler, correspondre entre eux, et, débarrassés de la surveillance gênante des sociétés libres, ils pourraient peut-être élever leur ambition personnelle sur les ruines de la patrie. Mais non, l'Assemblée ne voudrait pas s'associer à des projets pervers ; il la conjurait de se souvenir de ces hommes recommandables par leurs lumières et leurs talents qui, au sein de ces sociétés, se préparaient d'avance à combattre dans l'Assemblée nationale même la ligue des ennemis de la Révolution, et surtout de ne pas perdre de vue que les auteurs du décret actuel ne cherchaient à anéantir en quelque sorte les sociétés des *Amis de la Constitution* que parce qu'ils y avaient perdu l'influence dont ils jouissaient jadis, alors qu'ils semblaient eux-mêmes animés des intentions les plus pures et d'un ardent amour de la liberté. Que si quelques sociétés s'étaient écartées des règles prescrites par la loi, eh bien! la loi était là pour réprimer des écarts particuliers, mais, disait-il en terminant et en demandant la question préalable sur la proposition du comité, il fallait bien se garder de sacrifier les principes de la constitution aux intérêts de quelques individus ambitieux et dévorés de passions.

Frappés ainsi en pleine poitrine, les membres du comité répondirent par la bouche de d'André, qui, dans un discours haineux et perfide, essaya de tromper l'Assemblée nationale sur la portée du décret. Comme nous l'avons dit, ce projet était conçu en termes vagues, tout était dans l'instruction ; les membres du comité avaient combiné cela avec un machiavélisme étonnant. Mais l'Assemblée ne s'y trompa point. Éclairée par l'ardente philippique de Robespierre, lequel, suivant l'expression d'un journal du temps, fit avorter le complot (1), elle adopta bien les trois premiers articles du projet, qui n'étaient que la répétition de lois antérieures sur les clubs, et rejeta l'article 4, auquel tenaient essentiellement les membres du comité. Cet article, en effet, portait que le rapport de Le Chapelier serait imprimé et joint à la loi comme instruction (2).

Robespierre, on le voit, achevait glorieusement son mandat, car on était à la veille de la fermeture de l'Assemblée nationale, et il semblait qu'il eût tenu à ce que les dernières paroles prononcées par lui dans cette enceinte, où depuis plus de deux ans il avait si vaillamment combattu en faveur de la Révolution, fussent encore un hommage rendu à la liberté.

(1) *Courrier de Provence,* numéro 348.
(2) *Moniteur* du 2 octobre 1791.

XXXVI

Après vingt-huit mois de travaux incessants, de luttes, de fatigues, l'Assemblée constituante avait bien droit aux repos. Le lendemain, vendredi 30 septembre, était le dernier jour de sa laborieuse existence. Robespierre parla encore au sujet d'une modification capitale que Le Chapelier s'était permis de faire au décret rendu la veille. L'Assemblée avait voulu interdire aux sociétés patriotiques toute action sur les autorités constituées, mais non pas leur enlever le droit de surveillance. Or au mot *action* Le Chapelier avait subrepticement substitué le mot *inspection*. Grégoire dénonça vivement la supercherie ; et Robespierre : « Sans doute les sociétés patriotiques ne peuvent contrarier les actes des autorités constituées ; elles doivent y obéir, s'y soumettre, l'Assemblée l'a entendu ainsi ; mais il n'a jamais été dans son esprit d'empêcher les sociétés de surveiller les actes du gouvernement et de l'administration. C'est le droit de tout citoyen dans un pays libre. » L'Assemblée en décida ainsi, et Le Chapelier fut condamné à restituer au décret son sens primitif (1).

Ce jour-là, 30 septembre, le corps municipal, Bailly en tête, et une députation du directoire de la ville vinrent à la barre complimenter la glorieuse Assemblée et lui adresser un suprême adieu. Ils furent invités aux honneurs de la séance. Vers trois heures, le roi parut. Ses paroles, dont, sincères ou non, on ne saurait méconnaître la dignité, furent, en quelque sorte, des paroles de regret. Il sentait qu'en l'Assemblée constituante il perdait un appui, et d'avance il avait peur des nouveaux venus. Des cris mille fois répétés de *Vive le roi!* l'accompagnèrent lorsqu'il se retira. C'était comme le *Morituri te salutant.* Peu d'instants après qu'il fut parti, Thouret, qui présidait pour la quatrième fois, se leva et dit, au milieu d'un silence religieux : « L'Assemblée nationale déclare qu'elle a rempli sa mission et que toutes ses séances sont terminées. » Il était quatre heures (2).

Les acclamations dont Louis XVI avait été salué allaient avoir au dehors leur contre-partie saisissante; le peuple devait aussi consacrer ses élus. Sur la terrasse des Tuileries, une foule immense attendait,

---

(1) Voy. le *Point du jour*, numéro 815 ; le *Moniteur*, tout dévoué alors aux Constitutionnels, comme nous l'avons dit, se garde bien de révéler ce petit fait.

(2) *Moniteur* du 2 octobre 1791.

impatiente, la sortie des députés. Robespierre était bien connu et bien reconnaissable, car son portrait était exposé aux vitrines de tous les marchands d'estampes (1). Quand il parut, donnant le bras à Pétion, alors son fidèle ami, on les entoura l'un et l'autre; on les pressa; et, au milieu des cris de *Vive la liberté! vive la nation!* on leur posa sur la tête des couronnes de chêne. Une mère, ayant un tout jeune enfant entre les bras, perça la foule, alla droit à Robespierre, et le remit dans ses bras comme si elle eût voulu que ce père de la liberté bénît en son enfant la génération nouvelle appelée à jouir des bienfaits de la Révolution. Visiblement émus, Pétion et Robespierre cherchèrent à se dérober à ce triomphe d'autant plus honorable pour eux qu'il était tout spontané, et tâchèrent de s'esquiver par une rue détournée. Avisant une voiture de place, ils y montèrent, mais la foule les avait suivis; en un clin d'œil les chevaux furent dételés, et quelques citoyens s'attelèrent au fiacre, tenant à honneur de mener eux-mêmes le char de triomphe. Mais déjà les deux députés était hors de la voiture : Robespierre n'aimait pas ces manifestations, trop semblables à celles de l'idolâtrie monarchique; il harangua le peuple, le rappela au respect de sa propre dignité, lui apprit à se défier de la reconnaissance. Ses paroles produisirent l'effet qu'il en attendait, car le peuple est rarement sourd aux conseils de la sagesse et de la raison. Des portes de l'Assemblée à la maison de Duplay, il n'y avait que quelques pas; Robespierre, toujours accompagné de Pétion, put regagner paisiblement la demeure de son hôte, au milieu d'un prodigieux concours de monde, et en entendant retentir sur son passage, comme des cris d'amour et de bénédictions, ces paroles incessamment répétées : *Voilà les véritables amis du peuple, les législateurs incorruptibles* (2)!

(1) Au bas d'un portrait du temps, que nous avons sous les yeux, dessiné d'après nature, et gravé par Vérité, on lit ces quatre vers :

> Du superbe oppresseur ennemi redoutable,
> Incorruptible ami du peuple qu'on accable,
> Il fait briller au sein des viles factions
> Les vertus d'Aristide et l'âme des Catons.

Il y avait au Salon de 1791 deux portraits de Robespierre; l'un ovale, de Boze, sous le n° 215, l'autre peint par madame Guyard (née Labille, sous le n° 31. Ce dernier se trouvait placé non loin des portraits de La Fayette et de l'abbé Maury, et portait cette inscription : l'INCORRUPTIBLE, à laquelle, dit un critique de l'époque « les bons patriotes applaudirent de tout leur cœur. » (*Révolutions de Paris*, numéro 119, p. 127.) Que sont devenus ces portraits? On peut voir au cabinet des estampes de la bibliothèque impériale un portrait de Robespierre au crayon noir, donné par Albertine Marat et attribué par elle à Boze. Nous doutons fort qu'il soit de ce dernier artiste. Il nous paraît être le modèle original du portrait gravé par Vérité.

(2) *Révolutions de Paris*, numéro 116, p. 516. Voy. aussi la narration de la *Chronique de Paris* (numéro 275), qui diffère peu de celle des *Révolutions de Paris*.

Ici finit la partie la plus heureuse et la moins connue de la vie de Robespierre. Quel homme, ayant le moindre sentiment des droits et des besoins de l'humanité, pourra trouver quelque chose à reprendre dans cette existence toute d'abnégation et de dévouement? Jusqu'à ce jour, dans l'histoire, le législateur pacifique avait disparu en quelque sorte sous l'homme d'action, et, aux yeux de la postérité, l'héroïque lutteur de la Convention avait un peu fait tort au philosophe de l'Assemblée constituante ; il était indispensable de remettre pleinement en lumière cette portion trop oubliée de sa vie politique, et non la moins bien remplie.

On sait maintenant quelle part immense il prit aux travaux de l'Assemblée constituante. Certes, cette immortelle Assemblée a accompli de grandes choses, et elle a droit à la reconnaissance des hommes ; mais elle eut le tort de s'écarter trop souvent des prémisses posées dans son admirable déclaration des droits, où se trouvent en substance ces grands principes de 1789 si souvent invoqués, si peu appliqués, et dont la gloire revient, sans conteste, en grande partie à Robespierre.

On se perd en révolution par les demi-mesures, par les compromis. Pour ne l'avoir pas compris, l'Assemblée constituante laissa à l'avenir de terribles problèmes à résoudre. Elle manqua à la justice quand, violant le premier des principes affirmés par elle, celui de l'égalité, elle divisa, malgré les efforts désespérés de Robespierre, la nation en deux classes de citoyens ; elle manqua à la justice quand elle n'osa pas abolir l'esclavage, quand, revenant sur un de ses plus équitables décrets, elle remit aux assemblées coloniales, composées de colons blancs, le soin de statuer sur l'existence politique des hommes de couleur; elle manqua à la prudence quand, au lieu de réorganiser complétement l'armée, comme le lui demandaient Mirabeau et Robespierre, elle abandonna les soldats patriotes aux rancunes, aux vengeances des officiers nobles et confia à des ennemis jurés la garde de la constitution. La prévoyance, l'intuition, l'activité révolutionnaire lui firent un peu trop défaut. Aussi le peuple la vit-il partir sans regret; elle tomba comme une chose usée; la plupart des feuilles patriotiques lui lancèrent pour adieu de véritables anathèmes.

Elle n'eût pas démérité à coup sûr si, moins docile aux avis intéressés et mesquins de quelques meneurs de la haute bourgeoisie, dont les calculs étroits l'entraînèrent dans de déplorables erreurs, elle eût plus souvent, et avec moins de prévention, écouté la voix des Buzot, des Pétion et des Robespierre, comme lorsque, sur la motion de ce dernier, elle donna un si grand exemple d'abnégation en interdisant à ses membres d'être réélus à la prochaine législature et de recevoir de la cour, pendant quatre années, aucunes places, pensions et faveurs. Si elle se fût toujours montrée aussi attentive aux conseils de Robespierre, nul doute qu'elle n'eût d'un coup consommé l'œuvre révolutionnaire; et nous n'aurions peut-être pas de si douloureux récits à mêler aux grandes choses qu'il nous reste à raconter.

On s'explique maintenant cette immense popularité de Robespierre, dont le nom se répétait de ville en ville, de bourgade en bourgade, comme un symbole de liberté et de justice. Les sociétés populaires, les journaux retentissaient chaque jour de ses louanges, les théâtres même le mettaient en scène, et livraient sa personne aux applaudissements frénétiques des citoyens : c'était l'apôtre, le Messie (1). Il faut en vérité connaître bien peu le cœur humain pour s'imaginer que l'homme qui exerçait sur tout un peuple une telle puissance de séduction fût un homme de valeur médiocre. D'autres domptent les nations, les séduisent même par le génie de la force brutale; il s'imposa, lui, à l'amour des masses par la seule puissance du caractère, de la vertu et du talent; jamais il n'eut un soldat à sa disposition : il s'imposa par. son incorruptibilité (2). Dans son âme tout un peuple sentit se fondre et palpiter la sienne; comme lui, l'immense majorité du pays voulait la liberté pour tous. Quand, de toutes les forces de sa conscience indignée, il s'élevait contre ces odieuses lois martiales qui mettaient la vie de tant de milliers de citoyens à la discrétion de municipalités ombrageuses; quand il demandait l'abolition de la peine de mort; quand il tonnait, de sa grande voix, contre cette division insensée du peuple en citoyens actifs et en citoyens passifs; quand il réclamait impérieusement

(1) On jouait à cette époque (septembre 1791), au théâtre Molière, une pièce où Rohan et Condé se trouvaient aux prises avec Robespierre, qui les foudroyait, dit un critique du temps, par sa logique et sa vertu. (*Révolutions de Paris*, numéro 113, p. 450.)

(2) Nombreuses furent les tentatives de séduction faites sur Robespierre. Lui-même, dans son Adresse aux Français (p. 37), parle de cet or qui lui fut offert par les despotes de son pays, et qu'il repoussa avec mépris. On trouve dans les *Mémoires sur la police*, œuvre apocryphe faussement attribuée à Peuchet, ancien archiviste de la préfecture de police, un prétendu rapport de police qui, s'il est l'œuvre d'un faussaire, n'en rend pas moins assez bien la façon dont Robespierre devait accueillir les agents de corruption.
Sur les relations et les habitudes de famille le rédacteur donne des renseignements peu exacts; il a soin de dire, il est vrai, qu'il n'en parle que « sur des ouï-dire. « Chargé de sonder l'incorruptible tribun, il raconte ainsi sa réception : « Au lieu de m'écouter et de me répondre, le petit avocat m'a considéré si fixement, que je me suis tout d'abord senti déconcerté. » Il ne faut donc pas songer à le corrompre par l'argent; mais peut-être, pensa-t-il, pourra-t-on le gagner en le flattant. Robespierre prouva, de reste, qu'il n'était pas plus accessible à la flatterie qu'à l'appât de l'or. (Voy. ces *Mémoires*, t. I, p. 338 et suiv.). Nous devons dire qu'aucune des pièces sur lesquelles reposent ces *Mémoires* ne se trouve aux archives de la préfecture de police.

l'abolition de l'esclavage et l'émancipation des hommes de couleur ; quand il luttait contre les entraves apportées à la liberté de la presse et à l'exercice du droit de réunion, la nation reconnaissante battait des mains (1).

Et ces principes immortels, dont il fut, au sein de l'Assemblée nationale, le plus courageux, le plus infatigable défenseur, est-ce qu'il crut devoir les modifier ? jamais. Sans doute, une heure trop prochaine, hélas ! va venir, où la Révolution, se trouvant placée dans l'alternative de vaincre ou de périr, il lui paraîtra, à lui comme à tant d'autres, nécessaire de recourir à des mesures sévères, terribles, pour sauver la patrie déchirée à l'intérieur par les factions, attaquée sur toutes ses frontières par les rois coalisés. Mais dans cet état de légitime défense, et au plus fort de la tourmente, nous le verrons rester toujours l'homme d'ordre par excellence, sachant que sans l'ordre la liberté n'est qu'une fiction, et s'efforcer de tenir la balance égale entre ces deux écueils également funestes, la contre-révolution d'une part, l'exagération révolutionnaire de l'autre. Nous le verrons surtout, comme législateur, demeurer constamment fidèle aux vrais principes de 1789, combattre pour leur triomphe jusqu'au dernier jour de sa vie. Il ne demandera rien de plus, rien de moins ; et tout lecteur impartial, tout homme animé de véritables sentiments libéraux reconnaîtra, après avoir lu cette première partie de la vie de Robespierre, que tous les bienfaits de la Révolution qui nous sont acquis, nous les lui devons en partie, et qu'il ne cessa de réclamer, avec une énergie sans égale, tous les progrès, toutes les libertés, toutes les garanties dont nous sommes privés encore, et qui sont l'objet de nos légitimes espérances.

---

(1) C'est bien ce que reprochaient amèrement les Constitutionnels à Robespierre : « Dans ces derniers temps, votre nom étoit prononcé partout où il y avoit des citoyens réunis, etc... » Voy. l'*Adresse de Robespierre aux Français*, p. 19.

FIN DU TOME PREMIER

TABLE DES MATIÈRES

DU TOME PREMIER

—

LIVRE PREMIER

MAI 1758 — MAI 1789

LIVRE DEUXIÈME

MAI 1789 — DÉCEMBRE 1790

LIVRE TROISIÈME

JANVIER 1789 — AOUT 1790

LIVRE QUATRIÈME

AOUT 1790 — AVRIL 1791

LIVRE CINQUIÈME

AVRIL 1791 — SEPTEMBRE 1791

FIN DE LA TABLE DU TOME PREMIER

PARIS. — IMP. POUPART-DAVYL ET Cᵉ, RUE DU BAC, 30.

ERRATUM

Page VIII, ligne 9,	*au lieu de* M. de Montlausier,	*lisez* de Montausier.
— 10, — 13,	— vengence,	— vengeance.
— 46, — 15,	— madrigale,	— madrigal.
— 117, — 9,	— cocarde rouge et blanche,	— et bleue.
— 130, — 10,	— droits fédéraux,	— droits féodaux.
— 155, — 40, à la note,	— M. de Montlausier,	— de Montlosier.
— 222, — 2,	— à la Convention,	— aux Jacobins.
— 351, — 24,	la foi,	— la loi.
— 336, — 39,	— vaincues,	— vaincus.

Lightning Source UK Ltd.
Milton Keynes UK
UKHW01f2221200818
327530UK00016B/1229/P